DEUTERONOMIO

🜲

Kabbalah Centre Publishing es una DBA registrada de:
Kabbalah Centre International, Inc.

Para más información:
The Kabbalah Centre
155 E. 48th St., New York, NY 10017
1062 S. Robertson Blvd., Los Angeles, CA 90035

Primera edición en inglés: agosto 2008
Primera edición en español: abril 2014

es.kabbalah.com

ISBN: 978-1-57189-935-4
Impreso en Canadá

Diseño: HL Design (Hyun Min Lee)
www.hldesignco.com

LA BIBLIA KABBALÍSTICA

DEUTERONOMIO

TECNOLOGÍA PARA EL ALMA™

KABBALAH
CENTRE
PUBLISHING   es.kabbalah.com

ÍNDICE

INTRODUCCIÓN

A menudo escuchamos a la gente decir: "¡Si tan sólo hubiera sabido antes lo que sé ahora!". En el libro de Deuteronomio (Devarim), la Biblia nos ofrece una segunda oportunidad de entender y saber, dado que todo lo que ocurrió anteriormente es presentado de nuevo aquí. Deuteronomio repite el relato del Éxodo de Egipto que, como veremos, es la historia fundamental de nuestra propia vida. Sin embargo, Deuteronomio es más que sólo repetición en el sentido convencional de la palabra; nos da una oportunidad de vivir nuevamente eventos pasados con una nueva conciencia. Podemos hacer esto al aprender a vivir de forma diferente porque, si somos sinceros con nosotros mismos, sabemos que hoy estamos cometiendo los mismos errores que cometimos en el pasado.

¿Qué significa realmente para nosotros esta "segunda oportunidad" de Deuteronomio? De acuerdo con la Kabbalah, si no cambiamos nuestra conciencia o el modo en que vemos la vida, entonces nuestra vida no puede cambiar para mejor. Deuteronomio nos da la energía para cambiar nuestra experiencia de vida al cambiar nuestra conciencia. A través de la conexión con este libro de la Biblia, podemos recibir tres formas diferentes y específicas de energía que nos ayudan a hacer ese cambio tan difícil: la energía para hacer nuestro trabajo espiritual, la energía del entusiasmo espiritual y la energía de la perseverancia espiritual. El propósito y el poder de Deuteronomio es infundir estas tres aparentemente diferentes formas de energía de la Luz del Creador en nuestras vidas y darnos la sabiduría y el poder de reescribir la película de nuestra propia vida.

La Kabbalah enseña que el trabajo espiritual no es llamado "trabajo" en vano. No es fácil porque no está destinado a ser fácil. El trabajo espiritual es un proceso de crecimiento, de salir más allá de nuestras zonas de confort. Significa ir contra nuestras tendencias reactivas innatas y conscientemente escoger la alternativa proactiva. Es negarse a sucumbir a las tentaciones del papel de víctima y asumir toda la responsabilidad de lo que ocurre en nuestra vida.

El poder del entusiasmo que recibimos del libro de Deuteronomio es un poco diferente de lo que podemos encontrar en películas o eventos deportivos. Esta clase de entusiasmo no es como la luz de la bombilla de un flash, que ilumina todo por una fracción de segundo y luego nos deja en la oscuridad nuevamente. No es como un programa de televisión cuyo final genera la pregunta inevitable: "¿Qué sigue?". El entusiasmo espiritual es similar a una experiencia en la cual el tiempo parece acelerarse o desaparecer por completo, el cansancio ni siquiera se siente y el proceso vale la pena no sólo por aquello a lo que conlleva, sino por el proceso mismo. Es un entusiasmo generado desde adentro, no desde afuera; de tener una sensación de propósito; de ver un panorama mucho más amplio del que veíamos antes; de asumir la responsabilidad de cambiar y actuar en consecuencia con ímpetu, sabiendo que nos llevará a una vida mejor y más enriquecida.

De la misma manera, la energía de perseverancia que obtenemos de Deuteronomio no es como la perseverancia necesaria para limpiar toda la casa o cambiarle el aceite al carro. En realidad es una forma de energía caracterizada por su calidad inexhaustible; inexhaustible porque nos energiza en pos de la Luz. Si un individuo que está en estado de pobreza de pronto se entera de que un millón de dólares le espera en un banco al otro lado de la ciudad, buscaría la manera de llegar hasta allá; aun durante un terremoto. Si una persona tiene hambre, perseverará durante cualquier dificultad para obtener una comida. Incluso esos ejemplos de perseverancia representan una pequeña fracción de la energía que obtenemos cuando nuestro objetivo es una conexión personal e íntima con la Luz.

Muchos de los eventos de Deuteronomio ocurren en las mismas ubicaciones desérticas que los cuatro libros anteriores de la Biblia, así como mucho de los eventos de nuestra vida involucran el mismo tipo de acciones y responsabilidades año tras año. Pero recuerda lo siguiente: con la nueva conciencia que Deuteronomio nos da —y con la infusión de Luz que acompaña dicha conciencia—podemos cambiarlo todo. Podemos revolucionar nuestra vida, no sólo cambiando nuestro empleo, aumentando nuestros ingresos o mejorando cualquier otra cosa en el ámbito físico, sino al reedificarnos a nosotros mismos desde el nivel más profundo de nuestro ser, el nivel de la semilla. Ese es el verdadero significado de la transformación, y el poder para hacer que ocurra nos espera en estas páginas. El *Zóhar* dice lo siguiente acerca de la Biblia:

> *Rabí Shimón abrió la discusión hablando acerca del versículo: "Entonces Jizkiyahu volvió su rostro hacia la pared y oró al Eterno" (Isaías 38:2). ¡Vengan y vean cuán poderosa es la fuerza de la Torá, y cuán alto se eleva por encima de todo! Porque quien conduce su vida de acuerdo a la Torá no le teme a aquellos de arriba o de abajo, y los contratiempos o enfermedades de este mundo no le afectan. A través de la Torá, se conecta con el Árbol de la Vida y aprende de éste cada día.*

> *La Torá enseña a cada persona cómo seguir un camino recto. Aconseja cómo arrepentirse y regresar con su Señor para cancelar el decreto contra él. Porque aunque se haya emitido un decreto de no cancelar el decreto en su contra, no obstante debe ser cancelado y no serle aplicado más en este mundo. Entonces, con este propósito, el hombre debe ocuparse en el estudio de la Torá día y noche, sin desviarse de ésta. Como está escrito: "sino que meditarás en él día y noche" (Josué 1:8). Así, si se desvía de la Torá —o si la abandona— es como si abandonara el Árbol de la Vida.*
>
> — El Zóhar, Prólogo 180-181

Que el libro de Deuteronomio te traiga toda la Luz que es tu deseo más auténtico y tu verdadero destino.

DEVARIM

LA LECCIÓN DE DEVARIM
(Deuteronomio 1:1-3:22)

Acerca de Shabat *Jazón*

La historia de Devarim se lee cada año en Shabat *Jazón*, el Shabat que antecede al 9 de *Av* (Leo). Shabat *Jazón* significa "Shabat de la visión", porque su Haftará trata acerca de la visión de Yeshayahu el Profeta. En su visión, Yeshayahu previó la destrucción inminente del Templo en el día 9 de *Av* (*Tishá BeAv*), un día que dio entrada a la peor era en la historia de la humanidad. En esta desfavorable fecha también se han iniciado eventos terribles, incluyendo la Inquisición española y la implementación de la "solución final" en Alemania.

Sin embargo, de acuerdo con las enseñanzas del gran Kabbalista Rav Yitsjak Luria (el Arí), ¡el 9 de *Av* es también el día en el que nacerá el Mesías!

Por lo tanto, la pregunta para nosotros es: ¿cómo podemos evitar que siga ocurriendo el dolor y el sufrimiento asociado con el 9 de *Av* mientras que, a la misma vez, conectamos con la energía positiva de este día?

El antídoto para cualquier situación de caos u oscuridad es revelada en el siguiente relato:

Los grandes Kabbalistas y hermanos Rav Elimélej y Rav Zusha tenían otro hermano llamado Rav Mordejai, cuyas opiniones se oponían drásticamente a las de sus hermanos. Él discrepaba de ellos en cada oportunidad.

Un día, Rav Mordejai se enfermó. Sus doctores llegaron a la conclusión de que tenía una enfermedad contagiosa muy grave. A Rav Mordejai se le dijo que debía estar en cuarentena y que sus días estaban contados.

Un anciano de la aldea, que quería mucho a Rav Mordejai, quería estar allí para él. Se encerró en la habitación con Rav Mordejai con la intención de hacer cualquier cosa para ayudarlo, pero pronto entendió que Rav Mordejai estaba muriendo. El anciano encendió una vela, sacó al maestro de la cama y, gentilmente, lo puso en el suelo.

De pronto, el anciano vio que un alma nueva estaba latiendo dentro de Rav Mordejai. Con cada momento que pasaba, el rostro del maestro parecía hacerse más radiante de vida hasta que, al abrir los ojos, pidió comer algo. A la mañana siguiente, Rav Mordejai estaba bien nuevamente.

Esto fue un hecho asombroso de presenciar para el anciano, y él le pidió a Rav Mordejai que describiera todo por lo que el maestro había pasado durante su milagrosa recuperación. Rav Mordejai dijo: "Cuando mi alma abandonó mi cuerpo, fui llevado ante la Corte Celestial en los Mundos Superiores. Allí encontré a mi hermano Rav Elimélej, quien preguntó: '¿Qué haces aquí?', yo le dije que había sido sentenciado a muerte y que mi alma debía ser tomada. Mi hermano se molestó mucho y gritó: '¿Es correcto talar un árbol mientras sigue creciendo o matar a un hombre joven que tiene una esposa e hijos?'. Él le ordenó a la Corte Celestial que anularan el juicio en mi contra, pero no tuvo éxito.

Entonces mi otro hermano, Rav Zusha, llegó sosteniendo un libro bajo el brazo. Me tomó de la mano y dijo '¡Ven conmigo!'.

A este punto, los jueces de la Corte Celestial estaban estupefactos. Ellos reclamaron: '¿Quién es esta persona que tiene el atrevimiento de llevarse al que debe ser juzgado?'.

Rav Zusha se identificó y dijo que el libro que tenía bajo el brazo era el Sagrado *Zóhar*, el cual le dio el poder sobre la muerte misma. Y fue así que mi alma regresó a mí".

Como lo demuestra este relato, nada puede resistir el poder del *Zóhar*; ni siquiera los juicios de los Mundos Superiores. Este poder vendrá a nosotros, ya sea que lo merezcamos o no, solamente cuando conectemos verdaderamente con el *Zóhar*. Con esta conexión con el *Zóhar*, podemos revertir cualquier decreto; ¡aun el decreto de muerte!

Acerca de "*Estas son las palabras...*" (*Deuteronomio 1:1*)

En la historia de Devarim, Moshé habló al pueblo acerca de los errores que habían cometido y qué podían hacer para corregirlos. Tomando en cuenta la historia de los israelitas en el desierto, la amonestación de Moshé parece razonable, ¿pero por qué esperó 40 años para hablarles acerca de sus errores y defectos?

Para comprender esto, debemos recordar que Moshé tenía una intención positiva detrás de todo lo que hacía. Su deseo de ayudar a su pueblo nos enseña una gran lección. Cuando alguien hace algo que nos molesta o nos lastima, normalmente queremos expresar nuestra ira con la persona que nos causó el dolor; y queremos hacerlo inmediatamente. No porque nos preocupe la persona o su alma, sino porque, simplemente, nos sentimos lastimados por ella; tan sólo queremos "cobrársela".

Sin embargo, cuando estamos en un camino espiritual, es importante aprender a revelar los errores de los demás, no a través de la rabia por aquello que nos hicieron, sino mediante un deseo sincero de ayudarlos. Por este motivo, la sabiduría de la Kabbalah enseña que debemos esperar tres días para poder responder a una falta que hayamos percibido. Hasta entonces, cualquier reacción vendrá inevitablemente del Lado Negativo. En efecto, algunos de nuestros sabios afirman que deberíamos esperar al menos a que haya pasado un Shabat. No obstante, sin importar cuánto esperemos, a veces la energía negativa en nuestro dolor y rabia pueden estar presentes siempre.

La lección de la demora de 40 años de parte de Moshé para hablarle al pueblo acerca de sus errores contiene un principio importante del trabajo espiritual: Si una acción está basada en nuestros propios sentimientos o interés personal, no será beneficiosa para el crecimiento de la otra persona. En realidad, no sólo no ayudará, sino que dañará.

Considera la siguiente historia:

Una vez, un hombre pobre fue a la casa de su maestro y dijo que necesitaba cierta cantidad de dinero para la boda de su hija. Él había prometido una dote que no podía costear. El maestro escuchó, luego se volvió a uno de sus estudiantes y dijo: "Acudamos a Yosef para este caso". El estudiante estaba sorprendido porque Yosef era un tacaño adinerado que nunca compartía su riqueza con nadie.

Aún así, fueron a visitar a Yosef. El tacaño estaba muy sorprendido de ver al maestro, dado que él nunca asistía al templo. Él preguntó a sus visitas si querían algo de comer o beber, pero el maestro dijo que no y tan sólo se sentó en silencio por 20 minutos. Finalmente, al despedirse, se fue con su alumno. El alumno no entendió y, por supuesto, Yosef también quedó perplejo.

A la mañana siguiente, el tacaño visitó al maestro y preguntó qué había ocurrido. ¿Para qué había ido el maestro a su casa? ¿Sólo para sentarse sin decir nada? El maestro seguía sin decir nada y, al día siguiente, Yosef regresó nuevamente. Esta vez, el maestro dijo que le contestaría con una condición: que el tacaño debía aceptar cualquier cosa que se le pidiera. Yosef aceptó, y el maestro le contó acerca del hombre pobre que necesitaba dinero para la dote de su hija. Luego, el maestro le pidió al tacaño que le diera al hombre pobre toda la cantidad de dinero.

Yosef reclamó que no podía hacer tal cosa, pero el maestro le recordó su promesa, así que el tacaño fue obligado a acceder. Pero éste preguntó: "¿Por qué viniste a mi casa y te quedaste callado? Si querías dinero, simplemente habías podido pedirlo". El maestro contestó: "Quería pedírtelo, pero recordé la enseñanza que dice que no debemos hablarle a una persona que no va a escuchar".

Lo ocurrido comenzó a cambiar la actitud tacaña de Yosef; no por lo que el maestro le haya dicho, sino porque el maestro sabía cuándo no debía decir nada.

Hay dos lecciones poderosas que podemos aprender del maestro de esta historia: es importante decir las cosas con una conciencia positiva, pero también es importante no decir nada cuando la gente no está lista para escuchar lo que tenemos que decir.

SINOPSIS DE DEVARIM

En las versiones de la Biblia en español, este libro se llama Deuteronomio, una palabra griega que significa "la segunda ley". En arameo, su nombre es Devarim, que también es el nombre de este capítulo bíblico en específico. La palabra *devarim* significa "palabras". El primer versículo de este capítulo abre con: "*Estas son las palabras que Moshé habló a todo Israel*".

En el *Zóhar*, Rav Shimón habla acerca de la voz de Moshé. Él explica la diferencia entre las maldiciones que Moshé pronunció en Levítico y las que dijo en Deuteronomio. Aquí también oímos que Dios entregó los preceptos a los hijos de Israel para que estos fueran salvados de sus acusadores.

Ven y ve: Está escrito: "…Moshé hablaba, y Elohim le respondía con una voz" (Shemot 19:19). Aprendimos que "con una voz" se refiere a la voz de Moshé. Esta es buena, y la voz de Moshé es precisa, a saber: la voz a la que él está adherido, LA CUAL ES ZEIR ANPÍN, CON LO CUAL ÉL SOBREPASA por encima a todos los otros profetas, QUIENES ESTÁN ADHERIDOS SOLAMENTE A MALJUT Y NO A ZEIR ANPÍN. Dado que él está adherido A ESA VOZ, QUE ES ZEIR ANPÍN más que todos los otros, con esa voz, que es el grado celestial, él dijo a los hijos de Yisrael: 'HaShem' su Dios' que es un grado llamado la Shejiná que mora dentro de Yisrael, el cual es abajo EL GRADO DE ZEIR ANPÍN, AL CUAL MOSHÉ ESTÁ ADHERIDO. Es feliz su porción.

Rabí Shimón dijo también: Hemos aprendido que Moshé pronunció las maldiciones en Vayikrá, EN EL LIBRO DE VAYIKRÁ, de la boca de Guevurá, QUE ES BINÁ QUE ES LLAMADA GUEVURÁ CELESTIAL. Aquellas EN DEUTERONOMIO las pronunció él con su propia voz. ¿Podrían ustedes imaginar que Moshé hablaría por su cuenta siquiera una letra pequeña en la Torá?

Y ÉL RESPONDE: Esto es bueno, y ya hemos comentado que no nos enteramos de esto de él mismo sino como si fuera de su propia boca. ¿Qué significa esto? Es esa voz a la que Moshé estaba adherido, A SABER: ZEIR ANPÍN. En consecuencia, esas EN VAYIKRÁ eran de la boca de Guevurá, QUE ES BINÁ QUE ES LLAMADA GUEVURÁ CELESTIAL, en tanto que esas EN DEVARIM fueron de su propia boca, a saber: la boca del grado al cual Moshé estaba más adherido que todos los fieles profetas, LO CUAL ES EL GRADO DE ZEIR ANPÍN. Por lo tanto, siempre está dicho: 'su Dios', YA QUE ALUDE A MALJUT QUE ESTÁ DEBAJO DE ZEIR ANPÍN; pero aquí, EN "SHEMÁ YISRAEL" ESTÁ DICHO: "nuestro Elohim", DADO QUE ALUDE A BINÁ QUE ESTÁ POR ENCIMA DE ZEIR ANPÍN, AL CUAL MOSHÉ ESTÁ ADHERIDO.

Ven y ve cuánta gente debe guardar sus caminos de manera que estén ocupados con la adoración a su Señor y merezcan vida eterna. Bajo el trono del Santo Rey, QUE ES MALJUT, hay compartimientos celestiales. Y a ese lugar del trono, QUE ES MALJUT, la Mezuzá está conectada para salvar al hombre de muchos Juicios, el propósito de lo cual es despertar a la gente por medio de ellos. De manera similar el Santísimo, bendito sea Él, hizo a Yisrael dándoles los mandamientos de la Torá, para que se esfuercen en ellos y sean salvados en este mundo de muchos acusadores y de aquellos que traen cargos, quienes encuentran a la gente diariamente.

— *El Zóhar, Vaetjanán 15:102-105*

Devarim nos conecta con el mundo de acción y fisicalidad. La espiritualidad no sólo se halla al analizar las vicisitudes de la vida, meditar o aislarse en la cima de una montaña; la espiritualidad se trata principalmente de quiénes somos y cómo vivimos nuestra vida cotidiana en el mundo físico. Si no compartimos con los demás y lidiamos proactivamente con las personas, entonces no tenemos más que simple información: y la información es inútil sin la acción. Necesitamos emplear lo que hemos aprendido porque, de lo contrario, la sabiduría es prácticamente desperdiciada.

El *Zóhar* profundiza en este concepto de la siguiente manera:

Mientras continuaban caminando, Rabí Yosi dijo: Ciertamente, todo lo que el Santísimo, bendito sea Él, hace en el mundo está en el secreto de la Sabiduría. Está proyectado para enseñar la mayor Sabiduría a la humanidad, de manera que el hombre aprenda de esos actos los secretos de la Sabiduría. Y todo es como debe de ser. Sus obras son todos los caminos de la Torá, ya que los caminos de la Torá son los caminos del Santísimo, bendito sea Él. Y hasta en la más pequeña cosa, hay caminos y senderos y secretos de elevada Sabiduría.

— *El Zóhar, Toldot 19:189*

Él nos dijo: Si los hombres sólo conocieran la sabiduría de todo lo que el Santísimo, bendito sea Él, ha plantado en la Tierra, y todo el poder de todo lo que está por ser encontrado en el mundo, reconocerían el poder de su Señor en Su gran sabiduría. Pero el Santísimo, bendito sea Él, ha escondido a propósito esta sabiduría de los hombres para que no se salgan de Sus caminos por confiar en esa sola sabiduría, olvidándolo así a Él.

— *El Zóhar, Yitró 15:277*

PRIMERA LECTURA – AVRAHAM – JÉSED

1 ¹ Estas son las palabras que Moshé habló a todo Israel al otro lado del Jordán, en el desierto, en el Aravá, frente a Suf, entre Parán y Tofel, y Laván, y Hatserot y Di Zahab.

² Hay once días de camino desde Jorev, por el camino del Monte Seír, hasta Kadésh Barnea.

³ Y sucedió que en el año cuarenta, el undécimo mes, el primer día del mes, Moshé habló a los hijos de Israel conforme a todo lo que el Eterno le había dicho que les ordenara; ⁴ después de haber herido a Sijón, rey de los amorreos, que habitaba en Jeshbón, y a Og, rey de Bashán, que habitaba en Ashtarot, en Edréi; ⁵ al otro lado del Jordán, en la tierra de Moab, Moshé comenzó a explicar esta ley, diciendo:

COMENTARIO DEL RAV

Devarim siempre se lee antes del 9 de *Av*; esto fue organizado en el cosmos por Moshé. También vemos que no hay comentario del *Zóhar* para este capítulo bíblico. Rav Áshlag reveló que la explicación del *Zóhar* para este capítulo puede encontrarse en Balak, pero ¿por qué no fue incluido en el capítulo de esta semana? ¿Por qué esconderlo? Decimos que esto demuestra que hay un poder muy fuerte en Devarim, en especial porque viene antes del 9 de *Av*. Lo que está más oculto es más fuerte; eso lo he aprendido de mi maestro, Rav Brandwein, quien también dijo que cuanto más sencillo es un asunto, más es ignorado.

La razón por la que hay caos y sufrimiento en el mundo es porque no hemos aprendido a tratarnos con dignidad humana. Este concepto es muy sencillo pero, aún así, no podemos verlo. Para dar y compartir tenemos que recorrer el kilómetro adicional para ser sensibles, especialmente con nuestros más allegados. Pero, cuanto más acostumbrados estamos a la otra persona, más desprecio hay. ¿Por qué? Porque, una vez que nos acostumbramos a la otra persona, la tomamos por sentado; sentimos que la merecemos. Hacemos esfuerzos con desconocidos, pero olvidamos lo más importante: la gente que es más cercana a nosotros.

Si olvidamos lo que el Talmud y el *Zóhar* han dicho con respecto a la destrucción de los Templos, entonces no tenemos otra opción más que seguir otros 3.400 años exclamando que somos las víctimas. ¡Yo no quiero ser una víctima! ¿A quién voy a culpar? El *Talmud* deja específicamente claro que nadie puede dudar que la razón de la destrucción del Primer y Segundo Templos —y toda destrucción— fue el odio, la intolerancia y la insensibilidad de las personas. Dado que somos tan "brillantes", siempre encontraremos la manera de justificar nuestro comportamiento de intolerancia hacia otro ser humano. Siempre. Tenemos la capacidad de encontrar la razón de por qué somos tan sentenciosos y por qué somos tan insensibles. Este ha sido el curso de nuestra historia por 3.400 años.

El *Talmud* deja claro que, básicamente, nosotros somos un pueblo insensible. Y, por lo tanto, sin el *Zóhar*, sin ningún tipo de espiritualidad, no hay esperanza de cambio en el comportamiento humano.

PRIMERA LECTURA – AVRAHAM – JÉSED

אֵלֶּה הַדְּבָרִים רְאֵה אֲשֶׁר דִּבֶּר מֹשֶׁה מהע, אל שדי אֶל־כָּל־יִלי יִשְׂרָאֵל 1 1

בְּעֵבֶר רבוע יהוה ורבוע אלהים הַיַּרְדֵּן י"פ יהוה ור' אותיות בַּמִּדְבָּר אברהם, רמ"ח, וז"פ אל

בָּעֲרָבָה מוֹל סוּף בֵּין־פָּארָן וּבֵין־תֹּפֶל וְלָבָן וַחֲצֵרֹת וְדִי זָהָב:

אַחַד אהבה, דאגה עָשָׂר יוֹם ע"ה = גגד, זן, מזבח מוֹזֵרָב רבוע ס"ג ורבוע אהיה הַדֶּרֶךְ 2

הַר רבוע אלהים ← ה שֵׂעִיר עַד קָדֵשׁ בַּרְנֵעַ: וַיְהִי אל בְּאַרְבָּעִים 3

שָׁנָה בְּעַשְׁתֵּי־עָשָׂר חֹדֶשׁ בְּאֶחָד לַחֹדֶשׁ דִּבֶּר

מֹשֶׁה מהע, אל שדי אֶל־בְּנֵי יִשְׂרָאֵל כְּכֹל אֲשֶׁר צִוָּה יְהוָֹה

אֹתוֹ אֲלֵהֶם: אַחֲרֵי הַכֹּתוֹ אֵת סִיחֹן מֶלֶךְ הָאֱמֹרִי אֲשֶׁר יוֹשֵׁב 4

בְּחֶשְׁבּוֹן וְאֵת עוֹג מֶלֶךְ הַבָּשָׁן אֲשֶׁר־יוֹשֵׁב בְּעַשְׁתָּרֹת בְּאֶדְרֶעִי:

בְּעֵבֶר רבוע יהוה ורבוע אלהים הַיַּרְדֵּן י"פ יהוה ור' אותיות בְּאֶרֶץ אלהים דאלפין מוֹאָב 5

הוֹאִיל מֹשֶׁה באר אֵת־הַתּוֹרָה הַזֹּאת לֵאמֹר:

בְּאַרְבָּעִים

Deuteronomio 1:3 – En este punto de la Biblia, después de haber guiado a los israelitas en el desierto por 40 años, Moshé habló finalmente de sus sentimientos. Él habló al pueblo acerca de todos los errores que habían cometido desde el principio de los tiempos. Moshé siembre había sido su protector, pero sólo en este punto se permitió a sí mismo hablar con ellos libremente.

Si esperamos un poco antes de confrontar a las personas sobre situaciones difíciles, podemos evitar emociones reactivas. Por lo tanto, si alguien nos lastima o si algo sale mal, debemos esperar hasta que podamos hablar del incidente de forma objetiva, no emocionalmente.

Rav Shimón dice en el *Zóhar* que la última generación que salió de Egipto lo sabía todo, porque Moshé les reveló todo a ellos durante los 40 años que deambularon en el desierto. Rav Yitsjak enseña que Moshé solamente reveló estos secretos el día antes de su muerte, una vez que se le había dado permiso de revelarlos. El poema que Moshé le entregó al pueblo fue atraído del Espíritu Santo, y él invocó el Nombre de Dios cuando habló.

Ven y ve: La última generación que dejó Egipto sabía todo porque Moshé se los reveló todo durante los 40 años que estuvieron en el desierto, como dije. Aprendemos que Rav Yitsjak dijo: Moshé reveló esto solamente en el día en que se fue del mundo, como está escrito: "… Tengo en este día ciento veinte años de edad…" (Deuteronomio 31:2) en el día preciso QUE FALLECIÓ. En consecuencia, él no habló hasta que le fue dado permiso como está escrito, "Ahora escriban este canto para ustedes…" (ibid. 19). Cuando él hizo la revelación, no dijo: 'Oigan, hijos de Yisrael', sino "¡Oye Cielo…!" (Deuteronomio 32:1).
—El Zóhar, Haazinu 5:19

6 *"El Eterno nuestro Dios, nos habló en Jorev, diciendo: 'Han morado lo suficiente en este monte;*

7 *vuélvanse y emprendan su viaje, y vayan a las montañas de los amorreos y a todos lugares circunvecinos, en el Aravá, en las montañas y en el valle, y en el Sur, y por la costa del mar, la tierra de los cananeos y el Líbano, hasta el gran río, el río Éufrates.*

8 *Miren, he puesto la tierra delante de ustedes: entren y tomen posesión de la tierra que el Eterno juró dar a sus padres —Avraham, Yitsjak y Yaakov— a ellos y a su descendencia después de ellos'.*

9 *Y en aquel entonces les hablé, diciendo: 'Yo solo no puedo cargar con ustedes;*

10 *el Eterno su Dios, los ha multiplicado y he aquí que hoy son como las estrellas del cielo en multitud.*

SEGUNDA LECTURA – YITSJAK – GUEVURÁ

11 *¡Que El Eterno, el Dios de sus padres, los multiplique mil veces más de lo que son y los bendiga, tal como les prometió!* *12* *¿Cómo puedo Yo solo soportar sus problemas, su carga y sus litigios?*

13 *Elijan de entre sus tribus hombres sabios y entendidos, y llenos de conocimiento, y yo los nombraré como sus jefes'.* *14* *Y ustedes me contestaron, y dijeron: 'Es bueno que hagamos lo que has dicho'.* *15* *Entonces tomé a los jefes de sus tribus, hombres sabios y llenos de conocimiento, y los puse como cabezas sobre ustedes, jefes de mil, jefes de cien, jefes de cincuenta y jefes de diez, y oficiales para sus tribus.*

16 *Y en aquel momento mandé a sus jueces, diciendo: 'Oigan los pleitos entre sus hermanos, y juzguen con rectitud entre un hombre y su hermano, y el extranjero que está con él.*

17 *No mostrarán parcialidad en el juicio; escucharán tanto al pequeño como al grande; no tendrán temor del rostro de ningún hombre, porque el juicio es de Dios; y el caso que sea muy difícil para ustedes, me lo traerán a mí, y yo lo oiré'.*

בְּרֵאשֵׁיכֶם

Deuteronomio 1:13 – Moshé designó como jueces a aquellas personas que estuvo preparando para asumir posiciones de liderazgo en la nación para cuando él ya no estuviera presente. Él les enseñó a observar los problemas de manera clara y sin involucrar sus intenciones personales, dado que él sabía que tales intenciones siempre oscurecen la verdad en cualquier situación. Conectar con este versículo nos ayuda a eliminar las obstrucciones dentro de nosotros mismos que nos impiden juzgar imparcialmente.

6 יְהֹוָ֨האדניאהדונהי אֱלֹהֵ֜ינוּ ילה דאה דִּבֶּ֧ר אֵלֵ֛ינוּ בְּחֹרֵ֖ב רבוע ס"ג ורבוע אהיה לֵאמֹ֑ר

רַב־ ע"ב ורבוע מ"ה לָכֶ֥ם שֶׁ֖בֶת בָּהָ֥ר אור, רז, אין סוף הַזֶּֽה והו: 7 פְּנ֣וּ | וּסְע֣וּ לָכֶ֗ם וּבֹ֜אוּ

הַ֨ר רבוע אלהים ־ ה הָֽאֱמֹרִי֮ וְאֶל־כָּל־ ילי שְׁכֵנָיו֒ בָּֽעֲרָבָ֥ה בָהָ֛ר אור, רז וּבַשְּׁפֵלָ֥ה

וּבַנֶּ֖גֶב וּבְח֣וֹף הַיָּ֑ם ילי אֶ֤רֶץ אלהים דאלפין הַֽכְּנַעֲנִי֙ וְהַלְּבָנ֔וֹן עַד־הַנָּהָ֥ר הַגָּדֹ֖ל

לְהוּו, מבה, יל, אום נְהַר־פְּרָֽת: 8 רְאֵ֛ה ראה נָתַ֥תִּי לִפְנֵיכֶ֖ם אֶת־הָאָ֑רֶץ אלהים דההין ע"ה

בֹּ֚אוּ וּרְשׁ֣וּ אֶת־הָאָ֔רֶץ אלהים דההין ע"ה אֲשֶׁ֣ר נִשְׁבַּ֣ע יְהֹוָ֡האדניאהדונהי לַאֲבֹֽתֵיכֶ֡ם

לְאַבְרָהָ֨ם רמ"ח, וז"ל אל לְיִצְחָ֤ק ד"פ ב"ן וּֽלְיַעֲקֹב֙ ז"פ יהוה, יאהדונהי אידהנויה לָתֵ֣ת לָהֶ֔ם

וּלְזַרְעָ֖ם אַחֲרֵיהֶֽם: 9 וָאֹמַ֣ר אֲלֵכֶ֔ם בָּעֵ֥ת יפ אהיה י הויות הַהִ֖וא לֵאמֹ֑ר

לֹֽא־אוּכַ֥ל אל יהוה לְבַדִּ֖י שְׂאֵ֥ת אל ואדני מלא אֶתְכֶֽם: 10 יְהֹוָ֥האדניאהדונהי אֱלֹהֵיכֶ֖ם

ילה הִרְבָּ֣ה אֶתְכֶ֑ם וְהִנְּכֶ֣ם הַיּ֔וֹם ע"ה = נגד, זן, מזבח כְּכֽוֹכְבֵ֥י הַשָּׁמַ֖יִם י"פ טל, י"פ כוזו

לָרֹֽב: ע"ב ורבוע מ"ה:

SEGUNDA LECTURA – YITSJAK – GUEVURÁ

11 יְהֹוָ֣האדניאהדונהי אֱלֹהֵ֣י דמב, ילה אֲבֽוֹתֵכֶ֗ם יֹסֵ֧ף עֲלֵיכֶ֛ם כָּכֶ֖ם אֶ֣לֶף

אלף למד שין דלת יוד ע"ה פְּעָמִ֑ים וִיבָרֵ֣ךְ עסמ"ב אֶתְכֶ֔ם כַּאֲשֶׁ֖ר דִּבֶּ֥ר ראה לָכֶֽם:

12 אֵיכָ֥ה אֶשָּׂ֖א לְבַדִּ֑י טָרְחֲכֶ֥ם וּמַֽשַּׂאֲכֶ֖ם וְרִֽיבְכֶֽם: 13 הָב֣וּ אוזר, אהבה, דאגה

לָכֶ֡ם אֲנָשִׁים֩ חֲכָמִ֨ים וּנְבֹנִ֜ים וִידֻעִ֣ים לְשִׁבְטֵיכֶ֗ם וַאֲשִׂימֵ֖ם בְּרָאשֵׁיכֶֽם

14 וַתַּעֲנ֖וּ אֹתִ֑י וַתֹּ֣אמְר֔וּ טֽוֹב־ וה הַדָּבָ֥ר ראה אֲשֶׁר־דִּבַּ֖רְתָּ ראה לַעֲשֽׂוֹת:

15 וָאֶקַּ֞ח אֶת־רָאשֵׁ֣י שִׁבְטֵיכֶ֗ם אֲנָשִׁ֤ים חֲכָמִים֙ וִֽידֻעִ֔ים וָאֶתֵּ֥ן אוֹתָ֛ם

רָאשִׁ֖ים עֲלֵיכֶ֑ם שָׂרֵ֨י אֲלָפִ֜ים קס"א וְשָׂרֵ֣י מֵא֗וֹת וְשָׂרֵ֤י וַחֲמִשִּׁים֙ וְשָׂרֵ֣י

עֲשָׂרֹ֔ת וְשֹׁטְרִ֖ים לְשִׁבְטֵיכֶֽם: 16 וָאֲצַוֶּה֙ אֶת־שֹׁ֣פְטֵיכֶ֔ם בָּעֵ֥ת יפ אהיה י הויות

הַהִ֖וא לֵאמֹ֑ר שָׁמֹ֤עַ בֵּין־אֲחֵיכֶם֙ וּשְׁפַטְתֶּ֣ם צֶ֔דֶק בֵּֽין־אִ֥ישׁ ע"ה קנ"א קס"א

וּבֵין־אָחִ֖יו וּבֵ֣ין גֵּרֽוֹ: 17 לֹֽא־תַכִּ֨ירוּ פָנִ֜ים ע"ב ס"ג מ"ה במ"שׁפּ֗ט בַּמִּשְׁפָּ֗ט ע"ה ה"פ אלהים

18 En aquel entonces les ordené todas las cosas que deberían hacer.

19 Y partimos de Jorev y pasamos por todo aquel vasto y terrible desierto que vieron, camino de las montañas de los amorreos, tal como el Eterno nuestro Dios nos había mandado; y llegamos a Kadésh Barnea.

20 Y les dije: 'Han llegado a los montes de los amorreos que el Eterno nuestro Dios va a darnos.

21 Mira, Israel, el Eterno, tu Dios, ha puesto la tierra delante de ti; sube, toma posesión de ella, como el Eterno, el Dios de tus padres, te ha dicho; no temas ni te acobardes'.

TERCERA LECTURA – YAAKOV – TIFÉRET

22 Y ustedes se acercaron a mí, y dijeron: 'Enviemos hombres delante de nosotros, que nos exploren la tierra y nos traigan palabra del camino por el cual hemos de subir y de las ciudades a las cuales iremos'.

23 Y el asunto me agradó, y tomé a doce hombres de entre ustedes, un hombre por cada tribu;

24 Y ellos se volvieron y subieron a los montes, y llegaron hasta el valle de Eshcol y lo espiaron.

25 Tomaron en sus manos del fruto de la tierra y nos lo trajeron; y nos dieron un informe, y dijeron: 'Es una tierra buena que el Eterno, nuestro Dios, nos da'.

26 Sin embargo, ustedes no quisieron subir y se rebelaron contra la ordenanza del Eterno, su Dios; 27 Y murmuraron en sus tiendas, y dijeron: Porque el Eterno nos aborrece, nos ha sacado de la tierra de Egipto para entregarnos en manos de los amorreos y destruirnos.

נִשְׁלְזֶה

Deuteronomio 1:22 – Moshé recuenta la historia de los espías para demostrar cómo, en un instante, tener intenciones innobles o egoístas puede acarrear la destrucción aun de la persona más elevada. Los espías que fueron enviados a Israel regresaron con informes negativos basados en sus propias intenciones personales y, como resultado, murieron. Más aún, debido a su egoísmo, toda una generación tuvo que morir antes de que al pueblo le fuera permitido entrar en Israel. El *Zóhar* refuerza este concepto:

Estos OBSERVADORES, a quienes Moshé envió, causaron profunda pena a las generaciones posteriores, YA QUE EN ESE DÍA, EL PRIMER Y SEGUNDO TEMPLO FUERON DESTRUIDOS. Esto causó que miles y decenas de miles de hijos de Yisrael murieran y además causaron que la Shejiná se fuera de la tierra y de en medio de Yisrael. DICE ACERCA DE aquéllos a quienes Yehoshúa envió: "porque él refresca el alma de su señor".
— El Zóhar, Shlaj Lejá 4:17

כְּקָטֹן כַּגָּדֹל להו, מבה, זל, אום תִּשְׁמָעוּן לֹא תָגֿוּרוּ מִפְּנֵי־ וחכמה בינה אִישׁ

ע"ה קנ"א קס"א כִּי הַמִּשְׁפָּט ע"ה ה"פ אלהים מום, אהוה אדני ; ילה לֵאלֹהִים הוּא וְהַדָּבָר ראה

אֲשֶׁר יִקְשֶׁה מִכֶּם תַּקְרִבוּן אֵלַי וּשְׁמַעְתִּיו: 18 וָאֲצַוֶּה אֶתְכֶם בָּעֵת

י"פ אהיה י' הויות הַהִוא אֵת כָּל־ ילי הַדְּבָרִים ראה אֲשֶׁר תַּעֲשׂוּן: 19 וַנִּסַּע מֵחֹרֵב

רבוע ס"ג ורבוע אהיה וַנֵּלֶךְ גכר אֵת כָּל־ ילי הַמִּדְבָּר הַגָּדוֹל לתהו, מבה, זל, אום וְהַנּוֹרָא

ע"ה ג"פ אלהים הַהוּא אֲשֶׁר רְאִיתֶם דֶּרֶךְ ב"פ יב"ק הַר רבוע אלהים ← ה: הָאֱמֹרִי כַּאֲשֶׁר

צִוָּה פוי יְהֹוָ־ֱאדנילֵיאהדונהי אֱלֹהֵינוּ ילה אֹתָנוּ וַנָּבֹא עַד קָדֵשׁ בַּרְנֵעַ: 20 וָאֹמַר

אֲלֵכֶם בָּאתֶם עַד־הַר רבוע אלהים ← ה: הָאֱמֹרִי אֲשֶׁר־יְהֹוָ־ֱאדנילֵיאהדונהי אֱלֹהֵינוּ

ילה נֹתֵן אבגית"ץ, ושר, אהבת חנם לָנוּ מום, אלהים, אהיה אדני: 21 רְאֵה ראה נָתַן יְהֹוָ־ֱאדנילֵיאהדונהי

אֱלֹהֶיךָ ילה לְפָנֶיךָ סמ"ב אֶת־הָאָרֶץ אלהים דההין ע"ה עֲלֵה רֵשׁ כַּאֲשֶׁר דִּבֶּר ראה

יְהֹוָ־ֱאדנילֵיאהדונהי אֱלֹהֵי דמב, ילה אֲבֹתֶיךָ לָךְ אַל־תִּירָא וְאַל־תֵּחָת:

TERCERA LECTURA – YAAKOV – TIFÉRET

22 וַתִּקְרְבוּן אֵלַי כֻּלְּכֶם וַתֹּאמְרוּ ‏‏‎‎[נִשְׁלְחָה] אֲנָשִׁים לְפָנֵינוּ וְיַחְפְּרוּ־לָנוּ

מום, אלהים, אהוה אדני אֶת־הָאָרֶץ אלהים דההין ע"ה וְיָשִׁבוּ אֹתָנוּ דָּבָר ראה אֶת־הַדֶּרֶךְ

ב"פ יב"ק אֲשֶׁר נַעֲלֶה־בָּהּ וְאֵת הֶעָרִים עכה"ה, ה"פ אדני אֲשֶׁר נָבֹא אֲלֵיהֶן: 23 וַיִּיטַב

בְּעֵינַי ריבוע מ"ה הַדָּבָר ראה וָאֶקַּח מִכֶּם שְׁנֵים עָשָׂר אֲנָשִׁים אִישׁ ע"ה קנ"א קס"א

אֶחָד אהבה, דאגה לַשָּׁבֶט: 24 וַיִּפְנוּ וַיַּעֲלוּ הָהָרָה וַיָּבֹאוּ עַד־נַחַל אֶשְׁכֹּל

וַיְרַגְּלוּ אֹתָהּ: 25 וַיִּקְחוּ חום בְּיָדָם מִפְּרִי ע"ה אלהים דאלפין הָאָרֶץ אלהים דההין ע"ה

וַיּוֹרִדוּ אֵלֵינוּ וַיָּשִׁבוּ אֹתָנוּ דָבָר ראה וַיֹּאמְרוּ טוֹבָה אכא הָאָרֶץ אלהים דההין ע"ה

אֲשֶׁר־יְהֹוָ־ֱאדנילֵיאהדונהי אֱלֹהֵינוּ ילה נֹתֵן אבגית"ץ, ושר, אהבת חנם לָנוּ מום, אלהים, אהיה אדני:

26 וְלֹא אֲבִיתֶם לַעֲלֹת אבגית"ץ, ושר, אהבת חנם וַתַּמְרוּ אֶת־פִּי יְהֹוָ־ֱאדנילֵיאהדונהי

אֱלֹהֵיכֶם ילה: 27 וַתֵּרָגְנוּ בְאָהֳלֵיכֶם וַתֹּאמְרוּ בְּשִׂנְאַת יְהֹוָ־ֱאדנילֵיאהדונהי

²⁸ *¿Por qué vamos a subir? Nuestros hermanos han sobrecogido nuestro corazón, diciendo: 'El pueblo es más grande y más alto que nosotros; las ciudades son grandes y fortificadas hasta el cielo. Y, además, vimos allí a los hijos los gigantes'.*

²⁹ *Entonces yo les dije: No teman ni les tengan miedo.*

³⁰ *El Eterno, su Dios, que va delante de ustedes, Él combatirá por ustedes, conforme lo hizo por ustedes en Egipto ante sus ojos;*

³¹ *y en el desierto, donde han visto cómo el Eterno su Dios los llevó, como un hombre lleva a su hijo, por todo el camino que han andado hasta llegar a este lugar.*

³² *Sin embargo, en este asunto, no confiaron en el Eterno su Dios,*

³³ *que iba delante de ustedes en el camino para buscaros lugar dónde acampar: con fuego de noche, para mostrarles el camino por donde debían andar, y nube de día'.*

³⁴ *Y el Eterno oyó la voz de sus palabras, y se enojó y juró, diciendo:*

³⁵ *'Ciertamente ninguno de los hombres de esta generación perversa verá la buena tierra que juré dar a sus padres,*

³⁶ *excepto Calev, hijo de Yefuné; él la verá, y a él y a sus hijos daré la tierra que ha pisado, porque él ha seguido fielmente al Eterno'.*

³⁷ *El Eterno se enojó también contra mí a causa de ustedes, diciendo: 'Tú no entrarás allá.*

³⁸ *Yehoshúa, hijo de Nun, que está delante de ti, entrará allá; anímalo, porque él hará que Israel la herede.*

אֹתָ֫נוּ הוֹצִיאָ֫נוּ מֵאֶ֫רֶץ אלהים דאלהין מִצְרָ֫יִם מצר לָתֶת אֹתָ֫נוּ בְּיַ֫ד הָאֱמֹרִ֫י

לְהַשְׁמִידֵ֫נוּ: 28 אָ֫נָה | אֲנַ֫חְנוּ עֹלִים אַחֵ֫ינוּ הֵמַ֫סּוּ אֶת־לְבָבֵ֫נוּ לֵאמֹר עַם

גָּד֫וֹל לחה, מבה, יזל, אום וָרָ֫ם מִמֶּ֫נּוּ עָרִ֫ים גְּדֹלֹת וּבְצוּרֹת בַּשָּׁמָ֫יִם י"פ טל, י"פ כוזו

וְגַם־ יגיל בְּנֵ֫י עֲנָקִ֫ים רָאִ֫ינוּ שָׁ֫ם יהוה שדי: 29 וָאֹמַ֫ר אֲלֵכֶ֫ם לֹא־תַֽעַרְצ֫וּן

וְלֹא־תִֽירְא֫וּן מֵהֶֽם: 30 יְהֹוָ֫הואהדיאהדונהי אֱלֹֽהֵיכֶ֫ם ילה מיה הַהֹלֵ֫ךְ לִפְנֵיכֶ֫ם ה֫וּא

יִלָּחֵ֫ם לָכֶ֫ם כְּכֹ֫ל ילו אֲשֶׁ֫ר עָשָׂ֫ה אִתְּכֶ֫ם בְּמִצְרַ֫יִם מצר לְעֵינֵיכֶֽם ריבוע מ"ה:

31 וּבַמִּדְבָּר֫ אברהם, וז"פ אל, רמ"ח אֲשֶׁ֫ר רָאִ֫יתָ אֲשֶׁ֫ר נְשָׂאֲךָ֫ יְהֹוָ֫הואהדיאהדונהי

אֱלֹהֶ֫יךָ ילה כַּאֲשֶׁ֫ר יִשָׂא־אִ֫ישׁ ע"ה קנ"א קס"א אֶת־בְּנ֫וֹ בְּכָל־ ב"ן, לכב, יבמ הַדֶּ֫רֶךְ

ב"פ יב"ק אֲשֶׁ֫ר הֲלַכְתֶּ֫ם עַד־בֹּאֲכֶ֫ם עַד־הַמָּק֫וֹם יהוה ברבוע, ו"פ אל הַזֶּֽה והו:

32 וּבַדָּבָ֫ר ראה הַזֶּ֫ה והו אֵֽינְכֶ֫ם מַאֲמִינִ֫ם בַּֽיהֹוָ֫הואהדיאהדונהי אֱלֹהֵיכֶֽם ילה:

33 הַהֹלֵ֫ךְ מיה לִפְנֵיכֶ֫ם בַּדֶּ֫רֶךְ ב"פ יב"ק לָת֫וּר מלוי אדני לָכֶ֫ם מָק֫וֹם יהוה ברבוע, ו"פ אל

לַֽחֲנֹֽתְכֶ֫ם בָּאֵ֫שׁ אלהים דיודין ע"ה | לַ֫יְלָה מלה לַרְאֹֽתְכֶ֫ם בַּדֶּ֫רֶךְ ב"פ יב"ק אֲשֶׁ֫ר

תֵּֽלְכוּ־בָ֫הּ וּבֶעָנָ֫ן יוֹמָֽם: 34 וַיִּשְׁמַ֫ע יְהֹוָ֫הואהדיאהדונהי אֶת־ק֫וֹל ע"ב ס"ג ע"ה

דִּבְרֵיכֶ֫ם וַיִּקְצֹ֫ף וַיִּשָּׁבַ֫ע לֵאמֹֽר: 35 אִם־ יוהך, ע"ה מ"ב יִרְאֶ֫ה רי"ו, גבורה אִישׁ֫

ע"ה קנ"א קס"א בָּאֲנָשִׁ֫ים הָאֵ֫לֶּה הַדּ֫וֹר הָרָ֫ע הַזֶּ֫ה והו אֵ֫ת הָאָ֫רֶץ אלהים דההין ע"ה

הַטּוֹבָ֫ה אכא אֲשֶׁ֫ר נִשְׁבַּ֫עְתִּי לָתֵ֫ת לַאֲבֹֽתֵיכֶֽם: 36 זֽוּלָתִי֫ כָּלֵ֫ב ב"ן, לכב, יבמ

בֶּן־יְפֻנֶּ֫ה ה֫וּא יִרְאֶ֫נָּה וְלֽוֹ־אֶתֵּ֫ן אֶת־הָאָ֫רֶץ אלהים דההין ע"ה אֲשֶׁ֫ר דָּֽרַךְ־

ב"פ יב"ק בָּ֫הּ וּלְבָנָ֫יו יַ֫עַן אֲשֶׁ֫ר מִלֵּ֫א אַֽחֲרֵ֫י יְהֹוָ֫הואהדיאהדונהי: 37 גַּם־ יגיל בִּי֫

הִתְאַנַּ֫ף יְהֹוָ֫הואהדיאהדונהי בִּגְלַלְכֶ֫ם לֵאמֹ֫ר גַּם־ יגיל אַתָּ֫ה לֹא־תָבֹ֫א שָׁ֫ם

יהוה שדי: 38 יְהוֹשֻׁ֫עַ בִּן־נ֫וּן הָעֹמֵ֫ד לְפָנֶ֫יךָ סמ"ב ה֫וּא יָבֹ֫א שָׁ֫מָּה מהע, מועה, אל שדי

אֹת֫וֹ חַזֵּ֫ק פהל כִּי־ה֫וּא יַנְחִלֶ֫נָּה אֶת־יִשְׂרָאֵֽל:

CUARTA LECTURA – MOSHÉ – NÉTSAJ

[39] Además, sus pequeños, quienes ustedes dijeron que irían a ser presa, que hoy no tienen conocimiento del bien ni del mal, entrarán allá, y a ellos Yo la daré y ellos la poseerán'. [40] Pero, en cuanto a ustedes, vuélvanse y partan hacia el desierto por el camino del Mar Rojo'. [41] Entonces contestaron y me dijeron: 'Hemos pecado contra el Eterno; nosotros subiremos y pelearemos tal como el Eterno, nuestro Dios, nos ha ordenado'. Y cada uno de ustedes se ciñó sus armas de guerra, y pensaron que era sencillo subir a los montes. [42] Pero el Eterno me dijo: 'Diles: No suban, ni peleen; porque Yo no estoy entre ustedes; no sea que sus enemigos los derroten'. [43] Y les hablé, pero no quisieron escuchar; sino que se rebelaron contra el mandamiento del Eterno y fueron insolentes, y subieron a los montes. [44] Y los amorreos que moraban en esa montaña salieron contra ustedes, y los persiguieron como lo hacen las abejas, y los derrotaron desde Seír hasta Jormá. [45] Entonces regresaron y lloraron delante del Eterno, pero el Eterno no escuchó su voz, ni les prestó oído. [46] Por eso permanecieron en Kadésh muchos años, como la cantidad que ya habían pasado en el desierto. 2 [1] Después nos volvimos y partimos hacia el desierto por el camino del Mar Rojo, como el Eterno me había dicho, y dimos vuelta al Monte Seír por muchos días.

QUINTA LECTURA – AHARÓN – HOD

[2] Y el Eterno me habló, diciendo: [3] 'Han dado vueltas a este monte por suficiente tiempo; vuélvanse hacia el Norte. [4] Y ordena al pueblo, diciendo: 'Van a pasar por el territorio de sus hermanos, los hijos de Esav que habitan en Seír, y ellos les tendrán miedo. Pero ustedes tengan mucho cuidado;

וְטַפְּכֶם

Deuteronomio 1:39 – Los israelitas se quejaron porque sus hijos serían destruidos. Sin embargo, para toda la energía que invirtieron en su protesta, en realidad estaban tan temerosos por sí mismos como por sus hijos. Debemos aprender que, para un padre, interés verdadero significa poner las necesidades del hijo por delante de todo lo demás; en especial por delante de las necesidades personales del propio padre cuando éstas se interponen en el bienestar del hijo.

וַיֹּאמֶר

Deuteronomio 2:2 – En este versículo, el tiempo se adelanta 38 años. Según la Kabbalah, el tiempo en realidad es el proceso entre Causa y Efecto. Ese proceso puede ser largo o corto, dependiendo del camino que tomemos. Si vivimos cada día al máximo y con una consciencia alerta, no habrá un día en que hagamos retrospectiva y nos preguntemos adónde se fueron diez años de nuestra vida. En lugar de ello, sabremos qué hicimos con nuestro tiempo y, dado que una conciencia alerta es un requisito indispensable para la iluminación y la transformación espiritual, sabremos que nuestro proceso nos ha llevado a conectar más cercanamente con la Luz.

CUARTA LECTURA – MOSHÉ – NÉTSAJ

39 וְטַפְּכֶם אֲשֶׁר אֲמַרְתֶּם לָבַז יִהְיֶה ... וּבְנֵיכֶם אֲשֶׁר לֹא־יָדְעוּ הַיּוֹם

ע"ה = נגד, זן, מזבח טוֹב וְהו וָרָע אלהים דההין הֵמָּה מ"ה יָבֹאוּ שָׁמָּה מהעו, משה, אל עדי

וְלָהֶם אֶתְנֶנָּה וְהֵם יִירָשׁוּהָ: 40 וְאַתֶּם פְּנוּ לָכֶם וּסְעוּ הַמִּדְבָּרָה דֶּרֶךְ

ב"פ יב"ק יַם־ ילי סוּף: 41 וַתַּעֲנוּ | וַתֹּאמְרוּ אֵלַי חָטָאנוּ לַיהֹוַאדנ"יאהדונהי אֲנַחְנוּ

נַעֲלֶה וְנִלְחַמְנוּ כְּכֹל אֲשֶׁר־צִוָּנוּ יְהֹוַאדנ"יאהדונהי אֱלֹהֵינוּ ילה וַתַּחְגְּרוּ אִישׁ

ע"ה קנ"א קס"א אֶת־כְּלֵי כל"י מִלְחַמְתּוֹ וַתָּהִינוּ לַעֲלֹת אבגיתץ, ושר, אהבת חנם הָהָרָה:

42 וַיֹּאמֶר יְהֹוַאדנ"יאהדונהי אֵלַי אֱמֹר לָהֶם לֹא תַעֲלוּ וְלֹא־תִלָּחֲמוּ כִּי

אֵינֶנִּי בְּקִרְבְּכֶם וְלֹא תִּנָּגְפוּ לִפְנֵי חוכמה בינה אֹיְבֵיכֶם: 43 וָאֲדַבֵּר ראה

אֲלֵיכֶם וְלֹא שְׁמַעְתֶּם וַתַּמְרוּ אֶת־פִּי יְהֹוָ אדנ"יאהדונהי וַתָּזִדוּ וַתַּעֲלוּ

הָהָרָה: 44 וַיֵּצֵא הָאֱמֹרִי הַיֹּשֵׁב בָּהָר אור, רז, אין סוף הַהוּא לִקְרַאתְכֶם

וַיִּרְדְּפוּ אֶתְכֶם כַּאֲשֶׁר תַּעֲשֶׂינָה הַדְּבֹרִים ראה וַיַּכְּתוּ אֶתְכֶם בְּשֵׂעִיר

עַד־חָרְמָה: 45 וַתָּשֻׁבוּ וַתִּבְכּוּ לִפְנֵי חוכמה בינה יְהֹוָ אדנ"יאהדונהי וְלֹא־שָׁמַע

יְהֹוַאדנ"יאהדונהי בְּקֹלְכֶם וְלֹא הֶאֱזִין אֲלֵיכֶם: 46 וַתֵּשְׁבוּ בְקָדֵשׁ יָמִים גלך

רַבִּים כַּיָּמִים גלך אֲשֶׁר יְשַׁבְתֶּם: 2 1 וַנֵּפֶן וַנִּסַּע הַמִּדְבָּרָה דֶּרֶךְ ב"פ יב"ק

יַם־ ילי סוּף כַּאֲשֶׁר דִּבֶּר ראה יְהֹוָ אדנ"יאהדונהי אֵלַי וַנָּסָב אֶת־הַר־ רבוע אלהים – ה"

שֵׂעִיר יָמִים גלך רַבִּים:

QUINTA LECTURA – AHARÓN – HOD

2 וַיֹּאמֶר יְהֹוָ אדנ"יאהדונהי אֵלַי לֵאמֹר: 3 רַב־ ע"ב ורבוע מ"ה לָכֶם סֹב אֶת־הָהָר

הַזֶּה והו פְּנוּ לָכֶם צָפֹנָה ע"ה עסמ"ב: 4 וְאֶת־הָעָם צַו פני לֵאמֹר אַתֶּם עֹבְרִים

בִּגְבוּל אֲחֵיכֶם בְּנֵי־עֵשָׂו הַיֹּשְׁבִים בְּשֵׂעִיר וְיִירְאוּ מִכֶּם וְנִשְׁמַרְתֶּם

⁵ no se metan con ellos, porque nada de su tierra les daré, ni siquiera para la planta de un pie, porque he dado el Monte Seír a Esav por posesión.

⁶ Les comprarán alimentos con dinero, a fin de que coman; y también les comprarán agua con dinero, a fin de que beban.

⁷ Pues el Eterno, tu Dios, te ha bendecido en toda la obra de tus manos; Él ha conocido tus andares a lo largo de este inmenso desierto. Estos cuarenta años el Eterno, tu Dios, ha estado contigo; nada te ha faltado'.

⁸ Así que pasamos de largo a nuestros hermanos, los hijos de Esav que habitan en Seír, camino del camino de Aravá, de Elat y de Etsión Guever. Y nos volvimos y pasamos por el camino del desierto de Moab.

⁹ Y el Eterno me dijo: 'No molestes a Moab, ni contiendas con ellos en guerra, porque no te daré nada de su tierra por posesión, pues he dado Ar a los hijos de Lot por posesión.

¹⁰ Los emitas habitaron en el pasado, un pueblo tan grande, numeroso y alto como los gigantes; ¹¹ éstos también son considerados refaítas, como los gigantes, pero los moabitas los llaman emitas.

¹² Y los joreos habitaban antes en Seír, pero los hijos de Esav los vencieron y los destruyeron delante de ellos, y moraron en su lugar, tal como Israel hizo con la tierra de su posesión, la cual el Eterno les dio.

¹³ Levántense ahora y crucen el torrente de Zéred'. Y cruzamos el torrente de Zéred.

¹⁴ Y los días que nos llevó para venir de Kadésh Barnea, hasta que cruzamos el torrente de Zéred, fueron treinta y ocho años; hasta que toda la generación de los hombres de guerra fue consumida de en medio del campamento, como el Eterno les había jurado.

Deuteronomio 2:8 – Aquí hay una separación, un espacio más largo de lo normal entre dos palabras en la mitad de este versículo: "Así que pasamos de largo a nuestros hermanos, los hijos de Esav que habitan en Seír, camino del camino de Aravá, de Eilat y de Etsión-Guever. [SEPARACIÓN] Y nos volvimos y pasamos por el camino del desierto de Moav". Una separación en el medio de un versículo significa que podemos viajar en el tiempo. Podemos regresar y corregir cosas que necesitamos enmendar o, alternativamente, podemos dar un salto al futuro. De acuerdo con los sabios, no estamos limitados por el tiempo ni el espacio. Rav Áshlag asevera:

Y esto es conforme a lo que nuestros sabios dicen (en el tratado Sanhedrín 98a) acerca del final del proceso de Salvación y Redención para el pueblo de Israel. Con respecto a la cita "Yo soy el Eterno, en su tiempo lo apresuraré" ellos dijeron: "Si lo merecen, acelerarán [AL TIEMPO]; SI ELLOS no lo merecen, será en su debido tiempo". Ellos quieren decir que,

מְאֹד מ״ה: 5 אַל־תִּתְגָּרוּ בָם מ״ב כִּי לֹא־אֶתֵּן לָכֶם מֵאַרְצָם עַד מִדְרַךְ
כַּף־רָגֶל עסמ״ב ע״ה, קס״א ע״ה כִּי־יְרֻשָּׁה לְעֵשָׂו נָתַתִּי אֶת־הַר רבוע אלהים ־ ה שֵׂעִיר:
6 אֹכֶל תִּשְׁבְּרוּ מֵאִתָּם בַּכֶּסֶף וַאֲכַלְתֶּם וְגַם־ יג״ל מַיִם תִּכְרוּ מֵאִתָּם
בַּכֶּסֶף וּשְׁתִיתֶם: 7 כִּי יְהֹוָ‌ַ‌ה‌אדוני אֱלֹהֶיךָ ילה בֵּרַכְךָ בְּכֹל ב״ן, לכב, יבמ
מַעֲשֵׂה יָדֶךָ בוכ״ו יָדַע בי״פ מ״ב לֶכְתְּךָ אֶת־הַמִּדְבָּר הַגָּדֹל לההו, מבה, יזל, אום
הַזֶּה והו זֶה | אַרְבָּעִים שָׁנָה יְהֹוָ‌ַ‌ה‌אדוני אֱלֹהֶיךָ ילה עִמָּךְ ה הויות, גכם לֹא
חָסַרְתָּ דָּבָר ראה: 8 וַנַּעֲבֹר מֵאֵת אַחֵינוּ בְנֵי־עֵשָׂו הַיֹּשְׁבִים בְּשֵׂעִיר
מִדֶּרֶךְ ב״פ יב״ק הָעֲרָבָה מֵאֵילַת וּמֵעֶצְיֹן גָּבֶר [   ] וַנֵּפֶן וַנַּעֲבֹר דֶּרֶךְ
ב״פ יב״ק מִדְבַּר מוֹאָב יוד הא ואו הה: 9 וַיֹּאמֶר יְהֹוָ‌ַ‌ה‌אדוני אֵלַי אַל־תָּצַר
אֶת־מוֹאָב יוד הא ואו הה וְאַל־תִּתְגָּר בָם מ״ב מִלְחָמָה כִּי לֹא־אֶתֵּן לְךָ מֵאַרְצוֹ
יְרֻשָּׁה כִּי לִבְנֵי־לוֹט מ״ה נָתַתִּי אֶת־עָר יפ ז״ך יְרֻשָּׁה: 10 הָאֵמִים לְפָנִים
ע״ב ס״ג מ״ה יָשְׁבוּ בָהּ עַם גָּדוֹל לההו, מבה, יזל, אום וְרַב ע״ב ורבוע מ״ה וָרָם כָּעֲנָקִים:
11 רְפָאִים יֵחָשְׁבוּ אַף־הֵם כָּעֲנָקִים וְהַמֹּאָבִים יִקְרְאוּ לָהֶם אֵמִים:
12 וּבְשֵׂעִיר יָשְׁבוּ הַחֹרִים לְפָנִים ע״ב ס״ג מ״ה וּבְנֵי עֵשָׂו יִירָשׁוּם וַיַּשְׁמִידוּם
מִפְּנֵיהֶם וַיֵּשְׁבוּ תַחְתָּם כַּאֲשֶׁר עָשָׂה יִשְׂרָאֵל לְאֶרֶץ אלהים דאלפין יְרֻשָּׁתוֹ
אֲשֶׁר־נָתַן יְהֹוָ‌ַ‌ה‌אדוני לָהֶם: 13 עַתָּה קֻמוּ וְעִבְרוּ לָכֶם אֶת־נַחַל זָרֶד
וַנַּעֲבֹר אֶת־נַחַל זָרֶד: 14 וְהַיָּמִים נ״ל אֲשֶׁר־הָלַכְנוּ | מִקָּדֵשׁ בַּרְנֵעַ עַד
אֲשֶׁר־עָבַרְנוּ אֶת־נַחַל זֶרֶד שְׁלֹשִׁים וּשְׁמֹנֶה שָׁנָה עַד־תֹּם יפ רבוע אהיה כָּל־

---

si los israelitas merecen y adoptan la ley de la evolución, la cual transformará inevitablemente sus características negativas en positivas, y si ellos llevan esa ley a su propia gobernanza, lo que significa que por cuenta propia se enfocarán en corregir sus características negativas y transformarlas en positivas, entonces "lo apresuraré". Esto significa que, por ende, ellos serán completamente liberados de las cadenas del tiempo. Pero este final depende completamente de su propio deseo, lo que significa que es una función de su abundancia de acciones y atención. En este sentido, estarían "apresurando" el final.

— Los nuevos escritos de Rav Áshlag, Artículo 1

[15] *Pues, en efecto, la mano del Eterno fue contra ellos, para destruirlos de en medio del campamento, hasta que todos perecieron.*

[16] *Y aconteció, cuando todos los hombres de guerra habían fueron consumidos y muertos de entre el pueblo,*

[17] *que el Eterno me habló, diciendo:*

[18] *'Tú cruzarás hoy la frontera de Moab, por Ar;*

[19] *y cuando llegues frente a los hijos de Amón, no los molestes ni entres en contienda con ellos, porque no te daré nada de la tierra de los hijos de Amón en posesión, porque se la he dado a los hijos de Lot en posesión'.*

[20] *Ésta también es contada como tierra de refaítas: allí vivieron refaítas en el pasado, pero los amonitas los llamaron zamzumeos,*

[21] *un pueblo grande, numeroso y alto como los gigantes, pero el Eterno los destruyó delante de ellos; y los vencieron y moraron en su lugar,*

[22] *tal como Él hizo por los hijos de Esav, que habitan en Seír, cuando destruyó al joreo delante de ellos; y ellos los vencieron y moraron en su lugar hasta este día;*

[23] *y a los aveos que habitaban en aldeas hasta Gaza, los caftoreos, que salieron de Caftor, los destruyeron y moraron en su lugar.*

[24] *Levántense, partan y pasen por el valle del Arnón; mira, he entregado en tu mano a Sijón, el amorreo, rey de Jeshbón, y a su tierra; comienza a tomar posesión y entra en batalla con él.*

[25] *Este día comenzaré a infundir el espanto y temor de ti en los pueblos debajo de todo el cielo, quienes, al oír tu reputación, temblarán y se angustiarán a causa de ti'.*

מוֹאָב

Deuteronomio 2:18 – A pesar de que Balak, el rey de Amón y Moav, era un hombre muy malvado, a los israelitas se les instruyó que no hirieran a los moabitas dado que Rut, la tatarabuela del Rey David, vendría de la nación de Moav. Ella era tan pura que toda una nación fue salvada debido a su mérito. Esto revela el poder de la energía positiva de una sola persona. Aun si todos los demás en una familia son negativos, un solo miembro puede ser un faro de Luz que proporcione protección y energía, así como Rut ejerció esa función para todo el pueblo de Moav.

El *Zóhar* refuerza esta idea:

De ese modo con Moav, que estaba por producir en el futuro estos higos, RUT Y SU DESCENDENCIA, el Santísimo, bendito sea Él, los guardó, como dice: "'No hostigarás a Moav'". Midián ya había producido los higos y fueron recogidos, como está escrito: "'Aflige a los madianitas...'" (Números 25:17), ya que de aquí en adelante, la higuera no producirá más fruto. Por lo tanto, merece ser quemada con fuego. Él abrió la discusión diciendo: "Y Moav dijo a los ancianos de Midián..."

יי הַדּוֹר אַנְשֵׁי הַמִּלְחָמָה מִקֶּרֶב הַמַּחֲנֶה כַּאֲשֶׁר נִשְׁבַּע יְהֹוָהאהדנהי

לָהֶם: 15 וְגַם יגﬞﬞל יַד־יְהֹוָהאהדנהי הָיְתָה בָּם מﬞﬞב לְהֻמָּם מִקֶּרֶב הַמַּחֲנֶה

עַד תֻּמָּם: 16 וַיְהִי אל כַּאֲשֶׁר־תַּמּוּ כָּל־ יﬞﬞל אַנְשֵׁי הַמִּלְחָמָה לָמוּת מִקֶּרֶב

הָעָם: 17 וַיְדַבֵּר ראה יְהֹוָהאהדנהי אֵלַי לֵאמֹר: 18 אַתָּה עֹבֵר רביע יהוה ורביע אלהים

הַיּוֹם עﬞﬞה = נגד, זן, מזבח אֶת־גְּבוּל מוֹאָב | אֶת־הָעָר יﬞﬞפ זﬞﬞר: 19 וְקָרַבְתָּ

מוּל בְּנֵי עַמּוֹן רביע סﬞﬞג אַל־תְּצֻרֵם וְאַל־תִּתְגָּר בָּם מﬞﬞב כִּי לֹא־אֶתֵּן מֵאֶרֶץ

בְּנֵי־עַמּוֹן רביע סﬞﬞג לְךָ יְרֻשָּׁה כִּי לִבְנֵי־לוֹט מﬞﬞה נְתַתִּיהָ יְרֻשָּׁה: אלהים דאלפין

20 אֶרֶץ אלהים דאלפין רְפָאִים תֵּחָשֵׁב אַף־הִוא רְפָאִים יָשְׁבוּ־בָהּ לְפָנִים

עﬞﬞב סﬞﬞג מﬞﬞה וְהָעַמֹּנִים יִקְרְאוּ לָהֶם זַמְזֻמִּים: 21 עַם גָּדוֹל לתהו, מבה, יול, אום וָרַב

עﬞﬞב ורביע מﬞﬞה וָרָם כָּעֲנָקִים וַיַּשְׁמִידֵם יְהֹוָהאהדנהי מִפְּנֵיהֶם וַיִּירָשֻׁם וַיֵּשְׁבוּ

תַחְתָּם: 22 כַּאֲשֶׁר עָשָׂה לִבְנֵי עֵשָׂו הַיֹּשְׁבִים בְּשֵׂעִיר אֲשֶׁר הִשְׁמִיד

אֶת־הַחֹרִי מִפְּנֵיהֶם וַיִּירָשֻׁם וַיֵּשְׁבוּ תַחְתָּם עַד הַיּוֹם עﬞﬞה = נגד, זן, מזבח הַזֶּה

 והﬞﬞו: 23 וְהָעַוִּים הַיֹּשְׁבִים בַּחֲצֵרִים עַד־עַזָּה כַּפְתֹּרִים הַיֹּצְאִים מִכַּפְתֹּר

הִשְׁמִידֻם וַיֵּשְׁבוּ תַחְתָּם: 24 קוּמוּ סְּעוּ וְעִבְרוּ אֶת־נַחַל אַרְנֹן רְאֵה ראה

נָתַתִּי בְיָדְךָ בוﬞﬞכ אֶת־סִיחֹן מֶלֶךְ־חֶשְׁבֹּן הָאֱמֹרִי וְאֶת־אַרְצוֹ הָחֵל רֵשׁ

וְהִתְגָּר בּוֹ מִלְחָמָה: 25 הַיּוֹם עﬞﬞה = נגד, זן, מזבח הַזֶּה והﬞﬞו אָחֵל תֵּת פַּחְדְּךָ יבﬞﬞק

וְיִרְאָתְךָ עַל־פְּנֵי חכמה בינה הָעַמִּים עﬞﬞה קסﬞﬞא תַּחַת כָּל־ יﬞﬞל תָּחַת הַשָּׁמַיִם יﬞﬞפ טל, יﬞﬞפ כוזו

(Números 22:4). *Los moabitas son los que empezaron A AFLIGIR A YISRAEL. Por amor a los higos, RUT Y SU DESCENDENCIA, que Moav produciría en el futuro, fueron salvados del castigo.*
— *El Zóhar, Balak 6:62*

פַּחְדְּךָ

Deuteronomio 2:25 – En este versículo leemos que Dios infundiría miedo de los israelitas en los pueblos que ellos recorrerían. Por otro lado, los israelitas debían dejar sus propios miedos mientras emprendían su largo viaje para llegar a Israel. El miedo es tan poderoso que puede impedirnos alcanzar lo que merecemos en la vida. Usualmente, si vemos en retrospectiva las cosas a las que les teníamos miedo en el pasado, entendemos cuán injustificados eran nuestros miedos. Al conectar con este versículo, obtenemos asistencia para superar nuestro temor cuando tenemos miedo.

²⁶ Entonces envié mensajeros desde el desierto de Kedemot a Sijón, rey de Jeshbón, con palabras de paz, diciendo:

²⁷ 'Déjame pasar por tu tierra; iré derecho por el camino, sin apartarme ni a la derecha ni a la izquierda.

²⁸ 'Me venderás alimentos por dinero, a fin de que yo pueda comer, y me darás agua por dinero a fin de que pueda beber; tan sólo permíteme pasar a pie,

²⁹ así como hicieron conmigo los hijos de Esav que habitan en Seír, y los moabitas que habitan en Ar; hasta que cruce el Jordán a la tierra que el Eterno, nuestro Dios, nos da'.

³⁰ Pero Sijón, rey de Jeshbón, no quiso dejarnos pasar junto a él, porque el Eterno, nuestro Dios, endureció su espíritu e hizo obstinado su corazón, a fin de entregarlo en tus manos, como lo está haciendo este día.

SEXTA LECTURA – YOSEF – YESOD

³¹ Y el Eterno me dijo: 'Mira, he comenzado a entregar a Sijón y su tierra ante ti; comienza a poseer su tierra'.

³² Entonces Sijón salió con todo su pueblo contra nosotros, para contender en Yahetsá.

³³ Y el Eterno, nuestro Dios, lo entregó ante nosotros; y lo herimos a él, sus hijos y todo su pueblo. ³⁴ Tomamos todas sus ciudades en aquel entonces, y destruimos por completo cada ciudad, hombres, mujeres y pequeños; no dejamos a nadie vivo.

הוֹכַלְתִּי

Deuteronomio 2:31 – Moshé le dijo a los israelitas que Dios los ayudaría a vencer al rey de los amorreos y al rey de Bashán. Camino a Israel, tanto el rey de los amorreos como el rey de Bashán fueron derrotados por los israelitas.

Este fue el punto de inflexión en la conciencia de los israelitas. Había existido una gran cantidad de negatividad entre el pueblo pero, en este punto, 40 años después del incidente del becerro de oro, hubo salvación finalmente. Sólo después de que tomamos la decisión de ser proactivos y tener una actitud positiva es que se hace posible el verdadero progreso espiritual.

El *Zóhar* explica este concepto más a fondo:

En ese momento, todos los gobernantes que fueron designados sobre las setenta naciones se reunieron y desearon restaurar el reino de Sijón a su estado anterior. Tan pronto como vieron el poder de Moshé, se retiraron … "…a causa de que ellos eran muchos (heb. rav)…" (Números 22:3). En tiempos anteriores, ESAV era grande (heb. rav), y grande es pequeño, como está escrito: "He aquí que te he hecho pequeño entre las naciones…" (Abdías 1:2). Israel se volvió grande en vez de Esav, como está escrito acerca de él: "'…y el mayor (heb. rav)…'"

אֲשֶׁר יִשְׁמָעוּן שִׁמְעֲךָ וְרָגְזוּ וְחָלוּ מִפָּנֶיךָ ס״מ־ב: 26 וָאֶשְׁלַח מַלְאָכִים
מִמִּדְבַּר קְדֵמוֹת אֶל־סִיחוֹן מֶלֶךְ חֶשְׁבּוֹן דִּבְרֵי ראה שָׁלוֹם לֵאמֹר:
27 אֶעְבְּרָה בְאַרְצֶךָ בַּדֶּרֶךְ בַּדֶּרֶךְ אֵלֵךְ לֹא אָסוּר יָמִין
וּשְׂמֹאול: 28 אֹכֶל בַּכֶּסֶף תַּשְׁבִּרֵנִי וְאָכַלְתִּי וּמַיִם בַּכֶּסֶף תִּתֶּן־
לִי וְשָׁתִיתִי רַק אֶעְבְּרָה בְרַגְלָי: 29 כַּאֲשֶׁר עָשׂוּ־לִי בְּנֵי עֵשָׂו הַיֹּשְׁבִים
בְּשֵׂעִיר וְהַמּוֹאָבִים הַיֹּשְׁבִים בְּעָר עַד אֲשֶׁר־אֶעֱבֹר אֶת־הַיַּרְדֵּן
אֶל־הָאָרֶץ אֲשֶׁר־יְהֹוָה אֱלֹהֵינוּ נֹתֵן
לָנוּ: 30 וְלֹא אָבָה סִיחֹן מֶלֶךְ חֶשְׁבּוֹן
הַעֲבִרֵנוּ בּוֹ כִּי־הִקְשָׁה יְהֹוָה אֱלֹהֶיךָ אֶת־רוּחוֹ וְאִמֵּץ
אֶת־לְבָבוֹ לְמַעַן תִּתּוֹ בְיָדְךָ כַּיּוֹם הַזֶּה:

SEXTA LECTURA – YOSEF – YESOD

31 וַיֹּאמֶר יְהֹוָה אֵלַי רְאֵה הַחִלֹּתִי תֵּת לְפָנֶיךָ אֶת־סִיחֹן
וְאֶת־אַרְצוֹ הָחֵל רָשׁ לָרֶשֶׁת אֶת־אַרְצוֹ: 32 וַיֵּצֵא סִיחֹן לִקְרָאתֵנוּ
הוּא וְכָל־עַמּוֹ לַמִּלְחָמָה יָהְצָה: 33 וַיִּתְּנֵהוּ יְהֹוָה אֱלֹהֵינוּ
לְפָנֵינוּ וַנַּךְ אֹתוֹ וְאֶת־בָּנָו וְאֶת־כָּל־עַמּוֹ: 34 וַנִּלְכֹּד אֶת־כָּל־

(Génesis 25:23), SIGNIFICANDO: "'...Y EL MAYOR SERVIRÁ AL MENOR'" (IBID.). ¿Cuál es la razón para que ELLOS CONSIDERARAN COMO GRANDE A YISRAEL? Es porque vieron que Yisrael era dominante arriba y abajo, como está escrito: "...todo lo que Yisrael había hecho a los amoritas" (Números 22:2). Debió haber dicho: 'aquello que Yisrael había hecho'. ¿Qué es "todo lo que (heb. et)"? Es para también incluir arriba y abajo, que ellos derribaron a SUS jefes y gobernantes de su dominio arriba, y también derribaron a los jefes

y gobernantes abajo, EN ESTE MUNDO. Por lo tanto, ESTÁ ESCRITO: "Todo lo que (heb. et) Yisrael había hecho". Es por eso que ELLOS DIJERON: "porque eran muchos (heb. rav)" en vez de 'el mayor', que habría significado al primogénito santo EN LUGAR DE LA PRIMOGENITURA DE ESAV, como está escrito: "...'Yisrael es Mi hijo, Mi primogénito'" (Éxodo 4:22).
— El Zóhar, Balak 2:10, 14

35 Solamente tomamos el ganado como nuestro botín, con los despojos de las ciudades que habíamos tomado.

36 Desde Aroer, que está a la orilla del valle del Arnón, y desde la ciudad que está en el valle, hasta Guilad, no hubo ciudad que fuera más fuerte que nosotros: el Eterno, nuestro Dios, las entregó todas ante nosotros.

37 Solamente no te acercaste a la tierra de los hijos de Amón; a todo lo largo del arroyo Yaboc, ni a las ciudades de las montañas, y todo lo que el Eterno, nuestro Dios, nos prohibió.

3 1 Después nos volvimos y subimos por el camino de Bashán, y Og, rey de Bashán, salió contra nosotros, él y todo su pueblo, para pelear en Edréi.

2 Y el Eterno me dijo: 'No le temas, porque en tu mano Yo lo he entregado a él, todo su pueblo y su tierra; y harás con él tal como hiciste con Sijón, rey de los amorreos, que habitaba en Jeshbón'.

3 Así que el Eterno, nuestro Dios, entregó también a Og, rey de Bashán, con todo su pueblo en nuestra mano; y los herimos hasta que no quedaron sobrevivientes.

4 Y tomamos todas sus ciudades en aquel entonces; no quedó ciudad que no tomáramos: sesenta ciudades, toda la región de Argob, el reino de Og en Bashán.

5 Todas éstas eran ciudades fortificadas con altas murallas, portones y barras; además de muchas otras aldeas rurales.

6 Y las destruimos totalmente, como hicimos con Sijón, rey de Jeshbón, destruyendo por completo cada ciudad, hombres, mujeres y pequeños.

7 Pero tomamos como nuestro botín todo el ganado y los despojos de las ciudades.

8 Y en aquel entonces tomamos la tierra de mano de los dos reyes de los amorreos que estaban del otro lado del Jordán, desde el valle de Arnón hasta el Monte Hermón

9 al cual Hermón, los sidonios, llaman Sirión, y los amorreos llaman Senir:

10 todas las ciudades de la llanura, todo Galaad y todo Bashán, hasta Saljá y Edréi, ciudades del reino de Og en Bashán.

עָרָיו בָּעֵת יִ"פ אהיה י' הויות הַהִוא וַנַּחֲרֵם אֶת־כָּל־ יֶלי עִיר בֹּזְחֹזְךָ, ערי, סנדלפוז מְתֹם

וְהַנָּשִׁים וְהַטָּף לֹא הִשְׁאַרְנוּ שָׂרִיד: 35 רַק הַבְּהֵמָה בֹּ"ן, לכב, יבם בָּזַזְנוּ לָנוּ
אַ־

מוּם, אלהים, אהיה אדני וּשְׁלַל בֹּ"פ עס"מ הֶעָרִים עכ"ה, ה"פ אדני אֲשֶׁר לָכָדְנוּ: 36 מֵעֲרֹעֵר

אֲשֶׁר עַל־שְׂפַת־נַחַל אַרְנֹן וְהָעִיר בֹּזְחֹזְךָ, ערי, סנדלפוז אֲשֶׁר בַּנַּחַל וְעַד־הַגִּלְעָד

לֹא הָיְתָה קִרְיָה אֲשֶׁר שָׂגְבָה מִמֶּנּוּ אֶת־הַכֹּל יֶלי נָתַן יְהוֹ ואדני ואהדני

אֱלֹהֵינוּ יהֹה לְפָנֵינוּ: 37 רַק אֶל־אֶרֶץ אלהים דאלהין רבוע ס"ג בְּנֵי־עַמּוֹן לֹא קָרַבְתָּ

כָּל־ יֶלי יַד נַחַל יַבֹּק יהוה אלהים, יהוה אדני וְעָרֵי בֹּזְחֹזְךָ, ערי, סנדלפוז הָהָר וְכֹל יֶלי

אֲשֶׁר־צִוָּה פוי יְהוֹ ואהדני ואהדני אֱלֹהֵינוּ יהֹה: 3 1 וַנֵּפֶן עה"ה קנ"א הַדֶּרֶךְ בֹ"פ יב"ק

הַבָּשָׁן וַיֵּצֵא מֶלֶךְ־הַבָּשָׁן לִקְרָאתֵנוּ הוּא וְכָל־ יֶלי עַמּוֹ לַמִּלְחָמָה

אֶדְרֶעִי: 2 וַיֹּאמֶר יְהוֹ ואהדני ואהדני אֵלַי אַל־תִּירָא אֹתוֹ כִּי בְיָדְךָ בוכ"י נָתַתִּי

אֹתוֹ וְאֶת־כָּל־ יֶלי עַמּוֹ וְאֶת־אַרְצוֹ וְעָשִׂיתָ לּוֹ כַּאֲשֶׁר עָשִׂיתָ לְסִיחֹן

מֶלֶךְ הָאֱמֹרִי אֲשֶׁר יוֹשֵׁב בְּחֶשְׁבּוֹן: 3 וַיִּתֵּן י"פ מלוי ע"ב יְהוֹ ואדני ואהדני אֱלֹהֵינוּ

יהֹה בְּיָדֵנוּ גַּם יג"ל אֶת־עוֹג מֶלֶךְ־הַבָּשָׁן וְאֶת־כָּל־ יֶלי עַמּוֹ וַנַּכֵּהוּ עַד־בִּלְתִּי

הִשְׁאִיר־לוֹ שָׂרִיד: 4 וַנִּלְכֹּד אֶת־כָּל־ יֶלי עָרָיו בָּעֵת י"פ אהיה י' הויות הַהִוא

לֹא הָיְתָה קִרְיָה אֲשֶׁר לֹא־לָקַחְנוּ מֵאִתָּם שִׁשִּׁים עִיר בֹּזְחֹזְךָ, ערי, סנדלפוז

כָּל־ יֶלי וְחֶבֶל אַרְגֹּב מַמְלֶכֶת עוֹג בַּבָּשָׁן: 5 כָּל־ יֶלי אֵלֶּה עָרִים בְּצֻרֹת

וְחוֹמָה גְבֹהָה דְּלָתַיִם וּבְרִיחַ לְבַד מֵעָרֵי בֹּזְחֹזְךָ, ערי, סנדלפוז הַפְּרָזִי הַרְבֵּה

מְאֹד מ"ה: 6 וַנַּחֲרֵם אוֹתָם כַּאֲשֶׁר עָשִׂינוּ לְסִיחֹן מֶלֶךְ חֶשְׁבּוֹן הַחֲרֵם

אברהם, וז"פ אל, רמ"ח כָּל־ יֶלי עִיר בֹּזְחֹזְךָ, ערי, סנדלפוז מְתִם י"פ רבוע אהיה הַנָּשִׁים וְהַטָּף:

7 וְכָל־ יֶלי הַבְּהֵמָה בֹּ"ן, לכב, יבם וּשְׁלַל בֹּ"פ עס"מ הֶעָרִים עכ"ה, ה"פ אדני בַּזֹּנוּ לָנוּ
אַ־

מוּם, אלהים, אהיה אדני: 8 וַנִּקַּח בָּעֵת י"פ אהיה י' הויות הַהִוא אֶת־הָאָרֶץ אלהים דההין ע"ה

מִיַּד שְׁנֵי מַלְכֵי הָאֱמֹרִי אֲשֶׁר בְּעֵבֶר רבוע יהוה ורבוע אלהים הַיַּרְדֵּן י"פ יהוה וד' אותיות

מִנַּחַל אַרְנֹן עַד־הָר רבוע אלהים + ה' חֶרְמוֹן: 9 צִידֹנִים יִקְרְאוּ לְחֶרְמוֹן שִׂרְיֹן

וְהָאֱמֹרִי יִקְרְאוּ־לוֹ שְׂנִיר: 10 כֹּל יֶלי | עָרֵי יֶלי בֹּזְחֹזְךָ, ערי, סנדלפוז הַמִּישֹׁר וְכָל־ יֶלי

¹¹ *Porque sólo Og, rey de Bashán, quedaba de los refaim; he aquí que su cama era una cama de hierro, ¿acaso no está en Rabá de los hijos de Amón? Tenía nueve codos de largo y cuatro codos de ancho, según el codo de un hombre.*

¹² *Y de esta tierra tomamos posesión en aquel tiempo; desde Aroer, que está en el valle de Arnón, y la mitad de la región montañosa de Guilad y sus ciudades, se la di a los rubenitas y a los gaditas;*

¹³ *y el resto de Guilad y todo Bashán, el reino de Og, toda la región de Argov, se la di a la media tribu de Menashé: a todo el territorio de Bashán se le llama la tierra de los refaim.*

¹⁴ *Yaír, hijo de Menashé, tomó toda la región de Argov hasta la frontera de los guesuritas y los maacatitas, y llamó a Bashán según su propio nombre, Javot Yaír, como se llama hasta el día de hoy.*

SÉPTIMA LECTURA – DAVID – MALJUT

¹⁵ *Y a Majir le di Guilaad.*

¹⁶ *Y a los rubenitas y los gaditas les di desde Guilad hasta el valle de Arnón, el medio del valle como frontera, hasta el arroyo Yabok, que es la frontera de los hijos de Amón;*

¹⁷ *también el Aravá, con el Jordán como su frontera, desde el Kinéret hasta el mar del Aravá, el Mar de la Sal, debajo de las vertientes del Pisgá hacia el Este.*

¹⁸ *Y yo les ordené en aquel tiempo, diciendo: 'El Eterno, su Dios, les ha dado esta tierra para poseerla; todos ustedes, hombres de valor, cruzarán armados delante de sus hermanos, los hijos de Israel.*

¹⁹ *Pero sus mujeres, sus pequeños y su ganado —yo sé que tienen mucho ganado— permanecerán en las ciudades que les he dado;*

נָתַתִּי

Deuteronomio 3:12 – En esta sección, Moshé les dijo a las tribus de Reuvén, Gad y Menashé que ellos heredarían la tierra de las naciones con las que combatirían. A pesar del hecho de que sabían que la tierra sería de ellos, ellos no escatimaron esfuerzos para asegurarla. Aun cuando realmente queremos y merecemos algo, a menudo desistimos de esforzarnos por ello tan pronto como surgen los obstáculos. Es importante cultivar la perseverancia y practicarla en todo momento.

הַגִּלְעָד֙ וְכָל־יִ֖ הַבָּשָׁן֙ עַד־סַלְכָ֔ה וְאֶדְרֶ֖עִי עָרֵ֣י בּוֹחֹזֶר, עָרֵי, סֹגרֵלפֹּירֹן מַמְלֶ֥כֶת

ע֖וֹג בַּבָּשָׁ֑ן: 11 כִּ֣י רַק־ע֞וֹג מֶ֣לֶךְ הַבָּשָׁן֮ נִשְׁאַר֮ מִיֶּ֣תֶר הָֽרְפָאִים֒ הִנֵּ֤ה מ״ה יה

עַרְשׂ֣וֹ עֶ֣רֶשׂ בַּרְזֶ֗ל ר״ת בלהה רחל וזלפה לאה הֲלֹ֨ה הִ֜וא בְּרַבַּ֣ת בְּנֵ֣י עַמּ֗וֹן רביע ס״ג

תֵּ֤שַׁע אַמּוֹת֙ אָרְכָּ֔הּ וְאַרְבַּ֥ע אַמּ֖וֹת רָחְבָּ֑הּ בְּאַמַּת־אִֽישׁ: ע״ה קנ״א קס״א:

12 וְאֶת־הָאָ֧רֶץ אלהים דההין ע״ה הַזֹּ֛את יָרַ֥שְׁנוּ בָּעֵ֣ת י״פ אהיה י׳ הויות ה הַהִ֑וא הַהִ֖וא מֵעֲרֹעֵ֞ר

אֲשֶׁר־עַל־נַ֣חַל אַרְנֹ֗ן וַחֲצִ֤י הַ֨ר־ רביע אלהים ﹍ ה הַגִּלְעָד֙ וְעָרָ֔יו נָתַ֕תִּי

לָרֻֽאוּבֵנִ֖י וְלַגָּדִֽי: 13 וְיֶ֨תֶר הַגִּלְעָ֜ד וְכָל־יִ֖ הַבָּשָׁ֗ן מַמְלֶ֣כֶת ע֔וֹג נָתַ֕תִּי

לַחֲצִ֖י שֵׁ֣בֶט הַֽמְנַשֶּׁ֑ה כֹּ֣ל יִ֖ וַחֶ֤בֶל הָֽאַרְגֹּב֙ לְכָל־ יה אדני הַבָּשָׁ֔ן הַה֥וּא יִקָּרֵ֖א

אֶ֥רֶץ אלהים דאלהין רְפָאִֽים: 14 יָאִ֣יר בֶּן־מְנַשֶּׁ֗ה לָקַח֙ יהוה אהיה יהוה אדני אֶת־כָּל־יִ֖

חֶ֤בֶל אַרְגֹּב֙ עַד־גְּב֣וּל הַגְּשׁוּרִ֖י וְהַמַּֽעֲכָתִ֑י וַיִּקְרָ֣א עם ה׳ אותיות = ב״ף קס״א אֹתָ֣ם

עַל־שְׁמ֜וֹ מהטע ע״ה, אל שדי ע״ה אֶת־הַבָּשָׁ֛ן חַוֹּ֥ת יָאִ֖יר עַ֣ד הַיּ֥וֹם ע״ה = נגד, זן, מזבח

הַזֶּֽה: והוא

SÉPTIMA LECTURA – DAVID – MALJUT

15 וּלְמָכִ֖יר נָתַ֥תִּי אֶת־הַגִּלְעָֽד: 16 וְלָרֻֽאוּבֵנִ֣י וְלַגָּדִ֗י נָתַ֕תִּי מִן־הַגִּלְעָד֙

וְעַד־נַ֣חַל אַרְנֹ֔ן תּ֥וֹךְ הַנַּ֖חַל וּגְבֻ֑ל וְעַד֙ יַבֹּ֣ק יהוה אלהים, יהוה אהיה אדני הַנַּ֔חַל

גְּב֖וּל בְּנֵ֣י עַמּֽוֹן: רביע ס״ג 17 וְהָֽעֲרָבָ֖ה וְהַיַּרְדֵּ֣ן י״פ יהוה וד׳ אותיות וּגְבֻ֑ל מִכִּנֶּ֗רֶת

וְעַ֨ד יָ֤ם יִ֖ הָֽעֲרָבָה֙ יָ֣ם יִ֖ הַמֶּ֔לַח גَ״פ יהוה תַּ֛חַת אַשְׁדֹּ֥ת הַפִּסְגָּ֖ה מִזְרָֽחָה:

18 וָאֲצַ֣ו אֶתְכֶ֔ם בָּעֵ֥ת י״פ אהיה י׳ הויות ה הַהִ֖וא לֵאמֹ֑ר יְהֹוָ֣ה אדניאהדונהי אֱלֹֽהֵיכֶ֗ם ילה

נָתַ֨ן לָכֶ֜ם אֶת־הָאָ֤רֶץ אלהים דההין ע״ה הַזֹּאת֙ לְרִשְׁתָּ֔הּ חֲלוּצִ֣ים תַּֽעַבְר֗וּ לִפְנֵ֛י

וחכמה בינה אֲחֵיכֶ֥ם בְּנֵֽי־יִשְׂרָאֵ֖ל כָּל־יִ֖ בְּנֵי־יֶ֖חָיִל ומב׳: 19 רַ֣ק נְשֵׁיכֶ֤ם וְטַפְּכֶם֙

וּמִקְנֵכֶ֔ם יָדַ֕עְתִּי כִּֽי־מִקְנֶ֥ה רַ֖ב ע״ב ורביע מ״ה לָכֶ֑ם יֵֽשְׁב֙וּ בְּעָ֣רֵיכֶ֔ם אֲשֶׁ֖ר

נָתַ֥תִּי לָכֶֽם:

MAFTIR

[20] *hasta que el Eterno dé reposo a sus compatriotas como a ustedes, y ellos también posean la tierra que el Eterno, su Dios, les dará al otro lado del Jordán. Entonces podrán volver cada hombre a la posesión que les he dado'.*

[21] *Y ordené a Yehoshúa en aquel tiempo, diciendo: 'Tus ojos han visto todo lo que el Eterno, tu Dios, ha hecho a estos dos reyes; así hará el Eterno a todos los reinos a los cuales vayas.*

[22] *No les temas, porque el Eterno, su Dios, es el que pelea por ustedes'".*

MAFTIR

יג״ל ‏20 עַ֣ד אֲשֶׁר־יָנִ֩יחַ֩ יְהֹוָ֨הׇאהדני־אהדונהי ׀ לַאֲחֵיכֶם֮ כָּכֶ֒ם֒ וְיָרְשׁ֣וּ גַם־

ילה נָתַ֛ן הֵ֗ם אֶת־הָאָ֜רֶץ אלהים דההין ע״ה אֲשֶׁ֧ר יְהֹוָ֨הׇאהדני־אהדונהי אֱלֹהֵיכֶ֛ם

נתן אבגית״ץ, ושׁר, אהבת חנם לָהֶ֖ם בְּעֵ֣בֶר רבוע יהוה ורבוע אלהים הַיַּרְדֵּ֑ן י״פ יהוה ורד׳ אותיות

וְשַׁבְתֶּ֗ם אִ֚ישׁ ע״ה קנ״א קס״א לִֽירֻשָּׁת֔וֹ אֲשֶׁ֥ר נָתַ֖תִּי לָכֶֽם: ‏21 וְאֶת־יְהוֹשׁ֣וּעַ

צִוֵּ֩יתִי֩ בָּעֵ֨ת י״פ אהיה י׳ הויות הַהִ֤וא לֵאמֹר֙ עֵינֶ֣יךָ ע״ה קס״א הָרֹאֹ֗ת אֵת֩ כָּל־ ילי

אֲשֶׁ֨ר עָשָׂ֜ה יְהֹוָ֤הׇאהדני־אהדונהי אֱלֹהֵיכֶם֙ ילה לִשְׁנֵי֙ הַמְּלָכִ֣ים הָאֵ֔לֶּה כֵּן־יַעֲשֶׂ֤ה

יְהֹוָהׇאהדני־אהדונהי לְכָל־ יה ארני הַמַּמְלָכ֔וֹת אֲשֶׁ֥ר אַתָּ֖ה עֹבֵ֥ר רבוע יהוה ורבוע אלהים

שָֽׁמָּה מהש, משׁה, אל עדי׳: ‏22 לֹ֖א תִּֽירָא֑וּם כִּ֚י יְהֹוָ֣הׇאהדני־אהדונהי אֱלֹהֵיכֶ֔ם ילה ה֖וּא

הַנִּלְחָ֥ם לָכֶֽם:

HAFTARÁ DE DEVARIM

Esta Haftará siempre se lee la semana antes del 9 de *Av*. Ésta trata acerca de la destrucción del Templo, la cual ocurrió debido al odio gratuito entre las personas. En cada generación que el Templo no es reconstruido, es como si fuese destruido por completo nuevamente. Para reconstruir nuestro templo personal —si bien no construimos el Templo para todo el mundo— necesitamos tener el deseo de aprender a amar sin justificación y pedir ayuda para lograrlo. Esto significa que si hay alguien a quien odiamos, debemos enviarle amor en lugar de odio.

Acerca de la difícil tarea de separar sentimientos del verdadero amor gratuito, Rav Brandwein dijo algo maravilloso:

> *"Con respecto a lo que has escrito acerca de tus buenos sentimientos durante los días festivos: debes saber que uno no debe ser impulsado por los sentimientos porque, a veces, los sentimientos y la admiración provienen de una fuente impura; y cuando esa fuente*

ISAÍAS 1:1-27

1 ¹ *La visión de Yeshayahu, hijo de Amots, que vio con respecto a Judá y Jerusalén, en los días de Uziyahu, Yotam, Ajaz y Jizkiyahu, reyes de Judá.*

² *Escuchen, Cielos, y presta oído, Tierra, porque el Eterno ha hablado: Hijos he criado y los he educado, y ellos se han rebelado contra Mí.*

³ *El buey conoce a su dueño y el asno el pesebre de su amo; pero Israel no conoce, Mi pueblo no tiene entendimiento.*

⁴ *¡Ay, nación pecadora, pueblo cargado de iniquidad, simiente de malvados, hijos corrompidos! Han abandonado al Eterno, han provocado la ira del Santo de Israel, le han dado la espalda.*

⁵ *¿Dónde más serán castigados, viendo que se descarrían más y más? Toda la cabeza está enferma, y todo el corazón desfallecido.*

⁶ *De la planta del pie a la cabeza no hay nada sano en él, sino golpes, contusiones y heridas supuradas; no han sido cerradas, ni vendadas, ni suavizadas con aceite.*

⁷ *Su país tierra está desolado, sus ciudades quemadas por el fuego, su suelo lo devoran los extraños en presencia de ustedes, y es una desolación, como destruida por inundaciones.*

HAFTARÁ DE DEVARIM

quiere abatir a esa persona, le arrebata todos esos sentimientos que le ha dado. Cualquier hombre que esté acostumbrado a alabar a Dios por medio de sus sentimientos tendrá que caer; que Dios nos proteja. La manera de nuestra sagrada Biblia es: "Serás perfecto con el Eterno, tu Dios" (Deuteronomio 18:13), y ésta nos enseña a amar a Dios con todo nuestro corazón; aun cuando Él nos esté arrebatando el alma, tu amor por Dios nunca debe desfallecer, el Cielo no lo permita.

Es verdad que si Dios le otorga benevolencia a un hombre, éste no debe ser ingrato, pues será castigado por ello. No obstante, uno no debe basar el amor en sentimientos, sino simplemente amar a Dios, recitar el Shemá con devoción; bien sea cuando estés tumbado —a saber: cuando sentimos la bajeza y todos los defectos que son innatos en un hombre— y también cuando estés de pie, cuando nos sentimos elevados y cerca de Dios".
— *Rav Brandwein, Parte 1, Carta 13*

יְשַׁעְיָהוּ פֶּרֶק 1, פְּסוּקִים 1–27

1 חֲזוֹן יְשַׁעְיָהוּ בֶן־אָמוֹץ אֲשֶׁר חָזָה עַל־יְהוּדָה וִירוּשָׁלִָם בִּימֵי

עֻזִּיָּהוּ יוֹתָם אָחָז יְחִזְקִיָּהוּ מַלְכֵי יְהוּדָה: 2 שִׁמְעוּ שָׁמַיִם

וְהַאֲזִינִי אֶרֶץ כִּי יְהוָֹה דִּבֵּר בָּנִים גִּדַּלְתִּי וְרוֹמַמְתִּי

וְהֵם פָּשְׁעוּ בִי: 3 יָדַע שׁוֹר קֹנֵהוּ וַחֲמוֹר אֵבוּס בְּעָלָיו

יִשְׂרָאֵל לֹא יָדַע עַמִּי לֹא הִתְבּוֹנָן: 4 הוֹי | גּוֹי חֹטֵא עַם כֶּבֶד

עָוֹן זֶרַע מְרֵעִים בָּנִים מַשְׁחִיתִים עָזְבוּ אֶת־יְהוָֹה

נִאֲצוּ אֶת־קְדוֹשׁ יִשְׂרָאֵל נָזֹרוּ אָחוֹר: 5 עַל מֶה תֻכּוּ עוֹד תּוֹסִיפוּ

סָרָה כָּל־רֹאשׁ לָחֳלִי וְכָל־לֵבָב דַּוָּי:

6 מִכַּף־רֶגֶל וְעַד־רֹאשׁ אֵין־בּוֹ מְתֹם

פֶּצַע וְחַבּוּרָה וּמַכָּה טְרִיָּה לֹא־זֹרוּ וְלֹא חֻבָּשׁוּ וְלֹא רֻכְּכָה בַּשָּׁמֶן

7 אַרְצְכֶם שְׁמָמָה עָרֵיכֶם שְׂרֻפוֹת אֵשׁ

אַדְמַתְכֶם לְנֶגְדְּכֶם זָרִים אֹכְלִים אֹתָהּ וּשְׁמָמָה כְּמַהְפֵּכַת זָרִים:

⁸ Y la hija de Sión ha quedado como establo en una viña, como choza en un pepinar, como ciudad sitiada.

⁹ Si el Eterno de los Ejércitos no nos hubiera dejado un muy pequeño remanente, seríamos como Sodoma y semejantes a Gomorra.

¹⁰ Oigan la palabra del Eterno, gobernantes de Sodoma; escuchen la instrucción de nuestro Dios, pueblo de Gomorra:

¹¹ ¿Qué es para Mí la abundancia de sus sacrificios? Dice el Eterno; estoy lleno de holocaustos de carneros, y de grasa de ganado cebado; y no me complace la sangre de novillos, corderos o machos cabríos.

¹² Cuando vienen a presentarse delante de Mí, ¿quién ha requerido esto de su mano para pisotear Mis atrios?

¹³ No traigan más sacrificios fútiles, el incienso me es abominación. Luna Nueva y Shabat, el convocar asambleas: no tolero iniquidad junto con asamblea solemne.

¹⁴ Tus Lunas Nuevas y tus fiestas señaladas las aborrece Mi alma; son una carga para Mí, estoy cansado de soportarlas.

¹⁵ Y cuando extiendan sus manos, esconderé Mis ojos de ustedes. Sí, aunque multipliquen las oraciones, no escucharé; sus manos están llenas de sangre.

¹⁶ Lávense, límpiense, aparten la maldad de sus obras de delante de Mis ojos, cesen de hacer el mal;

¹⁷ aprendan a hacer bien, busquen la justicia, reprendan al opresor, defiendan al huérfano, aboguen por la viuda.

¹⁸ Vengan ahora y razonemos juntos, dice el Eterno; aunque sus pecados sean como la grana, serán blancos como la nieve; aunque sean rojos como el carmesí, como blanca lana quedarán.

¹⁹ Si están dispuestos y son obedientes, comerán lo bueno de la tierra;

²⁰ pero si se rehúsan y se rebelan, serán devorados con la espada; pues la Boca del Eterno ha hablado.

²¹ ¡Cómo la ciudad fiel se ha convertido en ramera! Ella estaba llena de justicia, la rectitud vivía en ella, pero ahora viven asesinos.

²² Tu plata se ha vuelto escoria, tu vino está mezclado con agua.

²³ Tus príncipes son rebeldes y compañeros de ladrones; cada uno ama el soborno y corre tras las dádivas; no defienden al huérfano, ni llega a ellos la causa de la viuda.

8 וְנוֹתְרָה בַת־צִיּוֹן יוסף, ו״פ יהוה, ה״פ אל כְּסֻכָּה בְכָרֶם י הויות כִּמְלוּנָה בְמִקְשָׁה

כְּעִיר מזו״ר, ערי, סנדלפון נְצוּרָה: 9 לוּלֵי יְהֹוָה אדניאהדונהי צְבָאוֹת נתה ורבוע אהיה

הוֹתִיר לָנוּ מום, אלהים, אהיה אדני שָׂרִיד כִּמְעָט כִּסְדֹם ב״פ ב״ן הָיִינוּ לַעֲמֹרָה

דָּמִינוּ: 10 שִׁמְעוּ דְבַר ראה ־יְהֹוָהאדניאהדונהי קְצִינֵי סְדֹם ב״פ ב״ן הַאֲזִינוּ תּוֹרַת

אֱלֹהֵינוּ ילה עַם עֲמֹרָה: 11 לָמָּה מ״ה לִּי רֹב מ״ה ע״ב ורבוע מ״ה זִבְחֵיכֶם יֹאמַר

יְהֹוָהאדניאהדונהי שָׂבַעְתִּי עֹלוֹת אֵילִים וְחֵלֶב מְרִיאִים וְדַם רבוע אהיה פָּרִים

וּכְבָשִׂים וְעַתּוּדִים לֹא חָפָצְתִּי: 12 כִּי תָבֹאוּ לֵרָאוֹת פָּנָי וכמה בינה מ״י־ ילי

בִּקֵּשׁ זֹאת מִיֶּדְכֶם רְמֹס חֲצֵרָי: 13 לֹא תוֹסִיפוּ הָבִיא מִנְחַת־שָׁוְא

קְטֹרֶת י״א אדני תּוֹעֵבָה הִיא לִי וְחֹדֶשׁ י״ב הויות וְשַׁבָּת קְרֹא מִקְרָא שֹב ע״ה, יהוה שדי

לֹא־אוּכַל אל יהוה אָוֶן וַעֲצָרָה: 14 חָדְשֵׁיכֶם י״ב הויות וּמוֹעֲדֵיכֶם שָׂנְאָה

נַפְשִׁי הָיוּ עָלַי לָטֹרַח נִלְאֵיתִי נְשֹׂא: 15 וּבְפָרִשְׂכֶם כַּפֵּיכֶם אַעְלִים

עֵינַי רבוע מ״ה מִכֶּם גַּם יג״ל כִּי־תַרְבּוּ תְפִלָּה אֵינֶנִּי שֹׁמֵעַ יְדֵיכֶם דָּמִים

מָלֵאוּ: 16 רַחֲצוּ הִזַּכּוּ הָסִירוּ רֹעַ מַעַלְלֵיכֶם מִנֶּגֶד נגד, זן, מזבח עֵינָי רבוע מ״ה

וִחְדְלוּ הָרֵעַ: 17 לִמְדוּ הֵיטֵב דִּרְשׁוּ מִשְׁפָּט ע״ה ה״פ אלהים אַשְּׁרוּ חָמוֹץ

שִׁפְטוּ יָתוֹם יוסף, ציון, ו״פ יהוה רִיבוּ אַלְמָנָה: כוק, רבוע אדני 18 לְכוּ־נָא וְנִוָּכְחָה

יֹאמַר יְהֹוָהאדניאהדונהי אִם יוהך, ע״ה מ״ב ־יִהְיוּ אל חֲטָאֵיכֶם כַּשָּׁנִים כַּשֶּׁלֶג

יַלְבִּינוּ אִם יוהך, ע״ה מ״ב ־יַאְדִּימוּ כַתּוֹלָע אבנית״ך, ושר, אהבת חנם כַּצֶּמֶר מצר

יִהְיוּ אל: 19 אִם יוהך, ע״ה מ״ב ־תֹּאבוּ וּשְׁמַעְתֶּם טוּב והו הָאָרֶץ אלהים דההון ע״ה

תֹּאכֵלוּ: 20 וְאִם יוהך, ע״ה מ״ב ־תְּמָאֲנוּ וּמְרִיתֶם וְחֶרֶב רבוע ס״ג ורבוע אהיה

תְּאֻכְּלוּ כִּי פִּי יְהֹוָהאדניאהדונהי דִּבֵּר ראה: 21 אֵיכָה הָיְתָה לְזוֹנָה

קִרְיָה נֶאֱמָנָה מְלֵאֲתִי מִשְׁפָּט ע״ה ה״פ אלהים צֶדֶק יָלִין בָּהּ וְעַתָּה

מְרַצְּחִים: 22 כַּסְפֵּךְ יהה הָיָה לְסִיגִים סָבְאֵךְ מָהוּל בַּמָּיִם: 23 שָׂרַיִךְ

סוֹרְרִים וְחַבְרֵי גַּנָּבִים כֻּלּוֹ אֹהֵב שֹׁחַד וְרֹדֵף שַׁלְמֹנִים יָתוֹם

יוסף, ו״פ יהוה, ה״פ אל לֹא יִשְׁפֹּטוּ וְרִיב אַלְמָנָה כוק, רבוע אדני לֹא־יָבוֹא אֲלֵיהֶם:

[24] *Por tanto, dice el Señor, Eterno de los Ejércitos, el Poderoso de Israel: ¡Ah, me libraré de Mis adversarios y me vengaré de Mis enemigos.*

[25] *Y volveré Mi mano contra ti y te limpiaré de tu escoria como con lejía, y quitaré todo tu estaño;*

[26] *Y restauraré tus jueces como al principio, y tus consejeros como al comienzo; después de ello serás llamada ciudad de rectitud, ciudad fiel.*

[27] *Sión será redimida con juicio, y los que regresan con justicia!*

24 לָכֵ֗ן נְאֻ֤ם הָֽאָדוֹן֙ אני יְהֹוָ֣ה אדני ואהרנהי צְבָא֔וֹת נתה ורבוע אהיה אֲבִ֖יר יִשְׂרָאֵ֑ל הוֹי֙ אֶנָּחֵ֣ם מִצָּרַ֔י מצר וְאִנָּקְמָ֖ה מֵאוֹיְבָֽי׃ 25 וְאָשִׁ֤יבָה יָדִי֙ עָלַ֔יִךְ רבוע מ"ה וְאֶצְרֹ֤ף כַּבֹּר֙ סִיגָ֔יִךְ וְאָסִ֖ירָה כָּל־ ילי בְּדִילָֽיִךְ׃ 26 וְאָשִׁ֤יבָה שֹׁפְטַ֙יִךְ֙ כְּבָרִ֣אשֹׁנָ֔ה וְיֹעֲצַ֖יִךְ כְּבַתְּחִלָּ֑ה אַֽחֲרֵי־כֵ֗ן יִקָּ֤רֵא לָךְ֙ עִ֣יר בוזהר, ערי, סנדלפו"ן הַצֶּ֔דֶק קִרְיָ֖ה נֶֽאֱמָנָֽה׃ 27 צִיּ֖וֹן יוסף, ו"פ יהוה, ה"פ אל בְּמִשְׁפָּ֣ט ע"ה ה"פ אלהים תִּפָּדֶ֑ה וְשָׁבֶ֖יהָ בִּצְדָקָֽה׃ ע"ה ריבוע אלהים

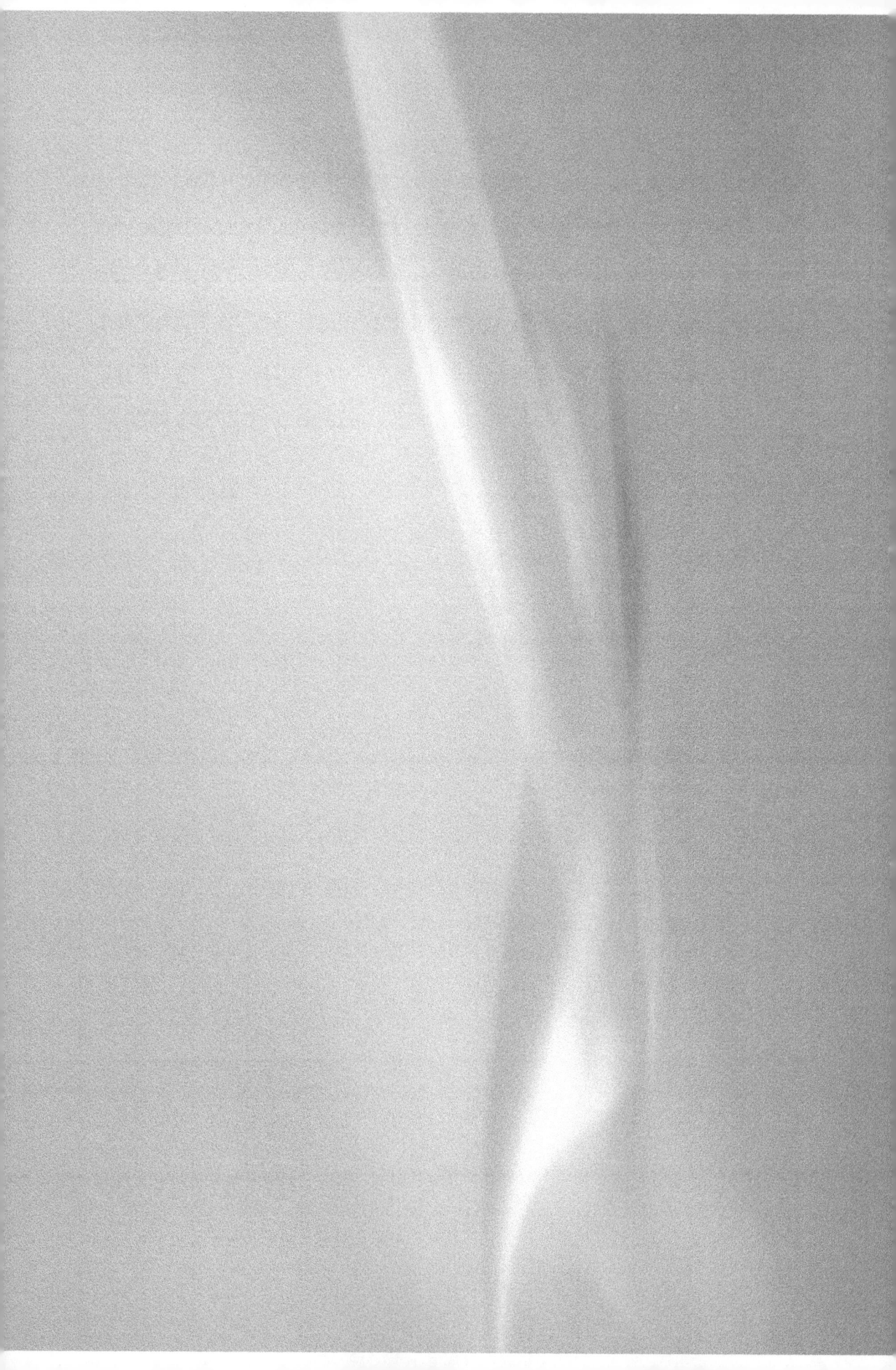

VAETJANÁN

LA LECCIÓN DE VAETJANÁN
(Deuteronomio 3:23-7:11)

El secreto de *Shabat Najamú*

La historia de Vaetjanán siempre se lee en *Shabat Najamú* (el Shabat de la Consolación), el Shabat después del 9 de *Av*. Si bien la energía de Shabat es muy poderosa, la pregunta es: ¿puede este solo Shabat consolarnos en realidad y ayudarnos a olvidar todos los problemas que hemos sufrido y que todavía enfrentamos?

Para responder esto, es importante entender que el poder del Lado Negativo no sólo está en hacernos dudar, sino también en mantenernos en la duda y el temor por un día, una semana, un año o muchos años. Con frecuencia, cuando hacemos algo de lo que nos arrepentimos, dudamos de nosotros mismos y nuestra capacidad de convertirnos en seres dadores. Esta sensación puede permanecer con nosotros durante toda nuestra vida; ¡y ese es el Lado Negativo haciendo su trabajo!

El Shabat de la Consolación no nos enseña a ignorar los eventos negativos. Sí, el Templo fue destruido y un dolor muy profundo resultó de ese terrible acontecimiento. ¿Pero debemos seguir sollozando sólo porque no seguimos teniendo un Templo? ¿O deberíamos trabajar en crear uno nuevo? Está escrito que el odio infundado provocó la destrucción del Templo. Sólo el amor puede restaurarlo, por lo tanto, es esencial asegurarnos de que aprender a amar sin razón sea nuestro trabajo espiritual. Con respecto al amor y el odio, el *Zóhar* dice lo siguiente:

Él abrió la discusión con el versículo: "No digas: 'Devolveré el mal…'" (Proverbios 20:22). Ven y ve: El Santísimo, bendito sea Él, creó al hombre de manera que pudiese fortalecerse con la Torá y caminar por el camino de la verdad, permaneciendo en el lado derecho y evitando el izquierdo. Porque los HOMBRES *deben caminar por el lado derecho, tienen que aumentar el amor entre ellos* —YA QUE EL AMOR ES DEL LADO DERECHO— *y evitar el odio entre ellos* —YA QUE EL ODIO ES DEL LADO IZQUIERDO— *para no debilitar ese lado, el derecho, que es el lugar al cual Yisrael se adhiere.*

Ven y ve: Para este propósito, la Inclinación al Bien y la Inclinación al Mal existen. Yisrael debe hacer a la Inclinación al Bien señorear sobre el mal por medio de las buenas acciones. Si un hombre se desvía hacia la izquierda, la Inclinación al Mal se impone al bien, y el deficiente, la INCLINACIÓN AL MAL, *es completado a través de su pecado, porque el horrible se completa sólo a través de los pecados de los hombres.*

Un hombre debe, por lo tanto, ser cuidadoso para que la Inclinación al Mal no se complete por medio de sus pecados. Debe ser siempre cauto para completar la Inclinación al Bien en vez del mal. Por lo tanto: "No digas: 'Devolveré (heb. ashalmá, también: completaré) el

mal'…" (ibid.), PORQUE A TRAVÉS DEL ODIO AUMENTARÁS EL PODER DEL LADO IZQUIERDO Y COMPLETARÁS LA INCLINACIÓN AL MAL. Sólo di: "… Espera en Hashem, y Él te salvará" (ibid.).
— El Zóhar, Mikets 11:178-180

Generalmente, cuando nos ataca la adversidad, nuestra pregunta evidente es: "¿Por qué pasó esto?". Y cuando hacemos algo mal, nos preguntamos: "¿Cómo pude hacer tal cosa?". A pesar de que éstas parezcan preguntas inteligentes, la clave para nuestra transformación espiritual y realización está en hacer la siguiente pregunta: "¿Cuándo comenzaré a mejorar las cosas?". Recuerda: el poder del Lado Negativo no sólo nos tira hacia abajo, sino que drena nuestra esperanza de un cambio positivo. Este Shabat, Shabat de la Consolación, nos da el poder de levantarnos después de que caemos.

Todos pueden conectar con el Árbol de la Vida

Hacia el final de la Primera Guerra Mundial, en Rusia vivía un gran sabio conocido como el Jofets Jayim (Rav Israel Meir HaCohén Kagán, 1838-1933). Durante la Revolución Rusa, los revolucionarios habían entrado en el pueblo donde vivía el Jofets Jayim. De inmediato causaron agitación al liberar a todos los criminales de la cárcel, incluyendo a un infame ladrón y asesino llamado Moshé. Con amenazas e intimidación, Moshé se convirtió rápidamente en una persona poderosa en el pueblo.

Un día, mientras el Jofets Jayim estaba caminando con dos de sus estudiantes, Moshé pasó caminando en dirección a ellos. El Jofets Jayim lo vio de frente y le dijo: "Shabat Shalom, Moshé", a lo que Moshé contestó: "Shabat Shalom, mi maestro". El Jofets Jayim dijo: "¿Tal vez querrás acompañarnos para la tercera comida de Shabat?". Moshé respondió: "Ya hice la tercera comida", pero el Jofets Jayim le invitó nuevamente, diciendo: "Pues, puedes venir con nosotros de cualquier manera".

Por alguna razón, Moshé entendió que el Jofets Jayim tenía algo importante que revelar, así que accedió a asistir.

El Jofets Jayim habló al criminal, diciendo: "Moshé, quiero enseñarte una lección de la Biblia". Moshé contestó: "¿A mí qué me importa la Biblia?", pero el Jofets Jayim continuó: "Moshé, por favor, escucha. Está escrito en la historia de Génesis, en la Biblia: 'Y Dios plantó un jardín hacia el Este, en Edén. Y Dios hizo brotar de la tierra todo árbol agradable a la vista y bueno para comer; asimismo, en medio del jardín, el Árbol de la Vida y el Árbol del Conocimiento del Bien y del Mal' (Génesis 2:8-9). ¿Por qué Dios tuvo que poner al Árbol de la Vida en medio del Jardín? La razón es que si el Árbol de la Vida hubiese estado en una esquina del huerto, la distancia hacia el Árbol habría sido más larga de un lado que de otro. Por lo tanto, Dios lo puso en el medio a fin de que la distancia hacia el Árbol fuese la misma desde cualquier dirección".

Él continuó: "Moshé, después de Shabat, me marcho de esta ciudad. Tú y los revolucionarios han prometido dar comida y un techo a todos aquí pero, hasta ahora, no has hecho más que causar problemas. Yo les proporciono alimento a 42 familias. Cuando me marche, ¿quién los alimentará? Es por esta razón que te he convocado aquí para hablarte del Árbol de la Vida en el Jardín, el cual es accesible desde todos lados en el Mundo por Venir. Si me prometes que le darás alimento a todas las familias, te prometo que alcanzarás el Árbol de la Vida".

Moshé respondió: "De acuerdo, maestro. Lo prometo. ¡Tenemos un trato!". Entonces Moshé salió y vio que los estudiantes habían escuchado a escondidas lo que habían hablado. Él le dijo a los fisgones: "Si hubieran más maestros como él en el mundo, ¡no necesitaríamos una revolución!".

Esta historia nos enseña que cualquiera puede alcanzar el Árbol de la Vida que se encuentra en medio del Jardín de Edén. Esto es lo que todos podemos —y deberíamos— esforzarnos en alcanzar a través de nuestro trabajo arduo y crecimiento espiritual. A Rav Berg, al igual que el Jofets Jayim, no le interesa lo que una persona haya podido haber hecho en el pasado. Lo importante es cómo todos y cada uno de nosotros nos podemos transformar a fin de alcanzar finalmente el Árbol de la Vida.

Otro asunto importante

Una vez, un gran sabio escribió una hermosa alegoría:
Un hombre se preparaba para viajar a Estados Unidos desde el Medio Oriente. En aquellos días, el viaje tomaba varios meses por vía marítima, y el viaje tenía destinado hacer escala en Francia por dos semanas para cargar la comida necesaria para el resto del viaje.
-
Dado que el hombre sabía que estaría en Francia, decidió aprender un poco de francés antes de partir. Para el momento que el barco zarpó, en efecto había aprendido francés, pero no tenía el tiempo de aprender inglés, el idioma de su destino final. Cuando el barco llegó a Francia, el hombre desembarcó y disfrutó cada minuto de su estadía; haber aprendido francés le ayudó muchísimo. Luego, después de dos semanas, regresó al barco para continuar su viaje a Estados Unidos.
Cuando llegó a Estados Unidos, intentó de nuevo hablar francés, pero nadie podía entenderle. Algunos estadounidenses le dijeron: "¡Qué tonto eres! Estuviste en Francia por sólo dos semanas, pero vas a vivir en Estados Unidos el resto de tu vida. Fuiste a aprender francés en vez de inglés, que es el idioma que necesitarás por el resto de tu vida".

Nuestra existencia en este mundo físico es análoga a la visita del hombre a Francia. Estamos aquí sólo por un rato y, no obstante, nos esforzamos mucho en aprender el idioma; las reglas sobre cómo vivir en el mundo material. Pero el "idioma" que realmente necesitamos aprender es el *Deseo de Recibir para Dar y Compartir*. Al aprender este idioma, tenemos una oportunidad de alcanzar la transformación espiritual y, con esto, podemos obtener el mérito de ver el rostro del Mesías (*Mashíaj*) y ver la construcción del Templo en nuestros días.

SINOPSIS DE VAETJANÁN

La historia de Vaetjanán abre con Moshé rogándole a Dios por medio de la oración. El *Zóhar* explica la oración de Moshé de la siguiente manera:

> *Después la Reina se eleva y une con Su marido, ZEIR ANPÍN, y está escrito: "Una oración de Moshé, el hombre de Dios…" (Salmos 90:1), PORQUE LA ORACIÓN ES MALJUT Y MOSHÉ ES EL SECRETO DE ZEIR ANPÍN. PORQUE ESTO MUESTRA la unión y adhesión de la esposa a su marido, QUE ES "UNA ORACIÓN DE MOSHÉ", y la extensión de las manos derecha e izquierda, JÉSED Y GUEVURÁ, para recibirla y para estar juntos en un lazo.*
> — El Zóhar, Terumá 19:210

Moshé sabía que la oración era una herramienta poderosa para conectar con el Creador. Él no estaba orando porque quería algo de parte del Creador; en lugar de ello, era para mantener su conexión con el Creador. Cuando pedimos la ayuda del Creador mediante la oración, también estamos creando una conexión más cercana con el Creador.

Es fundamental entender que no estamos solos en este mundo y que necesitamos pedirle ayuda a Dios. Pedir a Dios no debería ser algo que sólo hagamos en momentos de necesidad; es una herramienta importante para conectar con la Luz todo el tiempo.

PRIMERA LECTURA – AVRAHAM – JÉSED

3 ²³ "Y yo rogué al Eterno en aquel tiempo, diciendo: ²⁴ 'Eterno, Dios, Tú has comenzado a mostrar a Tu siervo Tu grandeza y Tu mano poderosa; porque ¿qué dios hay en los Cielos o en la Tierra que pueda hacer conforme a Tus obras y conforme a Tus poderosos hechos?

²⁵ Te imploro que me dejes cruzar y ver la buena tierra que está al otro lado del Jordán, esas hermosas montañas y el Líbano'. ²⁶ Pero el Eterno se enojó conmigo a causa de ustedes, y no me escuchó; y el Eterno me dijo: '¡Basta de eso! No me hables más de este asunto. ²⁷ Sube a la cima del Pisgá y alza tus ojos al Oeste, al Norte, al Sur y al Este, y observa con tus propios ojos; porque tú no cruzarás este Jordán.

COMENTARIO DEL RAV

La remoción de la muerte

En el Jardín de Edén, Dios dijo que si comes del Árbol del Conocimiento, mueres, pero el Satán dijo que no morirías. Adam y Javá comieron y no murieron. No obstante, lo que sí recibieron fue la ilusión de la muerte. La ilusión de la muerte entró en el mundo. Los Diez Enunciados son nuestra oportunidad de remover la ilusión de la muerte.

La gente muere porque creen que van a morir. La gente todavía muere porque la conciencia colectiva todavía es que la muerte existe. Esto es lo que ocurrió con Moshé: dado que la conciencia del pueblo era tan baja, Moshé no pudo entrar en la tierra de Israel.

Vaetjanán es la segunda lectura de los Diez Enunciados en la Torá. Sabemos que los israelitas murieron en el Monte Sinaí; esa es la ilusión. Entonces recibieron *bilá hamávet lanétsaj* (la muerte de la muerte). La pregunta es: ¿por qué tuvieron que morir? El *Zóhar* dice que ellos no murieron. Esta es la energía que recibimos de esta lectura: la remoción total de la ilusión de la muerte de nuestra vida.

Observarás que cuando dice "*Lo tirtsaj*" (no asesinarás) en la Torá, se trata de eliminar la ilusión de la muerte. El resto de los enunciados contienen la letra *Vav*, la conexión con la Fuerza de Luz. Sin embargo, en "*Lo tirtsaj*" no hay letra *Vav*. El Creador nos está dando la oportunidad de remover la ilusión de la muerte. La razón por la que una persona muere en un edificio derrumbado es porque creemos que no puede existir debajo de los escombros. Efectivamente, causamos que la persona no sea capaz de salir. Pero ahora tenemos la oportunidad de eliminar la ilusión de que la muerte es real.

Al escuchar los Diez Enunciados, estamos removiendo nuestra ilusión de la realidad de la muerte. Estamos removiendo la muerte para nosotros como individuos —tanto la muerte física como la muerte en otras áreas de nuestra vida, tal como en nuestras relaciones y negocios— y estamos removiendo la muerte a nivel global para el resto del mundo. Ahora es nuestra oportunidad de despertar la Luz que nos sanará a nosotros, la gente que conocemos y el resto de los habitantes del mundo en general.

PRIMERA LECTURA – AVRAHAM – JÉSED

וָאֶתְחַנַּן 23 אֶל־יְהוָֹה בָּעֵת הַהִוא לֵאמֹר: 24 אֲדֹנָי

יְהוָֹה אַתָּה הַחִלּוֹתָ לְהַרְאוֹת אֶת־עַבְדְּךָ אֶת־גָּדְלְךָ

וְאֶת־יָדְךָ הַחֲזָקָה אֲשֶׁר מִי־אֵל בַּשָּׁמַיִם וּבָאָרֶץ

אֲשֶׁר־יַעֲשֶׂה כְמַעֲשֶׂיךָ וְכִגְבוּרֹתֶךָ: 25 אֶעְבְּרָה־נָּא וְאֶרְאֶה

אֶת־הָאָרֶץ הַטּוֹבָה אֲשֶׁר בְּעֵבֶר הַיַּרְדֵּן

הָהָר הַטּוֹב הַזֶּה וְהַלְּבָנֹן: 26 וַיִּתְעַבֵּר יְהוָֹה בִּי

לְמַעַנְכֶם וְלֹא שָׁמַע אֵלָי וַיֹּאמֶר יְהוָֹה אֵלַי רַב־

לָךְ אַל־תּוֹסֶף דַּבֵּר אֵלַי עוֹד בַּדָּבָר הַזֶּה: 27 עֲלֵה רֹאשׁ

הַפִּסְגָּה וְשָׂא עֵינֶיךָ יָמָּה וְצָפֹנָה וְתֵימָנָה

וּמִזְרָחָה וּרְאֵה בְעֵינֶיךָ כִּי־לֹא תַעֲבֹר אֶת־הַיַּרְדֵּן

וָאֶתְחַנַּן

Deuteronomio 3:23 – En este versículo, Moshé le rogó a Dios que le permitiera entrar en la tierra de Israel. El comentario de la Biblia dice que Dios dio a los ojos de Moshé la capacidad de ver tanto la frontera de la tierra de Israel como la frontera de cada tribu (*Midrash HaGadol, Devarim 32:49*).

Ven y ve: Si ustedes piensan que Moshé no sabía en ese tiempo que él no entraría en la tierra de Yisrael, no es así. Él ciertamente lo sabía y deseó saber acerca de ésta antes de partir; por lo tanto, envió observadores. Dado que ellos no le reportaron apropiadamente, él no envió más hasta que el Santísimo, bendito sea Él, se LA mostró, como está escrito: "Sube a este Monte Avarim…y contempla la tierra…'" (Deuteronomio 32:49), y "…y le mostró HaShem toda la tierra…" (Deuteronomio 34:1). No solamente LE FUE MOSTRADO esto, sino que

le fueron mostrados todos aquéllos JEFES que estaban destinados a aparecer en cada generación sucesiva, como hemos aprendido. Esto ya fue explicado por los compañeros.
— El Zóhar, Shlaj Lejá 3:9

Dios ya le había dicho a Moshé que no podría entrar en la tierra, pero Moshé siguió pidiéndole hasta que finalmente fue recompensado con una vista desde las montañas más altas. Nunca sabemos cuántas cortinas nos están separando de la Luz, pero con cada esfuerzo que hacemos, eliminamos otro velo y, si seguimos intentando, ese impulso final es lo que nos conectará con la Luz del Creador. Hay muchas lecciones aquí, pero la más importante es la perseverancia, sin importar qué.

[28] *Pero encarga a Yehoshúa, y anímalo y fortalécelo, porque él pasará delante de este pueblo, y él causará que ellos hereden la tierra que tú verás'. [29] Y nos quedamos en el valle frente a Bet-Peor. 4 [1] Y ahora, Israel, escucha los estatutos y las ordenanzas que yo les enseño para que los observen, a fin de que vivan, entren y tomen posesión de la tierra que el Eterno, el Dios de sus padres, les da. [2] No añadirán nada a la palabra que yo les mando, ni quitarán nada de ella, para que guarden los mandamientos del Eterno, su Dios, que yo les mando. [3] Sus ojos han visto lo que hizo el Eterno en Baal-Peor; pues a todo hombre que siguió al Baal-Peor lo destruyó el Eterno, tu Dios, de en medio de ti. [4] Pero ustedes, que se aferraron al Eterno, su Dios, todos están vivos este día.*

SEGUNDA LECTURA – YITSJAK –GUEVURÁ

[5] *He aquí que yo les he enseñado estatutos y ordenanzas tal como el Eterno, mi Dios, me mandó, a fin de que los cumplan en medio de la tierra en la que van a entrar para poseerla. [6] Por lo tanto, obsérvenlos y pónganlos por obra, porque esta será su sabiduría y su entendimiento ante los ojos de los pueblos que, al escuchar todos estos estatutos, dirán: 'Ciertamente esta gran nación es un pueblo sabio y entendido'.*

הַדְּבֵקִים

Deuteronomio 4:4 – Hay algo muy especial acerca de nuestra propia conexión con la tierra de Israel en sí. Aferrarse al Creador es mencionado en esta sección y, según el *Zóhar*, Israel es el corazón del mundo y nuestro punto de acceso físico durante la oración y la meditación para alcanzar esta conexión. En efecto, Israel es el lugar de donde el resto del mundo se nutre espiritualmente:

> *... Esto debe ser así porque el Santísimo, bendito sea Él, hizo a Yisrael el corazón del mundo entero, y la relación de Yisrael con las otras naciones es esa del corazón con las otras partes del cuerpo. Y así como las otras partes del cuerpo no duran, ni por un momento, sin el corazón, así es que ninguna de las otras naciones del mundo puede existir sin Yisrael. Jerusalén, también tiene la misma relación con los otros países, siendo como el corazón a las partes del cuerpo, que es el porqué está en el centro del mundo entero así como el corazón está en el centro de los miembros. Y la conducta de Yisrael*

> *entre las otras naciones es como esa del corazón entre los miembros. El corazón es suave y débil, pero da existencia a todos los miembros, y TODOS LOS MIEMBROS no conocen el dolor, problemas y agonía en lo absoluto, sino que solamente el corazón lo hace, porque en éste están la existencia y la inteligencia.*
> — *El Zóhar, Pinjás 25:152-153*

Cuando no estamos en Israel, nuestro primer paso es conectar con estar allí, lo cual hacemos mediante oraciones y meditaciones. Cuando conectamos con el Creador en tales ocasiones, nos transportamos a Israel consciente y espiritualmente. Los sabios enseñan que, si no tenemos la conciencia de estar en Israel cuando rezamos, es como si no hubiésemos rezado en lo absoluto.

וַעֲשִׂיתֶם

Deuteronomio 4:6 – Este versículo explica la diferencia entre las personas que le prestan atención a la Biblia y aquellas que no. Esto no significa israelitas versus no israelitas. La diferencia verdadera es entre las personas que

הֲוֶה ׃28 וְצַו אֶת־יְהוֹשֻׁעַ וְחַזְּקֵהוּ וְאַמְּצֵהוּ כִּי־הוּא יַעֲבֹר לִפְנֵי הָעָם הַזֶּה וְהוּא יַנְחִיל אוֹתָם אֶת־הָאָרֶץ אֲשֶׁר תִּרְאֶה׃

29 וַנֵּשֶׁב בַּגַּיְא מוּל בֵּית פְּעוֹר ׃4 1 וְעַתָּה יִשְׂרָאֵל שְׁמַע אֶל־הַחֻקִּים וְאֶל־הַמִּשְׁפָּטִים אֲשֶׁר אָנֹכִי מְלַמֵּד אֶתְכֶם לַעֲשׂוֹת לְמַעַן תִּחְיוּ וּבָאתֶם וִירִשְׁתֶּם אֶת־הָאָרֶץ אֲשֶׁר יְהוָה אֱלֹהֵי אֲבֹתֵיכֶם נֹתֵן לָכֶם׃ 2 לֹא תֹסִפוּ עַל־הַדָּבָר אֲשֶׁר אָנֹכִי מְצַוֶּה אֶתְכֶם וְלֹא תִגְרְעוּ מִמֶּנּוּ לִשְׁמֹר אֶת־מִצְוֹת יְהוָה אֱלֹהֵיכֶם אֲשֶׁר אָנֹכִי מְצַוֶּה אֶתְכֶם׃3 עֵינֵיכֶם הָרֹאוֹת אֵת אֲשֶׁר־עָשָׂה יְהוָה בְּבַעַל פְּעוֹר כִּי כָל־הָאִישׁ אֲשֶׁר הָלַךְ אַחֲרֵי בַעַל־פְּעוֹר הִשְׁמִידוֹ יְהוָה אֱלֹהֶיךָ מִקִּרְבֶּךָ׃ 4 וְאַתֶּם הַדְּבֵקִים בַּיהוָה אֱלֹהֵיכֶם חַיִּים כֻּלְּכֶם הַיּוֹם׃

SEGUNDA LECTURA – YITSJAK –GUEVURÁ

5 רְאֵה לִמַּדְתִּי אֶתְכֶם חֻקִּים וּמִשְׁפָּטִים כַּאֲשֶׁר צִוַּנִי יְהוָה אֱלֹהָי לַעֲשׂוֹת כֵּן בְּקֶרֶב הָאָרֶץ אֲשֶׁר אַתֶּם בָּאִים שָׁמָּה לְרִשְׁתָּהּ׃ 6 וּשְׁמַרְתֶּם וַעֲשִׂיתֶם כִּי הִוא חָכְמַתְכֶם

quieren conectar con la Luz mediante el trabajo espiritual y la transformación, y aquellas que no.

"Y Dios habló a Moshé diciéndole: 'Ésta es la ley de la Torá que Dios ha mandado...'" (Números 19:1-2). Rabí Yosi abrió la discusión diciendo: "Ésta es la Torá que Moshé puso ante los hijos de Yisrael" (Deuteronomio 4:44). Ven y ve: las palabras de la Torá son santas, elevadas y dulces, como está escrito:

"Son para ser más deseadas que el oro, que el oro refinado, y más dulces que la miel..." (Salmos 19:11). Es como si el que estudia la Torá se para cada día en el Monte Sinaí y recibe la Torá. Esto es lo que dice: "...En este día te volviste el pueblo del Eterno, tu Dios..." (Deuteronomio 27:9). Y los compañeros ya han puesto esta explicación.
— El Zóhar, Jukat 1:1

7 Porque, ¿qué nación grande hay que tenga un Dios tan cerca de ella como está el Eterno, nuestro Dios, siempre que lo invocamos?

8 ¿Y qué nación grande hay que tenga estatutos y ordenanzas tan justos como toda esta ley que pongo delante de ustedes este día?

9 Por tanto, cuídate y guarda tu alma con diligencia, para que no te olvides de las cosas que tus ojos han visto y no se aparten de tu corazón todos los días de tu vida; sino que las hagas saber a tus hijos y a los hijos de tus hijos;

10 el día que estuviste delante del Eterno, tu Dios, en Jorev, cuando el Eterno me dijo: 'Reúneme al pueblo, y Yo les haré oír Mis palabras para que aprendan a temerme todos los días que vivan sobre la Tierra y las enseñen a sus hijos'.

Los kabbalistas enseñan que cualquiera que conecte con la Biblia a través del *Zóhar* puede ser transformado. Aprendemos que Dios está cerca de nosotros, pero sólo podemos alcanzar la Luz si llegamos a conocer la verdadera esencia de Dios mediante el *Zóhar*. "Porque, ¿qué nación grande hay que tenga un Dios tan cerca de ella como está el Eterno, nuestro Dios, siempre que lo invocamos?" (Deuteronomio 4:7).

פֶּן־תִּשְׁכַּוו

Deuteronomio 4:9 – La Biblia nos dice que tenemos que recordar lo ocurrido en el Monte Sinaí. El *Zóhar* dice:

> Hemos aprendido que en el tiempo en el que el Santísimo, bendito sea Él, se reveló en el Monte Sinaí, todos los hijos de Yisrael miraron como uno que ve una luz entrando a través del vidrio de una lámpara de aceite. Por medio de esa Luz cada uno de ellos vio más que el profeta Yejezkel.
> — El Zóhar, Yitró 19:318

Lo más importante que hay que recordar no son los Diez Enunciados en sí, sino el hecho de que nosotros —todas las almas presentes en el Monte Sinaí— en realidad habíamos alcanzado la inmortalidad y, sin embargo, la perdimos tan sólo 40 días después. Tenemos el poder de crear o destruir nuestra propia transformación. Todo depende de nosotros. Al narrar los eventos que ocurrieron en el Monte Sinaí, el *Zóhar* dice:

Rabí Elazar abrió con: "Acércate tú y escucha…" (Deuteronomio 5:24). Ven y ve: Cuando la Torá fue entregada a Yisrael, todas las voces estaban presentes, A SABER: DE BINÁ, ZEIR ANPÍN Y MALJUT. BINÁ ES LLAMADA UNA VOZ INTERIOR, ZEIR ANPÍN UNA VOZ EXTERIOR Y MALJUT LA VOZ DE LAS PALABRAS. El Santísimo, bendito sea Él, se sentó en el trono, QUE ES MALJUT, y uno era visible desde dentro de la otra: ZEIR ANPÍN ERA VISTO DESDE DENTRO DE MALJUT. Las palabras de la una, MALJUT, venían desde dentro de lo que estaba arriba de esta, ZEIR ANPÍN. Este es el secreto del versículo: "HaShem habló con ustedes cara a cara en la montaña desde en medio del fuego" (Deuteronomio 5:4), CUANDO ZEIR ANPÍN Y MALJUT ESTABAN CARA A CARA. Y el habla salió y habló desde dentro del fuego y la flama, QUE SON LA COLUMNA IZQUIERDA que sacaba el habla DE ZEIR ANPÍN por medio del golpear del viento y el agua, QUE SON las COLUMNAS CENTRAL Y DERECHA que empoderan A LA IZQUIERDA, DE MODO QUE EL HABLA, QUE ES MALJUT, sale de todas las tres COLUMNAS DE ZEIR ANPÍN. Porque el fuego, el viento y el agua, LAS TRES COLUMNAS DE ZEIR ANPÍN, salían del Shofar, BINÁ, ya que esta, BINÁ, las incluye a todas. Los hijos de Yisrael se mantuvieron alejados de este pasmo. Debido a eso, debido A ESE PASMO, LOS HIJOS DE YISRAEL DIJERON A MOSHÉ: "…y tú háblanos…" (ibid. 24), DICIENDO: No deseamos esta elevada voz de lo alto, A SABER: DE ZEIR ANPÍN, sino

וּבִינֹתֶכֶם לְעֵינֵי רִיבוע מ״ה הָעַמִּים ע״ה קס״א אֲשֶׁר יִשְׁמְעוּן אֵת כָּל־יְלִי הַחֻקִּים הָאֵלֶּה וְאָמְרוּ רַק עַם־חָכָם וְנָבוֹן בינה ע״ה חזיים הַגּוֹי הַגָּדוֹל לתחו, מכה, יול, אום הַזֶּה וה״ו: 7 כִּי בְּמִי־יַלֵי גּוֹי גָּדוֹל לתחו, יול, אום אֲשֶׁר־לוֹ אֱלֹהִים מום, אהיה אדני; ילה קְרֹבִים אֵלָיו כַּיהֹוָ״ה אֱלֹהֵינוּ יַלֵי בְּכָל־ ב״ן, לכב, יבם קָרְאֵנוּ אֵלָיו: 8 וּמִי־יַלֵי גּוֹי גָּדוֹל לתחו, מכה, יול, אום אֲשֶׁר־לוֹ חֻקִּים וּמִשְׁפָּטִים צַדִּיקִם כְּכֹל יַלֵי הַתּוֹרָה הַזֹּאת אֲשֶׁר אָנֹכִי אואל נֹתֵן אביגית״ף, ועיר, אהבת חנם לִפְנֵיכֶם הַיּוֹם ע״ה = נגד, זן, מזבוח רַק הִשָּׁמֶר לְךָ וּשְׁמֹר נַפְשְׁךָ מְאֹד מ״ה **פֶּן־תִּשְׁכַּח** את־הַדְּבָרִים ראה ע״ה קס״א אֲשֶׁר־רָאוּ עֵינֶיךָ וּפֶן־יָסוּרוּ מִלְבָבְךָ ע״ה קרעשטן כֹּל יַלֵי יְמֵי חַיֶּיךָ וְהוֹדַעְתָּם לְבָנֶיךָ וְלִבְנֵי בָנֶיךָ: 10 יוֹם ע״ה = נגד, זן, מזבוח אֲשֶׁר עָמַדְתָּ לִפְנֵי יְהֹוָ״ה אֱלֹהֶיךָ רביע ס״ג ורבוע אהיה בְּחֹרֵב יַלֵי בֶּאֱמֹר יְהֹוָ״ה אֵלַי ע״ב ס״ג הַקְהֶל־לִי אֶת־הָעָם וְאַשְׁמִעֵם אֶת־דְּבָרַי ראה אֲשֶׁר יִלְמְדוּן לְיִרְאָה ריו, גבורה אֹתִי כָּל־יַלֵי הַיָּמִים נלך אֲשֶׁר הֵם חַיִּים

---

del lugar del Femenino, MALJUT, y no más lejana. STE ES EL SIGNIFICADO DE: "y tú háblanos", CON UN SUFIJO FEMENINO. Moshé LES dijo: Ciertamente, ustedes han debilitado mi fuerza y debilitado la fuerza DE MALJUT, porque si los hijos de Yisrael no se hubieran distanciado, habrían oído todas las palabras DE ZEIR ANPÍN como antes, el mundo no habría sido destruido y Yisrael habría vivido por generaciones.

La primera vez, DESPUÉS DE OÍR LAS PRIMERAS PALABRAS, murieron. La razón es que tenía que ser así, dado que el árbol de la muerte, MALJUT, la trajo sobre ellos. Más tarde resucitaron, se levantaron y crecieron POR MEDIO DE RECIBIR LOS MOJÍN DE LA GRANDEZA. El Santísimo, bendito sea Él, deseaba traerlos al Árbol de la Vida, ZEIR ANPÍN, que está situado arriba del árbol de la muerte, para que vivieran para siempre. Pero ellos se distanciaron y se negaron COMO SE MENCIONÓ. Entonces la fuerza de Moshé, quien estaba por encima de ellos, se debilitó, y otra fuerza

DE MALJUT se debilitó. El Santísimo, bendito sea Él, dijo: 'Deseo mantener a ustedes en un lugar celestial, para que se adhieran a la vida, pero ustedes desean el lugar donde mora la Nukvá. Por esa razón, '"Ve y diles: Regresen a sus tiendas'" (ibid.27), cada uno irá a su mujer y cohabitará con ella', PORQUE ELLOS DESCENDIERON AL MUNDO DEL FEMENINO. Sin embargo, ya que los hijos de Yisrael lo hicieron solamente a causa del más elevado temor reverencial que descansaba sobre ellos, no dijo de ellos sino: "'¡Ojalá que hubiere tal corazón en ellos, para que Me temieran…'". De esto aprendemos que quien hace algo pero no se concentra en su mente y deseo sobre el Lado Maligno, aunque este es maligno, ya que él no lo hizo a propósito no hay castigo para él, y él no es como otro QUE HACE ESTO A PROPÓSITO. Y el Santísimo, bendito sea Él, no lo sentencia para mal.
— El Zóhar, Vaetjanán 5:26-29

¹¹ Y ustedes se acercaron y permanecieron al pie del monte, y el monte ardía en fuego hasta el corazón del Cielo, con oscuridad, nube y densas tinieblas.

¹² Entonces el Eterno les habló de en medio del fuego; oyeron la Voz de palabras, pero no vieron figura alguna, sólo una Voz. ¹³ Y Él les declaró Su pacto, el cual les mandó cumplir: los Diez Enunciados; y los escribió en dos tablas de piedra.

¹⁴ Y el Eterno me ordenó en aquella ocasión que les enseñara estatutos y ordenanzas, a fin de que los observaran en la tierra a la cual pasen a poseer. ¹⁵ Por lo tanto, cuídense bien —pues no vieron ninguna clase de figura el día en que el Eterno les habló en Jorev de en medio del fuego—

¹⁶ no sea que obren corruptamente y hagan para sí mismos una imagen tallada, la forma de cualquier figura, la semejanza de varón o hembra,

¹⁷ la semejanza de cualquier animal que está en la Tierra, semejanza de cualquier ave alada que vuela en el cielo,

¹⁸ la semejanza de cualquier animal que se arrastra sobre la tierra, la semejanza de cualquier pez que hay en las aguas debajo de la tierra;

¹⁹ y no sea que levantes los ojos al cielo y veas el Sol, la Luna, las estrellas —todo el ejército del Cielo— y seas impulsado a adorarlos y servirlos, los cuales el Eterno, tu Dios, ha concedido a todos los pueblos debajo de todo el Cielo.

²⁰ Pero el Eterno los ha tomado a ustedes y los ha sacado del horno de hierro, de Egipto, para que fueran para Él el un pueblo de heredad, como lo son este día.

פֶּסֶל

Deuteronomio 4:16 – En este versículo hay una discusión larga acerca de los ídolos. Ésta dice: "...no sea que obren corruptamente y hagan para sí mismos una imagen tallada, la forma de cualquier figura, la semejanza de varón o hembra". Los ídolos en realidad simbolizan la tentación de poner nuestra confianza en cualquier otra cosa o individuo que no sea la Luz del Creador. Si adoramos ídolos, sólo podemos recibir la energía del ídolo que adoramos, ¡la cual no es mucha! ¿De dónde creemos que proviene nuestra Luz? Nuestra respuesta determinará cuánta Luz recibiremos. El *Zóhar* ilustra este concepto con una historia:

Rabí Yehudá dijo: En todos sus actos, el hombre ha de poner al Santísimo, bendito sea Él, delante de él, como ya

hemos explicado. *Rabí Yehudá siguió su propio razonamiento diciendo que quien camina en el camino Y TEME A LOS ASALTANTES debe meditar en tres cosas: UN REGALO, UNA ORACIÓN Y LA GUERRA, IGUAL A YAAKOV CUANDO TEMIÓ A ESAV. Lo más valioso es la oración. Y aunque la oración es lo más VALIOSO, dos o tres compañeros estudiando las palabras de la Torá es aún más valioso, porque ellos no temen A LOS ASALTANTES, debido a que la Shejiná está unida a ellos PORQUE ESTÁN OCUPADOS CON LA TORÁ*
— *El Zóhar, Vaetjanán 6:32*

Y continúa con lo siguiente:

Rav Elazar y Rav Jiyá iban de camino. Rav Elazar dijo: Está escrito: "Para el hombre y para su mujer hizo Dios abrigos

עַל־הָאֲדָמָה וְאֶת־בְּנֵיהֶם יְלַמֵּדוּן: 11 וַתִּקְרְבוּן וַתַּעַמְדוּן תַּחַת בּינה ע״ה

הָהָר וְהָהָר בֹּעֵר בָּאֵשׁ עַד־לֵב הַשָּׁמַיִם וְשֶׁךְ אלהים דיורין ע״ה יְ״פ טל, י״פ כזו

עָנָן וַעֲרָפֶל: 12 וַיְדַבֵּר יְהוָֹאדֹנָיֵאהדֹנֹהי אֲלֵיכֶם מִתּוֹךְ רָאה ע״ב נ״ה ע״ג נצוצות שׁל וז׳ מלכים

הָאֵשׁ קוֹל דְּבָרִים אַתֶּם שֹׁמְעִים וּתְמוּנָה אֵינְכֶם רֹאִים עֹאה ע״ב ס״ג ע״ה רָאה

זוּלָתִי קוֹל: 13 וַיַּגֵּד לָכֶם אֶת־בְּרִיתוֹ אֲשֶׁר צִוָּה אֶתְכֶם ע״ב ס״ג ע״ה פו

לַעֲשׂוֹת עֲשֶׂרֶת הַדְּבָרִים וַיִּכְתְּבֵם עַל־שְׁנֵי לֻחוֹת אֲבָנִים: 14 וְאֹתִי רָאה

צִוָּה יְהוָֹאדֹנָיֵאהדֹנֹהי בָּעֵת הַהִוא לְלַמֵּד אֶתְכֶם וְזָקִים פו י״פ אהיה י הויות

וּמִשְׁפָּטִים לַעֲשֹׂתְכֶם אֹתָם בָּאָרֶץ אֲשֶׁר אַתֶּם עֹבְרִים אלהים דאלפין

שָׁמָּה לְרִשְׁתָּהּ: 15 וְנִשְׁמַרְתֶּם מְאֹד לְנַפְשֹׁתֵיכֶם כִּי לֹא מהע״, מושה, אל שדי מ״ה

רְאִיתֶם כָּל־תְּמוּנָה בְּיוֹם דִּבֶּר יְהוָֹאדֹנָיֵאהדֹנֹהי אֲלֵיכֶם ע״ה = נגד, זן, מזבח רָאה יל׳

בְּחֹרֵב מִתּוֹךְ הָאֵשׁ: 16 פֶּן־תַּשְׁחִתוּן וַעֲשִׂיתֶם לָכֶם רבוע ס״ג ורבוע אהיה עֹאה

פֶּסֶל תְּמוּנַת כָּל־סָמֶל תַּבְנִית זָכָר אוֹ נְקֵבָה: 17 תַּבְנִית כָּל־בְּהֵמָה יל׳ יל׳

אֲשֶׁר בָּאָרֶץ תַּבְנִית כָּל־צִפּוֹר כָּנָף אלהים דאלפין יל׳ ב״ן, לכב, יבמ ע״ה קנ״א, אלהים אדני

אֲשֶׁר תָּעוּף בַּשָּׁמָיִם 18 תַּבְנִית כָּל־רֶמֶשׂ בָּאֲדָמָה תַּבְנִית י״פ טל, י״פ כזו: יל׳

כָּל־דָּגָה אֲשֶׁר־בַּמַּיִם מִתַּחַת לָאָרֶץ אלהים דאלפין: 19 וּפֶן־תִּשָּׂא עֵינֶיךָ יל׳

הַשָּׁמַיְמָה וְרָאִיתָ אֶת־הַשֶּׁמֶשׁ וְאֶת־הַיָּרֵחַ וְאֶת־הַכּוֹכָבִים ע״ה קס״א ב״פ ש״ך

כָּל צְבָא הַשָּׁמַיִם וְנִדַּחְתָּ וְהִשְׁתַּחֲוִיתָ לָהֶם וַעֲבַדְתָּם אֲשֶׁר יל׳ י״פ טל, י״פ כזו

חָלַק יְהוָֹאדֹנָיֵאהדֹנֹהי אֱלֹהֶיךָ אֹתָם לְכֹל הָעַמִּים יל׳ אדני יהוה אהיה יהוה אדני יה אתם יה אדני

תַּחַת כָּל־הַשָּׁמָיִם: 20 וְאֶתְכֶם לָקַח יהוה אהיה יהוה אדני ע״ה קס״א יל׳ י״פ טל, י״פ כזו

יְהוָֹאדֹנָיֵאהדֹנֹהי וַיּוֹצִא אֶתְכֶם מִכּוּר הַבַּרְזֶל ר״ת בלהה רחל זלפה לאה מִמִּצְרַיִם

---

de piel..." (Génesis 3:21). ... Mientras caminaban vieron unos asaltantes que los seguían para robarles. Rav Elazar los miró, y dos animales salvajes vinieron y los mataron. Rav Elazar dijo: ¡Bendito es el Misericordioso, quien nos salvó! Él recitó

acerca de ellos: "Cuando camines, tus pasos no serán obstaculizados, y cuando corras, no tropezarás" (Proverbios 4:12) y: "Porque su amor está Conmigo, Yo lo libraré..." (Salmos 91:14)
— El Zóhar, Vaetjanán 7:33, 36

21 Y el Eterno se airó conmigo a causa de ustedes, y juró que yo no pasaría el Jordán, ni entraría en la buena tierra que el Eterno, tu Dios, te da por heredad; 22 pero yo debo morir en esta tierra, no debo cruzar el Jordán; y ustedes pasarán y tomarán posesión de esa buena tierra.

23 Guárdense, no sea que olviden el pacto que el Eterno, su Dios, hizo con ustedes, y se hagan imagen tallada en forma de cualquier cosa que el Eterno, tu Dios, te ha prohibido. 24 Porque el Eterno, tu Dios, es fuego consumidor, un Dios celoso.

25 Cuando hayan engendrado hijos y nietos, y hayan permanecido largo tiempo en la tierra, y se corrompan y hagan una imagen tallada en forma de cualquier cosa, y hagan lo que es malo ante los ojos del Eterno, su Dios, para provocarlo,

26 pongo hoy por testigo contra ustedes al Cielo y a la Tierra que pronto serán totalmente exterminados de la tierra donde van a pasar el Jordán para poseerla; no prolongarán sus días en ella, sino que serán completamente destruidos.

27 Y el Eterno los dispersará entre los pueblos, y quedarán pocos en número entre las naciones adonde el Eterno los llevará.

28 Y allí servirán a dioses, la obra de las manos de hombres, madera y piedra, que no ven, ni oyen, ni comen, ni huelen.

בֵּית

Deuteronomio 4:22 – Conectar con nuestro Moshé personal.

Moshé le dijo al pueblo que no entraría con ellos en Israel. Los sabios explican que Moshé no entraría en Israel porque él estaba adelantado a su época. La gente no estaba lista para él, dado que él era muy elevado para la conciencia de ellos, y no conectaban con él de la forma correcta. Esta incapacidad es igualmente un problema para nosotros al conectar con el Moshé que, se dice, está presente en cada generación. Si consideramos a nuestros propios maestros espirituales como representantes de Moshé en nuestros tiempos, entenderemos cuán importante y cuán poderoso es conectar con ellos apropiadamente. Si nuestros maestros nos dan una respuesta que no nos gusta, la mayoría de nosotros pensamos que ellos no entendieron la pregunta totalmente bien. Pero el consejo de ellos es una gran parte de aquello que nos conecta con la Luz del Creador. Esto

es lo que significa "conectar con nuestro Moshé personal".

כִּי

Deuteronomio 4:25 – Leemos esta sección en particular, la cual habla sobre el exilio y el regreso, en *Tishá BeAv* (9 de *Av*). Moshé predijo que tan sólo unas generaciones después de haber entrado en la tierra de Israel, los israelitas llegarían a corromperse y adorar ídolos pero, después de un período de exilio y tribulaciones como resultado de su corrupción, desearían nuevamente tener una conexión con Dios. Esto es, en esencia, la historia de cada ser humano que haya vivido en la Tierra. Si los israelitas se hubiesen corregido inmediatamente, el Templo habría sido restaurado. Pero no lo hicieron. Cuando caemos espiritualmente es como otro exilio y otra destrucción del Templo. En cada generación que no logra reconstruir el Templo en su corazón, éste es destruido otra vez. Tenemos que asumir responsabilidad personal para poder reconstruir el Templo, y esto lo hacemos transformándonos espiritualmente y deseando reconectar con la Luz.

לִהְיוֹת לוֹ לְעָם עלם נַחֲלָה כַּיּוֹם עה = נגד, זן, מוזוו הַזֶּה ורה: 21 וַיהוָואדניאהדונהי מצר

הִתְאַנַּף־בִּי עַל־דִּבְרֵיכֶם ראה וַיִּשָּׁבַע לְבִלְתִּי עָבְרִי אֶת־הַיַּרְדֵּן

י"פ יהוה וד' אותיות וּלְבִלְתִּי־בֹא אֶל־הָאָרֶץ אלהים דההן עה הַטּוֹבָה אכא אֲשֶׁר

יְהוָואדניאהדונהי אֱלֹהֶיךָ ילה נֹתֵן אבגית"ץ, ועזר, אהבת חנם לָךְ נַחֲלָה: 22 כִּי אָנֹכִי אינ מֵת

בָּאָרֶץ י"פ רבוע אהיה אלהים דאלפין אֵינֶנִּי עֹבֵר רבוע יהוה ורבוע אלהים אֶת־הַיַּרְדֵּן הַזֹּאת

וְאַתֶּם עֹבְרִים וִירִשְׁתֶּם אֶת־הָאָרֶץ אלהים דההן עה הַטּוֹבָה אכא י"פ יהוה וד' אותיות

הַזֹּאת: 23 הִשָּׁמְרוּ לָכֶם פֶּן־תִּשְׁכְּחוּ אֶת־בְּרִית יְהוָואדניאהדונהי אֱלֹהֵיכֶם

אֲשֶׁר כָּרַת עִמָּכֶם וַעֲשִׂיתֶם לָכֶם פֶּסֶל תְּמוּנַת כֹּל יל אֲשֶׁר צִוְּךָ ילה

יְהוָואדניאהדונהי אֱלֹהֶיךָ ילה: 24 כִּי יְהוָואדניאהדונהי אֱלֹהֶיךָ אלהים דיודין עה אֵשׁ ילה

אֹכְלָה הוּא אֵל יא"י קַנָּא מקוה, קנ"א: 25 כִּי־תוֹלִיד בָּנִים וּבְנֵי בָנִים וְנוֹשַׁנְתֶּם

בָּאָרֶץ אלהים דאלפין וְהִשְׁחַתֶּם וַעֲשִׂיתֶם פֶּסֶל תְּמוּנַת כֹּל יל וַעֲשִׂיתֶם

הָרַע בְּעֵינֵי רבוע מ"ה יְהוָואדניאהדונהי אֱלֹהֶיךָ ילה לְהַכְעִיסוֹ: 26 הַעִידֹתִי בָכֶם

ב"פ אל הַיּוֹם עה אֶת־הַשָּׁמַיִם י"פ טל, י"פ כחו ע"ה = נגד, זן, מוזוו וְאֶת־הָאָרֶץ אלהים דההן עה

כִּי־אָבֹד תֹּאבֵדוּן מַהֵר מֵעַל הָאָרֶץ עלם אֲשֶׁר אַתֶּם עֹבְרִים אלהים דההן עה

אֶת־הַיַּרְדֵּן י"פ יהוה וד' אותיות שָׁמָּה מהש, מהע, אל עדי, משה לְרִשְׁתָּהּ לֹא־תַאֲרִיכֻן יָמִים

עָלֶיהָ פהל כִּי הִשָּׁמֵד תִּשָּׁמֵדוּן: 27 וְהֵפִיץ יְהוָואדניאהדונהי אֶתְכֶם בָּעַמִּים נלך

וְנִשְׁאַרְתֶּם מְתֵי מִסְפָּר בַּגּוֹיִם אֲשֶׁר יְנַהֵג יְהוָואדניאהדונהי אֶתְכֶם עה קס"א

שָׁמָּה מהש, מהע, אל עדי, משה: 28 וַעֲבַדְתֶּם־שָׁם אֱלֹהִים יהוה עדי מוס, אהיה אדני ; ילה מַעֲשֵׂה בעשה

Rav Yitsjak Luria (el Arí) a menudo mencionaba la reconstrucción del Templo:

La tercera categoría consiste en los preceptos que uno no puede guardar en el tiempo presente, tales como los sacrificios. Ha sido explicado que un hombre debe observar todos los 613 preceptos y [seguir] encarnando hasta que lo logre. En el tiempo presente, él no encarnará para realizarlos, dado que es imposible. Pero después de la llegada del Mesías —que el Templo sea construido rápidamente en nuestros días—, el individuo podrá hacerlo. Rav Yishmael ben Elishá, el sumo sacerdote, aludió a esto. Cuando movió la vela de Shabat, él dijo: "Escribiré en mis notas traer una gran ofrenda por pecado cuando el Templo sea construido".

— Los escritos del Arí, La puerta de la reencarnación, 16° introducción: 4

²⁹ Pero desde allí buscarán al Eterno, su Dios, y lo hallarán si lo buscan con todo su corazón y con toda su alma.

³⁰ En su angustia, cuando todas esas cosas les sobrevengan, al final de los días, volverán al Eterno, su Dios, y escucharán Su Voz;

³¹ porque el Eterno, Tu Dios, es Dios misericordioso; no te abandonará, ni te destruirá, ni olvidará el Pacto que Él juró a tus padres.

³² Pues, pregunta ahora acerca de los días pasados que fueron antes de ti, desde el día en que Dios creó al hombre sobre la Tierra, y desde un extremo del Cielo hasta el otro: ¿se ha hecho cosa tan grande como ésta o se ha oído algo como esto?

³³ ¿Alguna vez un pueblo oyó la Voz de Dios hablando de en medio del fuego, como tú la has oído, y ha sobrevivido?

³⁴ ¿O acaso Dios ha intentado alguna vez tomar para Sí una nación de en medio de otra nación, con pruebas, con señales y maravillas, con guerra y mano fuerte, y con brazo extendido y grandes terrores, como el Eterno, su Dios, hizo por ti en Egipto delante de tus ojos?

³⁵ A ti te fue mostrado, para que supieras que el Eterno, Él es Dios; ningún otro hay además de Él.

³⁶ Desde el Cielo te hizo oír Su Voz para instruirte; y sobre la Tierra te hizo ver Su gran fuego, y oíste Sus Palabras de en medio del fuego.

³⁷ Y debido a que Él amó a tus padres y escogió a su descendencia después de ellos, y te sacó de Egipto con Su Presencia y con su gran poder, ³⁸ expulsando delante de ti naciones más grandes y más poderosas que tú, para hacerte entrar y darte la tierra de ellos por heredad, como sucede este día;

³⁹ reconoce hoy y establece en tu corazón que el Eterno es Dios arriba en los Cielos y abajo en la Tierra; no hay otro.

לֹא יַרְפְּךָ

Deuteronomio 4:31 – Este versículo dice: "*Él no te abandonará, ni te destruirá, ni olvidará el Pacto que Él juró a tus padres*". Dios nunca nos abandona, aun cuando nos sentimos completamente solos. Dios tan sólo nos pone en ciertas situaciones a fin de que aprendamos de ellas. Debemos saber que Dios siempre está con nosotros. Cuando pensamos que Dios está ausente, es cuando la Luz está más disponible para nosotros.

הַשֹּׁמֵעַ

Deuteronomio 4:33 – "*¿Alguna vez un pueblo oyó la Voz de Dios hablando de en medio del fuego, como tú la has oído, y ha sobrevivido?*". Dios siempre envía Su voz para que la escuchemos, pero normalmente no escuchamos porque la voz del Satán es más fuerte. Cuanto más escuchemos a la voz queda y tranquila, más posibilidades tenemos de conectar con el Creador.

יְדֵי אָדָם מ״ה עֵץ ע״ה קס״א וָאָבֶן יוד הה ואו הה אֲשֶׁר לֹא־יִרְאוּן וְלֹא יִשְׁמְעוּן

וְלֹא יֹאכְלוּן וְלֹא יְרִיחֻן: 29 וּבִקַּשְׁתֶּם מִשָּׁם יהוה עדי אֶת־יְהֹוָהאדנייאהדונהי

אֱלֹהֶיךָ ילה וּמָצָאתָ כִּי תִדְרְשֶׁנּוּ בְּכָל־ ב״ן, לכב, יבם לְבָבְךָ וּבְכָל־ ב״ן, לכב, יבם

נַפְשֶׁךָ: 30 בַּצַּר לְךָ וּמְצָאוּךָ כֹּל ילי הַדְּבָרִים רָאה הָאֵלֶּה בְּאַחֲרִית

הַיָּמִים גלך וְשַׁבְתָּ עַד־יְהֹוָהאדנייאהדונהי אֱלֹהֶיךָ ילה וְשָׁמַעְתָּ בְּקֹלוֹ: 31 כִּי אֵל

יאי רַחוּם יְהֹוָהאדנייאהדונהי אֱלֹהֶיךָ ילה לֹא יַרְפְּךָ וְלֹא יַשְׁחִיתֶךָ וְלֹא יִשְׁכַּח

אֶת־בְּרִית אֲבֹתֶיךָ אֲשֶׁר נִשְׁבַּע לָהֶם: 32 כִּי שְׁאַל־נָא לְיָמִים גלך

רִאשֹׁנִים אֲשֶׁר־הָיוּ לְפָנֶיךָ סמ״ב לְמִן־הַיּוֹם ע״ה = נגד, זן, מזבח אֲשֶׁר בָּרָא קנ״א ב״ן

אֱלֹהִים מום, אהיה אדני ; ילה אָדָם מ״ה עַל־הָאָרֶץ אלהים דההין ע״ה וּלְמִקְצֵה הַשָּׁמַיִם

 י״פ טל, י״פ כוזו וְעַד־קְצֵה הַשָּׁמָיִם ה״פ טל, ג״פ אדני הֲנִהְיָה כַּדָּבָר רָאה

הַגָּדוֹל לההו, מבה, יזל, אום הַזֶּה והו הֲנִשְׁמַע כָּמֹהוּ: 33 הֲשָׁמַע עַם קוֹל ע״ב ס״ג ע״ה

אֱלֹהִים מום, אהיה אדני ; ילה מְדַבֵּר רָאה מִתּוֹךְ־הָאֵשׁ שאה כַּאֲשֶׁר־שָׁמַעְתָּ אַתָּה

וַיֶּחִי: 34 אוֹ הֲנִסָּה אֱלֹהִים מום, אהיה אדני ; ילה לָבוֹא לָקַחַת לוֹ גוֹי מִקֶּרֶב גּוֹי

בְּמַסֹּת בְּאֹתֹת וּבְמוֹפְתִים וּבְמִלְחָמָה וּבְיָד פהל וַחֲזָקָה וּבִזְרוֹעַ נְטוּיָה

וּבְמוֹרָאִים גְּדֹלִים כְּכֹל אֲשֶׁר־עָשָׂה לָכֶם יְהֹוָהאדנייאהדונהי אֱלֹהֵיכֶם ילה

בְּמִצְרַיִם מצר לְעֵינֶיךָ: 35 אַתָּה ע״ה קס״א הָרְאֵתָ לָדַעַת כִּי יְהֹוָהאדנייאהדונהי

הוּא הָאֱלֹהִים מום, אהיה אדני ; ילה אֵין עוֹד מִלְבַדּוֹ מ״ב: 36 מִן־הַשָּׁמַיִם

י״פ טל, י״פ כוזו הִשְׁמִיעֲךָ אֶת־קֹלוֹ לְיַסְּרֶךָּ וְעַל־הָאָרֶץ אלהים דההין ע״ה הֶרְאֲךָ

אֶת־אִשּׁוֹ הַגְּדוֹלָה וּדְבָרָיו רָאה שָׁמַעְתָּ מִתּוֹךְ הָאֵשׁ שאה: 37 וְתַחַת כִּי

אָהַב אֶת־אֲבֹתֶיךָ וַיִּבְחַר בְּזַרְעוֹ אַחֲרָיו וַיֹּצִאֲךָ בְּפָנָיו בְּכֹחוֹ הַגָּדֹל

לההו, מבה, יזל, אום מִמִּצְרַיִם מצר: 38 לְהוֹרִישׁ גּוֹיִם גְּדֹלִים וַעֲצֻמִים מִמְּךָ

מִפָּנֶיךָ סמ״ב לַהֲבִיאֲךָ לָתֶת־לְךָ אֶת־אַרְצָם נַחֲלָה כַּיּוֹם ע״ה = נגד, זן, מזבח הַזֶּה

והו: 39 וְיָדַעְתָּ הַיּוֹם ע״ה = נגד, זן, מזבח וַהֲשֵׁבֹתָ אֶל־לְבָבֶךָ כִּי יְהֹוָהאדנייאהדונהי

הוּא הָאֱלֹהִים מום, אהיה אדני ; ילה בַּשָּׁמַיִם י״פ טל, י״פ כוזו מִמַּעַל עלב וְעַל־הָאָרֶץ

40 Y guardarás Sus estatutos y Sus mandamientos que yo te ordeno hoy, a fin de que te vaya bien a ti y a tus hijos después de ti, y para que prolongues tus días sobre la tierra que el Eterno, tu Dios, te da para siempre".

TERCERA LECTURA – YAAKOV – TIFÉRET

41 Entonces Moshé separó tres ciudades al otro lado del Jordán, en dirección a la salida del Sol,

42 para que huyera allí el homicida que haya matado a su vecino inadvertidamente y sin que lo odiara; y, al huir a una de estas ciudades, salvaría su vida:

43 Bátser en el desierto, sobre la planicie, para los rubenitas; y Ramot en Guilad para los gaditas; y Golán en Basán para los menashitas.

44 Y esta es la ley que Moshé presentó a los hijos de Israel;

45 Estos son los testimonios, los estatutos y las ordenanzas que Moshé habló a los hijos de Israel cuando salieron de Egipto;

46 al otro lado del Jordán en el valle frente a Bet-Peor, en la tierra de Sijón, rey de los amorreos, que habitaba en Jesvón, a quien Moshé y los hijos de Israel hirieron cuando salieron de Egipto.

47 Y tomaron posesión de su tierra y de la tierra de Og, rey de Bashán, los dos reyes de los amorreos que estaban al otro lado del Jordán en dirección a la salida del Sol;

אָ

Deuteronomio 4:41 – Aunque Moshé sabía que no podía entrar en la tierra de Israel, continuó apoyando a los israelitas que sí entrarían allí. Moshé nunca se rindió, sino que hizo todo lo que tenía la capacidad de hacer. Él conectaba con cualquier Luz que estuviera presente. Él podía haberse rendido y dejar de ser un líder, pero él todavía se ocupaba por todos y hacía el trabajo necesario, aún sabiendo que no se beneficiaría de ello él mismo. Este es un recordatorio poderoso para nosotros de que debemos siempre hacer nuestro mayor esfuerzo, aún cuando estemos seguros de que no nos beneficiaremos de nuestras acciones de ninguna manera. Con respecto al esfuerzo, Rav Brandwein dijo esto en una de sus cartas:

La raíz sobre la cual todo está fundamentado es que, mientras se realiza un mandamiento, uno no debe considerarlo como una carga y apresurarse en librarse de ésta. El individuo debe imaginar que, al cumplir este precepto, ganará miles tras miles de monedas de oro y sentir la dicha eterna de observar el precepto con todo su corazón y toda su alma, como si de verdad le fueran a dar miles tras miles de monedas de oro por hacerlo. Este es el secreto del versículo: "Porque tú no sirves al Eterno, tu Dios, con dicha y alegría del corazón, etc." (Deuteronomio 28:47).

Cuanto más el individuo sienta dicha verdadera y satisfacción interior, más

אלהים דההין ע״ה בְּתַחַת אֵין עוֹד: 40 וְשָׁמַרְתָּ אֶת־חֻקָּיו וְאֶת־מִצְוֹתָיו אֲשֶׁר

אָנֹכִי אי׳ מְצַוְּךָ הַיּוֹם ע״ה = נגד, זן, מזבח אֲשֶׁר יִיטַב לְךָ וּלְבָנֶיךָ אַחֲרֶיךָ

וּלְמַעַן תַּאֲרִיךְ יָמִים נלך עַל־הָאֲדָמָה אֲשֶׁר יְהֹוָה אדני ואהדנהי אֱלֹהֶיךָ ילה נָתַן

אבגית״ץ זן, ועור, אהבת חנם לְךָ כָּל־ ילי הַיָּמִים נלך:

TERCERA LECTURA – YAAKOV – TIFÉRET

41 אָז יַבְדִּיל מֹשֶׁה מהיע, אל שדי שָׁלֹשׁ עָרִים בְּעֵבֶר רבוע יהוה ורבוע אלהים הַיַּרְדֵּן

י״פ יהוה ור׳ אותיות מִזְרְחָה שָׁמֶשׁ ב״פ ע״רְ: 42 לָנֻס מ״ה אדני שָׁמָּה מהיע, אל שדי רוֹצֵחַ

אֲשֶׁר יִרְצַח אֶת־רֵעֵהוּ בִּבְלִי־דַעַת וְהוּא לֹא־שֹׂנֵא לוֹ מִתְּמֹל שִׁלְשֹׁם

וְנָס אֶל־אַחַת מִן־הֶעָרִים עכ״ה, ה״פ אדני הָאֵל לאה (אלד ע״ה) וָחָי: 43 אֶת־בֶּצֶר

בַּמִּדְבָּר אברהם, וז״פ אל, רמ״ח בָּאֶרֶץ אלהים דאלפין הַמִּישֹׁר לָראוּבֵנִי וְאֶת־רָאמֹת

בַּגִּלְעָד לַגָּדִי וְאֶת־גּוֹלָן בַּבָּשָׁן לַמְנַשִּׁי: 44 וְזֹאת הַתּוֹרָה אֲשֶׁר־שָׂם

מֹשֶׁה מהיע, אל שדי לִפְנֵי חכמה בינה בְּנֵי יִשְׂרָאֵל: 45 אֵלֶּה הָעֵדֹת וְהַחֻקִּים

וְהַמִּשְׁפָּטִים אֲשֶׁר דִּבֶּר ראה מֹשֶׁה מהיע, אל שדי אֶל־בְּנֵי יִשְׂרָאֵל בְּצֵאתָם

מִמִּצְרָיִם מצר: 46 בְּעֵבֶר רבוע יהוה ורבוע אלהים הַיַּרְדֵּן י״פ יהוה ור׳ אותיות בַּגַּיְא מוּל בֵּית

ב״פ ראה פְּעוֹר בְּאֶרֶץ אלהים דאלפין סִיחֹן מֶלֶךְ הָאֱמֹרִי אֲשֶׁר יוֹשֵׁב בְּחֶשְׁבּוֹן

אֲשֶׁר הִכָּה מֹשֶׁה מהיע, אל שדי וּבְנֵי יִשְׂרָאֵל בְּצֵאתָם מִמִּצְרָיִם מצר: 47 וַיִּירְשׁוּ אֶת־אַרְצוֹ וְאֶת־אֶרֶץ אלהים דאלפין עוֹג מֶלֶךְ־הַבָּשָׁן שְׁנֵי מַלְכֵי

---

merecerá la Luz Celestial. Y si él es perseverante con este esfuerzo, entonces no hay duda de que el Espíritu Santo reposará sobre él. Esto es así con todos los preceptos o cuando se estudie la Torá. Él debe hacerlo con gran deseo, fervor y entusiasmo inmenso; como si estuviese de cara al Rey y sirviéndole.

Esto lo haría con un gran deseo de ser de agrado ante los ojos del Rey y recibir de él un rango y una posición mayor.
— Rav Brandwein, Parte 1, Letra 8

48 desde Aroer, que está a la orilla del valle de Arnón, hasta el monte Sión —es decir, Hermón— 49 con todo el Aravá al otro lado del Jordán, al Este, hasta el mar del Aravá, debajo de las vertientes del Pisgá.

CUARTA LECTURA – MOSHÉ – NÉTSAJ

5 1 Y Moshé llamó a todo Israel y les dijo: "Oye, Israel, los estatutos y ordenanzas que hablo hoy a sus oídos, para que los aprendan y los observen.

2 El Eterno, nuestro Dios, hizo un Pacto con nosotros en Jorev.

3 El Eterno no hizo este Pacto solamente con nuestros padres, sino con nosotros, todos nosotros aquí que estamos vivos en este día.

4 El Eterno habló cara a cara con ustedes en el monte de en medio del fuego;

5 yo estaba entre el Eterno y ustedes en aquel momento para declararles la palabra del Eterno –porque temían a causa del fuego y no subieron al monte– diciendo:

6 'Yo soy el Eterno, tu Dios, que te sacó de la tierra de Egipto, de la casa de esclavitud.

בְּאָזְנֵיכֶם

Deuteronomio 5:1 – Este versículo sobre los Diez Enunciados nos enseña a entender la Biblia como si nos la hubiesen entregado personalmente. Cada una de las historias es acerca de nosotros; como los israelitas de antaño, nosotros todavía somos los que tomamos las decisiones equivocadas y las acertadas. No se trata de lo que le ocurrió a alguien más hace 3.400 años: se trata de lo que nos está ocurriendo a nosotros hoy día. Cuando leemos sobre el becerro de oro en la Biblia, nos damos cuenta de que es nuestra propia idolatría actual de la que se habla. Si hay un relato acerca de alguien con un ego excesivo, en realidad el relato es sobre nuestro propio ego excesivo. Todo es acerca de nosotros, y debemos tomar los mensajes que da la Biblia como si fuesen exactamente para nosotros.

Los Diez Enunciados son nuestra conexión con la inmortalidad:

Rabí Shimón citó el versículo: "Y Dios habló todas estas palabras para decir" (Éxodo 20:1). Dice "HABLÓ" Y NO 'DIJO', PORQUE "habló" denota anunciar EN VOZ ALTA, porque hemos aprendido que en el tiempo en que el Santísimo, bendito sea Él, se reveló y empezó a hablar, los seres celestiales y terrenales empezaron a temblar, y las almas de los hijos de Yisrael los dejaron. Hemos aprendido que la palabra planeó de arriba abajo, siendo grabada sobre los cuatro vientos del universo en su camino, y entonces se elevó una vez más y otra vez descendió. Cuando se elevó fue llenada de las montañas de bálsamo puro y fue regada con el rocío celestial. Entonces rodeó a Yisrael y trajo de vuelta sus almas. Entonces se volvió y fue grabada sobre las tablas de piedra. Y así fue con cada palabra.

— El Zóhar, Yitró 20:342-343

הָאֱמֹרִי אֲשֶׁר בְּעֵבֶר הַיַּרְדֵּן מִזְרַח שֶׁמֶשׁ

48 מֵעֲרֹעֵר אֲשֶׁר עַל־שְׂפַת־נַחַל אַרְנֹן וְעַד־הַר שִׂיאֹן

הוּא חֶרְמוֹן 49 וְכָל־הָעֲרָבָה עֵבֶר הַיַּרְדֵּן

מִזְרָחָה וְעַד יָם הָעֲרָבָה תַּחַת אַשְׁדֹּת הַפִּסְגָּה:

CUARTA LECTURA – MOSHÉ – NÉTSAJ

5 1 וַיִּקְרָא מֹשֶׁה אֶל־כָּל־יִשְׂרָאֵל וַיֹּאמֶר

אֲלֵהֶם שְׁמַע יִשְׂרָאֵל אֶת־הַחֻקִּים וְאֶת־הַמִּשְׁפָּטִים אֲשֶׁר אָנֹכִי

דֹּבֵר בְּאָזְנֵיכֶם הַיּוֹם וּלְמַדְתֶּם אֹתָם וּשְׁמַרְתֶּם

לַעֲשֹׂתָם: 2 יְהוָֹה אֱלֹהֵינוּ כָּרַת עִמָּנוּ בְּרִית בְּחֹרֵב

3 לֹא אֶת־אֲבֹתֵינוּ כָּרַת יְהוָֹה אֶת־הַבְּרִית הַזֹּאת

כִּי אִתָּנוּ אֲנַחְנוּ אֵלֶּה פֹה הַיּוֹם כֻּלָּנוּ חַיִּים

4 פָּנִים בְּפָנִים | דִּבֶּר יְהוָֹה עִמָּכֶם

בָּהָר מִתּוֹךְ הָאֵשׁ 5 אָנֹכִי עֹמֵד בֵּין־יְהוָֹה

וּבֵינֵיכֶם בָּעֵת הַהִוא לְהַגִּיד לָכֶם אֶת־דְּבַר יְהוָֹה

כִּי יְרֵאתֶם מִפְּנֵי הָאֵשׁ וְלֹא־עֲלִיתֶם בָּהָר לֵאמֹר:

6 (כתר) אָנֹכִי יְהוָֹה אֱלֹהֶיךָ אֲשֶׁר הוֹצֵאתִיךָ מֵאֶרֶץ

Primer Enunciado: Kéter

אָנֹכִי יְהוָֹה

Deuteronomio 5:6 – "*Yo soy el Eterno, tu Dios*". Primero que todo —antes de cualquier otra cosa en nuestra vida—, debemos creer en la existencia del Creador. Si no tenemos una conexión con el Creador, entonces caemos a un nivel mucho más bajo del estado al que nuestra alma puede elevarse. La única manera de evitar que los altibajos de la vida nos desestabilicen por completo es estar conscientemente alertas del Creador en todo momento; especialmente en tiempos de tribulación. Si experimentamos cambios de humor y vaivenes en la fortuna, es importante reconocer que todavía no estamos conectando con la Luz del Creador en el nivel óptimo. El creer verdaderamente en la existencia del Creador significa incluir a la Luz en cada momento de cada día.

7 No tendrás otros dioses delante de Mí.

8 No te harás ninguna imagen tallada, ni semejanza alguna de lo que está arriba en el Cielo, ni abajo en la Tierra, ni en las aguas debajo de la Tierra.

9 No te prosternarás ante ellas ni les servirás; porque Yo, el Eterno, tu Dios, soy Dios celoso, que hago recaer la iniquidad de los padres sobre los hijos, y sobre la tercera y la cuarta generación de los que me aborrecen, 10 y muestro misericordia hasta la milésima generación de los que me aman y guardan Mis Mandamientos.

11 No tomarás en vano el Nombre del Eterno, tu Dios; porque el Eterno no tendrá por inocente a quien tome Su Nombre en vano.

12 Observarás el día de Shabat para santificarlo, como el Eterno, tu Dios, lo ha mandado.

13 Seis días trabajarás y harás todo tu trabajo, 14 pero el séptimo día es un Shabat para el Eterno, tu Dios; no harás en él ninguna clase de trabajo, tú, ni tu hijo, ni tu hija, ni tu siervo, ni tu sierva, ni tu toro, ni tu asno, ni ninguno de tus animales, ni el extranjero que esté dentro de tus portones; para que tu siervo y tu sierva también descansen como tú.

15 Y recordarás que fuiste esclavo en la tierra de Egipto, y el Eterno, tu Dios, te sacó de allí con Mano Fuerte y brazo extendido; por lo tanto, el Eterno, tu Dios, te ha ordenado que guardes el día de Shabat.

16 Honra a tu padre y a tu madre, como el Eterno, tu Dios, te ha mandado; para que tus días sean prolongados y te vaya bien en la tierra que el Eterno, tu Dios, te da.

Segundo Enunciado: Jojmá

לֹא יִהְיֶה

Deuteronomio 5:7 – "*No tendrás otros dioses delante de Mí*". En nuestra época actual, nuestros ídolos —esos "otros dioses"— normalmente son dinero, poder, fama, seguridad y miles de otras obsesiones falsas que drenan nuestra energía. Buscar Luz en estas áreas es un evidente y tonto error.

Tercer Enunciado: Biná

לֹא תִשָּׂא

Deuteronomio 5:11 – "*No tomarás en vano el Nombre del Eterno*". Cuando usamos un Nombre de Dios, en efecto, estamos invocando

los poderes asociados con ese Nombre. Al invocar el Nombre de Dios por motivos menores e irrelevantes, degradamos el poder de ese Nombre y, por lo tanto, nos privamos del poder verdadero del Nombre cuando realmente lo necesitamos.

Cuarto Enunciado: Jésed

הַשָּׁבָּת

Deuteronomio 5:12 – "*Observarás el día de Shabat*". El Shabat no sólo incluye nuestras acciones en el séptimo día, sino también el estado de conciencia que tenemos en ese día. Como mínimo, debemos tomar cinco minutos para pensar sobre nuestra vida: acerca de dónde nos encontramos espiritualmente, en qué necesitamos trabajar durante la próxima

מִצְרַיִם מצר מִבֵּית ב"פ ראה עֲבָדִים: 7 (וחכמה) לֹא יִהְיֶה־ ייי לְךָ אֱלֹהִים ילה

אֲחֵרִים עַל־פָּנָי (וחכמה בינה) 8 לֹא תַעֲשֶׂה־לְךָ פֶסֶל | כָּל־ ילי תְּמוּנָה אֲשֶׁר

בַּשָּׁמַיִם י"פ טל, י"פ כוזו מִמַּעַל עלפו וַאֲשֶׁר בָּאָרֶץ אלהים דאלפין מִתַּחַת וַאֲשֶׁר

בַּמַּיִם | מִתַּחַת לָאָרֶץ אלהים דאלפין 9 לֹא־תִשְׁתַּחֲוֶה לָהֶם וְלֹא תָעָבְדֵם כִּי

אָנֹכִי איע יְהוָֹה ואדני אהדונהי אֱלֹהֶיךָ ילה יי"א אֵל קַנָּא מקוה, קנ"א, אלהים אדני פֹּקֵד רבוע ע"ב

עָוֹן ג"ם מ"ב אָבֹת עַל־בָּנִים וְעַל־שִׁלֵּשִׁים וְעַל־רִבֵּעִים לְשֹׂנְאָי 10 וְעֹשֶׂה

חֶסֶד ע"ב, ריבוע יהוה לַאֲלָפִים קס"א לְאֹהֲבַי וּלְשֹׁמְרֵי מִצְוֹתָי (כתיב: מצותו):

11 (בינה) לֹא תִשָּׂא אֶת־שֵׁם־ יהוה שדי יְהוָֹה ואדני אהדונהי אֱלֹהֶיךָ ילה לַשָּׁוְא

כִּי לֹא יְנַקֶּה יְהוָֹה ואדני אהדונהי אֵת אֲשֶׁר־יִשָּׂא אֶת־שְׁמוֹ מהע ע"ה, אל שדי ע"ה

לַשָּׁוְא: 12 (וחסד) שָׁמוֹר אֶת־יוֹם ע"ה = נגד, זן, מזבח הַשַּׁבָּת לְקַדְּשׁוֹ כַּאֲשֶׁר

צִוְּךָ | יְהוָֹה ואדני אהדונהי אֱלֹהֶיךָ ילה 13 שֵׁשֶׁת יָמִים נלך תַּעֲבֹד וְעָשִׂיתָ כָּל־ ילי

מְלַאכְתֶּךָ 14 וְיוֹם ע"ה = נגד, זן, מזבח הַשְּׁבִיעִי שַׁבָּת | לַיהוָֹה ואדני אהדונהי אֱלֹהֶיךָ

ילה לֹא תַעֲשֶׂה כָל־ ילי מְלָאכָה אל אדני אַתָּה וּבִנְךָ־וּבִתֶּךָ וְעַבְדְּךָ־ פיי

וַאֲמָתֶךָ וְשׁוֹרְךָ וַחֲמֹרְךָ וְכָל־ ילי בְּהֶמְתֶּךָ וְגֵרְךָ אֲשֶׁר בִּשְׁעָרֶיךָ לְמַעַן

יָנוּחַ עַבְדְּךָ פיי וַאֲמָתְךָ כָּמוֹךָ אלהים, מ"ה 15 וְזָכַרְתָּ כִּי־עֶבֶד הָיִיתָ | בְּאֶרֶץ

אלהים דאלפין מִצְרַיִם מצר וַיֹּצִאֲךָ יְהוָֹה ואדני אהדונהי אֱלֹהֶיךָ ילה מִשָּׁם יהוה שדי בְּיָד

חֲזָקָה פהל וּבִזְרֹעַ נְטוּיָה עַל־כֵּן יְהוָֹה ואדני אהדונהי אֱלֹהֶיךָ ילה לַעֲשׂוֹת

אֶת־יוֹם ע"ה = נגד, זן, מזבח הַשַּׁבָּת: 16 (גבורה) כַּבֵּד אֶת־אָבִיךָ וְאֶת־אִמֶּךָ

---

semana. O podemos escoger pasar todas las 25 horas honrando cada aspecto del Shabat. Todos necesitamos conectar con la energía de Shabat en algún punto dentro de esta gama.

Quinto Enunciado: Guevurá

כַּבֵּד

Deuteronomio 5:16 – "*Honra a tu padre y a tu madre*". Hay ciertas personas cuyos

regalos nunca podremos pagárselos de vuelta. Ciertamente, no hay nada que podamos hacer para pagar por completo la acción de habernos traído a este mundo, pero nunca debemos desistir en intentar hacerlo. La solución es tener apreciación verdadera por el regalo que nuestros padres nos han dado: la vida.

¹⁷ *No asesinarás. Ni cometerás adulterio. Ni robarás. Ni darás falso testimonio contra tu prójimo.*

¹⁸ *Ni codiciarás la mujer de tu prójimo, ni desearás la casa de tu prójimo, ni su campo, ni su siervo, ni su sierva, ni su toro, ni su asno, ni nada que sea de tu prójimo'.*

QUINTA LECTURA – AHARÓN – HOD

¹⁹ *Estas palabras el Eterno habló a toda su asamblea en el monte, de en medio del fuego, la nube y las densas tinieblas, con una gran Voz, y no agregó nada más. Y Él las escribió en dos tablas de piedra y me las dio.*

²⁰ *Y sucedió que cuando ustedes oyeron la Voz de en medio de las tinieblas, mientras el monte ardía con fuego, se acercaron a mí —todos los jefes de sus tribus y sus ancianos—*

Sexto Enunciado: Tiféret

לֹא תִּרְצָ֖ח

Deuteronomio 5:17 – "*No asesinarás*". El asesinato no se limita al homicidio físico: éste puede incluir destruir a los demás mediante nuestras palabras, tratos de negocios o cualquier otro tipo de acción negativa que tomemos en contra de ellos.

Séptimo Enunciado: Nétsaj

וְלֹ֣א תִּנְאָ֑ף

Deuteronomio: 5:17 – "*Ni cometerás adulterio*". Este enunciado es muy importante porque enfatiza el significado de la confianza, no sólo entre cónyuges sino también entre amigos, socios de negocios, y entre nosotros y Dios.

Octavo Enunciado: Hod

וְלֹ֣א תִּגְנֹֽב

Deuteronomio 5:17 – "*Ni robarás*". Cometemos un robo cada vez que actuamos como si mereciéramos algo que, en realidad, no merecemos. Robar tiene dos ramificaciones. Primero, aun si tomamos un objeto perteneciente a otra persona, la Luz de ese objeto permanece con su dueño original. Todo lo que tenemos es el aspecto físico —no la Luz— del objeto. Segundo, la persona que roba debe pagar un precio altísimo. Cada año, el sustento que viene a nosotros es determinado Arriba. Cuando robamos, estamos empleando nuestra energía negativa para tomar algo que tal vez venga a nosotros de cualquier manera. Así que no sólo estamos renunciando a cualquier sustento futuro que pueda venir a nosotros, sino a la Luz espiritual que era nuestra en primer lugar.

Noveno Enunciado: Yesod

וְלֹא־תַעֲנֶ֥ה

Deuteronomio 5:17 – "*Ni darás falso testimonio contra tu prójimo*". Esto incluye la prohibición contra el *lashón hará* (chisme, calumnias). El *Zóhar* dice que es casi imposible arrepentirse por completo de nuestra habla maliciosa. Una vez que algo se dice, no puede ser retractado.

Ven y ve: el Santísimo, bendito sea Él, otorga el perdón para todos los pecados del mundo, salvo para la mala lengua, porque este hombre habla mal de otro, como está escrito: "'Ésta será la Torá del leproso (heb. metsorá)'" (Levítico 14:2). ESTO ES: habla mal de su amigo, YA QUE "METSORÁ" ESTÁ ESCRITO CON LAS MISMAS LETRAS DE LAS PALABRAS MOTSÍ RA ('DIFUNDE LO MALO'). Rabí Jiyá dijo: Si

כַּאֲשֶׁר צִוְּךָ יְהֹוָה אֱלֹהֶיךָ לְמַעַן | יַאֲרִיכֻן יָמֶיךָ וּלְמַעַן יִיטַב

לָךְ עַל הָאֲדָמָה אֲשֶׁר יְהֹוָה אֱלֹהֶיךָ נֹתֵן לָךְ:

17 לֹא תִּרְצָח: וְלֹא תִּנְאָף: וְלֹא תִּגְנֹב: וְלֹא־תַעֲנֶה

בְרֵעֲךָ עֵד שָׁוְא: 18 וְלֹא תַחְמֹד אֵשֶׁת רֵעֶךָ וְלֹא תִתְאַוֶּה בֵּית

רֵעֶךָ שָׂדֵהוּ וְעַבְדּוֹ וַאֲמָתוֹ שׁוֹרוֹ וַחֲמֹרוֹ וְכֹל אֲשֶׁר לְרֵעֶךָ:

QUINTA LECTURA – AHARÓN – HOD

19 אֶת־הַדְּבָרִים הָאֵלֶּה דִּבֶּר יְהֹוָה אֶל־כָּל־קְהַלְכֶם

בָּהָר מִתּוֹךְ הָאֵשׁ הֶעָנָן וְהָעֲרָפֶל קוֹל גָּדוֹל

וְלֹא יָסָף וַיִּכְתְּבֵם עַל־שְׁנֵי לֻחֹת אֲבָנִים וַיִּתְּנֵם אֵלָי: 20 וַיְהִי כְּשָׁמְעֲכֶם

אֶת־הַקּוֹל מִתּוֹךְ הַחֹשֶׁךְ וְהָהָר בֹּעֵר בָּאֵשׁ

---

alguien difunde un nombre malicioso, todos sus miembros se contaminan y él debe ser aislado, porque su plática maliciosa se eleva en el aire y pide que baje un Espíritu impuro sobre él, y es contaminado. El que intenta contaminar es contaminado; por la acción abajo otra es provocada.

— El Zóhar, Metsorá 4:14

Décimo Enunciado – Maljut

וְלֹא תַחְמֹד

Deuteronomio 5:18 – "*Ni codiciarás*". Esta prohibición es contra desear algo que pertenezca a otro individuo. Cuando queremos lo que alguien más tiene, estamos diciendo en esencia que Dios ha cometido un error al no darnos todo lo que necesitamos. Cuando tenemos esta conciencia, estamos ignorando el hecho de que cada persona tiene un camino espiritual con sus propios giros. Alguien con una casa perfecta puede que tenga problemas de salud o con las relaciones. Cada uno de nosotros tiene su camino

espiritual particular que fue diseñado para que llevemos a cabo nuestro *tikún*, o proceso de corrección. Cuando en su lugar intentamos seleccionar y escoger según nuestras propias inclinaciones, no nos permitimos ser orientados por la Luz del Creador.

דִּבֶּר

Deuteronomio 5:19 – Como ha afirmado el *Zóhar* anteriormente, los dos primeros Enunciados fueron entregados a los israelitas por la Voz de Dios, pero Moshé les entregó el resto porque el pueblo tenía miedo de seguir escuchando a Dios.

Este versículo nos ayuda a superar nuestros temores. El gran sabio Rav Najman dice que todo el mundo es como un puente angosto, y la clave para cruzarlo es no tener miedo. El miedo es una de las herramientas más poderosas del Satán. Debemos darnos cuenta que cuanto más miedo tengamos, más Luz se puede revelar cuando lo superamos.

21 y dijeron: 'He aquí que el Eterno, nuestro Dios, nos ha mostrado Su gloria y Su grandeza, y hemos oído Su Voz de en medio del fuego; hemos visto hoy que Dios habla con el hombre, y éste aún vive.

22 Ahora entonces, ¿por qué hemos de morir? Porque este gran fuego nos consumirá; si seguimos oyendo la Voz del Eterno, nuestro Dios, entonces moriremos.

23 Porque, ¿quién de toda carne ha oído la voz del Dios vivo hablando de en medio del fuego, como nosotros, y ha sobrevivido?

24 Acércate tú y oye todo lo que el Eterno, nuestro Dios, dice; y tú nos hablarás todo lo que el Eterno nuestro Dios te diga, y lo escucharemos y lo haremos'.

25 Y el Eterno oyó la voz de sus palabras cuando me hablaron y el Eterno me dijo: 'He oído la voz de las palabras de este pueblo, las cuales ellos te han hablado. Han dicho bien todo lo que han hablado.

26 ¡Oh, si tan sólo ellos tuvieran tal corazón siempre para que me temieran y guardaran siempre todos Mis mandamientos, para que les fuera bien a ellos y a sus hijos para siempre!

27 Ve y diles: Vuelvan a sus tiendas.

28 Pero tú, quédate aquí Conmigo, y Yo te diré todos los mandamientos, los estatutos y las ordenanzas que les enseñarás, a fin de que los ejerzan en la tierra que les doy en posesión'.

29 Por lo tanto, ustedes deben cuidar de hacer tal como el Eterno, su Dios, les ha mandado; no se desviarán a la derecha ni a la izquierda.

לְיִרְאָה

Deuteronomio 5:26 – Dios dijo que el pueblo tenía miedo, así que Moshé se convirtió en un canal para recibir la Luz en nombre del pueblo. Moshé era su —y nuestro— puente hacia la Luz. En aquel momento, Moshé fue elevado a ser mitad humano, mitad ángel. Incluso entonces, él nunca olvidó que era mitad humano, conservando todo lo que él había sido antes. Esto es un recordatorio de que, sin importar cuán poderosos nos podamos volver en este mundo físico, aún tenemos que reconocer que el poder que tenemos es de la Luz, la cual está allí para elevarnos espiritualmente, convirtiéndonos así en un canal de más Luz para nosotros y los demás. El *Zóhar* dice:

¡Felices son los justos en este mundo y en el Mundo por Venir, ya que el Santísimo, bendito sea Él, desea honrarlos y revelarles asuntos esotéricos concernientes a Su Santo Nombre, que Él ni siquiera ha revelado a los Ángeles santos celestiales! Por lo tanto, Moshé fue capaz de ser adornado aun entre los Ángeles santos, y ellos fueron incapaces de acercarse a él como si fuera un fuego ardiente y carbones llameantes. La razón era que él mencionó los nombres santos que los ángeles no conocían. Si no fuera por eso, ¿qué tendría Moshé para ser capaz de estar entre ellos? Era bendita la porción de Moshé, que cuando el Santísimo, bendito sea Él, empezó a hablar con

וַתִּקְרְבוּן אֵלַי כָּל־ רָאשֵׁי שִׁבְטֵיכֶם וְזִקְנֵיכֶם: 21 וַתֹּאמְרוּ

הֵן הֶרְאָנוּ יְהוָֹה אֱלֹהֵינוּ אֶת־כְּבֹדוֹ וְאֶת־גָּדְלוֹ וְאֶת־קֹלוֹ

שָׁמַעְנוּ מִתּוֹךְ הָאֵשׁ הַיּוֹם הַזֶּה רָאִינוּ כִּי־יְדַבֵּר

אֱלֹהִים אֶת־הָאָדָם וָחָי: 22 וְעַתָּה לָמָּה נָמוּת כִּי

תֹאכְלֵנוּ הָאֵשׁ הַגְּדֹלָה הַזֹּאת אִם־ יֹסְפִים | אֲנַחְנוּ לִשְׁמֹעַ

אֶת־קוֹל יְהוָֹה אֱלֹהֵינוּ עוֹד וָמָתְנוּ: 23 כִּי מִי כָל־

בָּשָׂר אֲשֶׁר שָׁמַע קוֹל אֱלֹהִים חַיִּים מְדַבֵּר

מִתּוֹךְ־הָאֵשׁ כָּמֹנוּ וַיֶּחִי: 24 קְרַב אַתָּה וּשֲׁמָע אֵת כָּל־ אֲשֶׁר

יֹאמַר יְהוָֹה אֱלֹהֵינוּ וְאַתְּ | תְּדַבֵּר אֵלֵינוּ אֵת כָּל־ אֲשֶׁר

יְדַבֵּר יְהוָֹה אֱלֹהֵינוּ אֵלֶיךָ וְשָׁמַעְנוּ וְעָשִׂינוּ: 25 וַיִּשְׁמַע

יְהוָֹה אֶת־קוֹל דִּבְרֵיכֶם בְּדַבֶּרְכֶם אֵלָי וַיֹּאמֶר

יְהוָֹה אֵלַי שָׁמַעְתִּי אֶת־קוֹל דִּבְרֵי הָעָם הַזֶּה אֲשֶׁר

דִּבְּרוּ אֵלֶיךָ הֵיטִיבוּ כָּל־ אֲשֶׁר דִּבֵּרוּ: 26 מִי־ יִתֵּן וְהָיָה

לְבָבָם זֶה לָהֶם לְיִרְאָה אֹתִי וְלִשְׁמֹר אֶת־כָּל־ מִצְוֹתַי

כָּל־ הַיָּמִים לְמַעַן יִיטַב לָהֶם וְלִבְנֵיהֶם לְעֹלָם: 27 לֵךְ

אֱמֹר לָהֶם שׁוּבוּ לָכֶם לְאָהֳלֵיכֶם: 28 וְאַתָּה פֹּה עֲמֹד

עִמָּדִי וַאֲדַבְּרָה אֵלֶיךָ אֵת כָּל־ הַמִּצְוָה וְהַחֻקִּים וְהַמִּשְׁפָּטִים אֲשֶׁר

תְּלַמְּדֵם וְעָשׂוּ בָאָרֶץ אֲשֶׁר אָנֹכִי נֹתֵן לָהֶם

לְרִשְׁתָּהּ: 29 וּשְׁמַרְתֶּם לַעֲשׂוֹת כַּאֲשֶׁר צִוָּה יְהוָֹה אֱלֹהֵיכֶם

él, deseó conocer Su Santo Nombre, tanto el oculto como el revelado, cada uno apropiadamente. Entonces él unió y conoció más que toda la humanidad. Ven y ve: En el momento en que Moshé ascendió a la nubc y entró entre los ÁNGELES santos, un ángel, con el nombre de Kemuel, vino a él en una llama de fuego con ojos ardientes y alas llameantes, y deseó tragarlo. Entonces Moshé mencionó un Santo Nombre que estaba grabado con doce letras. Se estremeció y tembló, y Moshé fue así capaz de ascender entre ELLOS. De ese modo sucedió con cada uno. Es bendita su porción. Ya discutimos esto antes.
— El Zóhar, Ajarei Mot 66:391-392

[30] *Andarán en todos los caminos que el Eterno, su Dios, les ha mandado, a fin de que vivan y les vaya bien, y prolonguen sus días en la tierra que van a poseer.*

6 [1] Y estos son los mandamientos, los estatutos y las ordenanzas que el Eterno, su Dios, me ha mandado enseñarles, para que los ejerzan en la tierra que van a poseer, [2] a fin de que temas al Eterno, tu Dios, guardando todos Sus estatutos y Sus mandamientos que yo te ordeno, tú y tus hijos y los hijos de tus hijos, todos los días de tu vida; para que tus días sean prolongados.

[3] Por lo tanto, escucha, Israel, y observa su realización, para que te vaya bien y te multipliques en gran manera, tal como el Eterno, el Dios de tus padres, te ha prometido; una tierra que mana leche y miel.

SEXTA LECTURA – YOSEF – YESOD

[4] Escucha, Israel: el Eterno es nuestro Dios, el Eterno es uno. [5] Y amarás al Eterno, tu Dios, con todo tu corazón, y con toda tu alma y con toda tu fuerza.

שְׁמַע

Deuteronomio 6:4 – Este versículo es la oración y meditación del *Shemá*: "*Escucha, Israel: el Eterno nuestro Dios, el Eterno es Uno*". El *Shemá* tiene una letra *Ayin* grande y una letra *Dálet* grande en sí, y sabemos que las letras grandes nos conectan siempre al nivel superior de *Biná*, nuestro almacén de energía espiritual. Juntas, estas dos letras forman la palabra aramea *ed*, que significa "testigo". Cada vez que realizamos cualquier acción, siempre hay testigos; ya sean personas o incluso la habitación en la que estamos. En cualquier ocasión y cualquier cosa que hagamos, incluso los objetos inanimados a nuestro alrededor están conscientes de nuestra presencia y nuestras acciones. El *Zóhar* dice:

> *En el momento en que la persona viene a aceptar sobre sí el yugo del Reino Celestial, entonces la Shejiná viene y reposa sobre su cabeza y permanece sobre él como un testigo. Ella se presenta como testigo ante el Rey Santo que une Su Nombre dos veces al día y Su nombre es unido arriba y abajo apropiadamente. Por lo tanto, la Ayin de 'Shemá YISRAEL' ES DE LAS LETRAS GRANDES, y la Dálet DE EJAD ('UNO'), es también de las letras grandes,*

QUE SON LAS LETRAS AYIN-DÁLET (HEB. ED, TESTIGO), SIGNIFICANDO ser un testigo ante el Santo Rey. Ya hemos establecido que "El Eterno nuestro Dios, el Eterno" es el secreto de la armonía en los tres lados, A SABER: ABA, IMA Y ZEIR ANPÍN, y éste es el secreto de la unidad en los tres lados, como la santa luminaria ha establecido y ha afirmado en muchos lugares. No tenemos nosotros permiso para aseverarlo más.

La Shejiná viene y reposa sobre la cabeza de esa persona que se une al Nombre del Santísimo, bendito sea Él, arriba y abajo apropiadamente, y lo bendice con siete bendiciones, CORRESPONDIENTES A LAS SIETE SEFIROT. Ella lo llama: "y me dijo: 'Eres mi servidor Yisrael, en quien Yo seré glorificado'" (Isaías 49:3).
> — *El Zóhar, Terumá 59:629-630*

וְאָהַבְתָּ

Deuteronomio 6:5 – La sección *veahavtá* (y amarás) del *Shemá* tiene 42 palabras, lo cual nos conecta con el poder del Nombre de Dios de 42 Letras, el *Aná Bejóaj*. El *Aná Bejóaj* es una de

אֶתְכֶם לֹא תָסֻרוּ יָמִין וּשְׂמֹאל: 30 בְּכָל־ הַדֶּרֶךְ אֲשֶׁר

צִוָּה יְהוָֹהאדנּי אֱלֹהֵיכֶם אֶתְכֶם תֵּלֵכוּ לְמַעַן תִּחְיוּן וְטוֹב לָכֶם

וְהַאֲרַכְתֶּם יָמִים בָּאָרֶץ אֲשֶׁר תִּירָשׁוּן: 16 וְזֹאת הַמִּצְוָה

הַחֻקִּים וְהַמִּשְׁפָּטִים אֲשֶׁר צִוָּה יְהוָֹהאדנּי אֱלֹהֵיכֶם לְלַמֵּד

אֶתְכֶם לַעֲשׂוֹת בָּאָרֶץ אֲשֶׁר אַתֶּם עֹבְרִים שָׁמָּה

לְרִשְׁתָּהּ: 2 לְמַעַן תִּירָא אֶת־יְהוָֹהאדנּי אֱלֹהֶיךָ לִשְׁמֹר אֶת־כָּל־

חֻקֹּתָיו וּמִצְוֹתָיו אֲשֶׁר אָנֹכִי מְצַוֶּךָ אַתָּה וּבִנְךָ וּבֶן־בִּנְךָ כֹּל יְמֵי

חַיֶּיךָ וּלְמַעַן יַאֲרִכֻן יָמֶיךָ: 3 וְשָׁמַעְתָּ יִשְׂרָאֵל וְשָׁמַרְתָּ לַעֲשׂוֹת אֲשֶׁר

יִיטַב לְךָ וַאֲשֶׁר תִּרְבּוּן מְאֹד כַּאֲשֶׁר דִּבֶּר יְהוָֹהאדנּי אֱלֹהֵי

אֲבֹתֶיךָ לָךְ אֶרֶץ זָבַת חָלָב וּדְבָשׁ:

SEXTA LECTURA – YOSEF – YESOD

4 שְׁמַע יִשְׂרָאֵל יְהוָֹהאדנּי אֱלֹהֵינוּ יְהוָֹהאדנּי אֶחָד |

5 וְאָהַבְתָּ אֵת יְהוָֹהאדנּי אֱלֹהֶיךָ

בְּכָל־ לְבָבְךָ וּבְכָל־ נַפְשְׁךָ וּבְכָל־ מְאֹדֶךָ:

---

las oraciones y meditaciones más importantes porque estas 42 letras controlan el mundo espiritual. Así, el *Shemá* es nuestro puente al Mundo Superior, el mundo de los milagros. Por esta razón recitamos el *Shemá* y el *Aná Bejóaj* cada día.

Con respecto a la sección *veahavtá*, el *Zóhar* dice lo siguiente:

Ven y ve: Nada es más precioso delante del Santísimo, bendito sea Él, que uno que Lo ama apropiadamente. Esto está de acuerdo con el versículo: "…con todo tu corazón…" (Deuteronomio 6:5). ¿Qué

se quiere decir con "todo"? Y TAMBIÉN: *"con tu alma y con tu fuerza". ¿Qué es "con todo tu corazón"?* Y RESPONDE: *Su propósito es incluir dos corazones, uno bueno y uno maligno. "Con toda tu alma" (ibid.)* ES CON DOS ALMAS, *una buena y una maligna. "Con toda tu fuerza" (ibid.)* ES LITERAL Y *no necesita interpretación. Rav Elazar dijo: Aun esta necesita interpretación. La razón es que si uno recibe dinero como una herencia, o de algún otro origen, o como resultado de su propio trabajo, está escrito de esto: "con toda tu fuerza".*
　　— El Zóhar, Vaetjanán 21:139

6 Y estas palabras que yo te mando hoy, estarán sobre tu corazón;

7 y las enseñarás diligentemente a tus hijos, y hablarás de ellas cuando te sientes en tu casa y cuando andes por el camino, y cuando te acuestes y cuando te levantes.

8 Y las atarás como una señal a tu mano, y serán por frontales entre tus ojos.

9 Y las escribirás en las jambas de tu casa y en tus puertas.

10 Y sucederá que cuando el Eterno, tu Dios, te traiga a la tierra que juró a tus padres Avraham, Yitsjak y Yaakov que te daría, una tierra con grandes y espléndidas ciudades que tú no edificaste,

11 y casas llenas de toda buena cosa que tú no llenaste, y cisternas cavadas que tú no cavaste, viñas y olivos que tú no plantaste, y comas y te sacies;

12 entonces ten cuidado, no sea que te olvides del Eterno que te sacó de la tierra de Egipto, de la casa de servidumbre.

מְזוּזֹת

Deuteronomio 6:9 – Una de las últimas palabras en el *Shemá* es *mezuzot*, que tiene el mismo valor numérico (460) que *Nun, Yud, Tav* ("La muerte de la muerte", uno de los 72 Nombres de Dios). Reordenar las letras de *mezuzot* crea *zaz mávet* (eliminar la muerte), refiriéndose así a la capacidad de superar la muerte en nuestra vida. El *Zóhar* dice:

En el libro de Shlomó ESTÁ ESCRITO: Cerca de la entrada, contra los dos niveles viene un cierto demonio que tiene permiso para dañar. Se para en el lado izquierdo DE LA PUERTA. El hombre levanta sus ojos, ve el secreto de Nombre de su Señor EN LA MEZUZÁ EN EL LADO DERECHO DE LA PUERTA y lo recuerda, y EL DEMONIO NO puede dañar. Ustedes pueden decir que así es; ESTO ES VERDAD CUANDO UNO ENTRA EN LA CASA. PERO cuando deja la puerta DE LA CASA afuera, el demonio A LA IZQUIERDA DE LA PUERTA está en el lado derecho DEL HOMBRE y la Mezuzá a su izquierda. ¿Cómo es guardado el hombre, entonces, si LA MEZUZÁ está a su izquierda?

Y ÉL RESPONDE: Todo lo que el Santísimo, bendito sea Él, hace, sigue a su propia clase. Hay dos grados para el hombre, uno a su derecha y uno a su izquierda. El de la derecha es llamado la Inclinación al Bien y el que está a la izquierda es llamado la Inclinación al Mal. Cuando uno sale de la puerta de su casa, el demonio levanta sus ojos y ve la Inclinación al Mal morando en el lado izquierdo. Es atraído a ese lado DONDE HABITA LA INCLINACIÓN AL MAL, A SABER: LA IZQUIERDA, y es quitado de la Derecha. Entonces en el lado IZQUIERDO reposa el Nombre de su Señor, A SABER: LA MEZUZÁ, y no puede aproximarse a él para hacerle daño, y ese hombre sale y es preservado de este. Al entrar EN LA CASA el Santo Nombre EN LA MEZUZÁ está a la derecha, Y ASÍ LA DERECHA VENCE A LA IZQUIERDA, y esta no puede acusarlo.

Uno debe, por lo tanto, tener cuidado de no ensuciar su casa con mugre y basura, o derramar agua sucia POR DOS RAZONES: una de ellas es no profanar el Nombre de su Señor EN LA MEZUZÁ y la otra es que entonces ese malvado, A SABER: EL DEMONIO, tiene permiso para causar daño. Por esa razón el hombre debe tener cuidado acerca de esto y procurar no alejar el Nombre su Señor de la puerta de su casa.

6 וְהָיוּ הַדְּבָרִים רא״ה הָאֵלֶּה אֲשֶׁר אָנֹכִי איע מְצַוְּךָ הַיּוֹם ע״ה = נגד, זן, מזמו
עַל־לְבָבֶךָ: 7 וְשִׁנַּנְתָּם לְבָנֶיךָ וְדִבַּרְתָּ רא״ה בָּם מ״ב בְּשִׁבְתְּךָ בְּבֵיתֶךָ ב״פ רא״ה
וּבְלֶכְתְּךָ בַדֶּרֶךְ ב״פ יב״ק וּבְשָׁכְבְּךָ וּבְקוּמֶךָ: 8 וּקְשַׁרְתָּם לְאוֹת עַל־יָדֶךָ
בכ״ו וְהָיוּ לְטֹטָפֹת בֵּין עֵינֶיךָ ע״ה קס״א: 9 וּכְתַבְתָּם עַל־מְזֻזוֹת ניח, זן מות
בֵּיתֶךָ ב״פ רא״ה וּבִשְׁעָרֶיךָ: 10 וְהָיָה יהוה, יהה, יהה כִּי יְבִיאֲךָ | יְהֹוָה אדנ״יאהדונה״י אֱלֹהֶיךָ
ילה אֶל־הָאָרֶץ אלהים דההין ע״ה אֲשֶׁר נִשְׁבַּע לַאֲבֹתֶיךָ לְאַבְרָהָם רמ״זו, וז״פ אל
לְיִצְחָק ד״פ ב״ן וּלְיַעֲקֹב ז״פ יהה, יאהדונה״י אירהנויה לָתֶת לָךְ עָרִים גְּדֹלֹת וְטֹבֹת
אֲשֶׁר לֹא־בָנִיתָ: 11 וּבָתִּים מְלֵאִים כָּל־ ילי טוּב ווד אֲשֶׁר לֹא־מִלֵּאתָ
וּבֹרֹת חֲצוּבִים אֲשֶׁר לֹא־חָצַבְתָּ כְּרָמִים וְזֵיתִים אֲשֶׁר לֹא־נָטָעְתָּ
וְאָכַלְתָּ וְשָׂבָעְתָּ: 12 הִשָּׁמֶר לְךָ פֶּן־תִּשְׁכַּח ע״ה קרעשט״ן אֶת־יְהֹוָה אדנ״יאהדונה״י
אֲשֶׁר הוֹצִיאֲךָ מֵאֶרֶץ מִצְרַיִם מצר אלהים דאלפין מִבֵּית ב״פ רא״ה עֲבָדִים:

Cuando el hombre fija una Mezuzá en su puerta, cuando entra en su casa, la Inclinación al Mal y el demonio lo cuidan a pesar de ellos mismos y dicen: "Esta es la puerta de Dios, por la cual solamente los justos pueden entrar" (Salmos 118:20). Cuando no hay Mezuzá en la puerta de una persona, la Inclinación al Mal y el demonio SE FORTALECEN Y vienen juntos y colocan sus manos en su cabeza cuando él entra y empiezan a decir: ¡Ay de fulano que se salió del dominio de su Señor. De ese momento EN ADELANTE, el no está protegido y no hay nadie para protegerlo! ¡Que el Misericordioso nos salve!

— *El Zóhar, Vaetjanán 12:74-77*

וְהָיָה

Deuteronomio 6:10 – En este versículo Moshé predijo cómo en el futuro, luego de que a los israelitas se les diera la tierra y las ciudades y todo lo que éstas incluían, era posible que ellos se olvidaran de Dios, quien les obsequió todas estas cosas. Si estamos conectados con la Luz del Creador, nuestro trabajo está hecho. Cuando completamos nuestro trabajo en la Realidad del 99 Por Ciento, obtenemos todo en la Realidad del 1 Por Ciento también; lo físico refleja lo metafísico. Cuando nos enfocamos en el 99 Por Ciento, somos completados, dado que la Realidad del 1 Por Ciento en el ámbito material también es perfeccionada para nosotros. Acerca de la conexión con la Realidad del 99 Por Ciento, el *Zóhar* dice:

Rabí Aja estaba con Rabí Elazar una noche después de la medianoche y estaban ocupados con la Torá. Rabí Elazar abrió con: "...porque Él es tu vida, y el alargamiento de tus días..." (Deuteronomio 30:20). Por encima de todos los preceptos, el Santísimo, bendito sea Él, decreta que cuando hayan entrado en la tierra de Yisrael, está el decreto DEL ESTUDIO de la Torá. La razón es que la Shejiná se asienta en la tierra solamente con la Torá. Ni se asienta arriba salvo con la Torá, QUE ES ZEIR ANPÍN.

Porque así dijo mi padre, A SABER: RAV SHIMÓN: La Torá Oral, MALJUT, es conocida

13 Temerás sólo al Eterno, tu Dios; y a Él servirás, y por Su Nombre jurarás.

14 No seguirás a otros dioses, los dioses de los pueblos que los rodean,

15 porque el Eterno, tu Dios, que está en medio de ti, es Dios celoso; no sea que la ira del Eterno, tu Dios, se encienda contra ti, y Él te destruya de la faz de la Tierra.

16 No tentarán al Eterno, su Dios, como le tentaron en Masá.

17 Guardarán diligentemente los mandamientos del Eterno, su Dios, y Sus testimonios y estatutos que te ha mandado.

18 Y harás lo que es justo y bueno a los ojos del Eterno, para que te vaya bien, y para que entres y tomes posesión de la buena tierra que el Eterno juró que daría a tus padres,

19 echando fuera a todos tus enemigos de delante de ti, como el Eterno ha hablado.

20 Cuando en el futuro tu hijo te pregunte, diciendo: '¿Qué significan los testimonios y los estatutos y las ordenanzas que el Eterno, nuestro Dios, les ha mandado a ustedes?',

21 entonces dirás a tu hijo: 'Éramos esclavos del Faraón en Egipto, y el Eterno nos sacó de Egipto con mano fuerte.

---

solamente a través de la Torá escrita, QUE ES ZEIR ANPÍN. La Shejiná no se asienta Arriba excepto por medio de la Torá ESTUDIADA Abajo. En tanto que la Torá esté con Ella, la Shejiná puede estar presente en el mundo. Este es el significado de: "...porque Él es tu vida, y el alargamiento de tus días para que puedas habitar en la tierra..." (ibid.). La tierra en general ES MALJUT. Pero si no es así, pero el estudio de la Torá ES DESATENDIDO, no puede sobrevivir, como está escrito, como está escrito: "... ¿Por qué perece la tierra...? Y dice HaShem: 'Porque han abandonado Mi Torá...'" (Jeremías 9:11-12).
    — El Zóhar, Vaetjanán 25:155, 156

תִּירָא

Deuteronomio 6:13 – Una cosa es creer intelectualmente en el Creador, pero otra completamente diferente es tener confianza absoluta en el Creador, sabiendo con certeza total que el Creador siempre está allí para nosotros; en especial en nuestras situaciones más difíciles. Necesitamos practicar y desarrollar esta confianza en todo momento y nunca cuestionarla. Al reforzar nuestra certeza en el Creador, sabemos que lo que tenemos es lo que necesitamos tener. El *Zóhar* dice:

Un hombre no debe suponer y pensar: El Santísimo, bendito sea Él, nos salvará, o: El Santísimo, bendito sea Él, hará esto y aquello por mí. Sin embargo, conviene a un hombre colocar su confianza en el Santísimo, bendito sea Él, para que lo ayude DE ACUERDO A SU NECESIDAD, mientras él se esfuerza para observar los Preceptos de la Torá y caminar en el sendero de la Verdad. Cuando un hombre desea ser purificado, es ciertamente ayudado, y debe confiar en el Santísimo, bendito sea Él, y no en otro. Por lo tanto, está escrito:

13 אֶת־יְהֹוָ֨ה אֱלֹהֶ֜יךָ ‏תִּירָ֛א‏ וְאֹת֥וֹ תַעֲבֹ֖ד וּבִשְׁמ֥וֹ תִּשָּׁבֵֽעַ׃

14 לֹ֣א תֵֽלְכ֔וּן אַחֲרֵ֖י אֱלֹהִ֣ים אֲחֵרִ֑ים מֵאֱלֹהֵי֙ הָֽעַמִּ֔ים

15 אֲשֶׁ֖ר סְבִיבֽוֹתֵיכֶֽם׃ כִּ֣י אֵ֥ל קַנָּ֛א יְהֹוָ֥ה אֱלֹהֶ֖יךָ בְּקִרְבֶּ֑ךָ פֶּן־יֶ֠חֱרֶ֠ה אַף־יְהֹוָ֤ה אֱלֹהֶ֙יךָ֙ בָּ֔ךְ וְהִשְׁמִ֣ידְךָ֔ מֵעַ֖ל פְּנֵ֥י הָֽאֲדָמָֽה׃

16 לֹ֣א תְנַסּ֔וּ אֶת־יְהֹוָ֖ה אֱלֹֽהֵיכֶ֑ם כַּֽאֲשֶׁ֥ר נִסִּיתֶ֖ם בַּמַּסָּֽה׃

17 שָׁמ֣וֹר תִּשְׁמְר֔וּן אֶת־מִצְוֹ֖ת יְהֹוָ֣ה אֱלֹֽהֵיכֶ֑ם וְעֵֽדֹתָ֖יו וְחֻקָּ֥יו אֲשֶׁ֥ר צִוָּֽךְ׃

18 וְעָשִׂ֛יתָ הַיָּשָׁ֥ר וְהַטּ֖וֹב בְּעֵינֵ֣י יְהֹוָ֑ה לְמַ֙עַן֙ יִ֣יטַב לָ֔ךְ וּבָ֗אתָ וְיָֽרַשְׁתָּ֙ אֶת־הָאָ֣רֶץ הַטֹּבָ֔ה אֲשֶׁר־נִשְׁבַּ֥ע יְהֹוָ֖ה לַֽאֲבֹתֶֽיךָ׃

19 לַֽהֲדֹ֥ף אֶת־כָּל־אֹֽיְבֶ֖יךָ מִפָּנֶ֑יךָ כַּֽאֲשֶׁ֖ר דִּבֶּ֥ר יְהֹוָֽה׃

20 כִּֽי־יִשְׁאָֽלְךָ֥ ‏בִנְךָ֛‏ מָחָ֖ר לֵאמֹ֑ר מָ֣ה הָֽעֵדֹ֗ת וְהַֽחֻקִּים֙ וְהַמִּשְׁפָּטִ֔ים אֲשֶׁ֥ר צִוָּ֛ה יְהֹוָ֥ה אֱלֹהֵ֖ינוּ אֶתְכֶֽם׃

21 וְאָֽמַרְתָּ֣ לְבִנְךָ֔ עֲבָדִ֛ים הָיִ֥ינוּ לְפַרְעֹ֖ה בְּמִצְרָ֑יִם וַיּֽוֹצִיאֵ֧נוּ יְהֹוָ֛ה מִמִּצְרַ֖יִם בְּיָ֥ד וְחֲזָקָֽה׃

"...cuya fuerza está en Ti. En cuyo corazón están los caminos" (Salmos 84:6) SIGNIFICA *que le conviene preparar su corazón como sea conveniente para que ningún pensamiento extraño entre en él, sino ser como un camino mejorado para pasar por él, por donde necesite uno hacerlo,* YA SEA A LA DERECHA O A LA IZQUIERDA. ASÍ, SI EL SANTÍSIMO, BENDITO SEA ÉL, LE HACE BIEN O NO, SU CORAZÓN DEBE ESTAR LISTO Y PREPARADO, Y NO ALBERGAR PENSAMIENTOS EXTRAÑOS EN NINGÚN CASO, DE NINGUNA CLASE.
— *El Zóhar, Toldot 16:124*

בִנְךָ

Deuteronomio 6:20 – Es la responsabilidad de los padres enseñarles a sus hijos todo acerca de la Realidad Ilusoria física del 1 Por Ciento y la Realidad Espiritual del 99 Por Ciento. Los niños necesitan que se les enseñe el significado de Egipto a nivel espiritual, dado que "Egipto" significa todas las clases de esclavitud. Es importante que los jovencitos conozcan cómo, desde temprana edad hasta que son adultos, pueden ser esclavizados por adicciones, problemas familiares, la sociedad y empleos futuros. Finalmente, a través del conocimiento y la práctica de la tecnología de la Kabbalah, pueden aprender a librarse de su propio Egipto personal.

Además, él dijo: "... y las enseñarás con diligencia, agudamente (heb. veshinantam) a tus hijos, y hablarás de ellas..." (Deuteronomio 6:7). "VESHINANTAM" TIENE SIGNIFICADO *como en "Tus flechas son agudas (heb. shenunim)" (Salmos 45:6). Porque un hombre debe enseñar a sus hijos las palabras de la Torá como una espada que es filosa por ambos lados, de modo*

[22] *Y el Eterno mostró señales y maravillas, grandes y severas, delante de nuestros ojos contra Egipto, contra el Faraón y contra toda su casa. [23] Y Él nos sacó de allí para traernos y darnos la tierra que había jurado dar a nuestros padres. [24] Y el Eterno nos mandó guardar todos estos estatutos, y que temiéramos siempre al Eterno, nuestro Dios, para nuestro bien y para preservarnos la vida, como hasta este día. [25] Y habrá justicia para nosotros si observamos el cumplimiento de todos estos mandamientos delante del Eterno, nuestro Dios, tal como Él nos ha mandado'.*

SÉPTIMA LECTURA – DAVID – MALJUT

7 [1] Cuando el Eterno, tu Dios, te haya introducido en la tierra donde vas a entrar para poseerla y haya echado de delante de ti a muchas naciones: los hititas, los guergueseos, los amorreos, los cananeos, los perezeos, los heveos y los jebuseos, siete naciones más grandes y más poderosas que tú; [2] y cuando el Eterno, tu Dios, los haya entregado delante de ti, y los hayas herido, entonces los destruirás por completo. No harás alianza con ellos ni les mostrarás misericordia. [3] No contraerás matrimonio con ellos: no darás tu hija a su hijo, ni tomarás su hija para tu hijo.

[4] Porque él apartará a tu hijo de seguirme para servir a otros dioses; entonces la ira del Eterno se encenderá contra ti, y Él te destruirá pronto.

[5] Pero así harán con ellos: derribarán sus altares, destruirán sus pilares sagrados y cortarán sus Asherim, y quemarán con fuego sus imágenes talladas.

[6] Porque tú eres pueblo santo para el Eterno, tu Dios: el Eterno, tu Dios, te ha escogido para ser Su tesoro de entre todos los pueblos que están sobre la faz de la Tierra.

---

de introducir en él la agudeza y el gozo de la Torá, y su corazón no estará lleno de necedad. "...y hablarás de ellas" significa que cada tópico en la Torá, cada COSA *tiene su propio sentido. "Y hablarás de ellas":* INDAGA: *Este versículo debió haber estado en conjugación de tiempo futuro; Y* RESPONDE: *El hombre debe conducirse según ellas y comportarse de modo de no desviarse a la derecha o a la izquierda.*
— El Zóhar, Vaetjanán 28:170

יְבִיאֲךָ

Deuteronomio 7:1 – Cuando los israelitas llegaron a la tierra de Israel eran muy negativos, pero Moshé los instruyó acerca del tipo de comportamiento que los mantendría juntos como un solo pueblo en el futuro y que reforzaría el amor de uno por el otro a través de acciones positivas. En efecto, él estaba asegurándose de que harían lo que estaban destinados a hacer.

Nosotros también tenemos que asegurarnos de que cualquier cosa que hagamos sea lo que debemos estar haciendo. Por ejemplo, si estamos en una relación, debemos estar seguros de que es la relación en la que debemos estar. De lo contrario, habremos errado dos veces: primero, al invertir nuestras energías en un lugar donde no deberíamos y, segundo, al quitarle a la otra persona el lugar que le corresponde. Siempre tenemos que asegurarnos de que estemos haciendo lo correcto, en el momento correcto y en el lugar correcto.

22 וַיִּתֵּן יְ"פ מלוי ע"ב יְהֹוָ‏ה‏אדניאהדונהי אוֹתֹת וּמֹפְתִים גְּדֹלִים וְרָעִים עִ"ר | בְּמִצְרַיִם

מצר בְּפַרְעֹה וּבְכָל־ ב"ן, לכבב, יבמ בֵּיתוֹ ב"פ ראה לְעֵינֵינוּ רביע מ"ה: 23 וְאוֹתָנוּ הוֹצִיא

מִשָּׁם יהוה שדי לְמַעַן הָבִיא אֹתָנוּ לָתֶת לָנוּ מום, אלהים, אהיה אדני אֶת־הָאָרֶץ

אלהים דההין ע"ה אֲשֶׁר נִשְׁבַּע לַאֲבֹתֵינוּ: 24 וַיְצַוֵּנוּ יְהֹוָ‏ה‏אדניאהדונהי לַעֲשׂוֹת

אֶת־כָּל־ ילי הַחֻקִּים הָאֵלֶּה רְיִ"ר, גבורה אֶת־יְהֹוָ‏ה‏אדניאהדונהי אֱלֹהֵינוּ ילה

לְטוֹב והו לָנוּ מום, אלהים, אהיה אדני כָּל־ ילי הַיָּמִים נגלך לְחַיֹּתֵנוּ כְּהַיּוֹם ע"ה = נגד, זן, מזבח

הַזֶּה והו: 25 וּצְדָקָה ע"ה רִבוע אלהים תִּהְיֶה־לָּנוּ מום, אלהים, אהיה אדני כִּי־נִשְׁמֹר

לַעֲשׂוֹת אֶת־כָּל־ ילי הַמִּצְוָה הַזֹּאת לִפְנֵי וחכמה בינה יְהֹוָ‏ה‏אדניאהדונהי אֱלֹהֵינוּ ילה

כַּאֲשֶׁר צִוָּנוּ:

SÉPTIMA LECTURA – DAVID – MALJUT

7 1 כִּי יְבִיאֲךָ יְהֹוָ‏ה‏אדניאהדונהי אֱלֹהֶיךָ ילה אֶל־הָאָרֶץ אלהים דההין ע"ה

אֲשֶׁר־אַתָּה בָא־שָׁמָּה מהטע, מושה, אל שדי לְרִשְׁתָּהּ וְנָשַׁל גּוֹיִם־רַבִּים | מִפָּנֶיךָ

סמ"ב הַחִתִּי וְהַגִּרְגָּשִׁי וְהָאֱמֹרִי וְהַכְּנַעֲנִי וְהַפְּרִזִּי וְהַחִוִּי וְהַיְבוּסִי שִׁבְעָה

גּוֹיִם רַבִּים וַעֲצוּמִים מִמֶּךָּ: 2 וּנְתָנָם יְהֹוָ‏ה‏אדניאהדונהי אֱלֹהֶיךָ ילה לְפָנֶיךָ סמ"ב

וְהִכִּיתָם הַחֲרֵם תַּחֲרִים אֹתָם לֹא־תִכְרֹת לָהֶם בְּרִית וְלֹא תְחָנֵּם: 3 וְלֹא

תִתְחַתֵּן בָּם מ"ב בִּתְּךָ לֹא־תִתֵּן ב"פ כהת לִבְנוֹ וּבִתּוֹ לֹא־תִקַּח רביע אהיה דאלפין

לִבְנֶךָ: 4 כִּי־יָסִיר אֶת־בִּנְךָ מֵאַחֲרַי וְעָבְדוּ אֱלֹהִים מום, אהיה אדני ; ילה

אֲחֵרִים וְחָרָה אַף־יְהֹוָ‏ה‏אדניאהדונהי בָּכֶם ב"פ אל וְהִשְׁמִידְךָ מַהֵר: 5 כִּי־אִם־

יוהך, ע"ה מ"ב כֹּה היי תַעֲשׂוּ לָהֶם מִזְבְּחֹתֵיהֶם תִּתֹּצוּ וּמַצֵּבֹתָם תְּשַׁבֵּרוּ

וַאֲשֵׁירֵהֶם תְּגַדֵּעוּן וּפְסִילֵיהֶם תִּשְׂרְפוּן בָּאֵשׁ אלהים דיודין ע"ה: 6 כִּי עַם

קָדוֹשׁ אַתָּה לַיהֹוָ‏ה‏אדניאהדונהי אֱלֹהֶיךָ ילה בְּךָ בָּחַר | יְהֹוָ‏ה‏אדניאהדונהי אֱלֹהֶיךָ

ילה לִהְיוֹת לוֹ לְעַם עלם סְגֻלָּה מִכֹּל ילי הָעַמִּים ע"ה קס"א אֲשֶׁר עַל־פְּנֵי וחכמה בינה

⁷ El Eterno no puso su amor en ustedes ni los escogió por ser ustedes más numerosos que otro pueblo —pues eran el más pequeño de todos los pueblos—,

⁸ sino porque el Eterno los amó y guardó el juramento que hizo a sus padres, el Eterno los sacó con mano fuerte y los rescató de la casa de servidumbre, de la mano del Faraón, rey de Egipto.

MAFTIR

⁹ Por lo tanto, reconoce que el Eterno, tu Dios, es Dios; el Dios fiel, que guarda el Pacto y la misericordia hasta mil generaciones con aquellos que lo aman y guardan Sus mandamientos;

¹⁰ pero al que lo odia, le da el pago en su misma cara, destruyéndolo; y no se tarda en castigar al que le odia, en su misma cara le dará el pago.

¹¹ Por tanto, guardarás el mandamiento y los estatutos y las ordenanzas que yo te mando hoy, para ejercerlos".

וִידַעְתָּ

Deuteronomio 7:9 – Con Dios, el asunto nunca es "personal". Dios no castiga ni premia nuestro comportamiento. En lugar de ello, somos castigados y premiados conforme a la Ley Universal de Causa y Efecto. El *Zóhar* dice:

Rabí Aba dijo: Regresemos al versículo: "Y amarás". Quien ama al Santísimo, bendito sea Él, está adornado con Jésed en toda dirección, hace bondad a todas, y no se preocupa por su cuerpo o dinero. Derivamos eso de Avraham, como aprendimos, quien, por amor a su Señor, no se angustiaba por su propio corazón, alma o dinero.

ÉL EXPLICA SUS PALABRAS: Su propio corazón significa que AVRAHAM no ponía atención en sus propios deseos por amor a su Señor; su alma significa que él no sentía pena por su hijo y su esposa por amor a su Señor; su dinero significa que él acostumbraba pararse en los cruces de caminos y preparar alimentos para todo mundo. Por esa razón él estaba adornado con una corona de bondad, A SABER: LA SEFIRÁ DE JÉSED, como está escrito: "...amor (heb. Jésed) leal a Avraham..." (Miqueas 7:20). Quien está conectado al amor por su Señor merece eso. Además, todos los mundos son bendecidos por su amor. Este es el significado de: "y tus piadosos Te bendecirán (heb. Yevarjujá) (Salmos 145:10) No lo pronuncien como "Te bendecirán", sino: "bendecirán (heb. yevarjú) coh". ESTO SIGNIFICA QUE LOS PIADOSOS (HEB. JASIDÍM), A SABER: AQUELLOS QUE ALCANZARON LA SEFIRÁ DE JÉSED, BENDECIRÁN A LA SHEJINÁ LLAMADA 'COH'; ASÍ, AUN LA SHEJINÁ ES BENDECIDA POR EL AMOR DE ELLOS.
—El Zóhar, Vaetjanán 21:140-141

Si amamos y abrimos el canal para el amor, el amor fluye entre nosotros y Dios. Si abrimos el canal para el odio, el odio fluye a través de nosotros y crea el fundamento para una relación con Dios basada en el juicio.

הָאֲדָמָה: 7 לֹא מֵרֻבְּכֶם מִכָּל־ יּלי הָעַמִּים עֲ״ה קְסֵ״א וַחֵשֶׁק יְהֹוָאהדֹנֶהי

בָּכֶם בּ״פ אל וַיִּבְחַר בָּכֶם בּ״פ אל כִּי־אַתֶּם הַמְעַט מִכָּל־ יּלי הָעַמִּים עֲ״ה קְסֵ״א:

8 כִּי מֵאַהֲבַת יְהֹוָאהדֹנֶהיֹאהדונהי אֶתְכֶם וּמִשָּׁמְרוֹ אֶת־הַשְּׁבֻעָה אֲשֶׁר נִשְׁבַּע

לַאֲבֹתֵיכֶם הוֹצִיא יְהֹוָאהדֹנֶהיֹאהדונהי אֶתְכֶם בְּיָד חֲזָקָה וַיִּפְדְּךָ מִבֵּית בּ״פ ראה

עֲבָדִים מִיַּד פַּרְעֹה מֶלֶךְ־מִצְרָיִם מצר:

MAFTIR

9 וְיָדַעְתָּ כִּי־יְהֹוָאהדֹנֶהיֹאהדונהי אֱלֹהֶיךָ יּלה הוּא הָאֱלֹהִים מום, אהיה אדני ; יּלה הָאֵל

לאה (אלד ע״ה) הַנֶּאֱמָן שֹׁמֵר הַבְּרִית וְהַחֶסֶד ע״ב, ריבוע יהוה לְאֹהֲבָיו וּלְשֹׁמְרֵי

מִצְוֹתָו לְאֶלֶף אלף למד שין דלת יוד ע״ה דּוֹר: 10 וּמְשַׁלֵּם לְשֹׂנְאָיו אֶל־פָּנָיו

לְהַאֲבִידוֹ לֹא יְאַחֵר לְשֹׂנְאוֹ אֶל־פָּנָיו יְשַׁלֶּם־לוֹ: 11 וְשָׁמַרְתָּ אֶת־הַמִּצְוָה

וְאֶת־הַחֻקִּים וְאֶת־הַמִּשְׁפָּטִים אֲשֶׁר אָנֹכִי אֵיע מְצַוְּךָ הַיּוֹם ע״ה = נגד, זן, מזבח

לַעֲשׂוֹתָם:

HAFTARÁ DE VAETJANÁN

Esta *Haftará* inicia el proceso de sanación de las siete *Haftarot* consecutivas de las siete lecturas de Shabat después de *Tishá BeAv* (el 9 de *Av*). Estas Haftarot nos consuelan y nos dan energía para reconstruir el Templo, garantizándonos que éste puede ser reconstruido verdaderamente. Cuando el Templo existía, nadie lo apreciaba. Ahora que desapareció, la gente tiene que juntarse y unirse con amor y un respeto compartido por la dignidad humana a fin de reconstruirlo.

Rav Yehuda Brandwein escribe:

> *Si examinamos el asunto más de cerca, encontraremos que aquellos que guardan los preceptos con respecto a las relaciones entre el hombre y su prójimo pueden estar guardando más preceptos que aquellos que se presentan a sí mismos como los defensores de la religión quienes, de hecho, sólo están guardando el precepto con respecto a la relación del hombre con Dios, y no son cuidadosos con los preceptos entre el hombre y su prójimo.*

> *Te contaré una historia real para ilustrar esto. Cuando Rabí Itjé Leib Diskín de Brisk vino a Jerusalén, buscó algún remanente espiritual del período antes de la destrucción del Templo. Encontró el Muro Occidental, pero éste era solo piedra y no tenía nada espiritual*

ISAÍAS 40:1-26

40¹ Consuelen, consuelen a Mi pueblo, dice su Dios. ² Hablen al corazón de Jerusalén y proclámenle que su tiempo de servicio ha terminado, que su culpa ha sido pagada; que ha recibido de la Mano del Eterno el doble por todos sus pecados.

³ ¡Atención! Una voz clama: "Abran camino al Eterno en el desierto; hagan llanura en el desierto como calzada para nuestro Dios.

⁴ Todo valle sea elevado, y bajado toda montaña y colina; y el terreno escabroso sea alisado, y los lugares escarpados una llanura;

⁵ Y la gloria del Eterno será revelada, y a una la verá toda carne, pues la Boca del Eterno lo ha hablado".

⁶ ¡Atención! Una voz dice: "¡Clama!". Y él dice: "¿Qué he de clamar?". "Toda carne es hierba y todo su esplendor es como flor del campo;

HAFTARÁ DE VAETJANÁN

en él. Siguió buscando hasta que un día exclamó: "Lo encontré. Es el 'odio sin razón' lo que destruyó el Templo". El Satán tiene un papel importante en el "odio sin razón".

Él incitaría a un hombre a decir: "Usa el autobús en Shabat para ir a aquellos lugares donde se congregan los ultra ortodoxos, y profana el Shabat públicamente". Luego el Satán susurraría en la oreja de otro hombre, diciendo: "Sal a la calle y grítale: ¡Hoy es Shabat!'". Estos dos ahora pelean y el Satán observa como su trabajo es hecho por otras personas. Esto es el "odio sin razón".

El Satán te permitirá guardar cuantos preceptos quieras, salvo aquel precepto que nunca te permitirá guardar. Esta es la obligación de "Ahavat Yisrael": amar al prójimo, amar a cada miembro de Israel, el precepto de "Veahavta lereajá camoja; ama a tu prójimo como a ti mismo". Esto significa que si cumplimos plenamente los preceptos relacionados con el hombre y su prójimo, también lograríamos guardar el resto de los preceptos. No obstante, si intentamos forzar obstinadamente aquellas obligaciones entre el hombre y Dios en quienes no han sido adecuadamente acondicionados para hacerlo, entonces, Dios no lo permita, estaríamos haciendo las órdenes del Satán.

— Biografía de Rav Brandwein, Volumen 11: "Amado de mi alma"

ישעיהו פרק 40, פסוקים 1–26

1 נַחֲמוּ נַחֲמוּ עַמִּי יֹאמַר אֱלֹהֵיכֶם‪:‬ 2 דַּבְּרוּ עַל־לֵב יְרוּשָׁלַ͏ִם 40
וְקִרְאוּ אֵלֶיהָ כִּי מָלְאָה צְבָאָהּ כִּי נִרְצָה עֲוֹנָהּ כִּי לָקְחָה מִיַּד
יְהוָה כִּפְלַיִם בְּכָל־חַטֹּאתֶיהָ‪:‬ 3 קוֹל קוֹרֵא
בַּמִּדְבָּר פַּנּוּ דֶּרֶךְ יְהוָה יַשְּׁרוּ בָּעֲרָבָה
מְסִלָּה לֵאלֹהֵינוּ‪:‬ 4 כָּל־גֶּיא יִנָּשֵׂא וְכָל־הַר וְגִבְעָה
יִשְׁפָּלוּ וְהָיָה הֶעָקֹב לְמִישׁוֹר וְהָרְכָסִים לְבִקְעָה‪:‬ 5 וְנִגְלָה כְּבוֹד
יְהוָה וְרָאוּ כָל־בָּשָׂר יַחְדָּו כִּי פִּי יְהוָה דִּבֵּר‪:‬
6 קוֹל אֹמֵר קְרָא וְאָמַר מָה אֶקְרָא כָּל־הַבָּשָׂר

⁷ La hierba se seca, la flor se marchita; porque el aliento del Eterno sopla sobre ella; ciertamente el pueblo es hierba.

⁸ La hierba se seca, la flor se marchita; pero la Palabra de nuestro Dios permanecerá para siempre".

⁹ Tú, que dices las buenas nuevas a Sión, súbete a la alta montaña; tú, que dices las buenas nuevas a Jerusalén, levanta con fuerza tu voz; levántala, no temas. Di a las ciudades de Judá: "¡He aquí a su Dios!".

¹⁰ He aquí, el Eterno, Dios, vendrá como el Poderoso, y Su brazo gobernará por Él; he aquí, con Él está Su galardón y delante de Él Su recompensa.

¹¹ Como pastor apacienta su rebaño, que recoge en su brazo a los corderos, y los lleva en su seno; y guía gentilmente a las ovejas que amamantan.

¹² ¿Quién ha medido las aguas en el hueco de su mano, y tomó la medida de los cielos con el palmo, y calculó en medida el polvo de la Tierra, y pesó los montes con básculas, y las colinas con la balanza?

¹³ ¿Quién midió al Espíritu del Eterno, o fue Su consejero para instruirlo?

¹⁴ ¿A quién pidió consejo y quién Lo instruyó, y Le enseñó la senda de la justicia, Le enseñó conocimiento y Le mostró el camino del discernimiento? ¹⁵ He aquí que las naciones son como gota en un balde, y son estimadas como el polvillo de la balanza; he aquí que las islas son como una mota en el peso.

¹⁶ Y el Líbano no da suficiente combustible, ni alcanzan sus bestias para el holocausto.

¹⁷ Todas las naciones son como nada ante Él; son consideradas por Él como cosas vacuas y vanidad.

¹⁸ ¿A quién, entonces, asemejarán a Dios, o con qué semejanza lo compararán?

¹⁹ ¿Con la imagen esculpida, la cual el artesano ha tallado y el orfebre recubre de oro y el platero le hace cadenas de plata?

²⁰ Una encina es apartada, él escoge un árbol que no se pudra; se busca un hábil artífice para erigir una imagen que no sea movida. ²¹ ¿Acaso no saben? ¿No han oído? ¿No se los han anunciado desde el principio? ¿No han entendido los fundamentos de la Tierra?

²² Él es el que está sentado sobre el círculo de la Tierra, cuyos habitantes son como langostas; Él es el que extiende los Cielos como una cortina y los despliega como una tienda para morar. ²³ Él es el que reduce a la nada a los príncipes, y hace de los jueces de la tierra una cosa vacua.

וְצִיר וְכָל־ ‏ וַחַסְדּוֹ ‏ כְּצִיץ הַשָּׂדֶה ‏ 7 יָבֵשׁ וְצִיר נָבֵל צִיץ כִּי

רוּחַ ‏ יְהֹוָה ‏ נָשְׁבָה בּוֹ אָכֵן וְצִיר הָעָם: 8 יָבֵשׁ וְצִיר

נָבֵל צִיץ וּדְבַר־ ‏ אֱלֹהֵינוּ ‏ יָקוּם לְעוֹלָם: 9 עַל הַר־

גָּבֹהַ עֲלִי־לָךְ מְבַשֶּׂרֶת צִיּוֹן ‏ הָרִימִי בַכֹּחַ קוֹלֵךְ

מְבַשֶּׂרֶת יְרוּשָׁלִַם ‏ הָרִימִי אַל־תִּירָאִי אִמְרִי לְעָרֵי

יְהוּדָה הִנֵּה ‏ אֱלֹהֵיכֶם: 10 הִנֵּה ‏ אֲדֹנָי ‏ יְהֹוִה ‏ בְּחָזָק

יָבוֹא וּזְרֹעוֹ מֹשְׁלָה לוֹ הִנֵּה ‏ שְׂכָרוֹ אִתּוֹ וּפְעֻלָּתוֹ לְפָנָיו: 11 כְּרֹעֶה

עֶדְרוֹ יִרְעֶה בִּזְרֹעוֹ יְקַבֵּץ טְלָאִים וּבְחֵיקוֹ יִשָּׂא עָלוֹת יְנַהֵל: 12 מִי־

מָדַד בְּשָׁעֳלוֹ מַיִם וְשָׁמַיִם ‏ בַּזֶּרֶת תִּכֵּן וְכָל ‏ בַּשָּׁלִשׁ עֲפַר

הָאָרֶץ ‏ וְשָׁקַל בַּפֶּלֶס הָרִים וּגְבָעוֹת בְּמֹאזְנָיִם: 13 מִי־

תִכֵּן אֶת־רוּחַ ‏ יְהֹוָה ‏ וְאִישׁ ‏ עֲצָתוֹ יוֹדִיעֶנּוּ:

14 אֶת־מִי ‏ נוֹעָץ וַיְבִינֵהוּ וַיְלַמְּדֵהוּ בְּאֹרַח מִשְׁפָּט ‏ וַיְלַמְּדֵהוּ

דַעַת וְדֶרֶךְ ‏ תְּבוּנוֹת יוֹדִיעֶנּוּ: 15 הֵן גּוֹיִם כְּמַר מִדְּלִי וּכְשַׁחַק

מֹאזְנַיִם נֶחְשָׁבוּ הֵן אִיִּים כַּדַּק יִטּוֹל: 16 וּלְבָנוֹן אֵין דֵּי בָּעֵר וְחַיָּתוֹ

אֵין דֵּי עוֹלָה: 17 כָּל־ ‏ הַגּוֹיִם כְּאַיִן נֶגְדּוֹ מֵאֶפֶס וָתֹהוּ נֶחְשְׁבוּ־לוֹ:

18 וְאֶל־מִי ‏ תְּדַמְּיוּן אֵל ‏ וּמַה־ ‏ דְּמוּת תַּעַרְכוּ לוֹ: 19 הַפֶּסֶל נָסַךְ

חָרָשׁ וְצֹרֵף בַּזָּהָב יְרַקְּעֶנּוּ וּרְתֻקוֹת כֶּסֶף צוֹרֵף: 20 הַמְסֻכָּן תְּרוּמָה

עֵץ ‏ לֹא־יִרְקַב יִבְחָר חָרָשׁ חָכָם יְבַקֶּשׁ־לוֹ לְהָכִין

פֶּסֶל לֹא יִמּוֹט: 21 הֲלוֹא תֵדְעוּ הֲלוֹא תִשְׁמָעוּ הֲלוֹא הֻגַּד מֵרֹאשׁ

לָכֶם הֲלוֹא הֲבִינֹתֶם מוֹסְדוֹת הָאָרֶץ:

22 הַיֹּשֵׁב עַל־חוּג הָאָרֶץ ‏ וְיֹשְׁבֶיהָ כַּחֲגָבִים הַנּוֹטֶה כַדֹּק

שָׁמַיִם ‏ וַיִּמְתָּחֵם כָּאֹהֶל ‏ לָשָׁבֶת: 23 הַנּוֹתֵן

רוֹזְנִים לְאָיִן שֹׁפְטֵי אֶרֶץ ‏ כַּתֹּהוּ עָשָׂה:

24 Apenas han sido plantados, apenas han sido sembrados, apenas ha arraigado en la tierra su tallo, cuando Él sopla sobre ellos, y se secan, y la tempestad se los lleva como hojarasca.

25 ¿Entonces a quien me harán semejante para que Yo sea su igual? dice el Santo.

26 Alcen a lo alto sus ojos y vean: ¿quién ha creado éstos? El que hace salir en orden a su ejército y a todos llama por su nombre; por la grandeza de Su Fuerza, y porque es fuerte en poder, no falta ni uno.

אלהים דאלפין 24 אַ֣ף בַּל־נִטָּ֗עוּ אַ֚ף בַּל־זֹרָ֔עוּ אַ֛ף בַּל־שֹׁרֵ֥שׁ בָּאָ֖רֶץ

גִּזְעָ֑ם וְגַם־ יג"ל נָשַׁ֤ף בָּהֶם֙ וַיִּבָ֔שׁוּ וּסְעָרָ֖ה כַּקַּ֥שׁ תִּשָּׂאֵֽם: 25 וְאֶל־מִ֥י

תְדַמְּי֖וּנִי וְאֶשְׁוֶ֑ה יֹאמַ֖ר קָדֽוֹשׁ: רבוע מ"ה 26 שְׂאוּ־מָר֨וֹם עֵינֵיכֶ֜ם וּרְא֣וּ

מִי־ ילי בָרָ֣א קנ"א ב"ן אֵ֗לֶּה הַמּוֹצִ֤יא בְמִסְפָּר֙ צְבָאָ֔ם לְכֻלָּ֖ם בְּשֵׁ֣ם יהוה עדי

יִקְרָ֑א מֵרֹ֤ב ע"ב ורבוע מ"ה אוֹנִים֙ וְאַמִּ֣יץ כֹּ֔חַ אִ֖ישׁ ע"ה קנ"א קס"א לֹ֥א נֶעְדָּֽר:

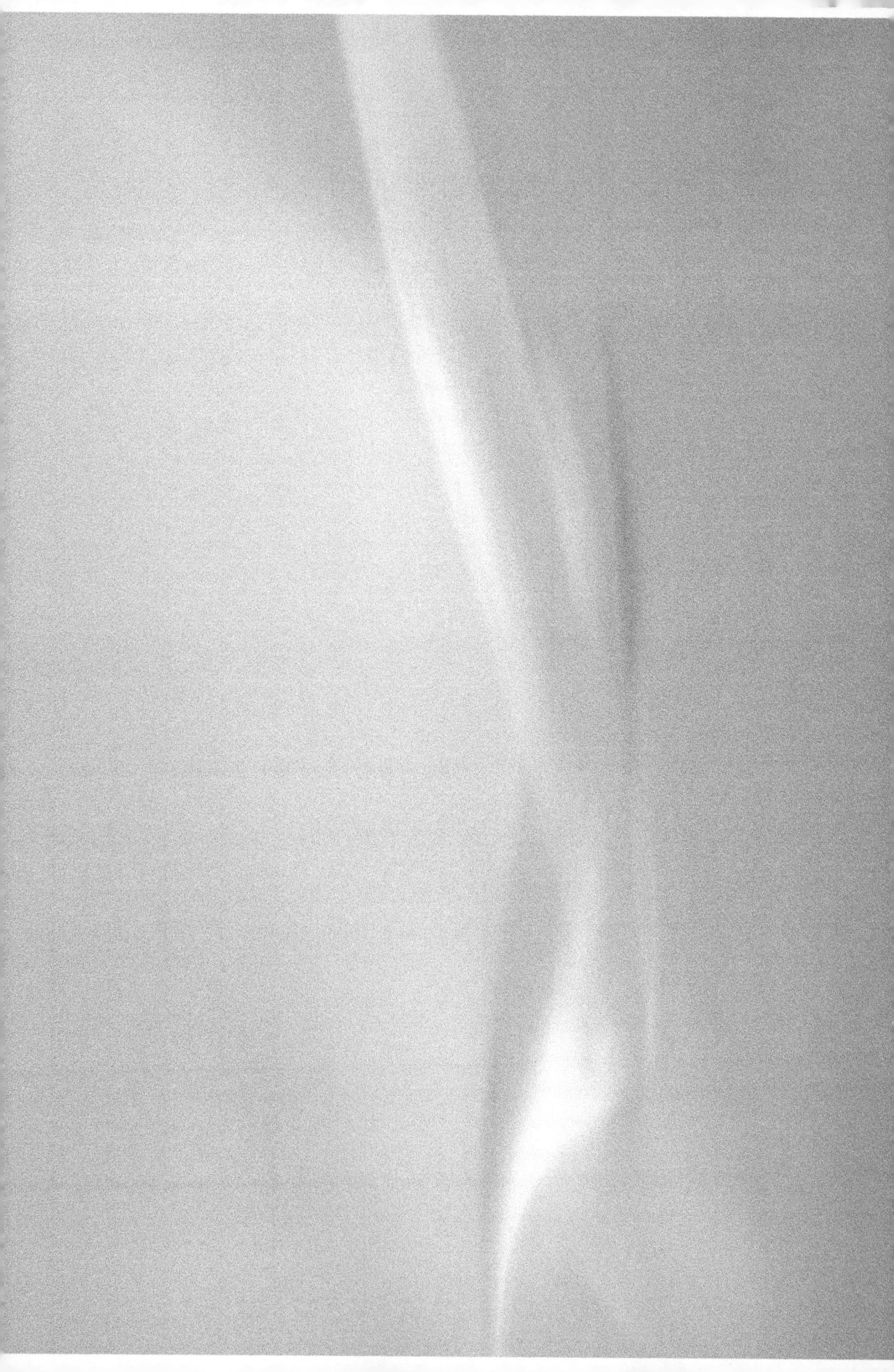

ÉKEV

LA LECCIÓN DE ÉKEV
(Deuteronomio 7:12-11:25)

"Y, en consecuencia, si ustedes escuchan…" (*Deuteronomio 7:12*)

El capítulo de Ekev comienza al considerar qué ocurre cuando estamos caminando en nuestro camino espiritual y qué ocurre cuando no lo estamos. Pero antes de que discutamos qué debemos hacer para mantener nuestra dirección espiritual, hay una gran lección que aprender.

Analiza esta historia:

Hace mucho tiempo, en una aldea en Europa, vivía un carnicero joven. Una noche, su difunto padre lo visita en un sueño. El padre dijo: "Una mujer se acercará a ti un viernes antes de Shabat. Ella te pedirá que sacrifiques a su gallina por ella. No te rehúses. Debes sacrificar a la gallina por ella".

Pasaron muchos viernes, pero ninguna mujer llegaba.

Pasaron setenta años. Entonces, un viernes antes de Shabat, el carnicero estaba camino al templo cuando una mujer lo abordó y le dijo: "Por favor, sé que es tarde, ¡pero si no sacrifica esta gallina no tendré nada que comer en Shabat!".

El carnicero, después de ver su reloj, negó con la cabeza. "Lo lamento mucho. Me gustaría ayudarla, pero no tengo tiempo". Y se marchó.

Pero más tarde, a mitad del *Kidush*, recordó de pronto el sueño que había tenido hace tantos años atrás y se preguntó cómo podía sacrificar la gallina de la mujer que se había encontrado. ¿Cómo podría encontrarla? Saltó a emprender acciones. Le contó a su mujer acerca de la mujer, le dio instrucciones de darle alimento a la mujer si se la llegaba a encontrar, porque él sabía que él mismo había perdido su oportunidad. En efecto, esa misma noche el carnicero abandonó este mundo; pero tuvo el mérito de completar su tarea mediante las acciones de su familia.

La mayoría de nosotros no somos tan correctos. Es probable que no sólo estemos aquí para completar una sola acción que no pudimos hacer en una vida pasada, sino que, a menudo, estamos para realizar más de una acción. Pero todo está conectado al mismo principio siempre: hay personas que vienen a este mundo a dar beneficencia en general y hay otras que vienen porque necesitan ayudar a una persona en particular. No obstante, en ambos casos hay siempre una acción específica o una secuencia de acciones que es necesario completar o corregir.

Por supuesto, ¡no sabemos cuál es esa acción específica! Por consiguiente, está escrito: "Sé tan cuidadoso con una pequeña acción dadora como lo eres con una grande". En el relato, el carnicero tuvo un sueño que le dijo claramente qué hacer, pero lo olvidó. Sin embargo, al final pudo hacer su corrección (*tikún*) a través de su familia. Cada uno de nosotros tiene sueños o experiencias que nos dan mensajes relevantes. Es importante que estemos abiertos, no sólo para recibir dichos mensajes sino, también, para actuar conforme a éstos.

En nuestro corazón, todos sabemos en dónde andamos mal. Todos sabemos cuándo nos estamos desviando de nuestro camino espiritual. El problema es que tenemos miedo de este conocimiento o no queremos hacer el trabajo de corrección necesario. ¡Si tan sólo nos abriéramos, escucháramos y no tuviéramos miedo! Entonces, como dijo Rav Najman de Breslov: "Todo el mundo es un puente angosto, y lo más importante es no tener miedo de cruzarlo". Según el *Zóhar*, cuando no vencemos nuestro temor de saber qué tenemos que hacer, tendremos que regresar a este mundo una y otra vez hasta que finalmente completemos la acción.

Más acerca de "*si ustedes escuchan*"

Ekev comienza con el versículo: "Y, en consecuencia, si ustedes escuchan…". En un momento dado, todos tenemos desacuerdos con la gente, y eso está perfectamente bien. El problema es que, la mayoría del tiempo, normalmente no escuchamos el punto de vista de la otra persona. No lo escuchamos porque no queremos escuchar; creemos que ya sabemos toda la información y siempre creemos que tenemos la razón. Pensamos internamente: "Si escucho lo que fulano tiene que decir, tal vez él tenga la razón. Entonces yo tendré que decir que cometí un error, ¡y no hay nada peor que eso!".

Este rechazo a escuchar no sólo nos lastima en nuestras relaciones personales, sino que, ultimadamente, bloquea nuestra conexión con la Luz. Cuando nos distanciamos de los demás, el Creador se distancia de nosotros. Está escrito: "Dios es tu sombra" (Salmos 121:5). Si nos movemos, nuestra sombra también se mueve precisamente a la misma velocidad y dirección que nuestro movimiento. Conforme nosotros actuamos con los demás, Dios actúa con nosotros. El Creador no puede darnos más de lo que nosotros les damos a los demás. Esto no quiere decir que Dios se enoje con nosotros cuando actuamos egoístamente, sino que nuestras acciones en este mundo son como un búmeran: si hacemos el bien, el bien regresa a nosotros. De igual manera, si causamos dolor, el dolor regresa a nosotros.

En una de sus cartas a Rav Berg, Rav Brandwein contó este relato:

> Uno de los estudiantes de Rav Elimélej acudió a él y le dijo: "He estado rezando por 15 años, pero el Creador no ha contestado mis oraciones y meditaciones. Rezo tres veces al día. Recito la oración y meditación a la medianoche. Recito el Shemá cada noche antes de irme a dormir. Hago todo lo que está a mi alcance. Pero el Creador no hace Su parte. Él todavía no ha contestado mis oraciones. ¿Qué tengo que hacer?".
>
> Rav Elimélej lo vio a los ojos y contestó: "El Creador contestó tus oraciones: y la respuesta fue 'No'".

Cuando nos rehusamos a ayudar a los demás, el Creador también nos niega. Pero si les decimos "sí" a las personas, entonces el Creador nos dirá "sí" a nosotros.

"...*no sólo de pan vive el hombre* ..." (*Deuteronomio 8:3*)

"...*no sólo de pan vive el hombre, sino que el hombre vive de todo lo que procede de la Boca del Eterno*" (*Deuteronomio 8:3*). Cuando una persona toma una porción de pan y dice "Bendito seas Tú, Creador", entonces la energía espiritual interna del pan es despertada. Así como el pan físico es alimento para el cuerpo, la energía espiritual dentro del pan es alimento para el alma. El *Zóhar* dice:

> "*En consecuencia, si ustedes escuchan estos mandamientos...*" (*Deuteronomio 7:12*) "*Comerás y te saciarás y luego bendecirás al Señor tu Dios...*" (*Deuteronomio 8:10*). *Se nos ordena bendecir al Santísimo, bendito sea Él, por todo lo que comemos y bebemos y disfrutamos en este mundo. El que no bendice es considerado como alguien que ha robado al Santísimo, bendito sea Él, como está escrito: "Quien roba a su padre y a su madre..." (Proverbios 28:24) y los compañeros explicaron* QUE ESTO SE APLICA AL SANTÍSIMO, BENDITO SEA ÉL. *Las bendiciones que una persona da al Santísimo, bendito sea Él tienen la intención de atraer vida de la Fuente de la Vida, que es Biná, para el Santísimo, bendito sea Él. Y estas bendiciones son para derramar encima de Él de ese Aceite Celestial* QUE ES LA ABUNDANCIA DE JOJMÁ. *De allí, es luego atraído sobre el mundo entero.*
>
> — El Zóhar, Ekev 1:1

Acerca de este tema, hay una historia sobre un estudiante de Rav Aharón de Carlín. Una vez, cuando el estudiante estaba en casa de Rav Aharón, el maestro tomó una manzana, la bendijo y se la comió. El estudiante vio al maestro comiéndose la manzana y un pensamiento pasó por su mente: "Incluso el gran sabio está simplemente comiéndose una manzana".

Rav Aharón sintió los pensamientos del estudiante, se volvió a él y le dijo: "Sabes, estaba pensando: ¿Cuál es la diferencia entre nosotros? Yo me como una manzana y tú te comes una manzana, yo la bendigo y tú la bendices; por lo tanto, ¿cuál es la gran diferencia? La diferencia radica en que yo me despierto temprano en la mañana, me asomo por la ventana, y veo un manzano. Me emociono y digo: '¡Cuán pródigas son Tus acciones, Creador del Universo! ¡La Tierra está llena de Tus creaciones!'. Y no abandono este pensamiento. Profundizo más y pienso: '¿Qué quiere decir la Biblia cuando dice: *Como una manzana en los árboles del bosque*?'. Y me entusiasmo tanto que tengo un enorme anhelo de bendecir y agradecer al Creador por el árbol y las manzanas, y digo: 'Bendito seas Tú, Creador del mundo, Quien creó el fruto del árbol'. Y dado que no nos es permitido bendecir sin algún propósito o decir el Nombre del Creador en vano, tomo una manzana".

"Pero tú", continuó el maestro, "tú haces esto un poco diferente. Tú sales a la calle, ves el manzano y piensas: '¡Qué árbol tan hermoso! ¡Y qué manzanas tan bonitas!', y entonces tienes el gran deseo de comerte una.

Pero dado que no eres un ladrón, vas a la tienda, te compras una manzana, vas a casa, y estás listo para comerte la manzana. Aún así, tienes temor reverencial del Creador y, por consiguiente, piensas: '¿Acaso puede comerse algo sin una bendición? Si me como algo hoy sin decir una bendición y mostrar apreciación, mañana puede que me sea arrebatado y no podré comer manzanas'. Por lo tanto, dices la bendición y después te comes la manzana.

¿Cuál es la conclusión de todo esto? Es cierto que yo bendigo y me como la manzana, y que tú también bendices y te comes la manzana. Pero yo me como la manzana a fin de poder decir una bendición, y tú dices una bendición a fin de comerte una manzana".

SINOPSIS DE ÉKEV

La palabra ekev significa "talón". Los kabbalistas nos dicen que todas las almas que reencarnaron en nuestra generación actual provienen del cuerpo de Adam. Las partes del cuerpo de Adam que faltan por corregir en nuestra generación son sus talones y sus pies. Los talones y los pies de Adam son las partes que están más conectadas con Maljut, nuestro mundo físico, en el cual habita el Satán. Y dado que todos provenimos de los pies de Adam, siempre tenemos este contacto con el Satán. Pero el Satán también sabe que, cuando nos elevamos espiritualmente por encima de los pies, estamos fuera de su alcance; por lo tanto, él pelea por tener el control de nosotros. Él sabe que si él pierde esta contienda, está perdido.

Rav Brandwein escribe:

Ahora te escribiré lo que he dicho acerca del capítulo de Ekev [Ékev significa: "en consecuencia", "como resultado de", y también significa: "talón"]. "Y, en consecuencia, si ustedes escuchan…" (Deuteronomio 7:12) se relaciona con lo que está escrito (Proverbios 22:4): "La consecuencia (heb. ekev) de la humildad es el temor del Creador", porque la humildad es el cimiento y el talón (heb. ekev) de toda la edificación. Por lo tanto, aquel que adquiere humildad puede escuchar cada precepto del Creador. Esto está basado en lo que está escrito en el Zóhar Jadash sobre un versículo en la Biblia (Cantar de los Cantares 1:8): "Sal tras (heb. ekev) las huellas del rebaño", lo cual copiaré del Zóhar Jadash palabra por palabra; y se lee en el párrafo 484:

Ven y ve: todo el que va a ese mundo sin conocimiento de los secretos de la Torá, aun teniendo muchas buenas acciones, es rechazado ante las puertas de ese mundo. Sal y ve lo que está escrito: "Dime". El alma le dice al Creador: Dime los secretos de la sabiduría exaltada de cómo Tú pastoreas y lideras en ese mundo celestial. ¡Enséñame los secretos de esa sabiduría que no conocía ni había aprendido hasta ahora, a fin de que no sea avergonzado entre esos niveles a los que llegaré por no haberlos observado hasta ahora!

Ven y ve lo que está escrito: "Si no lo sabes, oh, la más hermosa de las mujeres". El Creador contesta al alma: Si has venido aquí y no has examinado la sabiduría antes de venir aquí, y no conoces los secretos del mundo celestial, entonces "sal"; no estás capacitada para venir aquí sin conocimiento.

"Sal tras las huellas del rebaño", a saber: tienes que reencarnar por segunda vez en el mundo y debes familiarizarte con las huellas del rebaño, las cuales son las personas que son pisadas por el talón. A saber: aquellas que se consideran inferiores, pero conocen los secretos celestiales de su Señor, y de quienes tú aprenderás. En este versículo dice: "Vehayá; y sucederá". Es una expresión de dicha, "Ekev; en consecuencia"; significando salir y seguir los pasos (ekev) del rebaño gozosamente. Entonces, alcanzarás "si tú escuchas, etc.".

—*Rav Brandwein, Parte 1, Carta 36*

PRIMERA LECTURA – AVRAHAM – JÉSED

7 ¹² "Y por consiguiente, si tú escuchas estas ordenanzas y las guardas y las cumples, el Eterno, tu Dios, guardará contigo el Pacto y la misericordia que juró a tus padres,

¹³ y te amará, te bendecirá y te multiplicará; también bendecirá el fruto de tu cuerpo y el fruto de tu tierra, tu cereal, tu mosto, tu aceite, el aumento de tu ganado y las crías de tu rebaño en la tierra que Él juró a tus padres que te daría.

¹⁴ Serás bendecido por encima de todos los pueblos; no habrá varón ni hembra estéril en ti, ni en tu ganado.

¹⁵ Y el Eterno apartará de ti toda enfermedad; y no pondrá sobre ti ninguna de las enfermedades malignas de Egipto que has conocido, sino que las pondrá sobre todos los que te odian.

¹⁶ Y destruirás a todos los pueblos que el Eterno, tu Dios, te entregue; tu ojo no tendrá piedad de ellos; tampoco servirás a sus dioses, porque esto sería una trampa para ti.

¹⁷ Si dijeras en tu corazón: 'Estas naciones son más poderosas que yo, ¿cómo podré desposeerlas?',

¹⁸ no tendrás temor de ellas; recordarás bien lo que el Eterno, tu Dios, hizo al Faraón y a todo Egipto:

COMENTARIO DEL RAV

Enciende la Luz

Me gustaría recordarnos a todos nosotros que la clave para resolver el caos en el mundo no es forzando al caos para que se vaya, lo cual es un error que ha sido cometido generación tras generación. Así como no tenemos que entender cómo la oscuridad desaparece cuando encendemos la luz: activamos un interruptor y, por alguna razón, la oscuridad desaparece; incluso cuando no entendemos la tecnología de la electricidad. De la misma manera, cuando somos enfrentados con el caos, en lugar de preparar una estrategia de 8 pasos para eliminarla, la sabiduría de la

Kabbalah quiso hacerlo más sencillo al enseñarnos a encender la Luz.

¿Qué ocurre en una guerra hoy en día? Un bando va y mata a algunos del otro bando, y luego el otro bando va y mata a algunos del primer bando. ¿Se resolverá algo? ¡Nunca! Primero: no puedes eliminar o evaporar la oscuridad con armas, lo cual es lo que estamos tratando de entender aquí. Y segundo: no puedes eliminar a la oscuridad con coerción porque la coerción tan sólo le da más municiones al Satán. Decir "esta es la forma en que las cosas tienen que hacerse" —es decir, con coerción— sólo genera más caos.

Pero la sabiduría de la Kabbalah consiste completamente acerca de la Luz. Al

PRIMERA LECTURA – AVRAHAM – JÉSED

12 וְהָיָ֣ה יהוה, הוי | עֵ֣קֶב יהוה צבאות תִּשְׁמְע֗וּן אֵ֤ת הַמִּשְׁפָּטִים֙ הָאֵ֔לֶּה וּשְׁמַרְתֶּ֥ם

וַעֲשִׂיתֶ֖ם אֹתָ֑ם וְשָׁמַר֩ יְ֨הֹוָֽאהדונהי אֱלֹהֶ֜יך יכה לְךָ֗ אֶת־הַבְּרִית֙

וְאֶת־הַחֶ֔סֶד ע"ב, ריבוע יהוה אֲשֶׁ֥ר נִשְׁבַּ֖ע לַאֲבֹתֶֽיךָ: 13 וַאֲהֵֽבְךָ֙ וּבֵרַכְךָ֖

וְהִרְבֶּ֑ךָ וּבֵרַ֣ךְ פְּרִֽי ע"ה אלהים דאלפין בִטְנְךָ֣ וּפְרִֽי ע"ה אלהים דאלפין אַדְמָתֶ֠ךָ

דְּגָ֨נְךָ֜ וְתִירֽשְׁךָ֣ וְיִצְהָרֶ֗ךָ שְׁגַר־אֲלָפֶ֙יךָ֙ וְעַשְׁתְּרֹ֣ת צֹאנֶ֔ךָ עַ֚ל הָֽאֲדָמָ֔ה

אֲשֶׁר־נִשְׁבַּ֥ע לַאֲבֹתֶ֖יךָ לָ֥תֶת לָֽךְ: 14 בָּר֣וּךְ יהוה ע"ה ורבוע מ"ה תִּהְיֶ֖ה מִכָּל־

הָֽעַמִּ֑ים ילי קס"א לֹא־יִהְיֶ֥ה יי בְךָ֛ זו עָקָ֥ר דזו וַֽעֲקָרָ֖ה וּבִבְהֶמְתֶּֽךָ: 15 וְהֵסִ֧יר

יְהֹוָֽאהדונהי מִמְּךָ֖ כָּל־ ילי וֹ֑לִי וְכָל־ ע"ה קס"א מַדְוֵי֩ מִצְרַ֨יִם מצר הָֽרָעִ֜ים

הַ֣ס אדני, עכ"ה אֲשֶׁ֣ר יָדַ֗עְתָּ לֹ֤א יְשִׂימָם֙ בָּ֔ךְ ב"ן, יבמ לכבב וּנְתָנָ֖ם בְּכָל־ שֹׂנְאֶֽיךָ:

16 וְאָכַלְתָּ֣ אֶת־כָּל־ הָֽעַמִּ֗ים ילי אֲשֶׁ֨ר ע"ה קס"א יְ֤הֹוָֽאהדונהי אֱלֹהֶ֙יךָ֙ ילה

נֹתֵ֣ן אבגית"ץ, ושר, אהבת חנם לָ֔ךְ לֹא־תָחֹ֥ס ריבוע מ"ה עֵֽינְךָ֖ עֲלֵיהֶ֑ם וְלֹ֤א תַֽעֲבֹד֙

אֶת־אֱלֹ֣הֵיהֶ֔ם ילה כִּֽי־מוֹקֵ֥שׁ ה֖וּא לָֽךְ: 17 כִּ֤י תֹאמַר֙ בִּלְבָ֣בְךָ֔ רַבִּ֛ים

הַגּוֹיִ֥ם הָאֵ֖לֶּה מִמֶּ֑נִּי אֵיכָ֥ה אוּכַ֖ל אל יהוה לְהֽוֹרִישָֽׁם: 18 לֹ֥א תִירָ֖א מֵהֶ֑ם

זָכֹ֣ר תִּזְכֹּ֗ר אֵ֤ת אֲשֶׁר־עָשָׂה֙ יְ֨הֹוָֽאהדונהי אֱלֹהֶ֔יךָ ילה לְפַרְעֹ֖ה וּלְכָל־

---

revelar la energía de la Fuerza de Luz, removemos automáticamente el caos de nuestra vida. ¿Cómo desaparece el caos? Desaparece por medio de la Luz. Normalmente, cuando estamos lidiando con una situación caótica e intentamos remover los obstáculos a través del nivel físico solamente, el caos nunca será evaporado en su totalidad; quedan cicatrices. Por lo tanto, ¿cómo resolvemos este problema? Vemos lo que el Creador hace para eliminar la oscuridad: tan sólo enciende la Luz.

וַאֲהֵֽבְךָ

Deuteronomio 7:13 – Este versículo habla de las bendiciones que recibirá el pueblo cuando escuchen las Ordenanzas del Creador y las cumplan. La recompensa de ocuparnos por los demás es que, a su vez, se ocupan de nosotros. El cerebro es la central nerviosa del resto del cuerpo, pero éste en sí no siente dolor. No siente nada; sin embargo, todas las cosas que sentimos provienen de allí. Cuando somos como el cerebro —sintiendo a todos los demás, pero no sentimos nuestro propio dolor— recibimos más bendiciones en nuestra vida.

¹⁹ *las grandes pruebas que tus ojos vieron, las señales y maravillas, y la Mano Poderosa y el brazo extendido con el cual el Eterno, tu Dios, te sacó; así hará el Eterno, tu Dios, con todos los pueblos a los cuales temes.*

²⁰ *Además, el Eterno, tu Dios, enviará la avispa contra ellos, hasta que los que queden y los que se escondan perezcan ante ti.*

²¹ *No te asustes de ellos, porque el Eterno, tu Dios, está en medio de ti, Dios grande y temible.*

²² *Y el Eterno, tu Dios, echará estas naciones de delante de ti poco a poco; no podrás acabar con ellas rápidamente, no sea que las bestias del campo aumenten sobre ti.*

²³ *Pero el Eterno, tu Dios, las entregará delante de ti, e infligirá derrota en ellas hasta que sean destruidas.*

²⁴ *Y Él entregará a sus reyes en tus manos, y harás perecer sus nombres de debajo del Cielo; ningún hombre podrá hacerte frente hasta que tú los hayas destruido.*

²⁵ *Las imágenes talladas de sus dioses quemarás con fuego; no codiciarás la plata o el oro que las recubren, ni lo tomarás para ti, no sea que por ello caigas en una trampa, porque es abominación al Eterno, tu Dios.*

²⁶ *Y no traerás una abominación a tu casa, porque estarás condenado a la destrucción como ella; ciertamente la aborrecerás y la abominarás, pues es una condena.*

8 ¹ *Todos los mandamientos que yo les ordeno este día observarán, a fin de que vivan y se multipliquen, y entren y posean la tierra que el Eterno juró dar a sus padres.*

² *Y te acordarás de todo el camino por donde el Eterno, tu Dios te hizo seguir durante estos cuarenta años en el desierto, para afligirte, probarte, y saber lo que había en tu corazón; si guardarías Sus mandamientos o no.*

³ *Y te afligió y te hizo tener hambre, y te alimentó con maná, que no conocías ni tus padres habían conocido, para hacerte saber que el hombre no sólo vive de pan, sino que el hombre vive de todo lo que procede de la boca del Eterno.*

וַנֵּשֶׁב

Deuteronomio 7:22 – El Creador les dijo a los israelitas que la Luz estaría acompañándolos en Israel, destruyendo así cualquier cosa en su camino. Esto nos demuestra que no hay nada que no podamos cambiar o superar cuando tenemos certeza en nuestra conexión con el Creador. No hay concepto de imposibilidad dentro del Reino Celestial del Creador.

יה אדני מִצְרַיִם מצר 19 הַמַּסֹּת הַגְּדֹלֹת אֲשֶׁר־רָאוּ עֵינֶיךָ ע״ה קס״א וְהָאֹתֹת

וְהַמֹּפְתִים וְהַיָּד הַחֲזָקָה וְהַזְּרֹעַ הַנְּטוּיָה אֲשֶׁר הוֹצִאֲךָ יְהוָֹאהדניואהדונהי

אֱלֹהֶיךָ ילה כֵּן־יַעֲשֶׂה יְהוָֹאהדניואהדונהי אֱלֹהֶיךָ ילה לְכָל יה אדני הָעַמִּים ע״ה קס״א

אֲשֶׁר־אַתָּה יָרֵא אלף למד יהוה מִפְּנֵיהֶם: 20 וְגַם יג״ל אֶת־הַצִּרְעָה יְשַׁלַּח

יְהוָֹאהדניואהדונהי אֱלֹהֶיךָ ילה בָּם מ״ב עַד־אֲבֹד הַנִּשְׁאָרִים וְהַנִּסְתָּרִים מִפָּנֶיךָ

סמ״ב: 21 לֹא תַעֲרֹץ מִפְּנֵיהֶם כִּי־יְהוָֹאהדניואהדונהי אֱלֹהֶיךָ ילה בְּקִרְבֶּךָ אֵל

יא״י גָּדוֹל לתהו, מבה, יזל, אום וְנוֹרָא ע״ה ג״פ אלהים: 22 [וְנָשַׁל] יְהוָֹאהדניואהדונהי אֱלֹהֶיךָ ילה

אֶת־הַגּוֹיִם הָאֵל לאה (אלד ע״ה) מִפָּנֶיךָ סמ״ב מְעַט מְעָט לֹא תוּכַל כַּלֹּתָם מַהֵר

פֶּן־תִּרְבֶּה עָלֶיךָ רבוע מ״ה וְחַיַּת הַשָּׂדֶה עד״י: 23 וּנְתָנָם יְהוָֹאהדניואהדונהי אֱלֹהֶיךָ ילה

לְפָנֶיךָ סמ״ב וְהָמָם מְהוּמָה גְדֹלָה עַד הִשָּׁמְדָם: 24 וְנָתַן אב״גית״ץ, ועד״ר, אהבת חינם

מַלְכֵיהֶם בְּיָדֶךָ בכו״ז וְהַאֲבַדְתָּ אֶת־שְׁמָם מִתַּחַת הַשָּׁמָיִם י״פ טל, י״פ כוזו

לֹא־יִתְיַצֵּב אִישׁ ע״ה קנ״א קס״א בְּפָנֶיךָ סמ״ב עַד הִשְׁמִדְךָ אֹתָם: 25 פְּסִילֵי

אֱלֹהֵיהֶם ילה תִּשְׂרְפוּן בָּאֵשׁ אלהים דיורין ע״ה לֹא־תַחְמֹד כֶּסֶף וְזָהָב עֲלֵיהֶם

וְלָקַחְתָּ לָךְ פֶּן תִּוָּקֵשׁ בּוֹ כִּי תוֹעֲבַת יְהוָֹאהדניואהדונהי אֱלֹהֶיךָ ילה הוּא:

26 וְלֹא־תָבִיא תוֹעֵבָה ב״פ ראה אֶל־בֵּיתֶךָ וְהָיִיתָ חֵרֶם אברהם, רמ״וז, וז״פ אל

כָּמֹהוּ שַׁקֵּץ | תְּשַׁקְּצֶנּוּ וְתַעֵב | תְּתַעֲבֶנּוּ כִּי־חֵרֶם אברהם, רמ״וז, וז״פ אל הוּא:

8 1 כָּל־ ילי הַמִּצְוָה אֲשֶׁר אָנֹכִי איע מְצַוְּךָ הַיּוֹם ע״ה = נגד, חן, מזבח תִּשְׁמְרוּן

לַעֲשׂוֹת לְמַעַן תִּחְיוּן וּרְבִיתֶם וּבָאתֶם וִירִשְׁתֶּם אֶת־הָאָרֶץ

אֲשֶׁר־נִשְׁבַּע אלהים דההן ע״ה יְהוָֹאהדניואהדונהי לַאֲבֹתֵיכֶם: 2 וְזָכַרְתָּ אֶת־כָּל־

ילי הַדֶּרֶךְ ב״פ יב״ק אֲשֶׁר הוֹלִיכֲךָ יְהוָֹאהדניואהדונהי אֱלֹהֶיךָ ילה זֶה אַרְבָּעִים

שָׁנָה בַּמִּדְבָּר אברהם, רמ״וז, וז״פ אל לְמַעַן עַנֹּתְךָ לְנַסֹּתְךָ לָדַעַת אֶת־אֲשֶׁר

בִּלְבָבְךָ הֲתִשְׁמֹר מִצְוֹתָו אִם־ ייהך, ע״ה מ״ב לֹא: 3 וַיְעַנְּךָ וַיַּרְעִבֶךָ וַיַּאֲכִלְךָ

אֶת־הַמָּן אֲשֶׁר לֹא־יָדַעְתָּ וְלֹא יָדְעוּן אֲבֹתֶיךָ לְמַעַן הוֹדִיעֲךָ כִּי

לֹא עַל־הַלֶּחֶם ג״פ יהוה לְבַדּוֹ מ״ב יִחְיֶה הָאָדָם מ״ה כִּי עַל־כָּל־ ילי ; עמם מוֹצָא

⁴ Tu vestimenta no se desgastó, ni se hincharon tus pies durante estos cuarenta años. ⁵ Y comprenderás en tu corazón que, así como un hombre disciplina a su hijo, el Eterno, tu Dios, te disciplina a ti.

⁶ Y guardarás los mandamientos del Eterno, tu Dios, para andar en Sus caminos y para temerle reverentemente. ⁷ Porque el Eterno, tu Dios, te trae a una tierra buena, a una tierra de corrientes de aguas, de fuentes y manantiales que fluyen por valles y colinas;

⁸ una tierra de trigo y cebada, de viñas, higueras y granados; una tierra de aceite de olivos y miel; ⁹ una tierra donde comerás el pan sin escasez, donde nada te faltará; una tierra cuyas piedras son hierro, y de cuyos montes puedes sacar cobre.

¹⁰ Y comerás y serás saciado, y bendecirás al Eterno, tu Dios, por la buena tierra que Él te ha dado.

SEGUNDA LECTURA – YITSJAK – GUEVURÁ

¹¹ Cuídate de no olvidar al Eterno, tu Dios, dejando de guardar Sus mandamientos, sus ordenanzas y sus estatutos que yo te ordeno este día;

לֹא בָלְתָה

Deuteronomio 8:4 – Aún después de muchos años en el desierto, la vestimenta del pueblo no se había desgastado en lo absoluto. De hecho, según la sabiduría de la Kabbalah, el ADN de la vida —todas las cosas físicas, incluyendo nuestro cuerpo— está estructurado para durar eternamente. Cuando nuestros cuerpos no duran —es decir, cuando envejecemos y la muerte es inevitable— es porque hemos dejado entrar a la conciencia del Satán. Nuestros cuerpos son los vehículos para nuestras experiencias en este mundo, lugar al cual vinimos a efectuar un cambio en nosotros mismos. Si queremos que nuestros cuerpos duren el tiempo que estaban destinados a durar originalmente, tenemos que asumir la responsabilidad por nosotros mismos y actuar en consecuencia.

אֶרֶץ

Deuteronomio 8:8 – En este versículo, Moshé dio al pueblo un anticipo de la tierra adonde los estaba enviando: una tierra con abundancia de trigo, cebada y viñas, higueras y granados, olivos y miel; una tierra en la cual no habría escasez o tribulación. El alimento está destinado a tener todos los nutrientes que necesitamos. Pero los alimentos que están contaminados con pesticidas y agentes contaminantes, por ejemplo, ya no son nutritivos. Además, si vivimos para comer en vez de comer para vivir, está garantizado que experimentaremos efectos negativos debido a nuestra alimentación. Nuestra conciencia al momento de comer es lo que determina el valor nutricional que obtenemos de los alimentos. Si tenemos la conciencia correcta, la Luz entra y no sólo nos nutre, sino que nos protege también de los pesticidas y agentes contaminantes.

El *Zóhar* dice:

> *También está escrito: "Comerás y te saciarás y luego bendecirás al Señor tu Dios…" (Deuteronomio 8:10). Por medio de estas bendiciones, una persona vierte a través de sus palabras ABUNDANCIA de la Fuente más elevada, QUE ES BINÁ. Todos los niveles y Fuentes DE ZEIR ANPÍN Y MALJUT están bendecidos y llenos de*

פִּי־יְהֹוָ֞האלהי־אהדונהי יֽוֹזֶ֣ה הָאָדָ֔ם מ״ה: 4 שִׂמְלָֽתְךָ֞ לֹ֤א בָֽלְתָה֙ מֵֽעָלֶ֔יךָ רבוע מ״ה

וְרַגְלְךָ֖ לֹ֣א בָצֵ֑קָה זֶ֣ה אַרְבָּעִ֣ים שָׁנָ֑ה: 5 וְיָֽדַעְתָּ֖ עִם־לְבָבֶ֑ךָ כִּ֕י כַּֽאֲשֶׁ֡ר

יְיַסֵּ֥ר אִ֛ישׁ ע״ה קנ״א קס״א אֶת־בְּנ֖וֹ יְהֹוָ֣האלהי־אהדונהי אֱלֹהֶ֖יךָ ילה מְיַסְּרֶֽךָּ: 6 וְשָֽׁמַרְתָּ֙

אֶת־מִצְוֺ֗ת יְהֹוָ֞האלהי־אהדונהי אֱלֹהֶ֖יךָ ילה לָלֶ֥כֶת בִּדְרָכָ֖יו וּלְיִרְאָ֥ה רי״ו, גבורה אֹתֽוֹ:

7 כִּ֚י יְהֹוָ֣האלהי־אהדונהי אֱלֹהֶ֔יךָ ילה מְבִֽיאֲךָ֖ אֶל־אֶ֣רֶץ אלהים דאלפין טוֹבָ֑ה אכא אֶ֚רֶץ

אלהים דאלפין נַ֣חֲלֵי מָ֔יִם עֲיָנֹת֙ וּתְהֹמֹ֔ת יֹֽצְאִ֥ים בַּבִּקְעָ֖ה וּבָהָֽר אור, רז, אין סוף:

8 אֶ֤רֶץ אלהים דאלפין חִטָּה֙ וּשְׂעֹרָ֔ה אכא וְגֶ֥פֶן וּתְאֵנָ֖ה קס״א קנ״א קמ״ג, נתה ע״ה וְרִמּ֑וֹן

אֶֽרֶץ ע״ה נוריא״ל אלהים דאלפין זֵ֥ית אלהים אל מצפ״ץ שֶׁ֖מֶן י״פ טל, י״פ כוז״ו, ביט וּדְבָֽשׁ: 9 אֶ֗רֶץ

אֲשֶׁ֨ר אלהים דאלפין לֹ֤א בְמִסְכֵּנֻת֙ תֹּֽאכַל־בָּ֣הּ לֶ֔חֶם ג״פ יהוה לֹֽא־תֶחְסַ֥ר כֹּ֖ל

בָּ֑הּ ילי אֶ֚רֶץ אלהים דאלפין אֲשֶׁ֣ר אֲבָנֶ֣יהָ בַרְזֶ֔ל ר״ת בלתה רחל זלפה לאה וּמֵֽהֲרָרֶ֖יהָ

תַּחְצֹ֥ב נְחֹֽשֶׁת: 10 וְאָֽכַלְתָּ֖ וְשָׂבָ֑עְתָּ וּבֵֽרַכְתָּ֙ אֶת־יְהֹוָ֣האלהי־אהדונהי אֱלֹהֶ֔יךָ ילה

עַל־הָאָ֥רֶץ אלהים דההין ע״ה הַטֹּבָ֖ה אֲשֶׁ֥ר נָֽתַן־לָֽךְ:

SEGUNDA LECTURA – YITSJAK – GUEVURÁ

11 הִשָּׁ֣מֶר לְךָ֔ פֶּן־תִּשְׁכַּ֖ח ע״ה קרעשט״ן אֶת־יְהֹוָ֣האלהי־אהדונהי אֱלֹהֶ֑יךָ ילה לְבִלְתִּ֣י

---

abundancia para verter sobre todos los mundos, y todo es bendecido junto.
—El Zóhar, Ékev 1:2

פֶּן־תִּשְׁכַּח

Deuteronomio 8:11 – Al pueblo se le advirtió no olvidar los mandamientos de Dios, ni los juicios ni los estatutos, porque cuando la vida se hiciera fácil —como fue predicho— ellos olvidarían lo que habían aprendido. El Zóhar dice:

"'Y guardarán ustedes mis mandamientos y los harán...'" (levítico 22:31). Hemos aprendido acerca de los mandamientos del señor del universo, como está escrito: *"'y guardarán ustedes mis mandamientos y los harán'"* PREGUNTA: si es necesario guardarlos, CUÁNDO INCLUYE ESTO HACERLOS TAMBIÉN, y por qué dice: *"'y hacerlos también'"*? además, PREGUNTA, todos los mandamientos en la torá tienen dos facetas que son una, A SABER: 'recordarán' y 'guardarán'; 'recordarán' es para el masculino', A SABER: ZEIR ANPÍN, y 'guardarán' para el femenino, MALJUT, y son juntados en uno. PREGUNTA: si 'guardarán' es para el femenino, ¿por qué está escrito: *"'y guardarán ustedes mis*

¹² no sea que cuando hayas comido y estés saciado, y hayas construido buenas casas y habitado en ellas, ¹³ y cuando tu ganado vacuno y tus rebaños ovino y caprino se multipliquen, y tu plata y oro sean multiplicados, y todo lo que tengas sea multiplicado,

¹⁴ entonces tu corazón se alce y te olvides del Eterno, tu Dios, que te sacó de la tierra de Egipto, de la casa de servidumbre;

¹⁵ que te condujo a través del inmenso y terrible desierto, donde había serpientes abrasadoras y escorpiones, una tierra sedienta donde no había agua; que sacó para ti agua de la roca de pedernal; ¹⁶ que te alimentó en el desierto con maná, el cual tus padres no habían conocido, para afligirte y probarte, y para hacerte bien al final;

¹⁷ y digas en tu corazón: 'Mi poder y la fuerza de mi mano me han producido esta riqueza'. ¹⁸ Sino que te acordarás del Eterno, tu Dios, porque Él es el que te da poder para obtener riquezas, a fin de confirmar Su Pacto, el cual juró a tus padres como en este día. ¹⁹ Y sucederá que, si alguna vez te olvidas del Eterno, tu Dios, y vas en pos de otros dioses y les sirves y los adoras, yo les advierto en este día que ciertamente perecerán.

²⁰ Como las naciones que el Eterno hace perecer delante de ustedes, así perecerán, porque no oyeron la voz del Eterno, su Dios.

9 ¹ Oye, Israel: Hoy vas a cruzar el Jordán para entrar a desposeer a naciones más grandes y más poderosas que tú, ciudades grandes y fortificadas hasta el Cielo, ² un pueblo grande y alto, los hijos de los gigantes, a quienes conoces y de quienes has oído decir: '¿Quién puede resistir ante los hijos de Anak?'.

³ Por lo tanto, comprende hoy que es el Eterno, tu Dios, el que pasa delante de ti como fuego consumidor; Él los destruirá y los humillará delante de ti, para que los expulses y los hagas perecer rápidamente, tal como el Eterno te ha hablado.

---

mandamientos'", LO CUAL INDICA QUE TODOS LOS PRECEPTOS SON SOLAMENTE DEL ASPECTO FEMENINO, A SABER: 'GUARDAR'?

ÉL RESPONDE: todo está dentro de este versículo. "'y guardarán ustedes'" se refiere a 'guardarán', mientras que "'y los harán'" se refiere a 'recordarán'. Todo esto pertenece al mismo secreto. recordar es hacer. Quien menciona algo abajo ocasiona el hacer ese secreto arriba. Hay 613 mandamientos en la torá, los cuales son el total de masculino y femenino, A SABER: 'RECUERDEN' Y 'GUARDEN',

ZEIR ANPÍN Y MALJUT, todos pertenecientes al mismo secreto.
— El Zóhar, Emor 19:84-85

Es importante que deseemos conectar con el Creador, no sólo cuando hay caos en nuestra vida, sino también cuando las cosas marchan bien con nosotros. No podemos olvidarnos del Creador cuando sentimos que no necesitamos a la Luz. Nunca debemos llegar al punto de pensar que hay otra fuerza además del Creador que nos está sustentando. El peor error que cometemos es reemplazar al Creador con algo o alguien más.

שְׁמֹר מִצְוֹתָיו וּמִשְׁפָּטָיו וְחֻקֹּתָיו אֲשֶׁר אָנֹכִי אֵיע מְצַוְּךָ הַיּוֹם עֵה = נגד, זן, מזבח:

12 פֶּן־תֹּאכַל וְשָׂבָעְתָּ וּבָתִּים טֹבִים תִּבְנֶה וְיָשָׁבְתָּ: 13 וּבְקָרְךָ וְצֹאנְךָ יִרְבְּיֻן וְכֶסֶף וְזָהָב יִרְבֶּה־לָּךְ וְכֹל יל אֲשֶׁר־לְךָ יִרְבֶּה: 14 וְרָם לְבָבֶךָ וְשָׁכַחְתָּ אֶת־יְהֹוָה אדני ואהדנהי אֱלֹהֶיךָ ילה הַמּוֹצִיאֲךָ מֵאֶרֶץ אלהים דאלפין מִצְרַיִם מצר ראה מִבֵּית בּ״פ עֲבָדִים: 15 הַמּוֹלִיכֲךָ בַּמִּדְבָּר אברהם, רמ״ח, וז״פ אל | הַגָּדֹל לההו, מבה, יזל, אום וְהַנּוֹרָא עה ג״פ אלהים שָׂרָף נֹזֵעַ שדי ורבוע אהיה | וְעַקְרָב וְצִמָּאוֹן אֲשֶׁר אֵין־מָיִם הַמּוֹצִיא לְךָ מַיִם מִצּוּר אלהים דההין עה הַחַלָּמִישׁ:

16 הַמַּאֲכִלְךָ מָן בַּמִּדְבָּר אברהם, רמ״ח, וז״פ אל אֲשֶׁר לֹא־יָדְעוּן אֲבֹתֶיךָ לְמַעַן עַנֹּתְךָ וּלְמַעַן נַסֹּתֶךָ לְהֵיטִבְךָ בְּאַחֲרִיתֶךָ: 17 וְאָמַרְתָּ בִּלְבָבֶךָ כֹּחִי וְעֹצֶם יָדִי עָשָׂה לִי אֶת־הַחַיִל זה הזה ומב וְזָכַרְתָּ אֶת־יְהֹוָה אדני ואהדנהי אֱלֹהֶיךָ ילה כִּי הוּא הַנֹּתֵן אבגית״ץ, ועזר, אהבת חנם לְךָ כֹּחַ לַעֲשׂוֹת חָיִל ומב לְמַעַן הָקִים אֶת־בְּרִיתוֹ אֲשֶׁר־נִשְׁבַּע לַאֲבֹתֶיךָ כַּיּוֹם עה = נגד, זן, מזבח הַזֶּה והו:

19 וְהָיָה יהוה, היו אִם־ יוהך, עה מ״ב שָׁכֹחַ תִּשְׁכַּח עה קרעשטן אֶת־יְהֹוָה אדני ואהדנהי אֱלֹהֶיךָ ילה וְהָלַכְתָּ אַחֲרֵי אֱלֹהִים אֲחֵרִים וַעֲבַדְתָּם וְהִשְׁתַּחֲוִיתָ לָהֶם הַעִדֹתִי בָכֶם בּ״פ אל הַיּוֹם עה = נגד, זן, מזבח כִּי אָבֹד תֹּאבֵדוּן: 20 כַּגּוֹיִם אֲשֶׁר יְהֹוָה אדני ואהדנהי מַאֲבִיד מִפְּנֵיכֶם כֵּן תֹּאבֵדוּן עֵקֶב יהוה צבאות לֹא תִשְׁמְעוּן בְּקוֹל עב ס״ג עה יְהֹוָה אדני ואהדנהי אֱלֹהֵיכֶם:

9 1 שְׁמַע יִשְׂרָאֵל אַתָּה עֹבֵר רבוע יהוה ורבוע אלהים אֶת־הַיַּרְדֵּן עה = נגד, זן, מזבח הַיּוֹם י״פ יהוה ורד אותיות לָבֹא לָרֶשֶׁת גּוֹיִם גְּדֹלִים וַעֲצֻמִים מִמֶּךָּ עָרִים גְּדֹלֹת וּבְצֻרֹת בַּשָּׁמָיִם י״פ טל, י״פ כוזו:

2 עַם־גָּדוֹל לההו, מבה, אום וָרָם בְּנֵי עֲנָקִים אֲשֶׁר אַתָּה יָדַעְתָּ וְאַתָּה שָׁמַעְתָּ מִי יִתְיַצֵּב לִפְנֵי יל וחכמה בינה בְּנֵי עֲנָק: 3 וְיָדַעְתָּ הַיּוֹם עה = נגד, זן, מזבח כִּי יְהֹוָה אדני ואהדנהי אֱלֹהֶיךָ ילה הוּא־הָעֹבֵר רבוע יהוה ורבוע אלהים לְפָנֶיךָ סמ״ב אֵשׁ אלהים דיודין עה אֹכְלָה הוּא יַשְׁמִידֵם וְהוּא יַכְנִיעֵם לְפָנֶיךָ סמ״ב וְהוֹרַשְׁתָּם וְהַאֲבַדְתָּם מַהֵר כַּאֲשֶׁר דִּבֶּר ראה יְהֹוָה אדני ואהדנהי לָךְ:

TERCERA LECTURA – YAAKOV – TIFÉRET

⁴ No hables en tu corazón, después que el Eterno, tu Dios, los haya echado de delante de ti, diciendo: 'Por mi rectitud el Eterno me ha hecho entrar para poseer esta tierra', sino que es a causa de la iniquidad de estas naciones que el Eterno las expulsa de delante de ti.

⁵ No es por tu justicia ni por la rectitud de tu corazón que vas a poseer su tierra; sino que, por la iniquidad de estas naciones, el Eterno, tu Dios, las expulsa de delante de ti y por establecer la palabra que el Eterno juró a tus padres, a Avraham, Yitsjak y Yaakov. ⁶ Por lo tanto, comprende que no es por tu justicia que el Eterno, tu Dios, te da esta buena tierra para poseerla, pues eres un pueblo de dura cerviz.

⁷ Recuerda y no olvides cómo provocaste a ira al Eterno, tu Dios, en el desierto; desde el día en que saliste de la tierra de Egipto hasta que llegaron a este lugar, han sido rebeldes contra el Eterno. ⁸ También en en Jorev provocaron al Eterno, y el Eterno estuvo lo suficientemente airado con ustedes como para destruirlos.

⁹ Cuando subí al monte para recibir las tablas de piedra, las tablas del Pacto que el Eterno había hecho con ustedes, me quedé en el monte cuarenta días y cuarenta noches; no comí pan ni bebí agua.

¹⁰ Y el Eterno me dio las dos tablas de piedra escritas con el Dedo de Dios; y en ellas estaba escrito conforme a todas las palabras que el Eterno les había dicho en el monte, de en medio del fuego, el día de la asamblea. ¹¹ Y sucedió al fin de cuarenta días y cuarenta noches, que el Eterno me dio las dos tablas de piedra, las tablas del Pacto.

לַאֲבֹתֶיךָ

Deuteronomio 9:5 – De acuerdo con los sabios, cuando leemos acerca de Avraham, Yitsjak y Yaakov, conectamos con el Sistema de Tres Columnas: Derecha (dadora), Izquierda (receptora) y Central (restricción o equilibrio). Este sistema es lo que nos da poder en nuestra vida; saber cuándo tomar, cuándo compartir y cuándo restringir. El Zóhar explica:

"Y el ángel de dios, que iba delante del campamento de yisrael, se puso atrás de ellos…" (Éxodo 14:19). Hasta este punto es un lado, jésed para avraham, LA COLUMNA DERECHA. rabí shimón dijo: elazar, hijo mío, ven y ve este secreto: cuando atiká kadishá brilló sobre el rey, QUIEN ES ZEIR ANPÍN, iluminó sobre él y lo coronó con las coronas santas celestiales, QUE SON LA LUZ DE JASADIM DE ABA E IMA CELESTIALES, LAS PRIMERAS TRES SEFIROT. cuando LOS JASADIM llegaron a él, los patriarcas, QUIENES ERAN LAS TRES COLUMNAS, JÉSED, GUEVURÁ Y TIFÉRET, fueron adornadas. estuvo ahí entonces la perfección completa. entonces la reina fue a sus viajes con esa perfección de los patriarcas. y cuando estuvo adornada con todos ellos, LOS TRES PATRIARCAS QUE SON LAS TRES COLUMNAS, entonces se juntó y tuvo autoridad sobre todo.
— El Zóhar, Beshalaj 14:172

TERCERA LECTURA – YAAKOV – TIFÉRET

אַל־תֹּאמַר בִּלְבָבְךָ בַּהֲדֹף יְהוָֹה אֱלֹהֶיךָ | אֹתָם מִלְּפָנֶיךָ 4

לֵאמֹר בְּצִדְקָתִי הֱבִיאַנִי יְהוָֹה לָרֶשֶׁת אֶת־הָאָרֶץ

הַזֹּאת וּבְרִשְׁעַת הַגּוֹיִם הָאֵלֶּה יְהוָֹה מוֹרִישָׁם מִפָּנֶיךָ:

לֹא בְצִדְקָתְךָ וּבְיֹשֶׁר לְבָבְךָ אַתָּה בָא לָרֶשֶׁת אֶת־אַרְצָם כִּי 5

בְּרִשְׁעַת | הַגּוֹיִם הָאֵלֶּה יְהוָֹה אֱלֹהֶיךָ מוֹרִישָׁם מִפָּנֶיךָ

וּלְמַעַן הָקִים אֶת־הַדָּבָר אֲשֶׁר נִשְׁבַּע יְהוָֹה לַאֲבֹתֶיךָ

לְאַבְרָהָם לְיִצְחָק וּלְיַעֲקֹב: וְיָדַעְתָּ 6

כִּי לֹא בְצִדְקָתְךָ יְהוָֹה אֱלֹהֶיךָ נֹתֵן לְךָ

אֶת־הָאָרֶץ הַטּוֹבָה הַזֹּאת לְרִשְׁתָּהּ כִּי עַם־קְשֵׁה־עֹרֶף

אָתָּה: זְכֹר אַל־תִּשְׁכַּח אֵת אֲשֶׁר־הִקְצַפְתָּ אֶת־יְהוָֹה 7

אֱלֹהֶיךָ בַּמִּדְבָּר לְמִן־הַיּוֹם אֲשֶׁר־יָצָאתָ |

מֵאֶרֶץ מִצְרַיִם עַד־בֹּאֲכֶם עַד־הַמָּקוֹם

הַזֶּה מַמְרִים הֱיִיתֶם עִם־יְהוָֹה: וּבְחֹרֵב הִקְצַפְתֶּם 8

אֶת־יְהוָֹה וַיִּתְאַנַּף יְהוָֹה בָּכֶם לְהַשְׁמִיד אֶתְכֶם:

בַּעֲלֹתִי הָהָרָה לָקַחַת לוּחֹת הָאֲבָנִים לוּחֹת הַבְּרִית אֲשֶׁר־כָּרַת 9

יְהוָֹה עִמָּכֶם וָאֵשֵׁב בָּהָר אַרְבָּעִים יוֹם

וְאַרְבָּעִים לַיְלָה לֶחֶם לֹא אָכַלְתִּי וּמַיִם לֹא שָׁתִיתִי: וַיִּתֵּן 10

יְהוָֹה אֵלַי אֶת־שְׁנֵי לוּחֹת הָאֲבָנִים כְּתֻבִים בְּאֶצְבַּע

אֱלֹהִים וַעֲלֵיהֶם כְּכָל־הַדְּבָרִים אֲשֶׁר דִּבֶּר

יְהוָֹה עִמָּכֶם בָּהָר מִתּוֹךְ הָאֵשׁ בְּיוֹם

הַקָּהָל: וַיְהִי מִקֵּץ אַרְבָּעִים יוֹם וְאַרְבָּעִים 11

לַיְלָה נָתַן יְהוָֹה אֵלַי אֶת־שְׁנֵי לֻחֹת הָאֲבָנִים לֻחֹת הַבְּרִית:

¹² Y el Eterno me dijo: 'Levántate, baja deprisa de aquí, porque tu pueblo que sacaste de Egipto ha obrado corruptamente; prontamente se han apartado del camino que Yo les había ordenado; se han hecho una imagen fundida'.

¹³ Además, el Eterno me habló, diciendo: 'He visto a este pueblo, y he aquí que es un pueblo de dura cerviz; ¹⁴ déjame que los destruya y borre su nombre de debajo del Cielo, y de ti haré una nación más grande y más poderosa que ellos'.

¹⁵ Y volví, y descendí del monte mientras el monte ardía en fuego; y las dos tablas del Pacto estaban en mis dos manos.

¹⁶ Y vi, y he aquí que habían pecado contra el Eterno, su Dios; se habían hecho un becerro de fundición; prontamente se habían apartado del camino que el Eterno les había ordenado.

¹⁷ Y tomé las dos tablas, las arrojé de mis manos y las quebré delante de sus ojos.

¹⁸ Y me postré delante del Eterno como al principio, por cuarenta días y cuarenta noches; no comí pan ni bebí agua, a causa de todo el pecado que habían cometido al hacer lo malo ante los ojos del Eterno, para provocarlo.

¹⁹ Porque temí la ira y el gran disgusto con que el Eterno estaba enojado contra ustedes para destruirlos. Pero el Eterno me escuchó también esa vez.

²⁰ Asimismo, el Eterno se enojó mucho con Aharón y quiso destruirlo; y también oré por Aharón al mismo tiempo.

²¹ Y tomé el pecado de ustedes, el becerro que habían hecho, y lo quemé con fuego, y lo hice pedazos, desmenuzándolo hasta que quedó tan fino como el polvo; y arrojé su polvo al arroyo que bajaba del monte.

²² Y en Taberá, Masá y Kibrot-Hataavá airaron al Eterno.

מַסֵּכָה

Deuteronomio 9:12 – Moshé dijo a los israelitas que, cuando él estaba en el monte, Dios le dijo que ellos habían pecado al hacer un becerro de oro y que Él quería destruirlos a todos. El becerro de oro era más que una estatua: hablaba, caminaba y estaba vivo. El Zóhar describe al becerro de oro de la siguiente manera:

Ven y ve: Está escrito: "Y vio Aharón y construyó un altar delante de él..." (Éxodo 32:5). ¡Oh piadoso, cuán buena era tu intención, pero no supiste cómo protegerte! Tan pronto como lo arrojó al fuego el poder del Otro Lado se hizo más fuerte en el fuego y la forma del toro emergió, ya que ellos habían hablado acerca de los dos atraídos del Otro Lado, A SABER: UN TORO Y UN ASNO. Inmediatamente, "Aharón lo vio", significando que vio al Otro Lado creciendo fuerte; inmediatamente "construyó un altar delante de él". Si no hubiera construido este altar delante, entonces todo el mundo habría retornado a su estado destruido.
—El Zóhar, Qui Tisá 11:88

12 וַיֹּאמֶר יְהוָֹה אֵלַי קוּם רֵד מַהֵר מִזֶּה כִּי שִׁחֵת עַמְּךָ
אֲשֶׁר הוֹצֵאתָ מִמִּצְרָיִם סָרוּ מַהֵר מִן־הַדֶּרֶךְ אֲשֶׁר
צִוִּיתִם עָשׂוּ לָהֶם מַסֵּכָה׃ 13 וַיֹּאמֶר יְהוָֹה אֵלַי לֵאמֹר
רָאִיתִי אֶת־הָעָם הַזֶּה וְהִנֵּה עַם־קְשֵׁה־עֹרֶף הוּא׃ 14 הֶרֶף מִמֶּנִּי
וְאַשְׁמִידֵם וְאֶמְחֶה אֶת־שְׁמָם מִתַּחַת הַשָּׁמָיִם וְאֶעֱשֶׂה אוֹתְךָ
לְגוֹי־עָצוּם וָרָב מִמֶּנּוּ׃ 15 וָאֵפֶן וָאֵרֵד מִן־הָהָר וְהָהָר בֹּעֵר
בָּאֵשׁ וּשְׁנֵי לֻחֹת הַבְּרִית עַל שְׁתֵּי יָדָי׃ 16 וָאֵרֶא וְהִנֵּה
חֲטָאתֶם לַיהוָֹה אֱלֹהֵיכֶם עֲשִׂיתֶם לָכֶם עֵגֶל מַסֵּכָה סַרְתֶּם
מַהֵר מִן־הַדֶּרֶךְ אֲשֶׁר־צִוָּה יְהוָֹה אֶתְכֶם׃ 17 וָאֶתְפֹּשׂ
בִּשְׁנֵי הַלֻּחֹת וָאַשְׁלִכֵם מֵעַל שְׁתֵּי יָדָי וָאֲשַׁבְּרֵם לְעֵינֵיכֶם׃
18 וָאֶתְנַפַּל לִפְנֵי יְהוָֹה כָּרִאשֹׁנָה אַרְבָּעִים יוֹם
וְאַרְבָּעִים לַיְלָה לֶחֶם לֹא אָכַלְתִּי וּמַיִם לֹא שָׁתִיתִי
עַל כָּל־חַטַּאתְכֶם אֲשֶׁר חֲטָאתֶם לַעֲשׂוֹת הָרַע בְּעֵינֵי
יְהוָֹה לְהַכְעִיסוֹ׃ 19 כִּי יָגֹרְתִּי מִפְּנֵי הָאַף וְהַחֵמָה אֲשֶׁר
קָצַף יְהוָֹה עֲלֵיכֶם לְהַשְׁמִיד אֶתְכֶם וַיִּשְׁמַע יְהוָֹה אֵלַי
גַּם בַּפַּעַם הַהִוא׃ 20 וּבְאַהֲרֹן הִתְאַנַּף יְהוָֹה מְאֹד
לְהַשְׁמִידוֹ וָאֶתְפַּלֵּל גַּם־בְּעַד אַהֲרֹן בָּעֵת הַהִוא׃
21 וְאֶת־חַטַּאתְכֶם אֲשֶׁר־עֲשִׂיתֶם אֶת־הָעֵגֶל לָקַחְתִּי וָאֶשְׂרֹף אֹתוֹ
בָּאֵשׁ וָאֶכֹּת אֹתוֹ טָחוֹן הֵיטֵב עַד אֲשֶׁר־דַּק לְעָפָר וָאַשְׁלִךְ
אֶת־עֲפָרוֹ אֶל־הַנַּחַל הַיֹּרֵד מִן־הָהָר׃ 22 וּבְתַבְעֵרָה וּבְמַסָּה וּבְקִבְרֹת

El Satán crea entidades que parecen completamente reales, así como cuando, por ejemplo, alguien consume drogas que alteran su conciencia y cambian la percepción de la realidad. No hay que olvidar jamás el poder del Satán: si sabemos dónde está su fortaleza, podemos vencerlo.

[23] *Y cuando el Eterno los envió de Cadés-Barnea, diciendo: 'Suban y tomen posesión de la tierra que yo les he dado', entonces se rebelaron contra el mandamiento del Eterno, su Dios, y no le creyeron, ni escucharon Su Voz.*

[24] *Ustedes han sido rebeldes al Eterno desde el día en que los conocí.* [25] *Entonces me postré delante del Eterno los cuarenta días y las cuarenta noches; porque el Eterno había dicho que los destruiría.*

[26] *Y oré al Eterno, y dije: 'Eterno, Dios, no destruyas a Tu pueblo, a Tu heredad, al cual Tú has redimido mediante Tu grandeza, al cual Tú has sacado de Egipto con Mano Fuerte.*

[27] *Recuerda a Tus siervos Avraham, Yitsjak y Yaakov; no mires la testarudez de este pueblo ni su iniquidad ni su pecado;*

[28] *para que los de la tierra de donde tú nos sacaste no digan: Por cuanto el Eterno no pudo hacerlos entrar en la tierra que les había prometido y porque los aborreció, los sacó para hacerlos morir en el desierto.*

[29] *Sin embargo, ellos son Tu pueblo, Tu heredad, a quien Tú has sacado con Tu gran poder y Tu brazo extendido'.*

CUARTA LECTURA – MOSHÉ – NÉTSAJ

[10] [1] *En aquel tiempo el Eterno me dijo: 'Lábrate dos tablas de piedra como las primeras, y sube a Mí al monte; y haz un Arca de madera.*

מַמְרִים

Deuteronomio 9:24 – "Ustedes han sido rebeldes al Eterno desde el día que los conocí". Según la astrología kabbalística, una razón por la que somos testarudos es que cada uno de nosotros tiene dentro de sí una pequeña parte de las características del signo de Aries. Los aries son conocidos por su falta de disposición para ceder. Cometemos los mismos errores una y otra vez. Sin embargo, cuando cometemos un error una sola vez y aprendemos de éste, es como si nunca hubiéramos cometido dicho error en lo absoluto. Estamos diseñados para cometer errores, pero esto sólo se vuelve un problema cuando seguimos repitiéndolos porque nuestras fallas frecuentes son las cosas que el Satán usará en nuestra contra una y otra vez.

כְּרִאשׁנִים

Deuteronomio 10:1 – Moshé había roto las primeras Tablas de los Diez Enunciados cuando vio al pueblo adorando al becerro de oro, pero el Creador le dio un segundo par de Tablas. Esto es un indicio de la manera en que, con tanta frecuencia, nos dan una segunda oportunidad. Es cuando aprendemos de nuestro comportamiento pasado, en especial de nuestros errores pasados, que nos volvemos más fuertes. Estamos destinados a fallar, aprender y, luego, volvernos fuertes. Alguien que es un tsadik (una persona justa) durante toda su vida no es tan espiritualmente elevado como una persona que ha fallado y después se transforma.

La tecnología de la Kabbalah fue revelada en las Tablas. El segundo par fue hecho para que

הִתְאָוָה מִקְצָפִים הֱיִיתֶם אֶת־יְהֹוָٱדنىٰايأدونهي 23 וּבִשְׁלֹחַ יְהֹוָٱدنىٰيأدونهי

אֶתְכֶם מִקָּדֵשׁ בַּרְנֵעַ לֵאמֹר עֲלוּ וּרְשׁוּ אֶת־הָאָרֶץ אלהים ע"ה אֲשֶׁר

נָתַתִּי לָכֶם וַתַּמְרוּ אֶת־פִּי יְהֹוָٱدنىٰايأدونهי אֱלֹהֵיכֶם ילה וְלֹא הֶאֱמַנְתֶּם

לֹו וְלֹא שְׁמַעְתֶּם בְּקֹלֹו: 24 **מַמְרִים** הֱיִיתֶם עִם־יְהֹוָٱدنىٰايأدونهي מִיֹּום

ע"ה = נגד, זך, מזבח דַּעְתִּי אֶתְכֶם: 25 וָאֶתְנַפַּל לִפְנֵי יְהֹוָٱدنىٰيأدونهי אֵת

אַרְבָּעִים הַיֹּום ע"ה = נגד, זך, מזבח וְאֶת־אַרְבָּעִים הַלַּיְלָה מלה אֲשֶׁר הִתְנַפָּלְתִּי

כִּי־אָמַר יְהֹוָٱدنىٰايأدونهي לְהַשְׁמִיד אֶתְכֶם: 26 וָאֶתְפַּלֵּל אֶל־יְהٱدنىٰايأدونهي

וָאֹמַר אֲדֹנָי כלה יְהֹוָٱدنىٰايأدونهی אַל־תַּשְׁחֵת עַמְּךָ ה' הויות, נגם וְנַחֲלָתְךָ אֲשֶׁר

פָּדִיתָ בְּגָדְלֶךָ אֲשֶׁר־הֹוצֵאתָ מִמִּצְרַיִם מצר בְּיָד וָזְקָה: 27 זְכֹר לַעֲבָדֶיךָ

לְאַבְרָהָם רמ"ח, ח"ש אל לְיִצְחָק ד"פ ב"ן וּלְיַעֲקֹב ז"פ יהוה, יאהדונהי אידהנויה אַל־תֵּפֶן

אֶל־קְשִׁי הָעָם הַזֶּה והו וְאֶל־רִשְׁעֹו וְאֶל־חַטָּאתֹו: 28 פֶּן־יֹאמְרוּ הָאָרֶץ

אֲשֶׁר הֹוצֵאתָנוּ מִשָּׁם מִבְּלִי יְכֹלֶת יְהֹוָٱدنىٰيأدونهی לַהֲבִיאָם

אֶל־הָאָרֶץ אלהים ע"ה אֲשֶׁר־דִּבֶּר ראה לָהֶם וּמִשִּׂנְאָתֹו אֹתָם הֹוצִיאָם

לַהֲמִתָם בַּמִּדְבָּר אברהם, רמ"ח, ח"ש אל: 29 וְהֵם עַמְּךָ ה' הויות, נגם וְנַחֲלָתְךָ אֲשֶׁר

הֹוצֵאתָ בְּכֹחֲךָ הַגָּדֹל להו, מבה, יזל, אום וּבִזְרֹעֲךָ הַנְּטוּיָה:

CUARTA LECTURA – MOSHÉ – NÉTSAJ

10 1 בָּעֵת ז"פ אהיה י' הויות י ההוא אמר יהٱدنىٰايأدونهי אֵלַי פְּסָל־לְךָ שְׁנֵי־לוּחֹת

אֲבָנִים **כָּרִאשֹׁנִים** וַעֲלֵה אֵלַי הָהָרָה וְעָשִׂיתָ לְּךָ אֲרֹון ע"ה ג"פ אלהים עֵץ

---

nosotros la descubriéramos y la compartiéramos con el mundo. El propósito del Centro de Kabbalah es la difusión de la sabiduría de la Kabbalah con todos los que deseen conectar con ésta y la eliminación del dolor y el sufrimiento de forma misericordiosa. El Zóhar dice:

¿Qué se quiso decir con "grabado (heb. jarut) sobre las tablas"? CONTESTA: Tenemos que esto significa libertad (heb. jerut) del Ángel de la Muerte, libertad de sujeción de las naciones, libertad de todo. ¿Qué es libertad? Es el sello del Mundo

² Y Yo escribiré sobre las tablas las palabras que estaban sobre las primeras tablas que quebraste, y las pondrás en el arca'.

³ Entonces hice un Arca de madera de acacia y labré dos tablas de piedra como las primeras, y subí al monte con las dos tablas en mi mano.

⁴ Y Él escribió sobre las tablas, conforme a la primera escritura, las diez palabras que el Eterno les había hablado en el monte de en medio del fuego el día de la asamblea; y el Eterno me las dio.

⁵ Entonces me volví y descendí del monte, y puse las tablas en el Arca que yo había hecho; y allí están tal como el Eterno me ordenó.

⁶ Y los hijos de Israel partieron de Beerot-Benéi-Yaacán hacia Moserá; allí murió Aharón y allí fue sepultado, y su hijo Eleazar ministró el oficio de sacerdote en su lugar.

⁷ De allí partieron hacia Gudgod; y de Gudgod hacia Jotvat, una tierra de corrientes de agua.

⁸ En aquel tiempo el Eterno apartó la tribu de Leví para que llevara el Arca del Pacto del Eterno, para que estuviera delante del Eterno, sirviéndole, y para bendecir en Su Nombre hasta este día.

⁹ Por tanto, Leví no tiene porción o heredad con sus hermanos; el Eterno es su herencia, conforme como el Eterno, tu Dios, le habló.

¹⁰ Y me quedé en el monte como la primera vez: cuarenta días y cuarenta noches; y el Eterno me escuchó también esta vez, y el Eterno desistió de destruirte.

¹¹ Y el Eterno me dijo: 'Levántate, ve al frente del pueblo, para que entren y tomen posesión de la tierra que Yo juré a sus padres que les daría'.

---

por Venir, donde hay libertad expresada en toda clase de libertades. Si Moshé no hubiera roto LAS TABLAS, lo que siguió en el mundo no habría ocurrido; Yisrael habría retenido una imagen angélica arriba y abajo. Esto es lo que el versículo proclamó: "Y las tablas eran el trabajo de Dios" (Éxodo 32:16). No digan que una vez que el mundo fue completado, y el Nombre completo Yud Hei Vav Hei Elohim fue mencionado, entonces LAS

TABLAS llegaron. No es así, sino más bien: cuando el mundo fue completado con el Nombre de Elohim antes del Shabat.
— El Zóhar, Mishpatim 3:364

ע"ה קס"א: 2 וְאֶכְתֹּב עַל־הַלֻּחֹת אֶת־הַדְּבָרִים ראה אֲשֶׁר הָיוּ עַל־הַלֻּחֹת

הָרִאשֹׁנִים אֲשֶׁר שִׁבַּרְתָּ וְשַׂמְתָּם בָּאָרוֹן ע"ה ג"פ אלהים: 3 וָאַעַשׂ אֲרוֹן

ע"ה ג"פ אלהים עֲצֵי שִׁטִּים וָאֶפְסֹל שְׁנֵי־לֻחֹת אֲבָנִים כָּרִאשֹׁנִים וָאַעַל הָהָרָה

וּשְׁנֵי הַלֻּחֹת בְּיָדִי: 4 וַיִּכְתֹּב עַל־הַלֻּחֹת כַּמִּכְתָּב הָרִאשׁוֹן אֵת עֲשֶׂרֶת

הַדְּבָרִים ראה אֲשֶׁר דִּבֶּר ראה יְהוָֹהאדניאהדונהי אֲלֵיכֶם בָּהָר אור, רו, אין סוף מִתּוֹךְ

הָאֵשׁ עֹאה בְּיוֹם ע"ה = נגד, זן, מזבח הַקָּהָל ע"ב ס"ג וַיִּתְּנֵם יְהוָֹה אדניאהדונהי אֵלָי: 5 וָאֵפֶן

וָאֵרֵד מִן־הָהָר וָאָשִׂם אֶת־הַלֻּחֹת בָּאָרוֹן ע"ה ג"פ אלהים אֲשֶׁר עָשִׂיתִי

וַיִּהְיוּ מלוי ס"ג שָׁם יהוה שדי כַּאֲשֶׁר כֶּן צִוַּנִי יְהוָֹהאדניאהדונהי: 6 וּבְנֵי יִשְׂרָאֵל נָסְעוּ

מִבְּאֵרֹת בְּנֵי־יַעֲקָן מוֹסֵרָה שָׁם יהוה שדי מֵת בינה אֶהֶיֶה אַהֲרֹן ע"פ רבוע ע"ב

וַיִּקָּבֵר שָׁם יהוה שדי וַיְכַהֵן אֶלְעָזָר בְּנוֹ תַּחְתָּיו: 7 מִשָּׁם יהוה שדי נָסְעוּ הַגֻּדְגֹּדָה

וּמִן־הַגֻּדְגֹּדָה יָטְבָתָה אֶרֶץ אלהים דאלפין נַחֲלֵי מָיִם: 8 בָּעֵת י"פ אהיה י' הויות

הַהִוא הִבְדִּיל יְהוָֹהאדניאהדונהי אֶת־שֵׁבֶט הַלֵּוִי מלוי ע"ב לָשֵׂאת אל ואדני מלא

אֶת־אֲרוֹן ע"ה ג"פ אלהים בְּרִית־יְהוָֹהאדניאהדונהי לַעֲמֹד בינה לִפְנֵי יְהוָֹהאדניאהדונהי

לְשָׁרְתוֹ וּלְבָרֵךְ בִּשְׁמוֹ מהשע ע"ה, אל שדי ע"ה עַד הַיּוֹם ע"ה = נגד, זן, מזבח הַזֶּה וְהוּ:

9 עַל־כֵּן לֹא־הָיָה יהה לְלֵוִי יהה מלוי ע"ב חֵלֶק יהוה אהיה יהוה אדני יהוה וְנַחֲלָה עִם־אֶחָיו

יְהוָֹהאדניאהדונהי הוּא נַחֲלָתוֹ כַּאֲשֶׁר ראה דִּבֶּר יְהוָֹהאדניאהדונהי אֱלֹהֶיךָ לוֹ:

10 וְאָנֹכִי אֵיע עָמַדְתִּי בָהָר אור, רו, אין סוף כַּיָּמִים גלך הָרִאשֹׁנִים אַרְבָּעִים יוֹם

ע"ה = נגד, זן, מזבח וְאַרְבָּעִים לַיְלָה מלה וַיִּשְׁמַע יְהוָֹהאדניאהדונהי אֵלַי גַּם יג"ל בַּפַּעַם

הַהִוא לֹא־אָבָה יְהוָֹהאדניאהדונהי הַשְׁחִיתֶךָ: 11 וַיֹּאמֶר יְהוָֹהאדניאהדונהי אֵלַי

קוּם לֵךְ לְמַסַּע לִפְנֵי וחכמה בינה וחכמה הָעָם וְיָבֹאוּ וְיִרְשׁוּ אֶת־הָאָרֶץ אלהים דההין ע"ה

אֲשֶׁר־נִשְׁבַּעְתִּי לַאֲבֹתָם לָתֵת לָהֶם:

QUINTA LECTURA – AHARÓN – HOD

[12] *Y ahora, Israel, ¿qué requiere de ti el Eterno, tu Dios, sino temor reverencial al Eterno, tu Dios, que andes en todos Sus caminos, que lo ames y que sirvas al Eterno, tu Dios, con todo tu corazón y con toda tu alma,*

[13] *y que guardes los mandamientos del Eterno y Sus estatutos que yo te ordeno este día para tu bien?*

[14] *He aquí que al Eterno, tu Dios, pertenecen los Cielos y los Cielos de los Cielos, la Tierra y todo lo que en ella hay.*

[15] *El Eterno sólo se agradó en tus padres, los amó, y escogió a su simiente después de ellos, es decir, a ustedes, de entre todos los pueblos, como este día.*

[16] *Circunciden, pues, el prepucio de su corazón y no endurezcan más su cerviz.* [17] *Porque el Eterno, su Dios, es Dios de dioses y Amo de amos, Dios grande, poderoso y asombroso, que no hace acepción de personas ni acepta soborno.*

לְיִרְאָה

Deuteronomio 10:12 – Leemos que todo lo que el Creador nos pide es que le tengamos temor reverente, andemos en Sus caminos, Lo amemos y Le sirvamos con todo nuestro corazón y toda nuestra alma. Los kabbalistas explican que el "temor reverente de Dios" significa reconocer el elemento del Creador que existe en todos porque, si verdaderamente viéramos al Creador en los demás, nunca trataríamos mal a nadie. Tener la conciencia de que el Creador siempre está presente nos ayuda a entender que, cuando nos comunicamos con otras personas, es como si estuviéramos hablando directamente con Dios.

Rav Brandwein en el Ensayo 3 asevera:

Encontré un versículo que abarca todos los preceptos, y éste es: "Temerás sólo al Eterno, tu Dios, y a Él servirás" (Deuteronomio 6:13). Esta palabra, temor, abarca todos los preceptos negativos, en el corazón, la boca y las acciones. Este es el primer nivel a partir del cual podemos elevarnos al servicio del Creador, elevado sea Él, el cual abarca todos los preceptos positivos.

Éstos acondicionarán al corazón del individuo y lo guiarán hasta que se aferre al Creador, bendito sea Él, porque el hombre fue creado sólo para este propósito, y no para amasar fortunas, erigir edificaciones, etc.... Por lo tanto, él debe buscar cualquier cosa que lo conlleve a amar al Creador, a estudiar la sabiduría y buscar la fe... Y el Creador abrirá los ojos de su corazón y renovará dentro de él un espíritu diferente y, entonces, él será el amado de su Hacedor en su propio tiempo de vida...

Sabe que la Torá sólo fue entregada a aquellos con un corazón, porque las palabras son como cuerpos y las marcas de acentuación son como almas. Si el individuo no entiende las marcas de acentuación, todo su trabajo es en vano y es como perseguir el viento; como una persona que se afane con contar las páginas de un libro de medicina, acción a través de la cual nunca logrará curar enfermedades. O como un camello cargando seda; éste no puede beneficiar a la seda, ni la seda puede beneficiarlo a él.

QUINTA LECTURA – AHARÓN – HOD

וְעַתָּה יִשְׂרָאֵל מָה יְהֹוָ אֱלֹהֶיךָ שֹׁאֵל מֵעִמָּךְ כִּי 12
אִם־ לְיִרְאָה אֶת־יְהֹוָ אֱלֹהֶיךָ לָלֶכֶת בְּכָל־
דְּרָכָיו וּלְאַהֲבָה אֹתוֹ וְלַעֲבֹד אֶת־יְהֹוָ אֱלֹהֶיךָ
בְּכָל־ לְבָבְךָ וּבְכָל־ נַפְשֶׁךָ: 13 לִשְׁמֹר אֶת־מִצְוֹת
יְהֹוָ וְאֶת־חֻקֹּתָיו אֲשֶׁר אָנֹכִי מְצַוְּךָ הַיּוֹם לְטוֹב
לָךְ: 14 הֵן לַיהֹוָ אֱלֹהֶיךָ הַשָּׁמַיִם וּשְׁמֵי
הַשָּׁמָיִם הָאָרֶץ וְכָל־ אֲשֶׁר־בָּהּ: 15 רַק בַּאֲבֹתֶיךָ
חָשַׁק יְהֹוָ לְאַהֲבָה אוֹתָם וַיִּבְחַר בְּזַרְעָם אַחֲרֵיהֶם
בָּכֶם מִכָּל־ הָעַמִּים כַּיּוֹם הַזֶּה: 16 וּמַלְתֶּם
אֵת עָרְלַת לְבַבְכֶם וְעָרְפְּכֶם לֹא תַקְשׁוּ עוֹד: 17 כִּי יְהֹוָ
אֱלֹהֵיכֶם הוּא אֱלֹהֵי הָאֱלֹהִים וַאֲדֹנֵי הָאֲדֹנִים

...A través de lo que fue dicho, se explica una porción de la Guemará: la porción relacionada con el converso que fue ante Hilel, el Anciano, y le dijo: "Enséñeme toda la Torá mientras estoy parado en un solo pie". Hilel dijo: "Aquello que aborreces, no lo hagas a tu prójimo. Todo el resto de la Torá son comentarios. Ahora ve a estudiar el resto". Esto es difícil de entender porque todos los preceptos están divididos en dos clases: (1) aquellos preceptos que son entre el hombre y nuestro Creador en el Cielo, y (2) aquellos preceptos que conectan al hombre con su prójimo.

Entonces, ¿cómo puede este precepto, "amarás a tu prójimo como a ti mismo", abarcar y contener todos los demás preceptos, aun los preceptos que conectan al hombre con el Creador? Además, lo que Hilel le dijo al converso —"el resto son comentarios"— significa que todos los 612 preceptos son explicaciones de este precepto de "amarás a tu prójimo como a ti mismo". ¿Cómo podemos explicar esto? ¿Cómo puede ser que la Torá sea tan sólo una explicación de este único precepto?

Está claro que este converso le pidió a Hilel, el Anciano, que le explicara el objetivo general de la Torá de modo que lograra su propósito rápidamente y sin extenderse, diciendo: "Enséñeme toda la Torá mientras estoy parado en un solo pie". El Anciano definió para él el precepto único de "amarás a tu prójimo como a ti mismo" porque tanto los preceptos entre el hombre y el Creador, y los preceptos entre el hombre y su prójimo están dirigidos a una sola cosa: para conllevar al hombre al objetivo final, que es el conocimiento del Creador y aferrarse a Él.

¹⁸ Él hace justicia al huérfano y a la viuda, y muestra Su amor al extranjero dándole pan y vestido.

¹⁹ Por lo tanto, muestren amor al extranjero, porque ustedes fueron extranjeros en la tierra de Egipto.

²⁰ Temerás al Eterno, tu Dios; le servirás, te adherirás a Él y sólo en Su Nombre jurarás.

²¹ Él es tu gloria y Él es tu Dios, que ha hecho por ti estas cosas grandes y portentosas que tus ojos han visto.

²² Tus padres descendieron a Egipto con setenta personas; y ahora el Eterno, tu Dios, te ha hecho como las estrellas del Cielo en multitud.

11 ¹ Por lo tanto, amarás al Eterno, tu Dios, y guardarás siempre Sus mandatos, Sus estatutos, Sus ordenanzas y Sus mandamientos.

² Y sepan esto este día; pues no estoy hablando con sus hijos, los cuales no han conocido la disciplina del Eterno, su Dios: Su grandeza, Su Mano Poderosa, Su brazo extendido,

³ Sus señales y Sus obras que hizo en medio de Egipto al Faraón, rey de Egipto, y a toda su tierra; ⁴ lo que hizo al ejército de Egipto, a sus caballos y a sus carros; la manera en que Él hizo caer las aguas del Mar Rojo sobre ellos cuando los perseguían, y cómo el Eterno los ha destruido hasta este día;

שׁוֹחַד

Deuteronomio 10:17 – Dios no acepta sobornos. No obstante, estamos constantemente intentando sobornar a Dios haciendo tratos, diciendo cosas como: "Si rezo tres veces al día, ¿vas a cuidar de mí?". Pero nuestro trabajo en este mundo no puede completarse mediante sobornos o incluso con realizar unas cuantas buenas acciones y después tratar de hacer negocios con el Creador. Nuestro verdadero trabajo sólo puede lograrse a través de cumplir lo que vinimos a hacer aquí, que es elevarnos y transformarnos mediante nuestro estudio y trabajo espiritual.

El Midrash dice que Dios no puede ser chantajeado ni siquiera por medio de buenas acciones (Rambam en Avot 4:22). Aun esas buenas acciones no disminuyen el castigo de sus pecados (Sotá 21a). Rav Brandwein escribió:

Debes saber que el estudio es alimento verdadero para el alma, tal como la comida es alimento del cuerpo. Así como es imposible sustentar al cuerpo sin comida, igualmente es el caso del alma. Si se le da alimento, entonces está viva y siente; y nosotros también podemos sentirla y elevarnos de Néfesh a Rúaj, y de Rúaj a Neshamá, y después a Jayá y Yejidá. Cada una de éstas también se subdivide en Néfesh, Rúaj, Neshamá, Jayá y Yejidá. Esto sucede hasta que alcanzamos los 125 niveles del alma: y esto se logra a través de la Torá y la oración por amor a ésta. Pero cuando decidimos ser como animales, solamente con la Néfesh animal, entonces no podemos alimentar al alma. Con relación a esto, nuestros sabios de bendita memoria han dicho que 'los perversos son llamados muertos en vida'

הָאֵל לאה (אלד ע"ה) הַגָּדֹל לחוז, מבה, יזל, אום הַגִּבֹּר לחוז, מבה, יזל, אום וְהַנּוֹרָא ע"ה ג"פ אלהים אֲשֶׁר

לֹא־יִשָּׂא פָנִים ע"ב ס"ג מ"ה וְלֹא יִקַּח וזאם שׁוֹחַד 18 עֹשֶׂה מִשְׁפַּט ע"ה ה"פ אלהים

יָתוֹם יוסף, ציון, ר"פ יהוה וְאַלְמָנָה כוק, רבוע אדני וְאֹהֵב גֵּר ב"ן קנ"א לָתֶת לוֹ לֶחֶם ג"פ יהוה

וְשִׂמְלָה: 19 וַאֲהַבְתֶּם אֶת־הַגֵּר ד"פ ב"ן כִּי־גֵרִים הֱיִיתֶם בְּאֶרֶץ אלהים דאלפין

מִצְרָיִם מצר: 20 אֶת־יְהֹוָהאדניאהדונהי אֱלֹהֶיךָ ילה תִּירָא אֹתוֹ תַעֲבֹד וּבוֹ

תִדְבָּק וּבִשְׁמוֹ מהש ע"ה, אל שדי ע"ה תִּשָּׁבֵעַ: 21 הוּא תְהִלָּתְךָ וְהוּא אֱלֹהֶיךָ

ילה אֲשֶׁר־עָשָׂה אִתְּךָ אֶת־הַגְּדֹלֹת וְאֶת־הַנּוֹרָאֹת הָאֵלֶּה אֲשֶׁר רָאוּ

עֵינֶיךָ: 22 בְּשִׁבְעִים נֶפֶשׁ רמ"ח - ג' הויות יָרְדוּ אֲבֹתֶיךָ מִצְרָיְמָה מצר

וְעַתָּה שָׂמְךָ יְהֹוָהאדניאהדונהי אֱלֹהֶיךָ ילה כְּכוֹכְבֵי הַשָּׁמַיִם ע"צ"ב = ג' מלויי אהיה

לָרֹב י"פ טל, י"פ כוזו: 11 1 וְאָהַבְתָּ ב"פ רו, ב"פ אור, ב"פ אין-סוף אֵת יְהֹוָהאדניאהדונהי אֱלֹהֶיךָ

ילה וְשָׁמַרְתָּ מִשְׁמַרְתּוֹ וְחֻקֹּתָיו וּמִשְׁפָּטָיו וּמִצְוֹתָיו כָּל־ הַיָּמִים נכל:

2 וִידַעְתֶּם ע"ה = נגד הַיּוֹם ע"ה = נגד, זן, מזבוח כִּי לֹא אֶת־בְּנֵיכֶם אֲשֶׁר לֹא־יָדְעוּ

וַאֲשֶׁר לֹא־רָאוּ אֶת־מוּסַר יְהֹוָהאדניאהדונהי אֱלֹהֵיכֶם ילה אֶת־גָּדְלוֹ אֶת־יָדוֹ

הַחֲזָקָה וּזְרֹעוֹ הַנְּטוּיָה: 3 וְאֶת־אֹתֹתָיו וְאֶת־מַעֲשָׂיו אֲשֶׁר עָשָׂה בְּתוֹךְ

מִצְרָיִם מצר לְפַרְעֹה מֶלֶךְ־מִצְרָיִם מצר וּלְכָל־ יה אדני אַרְצוֹ: 4 וַאֲשֶׁר עָשָׂה

---

porque, así como una persona muerta no tiene sentimientos, tampoco los tiene tal clase de hombre. Éste no tiene sentimientos espirituales y está abierto a toda clase de pensamientos extraños y deseos prohibidos. No obstante, acerca del hombre que ha tenido el mérito de tener un alma viviente, está dicho: '...y mis oídos han escuchado la condena de los inicuos que se levantan contra mí' (Salmos 92:12); entonces, 'El justo florecerá como la palma; crecerá como cedro en el Líbano' (ibid. 13).

— Rav Brandwein, Parte 1, Carta 19

וִידַעְתֶּם

Deuteronomio 11:2 – En este versículo, el Creador habló acerca de las personas que presenciaron todos los milagros en el desierto y, a pesar de ello, no aprendieron. Si nosotros viéramos la división de los mares, ¿cuestionaríamos al Creador? El problema en sí no se trata de lo que vemos, sino de tomar una decisión con respecto a cómo evaluaremos lo que vemos. De este modo, si estamos en una actitud cuestionadora o si estamos buscando fallas, siempre encontraremos algo mal. Pero si estamos buscando lo que está bien y lo que puede elevar nuestra conciencia espiritual, entonces eso es lo que hallaremos.

⁵ *y lo que les hizo en el desierto hasta que llegaron a este lugar,*

⁶ *y lo que hizo a Datán y Aviram, los hijos de Eliav, hijo de Reuvén, cuando la tierra abrió su boca y los tragó a ellos, a sus familias, a sus tiendas y a todo ser viviente que los seguía, en medio de todo Israel;*

⁷ *pero sus propios ojos han visto toda la gran Obra que el Eterno ha hecho.*

⁸ *Por lo tanto, guarden todos los mandamientos que les ordeno este día, para que sean fuertes y entren y tomen posesión de la tierra a la cual entran para poseerla;*

⁹ *y para que prolonguen sus días en la tierra que el Eterno juró dar a sus padres y a su simiente, una tierra que mana leche y miel.*

SEXTA LECTURA – YOSEF – YESOD

¹⁰ *Porque la tierra a la cual entras a poseer no es como la tierra de Egipto de donde viniste, donde sembrabas tu semilla y la regabas con el pie como una huerta de hortalizas,*

¹¹ *sino que la tierra a la cual entras a poseer es tierra de montes y valles, y tiene agua para beber como caen las lluvias del cielo;*

¹² *una tierra que el Eterno, tu Dios, cuida; los ojos del Eterno, tu Dios, están siempre sobre ella, desde el principio del año hasta el fin del año.*

הָאָרֶץ

Deuteronomio 11:10 – La Biblia a menudo hace referencia a la grandeza de Israel, sin embargo, a lo largo de la historia, esta tierra ha sido siempre una sementera de conflicto. ¿Por qué? Se debe a que el pueblo que habita esta tierra nunca ha manejado la energía de Israel correctamente; fue demasiado poderosa para que ellos pudieran manejarla y controlarla. Si una persona está en Israel, su energía debe ser expresada; por lo tanto, si no es espiritual, saldrá su negatividad en vez de su espiritualidad. Esto es similar a una persona que tiene el potencial de ser un triunfador pero nunca hace nada de sí mismo. Su energía potencial debe hallar una forma de expresión; si esta expresión no es canalizada con acciones positivas, entonces puede conllevar a acciones negativas. Es vital que nos aseguremos de que usemos nuestra energía potencial de forma positiva. Si sentimos una intensa necesidad de hacer algo, es porque tenemos algo dentro de nosotros —Or Penimí (Luz Interna)— que necesita ser expresado. El Zóhar dice:

Ven y ve: Está escrito: "Porque la tierra en la cual entras para poseerla, no es la tierra de Egipto, de donde salieron…" (Deuteronomio 11:10) donde el río se eleva y riega la tierra. Pero aquí "…bebe agua de la lluvia del Cielo" (ibid.) porque la Tierra Santa siempre bebe del Cielo" (ibid.11). Y cuando Yisrael se ocupaba en la Torá, esta acostumbraba beber apropiadamente. Y quien retiene la Torá de esto, es como si retuviera la bondad del mundo entero.
—El Zóhar, Vaetjanán 26:162

לְוֹזֵל וּמִב בְּמִצְרַיִם מצר לְסוּסָיו וּלְרִכְבּוֹ אֲשֶׁר הֵצִיף אֶת־מֵי יל יַם־ יל
סוּף עַל־פְּנֵיהֶם בְּרָדְפָם אַחֲרֵיכֶם וַיְאַבְּדֵם יְהֹוָה אדניאאהדונהי עַד הַיּוֹם
אור, רו, אין סוף הַזֶּה והו 5 וַאֲשֶׁר עָשָׂה לָכֶם בַּמִּדְבָּר אור, רו, אין סוף עַד־בֹּאֲכֶם
עַד־הַמָּקוֹם יהוה ברבוע, ו"פ אל הַזֶּה והו 6 וַאֲשֶׁר עָשָׂה לְדָתָן ע"ה נתה וְלַאֲבִירָם
בְּנֵי אֱלִיאָב בֶּן־רְאוּבֵן ג"פ אלהים אֲשֶׁר פָּצְתָה הָאָרֶץ אלהים דההין ע"ה אֶת־פִּיהָ
וַתִּבְלָעֵם וְאֶת־בָּתֵּיהֶם וְאֶת־אָהֳלֵיהֶם וְאֵת כָּל־ יל הַיְקוּם קס"א אֲשֶׁר
בְּרַגְלֵיהֶם בְּקֶרֶב קמ"ג קס"א כָּל־ יל יִשְׂרָאֵל: 7 כִּי עֵינֵיכֶם הָרֹאֹת אֶת־כָּל־
יל מַעֲשֵׂה יְהֹוָה אדניאאהדונהי הַגָּדֹל להוו, מבה, יזל, אום אֲשֶׁר עָשָׂה 8 וּשְׁמַרְתֶּם
אֶת־כָּל־ יל הַמִּצְוָה אֲשֶׁר אָנֹכִי איע מְצַוְּךָ הַיּוֹם נגד, זן, מובה לְמַעַן תֶּחֶזְקוּ
וּבָאתֶם וִירִשְׁתֶּם אֶת־הָאָרֶץ אלהים דההין ע"ה אֲשֶׁר אַתֶּם עֹבְרִים שָׁמָּה
מהעי, משה, אל שדי לְרִשְׁתָּהּ: 9 וּלְמַעַן תַּאֲרִיכוּ יָמִים נגד עַל־הָאֲדָמָה אֲשֶׁר
נִשְׁבַּע יְהֹוָה אדניאאהדונהי לַאֲבֹתֵיכֶם לָתֵת לָהֶם וּלְזַרְעָם אֶרֶץ אלהים דאלפין זָבַת
חָלָב וּדְבָשׁ:

SEXTA LECTURA – YOSEF – YESOD

10 כִּי הָאָרֶץ אלהים דההין ע"ה אֲשֶׁר אַתָּה בָא־שָׁמָּה מהעי, משה, אל שדי לְרִשְׁתָּהּ
לֹא כְאֶרֶץ אלהים דאלפין מִצְרַיִם מצר הִוא אֲשֶׁר יְצָאתֶם מִשָּׁם אֲשֶׁר תִּזְרַע
אֶת־זַרְעֲךָ וְהִשְׁקִיתָ בְרַגְלְךָ כְּגַן הַיָּרָק: 11 וְהָאָרֶץ אלהים דההין ע"ה אֲשֶׁר
אַתֶּם עֹבְרִים שָׁמָּה מהעי, משה, אל שדי לְרִשְׁתָּהּ אֶרֶץ י"פ אהיה י' הויות הָרִים
וּבְקָעֹת לִמְטַר אברהם ע"ה, רמ"וו ע"ה, וח"פ אל ע"ה הַשָּׁמַיִם י"פ טל, י"פ כוזו תִּשְׁתֶּה־מָּיִם:
12 אֶרֶץ אלהים דאלפין אֲשֶׁר־יְהֹוָה אדניאאהדונהי אֱלֹהֶיךָ ילה דֹּרֵשׁ אֹתָהּ תָּמִיד
ע"ה נתה, קס"א קנ"א קמ"ג עֵינֵי ריבוע מ"ה יְהֹוָה אדניאאהדונהי אֱלֹהֶיךָ ילה בָּהּ מֵרֵשִׁית

13 Y sucederá que, si cumplen diligentemente mis mandamientos que les ordeno este día, de amar al Eterno, su Dios, y de servirle con todo su corazón y con toda su alma, 14 yo daré a su tierra la lluvia a su tiempo, lluvia temprana y lluvia tardía, para que recojas tu grano, tu mosto y tu aceite.

15 Y daré hierba en tus campos para tu ganado, y comerás y te saciarás.

16 Cuiden de sí mismos, no sea que se engañe su corazón y se desvíen y sirvan a otros dioses y los adoren, 17 y la ira del Eterno se encienda contra ustedes, y cierre los cielos para que no haya lluvia y la tierra no produzca su fruto, y prontamente perezcan en la buena tierra que el Eterno les da.

18 Por tanto, pondrán estas mis palabras en su corazón y en su alma; y las atarán como una señal a su mano, y serán por frontales entre sus ojos.

19 Y las enseñarán a sus hijos, hablando de ellas cuando te sientes en tu casa y cuando andes por el camino, cuando te acuestes y cuando te levantes.

20 Y las escribirán en las jambas de tu casa y en tus portales, 21 para que tus días y los días de tus hijos sean multiplicados en la tierra que el Eterno juró dar a tus padres, como los días de los Cielos sobre la Tierra.

וְהָיָה

Deuteronomio 11:13 – La segunda sección del Shemá comienza con este versículo. Esta sección tiene 72 palabras que corresponden a los 72 Nombres de Dios. Cuando activamos la esencia de estos Nombres, aunados a un deseo verdadero de transformarnos, podemos alcanzar el poder de la mente sobre la materia y, de esta manera, controlar cualquier cosa que se presente en nuestra vida.

ÉL RESPONDE: Todos deben ser interpretados. El "¡Oye Yisrael!" de la armonía debe ser ciertamente interpretado, porque alude a, y refleja la armonía de la Jojmá Celestial. En Shemá (Shin-Mem-Ayin), la Ayin es de las letras grandes, porque se refiere a una inclusión que incluye lo que está arriba y abajo en una unidad. Debido a que Shemá ESTÁ COMPUESTO DE LAS LETRAS DE shem (nombre) y Ayin. Porque aquí este nombre, QUE ES MALJUT QUE ES LLAMADA 'NOMBRE' está comprendida en los setenta (=Ayin) Nombres celestiales de ZEIR ANPÍN, para combinarlos. Porque

el nombre, que es Maljut, es bendecido por ellos y se vuelve una parte de ellos. Tienen que ser combinados como uno, SIGNIFICANDO EN UNA PALABRA SHEMÁ, en una unidad, y uno tiene que poner atención en ellos.

Ciertamente los setenta Nombres están en el secreto de la Carroza celestial, que son Jésed, Guevurá y Tiféret de Zeir Anpín del pecho arriba, que son un vehículo para Biná, a saber: los 72 Nombres de los tres versículos: "Y... se movió...y vino...y extendió" (Éxodo 14:19-21). Éste es el secreto de los setenta (la letra hebrea ayin) miembros del Sanhedrín más los dos testigos. Y este Nombre está bendecido por esa Carroza celestial, que es Maljut, y se vuelve una parte de ellos.
— El Zóhar, Terumá 59:624-625

וְשַׂמְתֶּם

Deuteronomio 11:18 – La tercera sección del Shemá, que comienza con la palabra vesamtem,

הַשָּׁנָה וְעַד אַחֲרִית שָׁנָה: 13 שָׁמֹעַ תִּשְׁמְעוּ וְהָיָה אם, הי יהוה, יוהך, ע״ה, מ״ב

אֶל־מִצְוֹתַי אֲשֶׁר אָנֹכִי מְצַוֶּה אֶתְכֶם הַיּוֹם ע״ה = נגד, זן, מזבח לְאַהֲבָה איע

אֶת־יְהוָֹאדנּיאהדונהי אֱלֹהֵיכֶם וּלְעָבְדוֹ בְּכָל־ לְבַבְכֶם יהּ, לכב, יבם ב״ן, לכב, יבם אוזר, דאגה

וּבְכָל־ ב״ן, לכב, יבם נַפְשְׁכֶם: 14 וְנָתַתִּי מְטַר־ אַרְצְכֶם אברהם ע״ה, רמ״ח ע״ה, ח״פ אל ע״ה

בְּעִתּוֹ יוֹרֶה וּמַלְקוֹשׁ וְאָסַפְתָּ דְגָנֶךָ וְתִירֹשְׁךָ וְיִצְהָרֶךָ: 15 וְנָתַתִּי עֵשֶׂב

בְּשָׂדְךָ לִבְהֶמְתֶּךָ וְאָכַלְתָּ וְשָׂבָעְתָּ: 16 הִשָּׁמְרוּ לָכֶם פֶּן יִפְתֶּה ע״ב שמות

לְבַבְכֶם וְסַרְתֶּם וַעֲבַדְתֶּם אֱלֹהִים אֲחֵרִים וְהִשְׁתַּחֲוִיתֶם לָהֶם:

17 וְחָרָה אַף־יְהוָֹאדניאהדונהי בָּכֶם ב״פ אל וְעָצַר אֶת־הַשָּׁמַיִם י״פ טל, י״פ כוזו

וְלֹא־יִהְיֶה ייי מָטָר אברהם ע״ה, רמ״ח ע״ה, ח״פ אל ע״ה וְהָאֲדָמָה לֹא תִתֵּן ב״פ כהת

אֶת־יְבוּלָהּ וַאֲבַדְתֶּם מְהֵרָה מֵעַל הָאָרֶץ עלם אלהים דההן ע״ה הַטֹּבָה אֲשֶׁר

יְהוָֹאדניאהדונהי נֹתֵן אבגית״ץ, ועור, אהבת חנם לָכֶם: 18 וְשַׂמְתֶּם אֶת־דְּבָרַי ראה אֵלֶּה

עַל־לְבַבְכֶם וְעַל־נַפְשְׁכֶם וּקְשַׁרְתֶּם אֹתָם לְאוֹת עַל־יֶדְכֶם וְהָיוּ

לְטוֹטָפֹת בֵּין עֵינֵיכֶם: 19 וְלִמַּדְתֶּם אֹתָם אֶת־בְּנֵיכֶם לְדַבֵּר ראה רביע מ״ה:

בָּם אָת מ״ב בְּשִׁבְתְּךָ בְּבֵיתֶךָ וּבְלֶכְתְּךָ בַדֶּרֶךְ ב״פ יב״ק וּבְשָׁכְבְּךָ וּבְקוּמֶךָ:

20 וּכְתַבְתָּם עַל־מְזוּזוֹת בֵּיתֶךָ וּבִשְׁעָרֶיךָ: ב״פ ראה 21 לְמַעַן יִרְבּוּ יְמֵיכֶם

וִימֵי בְנֵיכֶם עַל הָאֲדָמָה אֲשֶׁר נִשְׁבַּע יְהוָֹאדניאהדונהי לַאֲבֹתֵיכֶם לָתֵת

לָהֶם כִּימֵי הַשָּׁמַיִם י״פ טל, י״פ כוזו עַל־הָאָרֶץ: אלהים דההן ע״ה

---

contiene 50 palabras, conectándonos así con las 50 Puertas de Biná (nuestro almacén de energía). Estas 50 palabras también corresponden a las 50 Puertas de la negatividad, las cuales escalamos para entrar en las puertas de Biná. El Zóhar explica:

"'...quien (heb. asher) te sacó de la tierra de Egipto...'" (Éxodo 20:2). Asher SIGNIFICA un lugar donde cada uno se llama feliz (heb. ashar), QUE ES BINÁ. "'...te saqué de Egipto'" designa al Jubileo QUE ES BINÁ, LLAMADA 'ASHER', "QUIEN

TE SACO DE LA TIERRA DE EGIPTO", porque como hemos aprendido, el aspecto de Jubileo, QUE ES BINÁ, fue la causa del éxodo de Yisrael de Egipto. Por lo tanto, este evento es mencionado cincuenta veces en la Torá. Cincuenta días pasaron del éxodo a la recepción de la Torá, y cincuenta años habían de pasar para la liberación de los esclavos, PORQUE TODOS ESTOS EVENTOS CORRESPONDEN A LAS CINCUENTA PUERTAS DE BINÁ.

— El Zóhar, Yitró 22:389

SÉPTIMA LECTURA – DAVID – MALJUT

MAFTIR

[22] *Porque si guardan diligentemente todo este mandamiento que les ordeno para cumplirlo, amando al Eterno, su Dios, andando en todos Sus caminos y aferrándose a Él,*

[23] *entonces el Eterno expulsará de delante de ustedes a todas estas naciones, y ustedes desposeerán a naciones más grandes y más poderosas que ustedes.*

[24] *Todo lugar donde pise la planta de su pie será suyo; sus fronteras serán desde el desierto hasta el Líbano, y desde el río, el río Éufrates, hasta el mar occidental.*

[25] *Nadie les podrá hacer frente: el Eterno, su Dios, infundirá pavor y temor de ustedes en toda la tierra que pise su pie, tal como Él les ha dicho.*

שָׁמוֹר

Deuteronomio 11:22 – En este versículo se usa la palabra shamor, que significa "resguardar" o "guardar en un lugar seguro". Esto nos enseña que es importante guardar con nosotros cada lección que hemos aprendido. La forma más segura de guardar algo es compartiéndolo con los demás. Si aprendemos una lección el día de hoy y la compartimos contándoles a los demás, la recordaremos mejor y podremos acceder a ella con más facilidad posteriormente.

SÉPTIMA LECTURA – DAVID – MALJUT

MAFTIR

22 כִּי אִם־ יוהך, ע״ה מ״ב שָׁמֹר תִּשְׁמְרוּן אֶת־כָּל־ ילי הַמִּצְוָה הַזֹּאת אֲשֶׁר
אָנֹכִי איע מְצַוֶּה אֶתְכֶם לַעֲשֹׂתָהּ לְאַהֲבָה אוזר, דאגה אֶת־יְהֹוָהאהדונהי
אֱלֹהֵיכֶם ילה לָלֶכֶת בְּכָל־ ב״ן, לכב, יבמ דְּרָכָיו וּלְדָבְקָה־בוֹ: 23 וְהוֹרִישׁ
יְהֹוָהאהדונהי אֶת־כָּל־ ילי הַגּוֹיִם הָאֵלֶּה מִלִּפְנֵיכֶם וִירִשְׁתֶּם גּוֹיִם
גְּדֹלִים וַעֲצֻמִים מִכֶּם: 24 כָּל־ ילי הַמָּקוֹם יהוה ברבוע, ו״פ אל אֲשֶׁר תִּדְרֹךְ
רבוע עסמ״ב כַּף־רַגְלְכֶם בּוֹ לָכֶם יִהְיֶה יי מִן־הַמִּדְבָּר וְהַלְּבָנוֹן מִן־הַנָּהָר
נְהַר־פְּרָת וְעַד הַיָּם ילי הָאַחֲרוֹן יִהְיֶה יי גְּבֻלְכֶם: 25 לֹא־יִתְיַצֵּב אִישׁ
ע״ה קנ״א קס״א בִּפְנֵיכֶם פַּחְדְּכֶם וּמוֹרַאֲכֶם יִתֵּן | יְהֹוָהאהדונהי אֱלֹהֵיכֶם ילה
עַל־פְּנֵי וחכמה בינה כָל־ ילי הָאָרֶץ אלהים דההין ע״ה אֲשֶׁר תִּדְרְכוּ־בָהּ כַּאֲשֶׁר
דִּבֶּר ראה לָכֶם:

HAFTARÁ DE ÉKEV

"Porque el Eterno ha consolado a Sión, Él ha consolado todos sus lugares desolados; hizo de su desierto un Edén y de su yermo como el Jardín del Eterno…" (Yeshayá 51:3). Los sabios enseñan que podemos cambiar al abrir nuestro corazón. Esta misma clase de transformación nos da el

ISAÍAS 49:14 – 51:3

49^{14} Pero Sión dijo: "El Eterno me ha abandonado y el Eterno se ha olvidado de mí".

^{15} '¿Puede una mujer olvidar a su niño de pecho, sin compadecerse del hijo de sus entrañas? Sí, ellas se pueden olvidar, pero Yo no te olvidaré.

^{16} He aquí que te he inscrito en las palmas de Mis manos; tus muros están constantemente delante de Mí.

^{17} Tus hijos se apresuran; tus destructores y tus devastadores se alejarán de ti.

^{18} Levanta tus ojos, mira alrededor, y ve a todos aquellos que se reúnen y vienen a ti. ¡Por Mi vida! –declara el Eterno– que a todos ellos como adorno te los pondrás, y te ceñirás con ellos como una novia.

^{19} Porque tus lugares desiertos y desolados y tu tierra arruinada de seguro ahora serán demasiado estrechos para los moradores, y tus devoradores estarán muy lejos.

^{20} Los hijos de tu desamparo dirán todavía en tus oídos: "El lugar es muy estrecho para mí; hazme sitio para que yo more aquí".

^{21} Y dirás en tu corazón: "¿Quién me ha engendrado éstos, viendo que yo había sido privada de mis hijos, y era estéril, desterrada y errante de un lado a otro? ¿Y quién ha traído a éstos? He aquí que yo había sido dejada sola; y éstos, ¿dónde estaban?"'.

^{22} Así dice el Eterno, Dios: 'He aquí que levantaré mi mano hacia las naciones, y alzaré mi estandarte hacia los pueblos y ellos traerán a tus hijos en brazos, y tus hijas en sus hombros serán llevadas.

^{23} Y reyes serán tus padres adoptivos, y sus princesas tus nodrizas; ellos se inclinarán ante ti con su rostro en tierra, y lamerán el polvo de tus pies, y tú sabrás que Yo soy el Eterno y que no serán avergonzados los que esperan en mí.

^{24} ¿Se le podrá quitar la presa al poderoso o rescatar al cautivo del victorioso?'

HAFTARÁ DE ÉKEV

poder de transformar lo peor de nosotros en lo mejor. Nuestros mejores momentos pueden ser vistos como esos momentos difíciles en los que superamos lo peor de nosotros.

ישעיהו פרק 49, פסוק 14 – פרק 51, פסוק 3

14 49 וַתֹּאמֶר צִיּוֹן יוסף, ו״פ אל יהוה, ה״פ אל עֲזָבַנִי יְהֹוָה׃אהדי״אהדונהי וַאדֹנָי ללה שְׁכֵחָנִי׃

15 הֲתִשְׁכַּח ע״ה קרעט״נ אִשָּׁה עוּלָהּ מֵרַחֵם בֶּן־בִּטְנָהּ אל גם־ יג״ל בְּרַחֵם בֶּן־אברהם, רמ״ח, וח״פ גַּם־

אֵלֶּה תִשְׁכַּחְנָה אי״ע וְאָנֹכִי לֹא אֶשְׁכָּחֵךְ׃ 16 הֵן עַל־כַּפַּיִם ע״ה קנ״א, אלהים אדני

חַקֹּתִיךְ חוֹמֹתַיִךְ נֶגְדִּי תָמִיד ע״ה נתה, קס״א קנ״א קמ״ג׃ 17 מִהֲרוּ בָּנָיִךְ מְהָרְסַיִךְ

וּמַחֲרִבַיִךְ מִמֵּךְ יֵצֵאוּ׃ 18 שְׂאִי־סָבִיב עֵינַיִךְ ע״ה קס״א וּרְאִי כֻּלָּם נִקְבְּצוּ

בָאוּ־לָךְ חַי־אָנִי ב״פ אהיה יהוה נְאֻם־יְהֹוָה׃אהדי״אהדונהי כִּי כֻלָּם כָּעֲדִי תִלְבָּשִׁי

וּתְקַשְּׁרִים כַּכַּלָּה׃ 19 כִּי חָרְבֹתַיִךְ וְשֹׁמְמֹתַיִךְ וְאֶרֶץ אלהים דאלפי״ן הֲרִסֻתֵךְ

כִּי עַתָּה תֵּצְרִי מִיּוֹשֵׁב וְרָחֲקוּ מְבַלְּעָיִךְ׃ 20 עוֹד יֹאמְרוּ בְאָזְנַיִךְ בְּנֵי

שִׁכֻּלָיִךְ צַר־לִי הַמָּקוֹם יהוה ברבוע, ו״פ אל גְּשָׁה־לִּי וְאֵשֵׁבָה׃ 21 וְאָמַרְתְּ

בִּלְבָבֵךְ יכי יְלָד־לִי אֶת־אֵלֶּה וַאֲנִי ב״פ אהיה יהוה שְׁכוּלָה וְגַלְמוּדָה גֹּלָה |

וְסוּרָה וְאֵלֶּה מ״ב יכי גִּדֵּל לדוה, מבה, יול, אום אָנִי אני, טדהד כוז״ו נִשְׁאַרְתִּי

לְבַדִּי אֵלֶּה אֵיפֹה הֵם׃ 22 כֹּה היי אָמַר אֲדֹנָי ללה יְהֹוָה׃אהדי״אהדונהי הִנֵּה

מ״ה יה אֶשָּׂא אֶל־גּוֹיִם יָדִי וְאֶל־עַמִּים ע״ה קס״א אָרִים נִסִּי וְהֵבִיאוּ בָנַיִךְ

בְּחֹצֶן וּבְנֹתַיִךְ עַל־כָּתֵף תִּנָּשֶׂאנָה׃ 23 וְהָיוּ מְלָכִים אֹמְנַיִךְ וְשָׂרוֹתֵיהֶם

מֵינִיקֹתַיִךְ אַפַּיִם אֶרֶץ אלהים דאלפי״ן יִשְׁתַּחֲווּ לָךְ וַעֲפַר רַגְלַיִךְ יְלַחֵכוּ

וְיָדַעַתְּ כִּי־אֲנִי אני, טדהד כוז״ו יְהֹוָה׃אהדי״אהדונהי אֲשֶׁר לֹא־יֵבֹשׁוּ קֹוָי ע״ב ורבוע אהיה׃

24 הֲיֻקַּח חיעם מִגִּבּוֹר מַלְקוֹחַ וְאִם־ יוטר, ע״ה מ״ב שְׁבִי צַדִּיק יִמָּלֵט׃

²⁵ *Pero así dice el Eterno: 'Aun los cautivos del poderoso serán recobrados, y rescatada será la presa del tirano; con el que contienda contigo Yo contenderé y salvaré a tus hijos.*

²⁶ *Y haré comer a tus opresores su propia carne y, como con vino dulce, con su sangre se embriagarán; y toda carne sabrá que Yo, el Eterno, soy tu Salvador y tu Redentor, el Poderoso de Yaakov'.*

50 ¹ *Así dice el Eterno: '¿Dónde está el certificado de divorcio a su madre, con la cual Yo la repudié? ¿O a cuál de mis acreedores los vendí? He aquí, por sus iniquidades fueron vendidos, y por sus transgresiones fue repudiada su madre.*

² *¿Por qué cuando vine no había nadie, y cuando llamé no había quien respondiera? ¿Acaso es tan corta Mi Mano que no puede rescatar, o no tengo poder para librar? He aquí que con Mi reprensión seco el mar, convierto los ríos en desierto; sus peces se pudren por falta de agua y mueren de sed.*

³ *Yo visto los cielos con negrura y hago de cilicio su cobertura'.*

⁴ *El Eterno, Dios, me ha dado lengua de discípulos para que yo sepa sostener con una palabra al fatigado; Él me despierta mañana tras mañana, despierta mi oído para escuchar como los discípulos.*

⁵ *El Eterno, Dios, me ha abierto el oído y no fui desobediente, ni me volví atrás.*

⁶ *Di mi espalda a los que me herían y mis mejillas a los que me arrancaban la barba; no escondí mi rostro de injurias y esputos.*

⁷ *El Eterno, Dios, me ayudará; por eso no seré humillado, por eso como pedernal he puesto mi rostro y sé que no seré avergonzado.*

⁸ *Cerca está el que me justifica; ¿quién contenderá conmigo? Comparezcamos juntos; ¿quién es mi adversario? Que se acerque a mí.*

⁹ *He aquí que el Eterno, Dios, me ayudará; ¿quién es el que me condena? He aquí, todos ellos como un vestido se desgastarán, la polilla se los comerá.*

¹⁰ *¿Quién entre ustedes teme al Eterno y obedece la voz de Su siervo? Que aunque ande en tinieblas y no tenga luz, confíe en el Nombre del Eterno y se apoye en su Dios.*

¹¹ *He aquí que todos ustedes que encienden fuego, que se ciñen de antorchas, anden a la lumbre de su fuego y entre las antorchas que han encendido. Esto tendrán de Mi Mano: en tormento yacerán.*

51 ¹ *Escúchenme, ustedes que siguen la justicia, los que buscan al Eterno. Miren la roca de donde fueron tallados y la fosa de donde fueron excavados.*

25 כִּי־כֹה ‏‎ אָמַר‏ יְהֹוָֿה אֲדֹנָֿי‏‎ גַּם־ שְׁבִי גִבּוֹר יֻקָּח וּמַלְקוֹחַ

עָרִיץ יִמָּלֵט וְאֶת־יְרִיבֵךְ אָנֹכִי אָרִיב וְאֶת־בָּנַיִךְ אָנֹכִי אוֹשִׁיעַ:

26 וְהַאֲכַלְתִּי אֶת־מוֹנַיִךְ אֶת־בְּשָׂרָם וְכֶעָסִיס דָּמָם יִשְׁכָּרוּן וְיָדְעוּ כָל־

בָּשָׂר כִּי אֲנִי יְהֹוָֿה אֲדֹנָֿי מוֹשִׁיעֵךְ וְגֹאֲלֵךְ אֲבִיר יַעֲקֹב

50 1 כֹּה ‏‎ אָמַר‏ יְהֹוָֿה אֲדֹנָֿי‏‎ אֵי זֶה סֵפֶר כְּרִיתוּת

אִמְּכֶם אֲשֶׁר שִׁלַּחְתִּיהָ אוֹ מִי מִנּוֹשַׁי אֲשֶׁר־מָכַרְתִּי אֶתְכֶם לוֹ

הֵן בַּעֲוֹנֹתֵיכֶם נִמְכַּרְתֶּם וּבְפִשְׁעֵיכֶם שֻׁלְּחָה אִמְּכֶם: 2 מַדּוּעַ בָּאתִי

וְאֵין אִישׁ קָרָאתִי וְאֵין עוֹנֶה הֲקָצוֹר קָצְרָה יָדִי מִפְּדוּת

וְאִם־ אֵין־בִּי כֹחַ לְהַצִּיל הֵן בְּגַעֲרָתִי אַחֲרִיב יָם אָשִׂים

נְהָרוֹת מִדְבָּר תִּבְאַשׁ דְּגָתָם מֵאֵין מַיִם וְתָמֹת בַּצָּמָא: 3 אַלְבִּישׁ

שָׁמַיִם קַדְרוּת וְשַׂק אָשִׂים כְּסוּתָם: 4 אֲדֹנָֿי יְהֹוִֿה אֲדֹנָֿי

נָתַן לִי לְשׁוֹן לִמּוּדִים לָדַעַת לָעוּת אֶת־יָעֵף דָּבָר

יָעִיר | בַּבֹּקֶר בַּבֹּקֶר יָעִיר לִי אֹזֶן לִשְׁמֹעַ כַּלִּמּוּדִים: 5 אֲדֹנָֿי

יְהֹוִֿה אֲדֹנָֿי פָּתַח־לִי אֹזֶן וְאָנֹכִי לֹא מָרִיתִי אָחוֹר לֹא

נְסוּגֹתִי: 6 גֵּוִי נָתַתִּי לְמַכִּים וּלְחָיַי לְמֹרְטִים פָּנַי לֹא הִסְתַּרְתִּי

מִכְּלִמּוֹת וָרֹק: 7 וַאדֹנָֿי יְהֹוִֿה אֲדֹנָֿי יַעֲזָר־לִי עַל־כֵּן לֹא נִכְלָמְתִּי

עַל־כֵּן שַׂמְתִּי פָנַי כַּחַלָּמִישׁ וָאֵדַע כִּי־לֹא אֵבוֹשׁ: 8 קָרוֹב

מַצְדִּיקִי מִי־ יָרִיב אִתִּי נַעַמְדָה יָּחַד מִי־ בַעַל מִשְׁפָּטִי יִגַּשׁ

אֵלָי: 9 הֵן אֲדֹנָֿי יְהֹוִֿה אֲדֹנָֿי יַעֲזָר־לִי מִי־ הוּא יַרְשִׁיעֵנִי הֵן כֻּלָּם

כַּבֶּגֶד יִבְלוּ עָשׁ יֹאכְלֵם: 10 מִי בָכֶם יְרֵא יְהֹוָֿה אֲדֹנָֿי

שֹׁמֵעַ בְּקוֹל עַבְדּוֹ אֲשֶׁר | הָלַךְ חֲשֵׁכִים וְאֵין נֹגַהּ לוֹ יִבְטַח

בְּשֵׁם יְהֹוָֿה אֲדֹנָֿי וְיִשָּׁעֵן בֵּאלֹהָיו: 11 הֵן כֻּלְּכֶם קֹדְחֵי אֵשׁ

מְאַזְּרֵי זִיקוֹת לְכוּ | בְּאוֹר אֶשְׁכֶם וּבְזִיקוֹת בִּעַרְתֶּם מִיָּדִי

הָיְתָה־זֹּאת לָכֶם לְמַעֲצֵבָה תִּשְׁכָּבוּן: 51 1 שִׁמְעוּ אֵלַי רֹדְפֵי צֶדֶק

² 'Miren a Avraham, su padre, y a Sará, que les dio a luz; cuando él era uno solo lo llamé, y lo bendije y lo multipliqué'.

³ Porque el Eterno ha consolado a Sión, Él ha consolado todos sus lugares desolados; hizo de su desierto un Edén y de su yermo como el Jardín del Eterno; gozo y alegría se encontrarán en ella, acciones de gracias y voces de cánticos.

מְבַקְשֵׁי יְהֹוָהאדניאהדנהי הַבִּיטוּ אֶל־צוּר אלהים דההין ע״ה חֻצַּבְתֶּם וְאֶל־מַקֶּבֶת

בּוֹר ד״פ ב״ן נֻקַּרְתֶּם: 2 הַבִּיטוּ אֶל־אַבְרָהָם רמ״ח, וח״פ אל אֲבִיכֶם וְאֶל־שָׂרָה

אלהים ד״יודין ורבוע אלהים ~ ה תְּחוֹלֶלְכֶם כִּי־אֶחָד אהבה, דאגה קְרָאתִיו וַאֲבָרְכֵהוּ

וְאַרְבֵּהוּ: 3 כִּי־נִחַם יְהֹוָהאדניאהדנהי צִיּוֹן יוסף, ו״פ יהוה, ה״פ אל נִחַם כָּל־יל׳ חָרְבֹתֶיהָ

וַיָּשֶׂם מִדְבָּרָהּ כְּעֵדֶן וְעַרְבָתָהּ כְּגַן־יְהֹוָהאדניאהדנהי שָׂשׂוֹן וְשִׂמְחָה יִמָּצֵא

בָהּ תּוֹדָה וְקוֹל ע״ב ס״ג ע״ה זִמְרָה:

REÉ

LA LECCIÓN DE REÉ
(Deuteronomio 11:26-16:17)

Reé y los dos capítulos que le siguen —Shoftim y Qui Tetsé— contienen la mayoría de los mandamientos, ordenanzas y estatutos del Creador que se encuentran en el libro de Deuteronomio. Cuando Moshé dio su preámbulo para estos mandamientos, ordenanzas y estatutos, la esencia de su mensaje fue que la decisión de los israelitas de observarlos o no era, en esencia, una decisión entre ser bendecido o maldecido.

Ver la verdad

El capítulo de Reé comienza con: "*Mira, hoy pongo ante ustedes una bendición y una maldición…*". Tal vez nos preguntemos por qué el Creador comenzó diciéndonos "Mira". Sin embargo, la verdadera pregunta debería ser: ¿Qué nos está diciendo el Creador que miremos? En todo momento nuestros ojos perciben el mundo físico que nos rodea, pero sin necesariamente ver la verdad más profunda que hay detrás de nuestro mundo.

Por supuesto, ni siquiera vemos al mundo físico como es: nuestros ojos invierten una imagen y nuestro cerebro tiene que compensar revirtiéndola nuevamente. Si bien esta compensación sucede sin nosotros estar conscientes de ello, esta es la realidad de nuestra visión. ¿Por qué el Creador hizo ojos que ven las cosas de forma invertida? Es para enseñarnos que lo que creemos ver en los demás es, en realidad, un reflejo de nosotros mismos. Sólo los justos ven sin ser engañados; ellos ven la verdad porque no se proyectan a sí mismos ni a sus fallas en los demás.

La capacidad de reconocer a un verdadero profeta y, de forma más general, el asunto de la verdadera visión están profundamente vinculados a este capítulo de la Biblia.

Para comenzar, siento que es importante que mencione que estoy bendecido por tener a una persona justa en mi vida. Ver a través del Rav es un ejemplo de lo que nosotros también somos capaces de hacer, ciertamente podemos ser más espirituales y revelar más luz; y tal vez incluso volvernos personas justas. Menciono al Rav aquí porque el Rav nació en el capítulo de Reé.

Rav Áshlag decía que cualquiera puede ser como Rav Shimón bar Yojái y que cualquiera puede ser como Moshé. Pero esta transformación sólo puede comenzar con un profundo deseo de ser como estas personas justas. No obstante, el deseo en sí no es suficiente; las herramientas espirituales clave también tienen que estar disponibles. Sin las herramientas o el conocimiento acerca de cómo o qué debe hacerse, la transformación espiritual sería imposible.

La oración es una de estas herramientas clave. Pero tenemos una paradoja. Son muy pocos de nosotros los que no han creído en algún momento que son la persona más importante del mundo. Sin embargo, cuando sentimos de esta manera, el Creador nos dice cuando oramos: "Si eres tan importante, ¿por qué me estás orando a Mí? ¿Para qué me necesitas? Si eres tan poderoso, entonces tú mismo puedes contestar tus oraciones".

Las oraciones de los justos

¿Por qué cuando un justo reza sus oraciones recibe una respuesta de Arriba? Para comprender esto, debemos recordar primero que las oraciones son llevadas por ángeles a los Mundos Superiores. La mayoría de la gente no se da cuenta de que los ángeles tienen libre albedrío. Algunos ángeles han pecado: Azza y Azazel, por ejemplo, y la serpiente (el Satán) que comió del Árbol del Conocimiento del Bien y el Mal antes de que Adam y Javá lo hicieran. Por tanto, una buena pregunta que se puede hacer es: si estos ángeles no tuvieran libre albedrío y un *Deseo de Recibir para Sí Mismo Solamente*, ¿cómo podrían ser capaces de pecar?

Los ángeles no pecan con la misma frecuencia que nosotros lo hacemos porque ellos están tan cerca del Creador que ellos ven y saben lo que realmente es la Luz del Creador. Si nosotros estuviéramos tan cerca de la Luz, no querríamos pecar tampoco. No querríamos perder la Luz solamente por los fugaces placeres físicos de este mundo. Pero estamos tan lejos de la Luz que ni siquiera podemos reconocer lo que mejor nos conviene. Para nosotros, pareciera que el *Deseo de Recibir para Sí Mismo Solamente* es bueno porque es a eso a lo que estamos conectados.

Esto nos refiere a la naturaleza de una persona justa que, debido a su cercanía con la Luz, es como un ángel. Ésta tiene libre albedrío, pero siempre escoge bien porque, al igual que un ángel, entiende qué es el bien verdadero. Debido a esto, una persona justa no necesita que un ángel eleve sus oraciones; sus oraciones suben "de una vez". Esta persona tiene un lado negativo, sin lugar a dudas, pero nunca actuará conforme a éste. Por este motivo, las oraciones de los justos siempre son contestadas, mientras que las nuestras son contestadas —o eso parece— sólo de forma ocasional.

En la lección de Ekev leímos acerca de Rav Elimélej y el estudiante que le dijo que sus oraciones no eran contestadas. Rav Elimélej le respondió que, en efecto, las oraciones del estudiante fueron contestadas; pero que la respuesta era no. No obstante, lo importante es que todos nosotros sigamos pidiendo y orando.

Está escrito en el *Midrash*, en la sección de Toldot, que el Creador escuchó cuando Yitsjak rezó profundamente tras sentir el dolor de su esposa, Rivká, por su incapacidad de tener un hijo. Un justo siente verdaderamente el dolor de otra persona. Por lo tanto, el Creador dice: "Si él siente el dolor, entonces Yo también debo sentir el dolor". El *Zóhar* lo confirma de la siguiente manera:

Ven y ve: Yitsjak estuvo con su esposa durante veinte años, pero ella no dio a luz hasta que él hubo dicho su plegaria. Esto es porque el Santísimo, bendito sea Él, desea la oración de los justos cuando éstos oran a Él por lo que necesitan. ¿Por qué? Porque el aceite de ungir aumentará con la oración de los justos por todos aquéllos que lo necesitan. PORQUE LOS JUSTOS CON SU PLEGARIA ABREN EL CANAL CELESTIAL, Y ENTONCES HASTA LAS ORACIONES DE LOS INDIGNOS SON CONTESTADAS.

— El Zóhar, Toldot 3:21

Aquí está un relato que nos ayudará a comprender mejor la naturaleza de las personas realmente justas:

La mañana de un viernes, el Vidente de Lublín (Rav Yaakov Yitsjak de Lublín, 1745-1815) fue al templo. Mientras tanto, su esposa buscaba dinero por toda la casa para comprar velas de Shabat, pero no encontraba dinero por ningún lado. Así que salió y esperó a alguien que pudiera darle un par de monedas para comprar velas. Justo entonces, una de las personas adineradas de la ciudad pasó por ahí mientras iba camino al encuentro amoroso semanal con su amante.

Él reconoció a la esposa del Vidente de Lublín y vio que estaba llorando. Cuando se bajó de su caballo y le preguntó qué sucedía, ella le dijo que no tenía dinero para comprar velas para Shabat. Así que él le dio un poco de dinero y ella lo bendijo con la Luz de Shabat. Después, él fue a encontrarse con su amante.

Mientras todo esto ocurría, el santo Vidente estaba rezando. Rezó por tres horas, y sus estudiantes no podían entender por qué le estaba tomando tanto tiempo. Cuando terminó, sus estudiantes le preguntaron qué había pasado durante la larga oración. Él les dijo que su alma había ido a un plano más elevado, y desde allí había visto que las fuerzas del bien y el mal estaban en guerra. A él le dijeron: "¡Te estamos usando para ganar la batalla contra la oscuridad! ¡Pero tu esposa bendijo a ese hombre perverso con la Luz de Shabat! ¿Cómo pudo hacer tal cosa?". Entonces el vidente les dijo a sus estudiantes que les respondió a los ángeles: "Ese hombre es perverso solamente porque nunca ha probado la Luz de Shabat. ¡Denle una oportunidad! Dejen que pruebe la Luz de Shabat".

Cuando el Vidente salió de la sinagoga, se encontró con el hombre adinerado que le había dado el dinero para las velas a su esposa. El hombre rico dijo: "Por favor, me gustaría pasar un Shabat con usted porque, por primera vez en mi vida, me gustaría sentir lo que realmente es el Shabat. En estos momentos estoy sintiendo una fuerte presencia de la Luz y no sé de dónde proviene. La única explicación que se me ocurre es que es Shabat y que necesito estar junto a las velas de Shabat". El Vidente respondió: "Entonces, por favor, acompáñenos". Y el hombre rico se convirtió en el estudiante más devoto del Vidente de Lublín y, posteriormente, se convirtió en el sucesor del Vidente.

¿Qué nos enseña este relato? Nos enseña que si tan sólo pudiéramos darle a alguien una oportunidad de tocar la Luz —aunque sea un poco—, esta persona querría más.

SINOPSIS DE REÉ

La historia de Reé es la única historia bíblica que tiene uno de los 72 Nombres de Dios por título y, por ende, nos da una conexión adicional con el poder de los milagros y las maravillas. Además, el número de versículos en esta porción es 126, que es el valor numérico de la palabra aramea *pliyá* o "maravilla", lo cual nos da otro indicio de que Reé da el poder de ir más allá de la ilusión de nuestra realidad física y verdaderamente ver la maravilla del Reino del 99 Por Ciento.

PRIMERA LECTURA – AVRAHAM – JÉSED

11^{26} "**M**ira, hoy pongo yo ante ustedes una bendición y una maldición: ^{27} la bendición, si escuchan los mandamientos del Eterno, su Dios, que les ordeno este día;

^{28} y la maldición, si no escuchan los mandamientos del Eterno, su Dios, sino que se apartan del camino que les ordeno este día, para seguir a otros dioses que no han conocido.

^{29} Y sucederá que, cuando el Eterno, tu Dios, te lleve a la tierra donde entras para poseerla, pondrás la bendición sobre el Monte Guerizim y la maldición sobre el Monte Eval.

COMENTARIO DEL RAV

La palabra *Reé* es uno de los 72 Nombres de Dios, *Resh*, *Álef*, *Hei*, que significa "Ve". Hay dos extremos opuestos con respecto a nuestra visión. Uno de ellos es: "Veo lo que yo quiero ver", todos estamos familiarizados con esta idea. Y el otro: Vemos objetivamente. Es así de sencillo. Algunas personas ven y se marchan con una observación cuántica en una discusión, o al prestarle atención a algo. A veces me dicen: "¿Sabes una cosa, Rav? Tal vez tú veas las cosas diferentes de como yo las veo". ¿Qué? Yo tengo la misma información. Sí, dos personas pueden contemplar la misma idea o el mismo suceso físico y, no obstante, terminar con interpretaciones opuestas de lo que vieron en realidad.

La razón por la que no hay comentario del *Zóhar* acerca del capítulo bíblico de Reé es porque el *Zóhar*, con su ausencia, realmente nos está mostrando la importancia de leer entre líneas; no leer las palabras, sino intentar interpretar algo que no está escrito, algo que puede eludir la observación. ¿Cómo obtienes una observación con los ojos cerrados? Muchas veces, cerramos los ojos para comprender algo profundo; ya sea por hábito o de forma consciente. Todos lo hacemos: cerramos

los ojos y vemos. También podemos tener los ojos abiertos y no ver. Hay muchas paradojas con relación a este universo.

De acuerdo con el *Zóhar*, "ver" no tiene absolutamente relación con la observación, es decir, con aquello que vemos a nuestro alrededor. Si lo que vemos a nuestro alrededor es lo que nos impulsa en nuestro comportamiento, entonces ¿cuándo podremos experimentar el cambio alguna vez? ¿Cómo podríamos siquiera soñar en alcanzar las cosas que jamás han ocurrido? Y es por ello que la civilización continúa en el mismo camino del caos.

אָנֹכִי

Deuteronomio 11:26 – Moshé comenzó diciendo: "Mira, hoy pongo yo ante ustedes una bendición y una maldición". Los kabbalistas explican que la palabra *anojí* (que significa "yo", como en el Creador) despierta en nosotros el aspecto de Dios dentro de nosotros: nuestra alma. Y esta es la fuerza divina que nos da el poder de discernir entre el bien y el mal en nuestra vida y tomar la decisión correcta entre estos dos. El *Zóhar* explica:

La letra Yud EN LA PALABRA "ANOJÍ" INDICA que uno debe estudiar la Torá día y

PRIMERA LECTURA – AVRAHAM – JÉSED

26 רְאֵה אָנֹכִי נֹתֵן לִפְנֵיכֶם הַיּוֹם בְּרָכָה
וּקְלָלָה: 27 אֶת־הַבְּרָכָה אֲשֶׁר תִּשְׁמְעוּ אֶל־מִצְוֹת יְהוָה
אֱלֹהֵיכֶם אֲשֶׁר אָנֹכִי מְצַוֶּה אֶתְכֶם הַיּוֹם: 28 וְהַקְּלָלָה
אִם־ לֹא תִשְׁמְעוּ אֶל־מִצְוֹת יְהוָה אֱלֹהֵיכֶם וְסַרְתֶּם
מִן־הַדֶּרֶךְ אֲשֶׁר אָנֹכִי מְצַוֶּה אֶתְכֶם הַיּוֹם לָלֶכֶת
אַחֲרֵי אֱלֹהִים אֲחֵרִים אֲשֶׁר לֹא־יְדַעְתֶּם: 29 וְהָיָה כִּי יְבִיאֲךָ
יְהוָה אֱלֹהֶיךָ אֶל־הָאָרֶץ אֲשֶׁר־אַתָּה בָא־שָׁמָּה

---

noche, y circuncidar a su hijo en el octavo día, y santificar al primogénito, y ponerse Tefilín, y usar los flecos (heb. tsitsit), y fijar una Mezuzá, y entregar su vida a la adhesión al Santísimo, bendito sea Él, con todo su corazón. Éstos son los doce Preceptos celestiales —LOS CUALES SON ALUDIDOS POR LA PALABRA "ANOJÍ", que incluye otros 236 Preceptos, SUMANDO ASÍ 248 PRECEPTOS POSITIVOS— que son incluidos en las palabras: "Recuerda el Shabat". PORQUE "RECUERDA" INCLUYE A LOS 248 PRECEPTOS POSITIVOS, Y "GUARDA" INCLUYE LOS 365 PRECEPTOS NEGATIVOS. Esta letra no es intercambiable con otro lugar, COMO LA ÁLEF, NUN Y CAF (JAF) DE ANOJÍ, QUE SON INTERCAMBIABLES CON HEI, VAV Y HEI DE YUD HEI VAV HEI. Porque la letra Yud significa el secreto celestial de la Torá completa, SIGNIFICANDO QUE ÉSTA ES EL SECRETO DEL JOJMÁ INFERIOR QUE SE UNE CON LA LETRA YUD DE YUD HEI VAV HEI, EL SECRETO DE LA JOJMÁ SUPERIOR. POR LO TANTO, ÉSTE NO ES UN CAMBIO DE LUGAR. Aquellos doce PRECEPTOS incluyen los doce atributos de la Misericordia que son derivados de ellos. Y uno los rige A TODOS, LO CUAL ES LA ESENCIA DE MALJUT QUE ES LLAMADA "ANOJÍ", TRAYÉNDOLOS A TRECE, CORRESPONDIENTES A LOS TRECE ATRIBUTOS DE LA MISERICORDIA.

— *El Zóhar, Yitró 30:512*

וְהָיָה

Deuteronomio 11:29 – Habían dos montes junto a la ciudad de Siquem: el Monte Eval, desde donde se dieron las maldiciones, y el Monte Guerizim, de donde provinieron las bendiciones. Sabemos que Yosef está sepultado en Siquem, razón por la cual hay una enorme cantidad de Luz en ese lugar.

Pero desde el momento en que los hijos de Yaakov, Shimón y Leví, mataron a todos en Siquem, se volvió el centro de negatividad en el Medio Oriente y el paradigma del conflicto a lo largo de la historia. El *Zóhar* dice:

Dos montes dependen de este misterio, como está escrito: "... que pondrás la bendición sobre el Monte Guerizim, y la maldición sobre el Monte Eval" (Deuteronomio 11:29). Ellas corresponden a los dos grados: UNO LLAMADO 'BENDITO' Y OTRO LLAMADO 'MALDITO'. DE ESTOS MONTES TAMBIÉN, uno es llamado 'maldito' y otro 'bendito'. Shimón y Leví son del lado del Juicio Severo, y de este Juicio Severo y riguroso, el enojo maldecido, QUE ES LLAMADO 'MALDITO', es producido.

³⁰ ¿No están ellos al otro lado del Jordán, en dirección del Sol poniente, en la tierra de los cananeos que habitan en el Arabá, frente a Guilgal, junto a los encinos de Moré?

³¹ Porque van a pasar el Jordán para ir a poseer la tierra que el Eterno, su Dios, les da, y la tomarán y habitarán en ella. ³² Y observarán el cumplimiento de todos los estatutos y ordenanzas que este día pongo delante de ustedes.

12 ¹ Estos son los estatutos y las ordenanzas que observarán cuidadosamente en la tierra que el Eterno, el Dios de tus padres, te ha dado para que la poseas todos los días que vivan sobre la tierra.

² Destruirán completamente todos los lugares donde las naciones que desposeerán sirven a sus dioses: sobre los montes altos, sobre las colinas y debajo de todo árbol frondoso.

³ Y demolerán sus altares, quebrarán sus pilares, quemarán con fuego sus Asherim, destruirán las imágenes talladas de sus dioses y borrarán su nombre de aquel lugar.

⁴ No actuarán así con el Eterno, su Dios, ⁵ sino que buscarán al Eterno en el lugar en que el Eterno, su Dios, escoja de todas sus tribus, para poner allí Su Nombre para Su morada, y allí vendrán;

Ven y ve: Desde el lado del Juicio Severo, el enojo viaja en dos direcciones, una bendecida y otra maldecida. En forma similar, los dos hijos producidos por Yitsjak, uno bendecido y otro maldecido, arriba y abajo. Cada uno se fue por su lado. Uno habitó en la Tierra Santa, mientras el otro estaba en el Monte de Seir, como "… un cazador hábil, un hombre de campo…" (Génesis 25:27). Uno habitó en un lugar de desolación y ruina, mientras que el otro era "… habitante de tiendas" (ibid.) como debía ser.

Por lo tanto, cada uno de los dos grados, bendecido y maldecido, va a su propio lado. Del primero vienen todas las bendiciones al mundo de arriba y abajo; toda beneficencia, iluminación, redención, y salvación. Del último vienen toda la maldición, ruina, sangre, desperdicio, mal, y todo lo que está contaminado en el mundo.
— El Zóhar, Vayeshev 12:111-13

En todas las áreas de nuestra vida vemos la lucha entre el bien y el mal. Para vencer, debemos ser capaces de reconocer cuál es cual y reconocer que siempre hay una guerra constante entre los dos.

הָאָרֶץ

Deuteronomio 11:31 – Este versículo trata acerca de la tierra de Israel y la santidad de ésta, en la cual reside mucho poder. Ha existido siempre conflicto en la tierra de Israel: con el pueblo de la época de Moshé cuando los israelitas llegaron por primera vez, después con los asirios, los griegos, los romanos, los turcos y los británicos. La fuente de este conflicto es el hecho de que la religiosidad, en esencia, ha eliminado a la espiritualidad. No obstante, cuando la espiritualidad regresa a la religión, vemos que es mucho más fácil tratar a los demás con benevolencia. Entonces, vendrá la paz duradera. Israel es un espejo de lo que está ocurriendo en el mundo. Cada día, en cada lugar del mundo, la gente falla en dirigirse a los demás con dignidad humana. Para remediar esta situación, debemos enfocarnos en diseminar

מוֹדִיעַ, מֹשֶׁה, אֶל שַׂדִּי לְרִשְׁתָּהּ וְנָתַתָּה אֶת־הַבְּרָכָה עֶסמ״ב רָבוּעַ אלהים - ה עַל־הַר גְּרִזִים וְאֶת־הַקְּלָלָה עַל־הַר אלהים - ה 30 עֵיבָל׃ הֲלֹא־הֵמָּה בְּעֵבֶר רבוע יהוה אלהים ורבוע אלהים הַיַּרְדֵּן יֵ״פ יהוה ור׳ אותיות אַחֲרֵי דֶּרֶךְ ב״פ יב״ק מְבוֹא הַשֶּׁמֶשׁ ב״פ ע״ך בְּאֶרֶץ אלהים דאלפין הַכְּנַעֲנִי הַיֹּשֵׁב בָּעֲרָבָה מוּל הַגִּלְגָּל אֵצֶל אֵלוֹנֵי מֹרֶה׃

31 כִּי אַתֶּם עֹבְרִים אֶת־הַיַּרְדֵּן יֵ״פ יהוה ור׳ אותיות לָבֹא לָרֶשֶׁת אֶת־הָאָרֶץ אלהים ההין ע״ה אֲשֶׁר־יְהוָֹה אֱלֹהֵיכֶם ילה נֹתֵן לָכֶם וִירִשְׁתֶּם אֹתָהּ וִישַׁבְתֶּם־בָּהּ׃ 32 וּשְׁמַרְתֶּם לַעֲשׂוֹת אֵת כָּל־הַחֻקִּים וְאֶת־הַמִּשְׁפָּטִים אֲשֶׁר אָנֹכִי נֹתֵן לִפְנֵיכֶם הַיּוֹם׃

12 1 אֵלֶּה הַחֻקִּים וְהַמִּשְׁפָּטִים אֲשֶׁר תִּשְׁמְרוּן לַעֲשׂוֹת בָּאָרֶץ אֲשֶׁר נָתַן יְהוָֹה אֱלֹהֵי אֲבֹתֶיךָ לְךָ לְרִשְׁתָּהּ כָּל־הַיָּמִים אֲשֶׁר־אַתֶּם חַיִּים עַל־הָאֲדָמָה׃ 2 אַבֵּד תְּאַבְּדוּן אֶת־כָּל־הַמְּקֹמוֹת אֲשֶׁר עָבְדוּ־שָׁם הַגּוֹיִם אֲשֶׁר אַתֶּם יֹרְשִׁים אֹתָם אֶת־אֱלֹהֵיהֶם עַל־הֶהָרִים הָרָמִים וְעַל־הַגְּבָעוֹת וְתַחַת כָּל־עֵץ רַעֲנָן 3 וְנִתַּצְתֶּם אֶת־מִזְבְּחֹתָם וְשִׁבַּרְתֶּם אֶת־מַצֵּבֹתָם וַאֲשֵׁרֵיהֶם תִּשְׂרְפוּן בָּאֵשׁ וּפְסִילֵי אֱלֹהֵיהֶם תְּגַדֵּעוּן וְאִבַּדְתֶּם אֶת־שְׁמָם מִן־הַמָּקוֹם הַהוּא׃ 4 לֹא־תַעֲשׂוּן כֵּן לַיהוָֹה אֱלֹהֵיכֶם׃ 5 כִּי אִם־אֶל־הַמָּקוֹם אֲשֶׁר־יִבְחַר יְהוָֹה אֱלֹהֵיכֶם מִכָּל־

---

la sabiduría y tecnología que es inherente a la Kabbalah.

הַמָּקוֹם

Deuteronomio 12:5 – El lugar en el cual debe erigirse el Templo y las conexiones que debemos hacer son mencionadas en este versículo. Un número de lugares diferentes en este mundo han sido escogidos por el Creador para que sean fuentes de energía espiritual. Nuestra tarea no es viajar a esos lugares para ser espirituales allí, sino ser espirituales en todo momento al atraer energía de esos lugares —a través de imaginarlos en nuestra mente— cuando lo necesitamos. Nuestra verdadera lucha espiritual no ocurre en estas fuentes de energía espiritual, sino dondequiera que esté nuestra conciencia diariamente mientras estamos en guerra con el Satán.

⁶ y allí traerán sus holocaustos, sus sacrificios, sus diezmos, la ofrenda de sus manos, sus ofrendas votos, sus ofrendas voluntarias y el primogénito de sus vacas y de sus ovejas;

⁷ y allí también ustedes y sus familias comerán en presencia del Eterno, su Dios, y se alegrarán por cada obra de sus manos, ustedes y sus familias, con que el Eterno, su Dios, los ha bendecido.

⁸ No harán como hacemos aquí hoy en día, que cada cual hace lo que le parece bien a sus propios ojos;

⁹ porque todavía no han llegado al lugar de reposo y a la heredad que el Eterno, su Dios, les da.

¹⁰ Pero, cuando crucen el Jordán y habiten en la tierra que el Eterno, su Dios, les da en heredad, y Él les dé descanso de todos sus enemigos alrededor de ustedes para que habiten seguros,

SEGUNDA LECTURA – YITSJAK – GUEVURÁ

¹¹ entonces sucederá que al lugar que el Eterno su Dios escoja para morada de Su Nombre, allí traerán todo lo que yo les mando: sus holocaustos y sus sacrificios, sus diezmos y la ofrenda alzada de sus manos y sus ofrendas en cumplimiento de los votos que prometan al Eterno.

¹² Y se alegrarán en presencia del Eterno, su Dios, ustedes, sus hijos y sus hijas, sus siervos y sus siervas, y el levita que vive dentro de sus puertas, ya que no tiene parte ni heredad entre ustedes.

¹³ Cuídate de no ofrecer tus holocaustos en cualquier lugar que veas,

¹⁴ sino en el lugar que el Eterno escoja en una de tus tribus; allí ofrecerás tus holocaustos y allí harás todo lo que yo te mando.

שִׁבְטֵיכֶם לָשׂוּם אֶת־שְׁמוֹ שָׁם עֲדִי יהוה לְשִׁכְנוֹ תִדְרְשׁוּ יל׳

וּבָאתָ שָׁמָּה מהע, מֹשה, אל עֲדִי‎ 6 וַהֲבֵאתֶם שָׁמָּה מהע, מֹשה, אל עֲדִי עֹלֹתֵיכֶם

וְזִבְחֵיכֶם וְאֵת מַעְשְׂרֹתֵיכֶם וְאֵת תְּרוּמַת יֶדְכֶם וְנִדְרֵיכֶם וְנִדְבֹתֵיכֶם

וּבְכֹרֹת בְּקַרְכֶם וְצֹאנְכֶם: 7 וַאֲכַלְתֶּם־שָׁם עֲדִי יהוה לִפְנֵי וחכמה בינה

יְהוָׁה אֱלֹהֵיכֶם ילה וּשְׂמַחְתֶּם בְּכֹל ב״ן, לכב, יבמ מִשְׁלַח יֶדְכֶם אַתֶּם

וּבָתֵּיכֶם אֲשֶׁר בֵּרַכְךָ יְהוָׁה אֱלֹהֶיךָ ילה: 8 לֹא תַעֲשׂוּן כְּכֹל יל׳

אֲשֶׁר אֲנַחְנוּ עֹשִׂים פֹּה מילה, ע״ה אלהים ע״ה מום הַיּוֹם ע״ה = נגד, זן, מזבח אִישׁ ע״ה קנ״א קס״א

כָּל־ יל׳ הַיָּשָׁר בְּעֵינָיו רבוע מ״ה: 9 כִּי לֹא־בָאתֶם עַד־עָתָּה אֶל־הַמְּנוּחָה

וְאֶל־הַנַּחֲלָה אֲשֶׁר־יְהוָׁה אֱלֹהֶיךָ ילה נֹתֵן אבגית״ץ, ועיר, אהבת חנם

לָךְ: 10 וַעֲבַרְתֶּם אֶת־הַיַּרְדֵּן י״פ יהוה וד׳ אותיות וִישַׁבְתֶּם בָּאָרֶץ אלהים דאלפין

אֲשֶׁר־יְהוָׁה אֱלֹהֵיכֶם ילה מַנְחִיל אֶתְכֶם וְהֵנִיחַ לָכֶם מִכָּל־ יל׳

אֹיְבֵיכֶם מִסָּבִיב וִישַׁבְתֶּם־בֶּטַח:

SEGUNDA LECTURA – YITSJAK – GUEVURÁ

11 וְהָיָה יהוה, היי הַמָּקוֹם יהוה ברבוע, ו״פ אל אֲשֶׁר־יִבְחַר יְהוָׁה אֱלֹהֵיכֶם

בּוֹ ילה לְשַׁכֵּן ע״ע שְׁמוֹ שָׁם עֲדִי יהוה עֲ״ה, אל עֲדִי ע״ה שָׁמָּה מהע, מֹשה, אל עֲדִי

תָּבִיאוּ אֵת כָּל־ יל׳ אֲשֶׁר אָנֹכִי איע מְצַוֶּה אֶתְכֶם עוֹלֹתֵיכֶם וְזִבְחֵיכֶם

מַעְשְׂרֹתֵיכֶם וּתְרֻמַת יֶדְכֶם וְכֹל יל׳ מִבְחַר נִדְרֵיכֶם אֲשֶׁר תִּדְּרוּ

לַיהוָׁה: 12 וּשְׂמַחְתֶּם לִפְנֵי וחכמה בינה יְהוָׁה אֱלֹהֵיכֶם ילה

אַתֶּם וּבְנֵיכֶם וּבְנֹתֵיכֶם וְעַבְדֵיכֶם וְאַמְהֹתֵיכֶם וְהַלֵּוִי דמב, מלוי ע״ב אֲשֶׁר

בְּשַׁעֲרֵיכֶם כִּי אֵין לוֹ חֵלֶק יהוה אהיה יהוה אדני וְנַחֲלָה אִתְּכֶם: 13 הִשָּׁמֶר

לְךָ פֶּן־תַּעֲלֶה עֹלֹתֶיךָ בְּכָל־ ב״ן, לכב, יבמ מָקוֹם יהוה ברבוע, ו״פ אל אֲשֶׁר תִּרְאֶה:

14 כִּי אִם־ יוהך, ע״ה מ״ב בַּמָּקוֹם יהוה ברבוע, ו״פ אל אֲשֶׁר־יִבְחַר יְהוָׁה

¹⁵ *No obstante, podrás matar y comer carne dentro de todas tus puertas, conforme al deseo de tu alma, conforme a la bendición que el Eterno, tu Dios, te ha dado; el inmundo y el limpio podrán comerse, como si fuera de gacela o de ciervo.*

¹⁶ *Sólo que no comerán la sangre; la derramarán como agua sobre la tierra.*

¹⁷ *No te es permitido comer dentro de tus puertas el diezmo de tu grano, tu mosto, o tu aceite, ni de los primogénitos de tus vacas o tus ovejas, ni ninguna de las ofrendas por voto, ni tus ofrendas voluntarias, ni la ofrenda alzada de tu mano,*

¹⁸ *sino que lo comerás en presencia del Eterno, tu Dios, en el lugar que el Eterno, tu Dios, escoja, tú, tu hijo y tu hija, tu siervo y tu sierva, y el levita que vive dentro de tus puertas; y te alegrarás ante el Eterno, tu Dios, por toda la obra de tus manos.*

¹⁹ *Cuida de no desamparar al levita mientras vivas en tu tierra.*

²⁰ *Cuando el Eterno, tu Dios, extienda tus fronteras como te ha prometido, y tú digas: 'Comeré carne', porque tu alma desea comer carne; podrás comer carne, tanto como desee tu alma.*

²¹ *Si el lugar que el Eterno, tu Dios, escoge para poner Su Nombre está muy lejos de ti, entonces sacrificarás de tus vacas y de tus ovejas que el Eterno te ha dado, como te he ordenado, y podrás comer dentro de tus puertas tanto como desee tu alma.*

²² *Tal como se come la gacela y el ciervo, así la podrás comer; el impuro y el limpio podrán comerse.*

דָּקִים

Deuteronomio 12:16 – La Biblia habla en contra del consumo de sangre animal porque el alma del animal reside principalmente en su sangre.

Si bebemos la sangre del animal, conectamos solamente con la parte física de éste, y ya sabemos que nunca deberíamos ejercer acciones de índole puramente física. Cuando comemos, nuestro propósito más profundo es obtener nutrición espiritual. No queremos bajarnos al nivel de los animales que estamos consumiendo. La ironía es que, muy frecuentemente, nosotros actuamos como animales. Peor aún: nosotros le hacemos a otro ser humano cosas que los animales jamás se harían entre sí. Al abstenernos de consumir sangre animal, podemos evitar conectarnos con cualquier clase de tendencias animales. El *Zóhar* dice:

Cuando el hombre come carne, la carne del hombre recibe placer de esa carne, y se mezclan; LA CARNE DEL HOMBRE SE MEZCLA CON LA CARNE DEL ANIMAL. Y el cuerpo crece y es construido por esto. Pero, como resultado del placer, EL CUAL EL HOMBRE RECIBIÓ AL COMER CARNE, su cuerpo comete muchos pecados. El Santísimo, bendito sea Él, dijo: "La carne", REFIRIÉNDOSE A LA CARNE DE LA OFRENDA, "será penitencia para el cuerpo". A causa de que uno ha comido carne, y ha hecho crecer, con ésta, carne EN EL CUERPO y por esto uno ha pecado, por lo tanto la carne de la ofrenda debe ser penitencia para el cuerpo. Así la carne —A SABER: LA CARNE DEL CUERPO— que come carne, forma la sangre en el cuerpo. Y por esto, el propósito de la carne que permanece por fuera de la carne DE LA OFRENDA es para expiar la

בְּאוֹנֶךָ שְׁבָטֶיךָ שֵׁם תַּעֲלֶה עֹלֹתֶיךָ וְשָׁם תַּעֲשֶׂה
כֹּל אֲשֶׁר אָנֹכִי מְצַוֶּךָּ: 15 רַק בְּכָל־ אַוַּת נַפְשְׁךָ תִּזְבַּח
וְאָכַלְתָּ בָשָׂר כְּבִרְכַּת יְהוָֹה אֱלֹהֶיךָ אֲשֶׁר נָתַן־לְךָ בְּכָל־
שְׁעָרֶיךָ הַטָּמֵא וְהַטָּהוֹר יֹאכְלֶנּוּ כַּצְּבִי וְכָאַיָּל: 16 רַק
הַדָּם לֹא תֹאכְלוּ עַל־הָאָרֶץ תִּשְׁפְּכֶנּוּ כַּמָּיִם:
17 לֹא־תוּכַל לֶאֱכֹל בִּשְׁעָרֶיךָ מַעְשַׂר דְּגָנְךָ וְתִירֹשְׁךָ וְיִצְהָרֶךָ
וּבְכֹרֹת בְּקָרְךָ וְצֹאנֶךָ וְכָל־נְדָרֶיךָ אֲשֶׁר תִּדֹּר וְנִדְבֹתֶיךָ וּתְרוּמַת
יָדֶךָ: 18 כִּי אִם־לִפְנֵי יְהוָֹה אֱלֹהֶיךָ תֹּאכְלֶנּוּ
בַּמָּקוֹם אֲשֶׁר יִבְחַר יְהוָֹה אֱלֹהֶיךָ בּוֹ אַתָּה וּבִנְךָ
וּבִתֶּךָ וְעַבְדְּךָ וַאֲמָתֶךָ וְהַלֵּוִי אֲשֶׁר בִּשְׁעָרֶיךָ וְשָׂמַחְתָּ
לִפְנֵי יְהוָֹה אֱלֹהֶיךָ בְּכֹל מִשְׁלַח יָדֶךָ:
19 הִשָּׁמֶר לְךָ פֶּן־תַּעֲזֹב אֶת־הַלֵּוִי כָּל־יָמֶיךָ עַל־אַדְמָתֶךָ:
20 כִּי־יַרְחִיב יְהוָֹה אֱלֹהֶיךָ אֶת־גְּבֻלְךָ כַּאֲשֶׁר דִּבֶּר־לָךְ
וְאָמַרְתָּ אֹכְלָה בָשָׂר כִּי־תְאַוֶּה נַפְשְׁךָ לֶאֱכֹל בָּשָׂר בְּכָל־
אַוַּת נַפְשְׁךָ תֹּאכַל בָּשָׂר: 21 כִּי־יִרְחַק מִמְּךָ הַמָּקוֹם
אֲשֶׁר יִבְחַר יְהוָֹה אֱלֹהֶיךָ לָשׂוּם שְׁמוֹ שָׁם
וְזָבַחְתָּ מִבְּקָרְךָ וּמִצֹּאנְךָ אֲשֶׁר נָתַן יְהוָֹה לְךָ כַּאֲשֶׁר
צִוִּיתִךָ וְאָכַלְתָּ בִּשְׁעָרֶיךָ בְּכֹל אַוַּת נַפְשֶׁךָ: 22 אַךְ כַּאֲשֶׁר

---

sangre del hombre, el cual fue formado por esa misma CARNE DEL ANIMAL. Como está escrito: "...porque es la carne la que hace expiación por el alma" (Levítico 17:11).
— El Zóhar, Lej Lejá 28:302

יַרְחִיב

Deuteronomio 12:20 – "Cuando el Eterno, tu Dios, extienda tus fronteras...". Rav Yitsjak Luria (el Arí) dice que a fin de aceptarnos y hacer espacio para todos nosotros, la tierra (el planeta Tierra) ultimadamente se expandirá para albergar a todas las almas que vendrán en el tiempo del Mashíaj (Mesías).

²³ *Sólo asegúrate de no comer la sangre; porque la sangre es la vida, y no comerás la vida con la carne.* ²⁴ *No la comerás; la derramarás como agua sobre la tierra.* ²⁵ *No la comerás, para que te vaya bien a ti y a tus hijos después de ti, porque estarás haciendo lo que es correcto ante los ojos del Eterno.*

²⁶ *Sólo las cosas sagradas que tengas y tus votos, las tomarás e irás al lugar que el Eterno escoja;*

²⁷ *y ofrecerás tus holocaustos, la carne y la sangre, sobre el altar del Eterno, tu Dios; y la sangre de tus sacrificios será derramada sobre el altar del Eterno, tu Dios, y podrás comer la carne.*

²⁸ *Observa y escucha todas estas palabras que te mando, para que te vaya bien a ti y a tus hijos después de ti para siempre, porque estarás haciendo lo que es bueno y correcto ante los ojos del Eterno, tu Dios.*

TERCERA LECTURA – YAAKOV – TIFÉRET

²⁹ *Cuando el Eterno, tu Dios, haya destruido delante de ti las naciones que vas a desposeer, y las hayas desposeído y desplazado, y habites en su tierra,*

³⁰ *cuídate de no caer en la trampa de hacer lo que hacían ellas, después que hayan sido destruidas delante de ti, y de no inquirir acerca de sus dioses, diciendo: '¿Cómo servían estas naciones a sus dioses para que yo haga lo mismo?'.*

³¹ *No actuarás así para con el Eterno tu Dios, porque toda abominación que el Eterno aborrece ellos la han hecho para con sus dioses; porque hasta a sus hijos y a sus hijas queman en el fuego en adoración a sus dioses.* 13 ¹ *Todas estas palabras que te ordeno procurarás observarlas; no le añadirás ni le quitarás.*

הִשָׁמֶר

Deuteronomio 12:30 – Cuando los israelitas entraron a la tierra de Israel, el pueblo que había vivido allí anteriormente ya se había marchado porque eran muy negativos —muy imbuidos del *Deseo de Recibir para Sí Mismo Solamente*— y, por este motivo, no tuvieron el mérito de vivir en Israel. En este versículo, la Biblia nos advierte que no nos convirtamos en individuos como esos que tuvieron que irse, porque nosotros también tendríamos que irnos así como se fueron ellos. Esta misma negatividad es la razón por la que el Templo en Jerusalén fue destruido. Cuando no nos transformamos o no apreciamos lo que tenemos, perdemos las grandes bendiciones de nuestra vida. Por ejemplo, cuando finalmente logramos casarnos con nuestra alma gemela debido al mérito que hemos obtenido, no podemos seguir en el mismo nivel espiritual en el que estábamos antes del matrimonio. Debemos avanzar constantemente para reconocer y mostrar apreciación por este gran regalo. Inclusive, tenemos que convertirnos en mejores personas después de que ocurren cosas buenas; de lo contrario, nos arrebatarán estas cosas.

יֵאָכֵל אֶת־הַצְּבִי וְאֶת־הָאַיָּ֔ל כֵּ֖ן תֹּאכְלֶ֑נּוּ הַטָּמֵ֧א וְהַטָּהוֹר֙ יַחְדָּ֖ו יֹאכְלֶ֑נּוּ:

23 רַ֣ק חֲזַ֗ק לְבִלְתִּי֙ אֲכֹ֣ל הַדָּ֔ם כִּ֥י הַדָּ֖ם ה֣וּא הַנָּ֑פֶשׁ וְלֹא־תֹאכַ֥ל הַנֶּ֖פֶשׁ עִם־הַבָּשָֽׂר: 24 לֹ֥א תֹאכְלֶ֖נּוּ עַל־הָאָ֑רֶץ תִּשְׁפְּכֶ֖נּוּ כַּמָּֽיִם: 25 לֹ֣א תֹאכְלֶ֑נּוּ לְמַ֨עַן֙ יִיטַ֣ב לְךָ֗ וּלְבָנֶ֙יךָ֙ אַחֲרֶ֔יךָ כִּֽי־תַעֲשֶׂ֥ה הַיָּשָׁ֖ר בְּעֵינֵ֥י יְהֹוָֽה:

26 רַ֧ק קָדָשֶׁ֛יךָ אֲשֶׁר־יִהְי֥וּ לְךָ֖ וּנְדָרֶ֑יךָ תִּשָּׂ֣א וּבָ֔אתָ אֶל־הַמָּק֖וֹם אֲשֶׁר־יִבְחַ֥ר יְהֹוָֽה: 27 וְעָשִׂ֤יתָ עֹלֹתֶ֨יךָ֙ הַבָּשָׂ֣ר וְהַדָּ֔ם עַל־מִזְבַּ֖ח יְהֹוָ֣ה אֱלֹהֶ֑יךָ וְדַם־זְבָחֶ֗יךָ יִשָּׁפֵךְ֙ עַל־מִזְבַּח֙ יְהֹוָ֣ה אֱלֹהֶ֔יךָ וְהַבָּשָׂ֖ר תֹּאכֵֽל: 28 שְׁמֹ֣ר וְשָׁמַעְתָּ֗ אֵ֤ת כָּל־הַדְּבָרִים֙ הָאֵ֔לֶּה אֲשֶׁ֥ר אָנֹכִ֖י מְצַוֶּ֑ךָּ לְמַעַן֩ יִיטַ֨ב לְךָ֜ וּלְבָנֶ֤יךָ אַחֲרֶ֙יךָ֙ עַד־עוֹלָ֔ם כִּ֤י תַעֲשֶׂה֙ הַטּ֣וֹב וְהַיָּשָׁ֔ר בְּעֵינֵ֖י יְהֹוָ֥ה אֱלֹהֶֽיךָ:

TERCERA LECTURA – YAAKOV – TIFÉRET

29 כִּֽי־יַכְרִית֩ יְהֹוָ֨ה אֱלֹהֶ֜יךָ אֶת־הַגּוֹיִ֗ם אֲשֶׁ֨ר אַתָּ֥ה בָא־שָׁ֛מָּה לָרֶ֥שֶׁת אוֹתָ֖ם מִפָּנֶ֑יךָ וְיָרַשְׁתָּ֣ אֹתָ֔ם וְיָשַׁבְתָּ֖ בְּאַרְצָֽם:

30 הִשָּׁ֣מֶר לְךָ֗ פֶּן־תִּנָּקֵשׁ֙ אַחֲרֵיהֶ֔ם אַחֲרֵ֖י הִשָּׁמְדָ֣ם מִפָּנֶ֑יךָ וּפֶן־תִּדְרֹ֨שׁ לֵאלֹֽהֵיהֶ֜ם לֵאמֹ֗ר אֵיכָ֨ה יַעַבְד֜וּ הַגּוֹיִ֤ם הָאֵ֙לֶּה֙ אֶת־אֱלֹ֣הֵיהֶ֔ם וְאֶעֱשֶׂה־כֵּ֖ן גַּם־אָֽנִי: 31 לֹא־תַעֲשֶׂ֣ה כֵ֔ן לַיהֹוָ֖ה אֱלֹהֶ֑יךָ כִּי֩ כָל־תּוֹעֲבַ֨ת יְהֹוָ֜ה אֲשֶׁ֣ר שָׂנֵ֗א עָשׂוּ֙ לֵאלֹ֣הֵיהֶ֔ם כִּ֣י גַ֤ם אֶת־בְּנֵיהֶם֙ וְאֶת־בְּנֹ֣תֵיהֶ֔ם יִשְׂרְפ֥וּ בָאֵ֖שׁ לֵאלֹֽהֵיהֶֽם: 13 1 אֵ֣ת כָּל־הַדָּבָ֗ר אֲשֶׁ֤ר אָנֹכִי֙ מְצַוֶּ֣ה אֶתְכֶ֔ם אֹת֥וֹ תִשְׁמְר֖וּ לַעֲשׂ֑וֹת לֹא־תֹסֵ֣ף עָלָ֔יו וְלֹ֥א תִגְרַ֖ע מִמֶּֽנּוּ:

² Si se levanta en medio de ti un profeta o soñador de sueños, y te da una señal o un prodigio, ³ y la señal o el prodigio se cumple, acerca del cual él te había hablado, diciendo: 'Vamos tras otros dioses, a los cuales no has conocido, y sirvámosles',

⁴ no escucharás las palabras de ese profeta o de ese soñador de sueños; porque el Eterno, tu Dios, te está probando para ver si amas al Eterno, tu Dios, con todo tu corazón y con toda tu alma.

⁵ Tras del Eterno, su Dios, andarán y a Él temerán; guardarán sus mandamientos, escucharán Su voz, le servirán y a Él se aferrarán.

⁶ Y a ese profeta o ese soñador de sueños se le dará muerte, porque ha hablado perversión contra el Eterno, su Dios, que los sacó de la tierra de Egipto y los redimió de casa de servidumbre, para apartarte del camino en el cual el Eterno, tu Dios, les mandó andar. Así quitarán el mal de en medio de ustedes.

⁷ Si tu hermano, el hijo de tu madre, o tu hijo, o tu hija, o la mujer de tu afecto, o tu amigo que es como tu alma te incita en secreto, diciendo: 'Vamos y sirvamos a otros dioses', a quienes ni tú ni tus padres han conocido,

⁸ de los dioses de los pueblos que te rodean, cerca o lejos de ti, de un límite de la tierra al otro,

⁹ no cederás ni le escucharás; y tu ojo no tendrá piedad de él, tampoco lo perdonarás ni lo encubrirás, ¹⁰ sino que ciertamente lo matarás; tu mano será la primera contra él para matarlo, y después la mano de todo el pueblo.

¹¹ Lo lapidarás con piedras hasta que muera, porque él buscó apartarte del Eterno, tu Dios, que te sacó de la tierra de Egipto, de la casa de servidumbre.

¹² Y todo Israel oirá y temerá, y nunca volverá a hacer tal iniquidad en medio de ti.

לָקוּם

Deuteronomio 13:2 – *"Si se levanta en medio de ti un profeta o soñador de sueños, y te da una señal o un prodigio... no escucharás las palabras de ese profeta"*.

El concepto de los falsos profetas es importante, especialmente para las personas en el camino espiritual. Es casi mejor no estudiar en lo absoluto que estudiar y enseñarles a los demás sin tener el entrenamiento apropiado; sin tener suficiente fortaleza ni conciencia espiritual. No es un error compartir sabiduría con los demás, pero cuando nos convertimos en el maestro espiritual de otra persona, debemos estar completamente preparados; aunque decidir cuándo y dónde alcanzamos este estado de preparación no depende de nosotros normalmente.

יְסִיתְךָ

Deuteronomio 13:7 – Este pasaje nos advierte que aun si la persona más cercana a nosotros intenta persuadirnos para alejarnos de Dios, debemos resistirnos a ella. Cualquiera puede ser un mensajero del Satán y casi cualquiera, con suficiente provocación, puede estar consumido por el odio o la negatividad y, de este modo, traer al Satán a la vida de los demás.

2 כִּי־יָקוּם בְּקִרְבְּךָ נָבִיא אוֹ חֹלֵם ‹ הויית חֲלוֹם וְנָתַן אבגית״ק, ושׂר, אהבת וחזם

אֵלֶיךָ אני אוֹת אוֹ מוֹפֵת: 3 וּבָא הָאוֹת וְהַמּוֹפֵת אֲשֶׁר־דִּבֶּר ראה אֵלֶיךָ אני

לֵאמֹר נֵלְכָה אַחֲרֵי אֱלֹהִים מום, אהיה אדני ; ילה אֲחֵרִים אֲשֶׁר לֹא־יְדַעְתָּם

וְנָעָבְדֵם: 4 לֹא תִשְׁמַע אֶל־דִּבְרֵי ראה הַנָּבִיא הַהוּא אוֹ אֶל־חוֹלֵם הַחֲלוֹם

הַהוּא כִּי מְנַסֶּה יְהוָֹהאדניאהדונהי אֱלֹהֵיכֶם ילה אֶתְכֶם לָדַעַת הֲיִשְׁכֶם

אֹהֲבִים אֶת־יְהוָֹהאדניאהדונהי אֱלֹהֵיכֶם ילה בְּכָל־ ב״ן, לכבב, יבם לְבַבְכֶם וּבְכָל־

ב״ן, לכבב, יבם נַפְשְׁכֶם: 5 אַחֲרֵי יְהוָֹהאדניאהדונהי אֱלֹהֵיכֶם ילה תֵּלֵכוּ וְאֹתוֹ תִירָאוּ

וְאֶת־מִצְוֹתָיו תִּשְׁמֹרוּ וּבְקֹלוֹ תִשְׁמָעוּ וְאֹתוֹ תַעֲבֹדוּ וּבוֹ תִדְבָּקוּן:

6 וְהַנָּבִיא הַהוּא אוֹ חֹלֵם ‹ הויית הַחֲלוֹם הַהוּא יוּמָת כִּי דִבֶּר־ ראה סָרָה

עַל־יְהוָֹהאדניאהדונהי אֱלֹהֵיכֶם ילה הַמּוֹצִיא אֶתְכֶם | מֵאֶרֶץ אלהים דאלפין מִצְרַיִם

מצר וְהַפֹּדְךָ ב״פ ראה מִבֵּית עֲבָדִים לְהַדִּיחֲךָ מִן־הַדֶּרֶךְ ב״פ יב״ק אֲשֶׁר צִוְּךָ

יְהוָֹהאדניאהדונהי אֱלֹהֶיךָ ילה לָלֶכֶת בָּהּ וּבִעַרְתָּ הָרָע מִקִּרְבֶּךָ: 7 כִּי יְסִיתְךָ

אָחִיךָ בֶן־אִמֶּךָ אוֹ־בִנְךָ אוֹ־בִתְּךָ אוֹ | אֵשֶׁת וַחֵיקֶךָ אוֹ רֵעֲךָ אֲשֶׁר

כְּנַפְשְׁךָ בַּסֵּתֶר אכתריא״ל לֵאמֹר נֵלְכָה וְנַעַבְדָה אֱלֹהִים מום, אהיה אדני ; ילה

אֲחֵרִים אֲשֶׁר לֹא יָדַעְתָּ אַתָּה וַאֲבֹתֶיךָ: 8 מֵאֱלֹהֵי דמב, ילה הָעַמִּים

ע״ה קס״א אֲשֶׁר סְבִיבֹתֵיכֶם הַקְּרֹבִים אֵלֶיךָ אני אוֹ הָרְחֹקִים מִמֶּךָּ מִקְצֵה

ה״פ טל, ג״פ אדני הָאָרֶץ אלהים דההין ע״ה וְעַד־קְצֵה הָאָרֶץ ה״פ טל, ג״פ אדני אלהים דההין ע״ה:

9 לֹא־תֹאבֶה לוֹ וְלֹא תִשְׁמַע אֵלָיו וְלֹא־תָחוֹס עֵינְךָ ריבוע מ״ה עָלָיו

וְלֹא־תַחְמֹל וְלֹא־תְכַסֶּה עָלָיו: 10 כִּי הָרֹג תַּהַרְגֶנּוּ בכ״ז תִהְיֶה־בּוֹ

בָרִאשׁוֹנָה לַהֲמִיתוֹ וְיַד כָּל־ ילי הָעָם בָּאַחֲרֹנָה: 11 וּסְקַלְתּוֹ בָאֲבָנִים

וָמֵת י״פ רבוע אהיה כִּי בִקֵּשׁ לְהַדִּיחֲךָ מֵעַל עלם יְהוָֹהאדניאהדונהי אֱלֹהֶיךָ ילה

הַמּוֹצִיאֲךָ מֵאֶרֶץ אלהים דאלפין מִצְרַיִם מצר מִבֵּית ב״פ ראה עֲבָדִים: 12 וְכָל־

ילי יִשְׂרָאֵל יִשְׁמְעוּ וְיִרָאוּן וְלֹא־יוֹסִפוּ לַעֲשׂוֹת כַּדָּבָר ראה הָרָע הַזֶּה

¹³ Si oyes decir que en alguna de las ciudades que el Eterno, tu Dios, te da para habitar:

¹⁴ 'Han salido hombres inicuos de en medio de ti y han seducido a los habitantes de su ciudad, diciendo: Vamos y sirvamos a otros dioses, a quienes no has conocido',

¹⁵ entonces inquirirás, inspeccionarás y preguntarás diligentemente. Y si es verdad y se comprueba que se ha hecho tal abominación en medio de ti,

¹⁶ irremisiblemente herirás a filo de espada a los habitantes de esa ciudad, destruyéndola por completo, todo lo que hay en ella y su ganado, a filo de espada.

¹⁷ Y reunirás todo su botín en medio de su plaza, y quemarás con fuego la ciudad con todo su botín para el Eterno, tu Dios; y será montón de ruinas para siempre. Nunca será edificada nuevamente.

¹⁸ Y no se adherirá nada a tu mano de tales despojos, para que el Eterno se aparte del ardor de Su ira y sea misericordioso contigo, tenga compasión de ti y te multiplique, tal como Él juró a tus padres,

¹⁹ porque escuchas la voz del Eterno, tu Dios, guardando todos Sus mandamientos que yo te ordeno hoy, haciendo lo que es correcto ante los ojos del Eterno, tu Dios.

CUARTA LECTURA – MOSHÉ – NÉTSAJ

14 ¹ Ustedes son hijos del Eterno, su Dios: no se harán incisiones ni se rasurarán entre los ojos a causa de un muerto.

עָרֶיךָ

Deuteronomio 13:13 – La Biblia se refiere a toda una ciudad que podría ser dominada por el Satán, transformándose así en lo que equivale a un hoyo negro espiritual. Sabemos que eso no es posible porque hay siempre un poco de Luz en cada situación. La Biblia no está hablando aquí de una situación creada por los seres humanos, sino por entidades negativas que el *Zóhar* describe como entidades negativas completamente carentes de Luz. Cuando nos sentimos deprimidos sin razón alguna, es posible que estas entidades sean la fuente de nuestra infelicidad.

בָּנִים

Deuteronomio 14:1 – Estamos destinados a sentir que somos los hijos de la Luz, y la manera para reconocer esto consiste de tres partes: a través de la lectura o escaneo del *Zóhar* todos los días, mediante la oración y la meditación espiritual, y a través del compartir verdadero. Podemos alcanzar un nivel espiritual en el que estemos tan cerca de la Fuerza de Luz que sintamos que somos Sus hijos. El Arí nos dice:

Las almas humanas emergen de cada faceta de los Cuatro Mundos, lo cual es el significado de: "Ustedes son los hijos del Eterno, su Dios" (Deuteronomio 14:1). De este modo, tanto a nivel

וְהוּ בְּקִרְבֶּךָ: 13 כִּי־תִשְׁמַע בְּאַחַת עָרֶיךָ אֲשֶׁר יְהֹוָהאדניאהדונהי אֱלֹהֶיךָ

ילה נֹתֵן אבגית"ץ, ועדר, אהבת חנם לְךָ לָשֶׁבֶת שָׁם יהוה עדי לֵאמֹר: 14 יָצְאוּ אֲנָשִׁים

בְּנֵי־בְלִיַּעַל מִקִּרְבֶּךָ וַיַּדִּיחוּ אֶת־יֹשְׁבֵי עִירָם לֵאמֹר נֵלְכָה וְנַעַבְדָה

אֱלֹהִים מום, אהיה אדני ; ילה אֲחֵרִים אֲשֶׁר לֹא־יְדַעְתֶּם: 15 וְדָרַשְׁתָּ וְחָקַרְתָּ

וְשָׁאַלְתָּ הֵיטֵב וְהִנֵּה מ"ה יה אֱמֶת אהיה פעמים אהיה, ו"פ ס"ג נָכוֹן הַדָּבָר ראה נֶעֶשְׂתָה

הַתּוֹעֵבָה הַזֹּאת בְּקִרְבֶּךָ: 16 הַכֵּה תַכֶּה אֶת־יֹשְׁבֵי הָעִיר בוז"ך, עדי, סנדלפו"ן

הַהִוא לְפִי־חָרֶב רבוע ס"ג ורבוע אהיה הַחֲרֵם אברהם, רמ"ח, ח"פ אל אֹתָהּ וְאֶת־כָּל־

אֲשֶׁר־בָּהּ ילי וְאֶת־בְּהֶמְתָּהּ לְפִי־חָרֶב רבוע ס"ג ורבוע אהיה: 17 וְאֶת־כָּל־ ילי

שְׁלָלָהּ תִּקְבֹּץ אֶל־תּוֹךְ רְחֹבָהּ וְשָׂרַפְתָּ בָאֵשׁ אלהים דיודין ע"ה אֶת־הָעִיר

בוז"ך, עדי, סנדלפו"ן וְאֶת־כָּל־ ילי שְׁלָלָהּ כָּלִיל לַיהֹוָהאדניאהדונהי אֱלֹהֶיךָ ילה וְהָיְתָה

תֵּל ה"פ אלהים עוֹלָם לֹא תִבָּנֶה עוֹד: 18 וְלֹא־יִדְבַּק בְּיָדְךָ בוכ"י מְאוּמָה

מִן־הַחֵרֶם אברהם, רמ"ח, ח"פ אל לְמַעַן יָשׁוּב יְהֹוָהאדניאהדונהי מֵחֲרוֹן אַפּוֹ וְנָתַן־

אבגית"ץ, ועדר, אהבת חנם לְךָ רַחֲמִים וְרִחַמְךָ וְהִרְבֶּךָ כַּאֲשֶׁר נִשְׁבַּע לַאֲבֹתֶיךָ:

19 כִּי תִשְׁמַע בְּקוֹל ע"ב ס"ג ע"ה יְהֹוָהאדניאהדונהי אֱלֹהֶיךָ ילה לִשְׁמֹר אֶת־כָּל־ ילי

מִצְוֹתָיו אֲשֶׁר אָנֹכִי איע מְצַוְּךָ הַיּוֹם ע"ה = נגד, זן, מזבח לַעֲשׂוֹת הַיָּשָׁר בְּעֵינֵי

רִבוע מ"ה יְהֹוָהאדניאהדונהי אֱלֹהֶיךָ ילה:

CUARTA LECTURA – MOSHÉ – NÉTSAJ

14 1 בָּנִים אַתֶּם לַיהֹוָהאדניאהדונהי אֱלֹהֵיכֶם ילה לֹא תִתְגֹּדְדוּ וְלֹא־תָשִׂימוּ

---

² *Porque eres pueblo santo para el Eterno, tu Dios; y el Eterno te ha escogido para que seas Su propio tesoro de entre todos los pueblos que están sobre la faz de la Tierra.*

³ *No comerás nada abominable.*

⁴ *Estos son los animales que podrán comer: el toro, la oveja, la cabra,*

⁵ *el ciervo, la gacela, el corzo, la cabra bezoar, la cabra montés, el antílope y el carnero montés.*

⁶ *Y cualquier animal de pezuña dividida, que tenga la pezuña hendida en dos mitades y que rumie, lo podrán comer.*

⁷ *No obstante, no comerán de entre éstos los que sólo rumian o los que sólo tienen la pezuña hendida: el camello, la liebre y el damán; porque, aunque rumian, no tienen la pezuña hendida; son impuros para ustedes.*

⁸ *Y el cerdo, aunque tiene la pezuña hendida, no rumia; es impuro para ustedes. No comerán de su carne ni tocarán sus cadáveres.*

⁹ *De todo lo que vive en el agua, éstos podrán comer: todos los que tienen aletas y escamas,*

¹⁰ *y cualquier animal que no tenga aletas ni escamas no han de comer; es impuro para ustedes.*

לֹא תֹאכַל

Deuteronomio 14:3 – Debemos intentar tanto como podamos elevar chispas de Luz cuando realizamos acciones físicas, incluyendo la acción de comer. El *Zóhar* dice que hay más chispas de Luz en alimentos *kosher* que en alimentos que no son *kosher*. La Biblia es como un mapa que nos orienta en nuestra búsqueda de más Luz. Cuanto más minuciosamente sigamos el camino que se nos ha delineado, más Luz recibiremos. Comer alimentos *kosher* eleva chispas de Luz que vienen a ayudarnos y darnos sustento. Sin embargo, si una persona negativa come alimentos *kosher*, no lo ayudará de la misma manera que ayuda a una persona positiva porque la persona negativa ha escogido, de muchas otras maneras, no seguir el anteproyecto cósmico. El *Zóhar* dice:

"'Ésta es la criatura viviente de entre todo animal que está en la Tierra que ustedes comerán...'" (Levítico 11:2). PREGUNTA: En este versículo, el final no se acomoda al comienzo, ni el comienzo al final. ¿Por qué primero dice "criatura viviente" y después "animal"? RESPONDE que el Santísimo, bendito sea Él, dijo: 'En tanto los hijos de Yisrael mantengan su cuerpo y alma apartados de la impureza, "Ésta es la criatura viviente... que ustedes comerán'". A SABER: ellos deben estar en la Santidad celestial y se adherirán a Mi Nombre ... Cuando ellos no se apartan del alimento y la bebida impuros, se apegarán a otro lugar impuro y serán contaminados por éste.
— El Zóhar, Sheminí 14:102-103

Rabí Elazar dijo: "'Ésta es la criatura viviente de entre todo animal que

קָרְחָ֖ה בֵּ֣ין עֵֽינֵיכֶ֑ם רביע מ"ה לָמֵֽת׃ 2 כִּ֣י עַ֤ם קָדוֹשׁ֙ אַתָּ֔ה

לַֽיהוָ֣ה אֱלֹהֶ֔יךָ וּבְךָ֞ בָּחַ֣ר יְהוָ֗ה לִֽהְי֥וֹת לוֹ֙ לְעַ֣ם

סְגֻלָּ֔ה מִכֹּל֙ הָ֣עַמִּ֔ים אֲשֶׁ֖ר עַל־פְּנֵ֥י הָאֲדָמָֽה׃

3 לֹ֥א תֹאכַ֖ל כָּל־תּוֹעֵבָֽה׃ 4 זֹ֥את הַבְּהֵמָ֖ה אֲשֶׁ֣ר תֹּאכֵ֑לוּ

שׁ֕וֹר שֵׂ֥ה כְשָׂבִ֖ים וְשֵׂ֥ה עִזִּֽים׃ 5 אַיָּ֥ל וּצְבִ֖י וְיַחְמ֑וּר וְאַקּ֥וֹ

וְדִישֹׁ֥ן וּתְא֖וֹ וָזָֽמֶר׃ 6 וְכָל־בְּהֵמָ֞ה מַפְרֶ֣סֶת פַּרְסָ֗ה

וְשֹׁסַ֤עַת שֶׁ֙סַע֙ שְׁתֵּ֣י פְרָס֔וֹת מַעֲלַ֥ת גֵּרָ֖ה בַּבְּהֵמָ֑ה אֹתָ֖הּ

תֹּאכֵֽלוּ׃ 7 אַ֣ךְ אֶת־זֶ֞ה לֹ֤א תֹֽאכְלוּ֙ מִמַּֽעֲלֵ֣י הַגֵּרָ֔ה וּמִמַּפְרִיסֵ֤י

הַפַּרְסָה֙ הַשְּׁסוּעָ֔ה אֶֽת־הַ֠גָּמָל וְאֶת־הָאַרְנֶ֧בֶת וְאֶת־הַשָּׁפָ֛ן

כִּֽי־מַעֲלֵ֧ה גֵרָ֣ה הֵ֗מָּה וּפַרְסָה֙ לֹ֣א הִפְרִ֔יסוּ טְמֵאִ֥ים הֵ֖ם

לָכֶֽם׃ 8 וְאֶת־הַ֠חֲזִיר כִּֽי־מַפְרִ֨יס פַּרְסָ֥ה הוּא֙ וְלֹ֣א גֵרָ֔ה

טָמֵ֥א ה֖וּא לָכֶ֑ם מִבְּשָׂרָם֙ לֹ֣א תֹאכֵ֔לוּ וּבְנִבְלָתָ֖ם לֹ֥א תִגָּֽעוּ׃ 9 אֶת־זֶה֙

תֹּֽאכְל֔וּ מִכֹּ֖ל אֲשֶׁ֣ר בַּמָּ֑יִם כֹּ֧ל אֲשֶׁר־ל֛וֹ סְנַפִּ֥יר וְקַשְׂקֶ֖שֶׂת תֹּאכֵֽלוּ׃

10 וְכֹ֨ל אֲשֶׁ֧ר אֵֽין־ל֛וֹ סְנַפִּ֥יר וְקַשְׂקֶ֖שֶׂת לֹ֣א תֹאכֵ֑לוּ טָמֵ֥א ה֖וּא לָכֶֽם׃

---

comerán ustedes'", SIGNIFICA que les está permitido a ustedes comer de todo aquello que pertenece al lado de la pureza, pero no se les permite comer aquello que no pertenece a este lado. Hay animales que vienen del lado DE LA PUREZA y otros del otro lado, impuro. Esto se deduce del versículo: "'...lo que tenga el casco hendido y las pezuñas partidas'" (Levítico 11:3). Hemos aprendido que todos ellos están marcados y la Escritura los especifica a todos. Por lo tanto, quien come de esos que vienen del lado impuro se contamina y contamina su alma, la cual brota del lado puro.

Rabí Shimón dijo que esto incluye todo, porque así como hay diez Sefirot de la Fe arriba, así hay diez Sefirot de hechicería impura abajo. Todas las cosas en la Tierra están adheridas ya sea a un lado o al otro, Y LA ESCRITURA NOS PERMITE ESOS ANIMALES QUE VIENEN DEL LADO DE LAS DIEZ SEFIROT SANTAS, Y NOS PROHÍBE TODOS AQUELLOS ANIMALES QUE VIENEN DEL LADO DE LAS DIEZ SEFIROT IMPURAS.

— El Zóhar, Shemini 14:105-106

בַּמַּיִם

Deuteronomio 14:9 – "... todos los que tienen aletas y escamas podrán comer". Cuando pensamos acerca de comer pescado, tal vez nos recuerde que, hasta hace unos años, se hacían pruebas nucleares en nuestros mares. Esta sección nos ayuda a obtener protección de la contaminación de toda la vida marina que resultó de estos experimentos.

11 Toda ave pura podrán comer.

12 Pero éstas no comerán: el buitre, el quebrantahuesos y el buteo;

13 el milano real, el halcón y el milano según su especie;

14 todo cuervo según su especie;

15 el avestruz, la lechuza, la gaviota y el gavilán según su especie; 16 el búho, el búho real y el búho cornudo, 17 el pelícano, el buitre carroñero, el cormorán,

18 la cigüeña y la garza según su especie; la abubilla y el murciélago.

19 Todo insecto alado es impuro para ustedes; no se comerá.

20 Toda ave pura podrán comer.

21 No comerán ningún animal que haya muerto por sí solo; lo podrás dar al forastero que está en tus puertas, para que lo coma, o lo podrás vender a un extranjero, porque tú eres un pueblo santo para el Eterno, tu Dios. No cocerás el cabrito en la leche de su madre.

QUINTA LECTURA – AHARÓN – HOD

22 Ciertamente diezmarás todo el producto de tu semilla, lo que dé tu campo cada año.

23 Y comerás ante el Eterno, tu Dios, en el lugar que Él escoja para que Su Nombre more allí, el diezmo de tu grano, tu mosto y tu aceite, y los primogénitos de tus vacas y de tus ovejas, para que aprendas a temer siempre al Eterno, tu Dios.

24 Y si el camino es tan largo para ti, que seas incapaz de llevar el diezmo por estar lejos el lugar donde el Eterno, tu Dios, escoja para poner allí Su Nombre, cuando el Eterno, tu Dios, te haya bendecido,

---

צִפּוֹר

Deuteronomio 14:11 – "*Toda ave pura podrán comer*". La gravedad no afecta a las aves como afecta a los humanos. Ultimamente, queremos llegar al punto en el que no seamos refrenados por la fuerza que nos tira hacia abajo, que es la gravedad en términos físicos, pero en términos espirituales es nuestro *Deseo de Recibir para Sí Mismo Solamente*. Si pudiéramos resistirnos a nuestra Inclinación Negativa de la manera que lo hacen los pájaros, nosotros también seríamos capaces de volar. Sabemos que los *tsadikim* (personas justas) podían usar los 72 Nombres de Dios para moverse de un lugar a otro, dado que ellos no tenían ningún deseo egoísta que los refrenara.

11 כָּל־ יּלּ **צִפּוֹר** טְהֹרָה יּ״פ אכא תֹּאכֵלוּ: 12 וְזֶה אֲשֶׁר לֹא־תֹאכְלוּ מֵהֶם

הַנֶּשֶׁר וְהַפֶּרֶס וְהָעָזְנִיָּה: 13 וְהָרָאָה וְאֶת־הָאַיָּה וְהַדַּיָּה לְמִינָהּ: 14 וְאֵת

כָּל־ יּלּ עֹרֵב רבוע יהוה ורבוע אלהים לְמִינוֹ: 15 וְאֵת בַּת הַיַּעֲנָה וְאֶת־הַתַּחְמָס

וְאֶת־הַשָּׁחַף וְאֶת־הַנֵּץ לְמִינֵהוּ: 16 אֶת־הַכּוֹס מום, אלהים, אהיה אדני

וְאֶת־הַיַּנְשׁוּף וְהַתִּנְשָׁמֶת: 17 וְהַקָּאָת וְאֶת־הָרָחָמָה וְאֶת־הַשָּׁלָךְ:

18 וְהַחֲסִידָה וְהָאֲנָפָה לְמִינָהּ וְהַדּוּכִיפַת וְהָעֲטַלֵּף: 19 וְכֹל יּלּ שֶׁרֶץ

הָעוֹף ג״פ ב״ן, יוסף, ציון טָמֵא הוּא לָכֶם לֹא יֵאָכֵלוּ: 20 כָּל־ יּלּ עוֹף ג״פ ב״ן, יוסף, ציון

טָהוֹר יּ״פ אכא תֹּאכֵלוּ: 21 לֹא תֹאכְלוּ כָל־ יּלּ נְבֵלָה ב״פ רבוע יהוה לַגֵּר בן קנ״א

אֲשֶׁר־בִּשְׁעָרֶיךָ תִּתְּנֶנָּה וַאֲכָלָהּ אוֹ מָכֹר הויות ל לְנָכְרִי כִּי עַם קָדוֹשׁ

אַתָּה לַיהֹוָ‍ה אלהים ואהיה ואדני אֱלֹהֶיךָ יּלה לֹא־תְבַשֵּׁל יּ״ן גְּדִי יּהוּ בַּחֲלֵב אִמּוֹ:

QUINTA LECTURA – AHARÓN – HOD

22 **עַשֵּׂר** תְּעַשֵּׂר אֵת כָּל־ יּלּ תְּבוּאַת זַרְעֶךָ הַיֹּצֵא הַשָּׂדֶה שׂדי שָׁנָה שָׁנָה:

23 וְאָכַלְתָּ לִפְנֵי חכמה בינה | יְהֹוָ‍ה אלהים ואהיה ואדני אֱלֹהֶיךָ יּלה בַּמָּקוֹם יהוה ברבוע, ו״פ אל

אֲשֶׁר־יִבְחַר לְשַׁכֵּן שׂ״ע שְׁמוֹ מהש ע״ה, אל שדי ע״ה שָׁם שׂדי יהוה ע״ה מַעְשַׂר ירת דְּגָנְךָ

תִּירֹשְׁךָ וְיִצְהָרֶךָ וּבְכֹרֹת בְּקָרְךָ וְצֹאנֶךָ לְמַעַן תִּלְמַד לְיִרְאָה רי״ו, גבורה

אֶת־יְהֹוָ‍ה אלהים ואהיה ואדני אֱלֹהֶיךָ יּלה כָּל־ יּלה הַיָּמִים נכך: 24 וְכִי־יִרְבֶּה מִמְּךָ הַדֶּרֶךְ

ב״פ יב״ק כִּי לֹא תוּכַל שְׂאֵתוֹ כִּי־יִרְחַק מִמְּךָ הַמָּקוֹם יהוה ברבוע, ו״פ אל אֲשֶׁר

יִבְחַר יְהֹוָ‍ה אלהים ואהיה ואדני אֱלֹהֶיךָ יּלה לָשׂוּם שְׁמוֹ מהש ע״ה, אל שדי ע״ה שָׁם שׂדי יהוה ע״ה כִּי

עַשֵּׂר

Deuteronomio 14:22 – Dar la décima parte de la producción de la tierra, o diezmar, es una buena estrategia de negocios y una buena práctica espiritual. El diezmar elimina la presencia del Satán de nuestros ingresos y regalos, así como la influencia destructiva del Satán de nuestra vida. Diezmar garantiza efectivamente que la Luz del Creador se vuelva nuestro socio silencioso en la vida.

25 entonces lo darás en dinero, y atarás el dinero en tu mano e irás al lugar que el Eterno, tu Dios, escoja.

26 Y podrás gastar el dinero en todo lo que tu alma desee: en vacunos u ovejas, en vino o licor, o en cualquier otra cosa que tu alma te pida; y allí comerás ante el Eterno, tu Dios, y te alegrarás tú y tu hogar.

27 Y no desampararás al levita que habite en tus ciudades, porque él no tiene parte ni heredad contigo. 28 Al cabo de cada tres años, sacarás todo el diezmo de tus productos de aquel año y lo depositarás dentro de tus puertas.

29 Y el levita, que no tiene parte ni herencia contigo, y el forastero, el huérfano y la viuda que habitan dentro de tus puertas, vendrán y comerán y se saciarán; para que el Eterno, tu Dios, te bendiga en toda obra que tu mano haga.

SEXTA LECTURA   YOSEF – YESOD

15 1 Al cabo de cada siete años harás remisión, es año sabático. 2 Y esta es la manera de hacer la remisión en año sabático: todo acreedor hará remisión de lo que haya prestado a su prójimo; no lo exigirá de su prójimo ni de su hermano, porque se ha proclamado la remisión del Eterno.

3 De un extranjero lo puedes exigir, pero tu mano exonerará cualquier cosa tuya que esté con tu hermano. 4 Y no habrá menesteroso entre ustedes, ya que el Eterno ciertamente te bendecirá en la tierra que el Eterno, tu Dios, te da por heredad para poseerla,

---

שָׁלֹשׁ

Deuteronomio 14:28 – Cada tres años, una parte de los diezmos era entregada a los pobres. Aun actualmente, tal clase de diezmo debe ir a personas que son pobres tanto espiritualmente como económicamente. No sólo debemos dar nuestro diezmo al lugar de donde recibimos nuestra educación y alimento espirituales, sino que debemos ver que el dinero vaya a personas que verdaderamente lo necesiten, lo merezcan y sean receptivas.

שְׁמִטָּה

Deuteronomio 15:1 – Este versículo trata sobre el precepto de *shemitá*; que cada setenta años, la tierra debe dejarse sin siembra nueva, a fin de darle tiempo de que se recupere y para que aumente la fertilidad del suelo. Con los fertilizantes químicos y la ingeniería genética, las plantas son forzadas a crecer mucho más rápidamente de lo que normalmente lo hacían. Pero, lamentablemente, acortar su proceso de crecimiento natural elimina la Luz de las plantas. Leer acerca de la *shemitá* nos ayuda a reinyectar energía en lo que comemos, a fin de que nuestros alimentos nos sustenten tanto físicamente como espiritualmente. El *Zóhar* dice:

Shlomó mencionó dos perfeccionamientos de la Nukvá en "El cantar de los cantares": uno para la pastora celestial, el Jubileo, A SABER: BINÁ; y uno para la novia, el Año Sabático, A SABER: LA NUKVÁ; una corrección arriba en Biná y una abajo EN LA NUKVÁ. La creación es

יְבָרֶכְךָ֙ יְהֹוָ֣ה(אדני־אהדונהי) אֱלֹהֶ֔יךָ ילה: 25 וְנָתַתָּ֣ה בַכֶּ֔סֶף וְצַרְתָּ֤ הַכֶּ֨סֶף֙ בְּיָ֣דְךָ֔

וְהָלַכְתָּ֙ אֶל־הַמָּק֔וֹם יהוה ברביע, ו״פ אל אֲשֶׁ֥ר יִבְחַ֛ר יְהֹוָ֥ה(אדני־אהדונהי) אֱלֹהֶ֖יךָ

ילה בּ֑וֹ 26 וְנָתַתָּ֣ה הַכֶּ֔סֶף בְּכֹ֛ל ב״ן, לכב, יבם אֲשֶׁר־תְּאַוֶּ֥ה נַפְשְׁךָ֖ בַּבָּקָ֨ר וּבַצֹּ֜אן

וּבַיַּ֣יִן מויכ, י״פ האא וּבַשֵּׁכָ֗ר וּבְכֹ֛ל ב״ן, לכב, יבם אֲשֶׁ֥ר תִּֽשְׁאָלְךָ֖

נַפְשֶׁ֑ךָ וְאָכַ֣לְתָּ שָּׁ֗ם עדי יהוה לִפְנֵי֙ וחכמה בינה יְהֹוָ֣ה(אדני־אהדונהי) אֱלֹהֶ֔יךָ ילה וְשָׂמַחְתָּ֖

אַתָּ֥ה וּבֵיתֶֽךָ: 27 וְהַלֵּוִ֥י ב״פ ראה מלוי ע״ב דמב, אֲשֶׁר־בִּשְׁעָרֶ֖יךָ לֹ֣א תַֽעַזְבֶ֑נּוּ כִּ֣י

אֵ֥ין ל֛וֹ יהוה אהיה יהוה אדני וְחֵ֖לֶק וְנַֽחֲלָ֥ה עִמָּֽךְ ה הויות, נמם 28 : מִקְצֵ֣ה ה הויות, ג״פ טל, ג״פ אדני |

שלש שָׁלֹ֣שׁ שָׁנִ֗ים תּוֹצִיא֙ אֶת־כָּל־ ילי מַעְשַׂר֙ ירת תְּבֽוּאָֽתְךָ֔ בַּשָּׁנָ֣ה הַהִ֑וא

וְהִנַּחְתָּ֖ בִּשְׁעָרֶֽיךָ: 29 וּבָ֣א הַלֵּוִ֡י מלוי ע״ב דמב, כִּ֣י אֵ֥ין־לוֹ֩ וְחֵ֨לֶק יהוה אהיה יהוה אדני

וְנַחֲלָ֜ה עִמָּ֗ךְ ה הויות, נמם וְ֠הַגֵּר ד״פ ב״ן וְהַיָּת֤וֹם יוסף, ציון, ו״פ יהוה וְ֨הָֽאַלְמָנָה֙ כוק, רבוע אדני

אֲשֶׁ֣ר בִּשְׁעָרֶ֔יךָ וְאָֽכְל֖וּ וְשָׂבֵ֑עוּ לְמַ֤עַן יְבָרֶכְךָ֙ יְהֹוָ֣ה(אדני־אהדונהי) אֱלֹהֶ֔יךָ ילה

בְּכָל־ ב״ן, לכב, יבם מַֽעֲשֵׂ֥ה יָֽדְךָ֖ בוכ״ו אֲשֶׁ֥ר תַּֽעֲשֶֽׂה:

SEXTA LECTURA – YOSEF – YESOD

15 1 מִקֵּ֥ץ מנק שֶׁ֖בַע ע״ב ואלהים דיודין שָׁנִ֑ים תַּֽעֲשֶׂ֖ה שמטה שְׁמִטָּֽה: 2 וְזֶה֮ דְּבַ֣ר ראה

הַשְּׁמִטָּה֒ שָׁמ֗וֹט כָּל־ ילי בַּ֨עַל֙ מַשֵּׁ֣ה יָד֔וֹ אֲשֶׁ֥ר יַשֶּׁ֖ה בְּרֵעֵ֑הוּ לֹֽא־יִגֹּ֤שׂ

אֶת־רֵעֵ֨הוּ֙ וְאֶת־אָחִ֔יו כִּֽי־קָרָ֥א שְׁמִטָּ֖ה לַֽיהֹוָֽה(אדני־אהדונהי): 3 אֶת־הַנָּכְרִ֖י

תִּגֹּ֑שׂ וַֽאֲשֶׁ֨ר יִֽהְיֶ֥ה לְךָ֛ אֶת־אָחִ֖יךָ תַּשְׁמֵ֥ט יָדֶֽךָ בוכ״ו: 4 אֶ֕פֶס כִּ֛י לֹ֥א

יִֽהְיֶה־ יהוה בָּ֖ךְ אֶבְי֑וֹן כִּֽי־בָרֵ֤ךְ יְבָרֶכְךָ֙ יְהֹוָ֔ה(אדני־אהדונהי) בָּאָ֕רֶץ אלהים דאלפין

אֲשֶׁר֙ יְהֹוָ֣ה(אדני־אהדונהי) אֱלֹהֶ֔יךָ ילה נֹֽתֵֽן־ אבגית״ץ, ועֶר, אהבת חנם לְךָ֥ נַֽחֲלָ֖ה לְרִשְׁתָּֽהּ:

---

manifestada también en dos lugares, una trabaja arriba EN BINÁ, *y otra abajo* EN LA NUKVÁ. *Es por esto que la Torá empieza con Bet (=2),* QUE ALUDE A LAS DOS NUKVÁS.

La obra abajo se pareció EN SU PERFECCIÓN *a la obra arriba.*
— *El Zóhar, Vayejí 65:648*

⁵ *si sólo escuchas diligentemente la Voz del Eterno, tu Dios, para observar el cumplimiento de lo que te ordeno este día.*

⁶ *Pues el Eterno, tu Dios, te bendecirá como te ha prometido; y tú prestarás a muchas naciones, pero tú no tomarás prestado; y tendrás dominio sobre muchas naciones, pero ellas no tendrán dominio sobre ti.*

⁷ *Si hay un menesteroso contigo, uno de tus hermanos, dentro de cualquiera de tus puertas en la tierra que el Eterno, tu Dios, te da, no endurecerás tu corazón, ni cerrarás tu mano a tu hermano necesitado,*

⁸ *sino que ciertamente le abrirás tu mano, y de cierto le prestarás suficiente según su necesidad en aquello que desea.*

⁹ *Cuídate de que no haya pensamiento inicuo en tu corazón, diciendo: 'El séptimo año, el año de remisión, está cerca', y tu ojo sea maligno para con tu hermano pobre y no le des nada; y él podrá clamar al Eterno contra ti, y esto te será pecado.*

¹⁰ *Ciertamente le darás, y tu corazón no se lamentará cuando le des, ya que el Eterno, tu Dios, te bendecirá por esto en todo tu trabajo y en cada cosa que haga tu mano.*

¹¹ *Porque nunca faltarán pobres en la tierra; por lo tanto, te ordeno, diciendo: 'Ciertamente abrirás tu mano a tu hermano pobre y menesteroso en tu tierra'.*

¹² *Si un hermano tuyo, hebreo o hebrea, te es vendido, te servirá por seis años; y al séptimo año lo dejarás ir libre de ti.*

¹³ *Y cuando lo dejes ir libre, no lo enviarás con las manos vacías.*

¹⁴ *Le abastecerás liberalmente de tu rebaño, de tu era y de tu lagar; conforme te haya bendecido el Eterno, tu Dios, le darás.*

¹⁵ *Y recordarás que fuiste esclavo en la tierra de Egipto, y que el Eterno, tu Dios, te redimió; por lo tanto, te ordeno esto hoy.*

אֶבְיוֹן

Deuteronomio 15:7 – Cuando alguien nos pide ayuda o cuando pensamos en dar caridad, nunca debemos considerar el costo que esto conlleva. Es importante dar sin condiciones porque, de lo contrario, no es verdadero dar. Cuando damos, tenemos que confiar en que no estamos perdiendo nada sino, en vez de ello, estamos abriéndonos para recibir más del Creador. La duda sólo garantiza que lo que damos no regrese a nosotros.

יִמָּכֵר

Deuteronomio 15:12 – Esta sección habla de la esclavitud. Si bien la esclavitud física ha sido predominantemente abolida, la esclavitud espiritual todavía sigue fuera de control. La gente es esclavizada por su trabajo, o por la ira y el resentimiento o, más frecuentemente, por sus deseos. Al conectar con esta lectura, obtenemos libertad de nuestra esclavitud personal.

5 רַ֗ק אִם־ שָׁמֹ֤עַ תִּשְׁמַע֙ בְּק֣וֹל יְהֹוָ֣ה אֱלֹהֶ֔יךָ לִשְׁמֹ֣ר לַעֲשׂ֔וֹת אֶת־כָּל־ הַמִּצְוָ֣ה הַזֹּ֔את אֲשֶׁ֛ר אָנֹכִ֥י מְצַוְּךָ֖ הַיּֽוֹם׃

6 כִּֽי־יְהֹוָ֤ה אֱלֹהֶ֙יךָ֙ בֵּֽרַכְךָ֔ כַּאֲשֶׁ֖ר דִּבֶּר־לָ֑ךְ וְהַֽעֲבַטְתָּ֞ גּוֹיִ֣ם רַבִּ֗ים וְאַתָּה֙ לֹ֣א תַעֲבֹ֔ט וּמָֽשַׁלְתָּ֙ בְּגוֹיִ֣ם רַבִּ֔ים וּבְךָ֖ לֹ֥א יִמְשֹֽׁלוּ׃

7 כִּֽי־יִהְיֶה֩ בְךָ֨ אֶבְי֜וֹן מֵאַחַ֤ד אַחֶ֙יךָ֙ בְּאַחַ֣ד שְׁעָרֶ֔יךָ בְּאַ֨רְצְךָ֔ אֲשֶׁר־יְהֹוָ֥ה אֱלֹהֶ֖יךָ נֹתֵ֣ן לָ֑ךְ לֹ֧א תְאַמֵּ֣ץ אֶת־לְבָבְךָ֗ וְלֹ֤א תִקְפֹּץ֙ אֶת־יָ֣דְךָ֔ מֵאָחִ֖יךָ הָאֶבְיֽוֹן׃

8 כִּֽי־פָתֹ֧חַ תִּפְתַּ֛ח אֶת־יָֽדְךָ֖ ל֑וֹ וְהַעֲבֵט֙ תַּעֲבִיטֶ֔נּוּ דֵּ֚י מַחְסֹר֔וֹ אֲשֶׁ֥ר יֶחְסַ֖ר לֽוֹ׃

9 הִשָּׁ֣מֶר לְךָ֡ פֶּן־יִהְיֶ֣ה דָבָר֩ עִם־לְבָבְךָ֨ בְלִיַּ֜עַל לֵאמֹ֗ר קָֽרְבָ֣ה שְׁנַֽת־הַשֶּׁ֣בַע שְׁנַ֣ת הַשְּׁמִטָּה֒ וְרָעָ֣ה עֵֽינְךָ֗ בְּאָחִ֙יךָ֙ הָֽאֶבְי֔וֹן וְלֹ֥א תִתֵּ֖ן ל֑וֹ וְקָרָ֤א עָלֶ֙יךָ֙ אֶל־יְהֹוָ֔ה וְהָיָ֥ה בְךָ֖ חֵֽטְא׃

10 נָת֤וֹן תִּתֵּן֙ ל֔וֹ וְלֹא־יֵרַ֥ע לְבָבְךָ֖ בְּתִתְּךָ֣ ל֑וֹ כִּ֞י בִּגְלַ֣ל ׀ הַדָּבָ֣ר הַזֶּ֗ה יְבָרֶכְךָ֙ יְהֹוָ֣ה אֱלֹהֶ֔יךָ בְּכָֽל־מַעֲשֶׂ֔ךָ וּבְכֹ֖ל מִשְׁלַ֥ח יָדֶֽךָ׃

11 כִּ֛י לֹא־יֶחְדַּ֥ל אֶבְי֖וֹן מִקֶּ֣רֶב הָאָ֑רֶץ עַל־כֵּ֞ן אָנֹכִ֤י מְצַוְּךָ֙ לֵאמֹ֔ר פָּ֠תֹ֠חַ תִּפְתַּ֨ח אֶת־יָדְךָ֜ לְאָחִ֧יךָ לַעֲנִיֶּ֛ךָ וּלְאֶבְיֹנְךָ֖ בְּאַרְצֶֽךָ׃

12 כִּֽי־יִמָּכֵ֨ר לְךָ֜ אָחִ֣יךָ הָֽעִבְרִ֗י א֚וֹ הָֽעִבְרִיָּ֔ה וַעֲבָֽדְךָ֖ שֵׁ֣שׁ שָׁנִ֑ים וּבַשָּׁנָה֙ הַשְּׁבִיעִ֔ת תְּשַׁלְּחֶ֥נּוּ חָפְשִׁ֖י מֵעִמָּֽךְ׃

13 וְכִֽי־תְשַׁלְּחֶ֥נּוּ חָפְשִׁ֖י מֵעִמָּ֑ךְ לֹ֥א תְשַׁלְּחֶ֖נּוּ רֵיקָֽם׃

14 הַעֲנֵ֤יק תַּעֲנִיק֙ ל֔וֹ מִצֹּ֣אנְךָ֔ וּמִֽגָּרְנְךָ֖ וּמִיִּקְבֶ֑ךָ אֲשֶׁ֧ר בֵּרַכְךָ֛ יְהֹוָ֥ה אֱלֹהֶ֖יךָ תִּתֶּן־לֽוֹ׃

15 וְזָכַרְתָּ֗ כִּ֣י עֶ֤בֶד הָיִ֙יתָ֙ בְּאֶ֣רֶץ מִצְרַ֔יִם וַֽיִּפְדְּךָ֖ יְהֹוָ֣ה אֱלֹהֶ֑יךָ עַל־כֵּ֞ן אָנֹכִ֧י מְצַוְּךָ֛ אֶת־הַדָּבָ֥ר הַזֶּ֖ה הַיּֽוֹם׃

16 וְהָיָה֙ כִּֽי־יֹאמַ֣ר אֵלֶ֔יךָ לֹ֥א אֵצֵ֖א מֵעִמָּ֑ךְ כִּ֤י אֲהֵֽבְךָ֙ וְאֶת־בֵּיתֶ֔ךָ כִּי־ט֥וֹב ל֖וֹ עִמָּֽךְ׃

17 וְלָקַחְתָּ֣

16 Y si él te dice: 'No me iré de tu lado', porque te ama a ti y a tu casa, pues le va bien contigo, 17 entonces tomarás una lezna y horadarás su oreja contra la puerta, y será tu siervo para siempre. Y también harás lo mismo a tu sierva.

18 No te parecerá duro cuando lo dejes ir libre, porque por seis años te sirvió el doble de lo que corresponde al salario de un jornalero; y el Eterno, tu Dios, te bendecirá en todo lo que hagas.

SÉPTIMA LECTURA – DAVID – MALJUT

19 Todo primogénito que nazca de tu ganado y de tu rebaño consagrarás al Eterno, tu Dios; no trabajarás con el primogénito de tu ganado ni trasquilarás al primogénito de tu rebaño.

20 Lo comerás tú y tu casa cada año delante del Eterno, tu Dios, en el lugar que el Eterno escoja. 21 Y si tiene algún defecto, cojera o ceguera, o cualquier otro defecto grave, no lo sacrificarás al Eterno, tu Dios.

22 Lo comerás dentro de tus puertas; el impuro y el puro pueden comerlo, como se come una gacela o un ciervo. 23 Sólo que no comerás su sangre; la derramarás como agua sobre la tierra.

16 1 Observarás el mes de Aviv y harás el sacrificio de Pésaj al Eterno, tu Dios; porque en el mes de Aviv el Eterno, tu Dios, te sacó de Egipto de noche.

הַבְּכוֹר

Deuteronomio 15:19 – Los varones primogénitos son imbuidos de la energía de muerte, pero también contienen la Luz de todos los hermanos que nacerán después de ellos. Hay una ceremonia conocida como *Pidyón HaBen* (Redención del Primogénito) que anula el aspecto de la muerte. En el *Zóhar* dice:

El Zóhar da a conocer un secreto concerniente a un primogénito. Cuando el niño es sometido a un ritual para separarlo de la fuerza de la muerte, el niño es entonces conectado a la realidad del Árbol de la Vida, un reino de infinito deleite y bondad. Como el primogénito es la semilla de cualquiera y todos los hijos por venir, esta ceremonia protege a todos los futuros hijos que nazcan en esa familia. El decimotercer precepto es

realizar la redención ritual para su hijo y conectarlo a la vida. Hay dos asignados a cargo —uno a la vida y otro a la muerte— y ambos se colocan al lado del hombre. Así, cuando una persona redime a su hijo, lo redime de ése ASIGNADO a la muerte y lo saca fuera de su control. Éste es el secreto de las palabras: "Y vio Dios todo lo que había hecho" (Génesis 1:31). ESTO ES en general. "Y he aquí que era… bueno" (ibid.) hace alusión al Ángel de la Muerte. Por lo tanto, por este acto de redención, se refuerza el Ángel de la Vida y se debilita EL ÁNGEL DE LA MUERTE. Por esta redención, él adquiere vida para sí mismo, como se ha mencionado, para que el lado maligno lo deje tranquilo y no se aferre más a él.

— El Zóhar, Prólogo 21:246 y su sinopsis, El Décimotercer Precepto

אֶת־הַמַּרְצֵעַ וְנָתַתָּה בְאָזְנוֹ וּבַדֶּלֶת וְהָיָה יהוה, הי׳׳ לְךָ עֶבֶד עוֹלָם וְאַף

לַאֲמָתְךָ תַּעֲשֶׂה־כֵּן: 18 לֹא־יִקְשֶׁה בְעֵינֶךָ ריבוע מ׳׳ה בְּשַׁלֵּחֲךָ אֹתוֹ חָפְשִׁי

מֵעִמָּךְ ה׳ הויות, גמם כִּי מִשְׁנֶה עֲדֹי יה אֲדֹנִי שְׂכַר ייפ ב׳׳ן שְׂכִיר עֲבָדְךָ פיי שֵׁשׁ שָׁנִים

וּבֵרַכְךָ יהואדניהאהדונהי אֱלֹהֶיךָ ילה בְּכֹל ב׳׳ן, לכב, יבם אֲשֶׁר תַּעֲשֶׂה:

SÉPTIMA LECTURA – DAVID – MALJUT

19 כָּל־ ילי הַבְּכוֹר אֲשֶׁר יִוָּלֵד בִּבְקָרְךָ וּבְצֹאנְךָ הַזָּכָר תַּקְדִּישׁ

לַיהואדניהאהדונהי אֱלֹהֶיךָ ילה לֹא תַעֲבֹד בִּבְכֹר שׁוֹרֶךָ וְלֹא תָגֹז בְּכוֹר

צֹאנֶךָ: 20 לִפְנֵי יהואדניהאהדונהי חכמה בינה אֱלֹהֶיךָ ילה תֹּאכְלֶנּוּ שָׁנָה בְשָׁנָה

בַּמָּקוֹם יהוה ברבוע אֲשֶׁר־יִבְחַר ו׳׳פ אל יהואדניהאהדונהי אַתָּה וּבֵיתֶךָ ב׳׳פ ראה:

21 וְכִי־יִהְיֶה ייי בוֹ מוּם מום, אלהים, אהיה אדני פִּסֵּחַ אוֹ עִוֵּר כֹּל ילי מוּם

מום, אלהים, אהיה אדני רָע לֹא תִזְבָּחֶנּוּ לַיהואדניהאהדונהי אֱלֹהֶיךָ ילה: 22 בִּשְׁעָרֶיךָ

תֹּאכְלֶנּוּ הַטָּמֵא וְהַטָּהוֹר ו׳׳פ אכא יַחְדָּו כַּצְּבִי וְכָאַיָּל: 23 רַק אֶת־דָּמוֹ לֹא

תֹאכֵל עַל־הָאָרֶץ אלהים דההין ע׳׳ה תִּשְׁפְּכֶנּוּ כַּמָּיִם: 16 1 שָׁמוֹר אֶת־חֹדֶשׁ

י׳׳ב הויות הָאָבִיב וְעָשִׂיתָ פֶּסַח לַיהואדניהאהדונהי אֱלֹהֶיךָ ילה כִּי בְּחֹדֶשׁ

Esto también se aplica a los animales primogénitos, los cuales deben ser tratados con mayor respeto y dignidad porque ellos también tienen esta energía añadida.

פֶּסַח

Deuteronomio 16:1 – Moshé le recordó al pueblo que guardaran los preceptos de *Pésaj*. Así como los israelitas ancestrales usaron la ventana cósmica en *Nisán*, el mes de Aries, para liberarse de la esclavitud del Faraón, nosotros también podemos usar esta ventana cada año para liberarnos de la esclavitud de nuestro

Deseo de Recibir para Sí Mismo Solamente. Cada vez que leemos acerca de *Pésaj* en la Biblia, obtenemos el soporte para lograr eso. El *Zóhar* dice:

El siguiente (vigésimo séptimo) mandamiento es comer Matzá en Pésaj, porque es un recuerdo por generaciones y generaciones del secreto de la Fe. Ha sido explicado que Yisrael salió en ese tiempo del secreto de otros dioses y llegó al secreto de la Fe. Este secreto ha sido explicado en muchos lugares.
— El Zóhar, Bo 11:185

² Y sacrificarás en Pésaj para el Eterno, tu Dios, ofrendas de tus ovejas y de tus vacunos, en el lugar que el Eterno escoja para que Su Nombre allí more.

³ No comerás con ella pan con levadura; siete días comerás con ella pan ácimo, pan de aflicción; porque aprisa saliste de la tierra de Egipto; para que recuerdes el día que saliste de la tierra de Egipto todos los días de tu vida.

⁴ Y no se verá contigo levadura en todo tu territorio durante siete días; y de la carne que sacrifiques en la tarde del primer día, no quedará nada para la mañana siguiente.

⁵ No podrás sacrificar la ofrenda de Pésaj en ninguna de las puertas que el Eterno, tu Dios, te da;

⁶ sino que en el lugar que el Eterno, tu Dios, escoja para que allí more Su Nombre, sacrificarás la ofrenda de Pésaj al ocaso, al ponerse el Sol, al momento en que saliste de Egipto.

⁷ Y la asarás y la comerás en el lugar que el Eterno, tu Dios, escoja; y en la mañana regresarás a tus tiendas.

⁸ Seis días comerás pan ácimo, y en el séptimo día habrá una asamblea solemne para el Eterno, tu Dios; ningún trabajo harás en él.

⁹ Siete semanas contarás para ti; desde el momento en que se meta la hoz a la mies, comenzarás a contar siete semanas.

שִׁבְעָת

Deuteronomio 16:9 – La celebración de *Shavuot* concluye las siete semanas del conteo del *Ómer* que sigue de *Pésaj*. "Conteo del *Ómer*" significa literalmente "conteo de las gavillas" y se cuenta verbalmente cada noche durante los 49 días entre *Pésaj* y *Shavuot*. *Shavuot* nos ofrece la misma energía de inmortalidad que los israelitas experimentaron cuando Moshé reveló los Diez Enunciados en el Monte Sinaí. En ese momento de la historia, los ciegos podían ver, los sordos podían escuchar, y no había muerte de ningún tipo. Si bien intentamos conectar con esta energía de inmortalidad cada día de nuestra vida, dicha energía está más disponible en el cosmos de forma inmediata durante la festividad de *Shavuot*. El *Zóhar* dice:

Cuando LAS SIETE SEFIROT DE MALJUT son santificadas a través de ellas, LAS 49 SEFIROT CELESTIALES, la Casa, QUE ES LAS

SIETE SEFIROT DE MALJUT QUE NO FUERON CORREGIDAS DURANTE LA PRIMERA NOCHE DE PÉSAJ, *es preparada de modo que una esposa se una con su esposo, a saber:* MALJUT SE UNA CON ZEIR ANPÍN. *Entonces es llamada Shavuot (festividad de las semanas), según los femeninos,* SIGNIFICANDO LAS SIETE SEFIROT DE MALJUT QUE SON LLAMADAS 'SIETE SEMANAS', COMO SE MENCIONÓ ARRIBA, *sobre las cuales los días celestiales moran,* QUE SON LOS 49 DÍAS DE ZEIR ANPÍN, *a través de los cuales son santificadas. Por lo tanto, está escrito: "'…en la fiesta de las semanas de ustedes…'" (Números 28:26),* LO QUE SIGNIFICA *que son de ustedes. No está escrito 'en la fiesta de las semanas',* PORQUE ASÍ COMO LAS SIETE SEFIROT DE MALJUT FUERON SANTIFICADAS, LAS CUALES SON LLAMADAS 'SEMANAS', *Yisrael abajo fue santificado con ellas,* PORQUE YISRAEL ABAJO DEPENDE DE LA SANTIFICACIÓN

י״ב הויות הָאָבִיב הוֹצִיאֲךָ יְהוָֹואהדונהי אֱלֹהֶיךָ ילה מִמִּצְרַיִם מצר לַיְלָה מלה:

2 וְזָבַחְתָּ פֶּסַח לַיהוָֹואהדונהי אֱלֹהֶיךָ מלוי אהיה דיודין ע״ב צֹאן ילה וּבָקָר בַּמָּקוֹם

יהוה ברבוע, ר״פ אל אֲשֶׁר־יִבְחַר יְהוָֹואהדונהי ע״ע לְשַׁכֵּן מהטע ע״ה, אל שדי ע״ה שְׁמוֹ

שָׁם שדי יהוה: 3 לֹא־תֹאכַל עָלָיו חָמֵץ שִׁבְעַת יָמִים נלך תֹּאכַל־עָלָיו

מַצּוֹת לֶחֶם ג״פ יהוה עֹנִי כִּי בְחִפָּזוֹן יָצָאתָ מֵאֶרֶץ אלהים דאלפין מִצְרַיִם מצר

לְמַעַן תִּזְכֹּר אֶת־יוֹם ע״ה = נגד, זן, מזבח צֵאתְךָ מֵאֶרֶץ אלהים דאלפין מִצְרַיִם מצר

כֹּל ילי יְמֵי חַיֶּיךָ: 4 וְלֹא־יֵרָאֶה רי״ו, גבורה לְךָ שְׂאֹר ג׳ מווחין דאלהים דקטנות בְּכָל־

ב״ן, לכב, יבם גְּבֻלְךָ שִׁבְעַת יָמִים נלך וְלֹא־יָלִין מִן־הַבָּשָׂר אֲשֶׁר תִּזְבַּח

בָּעֶרֶב רבוע יהוה ורבוע אלהים בַּיּוֹם ע״ה = נגד, זן, מזבח הָרִאשׁוֹן לַבֹּקֶר: 5 לֹא תוּכַל

לִזְבֹּחַ אֶת־הַפָּסַח בְּאַחַד אהבה, דאגה שְׁעָרֶיךָ אֲשֶׁר־יְהוָֹואהדונהי אֱלֹהֶיךָ

ילה נֹתֵן אבגית״ץ, ועיר, אהבת חנם לָךְ: 6 כִּי אִם־ יוזרך, ע״ה מ״ב אֶל־הַמָּקוֹם יהוה ברבוע, ר״פ אל

אֲשֶׁר־יִבְחַר יְהוָֹואהדונהי אֱלֹהֶיךָ ילה לְשַׁכֵּן מהטע ע״ה, אל שדי ע״ה שְׁמוֹ שָׁם

שדי יהוה תִּזְבַּח אֶת־הַפֶּסַח בָּעֶרֶב רבוע יהוה ורבוע אלהים כְּבוֹא הַשֶּׁמֶשׁ ב״פ ע״ך

מוֹעֵד צֵאתְךָ מִמִּצְרָיִם מצר: 7 וּבִשַּׁלְתָּ וְאָכַלְתָּ בַּמָּקוֹם יהוה ברבוע, ר״פ אל

אֲשֶׁר יִבְחַר יְהוָֹואהדונהי אֱלֹהֶיךָ ילה בּוֹ וּפָנִיתָ בַבֹּקֶר וְהָלַכְתָּ לְאֹהָלֶיךָ

ילה: 8 שֵׁשֶׁת יָמִים נלך תֹּאכַל מַצּוֹת וּבַיּוֹם ע״ה = נגד, זן, מזבח הַשְּׁבִיעִי עֲצֶרֶת

לַיהוָֹואהדונהי אֱלֹהֶיךָ ילה לֹא תַעֲשֶׂה מְלָאכָה אל אדני: 9 שִׁבְעָה שָׁבֻעֹת

תִּסְפָּר־לָךְ מֵהָחֵל חֶרְמֵשׁ בַּקָּמָה תָּחֵל לִסְפֹּר שִׁבְעָה שָׁבֻעוֹת:

DE MALJUT, DE LA CUAL ELLOS RECIBEN; POR LO TANTO, DICE: "'LAS SEMANAS DE USTEDES'".

Cuando llegamos a 49 días, ese día celestial que está encima de ellos, el quincuagésimo día, QUE ES BINÁ, rige sobre los 49 días, a saber: LAS 49 SEFIROT DE ZEIR ANPÍN, que son el secreto de la totalidad de la Torá, SIGNIFICANDO ZEIR ANPÍN QUE ES LLAMADA 'TORÁ', que tiene 49 aspectos. Entonces el día celestial, QUE

ES el día quincuagésimo, BINÁ, por medio del despertar de los seres inferiores, produce la Torá, QUE ES ZEIR ANPÍN, SIGNIFICANDO LOS MOJÍN DE SUS TRES PRIMERAS SEFIROT, que es la totalidad de los 49 aspectos CORREGIDOS POR MEDIO DEL CONTEO DE LOS 49 DÍAS.

El Zóhar, Tetsavé 7:68-69

¹⁰ Y guardarás la Festividad de las Semanas al Eterno, tu Dios, con el tributo de una ofrenda voluntaria de tu mano, la cual darás conforme el Eterno, tu Dios, te haya bendecido. ¹¹ Y te regocijarás delante del Eterno, tu Dios, tú, tu hijo, tu hija, tu siervo, tu sierva, el levita que habita en tus puertas, y el forastero, el huérfano y la viuda que están en medio de ti, en el lugar donde el Eterno tu Dios escoja para que more allí Su Nombre.

¹² Y recordarás que tú fuiste esclavo en Egipto; y observarás el cumplimiento de estos estatutos.

MAFTIR

¹³ Guardarás la Festividad de los Tabernáculos durante siete días, después de que hayas recogido el producto de tu era y de tu lagar. ¹⁴ Y te regocijarás en tu fiesta, tú, tu hijo y tu hija, tu siervo y tu sierva, el levita y el forastero, el huérfano y la viuda que están dentro de tus puertas.

¹⁵ Siete días celebrarás fiesta al Eterno, tu Dios, en el lugar que escoja el Eterno; porque el Eterno, tu Dios, te bendecirá en toda tu producción y en toda la obra de tus manos; y estarás completamente alegre.

¹⁶ Tres veces al año se presentarán todos tus varones ante el Eterno, tu Dios, en el lugar que Él escoja: en la Festividad del Pan Ácimo, en la Festividad de las Semanas y en la Festividad de los Tabernáculos, y no se presentarán delante del Eterno con las manos vacías; ¹⁷ cada hombre dará lo que pueda, conforme a la bendición que el Eterno, tu Dios, te haya dado.

הַסְכּת

Deuteronomio 16:14 – Sucot es mencionada: "Y te regocijarás". En hebreo, las letras finales de esta frase forman la palabra *Jet, Tav, Caf*, que es el nombre del Ángel del Sustento. Aquí hay un secreto precioso: cuanto más felices somos, más presente está este ángel en nuestra vida. Puede que estemos haciendo todas las acciones correctas para recibir el sustento pero, si no somos felices, de alguna manera estamos impidiendo que este ángel nos dé el sustento que nos hemos ganado justamente.

Con respecto a *Pésaj, Shavuot* y *Sucot*, el *Zóhar* explica:

El duodécimo precepto QUE ESTÁ CON MALJUT es llamado "el Festival del Pan sin Leudar" (Pésaj) y "el Festival de las Semanas" (Shavuot) y "el Festival de Sucot", del aspecto de los tres Patriarcas, QUE SON JÉSED, GUEVURÁ Y TIFÉRET; y el Año Nuevo es el aspecto de MALJUT misma, QUE ES EL SECRETO DE: "La ley del gobierno (MALJUT) es la ley. Hay también la opinión que LA FESTIVIDAD DE PÉSAJ es el brazo derecho, A SABER: JÉSED; Shavuot, que es el tiempo en que la Torá fue entregada en el desierto, donde el designado SOBRE EL DESIERTO es el toro del lado de Guevurá; SHAVUOT ES ASÍ GUEVURÁ. Sucot es TIFÉRET, COMO ESTÁ DICHO: "Y Yaakov viajó a Sucot" (Génesis 33:17) SIENDO YAAKOV TIFÉRET Y EN TODOS LOS OTROS LUGARES, EL AUTOR DICE QUE PÉSAJ ES JÉSED, SUCOT ES GUEVURÁ, Y SHAVUOT ES TIFÉRET.
— El Zóhar, Pinjás 123:857

10 וְעָשִׂיתָ חַג שָׁבֻעוֹת לַיהֹוָ֣האדנ֖י אֱלֹהֶ֔יךָ יֵלֵה מִסַּת נִדְבַת יָֽדְךָ בוכ"ו

אֲשֶׁר תִּתֵּן ב"פ כהת כַּאֲשֶׁר יְבָרֶכְךָ יְהֹוָ֣האדנ֖י אֱלֹהֶ֑יךָ יֵלֵה׃ 11 וְשָׂמַחְתָּ

לִפְנֵ֣י וחכמה בינה | יְהֹוָ֣האדנ֖י אֱלֹהֶ֔יךָ יֵלֵה אַתָּ֣ה וּבִנְךָ֣ וּבִתֶּ֗ךָ וְעַבְדְּךָ֣ פוי

וַאֲמָתֶ֔ךָ וְהַלֵּוִ֤י דמב, מלוי ע"ב אֲשֶׁ֣ר בִּשְׁעָרֶ֔יךָ וְהַגֵּ֣ר ד"פ ב"ן וְהַיָּת֤וֹם יוסף, ציון, ו"פ יהוה

וְהָֽאַלְמָנָ֖ה כוק, רביע אדני אֲשֶׁ֣ר בְּקִרְבֶּ֑ךָ בַּמָּקוֹם יהוה ברביע, ו"פ אל אֲשֶׁ֤ר יִבְחַ֨ר

יְהֹוָ֣האדנ֖י אֱלֹהֶ֔יךָ יֵלֵה לְשַׁכֵּ֥ן שְׁמ֖וֹ מהש ע"ע שָׁ֑ם שדי ע"ה, אל שדי ע"ה׃ 12 וְזָכַרְתָּ֞

כִּי־עֶ֣בֶד הָיִ֣יתָ בְּמִצְרָ֑יִם מצר וְשָׁמַרְתָּ֣ וְעָשִׂ֔יתָ אֶת־הַֽחֻקִּ֖ים הָאֵֽלֶּה׃

MAFTIR

13 חַג הַסֻּכֹּת סאל תַּעֲשֶׂ֥ה לְךָ֖ שִׁבְעַ֣ת יָמִ֑ים גלך בְּאָסְפְּךָ֔ מִֽגָּרְנְךָ֖ וּמִיִּקְבֶֽךָ׃

14 וְשָׂמַחְתָּ֖ בְּחַגֶּ֑ךָ אַתָּ֨ה וּבִנְךָ֤ וּבִתֶּ֨ךָ֙ וְעַבְדְּךָ֣ פוי וַאֲמָתֶ֔ךָ וְהַלֵּוִ֤י דמב, מלוי ע"ב

וְהַגֵּר֙ ד"פ ב"ן וְהַיָּת֣וֹם יוסף, ציון, ו"פ יהוה וְהָֽאַלְמָנָ֔ה כוק, רביע אדני אֲשֶׁ֖ר בִּשְׁעָרֶֽיךָ׃

15 שִׁבְעַ֣ת יָמִ֗ים גלך תָּחֹג֙ לַֽיהֹוָ֣האדנ֖י אֱלֹהֶ֔יךָ יֵלֵה בַּמָּק֖וֹם יהוה ברביע, ו"פ אל

אֲשֶׁר־יִבְחַ֣ר יְהֹוָ֑האדנ֖י כִּ֣י יְבָרֶכְךָ֞ יְהֹוָ֣האדנ֖י אֱלֹהֶ֗יךָ יֵלֵה בְּכֹ֤ל

ב"ן, לכב, יבמ תְּבוּאָֽתְךָ֙ וּבְכֹל֙ ב"ן, לכב, יבמ מַעֲשֵׂ֣ה יָדֶ֔יךָ וְהָיִ֖יתָ אַ֥ךְ אהיה שָׂמֵֽחַ׃

16 שָׁל֣וֹשׁ פְּעָמִ֣ים | בַּשָּׁנָ֡ה יֵרָאֶ֨ה ר"ו, גבורה כָל־ כל זְכוּרְךָ֜ יֵלֵה אֶת־פְּנֵ֣י׀ וחכמה בינה |

יְהֹוָ֣האדנ֖י אֱלֹהֶ֗יךָ יֵלֵה בַּמָּקוֹם יהוה ברביע, ו"פ אל אֲשֶׁ֣ר יִבְחָ֔ר בְּחַ֧ג הַמַּצּ֛וֹת

וּבְחַ֥ג הַשָּׁבֻע֖וֹת וּבְחַ֣ג הַסֻּכּ֑וֹת וְלֹ֨א יֵרָאֶ֧ה ר"ו, גבורה אֶת־פְּנֵ֛י וחכמה בינה

יְהֹוָ֖האדנ֖י רֵיקָֽם׃ 17 אִ֖ישׁ ע"ה קנ"א קס"א כְּמַתְּנַ֣ת יָד֑וֹ כְּבִרְכַּ֛ת יְהֹוָ֧האדנ֖י

אֱלֹהֶ֖יךָ יֵלֵה אֲשֶׁ֥ר נָֽתַן־לָֽךְ׃

HAFTARÁ DE REÉ

"Todos los sedientos, vengan por agua; y el que no tenga dinero, venga, compre y coma.
Sí, vengan, compren vino y leche sin dinero y sin costo alguno" (Isaías 55:1).

La Haftará de Ṛeé dice que cuando alguien está sediento, debe beber agua. Los comentarios explican que esto no se refiere a la sed física, sino a la sed de iluminación espiritual y conexión con el Creador. El agua en este contexto se refiere a la Biblia y a la sabiduría de la Kabbalah. Para que podamos aprender, primero debemos tener sed de sabiduría.

Este río, fluyendo de Edén del JARDÍN DE Edén inferior, es un misterio encerrado para los

ISAÍAS 54:11 – 55:5

54 11 Afligida, azotada por la tempestad, sin consuelo, he aquí, Yo asentaré tus piedras en antimonio y tus cimientos en zafiros.

12 Haré tus pináculos de rubíes, tus puertas de cristal y todos tus muros de piedras preciosas.

13 Todos tus hijos serán instruidos por el Eterno, y grande será la paz de tus hijos.

14 En rectitud serás establecida; estarás lejos de la opresión, pues no temerás, y del terror, pues no se acercará a ti.

15 He aquí que pueden reunirse, pero no será a causa de Mí; cualquiera que se reúna en tu contra, por causa de ti caerá.

16 He aquí que Yo he creado al herrero que sopla el fuego de las brasas, y saca una herramienta para su trabajo; y Yo he creado al devastador para destruir.

17 Ningún arma forjada contra ti prosperará, y condenarás toda lengua que se alce contra ti en juicio. Esta es la herencia de los siervos del Eterno, y su justificación viene de Mí, dice el Eterno.

55 1 Todos los sedientos, vengan por agua; y los que no tengan dinero, vengan, compren y coman. Sí, vengan, compren vino y leche sin dinero y sin costo alguno.

2 ¿Por qué gastan dinero en lo que no es pan, y su salario en lo que no sacia? Escúchenme atentamente y coman lo que es bueno, y su alma se deleitará en la grosura.

HAFTARÁ DE REÉ

sabios, basado en el significado secreto del versículo: "'...y satisfará a tu alma en tiempos de sequía (heb. tsajtsajot)...'" (Isaías 58:11). Esta explicación se aplica tanto a arriba como abajo. Cuando el alma deja la oscuridad de este mundo, añora ver la luz del mundo superior, como un hombre con sed que desea beber agua. Así está cada uno sediento como dice: "...reseco (heb. tsijé) por la sed" (Isaías 5:13); DE MANERA SIMILAR TSAJTSAJOT SIGNIFICA 'SEDIENTO DE LUCES'. DADO que tiene sed de la brillantez (heb. tsajut) de las luces del Jardín, los firmamentos y las cámaras en el Jardín.
— El Zóhar, Vayakehel 24:314

ישעיהו פרק 54, פסוק 11 – פרק 55, פסוק 5

54 11 עֲנִיָּה סֹעֲרָה לֹא נֻחָמָה הִנֵּה מ״ה יה אָנֹכִי איע מַרְבִּיץ בַּפּוּךְ אֲבָנַיִךְ וִיסַדְתִּיךְ בַּסַּפִּירִים: 12 וְשַׂמְתִּי כַּדְכֹד שִׁמְשֹׁתַיִךְ וּשְׁעָרַיִךְ לְאַבְנֵי אֶקְדָּח וְכָל־ ילי גְּבוּלֵךְ לְאַבְנֵי־חֵפֶץ: 13 וְכָל־ ילי בָּנַיִךְ לִמּוּדֵי יהוָֹה אהדונהי וְרַב ע״ב ורבוע מ״ה שְׁלוֹם בָּנָיִךְ: 14 בִּצְדָקָה ע״ה ריבוע אלהים תִּכּוֹנָנִי רַחֲקִי מֵעֹשֶׁק כִּי־לֹא תִירָאִי וּמִמְּחִתָּה כִּי לֹא־תִקְרַב אֵלָיִךְ: 15 הֵן גּוֹר יָגוּר אֶפֶס מֵאוֹתִי מִי־ ילי גָר בן קנ״א אִתָּךְ עָלַיִךְ רבוע מ״ה עָלָיִךְ יִפּוֹל: 16 הִנֵּה מ״ה יה (כתיב: הן) אָנֹכִי איע בָּרָאתִי וְזֹרֵשׁ נֹפֵחַ בְּאֵשׁ אלהים דיודין ע״ה פֶּחָם וּמוֹצִיא כְלִי כלי לְמַעֲשֵׂהוּ וְאָנֹכִי איע בָּרָאתִי מַשְׁחִית לְחַבֵּל: 17 כָּל־ ילי כָּל־ כלי יוֹצַר עָלַיִךְ רבוע מ״ה לֹא יִצְלָח וְכָל־ ילי לָשׁוֹן תָּקוּם־ אִתָּךְ לַמִּשְׁפָּט תַּרְשִׁיעִי זֹאת נַחֲלַת עַבְדֵי יְהוָֹה אהדונהי וְצִדְקָתָם מֵאִתִּי נְאֻם־יְהוָֹה אהדונהי: 55 1 הוֹי כָּל־ ילי צָמֵא לְכוּ לַמַּיִם וַאֲשֶׁר אֵין־לוֹ כָּסֶף לְכוּ שִׁבְרוּ וֶאֱכֹלוּ וּלְכוּ שִׁבְרוּ בְּלוֹא־כֶסֶף וּבְלוֹא מְחִיר יָיִן: 2 לָמָּה מ״ה תִשְׁקְלוּ־כֶסֶף בְּלוֹא־לֶחֶם וִיגִיעֲכֶם בְּלוֹא לְשָׂבְעָה שִׁמְעוּ שָׁמוֹעַ אֵלַי וְאִכְלוּ־טוֹב וְתִתְעַנַּג בַּדֶּשֶׁן

3 Inclinen su oído y vengan a Mí, escuchen y vivirá su alma; y haré con ustedes un pacto eterno: las misericordias de David.

4 He aquí que lo he dado como testigo a los pueblos, príncipe y mandatario de los pueblos.

5 He aquí que llamarás a una nación que no conocías, y una nación que no te conocía correrá a ti; a causa del Eterno, tu Dios, el Santo de Israel, porque Él te ha glorificado.

נַפְשְׁכֶם: 3 הַטּוּ אָזְנְכֶם וּלְכוּ אֵלַי שִׁמְעוּ וּתְחִי נַפְשְׁכֶם וְאֶכְרְתָה לָכֶם
בְּרִית עוֹלָם חַסְדֵי דָוִד הַנֶּאֱמָנִים: 4 הֵן עֵד לְאוּמִּים נְתַתִּיו נָגִיד
וּמְצַוֵּה לְאֻמִּים: 5 הֵן גּוֹי לֹא־תֵדַע תִּקְרָא וְגוֹי לֹא־יְדָעוּךָ אֵלֶיךָ אֲלֹי
יָרוּצוּ לְמַעַן יְהֹוָה אֲדֹנָי אֱלֹהֶיךָ יָה וְלִקְדוֹשׁ יִשְׂרָאֵל כִּי פֵאֲרָךְ:

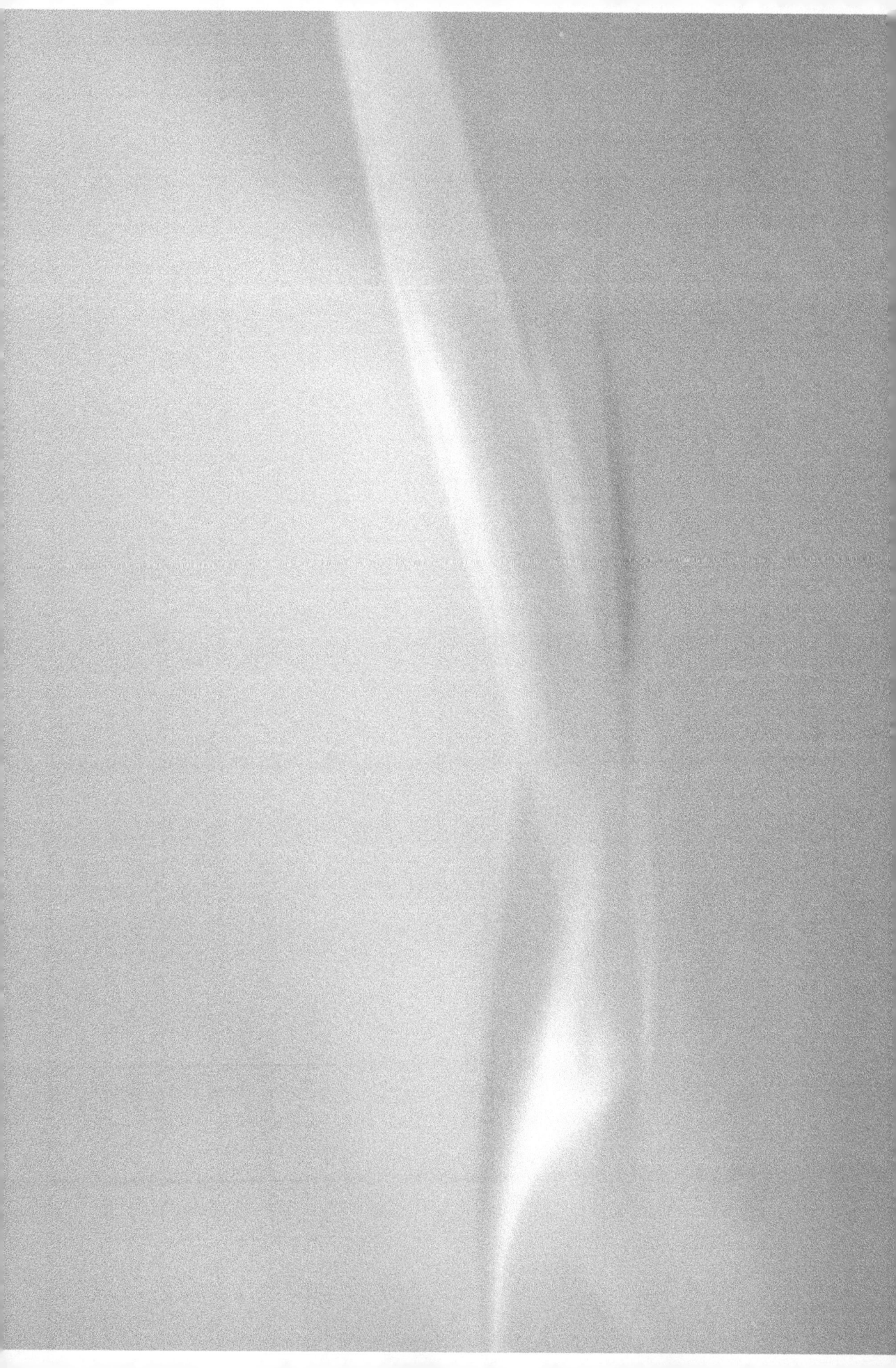

SHOFTIM

LECCIÓN DE SHOFTIM
(Deuteronomio 16:18-21:9)

Sé simple con tu Creador

Al leer el capítulo de Shoftim, tal vez pensemos que el trabajo espiritual es muy fácil: solamente tenemos que ser simples con nuestro Creador y realizar nuestro trabajo espiritual de una manera sencilla y práctica. Si hacemos esto, todo estará bien. Esta orden parece ser muy directa en la Biblia, entonces ¿por qué sentimos que nuestro trabajo espiritual es lo más difícil que tenemos que hacer en este mundo?

Para entender esto, imagina a un contratista que asume la construcción de un palacio para el rey. Imagina también que el contratista va a pedirle un préstamo al rey. Si el préstamo es para el uso personal del contratista, tiene que ser cuidadoso con la cantidad que solicita. Pero si el contratista pide un préstamo para construir el palacio, puede pedir mucho más. El dinero no es para él, sino para el palacio que pertenece al rey.

Si seguir las leyes espirituales hubiese sido por el bien del Creador o el bien de los demás solamente, Moshé no habría esperado que la nación de Israel siguiera las leyes espirituales especificadas en la Biblia. La naturaleza humana determinaría que, salvo que los israelitas obtuvieran alguna clase de beneficio para sí mismos, observar las leyes habría sido muy difícil para ellos. Esta misma renuencia ocurre en la mayoría de nosotros actualmente. Pero si nos ponemos en la posición del rey, entonces el "préstamo" que el contratista —Moshé— nos está pidiendo nunca será "demasiado", ya que será empleado en nuestro propio beneficio. De hecho, una vez que entendemos que todo el propósito de la transformación espiritual es por nuestro bien, hacer la obra del Creador es muy sencillo en realidad.

Pero aun si nos volviéramos completamente justos, ¿qué podríamos darle al Creador que Él ya no tenga? Todo lo que el Creador nos pide es que vivamos con bienestar y felicidad. ¿Cómo? Es muy simple: permaneciendo conectados con la Luz, siguiendo el precepto de "amar a tu prójimo como a ti mismo", tratando a los demás con dignidad humana y viendo al Creador en cada cosa y en cada individuo.

Es por ello que es tan importante que escuchemos la lectura de la Biblia y conectemos con ella en Shabat. Según el *Zóhar*, hay demasiadas fuerzas negativas en el mundo que nos distraen de la verdadera felicidad y realización. Los kabbalistas enseñan que, sin la conexión con la Biblia y la Luz que ésta nos proporciona, nuestro trabajo de transformación personal se vuelve mucho más difícil; tanto así que a veces es casi imposible recordar que cada uno de nosotros tiene la Luz del Creador dentro de sí. Escuchar y conectar con la lectura de la Torá cada Shabat nos ofrece una oportunidad de recargar nuestras baterías espirituales a fin de que tengamos la fuerza para superar a estas entidades negativas. El *Zóhar* dice:

Rabí Elazar abrió con el versículo: "Abre mis ojos para que pueda contemplar las maravillas de Tu Torá" (Salmos 119:18). ¡Qué tontos son los hombres, porque no conocen, y no buscan ocuparse de, la Torá! La Torá es la vida entera. Toda libertad y toda bondad en este mundo y en el Mundo por Venir están contenidas en ella. EXPLICÓ QUE *ella es la vida en este mundo; a saber: ellos pueden merecer días completos en este mundo, como está escrito: "...y llenaré el número de tus días" (Éxodo 23:26). Y uno merecerá largos días en el Mundo por Venir, porque esta vida completa es una vida de alegría, vida sin tristeza, vida que es vida real, libertad en este mundo, libertad de todo, porque otras naciones no pueden gobernar a quien está ocupado en el estudio de la Torá.*

— *El Zóhar, Jayéi Sará 22:219*

Con respecto al mes de *Elul* (Virgo)

Es obligatorio para el beneficio de nuestro crecimiento espiritual y transformación que conozcamos acerca del poder particular que es inherente a cada mes y cómo podemos conectar con éste. Sabemos que Shoftim siempre se lee bien sea en el Shabat de la bendición del nuevo mes de *Elul* o en alguna otra oportunidad durante ese mes. El *Zóhar* explica que hay una ventana de oportunidad mucho más disponible en el mes de *Elul* que nos permite alcanzar la tecnología kabbalística de la *Teshuvá* (regresar a la *Hei*). La *Teshuvá* es cuando regresamos espiritualmente a nuestro pasado para reflexionar sobre errores previos, a fin de que podamos limpiar todas nuestras acciones negativas anteriores y, de este modo, reprogramar nuestro futuro. En efecto, el único motivo por el cual existe el mes de *Elul* es para darnos esta oportunidad, no porque *Elul* sea el mes antes de *Rosh Hashaná* (un período en el cual preparamos nuestra Vasija para la Luz que recibiremos en los próximos 365 días), sino porque el poder de la purificación es inherente al mes de *Elul* en sí. Es una oportunidad verdaderamente única y poderosa. El *Zóhar* dice:

Él abrió la discusión diciendo: "Mi amado es mío, y yo soy suya; él apacienta entre las rosas" (El cantar de los cantares 2:16), LO QUE SIGNIFICA *que mi Amado es mío y yo soy Suya, porque Él conduce a Su mundo con rosas. La rosa tiene un perfume y es roja, pero exprímela y se vuelve blanca. Pero su perfume nunca se va, y el Santísimo, bendito sea Él, conduce a Su mundo en esta forma, porque de otra manera el mundo no existiría, a causa del pecador. Y el pecador es llamado 'rojo' como está escrito: "Aunque sus pecados sean rojos escarlata, serán blancos como la nieve".* DE MANERA SIMILAR, EL PECADOR *hace su ofrenda al fuego, que es rojo, y entonces salpica la sangre, que es roja, alrededor del altar. Así es el atributo de Juicio* ALUDIDO EN EL *rojo. Apriétalo,* LO QUE SIGNIFICA: CUANDO LA OFRENDA ES QUEMADA EN EL ALTAR, *y el humo se eleva todo blanco. Entonces el rojo se convierte en blanco,* LO CUAL INDICA QUE *el atributo de Juicio se convierte en atributo de Misericordia.*

— *El Zóhar, Shemot 53:364*

¿Qué son los Días de Deseo?

Considera este versículo: "*Circunciden el prepucio de sus corazones...*" (*Deuteronomio 10:16*). A lo largo del año hay una cubierta sobre nuestro corazón, evitando que sintamos realmente el dolor de los demás. En el mes de *Elul* tenemos una abertura y el apoyo Divino para ayudarnos a quitar esta barrera; pero sólo si nos preparamos para quitarla.

Después del incidente del becerro de oro, el Creador le dijo a Moshé que el verdadero error del este incidente fue que los israelitas fueron testarudos. El énfasis está en la testarudez de los israelitas, no en la creación del becerro de oro en sí. Esto es porque el verdadero error se encuentra en la incapacidad de las personas para cambiar su esencia personal, para quitar el "prepucio" de su corazón. Esto es lo que Moshé corrigió en el mes de *Elul*. Durante estos maravillosos días, tenemos una oportunidad única en el año para quitar la cubierta que está sobre nuestro corazón y, de esta manera, eliminar nuestra terquedad.

Mucha gente cree que cambiar su forma de ser lleva años de trabajo arduo, así que se rinden aun antes de comenzar. Pero con el poder de este mes, todo lo que necesitamos hacer es prepararnos para aprovechar la energía que está disponible.

El poder de la conciencia

El *Zóhar* nos dice que Betsalel no requirió de muchos años para construir el Tabernáculo con sus manos. Todo se hizo a través del poder del pensamiento y la conciencia.

> *Y él le dio Jojmá y Tevuná y Daat, como fue explicado, porque él ya poseía inteligencia de corazón, como está escrito: "…Y en los corazones de todos los sabios de corazón he puesto sabiduría…" (Éxodo 31:6), QUE SIGNIFICA QUE A ÉL LE FUE DADA LA SABIDURÍA POR SER YA SABIO DE CORAZÓN. Porque el Santísimo, bendito sea Él, le da sabiduría a aquél que ya tiene sabiduría. Los compañeros explicaron esto y aprendimos. De la misma manera a Betsalel, QUIEN ERA SABIO, EL SANTÍSIMO, BENDITO SEA ÉL, LE DIO SABIDURÍA. Rabí Shimón dijo: A Betsalel su nombre le causó esto, y fue llamado con ese nombre por su sabiduría. Y el secreto de la palabra 'Betsalel' está en 'Betsel El' ('en la sombra de El').*
> — El Zóhar, Pekudéi 8:56

> *Así llevó a cabo Betsalel el trabajo del Tabernáculo usando el secreto de las letras grabadas, con las cuales el Cielo y la Tierra fueron creados, ES DECIR: EL NOMBRE 42. Él fue por lo tanto llamado 'Betsalel', ya que conocía la grabación de estas letras, con las cuales el Cielo y la Tierra fueron creados. A menos que los conociese no habría podido hacer el trabajo en el Tabernáculo. El sentido de eso es que el Tabernáculo superior estaba construido, y todas sus acciones hechas, sólo por el secreto de estas letras DEL NOMBRE 42, de modo que aquí en el Tabernáculo abajo, nada fue construido salvo por los secretos de estas letras.*
> — El Zóhar, Pekudéi 27:273

Conocer el Nombre de Dios de 42 Letras le permitió a Betsalel tomar el oro en su mano, por ejemplo, y el oro se convertía en una *Menorá* por sí solo. El oro también se moldeaba en muros, puertas y mesones; incluso se convirtió en el Arca. Betsalel no tuvo que hacer todo el trabajo por cuenta propia.

El Santísimo, bendito sea Él, quien conoce todos los pensamientos, dijo: 'Su intención fue buena, no para hacer división y separación'. Por lo tanto, que el candelabro se haga a sí mismo, así como la Shejiná es hecha del ser del Santísimo, bendito sea Él, sin división. De las otras vasijas del Tabernáculo, por medio de las cuales la Shejiná está en el servicio, a saber: al final de Zeir Anpín, está dicho: "E hizo Betsalel..." (Éxodo 37:1). Y no fue necesario que se hiciera a sí mismo.

— El Zóhar, Trumá, 54:581

De la misma manera, nosotros no tenemos que hacer todo por nuestra propia cuenta. Tan sólo tenemos que prepararnos espiritualmente y aprovechar los momentos indicados del año. Sin preparación y sin despertar nuestra conciencia según la energía que está disponible en tales momentos, ni siquiera podemos pensar en que vamos a recibir la Luz. "*Si lo construyes, Él vendrá*"; ¡pero sólo si lo construyes! El estado de conciencia y preparación de Betsalel garantizó que todo se hiciera a nombre de él, y esta es una lección importante para nosotros.

¿Qué podemos hacer para prepararnos para el mes de *Elul*? Es sencillo: Podemos deshacernos del odio que reside dentro de nosotros. La *Guemará* nos enseña que el Templo fue destruido por el odio gratuito. Asimismo, por cada generación que pasa sin que el Templo se construya todavía, es como si fuese destruido nuevamente en esa generación. Además, cuando sentimos odio, todos y cada uno de nosotros destruye el Templo Sagrado una vez más.

El Baal Shem Tov enseña que si tan sólo una persona es completamente limpiada del odio, el Mesías llegará y el Templo será reconstruido. Lamentablemente, no existe tal persona. Tengamos un nuevo comienzo durante este mes de *Elul* al eliminar todas las raíces de odio que están creciendo dentro de nosotros.

SINOPSIS DE SHOFTIM

Usualmente, este es el primer capítulo bíblico que leemos en el mes de *Elul*, un período en el que vemos en retrospectiva el año que pasó y observamos lo que hemos hecho y lo que necesitamos cambiar. Si algo salió mal durante todo el año, sin importar cuán grande o pequeño haya sido, es porque no hicimos nuestro trabajo en el *Elul* anterior; es decir, no hicimos el proceso de *Teshuvá*, o de regresar al pasado para hacer correcciones y así reprogramar el futuro, de forma correcta.

PRIMERA LECTURA – AVRAHAM – JÉSED

16 ¹⁸ " **J**ueces y oficiales nombrarás para ti dentro de todas tus puertas, las cuales el Eterno, tu Dios, te da según tus tribus; y ellos juzgarán al pueblo con juicio justo. ¹⁹ No torcerás la justicia; no harás acepción de personas, ni tomarás soborno, porque el soborno ciega los ojos del sabio y pervierte las palabras del justo.

²⁰ La justicia, y sólo la justicia seguirás, para que vivas y poseas la tierra que el Eterno, tu Dios, te da. ²¹ No plantarás Asherá de ninguna clase de árbol junto al altar del Eterno, tu Dios, que hagas para ti. ²² Ni erigirás para ti un pilar, lo cual el Eterno, tu Dios, aborrece. 17 ¹ No sacrificarás al Eterno, tu Dios, toro o cordero que tenga defecto, alguna cosa mala; porque es abominación al Eterno, tu Dios. ² Si se encuentra en medio de ti, dentro de cualquiera de tus puertas que el Eterno, tu Dios, te da, un hombre o una mujer que hace lo malo ante los ojos del Eterno, tu Dios, en transgresión a Su Pacto,

---

COMENTARIO DEL RAV

Lo más fácil del mundo es ser sentencioso, demostrar que yo tengo la razón y la otra persona está equivocada. La aprobación es algo que comenzó con Adam y Javá. ¿Qué fue lo que dijo Adam? "No es mi culpa. Ella (señalando a Javá) me dijo que lo hiciera"; y eso hace que esté bien. Es un cuento viejo, esto no comenzó hoy.

Lo que la Torá nos está diciendo —y no tienes que escucharla; nadie está implicando que esto es lo que tienes que hacer— que tenemos libre albedrío. Restringimos o no restringimos. Las consecuencias —la razón por la que somos castigados— no ocurren porque Dios está esperando a que cometamos alguna infracción a fin de que Él pueda castigarnos sino, más bien, porque nosotros somos responsables de cualquier cosa que ocurra en nuestra vida. Sólo nosotros somos los responsables. Nadie más.

שֹׁפְטִים

Deuteronomio 16:18 – La historia comienza con el Creador instruyendo a Moshé que asigne jueces que estuvieran completamente libres de intenciones personales ocultas. En efecto, en el instante que ellos tenían segundas intenciones, eran dispensados de sus deberes y reemplazados. Las intenciones ocultas, al igual que los jueces injustos, pueden arruinar incluso las situaciones más positivas y evitar que sean fructíferas. El *Zóhar* dice:

"Jueces y oficiales te harás en todas tus ciudades, las cuales HaShem tu Dios, te da, para tus tribus" (Deuteronomio 16:18). En este precepto, Él ordenó en relación a los jueces y los oficiales. Además, "porque (heb. qui, Caf Yud) Elohim es el Juez..." (Salmos 75:8). El valor numérico de 'qui' es cuarenta si tomas en cuenta que la Yud en su escritura completa es igual a veinte y la Caf es veinte para un total de cuarenta. Después de eso, "...Elohim es el Juez: ..." (ibid.) "...derriba a uno...", la Hei DE YUD HEI VAV HEI "...y a uno lo levanta..." (ibid.), ESTO ES: la Vav de YUD HEI VAV HEI.
                    — El Zóhar, Shoftim 1:1

PRIMERA LECTURA – AVRAHAM – JÉSED

שֹׁפְטִים 18 וְשֹׁטְרִים תִּתֶּן־לְךָ בְּכָל־שְׁעָרֶיךָ אֲשֶׁר

יְהוָֹאהדניהי אֱלֹהֶיךָ נֹתֵן לְךָ לִשְׁבָטֶיךָ וְשָׁפְטוּ

אֶת־הָעָם מִשְׁפַּט־צֶדֶק: 19 לֹא־תַטֶּה מִשְׁפָּט לֹא

תַכִּיר פָּנִים וְלֹא־תִקַּח שֹׁחַד כִּי הַשֹּׁחַד יְעַוֵּר עֵינֵי

חֲכָמִים וִיסַלֵּף דִּבְרֵי צַדִּיקִם: 20 צֶדֶק צֶדֶק תִּרְדֹּף לְמַעַן

תִּחְיֶה וְיָרַשְׁתָּ אֶת־הָאָרֶץ אֲשֶׁר־יְהוָֹאהדניהי אֱלֹהֶיךָ

נֹתֵן לָךְ: 21 לֹא־תִטַּע לְךָ אֲשֵׁרָה

כָּל־עֵץ אֵצֶל מִזְבַּח יְהוָֹאהדניהי אֱלֹהֶיךָ אֲשֶׁר

תַּעֲשֶׂה־לָּךְ: 22 וְלֹא־תָקִים לְךָ מַצֵּבָה אֲשֶׁר שָׂנֵא יְהוָֹאהדניהי אֱלֹהֶיךָ

17 1 לֹא־תִזְבַּח לַיהוָֹאהדניהי אֱלֹהֶיךָ שׁוֹר וָשֶׂה

אֲשֶׁר יִהְיֶה בוֹ מוּם כֹּל דָּבָר רָע כִּי תוֹעֲבַת

יְהוָֹאהדניהי אֱלֹהֶיךָ הוּא: 2 כִּי־יִמָּצֵא בְקִרְבְּךָ בְּאַחַד

מום

Deuteronomio 17:1 – Los sacrificios se hacen porque deseamos estar cerca del Creador. Este versículo trata de las diferentes clases de sacrificios que los israelitas no debían ofrecer, tal como animales que eran imperfectos de alguna manera. Todos los sacrificios deben ser inmaculados y provenir de un corazón puro y amoroso. Esto nos enseña que la mácula de un deseo egoísta anula la energía del sacrificio. El *Zóhar* ilustra este concepto de la siguiente manera:

> Una persona que es recta es ELLA MISMA un sacrificio dado para expiación, PORQUE SACRIFICA SU PROPIO DESEO, SOBREPONIÉNDOSE A SU VOLUNTAD. Pero una persona que no es recta, no es aceptada como sacrificio porque está contaminada.

Como está escrito: "Porque no hará propicio al Eterno con ustedes" (Levítico 22:20). De esa manera, sólo los justos expían por el mundo y son aceptados como sacrificio en este mundo.
— El Zóhar, Nóaj 16:131

יִמָּצֵא

Deuteronomio 17:2 – La idolatría es mencionada en este versículo. Los ídolos abarcan todas las cosas que dan placer momentáneo, como las drogas, el sexo y el dinero. La gente usa a menudo los ídolos para evadir las responsabilidades. Intentamos escapar de nuestros problemas y dificultades mediante el sexo, las drogas, o cualquier otra cosa de índole adictiva. Necesitamos asumir la responsabilidad de nuestro comportamiento y deshacernos de estos ídolos.

³ *y que haya ido y servido a otros dioses, adorándolos, o adorando al Sol, a la Luna o a cualquiera de las huestes celestiales, lo cual yo no he mandado,*

⁴ *y te lo dicen y has oído al respecto, entonces inquirirás diligentemente. Y si en efecto es verdad y es cierto el hecho de que esta abominación ha sido cometida en Israel,*

⁵ *entonces sacarás a tus puertas a ese hombre o a esa mujer que ha cometido esta mala acción; y los lapidarás con piedras hasta que mueran.*

⁶ *Por boca de dos testigos o tres, se le dará la muerte; por boca de un solo testigo, no se le dará la muerte.*

⁷ *La mano de los testigos será la primera contra él para darle muerte, y después la mano de todo el pueblo. Así quitarás el mal de en medio de ti.*

⁸ *Si surge un caso demasiado difícil para que puedas juzgar, entre sangre y sangre, entre pleito y pleito, y entre golpe y golpe, aun los casos de controversia en tus puertas, te levantarás y subirás al lugar que el Eterno, tu Dios, escoja.*

⁹ *Y vendrás a los sacerdotes, los levitas y el juez que oficie en aquellos días; e inquirirás, y ellos te declararán la sentencia del juicio.*

¹⁰ *Y harás conforme al tenor de la sentencia que te declaren desde aquel lugar que el Eterno escoja; y observarás el cumplimiento de todo lo que ellos te enseñen.*

יִפָּלֵא

Deuteronomio 17:8 – Si no había un juez en algún lugar cercano, los israelitas tenían que ir a Jerusalén, donde había 71 jueces establecidos. Después de oír el caso y llegar a una conclusión armoniosa, los jueces eran elevados al nivel de 72, lo que significaba que habían alcanzado a la Fuerza de Luz del Creador (71 + el Creador = 72). La armonía que resultaba de alcanzar este nivel elevado garantizaba que el juicio fuese válido. A veces, un juicio parecía estar incorrecto según la situación presentada, pero era porque este juicio en realidad era una restitución de deudas de una vida pasada. Queremos obtener una conciencia en la cual, sin importar el juicio recibamos, entendamos que es el correcto. Cada vez que nos resistimos a situaciones que enfrentamos en la vida (juicios), grabamos un nuevo *tikún* (corrección) en nuestros casetes de vida, lo cual a su vez requerirá de otro juicio en un momento futuro.

Rav Yitsjak Luria (el Arí) escribió:

Un individuo debe realizar todos los 613 preceptos. Aun si él ha omitido sólo uno de ellos, su Néfesh será abatida y tendrá necesidad de la medida exacta de ese principio espiritual que todavía le falta. Los 248 preceptos positivos son divididos en cinco categorías. La primera categoría consiste de aquellos preceptos que estamos activamente exentos de cumplir; como, por ejemplo, los rituales de sacrificios y otras obligaciones que sólo podían llevarse a cabo mientras el Tiempo existía. Nadie reencarna a fin de realizar tales obligaciones espirituales, porque ¿qué beneficio resultaría de ello? No obstante, los realizaremos algún día: cuando el Templo finalmente sea construido. La segunda categoría de preceptos positivos consiste de aquellos que podemos observar fácilmente, tal como el uso ritual de Tsitsit, Tefilín y

שְׁעָרֶיךָ אֲשֶׁר־יְהוָֹה אֱלֹהֶיךָ נֹתֵן לְךָ אִישׁ

אוֹ־אִשָּׁה אֲשֶׁר יַעֲשֶׂה אֶת־הָרַע בְּעֵינֵי יְהוָֹה

אֱלֹהֶיךָ לַעֲבֹר בְּרִיתוֹ: 3 וַיֵּלֶךְ וַיַּעֲבֹד אֱלֹהִים

אֲחֵרִים וַיִּשְׁתַּחוּ לָהֶם וְלַשֶּׁמֶשׁ אוֹ לַיָּרֵחַ אוֹ לְכָל־צְבָא

הַשָּׁמַיִם אֲשֶׁר לֹא־צִוִּיתִי: 4 וְהֻגַּד־לְךָ וְשָׁמָעְתָּ וְדָרַשְׁתָּ הֵיטֵב

וְהִנֵּה אֱמֶת נָכוֹן הַדָּבָר נֶעֶשְׂתָה הַתּוֹעֵבָה

הַזֹּאת בְּיִשְׂרָאֵל: 5 וְהוֹצֵאתָ אֶת־הָאִישׁ הַהוּא אוֹ אֶת־הָאִשָּׁה

הַהִוא אֲשֶׁר עָשׂוּ אֶת־הַדָּבָר הָרַע הַזֶּה אֶל־שְׁעָרֶיךָ אֶת־הָאִישׁ

אוֹ אֶת־הָאִשָּׁה וּסְקַלְתָּם בָּאֲבָנִים וָמֵתוּ: 6 עַל־פִּי שְׁנַיִם

עֵדִים אוֹ שְׁלֹשָׁה עֵדִים יוּמַת הַמֵּת לֹא יוּמַת עַל־פִּי עֵד

אֶחָד: 7 יַד הָעֵדִים תִּהְיֶה־בּוֹ בָרִאשֹׁנָה לַהֲמִיתוֹ וְיַד כָּל־

הָעָם בָּאַחֲרֹנָה וּבִעַרְתָּ הָרָע מִקִּרְבֶּךָ: 8 כִּי יִפָּלֵא מִמְּךָ דָבָר

לַמִּשְׁפָּט בֵּין־דָּם | לְדָם בֵּין־דִּין לְדִין וּבֵין

נֶגַע לָנֶגַע דִּבְרֵי רִיבֹת בִּשְׁעָרֶיךָ וְקַמְתָּ

וְעָלִיתָ אֶל־הַמָּקוֹם אֲשֶׁר יִבְחַר יְהוָֹה אֱלֹהֶיךָ

בּוֹ: 9 וּבָאתָ אֶל־הַכֹּהֲנִים הַלְוִיִּם וְאֶל־הַשֹּׁפֵט אֲשֶׁר יִהְיֶה

בַּיָּמִים הָהֵם וְדָרַשְׁתָּ וְהִגִּידוּ לְךָ אֵת דְּבַר הַמִּשְׁפָּט:

10 וְעָשִׂיתָ עַל־פִּי הַדָּבָר אֲשֶׁר יַגִּידוּ לְךָ מִן־הַמָּקוֹם

הַהוּא אֲשֶׁר יִבְחַר יְהוָֹה וְשָׁמַרְתָּ לַעֲשׂוֹת כְּכֹל אֲשֶׁר יוֹרוּךָ:

---

otros artículos ceremoniales. Un hombre que no guarde estos preceptos debe reencarnar cuantas veces sea necesario a fin de que lo haga. Por lo tanto, a través de esto podemos ver que un hombre que ya ha encarnado y ha logrado observar algunas de las obligaciones puede ser lo suficientemente sabio en su vida presente como para buscar la observancia de aquellas que no ha podido guardar. Pero hay que tener presente que un hombre que encarna con este propósito también puede cometer pecados nuevos y, en efecto, puede quebrantar muchos de los preceptos que ya había guardado anteriormente.

— *Los escritos del Arí, La Puerta de la Reencarnación, 11° Introducción: 13*

11 Según la ley que ellos te enseñen, y según la sentencia que te declaren, así harás; no te apartarás de la sentencia que ellos te declaren, ni a la derecha ni a la izquierda.

12 Y el hombre que obre con presunción, no escuchando al sacerdote que está allí para servir ante el Eterno, tu Dios, ni al juez, ese hombre morirá; y quitarás el mal de en medio de Israel. 13 Entonces todo el pueblo escuchará y temerá, y no volverá a obrar con presunción.

SEGUNDA LECTURA – YITSJAK – GUEVURÁ

14 Cuando vengas en la tierra que el Eterno, tu Dios, te da, y la poseas y habites en ella, y digas: 'Estableceré un rey sobre mí, como todas las naciones a mi alrededor',

15 establecerás sobre ti a un rey que el Eterno, tu Dios, escoja; a uno de entre tus hermanos establecerás por rey sobre ti; no pondrás sobre ti a un extranjero que no sea tu hermano.

16 Además, el rey no multiplicará los caballos para sí mismo, ni hará que el pueblo vuelva a Egipto para multiplicar caballos, pues el Eterno te ha dicho: 'No volverán por ese camino nunca más'.

17 Tampoco multiplicará mujeres para sí, para que su corazón no se desvíe; tampoco multiplicará grandemente la plata y oro para sí mismo.

18 Y sucederá que cuando él se siente sobre el trono de su reino, escribirá para sí una copia de esta ley en un libro, del ejemplar que está delante de los sacerdotes, los levitas.

19 Y estará con él y la leerá todos los días de su vida, para que aprenda a temer al Eterno, su Dios, guardando todas las palabras de esta ley y estos estatutos para cumplirlos,

20 a fin de que no se eleve su corazón sobre sus hermanos y no se desvíe del mandamiento ni a la derecha ni a la izquierda, para que prolongue sus días en su reino, él y sus hijos, en medio de Israel.

מֶלֶךְ

Deuteronomio 17:14 – Aquí leemos acerca de la designación de un rey para Israel. Rashí decía que el rey debía guardar una copia de la Torá entre sus tesoros para que en caso de que gente le mostrara respeto, él supiera que era por la Palabra del Creador y no por él como tal. Los reyes debían estar libres de egolatría y egoísmo. La mayoría de nosotros actualmente no vivimos en un país que tenga un rey, así que es importante que conectemos con nuestro propio rey personal: nuestra capacidad de eliminar el caos y traer al Mesías.

11 עַל־פִּ֤י הַתּוֹרָה֙ אֲשֶׁ֣ר יוֹר֔וּךָ וְעַל־הַמִּשְׁפָּ֖ט ע״ה ה״פ אלהים אֲשֶׁר־יֹאמְר֣וּ

לְךָ֔ תַּעֲשֶׂ֑ה לֹ֣א תָס֗וּר מִן־הַדָּבָ֛ר ראה דָּ֥בָר אֲשֶׁר־יַגִּ֥ידֽוּ ייי לְךָ֖ יָמִ֥ין וּשְׂמֹֽאל׃

12 וְהָאִ֞ישׁ ז״פ אדם אֲשֶׁר־יַעֲשֶׂ֣ה בְזָד֗וֹן לְבִלְתִּ֨י שְׁמֹ֤עַ אֶל־הַכֹּהֵן֙ מלה הָֽעֹמֵ֞ד

לְשָׁ֤רֶת שָׁם֙ יהוה עדי אֶת־יְהֹוָ֣הֽאדני־אהדונהי אֱלֹהֶ֔יךָ ילה א֖וֹ אֶל־הַשֹּׁפֵ֑ט וּמֵת֙

י״פ רבוע אהיה הָאִ֣ישׁ קנ״א קס״א הַה֔וּא וּבִֽעַרְתָּ֥ הָרָ֖ע מִיִּשְׂרָאֵֽל׃ 13 וְכָל־ ילי הָעָ֖ם

יִשְׁמְע֣וּ וְיִרָ֑אוּ וְלֹ֥א יְזִיד֖וּן עֽוֹד׃

SEGUNDA LECTURA – YITSJAK – GUEVURÁ

14 כִּֽי־תָבֹ֣א אֶל־הָאָ֗רֶץ אלהים דההין ע״ה אֲשֶׁ֨ר יְהֹוָ֤הֽאדני־אהדונהי אֱלֹהֶ֙יךָ֙ ילה נֹתֵ֣ן

אבגית״ץ, ושר, אהבת חנם לָ֔ךְ וִֽירִשְׁתָּ֖הּ וְיָשַׁ֣בְתָּה בָּ֑הּ וְאָמַרְתָּ֗ אָשִׂ֤ימָה עָלַי֙ מֶ֔לֶךְ

כְּכָל־ ילי הַגּוֹיִ֖ם אֲשֶׁ֥ר סְבִיבֹתָֽי׃ 15 שׂ֣וֹם תָּשִׂ֤ים עָלֶ֙יךָ֙ רבוע מ״ה מֶ֔לֶךְ אֲשֶׁ֥ר

יִבְחַ֛ר יְהֹוָ֥הֽאדני־אהדונהי אֱלֹהֶ֖יךָ ילה בּ֑וֹ מִקֶּ֣רֶב אַחֶ֗יךָ תָּשִׂ֤ים עָלֶ֙יךָ֙ רבוע מ״ה

מֶ֔לֶךְ לֹ֣א תוּכַ֗ל לָתֵ֤ת עָלֶ֙יךָ֙ רבוע מ״ה אִ֣ישׁ ע״ה קנ״א קס״א נָכְרִ֔י אֲשֶׁ֥ר לֹֽא־אָחִ֖יךָ

ה֥וּא׃ 16 רַק֮ לֹֽא־יַרְבֶּה־לּ֣וֹ סוּסִים֒ וְלֹֽא־יָשִׁ֤יב אֶת־הָעָם֙ מִצְרַ֔יְמָה מצר

לְמַ֖עַן הַרְבּ֣וֹת ס֑וּס רבוע אדני, כוכ וַֽיהֹוָ֗הֽאדני־אהדונהי אָמַ֣ר לָכֶ֔ם לֹ֣א תֹסִפ֗וּן

לָשׁ֛וּב בַּדֶּ֥רֶךְ ב״פ יב״ק הַזֶּ֖ה והו ע֖וֹד׃ 17 וְלֹ֤א יַרְבֶּה־לּוֹ֙ נָשִׁ֔ים וְלֹ֥א יָס֖וּר לְבָב֑וֹ

וְכֶ֣סֶף וְזָהָ֗ב לֹ֥א יַרְבֶּה־לּ֖וֹ מְאֹֽד מ״ה׃ 18 וְהָיָ֣ה יהוה, יהה כְשִׁבְתּ֔וֹ עַ֖ל כִּסֵּ֣א

יה אדני ע״ה מַמְלַכְתּ֑וֹ וְכָ֨תַב ל֜וֹ אֶת־מִשְׁנֵ֨ה עדי יה אדני הַתּוֹרָ֤ה הַזֹּאת֙ עַל־סֵ֔פֶר

מִלִּפְנֵ֖י וחכמה בינה הַכֹּהֲנִ֥ים מלה הַלְוִיִּֽם׃ 19 וְהָיְתָ֣ה עִמּ֔וֹ וְקָ֥רָא ב֛וֹ כָּל־ ילי יְמֵ֥י

חַיָּ֑יו לְמַ֣עַן יִלְמַ֗ד לְיִרְאָה֙ רי״ו, גבורה אֶת־יְהֹוָ֣הֽאדני־אהדונהי אֱלֹהָ֔יו ילה לִ֠שְׁמֹר

אֶת־כָּל־ ילי דִּבְרֵ֞י ראה הַתּוֹרָ֧ה הַזֹּ֛את וְאֶת־הַֽחֻקִּ֥ים הָאֵ֖לֶּה לַֽעֲשֹׂתָֽם׃

20 לְבִלְתִּ֤י רוּם־לְבָבוֹ֙ מֵֽאֶחָ֔יו וּלְבִלְתִּ֛י ס֥וּר מִן־הַמִּצְוָ֖ה יָמִ֣ין וּשְׂמֹ֑אול

לְמַ֩עַן יַֽאֲרִ֨יךְ ילך יָמִ֤ים עַל־מַמְלַכְתּ֛וֹ ה֥וּא וּבָנָ֖יו בְּקֶ֣רֶב קמ״ג קס״א יִשְׂרָאֵֽל׃

TERCERA LECTURA – YAAKOV – TIFÉRET

18¹ Los sacerdotes, los levitas, toda la tribu de Leví, no tendrán porción ni heredad con Israel; comerán de las ofrendas ígneas al Eterno y de Su porción.

² Y no tendrán heredad entre sus hermanos; el Eterno es su heredad, como Él les ha hablado. ³ Y este será el derecho de los sacerdotes de parte del pueblo, de los que ofrecen como sacrificio toro u oveja: darán al sacerdote la espaldilla, las quijadas y el cuajar. ⁴ Las primicias de tu grano, tu mosto, tu aceite y primer esquileo de tus ovejas deberás dárselos a él. ⁵ Porque el Eterno, tu Dios, lo ha escogido de entre todas tus tribus para que esté allí y ministre en el Nombre del Eterno, él y a sus hijos, para siempre.

CUARTA LECTURA – MOSHÉ – NÉTSAJ

⁶ Y si un levita sale de alguna de tus puertas fuera de Israel, de donde reside, y llega con todo el deseo de su alma al lugar que el Eterno escoja, ⁷ entonces él ministrará en el Nombre del Eterno, su Dios, como todos sus hermanos levitas que están allí hacen delante del Eterno. ⁸ Comerán porciones iguales, excepto a lo que concierne a la venta de sus patrimonios. ⁹ Cuando entres en la tierra que el Eterno, tu Dios, te da, no aprenderás a seguir las abominaciones de esas naciones.

¹⁰ No se hallará en medio de ti nadie que haga pasar a su hijo o a su hija por el fuego, ni quien practique hechicería, ni que sea adivino, o encantador, o hechicero,

---

לַכֹּהֲנִים הַלְוִיִּם

Deuteronomio 18:1 – Los *cohanim* (sacerdotes) y los levitas no recibían compensación monetaria o material alguna por su trabajo, ni siquiera algún terreno. Generalmente, las personas que hacen la obra de la Luz no reciben dinero para sí mismos. Cuando Rav Áshlag o Rav Brandwein recibían dinero, nunca lo tomaban para sí mismos; en lugar de ello, lo empleaban para producir más libros de Kabbalah. Las personas encargadas de diseminar la Kabbalah no toman nada para sí mismos, y la Luz del Creador se ocupa de ellos. Es por esta razón que mucha gente que estudia Kabbalah dedica su vida a compartir en vez de recibir o, inclusive, obtener una remuneración. Ellos saben que cuando se ocupan de los demás y ayudan a fortalecerlos con las herramientas y tecnología de la Kabbalah, ellos serán cuidados por el Creador.

מִשְׁפַּט הַכֹּהֲנִים

Deuteronomio 18:3 – No obstante, había algunos regalos particulares que eran entregados a los sacerdotes. La gente no titubeaba al momento de darles a los *cohanim* porque ellos sabían que darle un regalo a un *cohén* les traería regalos de vuelta. De acuerdo con la Kabbalah, si damos con un propósito espiritual, recibimos más de regreso. Es por ello que es tan importante saber si un regalo o una cantidad de dinero serán invertidos en el fin correcto. Para la persona que daba, el dar a un *cohén* era, más bien, como recibir algo.

TERCERA LECTURA – YAAKOV – TIFÉRET

18 1 לֹא־יִהְיֶה ... לַכֹּהֲנִים מלה הַלְוִיִּם דמב, מלוי ע"ב כָּל־ יל שֵׁבֶט לֵוִי וְחֵלֶק

וְנַחֲלָה עִם־יִשְׂרָאֵל אִשֵּׁי יְהֹוַאֲדֹּנָהִ·יאֶהֹדֹנָהִי אדני יהוה אהיה יהוה וְנַחֲלָתוֹ יֹאכֵלוּן:

2 וְנַחֲלָה לֹא־יִהְיֶה ... לוֹ בְּקֶרֶב קמ"ג קס"א אוֹחִיו יְהֹוַאֲדֹּנָהִ·יאֶהֹדֹנָהִי הוּא נַחֲלָתוֹ

כַּאֲשֶׁר דִּבֶּר־ ראה לוֹ: 3 וְזֶה יִהְיֶה ... מִשְׁפַּט ע"ה ה"פ אלהים מלה הַכֹּהֲנִים מֵאֵת

הָעָם מֵאֵת זֹבְחֵי הַזֶּבַח אִם־ יוהך, ע"ה מ"ב שׁוֹר אבגית"ץ, וער, אהבת חנם אִם־

שֶׂה וְנָתַן יוהך, ע"ה מ"ב אבגית"ץ, וער, אהבת חנם לַכֹּהֵן מלה הַזְּרֹעַ וְהַלְּחָיַיִם וְהַקֵּבָה:

4 רֵאשִׁית דְּגָנְךָ תִּירֹשְׁךָ וְיִצְהָרֶךָ וְרֵאשִׁית גֵּז צֹאנְךָ תִּתֶּן־ ב"פ כהת לוֹ:

5 כִּי בוֹ בָּחַר יְהֹוַאֲדֹּנָהִ·יאֶהֹדֹנָהִי אֱלֹהֶיךָ ילה מִכָּל־ יל שְׁבָטֶיךָ לַעֲמֹד לְשָׁרֵת

בְּשֵׁם־ יהוה שדי יְהֹוַאֲדֹּנָהִ·יאֶהֹדֹנָהִי הוּא וּבָנָיו כָּל־ יל הַיָּמִים נכר:

CUARTA LECTURA – MOSHÉ – NÉTSAJ

6 וְכִי־יָבֹא הַלֵּוִי דמב, מלוי ע"ב מֵאַחַד אהבה, ראגה מִשְׁעָרֶיךָ מִכָּל־ יל יִשְׂרָאֵל

אֲשֶׁר־הוּא גָּר בן קנ"א שָׁם יהוה שדי וּבָא בְכָל־ בן, לכב, יבמ אַוַּת נַפְשׁוֹ

אֶל־הַמָּקוֹם יהוה ברבוע, ר"פ אל אֲשֶׁר־יִבְחַר יְהֹוַאֲדֹּנָהִ·יאֶהֹדֹנָהִי: 7 וְשֵׁרֵת בְּשֵׁם יהוה שדי

יְהֹוַאֲדֹּנָהִ·יאֶהֹדֹנָהִי אֱלֹהָיו ילה כְּכָל־ יל אֶחָיו הַלְוִיִּם הָעֹמְדִים שָׁם יהוה שדי לִפְנֵי

יְהֹוַאֲדֹּנָהִ·יאֶהֹדֹנָהִי: חכמה בינה 8 וְחֵלֶק יהוה אהיה יהוה אדני כְּחֵלֶק יהוה אהיה יהוה אדני יֹאכֵלוּ

לְבַד מִמְכָּרָיו עַל־הָאָבוֹת: 9 כִּי אַתָּה בָּא אֶל־הָאָרֶץ אלהים דההין ע"ה

אֲשֶׁר־יְהֹוַאֲדֹּנָהִ·יאֶהֹדֹנָהִי אֱלֹהֶיךָ ילה נֹתֵן אבגית"ץ, וער, אהבת חנם לָךְ לֹא־תִלְמַד לַעֲשׂוֹת

כְּתוֹעֲבֹת הַגּוֹיִם הָהֵם: 10 לֹא־יִמָּצֵא בְךָ מַעֲבִיר בְּנוֹ־וּבִתּוֹ בָּאֵשׁ אלהים דיודין ע"ה

11 o agorero, o alguien que consulte espectro o espíritu familiar, o alguien que invoque a los muertos.

12 Porque cualquiera que hace estas cosas es abominación para el Eterno; y por causa de estas abominaciones el Eterno, tu Dios, los expulsará de delante de ti.

13 Serás intachable delante del Eterno, tu Dios.

QUINTA LECTURA – AHARÓN – HOD

14 Porque esas naciones que vas a desposeer escuchan a hechiceros y adivinos, pero a ti el Eterno, tu Dios, no te lo ha permitido.

15 Un profeta de en medio de ti, de tus hermanos, como yo, te levantará el Eterno, tu Dios; a él escucharán,

16 conforme a todo lo que pediste al Eterno, tu Dios, en Jorev el día de la asamblea, diciendo: 'No vuelva yo a oír la voz del Eterno, mi Dios, no vuelva a ver este gran fuego; no sea que muera'.

קֹסֵם

Deuteronomio 18:10 – La magia negra es muy peligrosa porque la intención del hechicero es manipular el futuro. Es igual de peligroso usar magia para saber cosas del pasado porque podemos, ya sea adrede o accidentalmente, alterar nuestro *tikún*; el cual tendrá que regresar a nosotros de una forma más negativa. No podemos escapar de nuestro *tikún*. Sin embargo, podemos usar los sueños y la astrología para entender el pasado y el futuro. Estas herramientas nos ayudan a comprender que podemos cambiar el futuro a través de la transformación espiritual.

Rav Brandwein escribió acerca de la capacidad que las personas tenían de cambiar lo que se había profetizado:

Samuel le dijo que los asuntos del Reino [Maljut] ascienden hasta Kéter, mientras que los asuntos de profecía sólo ascienden hasta Nétsaj y Hod; y es conocido que los profetas se nutren de Nétsaj y Hod. Por lo tanto, desde *el aspecto de Kéter, que es la raíz, es siempre posible cambiar el camino de la naturaleza a través de la oración. Ese es el motivo por el cual fue dado el libre albedrío. Por consiguiente, como rey, él debió llevar a cabo la palabra de Dios exactamente como Él le habló.*

Hay un ejemplo de parte del profeta Yeshayahu para sustentar esto, quien le dijo a Jizkiyahu: "Tú morirás" (Isaías 38:1). Está escrito: "Entonces Jizkiyahu volvió su rostro hacia la pared y oró a Dios" (ibid. 2) y se le añadieron 15 años a su vida. Aquí vemos que a pesar de que Yeshayahu, como profeta, haya visto que él iba a morir, aun Jizkiyahu, como rey, buscó en su oración el cambio de la profecía. Por lo tanto, está escrito: "Entonces la palabra de Dios fue a Yeshayahu, diciendo: 'Ve y di a Jizkiyahu: Así dice el Eterno, Dios de David, tu padre; He oído tu oración y he visto tus lágrimas: he aquí que añadiré 15 años a tus días'" (ibid. 4-5).
— Rav Brandwein, Parte 1: Carta 32

קֹסֵם רביע אלהים קֹסְמִים מְעוֹנֵן וּמְנַחֵשׁ וּמְכַשֵּׁף: 11 וְחֹבֵר קס"ז ורבוע אהיה

וָחֹבֵר קס"ז ורבוע אהיה וְשֹׁאֵל אוֹב וְיִדְּעֹנִי וְדֹרֵשׁ אֶל־הַמֵּתִים: 12 כִּי־תוֹעֲבַת

יְהוָֹאדניאהדונהי כָּל־ ילי עֹשֵׂה אֵלֶּה וּבִגְלַל הַתּוֹעֵבֹת הָאֵלֶּה יְהוָֹאדניאהדונהי

אֱלֹהֶיךָ ילה מוֹרִישׁ אוֹתָם מִפָּנֶיךָ סמ"ב: 13 תָּמִים תִּהְיֶה עִם יְהוָֹאדניאהדונהי

אֱלֹהֶיךָ ילה:

QUINTA LECTURA – AHARÓN – HOD

14 כִּי | הַגּוֹיִם הָאֵלֶּה אֲשֶׁר אַתָּה יוֹרֵשׁ אוֹתָם אֶל־מְעֹנְנִים וְאֶל־קֹסְמִים

יִשְׁמָעוּ וְאַתָּה לֹא כֵן נָתַן לְךָ יְהוָֹאדניאהדונהי אֱלֹהֶיךָ ילה: 15 נָבִיא מִקִּרְבְּךָ

מֵאַחֶיךָ כָּמֹנִי יָקִים לְךָ יְהוָֹאדניאהדונהי אֱלֹהֶיךָ ילה אֵלָיו תִּשְׁמָעוּן: 16 כְּכֹל

ילי אֲשֶׁר־שָׁאַלְתָּ מֵעִם יְהוָֹאדניאהדונהי אֱלֹהֶיךָ ילה בְּחֹרֵב רביע ס"ג ורבוע אהיה

בְּיוֹם ע"ה = גגד, זן, מזבח הַקָּהָל ע"ב ס"ג לֵאמֹר לֹא אֹסֵף לִשְׁמֹעַ אֶת־קוֹל ע"ב ס"ג ע"ה

יְהוָֹאדניאהדונהי אֱלֹהָי דמב, ילה וְאֶת־הָאֵשׁ שׂאה הַגְּדֹלָה הַזֹּאת לֹא־אֶרְאֶה

נָבִיא

Deuteronomio 18:15 – En el pasado teníamos grandes profetas como Moshé para que cuidaran de nosotros, y es importante recordar que ellos están presentes en cada generación; el Creador nunca nos deja abandonados. El *Zóhar* dice que no tenemos la misma clase de profetas que solíamos tener, y que muchos de los profetas de hoy en día vienen en forma de niños y personas ciegas. También podemos recibir profecías a través de los sueños, pero nunca debemos olvidar que cada situación que enfrentamos contiene un mensaje dentro de sí.

El *Zóhar* dice:

Ven y ve todos los varios grupos de profetas que el Santísimo, bendito sea

Él, preparó para los hijos de Yisrael. El Santísimo, bendito sea Él, se reveló a Sí mismo a todos ellos en los niveles santos más elevados y ellos contemplaron el resplandor santo de la Gloria desde una posición elevada, pero no tan cerca como Moshé, quien estaba más cerca del Rey que cualquiera de ellos, ya que su porción estaba más bendecida que la de cualquier otro hombre. Acerca de él, está escrito: "'Con él hablo cara a cara, claramente y no en dichos oscuros...'" (Números 12:8). El resto de los profetas vio desde un lugar distante, como dicen ustedes: "De lejos se me mostró HaShem..." (Jeremías 31:2).
     — El Zóhar, Shlaj Lejá 47: 310

Y con respecto a los sueños:

17 Y el Eterno me dijo: 'Han hablado bien en lo que han dicho.

18 Levantaré un profeta como tú de entre sus hermanos, y pondré Mis Palabras en su boca, y él les hablará todo lo que Yo le mande. 19 Y sucederá que a cualquiera que no oiga Mis Palabras que él ha de hablar en Mi Nombre, Yo mismo le pediré cuenta.

20 Pero el profeta que hable con presunción en Mi Nombre una palabra que Yo no le haya mandado hablar, o que hable en el nombre de otros dioses, ese mismo profeta morirá'.

21 Y si dices en tu corazón: ¿Cómo conoceremos la palabra que el Eterno no ha hablado?.

22 Cuando un profeta hable en el Nombre del Eterno, si la cosa no sucede ni se cumple, esa es palabra que el Eterno no ha hablado; el profeta la ha hablado con presunción, no tendrás temor de l'.

19 1 Cuando el Eterno, tu Dios, destruya las naciones cuya tierra el Eterno, tu Dios, te da, y las desalojes y habites en sus ciudades y en sus casas, 2 apartarás para ti tres ciudades en medio de tu tierra que el Eterno, tu Dios, te da para poseerla.

3 Prepararás caminos para ti y dividirás en tres partes las fronteras de tu tierra que el Eterno, tu Dios, te dé en heredad, para que huya allí todo homicida.

4 Y este es el caso del homicida que huya allí y viva: quien mate a su prójimo sin premeditación y sin haberlo odiado anteriormente;

5 como cuando un hombre va al bosque con su compañero para cortar leña, y su mano da el hachazo para cortar el árbol, y el hierro se sale del mango y golpea a su compañero, y éste muere; él puede huir a una de estas ciudades y vivir;

Todo lo que acontece en el mundo depende de un sueño o una proclamación antes que se vuelva realidad. Hemos aprendido que antes de que una cosa entre en el mundo, una proclamación resuena en el Cielo, desde donde es esparcida a través del mundo. Esto es hecho por un pregonero, como está escrito: "Ciertamente el Eterno, nuestro Dios, no hará nada sin revelar Su secreto a Sus siervos los profetas" (Amós 3:7). Esto fue cuando había profetas en el mundo. Cuando ya no había profetas, los sabios de más alto rango tomaron sus lugares. Y cuando desaparecieron LOS SABIOS, el futuro fue anunciado POR MEDIO DE UN SUEÑO; y si no por medio de un sueño, a través de los pájaros en el cielo, como ya ha sido explicado.
— El Zóhar, Vayeshev 7:94

יָזִיד

Deuteronomio 18:20 – Los falsos profetas son personas que les enseñan a los demás antes de haber recibido el permiso para hacerlo o no han estudiado ni se han preparado para instruir. Cuando alguien cree que está listo para enseñar pero no lo está, esta persona es, en efecto, un falso profeta.

יָנוּס

Deuteronomio 19:4 – Este versículo habla de las ciudades de refugio que Moshé designó para los israelitas. Si alguien mataba a una persona sin premeditación o por accidente, era enviado

עוֹד וְלֹא אָמוּת: 17 וַיֹּאמֶר יְהוָֹואהדונהי אֵלָי הֵיטִיבוּ אֲשֶׁר דִּבֵּרוּ:

18 נָבִיא אָקִים לָהֶם מִקֶּרֶב אֲחֵיהֶם כָּמוֹךָ וְנָתַתִּי

דְבָרַי בְּפִיו וְדִבֶּר אֲלֵיהֶם אֵת כָּל־אֲשֶׁר אֲצַוֶּנּוּ: 19 וְהָיָה

הָאִישׁ אֲשֶׁר לֹא־יִשְׁמַע אֶל־דְּבָרַי אֲשֶׁר יְדַבֵּר בִּשְׁמִי

אָנֹכִי אֶדְרֹשׁ מֵעִמּוֹ: 20 אַךְ הַנָּבִיא אֲשֶׁר יָזִיד

לְדַבֵּר דָּבָר בִּשְׁמִי אֵת אֲשֶׁר לֹא־צִוִּיתִיו לְדַבֵּר

וַאֲשֶׁר יְדַבֵּר בְּשֵׁם אֱלֹהִים אֲחֵרִים וּמֵת

הַנָּבִיא הַהוּא: 21 וְכִי תֹאמַר בִּלְבָבֶךָ אֵיכָה נֵדַע אֶת־הַדָּבָר

אֲשֶׁר לֹא־דִבְּרוֹ יְהוָֹואהדונהי: 22 אֲשֶׁר יְדַבֵּר הַנָּבִיא בְּשֵׁם

יְהוָֹואהדונהי וְלֹא־יִהְיֶה הַדָּבָר וְלֹא יָבֹא הוּא הַדָּבָר

אֲשֶׁר לֹא־דִבְּרוֹ יְהוָֹואהדונהי בְּזָדוֹן דִּבְּרוֹ הַנָּבִיא לֹא תָגוּר

מִמֶּנּוּ: 19 1 כִּי־יַכְרִית יְהוָֹואהדונהי אֱלֹהֶיךָ אֶת־הַגּוֹיִם אֲשֶׁר

יְהוָֹואהדונהי אֱלֹהֶיךָ נֹתֵן לְךָ אֶת־אַרְצָם וִירִשְׁתָּם

וְיָשַׁבְתָּ בְעָרֵיהֶם וּבְבָתֵּיהֶם: 2 שָׁלוֹשׁ עָרִים תַּבְדִּיל לָךְ בְּתוֹךְ אַרְצֶךָ

אֲשֶׁר יְהוָֹואהדונהי אֱלֹהֶיךָ נֹתֵן לְךָ לְרִשְׁתָּהּ: 3 תָּכִין

לְךָ הַדֶּרֶךְ וְשִׁלַּשְׁתָּ אֶת־גְּבוּל אַרְצְךָ אֲשֶׁר יַנְחִילְךָ יְהוָֹואהדונהי

אֱלֹהֶיךָ וְהָיָה לָנוּס שָׁמָּה כָּל־רֹצֵחַ: 4 וְזֶה דְּבַר

הָרֹצֵחַ אֲשֶׁר יָנוּס שָׁמָּה וָחָי אֲשֶׁר יַכֶּה אֶת־רֵעֵהוּ

בִּבְלִי־דַעַת וְהוּא לֹא־שֹׂנֵא לוֹ מִתְּמֹל שִׁלְשֹׁם: 5 וַאֲשֶׁר יָבֹא אֶת־רֵעֵהוּ

בַיַּעַר לַחְטֹב עֵצִים וְנִדְּחָה יָדוֹ בַגַּרְזֶן לִכְרֹת הָעֵץ

a una de estas ciudades. Según las leyes de la reencarnación, en realidad cada persona que es asesinada muere de esta manera porque ésta ha asesinado a otra; en esta vida o en una vida pasada. ¡No hay accidentes! Hay leyes que gobiernan este universo: nada ocurre "de

pronto". Uno de los mayores trucos del Satán es hacernos creer que los sucesos ocurren por mero accidente.

[6] *no sea que el vengador de la sangre persiga al homicida mientras su corazón está encendido y lo alcance, porque el camino es largo, y lo mate; aunque él no haya merecido la muerte, dado que no lo había odiado anteriormente.*

[7] *Por tanto, te ordeno, diciendo: 'Apartarás para ti tres ciudades'.*

[8] *Y si el Eterno, tu Dios, ensancha tu territorio, como ha jurado a tus padres, y te da toda la tierra que ha prometido dar a tus padres,*

[9] *si guardas todo este mandamiento que te mando este día para cumplirlo, de amar al Eterno, tu Dios, y de andar siempre en Sus caminos, entonces te añadirás tres ciudades más, además de estas tres;* [10] *para que no se derrame sangre en medio de tu tierra que el Eterno, tu Dios, te da por heredad, y no haya sangre sobre ti.*

[11] *Pero si hay un hombre que odia a su prójimo, y lo acecha y se levanta contra él, y lo hiere fatalmente y éste muere, y después él huye a una de estas ciudades,*

[12] *entonces los ancianos de su ciudad enviarán a sacarlo de allí, y lo entregarán en mano del vengador de la sangre para que muera.* [13] *Tu ojo no tendrá piedad de él, sino que limpiarás de Israel la sangre del inocente, para que te vaya bien.*

נֶפֶשׁ

Deuteronomio 19:11 – El asesinato puede causar la muerte del cuerpo físico de alguien, pero también puede ser simbólico; tal como cuando hablamos mal de alguien con lengua maliciosa. La mayoría de nosotros nunca mataríamos a nadie al infligirle la muerte física, pero podemos "asesinarlos" a ellos o a sus personalidades mediante el chisme y habladurías. En cualquiera de los casos, somos asesinos.

El *Zóhar* dice:

Ven y ve: La mala lengua de la Serpiente, con la cual habló a la mujer, trajo la muerte sobre el hombre, la mujer, y el mundo entero. Así, está escrito: "...y su lengua una espada afilada" (Salmos 57:5), refiriéndose a la mala lengua. Por lo tanto, "Teman a la espada", A SABER: la mala lengua. ¿Qué significa el versículo siguiente?: "Porque la ira trae los castigos de la espada". Ésta es "La espada del Eterno..." (Isaías 34:6), porque como aprendimos, el Santísimo,

bendito sea Él, tiene una espada con la cual Él castiga a los perversos, como está escrito: "La espada del Eterno está cubierta de sangre..." (ibid.). También está escrito: "'...Mi espada devorará carne...'" (Deuteronomio 32:42) PORQUE ÉSTE ES EL ASPECTO DEL JUICIO DENTRO DE MALJUT. Por lo tanto, "Teman a la espada. Porque la ira trae los castigos de la espada para que ustedes sepan que hay juicio" (Job 19:29), LO QUE SIGNIFICA que tú sabes que esto ha sido decretado así, y QUE CUALQUIERA que tiene una espada en su lengua –A SABER: AQUÉL QUE HABLA CON LA MALA LENGUA– es castigado con la espada que destruye todo, PORQUE ÉSTA ES MALJUT DEL LADO DEL JUICIO. Éste es el significado de: "Ésta será la Torá del leproso" (Levítico 14:2); ESTO ES: MALJUT DEL LADO DEL JUICIO, QUE ES LLAMADA 'ÉSTA', JUZGA AL LEPROSO POR SU MALA LENGUA, DEBIDO A QUE LAS PLAGAS VIENEN DE LA MALA LENGUA.

— El Zóhar, Metsorá 1:4

וְנָשַׁל הַבַּרְזֶל ר"ת בלהה רחל זלפה לאה מִן־הָעֵץ ע"ה קס"א וּמָצָא קל"ל ע"ה אֶת־רֵעֵהוּ וָמֵת

הוּא יָנוּס אֶל־אַחַת הֶעָרִים עכ"ה, ה"פ אדני הָאֵלֶּה וָחָי: 6 פֶּן־יִרְדֹּף י"פ רבוע אהיה

גֹּאֵל ע"ה בוכ"ו, ע"ה אלד הַדָּם רבוע אהיה אַחֲרֵי הָרֹצֵחַ כִּי־יֵחַם לְבָבוֹ וְהִשִּׂיגוֹ

כִּי־יִרְבֶּה הַדֶּרֶךְ ב"פ יב"ק וְהִכָּהוּ נָפֶשׁ רמ"ח ÷ ו' הויות וְלוֹ אֵין מִשְׁפָּט ע"ה ה"פ אלהים

מָוֶת כִּי לֹא שֹׂנֵא הוּא לוֹ מִתְּמוֹל שִׁלְשׁוֹם: 7 עַל־כֵּן אָנֹכִי איע מְצַוְּךָ

לֵאמֹר שָׁלֹשׁ עָרִים תַּבְדִּיל לָךְ: 8 וְאִם־ יוהך, ע"ה מ"ב יַרְחִיב יְהֹוָה אדני אהדונהי

אֱלֹהֶיךָ ילה אֶת־גְּבֻלְךָ כַּאֲשֶׁר נִשְׁבַּע לַאֲבֹתֶיךָ וְנָתַן אבגית"ץ, ושר, אהבת חנם

לְךָ אֶת־כָּל־ ילי הָאָרֶץ אלהים דההין ע"ה אֲשֶׁר דִּבֶּר ראה לָתֵת לַאֲבֹתֶיךָ:

9 כִּי־תִשְׁמֹר אֶת־כָּל־ ילי הַמִּצְוָה הַזֹּאת לַעֲשֹׂתָהּ אֲשֶׁר אָנֹכִי איע מְצַוְּךָ

הַיּוֹם ע"ה = נגד, זן, מזבח לְאַהֲבָה אחד, דאגה אֶת־יְהֹוָה אהדונהי אֱלֹהֶיךָ ילה וְלָלֶכֶת

בִּדְרָכָיו כָּל־ ילי הַיָּמִים גלך וְיָסַפְתָּ לְךָ עוֹד שָׁלֹשׁ עָרִים עַל הַשָּׁלֹשׁ

הָאֵלֶּה: 10 וְלֹא יִשָּׁפֵךְ דָּם רבוע אהיה נָקִי ע"ה קס"א בְּקֶרֶב קמ"ג קס"א אַרְצְךָ אֲשֶׁר

יְהֹוָה אהדונהי אֱלֹהֶיךָ ילה נֹתֵן אבגית"ץ, ושר, אהבת חנם לְךָ נַחֲלָה וְהָיָה יהוה, יהה עָלֶיךָ

רבוע מ"ה דָמִים: 11 וְכִי־יִהְיֶה ייי אִישׁ ע"ה קנ"א קס"א שֹׂנֵא לְרֵעֵהוּ וְאָרַב לוֹ וְקָם

עָלָיו וְהִכָּהוּ נֶפֶשׁ רמ"ח ÷ ו' הויות וָמֵת י"פ רבוע אהיה וְנָס מ"ה אדני אֶל־אַחַת הֶעָרִים

עכ"ה, ה"פ אדני הָאֵל לאה (אלד ע"ה): 12 וְשָׁלְחוּ זִקְנֵי עִירוֹ בזו"ד, ערי, סנדלפון וְלָקְחוּ אֹתוֹ

מִשָּׁם יהוה שדי וְנָתְנוּ אֹתוֹ בְּיַד רבוע אהיה גֹּאֵל ע"ה בוכ"ו, ע"ה אלד הַדָּם רבוע אהיה וָמֵת

י"פ רבוע אהיה: 13 לֹא־תָחוֹס עֵינְךָ רבוע מ"ה עָלָיו וּבִעַרְתָּ דַם־ רבוע אהיה הַנָּקִי

ע"ה קס"א מִיִּשְׂרָאֵל וְטוֹב והו לָךְ:

Y,

La Torá por lo tanto proclama, diciendo: "Guarda tu lengua del mal..." (Salmos 34:14), y: "Quien guarda su boca y su lengua..." (Proverbios 21:23), ya que si sus labios y lengua hablan cosas malignas, estas cosas se elevan, y cuando lo hacen, todos declaran 'Vete de la cercanía del habla maligna de fulano;

da paso al sendero de la serpiente cruel'. La Neshamá santa es entonces quitada de él. Se va y no puede hablar, como dice: "Enmudecí con silencio, contuve mi paz y no tuve reposo..." (Salmos 39:3).

— El Zóhar, Tazría 18:85

SEXTA LECTURA – YOSEF – YESOD

14 No moverás los lindes de tu prójimo, fijados desde antaño, en la herencia que recibirás en la tierra que el Eterno, tu Dios, te da para poseerla.

15 Un solo testigo no se levantará contra un hombre por cualquier iniquidad o por cualquier pecado que haya cometido; por boca de dos o tres testigos el caso será confirmado. 16 Si un testigo injusto se levanta contra un hombre para dar falso testimonio contra él, 17 entonces ambos hombres, los que formen parte de la controversia, se presentarán delante del Eterno, los sacerdotes y los jueces que haya en esos días.

18 Y los jueces inquirirán diligentemente; y si el testigo es un testigo falso y ha testificado falsamente contra su hermano, 19 entonces le harán a él lo que él intentaba hacer a su hermano. Así quitarás el mal de en medio de ti.

20 Y los que queden oirán y temerán, y nunca más volverán a hacer una maldad semejante en medio de ti. 21 Y tu ojo no tendrá piedad: vida por vida, ojo por ojo, diente por diente, mano por mano, pie por pie.

Rabí Aba abrió la discusión diciendo: "¿Quién es el hombre que disfruta la vida y ama los días para mirar el bien? (Salmos 34:13) y "Guarda tu lengua del mal y tus labios de hablar engaño" (ibid. 14). También está escrito: "Quien guarda su boca y su lengua conserva su alma libre de penas" (Proverbios 21:23). "¿Quién es el hombre que disfruta la vida?". ¿Cuál vida? Se refiere a la vida que es llamada 'el Mundo por Venir', QUE ES BINÁ, donde la vida reposa ... "Debe guardar su boca y lengua" de todas las cosas, de cualquier alimento o bebida que contamine el alma, y lleve a un hombre lejos de la vida DE BINÁ-DE-ZEIR ANPÍN QUE ES LLAMADA "LENGUA", y de esos días DE ZEIR ANPÍN DE MALJUT, QUE ES LLAMADO "BOCA". Debe también guardar su lengua de palabras malignas, para no ser contaminado por ellas, y debe alejarse de ellas, para no participar en ellas.

Ven y ve: "Boca" y "lengua" son los nombres dados a un lugar celestial, PORQUE MALJUT ES LLAMADA 'BOCA' Y ZEIR ANPÍN ES LLAMADO 'LENGUA'. Por lo tanto, un hombre

no debe traer una mancha en su boca y lengua, PORQUE AL HACERLO TRAE MANCHAS EN LA BOCA Y LA LENGUA CELESTIALES, y en su cuerpo y alma enteros, porque está contaminado en el otro mundo arriba, como ya hemos explicado.
— El Zóhar, Sheminí 14:99-101

גְּבוּל

Deuteronomio 19:14 – Este versículo habla acerca de respetar los límites de la tierra del pueblo lo cual, de cierta manera, nos recuerda que hay límites con relación a cuánto podemos ayudar a los demás. Es importante ser sensible y discernir dónde las personas han colocado límites alrededor de sí mismos porque, si la gente no quiere ayudarse a sí misma, a veces no hay nada que podamos hacer al respecto. Sólo tenemos que hacer tanto como posiblemente podamos por los demás, teniendo siempre en cuenta que hay límites para lo que podemos realizar.

SEXTA LECTURA – YOSEF – YESOD

14 לֹא תַסִּיג גְּבוּל רֵעֲךָ אֲשֶׁר גָּבְלוּ רִאשֹׁנִים בְּנַחֲלָתְךָ אֲשֶׁר תִּנְחַל בָּאָרֶץ אֲשֶׁר יְהוָֹה אֱלֹהֶיךָ נֹתֵן לְךָ לְרִשְׁתָּהּ: 15 לֹא־יָקוּם עֵד אֶחָד בְּאִישׁ לְכָל־עָוֹן וּלְכָל־חַטָּאת בְּכָל־חֵטְא אֲשֶׁר יֶחֱטָא עַל־פִּי | שְׁנֵי עֵדִים אוֹ עַל־פִּי שְׁלֹשָׁה־עֵדִים יָקוּם דָּבָר: 16 כִּי־יָקוּם עֵד־חָמָס בְּאִישׁ לַעֲנוֹת בּוֹ סָרָה: 17 וְעָמְדוּ שְׁנֵי־הָאֲנָשִׁים אֲשֶׁר־לָהֶם הָרִיב לִפְנֵי יְהוָֹה לִפְנֵי הַכֹּהֲנִים וְהַשֹּׁפְטִים אֲשֶׁר יִהְיוּ בַּיָּמִים הָהֵם: 18 וְדָרְשׁוּ הַשֹּׁפְטִים הֵיטֵב וְהִנֵּה עֵד־שֶׁקֶר הָעֵד שֶׁקֶר עָנָה בְאָחִיו: 19 וַעֲשִׂיתֶם לוֹ כַּאֲשֶׁר זָמַם לַעֲשׂוֹת לְאָחִיו וּבִעַרְתָּ הָרָע מִקִּרְבֶּךָ: 20 וְהַנִּשְׁאָרִים יִשְׁמְעוּ וְיִרָאוּ וְלֹא־יֹסִפוּ לַעֲשׂוֹת עוֹד כַּדָּבָר הָרָע הַזֶּה בְּקִרְבֶּךָ: 21 וְלֹא תָחוֹס עֵינֶךָ נֶפֶשׁ בְּנֶפֶשׁ עַיִן בְּעַיִן שֵׁן

עֵד

Deuteronomio 19:15 – Cuando alguien da un falso testimonio contra otra persona, el castigo que le desea al inocente le rebota hacia él mismo. Nuestras acciones y cualquier cosa que intentamos hacerles a los demás regresan a perseguirnos. El *Zóhar* explica que el universo en realidad es un espejo espiritual que nos refleja de vuelta todo lo que hacemos.

"Un solo testigo no se levantará contra un hombre por alguna iniquidad… por la declaración de dos testigos o por la declaración de tres testigos será establecido el caso" (Deuteronomio 19:15). Es un precepto testificar en una corte de modo que su prójimo no pierda dinero, porque NO TESTIFICA si sabe de un testimonio a su favor. Un testimonio requiere no menos de dos testigos. Ese es el significado de "Por la declaración de dos testigos o la declaración de tres testigos será establecido el caso", pero no por la declaración de un solo testigo. Es por eso que los sabios de la Mishná han explicado: Quien carga testimonio sobre una persona, las paredes de su casa lo hacen. Además, los miembros de su familia testifican acerca de él. ¿Qué son las paredes de su casa? Son las paredes de su corazón, COMO ESTÁ ESCRITO: "Entonces Jizkiyá volvió su rostro hacia la pared…" (Isaías 38:2). Los sabios de la Mishná han explicado esto para enseñarnos que Jizkiyá estaba orando desde las paredes de su corazón.*
— El Zóhar, Shoftim 3:11

20 ¹ Cuando salgas a la batalla contra tus enemigos y veas caballos y carros, y pueblo más numeroso que tú, no tendrás temor de ellos; porque el Eterno, tu Dios que te sacó de la tierra de Egipto, está contigo.

² Y sucederá que cuando se acerquen a la batalla, el sacerdote se llegará y hablará al pueblo,

³ y les dirá: 'Oye, Israel, hoy se acercan a la batalla contra sus enemigos; no permitan que su corazón desmaye; no teman, ni se alarmen, ni se aterren a causa de ellos,

⁴ porque el Eterno, su Dios, es el que va con ustedes, para pelear por ustedes contra sus enemigos, para salvarlos'. ⁵ Y los oficiales hablarán al pueblo, diciendo: '¿Qué hombre hay que haya edificado una casa nueva y no la haya dedicado? Que salga y regrese a su casa, no sea que muera en la batalla y otro hombre la dedique.

⁶ ¿Y qué hombre hay que haya plantado una viña y no haya usado su fruto? Que salga y regrese a su casa, no sea que muera en la batalla y otro hombre use su fruto.

⁷ ¿Y qué hombre hay que se haya comprometido con una mujer y no la haya tomado? Que salga y regrese a su casa, no sea que muera en la batalla y otro hombre la tome'.

⁸ Y los oficiales hablarán otra vez al pueblo, y dirán: '¿Qué hombre hay que sea temeroso y débil de corazón? Que salga y regrese a su casa, no sea que el corazón de sus hermanos desfallezca como el corazón de él'.

⁹ Y sucederá que, cuando los oficiales terminen de hablar al pueblo, asignarán capitanes de tropas a la cabeza del pueblo.

לְמֵילְוֹוָמָה

Deuteronomio 20:1 – "*Cuando salgas a la batalla contra tus enemigos y veas caballos y carros, y pueblo más numeroso que tú, no tendrás temor de ellos; porque el Eterno, tu Dios que* te sacó de la tierra de Egipto, está contigo...". Los kabbalistas enseñan que la única persona que no está calificada para combatir es aquella que tiene miedo. Nunca ganaremos la batalla contra el Satán si no albergamos gran valentía en nuestro corazón.

בְּשֶׁן רביע ע"ב ורבוע ס"ג יָד בְּיַד רֶגֶל עסמ"ב ע"ה, קס"א ע"ה בְּרֶגֶל עסמ"ב ע"ה, קס"א ע"ב:

20 1 כִּי־תֵצֵא לַמִּלְחָמָה עַל־אֹיְבֶךָ וְרָאִיתָ סוּס רביע אדני, כוק וְרֶכֶב עָם

רָב ע"ב ורבוע מ"ה מִמְּךָ לֹא תִירָא מֵהֶם כִּי־יְהוָֹואדהי־אהדונהי אֱלֹהֶיךָ ילה עִמָּךְ

ה' הויות, נמם הַמַּעַלְךָ אלהים דאלפין מֵאֶרֶץ מִצְרָיִם מצר: 2 וְהָיָה יהוה, יהה כְּקָרָבְכֶם

אֶל־הַמִּלְחָמָה וְנִגַּשׁ הַכֹּהֵן מלה וְדִבֶּר ראה אֶל־הָעָם: 3 וְאָמַר אֲלֵהֶם

שְׁמַע יִשְׂרָאֵל אַתֶּם קְרֵבִים הַיּוֹם ע"ה = גגד, זך, מזבח לַמִּלְחָמָה עַל־אֹיְבֵיכֶם

אַל־יֵרַךְ לְבַבְכֶם אַל־תִּירְאוּ וְאַל־תַּחְפְּזוּ וְאַל־תַּעַרְצוּ מִפְּנֵיהֶם: 4 כִּי

יְהוָֹואדהי־אהדונהי אֱלֹהֵיכֶם ילה הַהֹלֵךְ עִמָּכֶם לְהִלָּחֵם לָכֶם עִם־אֹיְבֵיכֶם

לְהוֹשִׁיעַ אֶתְכֶם: 5 וְדִבְּרוּ ראה הַשֹּׁטְרִים אֶל־הָעָם לֵאמֹר מִי־ ילי הָאִישׁ

ע"ה קנ"א קס"א אֲשֶׁר בָּנָה בַיִת בי"פ ראה וְלֹא חֲנָכוֹ יֵלֵךְ כלי וְיָשֹׁב

לְבֵיתוֹ בי"פ ראה פֶּן־יָמוּת בַּמִּלְחָמָה וְאִישׁ קנ"א קס"א אַחֵר יַחְנְכֶנּוּ: 6 וּמִי־ ילי

הָאִישׁ ע"ה קנ"א קס"א אֲשֶׁר־נָטַע כֶּרֶם י' הויות וְלֹא חִלְּלוֹ יֵלֵךְ כלי וְיָשֹׁב לְבֵיתוֹ

בי"פ ראה פֶּן־יָמוּת בַּמִּלְחָמָה וְאִישׁ קנ"א קס"א אַחֵר יְחַלְּלֶנּוּ: 7 וּמִי־ ילי הָאִישׁ

ע"ה קנ"א קס"א אֲשֶׁר־אֵרַשׂ אִשָּׁה וְלֹא לְקָחָהּ יֵלֵךְ כלי וְיָשֹׁב לְבֵיתוֹ בי"פ ראה

פֶּן־יָמוּת בַּמִּלְחָמָה וְאִישׁ קנ"א קס"א אַחֵר יִקָּחֶנָּה: 8 וְיָסְפוּ הַשֹּׁטְרִים לְדַבֵּר

ראה אֶל־הָעָם וְאָמְרוּ מִי־ ילי הָאִישׁ הַיָּרֵא קנ"א קס"א אלף למד יהוה וְרַךְ הַלֵּבָב בוכו

יֵלֵךְ כלי וְיָשֹׁב לְבֵיתוֹ בי"פ ראה וְלֹא יִמַּס אֶת־לְבַב בוכו אֶחָיו כלבבו: 9 וְהָיָה

יהוה, יהה כְּכַלֹּת הַשֹּׁטְרִים לְדַבֵּר ראה אֶל־הָעָם וּפָקְדוּ שָׂרֵי צְבָאוֹת

נתה ורבוע אהיה בְּרֹאשׁ רביע אלהים ואלהים דיורדן ע"ה הָעָם:

SÉPTIMA LECTURA – DAVID – MALJUT

[10] *Cuando te acerques a una ciudad para pelear contra ella, le ofrecerás la paz.* [11] *Y sucederá que, si ésta acepta tu oferta de paz y abre sus puertas, entonces todo el pueblo que se encuentra en ella será tributario de ti y te servirá.* [12] *Y si no hace la paz contigo, sino que emprende la guerra contra ti, entonces la sitiarás.*

[13] *Y cuando el Eterno, tu Dios, la entregue en tu mano, herirás a filo de espada a todo varón;* [14] *pero a las mujeres y los pequeños, el ganado y todo lo que haya en la ciudad, todos sus despojos, tomarás para ti como botín. Y comerás del botín de tus enemigos que el Eterno, tu Dios, te ha dado.*

[15] *Así harás a todas las ciudades que están muy lejos de ti, que no son de las ciudades de estas naciones.* [16] *Pero en las ciudades de estos pueblos que el Eterno, tu Dios, te da por heredad, no dejarás con vida nada que respire,*

[17] *sino que los destruirás por completo: a los hititas, amorreos, cananeos, ferezeos, heveos y jebuseos; tal como el Eterno, tu Dios, te ha mandado;* [18] *para que ellos no los enseñen a hacer según todas las abominaciones que ellos han hecho con sus dioses y ustedes no pequen contra el Eterno, su Dios.*

[19] *Cuando asedies una ciudad por muchos días, peleando contra ella para tomarla, no destruirás sus árboles metiendo el hacha contra ellos; puedes comer de ellos, pero no los talarás. Porque, ¿es acaso el árbol del campo un hombre para que lo asedies?*

[20] *Sólo los árboles que sabes que no son árboles para comer podrás destruir y talar, para construir máquinas de asedio contra la ciudad que está en guerra contigo, hasta que caiga.*

21 [1] *Si alguien es hallado asesinado, tendido en el campo, en la tierra que el Eterno, tu Dios, te da para que la poseas, y no se sabe quién lo mató,*

לְשָׁלוֹם

Deuteronomio 20:10 – "*Cuando te acerques a una ciudad para pelear contra ella, le ofrecerás la paz*". Este versículo ayuda a conectarnos con la energía de la paz global y la reconciliación.

לֹא־תַשְׁחִית

Deuteronomio 20:19 – En este versículo nos dicen que no cortemos los árboles frutales porque éstos dan vida, y cualquier cosa que dé vida o sustente la vida no debe ser dañado. Esta lección puede extrapolarse con nuestro presente con respecto a la salud del agua, la vida silvestre, el aire y los bosques de nuestro planeta. Es importante que aprendamos a proteger cualquier cosa que sustente la vida. Donde hay vida, no debe haber destrucción.

SÉPTIMA LECTURA – DAVID – MALJUT

10 כִּי־תִקְרַב אֶל־עִיר בּוֹזֵּהֶ֗רְ, עֵרִי, סַנדֹּלֹפוֹן לְהִלָּחֵם עָלֶיהָ פהל וְקָרָאתָ אֵלֶיהָ
לְשָׁלוֹם: 11 וְהָיָה יהוה, יהה אִם־ יוּהֹּרְ, ע"ה מ"ב שָׁלוֹם תַּעַנְךָ וּפָתְחָה לָךְ וְהָיָה
יהוה, יהה כָּל־ ילי הָעָם הַנִּמְצָא־בָהּ יִהְיוּ אל לְךָ לָמַס וַעֲבָדוּךָ: 12 וְאִם־
יוּהֹּרְ, ע"ה מ"ב לֹא תַשְׁלִים עִמָּךְ ה הויות, נמם וְעָשְׂתָה עִמְּךָ ה הויות, נמם מִלְחָמָה וְצַרְתָּ
עָלֶיהָ פהל 13 וּנְתָנָהּ יְהֹוָה אהדני ואהדונהי אֱלֹהֶיךָ בוכ"ו בְּיָדֶךָ איע וְהִכִּיתָ אֶת־כָּל־
ילי זְכוּרָהּ לְפִי־חָרֶב רביע ס"ג ורבוע אהיה: 14 רַק הַנָּשִׁים וְהַטַּף וְהַבְּהֵמָה
ב"ן, לכב, יבם וְכֹל ילי אֲשֶׁר יִהְיֶה יי בָּעִיר בּוֹזֵּהֶ֗רְ, עֵרִי, סַנדֹּלֹפוֹן כָּל־ ילי שְׁלָלָהּ תָּבֹז
לָךְ וְאָכַלְתָּ אֶת־שְׁלַל ב"פ עס"מ אֹיְבֶךָ אֲשֶׁר נָתַן יְהֹוָה אהדני אהדונהי אֱלֹהֶיךָ ילה
לָךְ: 15 כֵּן תַּעֲשֶׂה לְכָל־ יה אדני הֶעָרִים שׂכ"ה, ה"פ אדני הָרְחֹקֹת מִמְּךָ מְאֹד
מ"ה אֲשֶׁר לֹא־מֵעָרֵי בּוֹזֵּהֶ֗רְ, עֵרִי, סַנדֹּלֹפוֹן הַגּוֹיִם־הָאֵלֶּה הֵנָּה מ"ה יה: 16 רַק מֵעָרֵי
בּוֹזֵּהֶ֗רְ, עֵרִי, סַנדֹּלֹפוֹן הָעַמִּים ע"ה קס"א הָאֵלֶּה אֲשֶׁר יְהֹוָה אהדני ואהדונהי אֱלֹהֶיךָ ילה נֹתֵן
אבגית"ץ, ושר, אהבת חנם לְךָ נַחֲלָה לֹא תְחַיֶּה כָּל־ ילי נְשָׁמָה: 17 כִּי־הַחֲרֵם
אברהם, רמ"ח, ח"פ אל תַּחֲרִימֵם הַחִתִּי וְהָאֱמֹרִי הַכְּנַעֲנִי וְהַפְּרִזִּי הַחִוִּי וְהַיְבוּסִי
כַּאֲשֶׁר צִוְּךָ יְהֹוָה אהדני אהדונהי אֱלֹהֶיךָ: 18 לְמַעַן אֲשֶׁר לֹא־יְלַמְּדוּ ילה
אֶתְכֶם לַעֲשׂוֹת כְּכֹל ילי תּוֹעֲבֹתָם אֲשֶׁר עָשׂוּ לֵאלֹהֵיהֶם ילה וַחֲטָאתֶם
לַיהֹוָה אהדני ואהדונהי אֱלֹהֵיכֶם ילה: 19 כִּי־תָצוּר אֶל־עִיר בּוֹזֵּהֶ֗רְ, עֵרִי, סַנדֹּלֹפוֹן יָמִים גלך
רַבִּים לְהִלָּחֵם עָלֶיהָ פהל לְתָפְשָׂהּ לֹא־תַשְׁחִית אֶת־עֵצָהּ לִנְדֹּחַ עָלָיו
גַּרְזֶן כִּי מִמֶּנּוּ תֹאכֵל וְאֹתוֹ לֹא תִכְרֹת כִּי הָאָדָם מ"ה קס"א עֵץ ע"ה קס"א הַשָּׂדֶה
עדי לָבֹא מִפָּנֶיךָ סמ"ב בַּמָּצוֹר: 20 רַק עֵץ ע"ה קס"א אֲשֶׁר־תֵּדַע כִּי־לֹא־עֵץ
ע"ה קס"א מַאֲכָל יהוה אדני הוּא אֹתוֹ תַשְׁחִית וְכָרַתָּ וּבָנִיתָ מָצוֹר אלהם דההין ע"ה
עַל־הָעִיר בּוֹזֵּהֶ֗רְ, עֵרִי, סַנדֹּלֹפוֹן אֲשֶׁר־הִוא עֹשָׂה עִמְּךָ ה הויות, נמם מִלְחָמָה עַד
רִדְתָּהּ: 21 1 כִּי־יִמָּצֵא חָלָל וזיים, בינה ע"ה בָּאֲדָמָה אֲשֶׁר יְהֹוָה אהדני ואהדונהי

² *entonces tus ancianos y tus jueces irán, y medirán la distancia entre el hombre asesinado y las ciudades que están alrededor.*

³ *Y sucederá que los ancianos de la ciudad más próxima al hombre asesinado tomarán de la manada una novilla que no haya trabajado y que no haya llevado yugo.*

⁴ *Y los ancianos de esa ciudad traerán la novilla a un valle rocoso, el cual no haya sido arado ni sembrado, y quebrarán la cerviz de la novilla allí en el valle.*

⁵ *Y los sacerdotes, los hijos de Leví, se acercarán porque el Eterno, tu Dios, los ha escogido para ministrarle a Él y para bendecir en el Nombre del Eterno; y será conforme a su palabra toda controversia y toda ofensa.*

⁶ *Y todos los ancianos de la ciudad más cercana al hombre asesinado lavarán sus manos sobre la novilla cuya cerviz fue quebrada en el valle.*

MAFTIR

⁷ *Y ellos hablarán y dirán: 'Nuestras manos no han derramado esta sangre, ni nuestros ojos la han visto.* ⁸ *Perdona, Eterno, a Tu pueblo, Israel, al cual has redimido, y no imputes la sangre inocente a Tu pueblo, Israel'. Y la sangre les será perdonada.*

⁹ *Así quitarás la sangre inocente de en medio de ti, cuando hagas lo que es recto a los Ojos del Eterno".*

לֹא נוֹדַע

Deuteronomio 21:1 – En la ley de los tiempos bíblicos, cuando había un caso de asesinato sin resolver, la ciudad más cercana al lugar donde se encontró el cuerpo era responsable de la redención, el sacrificio y la limpieza tras dicho asesinato. Este procedimiento tenía como propósito eliminar la negatividad en torno al asesinato. La Biblia nos dice aquí que no sólo somos responsables por nuestras acciones individualmente, sino también somos responsables colectivamente.

אֱלֹהֶ֫יךָ יכה נֹתֵ֥ן אבגית"ץ, וער, אהבת הום לְךָ֙ לְרִשְׁתָּ֔הּ נֹפֵל בַּשָּׂדֶ֔ה לֹא נוֹדַ֖ע מִ֥י

הִכָּֽהוּ: 2 וְיָצְא֥וּ זְקֵנֶ֖יךָ וְשֹׁפְטֶ֑יךָ וּמָ֣דְד֔וּ אֶל־הֶ֣עָרִ֔ים עכ"ה, ה"פ אדני אֲשֶׁ֖ר

סְבִיבֹ֥ת הֶחָלָֽל חיים, בינה ע"ה: 3 וְהָיָ֣ה יהוה, יהה יְהֹוָֽה הָעִ֗יר בֹּזְהֹרך, ערי, סנדלפו"ן הַקְּרֹבָ֖ה

אֶל־הֶחָלָ֑ל חיים, בינה ע"ה וְלָקְח֞וּ זִקְנֵ֤י הָעִיר֙ בֹּזְהֹרך, ערי, סנדלפו"ן הַהִ֔וא עֶגְלַ֣ת בָּקָ֔ר

אֲשֶׁ֤ר לֹֽא־עֻבַּד֙ בָּ֔הּ אֲשֶׁ֥ר לֹא־מָשְׁכָ֖ה בְּעֹֽל: 4 וְהוֹרִ֡דוּ זִקְנֵ֣י הָעִ֣יר

בֹּזְהֹרך, ערי, סנדלפו"ן הַהִ֡וא אֶת־הָעֶגְלָה֩ אֶל־נַ֨חַל אֵיתָ֜ן אֲשֶׁ֧ר לֹא־יֵעָבֵ֛ד בּ֖וֹ

וְלֹ֣א יִזָּרֵ֑עַ וְעָֽרְפוּ־שָׁ֥ם יהוה שדי אֶת־הָעֶגְלָ֖ה בַּנָּֽחַל: 5 וְנִגְּשׁ֣וּ הַכֹּהֲנִים֮

מכה בְּנֵ֣י לֵוִי֒ דמב, מלוי ע"ב כִּ֣י בָ֗ם מ"ב בָּ֨חַר יְהֹוָֽהאהדונהי אֱלֹהֶ֨יךָ יכה לְשָׁ֣רְת֔וֹ

וּלְבָרֵ֖ךְ בְּשֵׁ֣ם יהוה שדי יְהֹוָֽהאהדונהי וְעַל־פִּיהֶ֥ם יִהְיֶ֖ה ייי כָּל־רִ֥יב וְכָל־

ילי נָֽגַע מלוי אהיה דאלפין: 6 וְכֹ֗ל ילי זִקְנֵי֙ הָעִ֣יר בֹּזְהֹרך, ערי, סנדלפו"ן הַהִ֔וא הַקְּרֹבִ֖ים

אֶל־הֶחָלָ֑ל חיים, בינה ע"ה יִרְחֲצוּ֙ אֶת־יְדֵיהֶ֔ם עַל־הָעֶגְלָ֖ה הָעֲרוּפָ֥ה בַנָּֽחַל:

MAFTIR

7 וְעָנ֖וּ ג"פ מ"ב, רבוע אדני וְאָמְר֑וּ יָדֵ֗ינוּ יה אדני לֹ֤א שָׁפְכוּ (כתיב: שפכה) אֶת־הַדָּ֣ם

רבוע אהיה הַזֶּ֔ה והו וְעֵינֵ֖ינוּ רבוע מ"ה לֹ֥א רָאֽוּ: 8 כַּפֵּר֩ מצפצ לְעַמְּךָ֨ ה היות, נמב יִשְׂרָאֵ֤ל

אֲשֶׁר־פָּדִ֙יתָ֙ יְהֹוָֽהאהדונהי וְאַל־תִּתֵּן֙ ב"פ כהת דָּ֣ם רבוע אהיה נָקִ֔י ע"ה קס"א בְּקֶ֖רֶב

קמ"ג קס"א עַמְּךָ֣ ה היות, נמב יִשְׂרָאֵ֑ל וְנִכַּפֵּ֥ר לָהֶ֖ם הַדָּֽם רבוע אהיה: 9 וְאַתָּ֣ה תְּבַעֵ֗ר

הַדָּ֤ם רבוע אהיה הַנָּקִי֙ ע"ה קס"א מִקִּרְבֶּ֔ךָ כִּֽי־תַעֲשֶׂ֥ה הַיָּשָׁ֖ר בְּעֵינֵ֥י ריבוע מ"ה

יְהֹוָֽהאהדונהי:

HAFTARÁ DE SHOFTIM

"Prorrumpan en júbilo, canten juntos, lugares desolados de Jerusalén, porque el Eterno ha consolado a Su pueblo; Él ha redimido a Jerusalén" (Isaías 52:9).

Esta Haftará nos recuerda despertarnos a nosotros mismos para ver lo que está ocurriendo en el

ISAÍAS 51:12 - 52:12

51 [12] Yo, Yo soy el que los consuela: ¿Quién eres tú que temes al hombre mortal, y al hijo del hombre que como hierba es tratado;

[13] que has olvidado al Eterno, tu Hacedor, que extendió los Cielos y puso los cimientos de la Tierra; y que temes sin cesar todo el día ante la furia del opresor mientras éste se prepara para destruir? ¿Y dónde está la furia del opresor?

[14] El doblegado pronto será liberado, y no morirá en la mazmorra, ni le faltará pan.

[15] Porque Yo soy el Eterno, tu Dios, que agito el mar para que bramen sus olas; el Eterno de los Ejércitos es Su Nombre.

[16] Y Yo he puesto Mis Palabras en tu boca, y te he cubierto con la sombra de Mi Mano, para que pueda plantar los Cielos, poner los cimientos de la Tierra y decir a Sión: "Tú eres Mi pueblo".

[17] Despierta, despierta, levántate, Jerusalén, tú, que has bebido de la mano del Eterno la copa de Su furor; que has bebido el cáliz, la copa del vértigo, hasta vaciarlo.

[18] No hay quien la guíe entre todos los hijos que ha dado a luz, ni hay quien la tome de la mano entre todos los hijos que ha criado.

[19] Estas dos cosas te han acontecido, ¿quién te confortará?; desolación y destrucción, hambre y espada; ¿cómo te consolaré?

HAFTARÁ DE SHOFTIM

mundo a nuestro alrededor, quitarnos las anteojeras, reconocer con entusiasmo que, dado que el mundo todavía no está perfeccionado, tenemos el privilegio indescriptible de ayudar a llevar a cabo esta perfección. Esto significa sencillamente que tenemos que hacer más con respecto a nuestro trabajo espiritual.

ישעיהו פרק 51, פסוק 12 – פרק 52, פסוק 12

51 12 אָנֹכִי איע אָנֹכִי איע הוּא מְנַחֶמְכֶם מִי יכ אַתְּ וַתִּירְאִי מֵאֱנוֹשׁ יָמוּת

וּמִבֶּן־אָדָם מ"ה וָחָצִיר יִנָּתֵן: 13 וַתִּשְׁכַּח ה"ה קרעשׁט ע"ה יְהוָֹהאדניאהדונהי עֹשֶׂךָ נוֹטֶה

שָׁמַיִם י"פ טל, י"פ כוזו וְיֹסֵד אָרֶץ אלהים דאלפין וַתְּפַחֵד תָּמִיד נתה, קס"א קנ"א קמ"ג כָּל־

הַיּוֹם ילי ע"ה = גגד, זן, מזבוז מִפְּנֵי חכמה בינה חֲמַת הַמֵּצִיק כַּאֲשֶׁר כּוֹנֵן ריבוע אדני, כוק

לְהַשְׁחִית וְאַיֵּה חֲמַת הַמֵּצִיק: 14 מִהַר צֹעֶה לְהִפָּתֵחַ וְלֹא־יָמוּת לַשַּׁחַת

וְלֹא יֶחְסַר לַחְמוֹ: 15 וְאָנֹכִי איע יְהוָֹהאדניאהדונהי אֱלֹהֶיךָ ילה רֹגַע ג"פ אלהים ∻ ט"ו אותיות

הַיָּם ילי וַיֶּהֱמוּ גַּלָּיו יְהוָֹהאדניאהדונהי צְבָאוֹת נתה ורבוע אהיה שְׁמוֹ מהע ע"ה, אל עדי ע"ה:

16 וָאָשִׂים דְּבָרַי ראה בְּפִיךָ וּבְצֵל יָדִי כִּסִּיתִיךָ לִנְטֹעַ שָׁמַיִם י"פ טל, י"פ כוזו וְלִיסֹד

אָרֶץ אלהים דאלפין וְלֵאמֹר לְצִיּוֹן יוסף, ו"פ יהוה, ה"פ אל עַמִּי־אָתָּה: 17 הִתְעוֹרְרִי

הִתְעוֹרְרִי קוּמִי יְרוּשָׁלַ͏ִם רי"ו ע"ד אֲשֶׁר שָׁתִית מִיַּד יְהוָֹהאדניאהדונהי אֶת־כּוֹס

מום, אלהים, אהיה אדני חֲמָתוֹ אֶת־קֻבַּעַת כּוֹס מום, אלהים, אהיה אדני הַתַּרְעֵלָה שָׁתִית

מָצִית: 18 אֵין־מְנַהֵל לָהּ מִכָּל־ בָּנִים ילי יָלָדָה וְאֵין מַחֲזִיק בְּיָדָהּ

מִכָּל־ בָּנִים ילי גִּדֵּלָה: 19 שְׁתַּיִם מ"ה יה הֵנָּה קֹרְאֹתַיִךְ מִי ילי יָנוּד לָךְ

הַשֹּׁד וְהַשֶּׁבֶר וְהָרָעָב ע"ב ורבוע אלהים וְהַחֶרֶב רבוע ס"ג מִי ילי אֲנַחֲמֵךְ:

20 Tus hijos han desfallecido, yacen en las esquinas de todas las calles como antílope en la red, llenos del furor del Eterno, de la reprensión de tu Dios.

21 Por tanto, oye ahora esto, afligida, que estás ebria, pero no de vino:

22 Así dice tu Señor, el Eterno y tu Dios, que defiende la causa de Su pueblo: He aquí que he quitado de tu mano la copa del vértigo, el cáliz, la copa de Mi furor, nunca más lo beberás.

23 Y lo pondré en las manos de los que te atormentan, quienes han dicho a tu alma: 'Póstrate para que caminemos sobre ti'. Y tú pusiste tu espalda como suelo, como calle para los que pasaban.

52 1 ¡Despierta, despierta! Vístete de tu poder, Sión; vístete de tus ropajes hermosos, Jerusalén, ciudad santa. Porque a partir de ahora el incircunciso y el impuro no volverán a entrar en ti.

2 Sacúdete el polvo; levántate y siéntate Jerusalén; líbrate de las cadenas de tu cuello, cautiva hija de Sión.

3 Porque así dice el Eterno: A cambio de nada fueron vendidos y sin dinero serán redimidos.

4 Porque así dice el Eterno, Dios: Mi pueblo descendió a Egipto al principio para residir allí; después los asirios los oprimieron sin motivo.

5 Y ahora, ¿qué hago Yo aquí —dice el Eterno— viendo que se llevan a Mi pueblo sin razón? Sus dominadores dan gritos —dice el Eterno— y sin cesar Mi Nombre es continuamente blasfemado todo el día.

6 Por tanto, Mi pueblo conocerá Mi Nombre; así que en aquel día comprenderán que Yo soy el que habló: Heme aquí.

7 ¡Qué hermosos son sobre los montes los pies del mensajero de buenas nuevas que anuncia la paz, el que trae las buenas nuevas, que anuncia la salvación; que dice a Sión: '¡Tu Dios reina!'.

8 ¡Escucha a tus centinelas! Ellos alzan su voz y juntos cantan; porque verán ojo a ojo cuando el Eterno restaure a Sión.

9 Prorrumpan en júbilo, canten juntos, lugares desolados de Jerusalén, porque el Eterno ha consolado a Su pueblo; Él ha redimido a Jerusalén.

20 בָּנַ֜יִךְ עֻלְּפ֛וּ שָׁכְב֥וּ בְּרֹ֖אשׁ ריבוע אלהים ואלהים דיודין ע"ה כָּל־ ילי וְחוּצֹ֑ות כְּתֹ֥וא מִכְמָ֖ר הַֽמְלֵאִ֑ים וְחֲמַת־יְהֹוָ֧הֿאדנילאהדונהי גַּעֲרַ֥ת אֱלֹהָֽיִךְ ילה:

21 לָכֵ֛ן שִׁמְעִי־נָ֥א זֹ֖את עֲנִיָּ֑ה וּשְׁכֻרַ֖ת וְלֹ֥א מִיָּֽיִן מיכ, י"פ האא: 22 כֹּֽה־ היי אָמַר֩ אֲדֹנַ֨יִךְ יְהֹוָ֜האדנילאהדונהי וֵאלֹהַ֗יִךְ ילה יָרִ֣יב עַמֹּ֔ו הווה מ"ה יה לָקַ֣חְתִּי מִיָּדֵ֗ךְ בוכ"ו אֶת־כֹּ֚וס מום, אלהים, אהיה אדני הַתַּרְעֵלָ֔ה אֶת־קֻבַּ֖עַת כֹּ֣וס מום, אלהים, אהיה אדני וְחֲמָתִ֑י לֹא־תֹוסִ֥יפִי לִשְׁתֹּותָ֖הּ עֹֽוד׃ 23 וְשַׂמְתִּ֨יהָ֙ בְּיַד־מֹוגַ֔יִךְ אֲשֶׁר־אָמְר֥וּ לְנַפְשֵׁ֖ךְ שְׁחִ֣י וְנַעֲבֹ֑רָה וַתָּשִׂ֚ימִי כָאָ֙רֶץ֙ אלהים דאלפין גֵּוֵ֔ךְ וְכַֽחוּץ֖ לַעֹבְרִֽים:

52 1 עוּרִ֥י עוּרִ֛י לִבְשִׁ֥י עֻזֵּ֖ךְ צִיֹּ֑ון יוסף, ו"פ יהוה, ה"פ אל לִבְשִׁ֣י | בִּגְדֵ֚י תִפְאַרְתֵּ֔ךְ יְרוּשָׁלִַ֙ם֙ רי"ו ע"ע עִ֣יר ב"ן, זמף, ערי, סנדלפון הַקֹּ֔דֶשׁ כִּ֠י לֹ֣א יֹוסִ֥יף יָֽבֹא־בָ֛ךְ עֹ֖וד עָרֵ֥ל אלהים דיודין וְטָמֵֽא׃ 2 הִתְנַעֲרִ֧י מֵעָפָ֛ר ק֖וּמִי שְּׁבִ֣י יְרוּשָׁלִָ֑ם רי"ו ע"ע הִתְפַּתְּחִו֙ (כתיב: הִתְפַּתְּחוֹי) מֹוסְרֵ֣י צַוָּארֵ֔ךְ שְׁבִיָּ֖ה בַּת־צִיֹּֽון יוסף, ו"פ יהוה, ה"פ אל: 3 כִּי־כֹה֙ היי אָמַ֣ר יְהֹוָ֔האדנילאהדונהי חִנָּ֖ם נִמְכַּרְתֶּ֑ם וְלֹ֥א בְכֶ֖סֶף תִּגָּאֵֽלוּ: 4 כִּ֣י כֹ֚ה היי אָמַ֜ר אֲדֹנָ֣י לכלה יְהֹוִה֒אדנילאהדונהי מִצְרַ֛יִם מצר יָֽרַד־עַמִּ֥י בָרִֽאשֹׁנָ֖ה לָג֣וּר ד"פ ב"ן ע"ה שָׁ֑ם יהוה עדי וְאַשּׁ֥וּר ועׇר ע"ה, אבגית"ץ ע"ה בְּאֶ֖פֶס עֲשָׁקֹֽו: 5 וְעַתָּ֚ה מַה־ מ"ה לִּי־פֹה֙ מילה, ע"ה אלהים ע"ה מום נְאֻם־יְהֹוָ֔האדנילאהדונהי ב"פ יהוה אדני אהיה כִּֽי־לֻקַּ֥ח עַמִּ֖י וְחִנָּ֑ם מֹשְׁלָ֚ו יְהֵילִ֙ילוּ֙ נְאֻם־יְהֹוָ֔האדנילאהדונהי וְתָמִ֥יד ע"ה נתה, קס"א קנ"א קמ"ג כָּל־ ילי הַיֹּ֖ום ע"ה = גגד, זן, מזבח שְׁמִ֥י רבוע ע"ב ורבוע ס"ג מִנֹּאָֽץ: 6 לָכֵ֛ן יֵדַ֥ע עַמִּ֖י שְׁמִ֑י רבוע ע"ב ורבוע ס"ג לָכֵ֥ן בַּיֹּ֣ום ע"ה = גגד, זן, מזבח הַה֔וּא כִּֽי־אֲנִ֥י אני, טדה"ד כוז"ו הֽוּא הַֽמְדַבֵּ֖ר ראה הִנֵּֽנִי: 7 מַה־ מ"ה נָּאו֜וּ עַל־הֶֽהָרִ֗ים י הייות רַגְלֵ֣י מְבַשֵּׂ֔ר מַשְׁמִ֥יעַ שָׁלֹ֖ום מְבַשֵּׂ֥ר טֹ֛וב וּ מַשְׁמִ֥יעַ יְשׁוּעָ֑ה אֹמֵ֥ר לְצִיֹּ֖ון יוסף, ו"פ יהוה, ה"פ אל מָלַ֥ךְ אֱלֹהָֽיִךְ ילה: 8 קֹ֥ול ע"ב ס"ג ע"ה צֹפַ֛יִךְ ע"ב ס"ג נָ֥שְׂאוּ קֹ֖ול ע"ב ס"ג ע"ה יַחְדָּ֣ו יְרַנֵּ֑נוּ כִּ֣י עַ֤יִן ריבוע מ"ה בְּעַ֙יִן֙ ריבוע מ"ה יִרְא֔וּ בְּשׁ֥וּב יְהֹוָ֖האדנילאהדונהי צִיֹּֽון יוסף, ו"פ יהוה, ה"פ אל: 9 פִּצְח֚וּ רַנְּנ֣וּ יַחְדָּ֔ו חָרְבֹ֖ות יְרוּשָׁלִָ֑ם רי"ו ע"ע כִּֽי־נִחַ֚ם יְהֹוָה֙אדנילאהדונהי עַמֹּ֔ו בוכ"ו, ע"ה גָּאַ֖ל אֶל־יְרוּשָׁלִָֽם רי"ו ע"ע:

[10] El Eterno ha desnudado Su santo brazo a la vista de todas las naciones, y todos los confines de la tierra verán la salvación de nuestro Dios.

[11] ¡Apártense, apártense! Salgan de allí, no toquen nada impuro; salgan de en medio de ella, purifíquense, ustedes que cargan las vasijas del Eterno.

[12] Pues no saldrán precipitadamente, ni irán en fuga; porque delante de ustedes irá el Eterno y su retaguardia será el Dios de Israel.

‫10 וְחָשַׂף יְהֹוָ‏ֽאדני‏ֿ‏אהדנהי אֶת־זְרוֹעַ קָדְשׁוֹ לְעֵינֵי רבוע מ״ה כָּל־ ילי‬

‫הַגּוֹיִם וְרָאוּ כָּל־ ילי אַפְסֵי־אָרֶץ אלהים דאלפין אֵת יְשׁוּעַת אֱלֹהֵינוּ ילה:‬

‫11 סוּרוּ סוּרוּ צְאוּ מִשָּׁם טָמֵא אַל־תִּגָּעוּ צְאוּ מִתּוֹכָהּ הִבָּרוּ נֹשְׂאֵי‬

‫כְּלֵי כלי יְהֹוָ‏ֽאדני‏ֿ‏אהדנהי: 12 כִּי לֹא בְחִפָּזוֹן תֵּצֵאוּ וּבִמְנוּסָה לֹא תֵלֵכוּן‬

‫כִּי־הֹלֵךְ מ״ה לִפְנֵיכֶם יְהֹוָ‏ֽאדני‏ֿ‏אהדנהי וּמְאַסִּפְכֶם אֱלֹהֵי דמב, ילה יִשְׂרָאֵל:‬

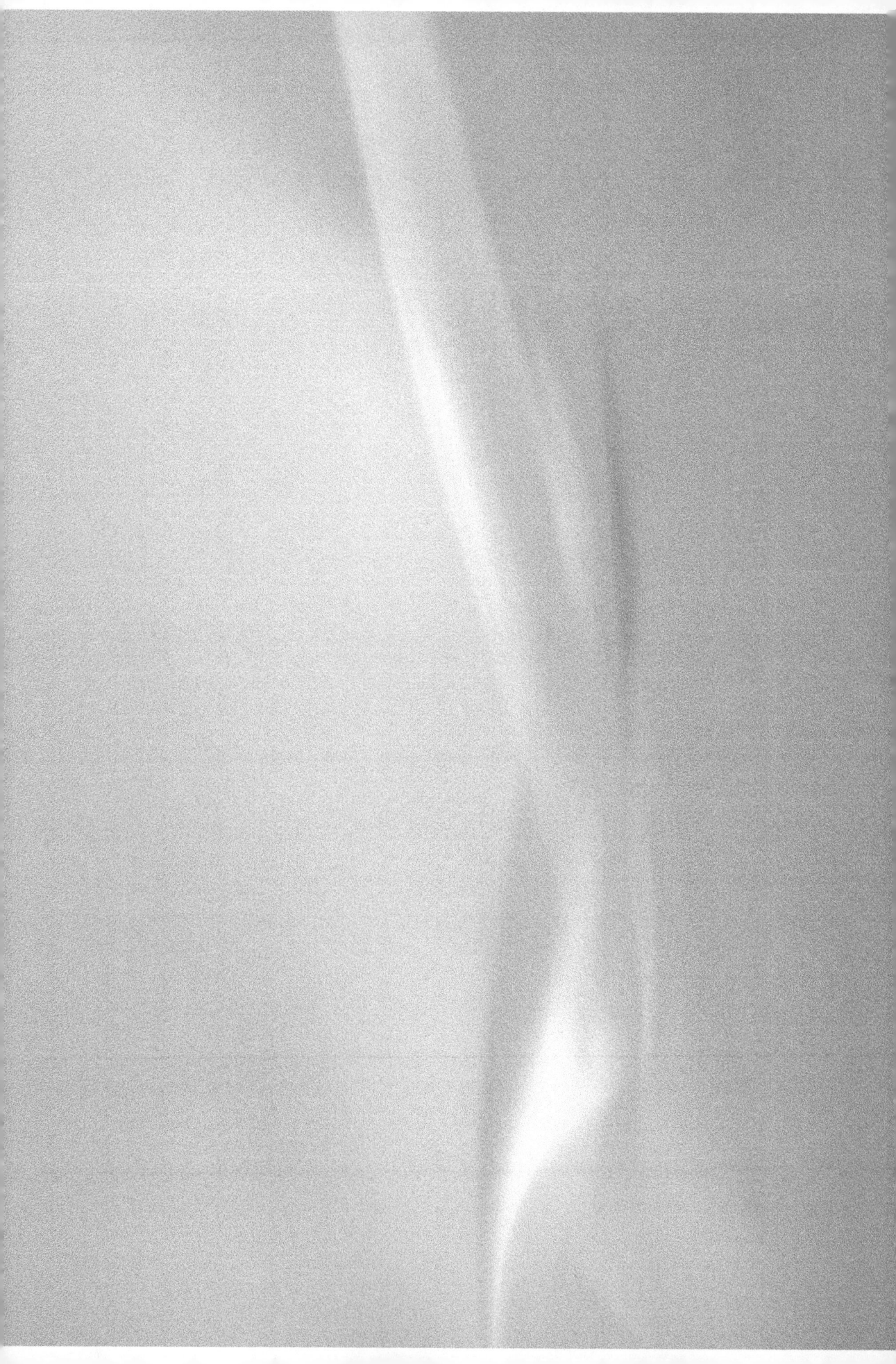

QUI TETSÉ

LA LECCIÓN DE QUI TETSÉ
(Deuteronomio 21:10-25:19)

La Biblia: ¿Es solamente un relato?

El *Zóhar* nos advierte de no ver a la Biblia sólo como una antología de relatos interesantes. Cada palabra en la Biblia es la palabra del Creador y está destinada para toda la humanidad y para toda época. Cada letra aramea, cada punto, cada corona sobre cada letra; todo fue escrito específicamente para nosotros que vivimos ahora en el siglo XXI.

Rabí Shimón dice: ¡Ay del hombre que dice que la Torá vino a relatar historias, simple y llanamente, y cuentos simplones ACERCA DE ESAV Y LAVÁN Y SEMEJANTES! Si esto fuera así, incluso en el día presente podríamos producir una Torá de asuntos simplistas, y quizá hasta más agradables que aquéllos. Si LA TORÁ VINO a ejemplificar los asuntos mundanos, aun los gobernantes del mundo tienen entre ellos cosas que son superiores. Si es así, sigámoslos y produzcamos de ellos una Torá de la misma manera. Debe ser que todos los ítems en la Torá son de una naturaleza superior y son secretos más elevados.

Ven y ve: El mundo arriba y el mundo abajo son medidos con una balanza. Yisrael abajo CORRESPONDE A los ángeles elevados arriba. Está escrito acerca de los ángeles elevados: "Que hace de Sus ángeles espíritus…" (Salmos 104:4). Cuando bajan, se visten con las vestiduras de este mundo. Si no hubiesen adquirido la ropa para este mundo, no les sería posible existir en este mundo, y el mundo no podría resistirlos. Y si esto es así con los ángeles, cuánto más lo es para la Torá que creó estos MENSAJEROS y todos los mundos, que existen debido a ella. Una vez que bajó a este mundo, si no se hubiera puesto las vestiduras de este mundo, QUE SON LAS HISTORIAS Y LOS RELATOS SIMPLISTAS, el mundo no habría sido capaz de tolerarla.

Ven y ve: Hay un vestido que es visible para todos. Los tontos, cuando ven a una persona hermosamente ataviada, QUIEN LES PARECE DISTINGUIDA POR SU VESTIMENTA, no observan más allá. LA JUZGAN DE ACUERDO CON SU ROPA DISTINGUIDA, y consideran el vestido como el cuerpo DEL HOMBRE, y el cuerpo DE LA PERSONA COMO su alma.

Similar a esto es la Torá. Tiene un cuerpo, que está compuesto de los mandamientos de la Torá que son llamados el 'cuerpo de la Torá'. Este cuerpo está vestido con ropajes, que son relatos de este mundo. Los ignorantes miran solamente a ese vestido, que es el relato en la Torá, y no están conscientes de nada más. No miran lo que yace debajo de ese vestido. Aquéllos que conocen más no miran el vestido, sino más bien al cuerpo debajo de ese vestido. Los sabios, los eruditos, los servidores del Más Elevado Rey, aquellos que estuvieron de pie en el Monte Sinaí, miran sólo el alma DE LA TORÁ, que es la esencia de todo, la Torá verdadera. En el tiempo por venir, mirarán el alma, el alma de la Torá.

Ven y ve: Esto es también como eso arriba. Existe una ropa, un cuerpo, un alma, y un alma del alma. El Cielo y sus legiones son la ropa, y la Congregación de Yisrael, QUE ES MALJUT, es el cuerpo que recibe al alma, que es el esplendor de Yisrael, SIGNIFICANDO ZEIR ANPÍN. Por lo tanto, MALJUT es un cuerpo para el alma, YA QUE ZEIR ANPÍN ESTÁ ATAVIADO CON ELLA, COMO EL ALMA EN UN CUERPO. El alma que mencionamos, que es el esplendor de Yisrael, es la Torá real, SIGNIFICANDO: EL ALMA DE LA TORÁ A LA CUAL LOS SABIOS MIRAN. Es el alma del alma que es Atiká Kadishá, A QUIEN ELLOS MIRARÁN EN EL FUTURO POR VENIR, COMO SE MENCIONÓ. Todo está interconectado. ATIKÁ KADISHÁ ESTÁ VESTIDO CON ZEIR ANPÍN, ZEIR ANPÍN ESTÁ VESTIDO CON MALJUT, Y MALJUT ESTÁ VESTIDA CON LOS MUNDOS BRIÁ, YETSIRÁ, ASIYÁ Y TODAS SUS LEGIONES.

¡Ay de los perversos que dicen que la Torá es meramente una historia y nada más, porque ellos miran el vestido y nada más! ¡Alabados son los justos, quienes miran apropiadamente a la Torá! El vino dura solamente si está en una jarra. De manera similar, la Torá no dura, excepto en este manto. Por lo tanto, no hay necesidad de ver excepto lo que está bajo el manto. Es por eso que todos estos asuntos y todos estos relatos son ropajes.
— *El Zóhar, Behaalotjá 12:58-64*

La guerra

El Capítulo de Qui Tetsé comienza: *"Cuando salgas a la guerra contra tus enemigos…"*, hablando acerca de lo que sucede cuando un hombre va a la guerra, ve a una mujer hermosa entre los enemigos y se enamora de ella. Hoy en día, los soldados alrededor del mundo están preparados para luchar contra sus enemigos, pero no son enfrentados con nada similar a la situación que la Torá describe aquí. Por tanto, ¿qué tiene que ver con nosotros este sorpresivo inicio de Qui Tetsé?

Para que sean mencionadas en la Biblia, cada palabra y cada letra de cada historia debe relacionarse universalmente con todos. ¿Pero qué guerra estamos enfrentando cuando vamos a trabajar en la mañana, regresamos a casa en la noche y vemos televisión un rato antes de irnos a dormir? ¿Quién está en guerra y contra quién?

Los kabbalistas nos enseñan que la guerra mencionada en este capítulo es nuestra batalla constante con el Lado Negativo, el Satán, la Inclinación Negativa; llámalo como quieras. La Biblia no se está refiriendo a una guerra física, sino a una batalla espiritual en la que estamos combatiendo cada día.

Sin embargo, el principal problema que enfrentamos es que la mayoría de nosotros ni siquiera estamos al tanto de que está ocurriendo una guerra. ¿Cuántos de nosotros —aun aquellos de nosotros que nos dedicamos a los estudios espirituales— sentimos verdaderamente que estamos luchando en una batalla, día y noche, contra el Lado Negativo? Por lo tanto, antes de que aprendamos siquiera a luchar, tenemos que deshacernos de esta ceguera y reconocer que estamos en una guerra. El objetivo de nuestra guerra personal es reemplazar la oscuridad con Luz. En nuestra vida cotidiana experimentamos oscuridad como resultado de nuestras decisiones, acciones, pensamientos y hechos de encarnaciones pasadas; una oscuridad que sigue intensificándose en cada encarnación, incluyendo la presente. Los sabios nos enseñan que sólo con la ayuda de la Luz del Creador es que podemos tener siquiera la esperanza de eliminar esta oscuridad.

Si a un general del ejército se le preguntara lo que se requiere para prepararse para la guerra, es probable que su respuesta sería, primero, que tendría que saber de qué clase de guerra se está hablando: terrestre, aérea o marítima; o todas a la vez. Despúes él preguntaría acerca del enemigo: cuántos soldados posee, cuántas aeronaves, cuántos buques, y así sucesivamente. Se necesita de mucha información para prepararse adecuadamente para la guerra. Y mientras se recopila esta información y se prepara el plan, el ejército debe prepararse y los soldados deben estar entrenados a su máximo nivel. Hasta que todos estos elementos no estén consolidados, no se puede enfrentar al enemigo y vencerlo.

La mayor arma en el arsenal de nuestro Oponente es su capacidad de mermar nuestra disposición a luchar. Si nuestro Oponente puede convencernos de que no necesitamos la Luz, entonces él gana la guerra automáticamente. Pero si estamos listos y dispuestos a combatir, la Luz del Creador siempre será más fuerte que la oscuridad. En una sala completamente oscura, aun la luz del cerillo más pequeño puede destruir la oscuridad. ¡Cuán poderosa es entonces la Luz del Creador!

La sabiduría de la Kabbalah enseña que las cosas pueden mejorar. No tenemos que enfrentar problemas cada momento de nuestra vida, y este mundo puede ser un lugar mucho mejor que el mundo acerca del que leemos cada día en los diarios. Cuando comenzamos a creer que la mejora es posible y, más importante aún, que podemos hacer de este mundo mejor una realidad, tenemos una oportunidad de obtener la victoria en esta guerra espiritual.

Más acerca de la guerra

El *Zóhar* dice que una vez que hemos comenzado a reconocer que estamos en guerra, nuestro siguiente paso es trabajar en pos de la victoria. Estamos obligados no sólo a mejorar el futuro, sino también a enmendar el pasado. Particularmente en el mes de *Elul* (Virgo) tenemos una oportunidad de hacer una limpieza espiritual interna. Los sabios advierten que sin esta limpieza y preparación de la transformación espiritual, disminuye nuestra capacidad de garantizar en *Rosh Hashaná* que el próximo año esté lleno de bendiciones y Luz.

El Maguid de Duvna contó esta historia: Había una vez un hombre que nunca asistió ni un día al colegio. No podía encontrar empleo porque no sabía ningún oficio. Entonces, para sobrevivir, se volvió ladrón. Todo el año, el robaba aquí y allá, tan sólo para mantenerse vivo.

Un día, se dijo a sí mismo: "¿Por qué tengo que robar un poquito cada día? Debería salir y robar abundantemente de una vez por todas para que eso me alcance por mucho tiempo".

Encontró una tienda amplia y muy abastecida en la cual él sabía que la ganancia sería más que suficiente. Él vigiló la tienda por bastante tiempo, y observaba que, todos los días a la hora de cerrar, un dependiente joven salía con la ganancia del día y la depositaba en un banco cercano.

El ladrón sabía que las calles estaban llenas de gente a la hora de cerrar, así que no había forma de arrebatar un sobre de dinero a plena luz del día sin que alguien lo persiguiera. Casi se da por vencido hasta que pasó por una tienda de vestir muy fina que estaba en el camino del dependiente hacia el banco. Así que ideó un plan.

Un día, unos minutos antes de la hora de cerrar, el ladrón entró en la refinada tienda de vestir y se presentó ante el dueño. "Soy siervo en la casa de un hombre muy rico, y mi amo me ha pedido que le compre un atuendo fabuloso. El precio no es problema, pero la calidad debe ser excepcional y la tela debe ser excelente. ¿Tiene esta clase de atuendo?".

"Ha venido al lugar indicado", contestó el vendedor de inmediato. "Dígale a su amo que, cuando venga, puedo tomar sus medidas para el traje de sus sueños; y no tengo duda de que se irá satisfecho".

"Tampoco lo dudo", respondió el ladrón, "pero ese es el problema precisamente. Él no tiene tiempo para venir aquí para que le tomen las medidas. Él se encuentra ocupado desde la mañana hasta la noche y apenas tiene tiempo para su familia. Por lo tanto, él me ha enviado en su lugar para que yo le lleve este atuendo especial".

"¿Y cómo sabré sus medidas?", preguntó el vendedor.

El ladrón contestó: "Tengo una idea. Parémonos afuera hasta que vea a alguien de la estatura de mi amo y usted puede medirlo a él en su lugar. De este modo, podrá crear el traje perfecto".

Los dos hombres se pararon frente la puerta de la tienda hasta que el ladrón señaló a un joven en la calle. Él dijo: "¡Ese hombre podría ser el gemelo de mi amo! ¡Son exactamente del mismo tamaño!". Por supuesto, este era el joven que depositaba los fondos de la otra tienda y quien era el objetivo original del ladrón.

El vendedor se acercó al joven y le preguntó si le importaría que le tomaran las medidas para un traje costoso. El joven pensó: "No tengo dinero para comprar tal cosa, pero al menos podré saber cómo me vería si yo fuera rico".

Fue guiado por el vendedor adentro de la tienda, donde le probaron el traje y se sintió encantado con su apariencia. Se miraba en el espejo y, antes de mucho, se había olvidado por completo del dinero que debía depositar en el banco. En ese momento, el ladrón tomó el dinero y huyó. "¡Detente! ¡Ladrón!", gritó el joven mientras corría tras él.

El vendedor lo llamó: "¡Discúlpeme! No puede salir de la tienda usando un traje que no ha comprado. Por favor, quítese el traje y luego puede seguir su camino". De más está decir que, cuando el joven se volvió a poner su ropa, el ladrón ya había desaparecido.

La moraleja es simple. Se nos confía un "depósito bancario" que en realidad es la suma de todas nuestras acciones positivas. El Oponente nos distrae enviándonos a toda clase de tiendas que no son las adecuadas para nosotros, a fin de probarnos trajes que tampoco son adecuados para nosotros. En resumen el Oponente nos impulsa a perder nuestro tiempo con cosas que no nos corresponde hacer o tener. Cuando sucumbimos ante estas distracciones, terminamos drenados espiritualmente y no tenemos nada con qué defendernos, en nuestro cuerpo ni en nuestra alma.

En muchas situaciones en las cuales experimentamos entusiasmo o placer, ¿cuánto dura dicho entusiasmo o placer? ¿Por qué sucede que, cuando salimos a divertirnos, finalmente debemos volver a casa de nuevo sólo para buscar otro lugar para divertirnos la noche siguiente o la semana que entra? ¿Por qué un "buen rato" no es suficiente para nosotros? La respuesta es que no estamos experimentando la realización verdadera que debería permanecer con nosotros durante toda nuestra vida; incluso a lo largo de diferentes encarnaciones. Pero tenemos un sistema para atrapar al ladrón y recobrar la Luz que el Satán nos ha robado. Se llama *Teshuvá* (regresar a nuestro pasado, observar nuestros errores, arrepentirnos sinceramente y reprogramar nuestro futuro). Otro aspecto del arrepentimiento sincero es acudir a aquellas personas que hemos lastimado (en caso de que podamos; de lo contrario, podemos meditar en ellos en nuestra mente) y eliminar las barreras que hemos creado entre ellos y nosotros.

Rav Yitsjak Luria (el Arí) escribió:

> ... la palabra "arrepentimiento" (heb. teshuvá) puede reestructurarse como "la Hei regresará" (heb. tashuv Hei). Esto significa, como he dicho, que el hombre está compuesto de todos los mundos; e incluso si no los ha merecido todos todavía —sino sólo a Néfesh de Asiyá—, aún es capaz de adquirirlos todos cuando enderece sus costumbres.
> — Los escritos del Arí, La puerta de la reencarnación, 21° Introducción, 2

Es importante tomar esta oportunidad de *teshuvá* que se nos da en el mes de *Elul* a fin de prepararnos para la energía de *Rosh Hashaná*. Qué lamentable sería llegar a *Rosh Hashaná* todavía vestidos con los mismos atuendos negativos que no nos hemos molestado en quitarnos. "*¡No puedes intentar atrapar al ladrón con el traje que tienes!*".

Acerca de Amalek

Al final de Qui Tetsé, leemos nuevamente acerca del mandato de exterminar el recuerdo de Amalek, la nación que fue vencida por los israelitas. ¿De qué manera está conectado Amalek con el mes de *Elul?* Sabemos que la palabra *amalek* tiene el mismo valor numérico de *safek* (duda) y, por lo tanto, *amalek* se refiere a experimentar incertidumbre. Sólo al tener certeza absoluta en la Luz del Creador podemos lograr una *teshuvá* genuina.

Hay un relato breve acerca de la incertidumbre:

Un sabio maestro visitó una vez un seminario y vio dos alumnos estudiando. Él le dijo a uno de los estudiantes que él sería un erudito versado y reconocido porque ese era el único deseo de ese estudiante. El otro estudiante le preguntó al maestro por qué no veía el mismo futuro en él. El maestro le explicó que el primer estudiante sólo quería ser un erudito versado, mientras que el segundo, al desear otras cosas, en efecto estaba tomando precauciones. El segundo estudiante también quería ser un erudito, pero también quería otras cosas. El peligro de la duda (*amalek*) está en la diferencia entre "también" y "sólo". Que todos tengamos el mérito, con ayuda de la Luz, de estar 100 por ciento comprometidos con nuestro trabajo espiritual y de ver cuán importante es eliminar aun los más pequeños vestigios de duda dentro de nosotros.

SINOPSIS DE QUI TETSÉ

"*Qui tetsé la miljamá*" significa literalmente "*Cuando salgas a la guerra*". Qui Tetsé nos recuerda estar siempre conscientes del hecho de que estamos en una batalla constante con el Lado Negativo. Nuestra conciencia es el primer paso —y, efectivamente, es un paso crucial— para ganar esta guerra.

PRIMERA LECTURA – AVRAHAM – JÉSED

21 10 "Cuando salgas a la guerra contra tus enemigos y el Eterno, tu Dios, los entregue en tus manos y los tomes en cautiverio, 11 y veas entre los cautivos una mujer hermosa, y la desees y la tomes para ti por mujer,

12 entonces la traerás a tu casa, y ella se rasurará la cabeza y se cortará las uñas. 13 Y ella se quitará el vestido de su cautiverio, permanecerá en tu casa y llorará por su padre y por su madre por todo un mes; después de eso podrás llegarte a ella y ser su marido, y ella será tu mujer. 14 Y sucederá que, si ella no te agrada, la dejarás ir adonde le plazca; pero, ciertamente, no la venderás por dinero, ni la tratarás como una esclava, porque la has humillado. 15 Si un hombre tiene dos mujeres, una amada y otra aborrecida, y tanto la amada como la aborrecida le han dado hijos, si el primogénito es de la aborrecida, 16 en el día de asignar la herencia entre sus hijos, él no puede hacer primogénito al hijo de la amada con preferencia por sobre el hijo de la aborrecida, que es el primogénito,

---

COMENTARIO DEL RAV

Cuando la Biblia habla acerca de capturar a una mujer, en realidad está hablando acerca de encontrar nuestra propia alma. El alma es el aspecto femenino en todos nosotros. La Fuerza de Luz dentro de esa alma, como hemos aprendido a través de la Kabbalah, es la Fuerza de Luz de Dios. La Vasija es nuestra alma. Y el propósito de la Creación es unir la Fuerza de Luz de Dios con la Vasija. La Luz con su gran Deseo de Dar, por necesidad, creó una Vasija dado que no podía existir el compartir sin el recibir. Y, por lo tanto, estas almas —estas Vasijas— fueron creadas. Estas almas son la única parte de la Creación y, por consiguiente, lo que la Torá nos está enseñando en Qui Tetsé —y la razón por la cual hemos venido aquí— es a encontrar a nuestra alma.

¿A encontrar a nuestra alma? Sí, encontrar a nuestra alma. Actualmente oímos mucho que las personas están desconectadas de sí mismas, que no se entienden a sí mismas. El negocio de la psiquiatría es uno muy grande: hoy en día todos necesitan un psiquiatra o un psicólogo, o una aparente infinita cantidad de terapeutas, y todo se debe a que no hemos encontrado a nuestra alma. No hemos conectado con nuestro ser. No sabemos quiénes somos.

Nos hemos preguntado muchas veces: "¿Quién soy?" y "¿Soy lo que parece ser el verdadero yo?". Por supuesto que no. "¿Soy mi mano, mi cuerpo, mis rasgos físicos?". Por supuesto que no. Nuestro ser más íntimo, el "yo" interno, es el que me obliga a comportarme de la manera en que lo hago. Lamentablemente, estamos desconectados de nuestro ser interior y, además, no entendemos el propósito de nuestra presencia aquí. "¿Qué estoy destinado a hacer aquí?". ¿Cuántas personas en el mundo hacen esa pregunta? Ellos responden: "Nacemos para morir". Ese ha sido el ciclo usual por milenios. Nuestra respuesta es "no"; no es así. Todos y cada uno de los detalles en la historia de Qui Tetsé funcionan como una tecnología mediante la cual podemos eliminar las capas que cubren tanto nuestra alma que ni siquiera tenemos idea de quiénes somos.

PRIMERA LECTURA – AVRAHAM – JÉSED

10 כִּי־תֵצֵא לַמִּלְחָמָה עַל־אֹיְבֶיךָ וּנְתָנוֹ יְהֹוָה אֱלֹהֶיךָ בְּיָדֶךָ וְשָׁבִיתָ שִׁבְיוֹ: 11 וְרָאִיתָ בַּשִּׁבְיָה אֵשֶׁת יְפַת־תֹּאַר וְחָשַׁקְתָּ בָהּ וְלָקַחְתָּ לְךָ לְאִשָּׁה: 12 וַהֲבֵאתָהּ אֶל־תּוֹךְ בֵּיתֶךָ וְגִלְּחָה אֶת־רֹאשָׁהּ וְעָשְׂתָה אֶת־צִפָּרְנֶיהָ: 13 וְהֵסִירָה אֶת־שִׂמְלַת שִׁבְיָהּ מֵעָלֶיהָ וְיָשְׁבָה בְּבֵיתֶךָ וּבָכְתָה אֶת־אָבִיהָ וְאֶת־אִמָּהּ יֶרַח יָמִים וְאַחַר כֵּן תָּבוֹא אֵלֶיהָ וּבְעַלְתָּהּ וְהָיְתָה לְךָ לְאִשָּׁה: 14 וְהָיָה אִם־לֹא חָפַצְתָּ בָּהּ וְשִׁלַּחְתָּהּ לְנַפְשָׁהּ וּמָכֹר לֹא־תִמְכְּרֶנָּה בַּכָּסֶף לֹא־תִתְעַמֵּר בָּהּ תַּחַת אֲשֶׁר עִנִּיתָהּ: 15 כִּי־תִהְיֶיןָ לְאִישׁ שְׁתֵּי נָשִׁים הָאַחַת אֲהוּבָה וְהָאַחַת שְׂנוּאָה וְיָלְדוּ־לוֹ בָנִים הָאֲהוּבָה וְהַשְּׂנוּאָה וְהָיָה הַבֵּן הַבְּכֹר לַשְּׂנִיאָה: 16 וְהָיָה בְּיוֹם הַנְחִילוֹ אֶת־בָּנָיו אֵת אֲשֶׁר־יִהְיֶה לוֹ לֹא יוּכַל לְבַכֵּר אֶת־בֶּן־הָאֲהוּבָה עַל־פְּנֵי בֶן־הַשְּׂנוּאָה הַבְּכֹר:

יְפַת־תֹּאַר

Deuteronomio 21:11 – "...y veas entre los cautivos una mujer hermosa". Aquí la "mujer hermosa" representa a la negatividad. Aunque la negatividad sea nuestra enemiga, aun estamos inclinados a admirarla. El Satán hará que la negatividad se vea como una hermosa mujer o cualquier otra cosa que deseemos. El Zóhar dice:

> Ven y ve: No hay mujer entre las naciones paganas que esté libre de contaminación; por lo tanto esta sección concerniente a las mujeres cautivas es inmediatamente seguida por ésa del hijo rebelde, para indicar que quien se casa con dicha mujer, procrea hijos rebeldes. ¿Cuál es la razón para esto? La impureza de la idolatría heredada por la madre es difícil de quitar, y lo es aún más si ella ya ha estado casada con un pagano, porque Juicio se adhiere a Juicio, y ella está contaminada.
> —El Zóhar, Yitró 24:435

שְׁתֵּי נָשִׁים

Deuteronomio 21:15 – Este versículo trata acerca de un hombre con dos mujeres, a una la ama y a otra la desprecia. En una relación, no podemos separar las cosas que nos agradan de alguien de las cosas que no nos agradan, porque una relación es una oferta con todo incluido. No nos molestamos con nuestra mano por sentir dolor cuando tocamos una cacerola caliente; la mano es parte vital de nuestro ser. De la misma manera, nuestra pareja es parte vital de quienes somos.

17 sino que reconocerá al primogénito, al hijo de la aborrecida, dándole una porción doble de todo lo que tiene; porque él es el primer fruto de su vigor, el derecho de primogenitura le pertenece a él.

18 Si un hombre tiene un hijo testarudo y rebelde que no obedece la voz de su padre ni la voz de su madre, y aunque lo castiguen no les hace caso,

19 el padre y la madre lo tomarán y lo llevarán fuera a los ancianos de su ciudad, y a la puerta de su lugar,

20 y dirán a los ancianos de la ciudad: 'Este hijo nuestro es testarudo y rebelde, no obedece nuestro llamado; es glotón y borracho'.

21 Y todos los hombres de la ciudad lo lapidarán con piedras hasta que muera; así quitarás el mal de en medio de ti, y todo Israel oirá esto y temerá.

SEGUNDA LECTURA – YITSJAK – GUEVURÁ

22 Y si un hombre ha cometido pecado digno de muerte, y se le ha dado muerte, y lo has colgado de un árbol, 23 su cuerpo no pasará toda la noche colgado del árbol, sino que ciertamente lo enterrarás el mismo día, puesto que el colgado es reproche de Dios, a fin de que no contamines la tierra que el Eterno, tu Dios, te da en heredad.

22 1 No verás extraviado el toro o la oveja de tu hermano y te esconderás de ellos; ciertamente los devolverás a tu hermano.

2 Y si tu hermano no está cerca de ti, y si no lo conoces, entonces lo traerás a tu casa, y estará contigo hasta que tu hermano lo busque; entonces se lo regresarás.

בֵּן סוֹרֵר

Deuteronomio 21:18 – Este versículo habla acerca del trato que debe dársele a un hijo rebelde. Aprendemos aquí que los padres deben ser fuertes pero cariñosos con sus hijos. Si al hijo se le deja tranquilo mientras hace lo que le dé la gana, el concepto de Pan de la Vergüenza (el resentimiento resultante de recibir sin ganarlo) se manifestará en la rebeldía ulterior.

וְתָלִיתָ

Deuteronomio 21:22 – Esta sección trata acerca del cuerpo de una persona que ha sido ahorcada por haber cometido un crimen grave. Indica que el cuerpo del criminal debe enterrarse el mismo día de la ejecución y no debe quedarse colgando toda la noche. Incluso si un individuo ha cometido los peores crímenes imaginables, todavía es nuestro deber respetar la dignidad del ser humano que alguna vez fue.

Si alguno es sepultado en el día en que el alma se va en la Tierra Santa, el espíritu de impureza no tiene dominio sobre él del todo. Por lo tanto, dice acerca de uno que es colgado: "...pero ciertamente lo sepultarás ese día... que tu tierra no sea contaminada..." (Deuteronomio 21:23). En la noche les es dado permiso a los

כִּי אֶת־הַבְּכֹר בֶּן־הַשְּׂנוּאָה יַכִּיר לָתֶת לוֹ פִּי שְׁנַיִם בְּכֹל בּ"ן, לכבו, יבמו 17

אֲשֶׁר־יִמָּצֵא לוֹ כִּי־הוּא רֵאשִׁית אֹנוֹ לוֹ מִשְׁפַּט ע"ה ה"פ אלהים הַבְּכֹרָה:

כִּי־יִהְיֶה יְיָ לְאִישׁ ע"ה קנ"א קס"א ‏[בֵּן סוֹרֵר]‏ וּמוֹרֶה אֵינֶנּוּ שֹׁמֵעַ בְּקוֹל 18

ע"ב ס"ג ע"ה אָבִיו וּבְקוֹל אִמּוֹ וְיִסְּרוּ אֹתוֹ וְלֹא יִשְׁמַע אֲלֵיהֶם: 19 וְתָפְשׂוּ בוֹ

אָבִיו וְאִמּוֹ וְהוֹצִיאוּ אֹתוֹ אֶל־זִקְנֵי עִירוֹ וְאֶל־שַׁעַר מְקֹמוֹ: 20 וְאָמְרוּ

אֶל־זִקְנֵי עִירוֹ בְּנֵנוּ זֶה סוֹרֵר וּמֹרֶה אֵינֶנּוּ שֹׁמֵעַ בְּקֹלֵנוּ זוֹלֵל וְסֹבֵא:

21 וּרְגָמֻהוּ כָּל־ יל" אַנְשֵׁי עִירוֹ בָאֲבָנִים וָמֵת יי"פ רבוע אהיה וּבִעַרְתָּ הָרָע

מִקִּרְבֶּךָ וְכָל־ יל" יִשְׂרָאֵל יִשְׁמְעוּ וְיִרָאוּ:

SEGUNDA LECTURA – YITSJAK – GUEVURÁ

22 וְכִי־יִהְיֶה יְיָ בְאִישׁ ע"ה קנ"א קס"א חֵטְא מִשְׁפַּט ע"ה ה"פ אלהים מָוֶת וְהוּמָת

‏[וְתָלִיתָ]‏ אֹתוֹ עַל־עֵץ ע"ה קס"א: 23 לֹא־תָלִין נִבְלָתוֹ עַל־הָעֵץ ע"ה קס"א כִּי־קָבוֹר

תִּקְבְּרֶנּוּ בַּיּוֹם ע"ה = גגר, זן, מזבח הַהוּא כִּי־קִלְלַת אֱלֹהִים מום, אהיה אדני ; ילה

תָּלוּי וְלֹא תְטַמֵּא אֶת־אַדְמָתְךָ אֲשֶׁר יְהוָֹה‏אהדונהי‏ אֱלֹהֶיךָ ילה נֹתֵן

אבגית"ץ, ושר, אהבת חנם לָךְ נַחֲלָה: 22 לֹא־תִרְאֶה אֶת־שׁוֹר אבגיתץ, ושר, אהבת חנם

אָחִיךָ אוֹ אֶת־שֵׂיוֹ נִדָּחִים ‏[וְהִתְעַלַּמְתָּ]‏ מֵהֶם הָשֵׁב תְּשִׁיבֵם לְאָחִיךָ:

2 וְאִם־ יוהך, ע"ה מ"ב לֹא קָרוֹב אָחִיךָ אֵלֶיךָ אני וְלֹא יְדַעְתּוֹ וַאֲסַפְתּוֹ אֶל־תּוֹךְ

---

espíritus de la impureza para rondar y, aunque el permiso les es dado, no pueden entrar a la Tierra Santa a menos que encuentren allí una vasija en la cual entrar, *A SABER: UN CUERPO MUERTO.*
— *El Zóhar, Trumá 28:276*

וְהִתְעַלַּמְתָּ

Deuteronomio 22:1 – Es importante demostrar preocupación e interés por la propiedad de los demás. Si encontramos un objeto perdido o extraviado, debemos cuidarlo como si fuera nuestro. Los sabios explican que el Creador no nos dará nada si tratamos las posesiones ajenas como si fueran nada.

3 Y así harás con su asno, y asimismo harás con su vestido; lo mismo harás con cualquier cosa perdida que tu hermano haya perdido y que tú encuentres. No te es permitido esconderte. 4 No verás el asno o el toro de tu hermano caídos en el camino y te esconderás de ellos; de cierto lo ayudarás a levantarlos.

5 La mujer no vestirá atuendo que sea de hombre, ni el hombre se pondrá atuendo de mujer; porque cualquiera que haga esto es abominación al Eterno, tu Dios.

6 Si un nido de pájaros está delante de ti en el camino, en un árbol o en la tierra, con polluelos o huevos, y la madre echada sobre los polluelos o sobre los huevos, no tomarás la madre con los hijos; 7 ciertamente dejarás ir a la madre, pero puedes tomar a los polluelos para ti; para que te vaya bien y prolongues tus días.

TERCERA LECTURA – YAAKOV – TIFÉRET

8 Cuando edifiques una casa nueva, le harás un parapeto a la azotea, para que no acarrees sangre sobre tu casa si algún hombre se llega a caer de ella.

9 No sembrarás tu viña con dos clases de semilla, no sea que se dañen la plenitud de la semilla que hayas sembrado y el producto de la viña.

10 No ararás con toro y asno juntos.

11 No usarás vestido de material mezclado, de lana y lino juntos.

נֹפְלִים

Deuteronomio 22:4 – Aquí aprendemos que preocuparnos por el dolor de los animales es de suma importancia. Cuando el Creador vio que Moshé corrió tras una oveja que se había descarriado y la devolvió al rebaño, el Creador reconoció que un hombre así también se preocuparía de la misma manera por Su pueblo.

גֶּבֶר

Deuteronomio 22:5 – La Biblia dice que los hombres no deben usar ropa de mujer, ni las mujeres deben usar ropa de hombre. Hay momentos en los cuales es mejor no mezclar la energía masculina y la energía femenina. Por ejemplo, en momentos de oración, la energía masculina y la energía femenina no deben combinarse porque, según la Kabbalah, las mujeres representan la Vasija (energía receptora) y los hombres atraen la Luz (energía dadora) que llena la Vasija. Para que estas dos energías se puedan unir sin crear un cortocircuito, se requiere un filamento o resistencia. En este caso, la resistencia es la separación de hombres y mujeres durante los momentos de oración.

קַן צִפּוֹר

Deuteronomio 22:6 – De acuerdo con los sabios, este versículo es una de las partes de la Biblia más difíciles de entender; sin el *Zóhar* sería imposible, de hecho. Este versículo habla acerca de una madre pájaro y sus huevos o polluelos, diciendo que una persona que encuentre un nido debe dejar ir a la madre pero tomar los polluelos. El *Zóhar* explica que esto está conectado con la longevidad.

בֵּיתֶךָ ב״פ ראה וְהָיָה יהוה עִמְּךָ ה הויות, נגמ עַד דְּרֹשׁ אָחִיךָ אֹתוֹ וַהֲשֵׁבֹתוֹ לוֹ׃

3 וְכֵן תַּעֲשֶׂה לַחֲמֹרוֹ וְכֵן תַּעֲשֶׂה לְשִׂמְלָתוֹ וְכֵן תַּעֲשֶׂה לְכָל־ יה אדני אֲבֵדַת אָחִיךָ אֲשֶׁר־תֹּאבַד מִמֶּנּוּ וּמְצָאתָהּ לֹא תוּכַל לְהִתְעַלֵּם׃

4 לֹא־תִרְאֶה אֶת־חֲמוֹר אָחִיךָ אוֹ שׁוֹרוֹ אבגיתץ, ועוׂר, אהבת חנם נֹפְלִים בַּדֶּרֶךְ ב״פ יב״ק וְהִתְעַלַּמְתָּ מֵהֶם הָקֵם תָּקִים עִמּוֹ׃ 5 לֹא־יִהְיֶה כְלִי־ גֶבֶר כלי יי עַל־אִשָּׁה וְלֹא־יִלְבַּשׁ גֶּבֶר שִׂמְלַת אִשָּׁה כִּי תוֹעֲבַת יְהֹוָה אהדונהי אֱלֹהֶיךָ ילה כָּל־ עֹשֵׂה אֵלֶּה׃ 6 כִּי יִקָּרֵא קַן ע״ה אדני אלהים צִפּוֹר לְפָנֶיךָ סמ״ב בַּדֶּרֶךְ ב״פ יב״ק בְּכָל־ ב״ן, לכב, יבמ עֵץ ע״ה קס״א אוֹ עַל־הָאָרֶץ אלהים ההוין ע״ה אֶפְרֹחִים אוֹ בֵיצִים וְהָאֵם רֹבֶצֶת עַל־הָאֶפְרֹחִים אוֹ עַל־הַבֵּיצִים לֹא־תִקַּח רבוע אהיה דאלפין הָאֵם עַל־הַבָּנִים׃ 7 שַׁלֵּחַ תְּשַׁלַּח אֶת־הָאֵם וְאֶת־הַבָּנִים תִּקַּח־ רבוע אהיה דאלפין לָךְ לְמַעַן יִיטַב לָךְ וְהַאֲרַכְתָּ יָמִים גלך׃

TERCERA LECTURA – YAAKOV – TIFÉRET

8 כִּי תִבְנֶה בַּיִת ב״פ ראה חָדָשׁ י״ב הויות וְעָשִׂיתָ מַעֲקֶה ע״ה רי״ו לְגַגֶּךָ יהוה וְלֹא־תָשִׂים דָּמִים בְּבֵיתֶךָ ב״פ ראה כִּי־יִפֹּל הַנֹּפֵל מִמֶּנּוּ׃ 9 לֹא־תִזְרַע כַּרְמְךָ כִּלְאָיִם פֶּן־תִּקְדַּשׁ הַמְלֵאָה הַזֶּרַע אֲשֶׁר תִּזְרָע וּתְבוּאַת הַכָּרֶם י הויות׃ 10 לֹא־תַחֲרֹשׁ בְּשׁוֹר־ אבגיתץ, ועוׂר, אהבת חנם וּבַחֲמֹר יַחְדָּו׃ 11 לֹא תִלְבַּשׁ

מַעֲקֶה

Deuteronomio 22:8 – Aquí la Biblia dice que una persona que construye una casa nueva necesita construir un parapeto alrededor de su terrado a fin de que las personas no se caigan. En realidad, esta lección es acerca de nuestra responsabilidad por el bienestar de los demás. Cuanto más nos ocupemos de los demás, más nos protege la Luz del Creador.

יַחְדָּו

Deuteronomio 22:10 – Este versículo trata de los tipos de elementos que no deben mezclarse: la insalubre mezcla de leche y carne, por ejemplo, o guardar juntos animales que deben guardarse por separado. Ciertas personas tampoco se identifican entre sí, y debemos ser sensibles para percibir este hecho y no ponerlos en situaciones incómodas al pedirles que se asocien unos con otros.

¹² *Te harás borlas en las cuatro puntas del vestido con el que te cubras.*

¹³ *Si un hombre toma a una mujer y se llega a ella, y después la aborrece,*

¹⁴ *y la acusa de comportamiento lascivo y trae sobre ella mala fama, y dice: 'Tomé a esta mujer y, al llegarme a ella, no la encontré virgen',*

¹⁵ *entonces el padre y la madre de la joven tomarán y llevarán la evidencia de la virginidad de la joven a los ancianos de la ciudad, en la puerta.*

¹⁶ *Y el padre de la joven dirá a los ancianos: 'Di mi hija por mujer a este hombre, y él la aborreció;* ¹⁷ *y él le atribuye actos vergonzosos, diciendo: No encontré virgen a tu hija. Pero estas son las evidencias de la virginidad de mi hija'. Y extenderán la ropa delante de los ancianos de la ciudad.*

¹⁸ *Y los ancianos de la ciudad tomarán al hombre y lo castigarán.* ¹⁹ *Y lo multarán con cien shekalim de plata, que darán al padre de la joven, porque le dio mala fama a una virgen de Israel; y ella seguirá siendo su mujer. Él no podrá divorciarse de ella en todos sus días.*

²⁰ *Pero si el asunto es verdad, que la evidencia de virginidad no fue hallada en la mujer,*

²¹ *entonces sacarán a la joven a la puerta de la casa de su padre, y los hombres de su ciudad la lapidarán con piedras hasta que muera, porque ella ha cometido una infamia en Israel prostituyéndose en la casa de su padre; así quitarás el mal de en medio de ti.*

²² *Si se encuentra a un hombre acostado con una mujer casada, los dos morirán, el hombre que se acostó con la mujer y la mujer; así quitarás el mal de Israel.*

שֵׁם רָע

Deuteronomio 22:14 – Aquí la Biblia habla acerca del *lashón hará* (habla maliciosa), usando el ejemplo de un hombre que acusó a su esposa en público de comportamiento inmoral. El *Zóhar* dice que el *lashón hará* es una de las acciones negativas más difíciles de corregir. Escuchar y conectar con este versículo nos ayuda a tener el poder de resistirnos a participar en el *lashón hará* y en chismes en general.

"*... y lo multarán con cien shékeles de plata...*" (Deuteronomio 22:19). Se nos ordena castigar a quien difama la reputación de alguien. Este es el significado de "*y lo multarán con cien*

shékeles de plata, y los darán al padre de la joven, porque ha traído un nombre malicioso sobre una virgen de Yisrael..." (ibid.). EL PASTOR FIEL DIJO: *Sabios, esto se aplica para después de la boda porque dice: "... No encontré virginidad en tu hija..."* (ibid. 17). *No todos los nombres maliciosos son iguales, ya que los espías que difundieron un nombre malicioso acerca de la tierra fueron castigados por esto por medio de morir y no merecerla. Una mujer es como la tierra,* QUE ES POR LO CUAL LOS ESPÍAS FUERON CONSIDERADOS COMO UNO QUE DIFAMA LA REPUTACIÓN DE UNA MUJER.
— El Zóhar, Qui Tetsé 1:1

גְּדִלִים תַּעֲשֶׂה־לָּךְ עַל־אַרְבַּע 12 :יַחְדָּו וּפִשְׁתִּים צֶמֶר שַׁעַטְנֵז

אִשָּׁה כִּי־יִקַּח אִישׁ 13 :תְּכַסֶּה־בָּהּ אֲשֶׁר כְּסוּתְךָ כַּנְפוֹת

עָלֶיהָ וְהוֹצִיא דְבָרִים עֲלִילֹת לָהּ וְשָׂם 14 :וּשְׂנֵאָהּ אֵלֶיהָ וּבָא

אֵלֶיהָ וָאֶקְרַב לָקַחְתִּי הַזֹּאת אֶת־הָאִשָּׁה וְאָמַר רַע שֵׁם

וְאִמָּהּ הַנַּעֲרָ אֲבִי וְלָקְחוּ 15 :בְּתוּלִים לָהּ וְלֹא־מָצָאתִי

הָעִיר אֶל־זִקְנֵי הַנַּעֲרָ אֶת־בְּתוּלֵי וְהוֹצִיאוּ

לָאִישׁ נָתַתִּי אֶת־בִּתִּי אֶל־הַזְּקֵנִים הַנַּעֲרָ אֲבִי וְאָמַר 16 :הַשָּׁעְרָה

עֲלִילֹת שָׂם הוּא וְהִנֵּה 17 :וַיִּשְׂנָאֶהָ לְאִשָּׁה הַזֶּה

בִתִּי בְּתוּלֵי וְאֵלֶּה בְּתוּלִים לְבִתְּךָ לֹא־מָצָאתִי לֵאמֹר דְּבָרִים

זִקְנֵי וְלָקְחוּ 18 :הָעִיר זִקְנֵי לִפְנֵי הַשִּׂמְלָה וּפָרְשׂוּ

וְעָנְשׁוּ 19 :אֹתוֹ וְיִסְּרוּ אֶת־הָאִישׁ הַהוּא הָעִיר

שֵׁם כִּי הוֹצִיא הַנַּעֲרָה לַאֲבִי וְנָתְנוּ כֶסֶף מֵאָה אֹתוֹ

כָּל־ לְשַׁלְּחָהּ לֹא־יוּכַל לְאִשָּׁה וְלוֹ־תִהְיֶה יִשְׂרָאֵל בְּתוּלַת עַל רַע

הַדָּבָר הָיָה הַזֶּה וְאִם־אֱמֶת 20 :יָמָיו

בֵּית־ אֶל־פֶּתַח אֶת־הַנַּעֲרָ וְהוֹצִיאוּ 21 :לַנַּעֲרָ בְתוּלִים לֹא־נִמְצְאוּ

נְבָלָה כִּי־עָשְׂתָה וָמֵתָה בָּאֲבָנִים עִירָהּ אַנְשֵׁי וּסְקָלוּהָ אָבִיהָ

מִקִּרְבֶּךָ הָרָע וּבִעַרְתָּ אָבִיהָ בֵּית לִזְנוֹת בְיִשְׂרָאֵל

וּמֵתוּ בְעֻלַת־בַּעַל עִם־אִשָּׁה שֹׁכֵב אִישׁ כִּי־יִמָּצֵא 22

בְּתוּלִים

Deuteronomio 22:20 – Aquí leemos acerca de una mujer casada de quien que se sospecha que ha cometido adulterio, pero este versículo en realidad no está limitado al pecado específico del adulterio. A veces, una sola acción desconsiderada o malévola puede destruir todo lo que hemos construido, causando que perdamos mucho a cambio de muy poco.

שֹׁכֵב

Deuteronomio 22:22 – Este versículo trata de la violación. El *Zóhar* explica las violaciones y todos los crímenes violentos son resultado del pecado que Kayín cometió al matar a Hevel. Cada acción negativa proviene de ese pecado, así que corregir este primer pecado —el asesinato— es una de nuestras tareas más importantes.

²³ Si hay una joven virgen que está comprometida con un hombre, y otro hombre la encuentra en la ciudad y se acuesta con ella,

²⁴ entonces sacarán a los dos a la puerta de esa ciudad y los lapidarán con piedras hasta que mueran: la joven, porque no gritó estando en la ciudad, y el hombre, porque ha violado a la mujer de su prójimo; así quitarás el mal de en medio de ti.

²⁵ Pero si el hombre encuentra en el campo a la joven que está comprometida, y el hombre la fuerza y se acuesta con ella; entonces morirá sólo el hombre, el que se acuesta con ella.

²⁶ Pero a la joven no le harás nada; no hay en la joven pecado digno de muerte, porque como cuando un hombre se levanta contra su prójimo y lo mata, así es este caso.

²⁷ Porque él la encontró en el campo, la joven comprometida gritó, pero no había nadie que la salvara.

²⁸ Si un hombre encuentra a una joven virgen que no está comprometida, y se apodera de ella y se acuesta con ella, y son descubiertos,

²⁹ entonces el hombre que se acostó con ella dará cincuenta shekalim de plata al padre de la joven, y ella será su mujer porque él la ha violado; no podrá divorciarse de ella en todos sus días.

23 ¹ Ningún hombre tomará a la mujer de su padre ni descubrirá la vestidura de su padre.

Ven y ve lo que está escrito: "Y sucedió, cuando los dos estaban en el campo..." (Génesis 4:8). Ése es el campo conocido de arriba, en el campo que es llamado un manzanar, SIGNIFICANDO MALJUT, DE DONDE ELLOS NACIERON. El juicio DE KAYÍN dominó a su hermano, porque él era más severo que él y lo dominó y lo ocultó bajo él mismo hasta que el Santísimo, bendito sea Él, fue despertado por éste y eliminó A KAYÍN de Su presencia. Lo sumergió en el hoyo del gran abismo e incluyó a su hermano en esa depresión del gran océano que mitiga las lágrimas más altas; y de ellas descienden las almas al mundo, a cada hombre de acuerdo a su manera.

ÉL REGRESA AL MOMENTO ANTES DE QUE ESTUVIERAN UNIDOS UNO A OTRO, CUANDO ESTABAN CUBIERTOS, DADO QUE KAYÍN DOMINÓ Y OCULTÓ A HEVEL ANTES QUE A ÉL. KAYÍN TAMBIÉN ESTABA OCULTO, COMO DICE: "¿Y DE TU ROSTRO ME OCULTARÉ?" (ibid. 14).Él dice:Aunque ellos estaban ocultos, prevalecieron y se extendieron uno al otro y formaron un cuerpo, A SABER: BAJO EL DOMINIO DE KAYÍN. De ese cuerpo descienden las almas de los perversos, pecadores y fuertes de espíritu, ESTANDO BAJO EL DOMINIO DE KAYÍN. PREGUNTA: ¿Es entonces de ambos unidos QUE LAS ALMAS DESCIENDEN? ¿NO SON ELLOS OPUESTOS? RESPONDE: Sólo uno a su lado y el otro a su lado, QUERIENDO DECIR QUE DE KAYÍN SON ATRAÍDAS LAS ALMAS DE LOS PERVERSOS QUE

גַּם־ יג׳ שְׁנֵיהֶם הָאִישׁ ע״ה קנ״א קס״א הַשֹּׁכֵב עִם־הָאִשָּׁה וְהָאִשָּׁה וּבִעַרְתָּ
הָרָע מִיִּשְׂרָאֵל: 23 כִּי יִהְיֶה נַעֲרָ שׂ״ך בְתוּלָה מְאֹרָשָׂה לְאִישׁ ע״ה קנ״א קס״א
וּמְצָאָהּ אִישׁ ע״ה קנ״א קס״א בָּעִיר בֹּזֹוֹהר, ערי, סנדלפון וְשָׁכַב עִמָּהּ: 24 וְהוֹצֵאתֶם
אֶת־שְׁנֵיהֶם אֶל־שַׁעַר | הָעִיר בֹּזֹוֹהר, ערי, סנדלפון הַהוּא וּסְקַלְתֶּם אֹתָם
בָּאֲבָנִים וָמֵתוּ אֶת־הַנַּעֲרָ שׂ״ך עַל־דְּבַר ראה אֲשֶׁר לֹא־צָעֲקָה בָעִיר
בֹּזֹוֹהר, ערי, סנדלפון וְאֶת־הָאִישׁ ע״ה קנ״א קס״א עַל־דְּבַר ראה אֲשֶׁר־עִנָּה אֶת־אֵשֶׁת
רֵעֵהוּ וּבִעַרְתָּ הָרָע מִקִּרְבֶּךָ: 25 וְאִם־ מ״ב ע״ה יוהך, בַּשָּׂדֶה יִמְצָא הָאִישׁ
ע״ה קנ״א קס״א אֶת־הַנַּעֲרָ שׂ״ך הַמְאֹרָשָׂה וְהֶחֱזִיק־בָּהּ הָאִישׁ ע״ה קנ״א קס״א וְשָׁכַב
עִמָּהּ וּמֵת יפ רבוע אהיה הָאִישׁ ע״ה קנ״א קס״א אֲשֶׁר־שָׁכַב עִמָּהּ לְבַדּוֹ מ״ב:
26 וְלַנַּעֲרָ שׂ״ך לֹא־תַעֲשֶׂה דָבָר ראה אֵין לַנַּעֲרָ שׂ״ך חֵטְא מָוֶת כִּי כַּאֲשֶׁר
יָקוּם אִישׁ ע״ה קנ״א קס״א עַל־רֵעֵהוּ וּרְצָחוֹ נֶפֶשׁ רמ״ח – ז׳ היות כֵּן הַדָּבָר ראה הַזֶּה
וה׳: 27 כִּי בַשָּׂדֶה מְצָאָהּ צָעֲקָה הַנַּעֲרָ שׂ״ך הַמְאֹרָשָׂה וְאֵין מוֹשִׁיעַ לָהּ:
28 כִּי־יִמְצָא אִישׁ ע״ה קנ״א קס״א נַעֲרָ שׂ״ך בְתוּלָה אֲשֶׁר לֹא־אֹרָשָׂה וּתְפָשָׂהּ
וְשָׁכַב עִמָּהּ וְנִמְצָאוּ: 29 וְנָתַן אבגית״ץ, ושר, אהבת חנם הָאִישׁ ע״ה קנ״א קס״א הַשֹּׁכֵב
עִמָּהּ לַאֲבִי הַנַּעֲרָ שׂ״ך וַחֲמִשִּׁים כֶּסֶף וְלוֹ־תִהְיֶה לְאִשָּׁה תַּחַת אֲשֶׁר
עִנָּה לֹא־יוּכַל שַׁלְּחָהּ כָּל־ ילי יָמָיו: 23 1 לֹא־יָקֹּ**ל** וחם אִישׁ ע״ה קנ״א קס״א

SE ADHIEREN A LA ESCORIA DE LA DE LA IZQUIERDA Y DE HEVEL SON ATRAÍDAS LAS ALMAS DE LOS PERVERSOS QUE SE ADHIEREN A LA ESCORIA DE LA DERECHA; TODO ESTO ANTES DE CUANDO ESTABAN COMBINADOS UNO CON EL OTRO EN LA DEPRESIÓN DEL GRAN OCÉANO QUE CALMÓ LAS LÁGRIMAS DE ARRIBA; SIN EMBARGO, DESPUÉS QUE FUERON CALMADAS, LAS ALMAS DE LOS JUSTOS FLUYEN DE ÉSOS QUE NO SON TAN JUSTOS. Alabados son aquéllos justos cuyas almas son atraídas de este cuerpo santo llamado Adam, que incluye a todos y es un lugar que las coronas, EL SECRETO DE LAS PRIMERAS TRES SEFIROT, y las santas Sefirot se unieron en el atado del racimo; SIGNIFICANDO DECIR QUE TODAS LAS SEFIROT DE LAS TRES PRIMERAS SEFIROT Y LOS SEIS EXTREMOS, LA DERECHA Y LA IZQUIERDA, ESTÁN INCLUIDOS JUNTOS EN ÉSTE. —El Zóhar, Nasó 47:327-328*

לֹא־יָקֹּל

Deuteronomio 23:1 – Los matrimonios restringidos y prohibidos: Rav Yitsjak Luria (el Arí) explica que las almas gemelas usualmente son dos personas que viven lejos una de la otra, lo cual causa que los matrimonios de almas gemelas sean difíciles de alcanzar. Cuando leemos y conectamos con este versículo,

² Ninguno que haya sido castrado mediante aplastamiento o mutilación entrará en la asamblea del Eterno.

³ Ningún bastardo entrará en la asamblea del Eterno, ninguno de sus descendientes; hasta la décima generación, entrará en la asamblea del Eterno.

⁴ Ningún amonita ni moabita entrará en la asamblea del Eterno; ninguno de sus descendientes, aun hasta la décima generación, entrará jamás en la asamblea del Eterno,

⁵ porque no los recibieron a ustedes con pan y agua en el camino cuando ustedes salieron de Egipto, y porque contrataron contra ti a Bilam, hijo de Beor, de Petor de Aram-Naharayim, para maldecirte.

⁶ No obstante, el Eterno, tu Dios, no quiso escuchar a Bilam, sino que el Eterno, tu Dios, te cambió la maldición en bendición, porque el Eterno, tu Dios, te amaba.

⁷ Nunca buscarás la paz de ellos ni su prosperidad en todos tus días.

CUARTA LECTURA – MOSHÉ – NÉTSAJ

⁸ No aborrecerás al edomita, porque es tu hermano; no aborrecerás al egipcio, porque fuiste extranjero en su tierra.

⁹ Los hijos de la tercera generación que les nazcan podrán entrar en la asamblea del Eterno.

---

podemos atraer protección hacia nosotros para evitar otras relaciones que puedan generarnos dolor y que podrían ser difíciles de terminar de forma pacífica.

El Arí escribió:

Ya hemos explicado antes acerca de si la ley de reencarnación se aplica de igual manera a las mujeres que a los hombres o no. Nuestros sabios dijeron en Sotá con respecto al versículo: "Dios hace que el solitario viva en una casa, y libra a los prisioneros dándoles prosperidad" (Salmos 68:7) que hay un primer y un segundo matrimonio. El dicho que dice "es tan difícil unirlos como dividir el Mar Rojo" se refiere al segundo. No debemos entender la primera y la segunda unión

de forma literal, dado que hay segundos matrimonios que son mejores que el primero, como vemos a diario. Pero la interpretación se entenderá mediante las palabras del Saba de Mishpatim en el Zóhar con respecto al versículo: "...si tenía mujer, entonces su mujer saldrá con él" (Éxodo 21:3). Esto es lo que significa. Cuando un hombre es nuevo —es decir, que está en este mundo por primera vez— su alma gemela nace con él, como es sabido, y cuando llega el momento de que él se case con ella, la encontrará inmediatamente sin problema alguno. Pero si ese hombre cometió un pecado y tuvo que reencarnar a causa de éste, convirtiéndose en uno de esos de quienes dice "entonces su esposa saldrá con él", como se menciona en Saba de

אֶת־אֵשֶׁת אָבִיו וְלֹא יְגַלֶּה כְּנַף ע"ה קנ"א, אלהים אדני אָבִיו׃ 2 לֹא־יָבֹא

פְצוּעַ־דַּכָּא וּכְרוּת שָׁפְכָה בִּקְהַל ע"ב ס"ג יְהֹוָֹאהדֹוֵנֵהֹי לֹא־יָבֹא מַמְזֵר

ע"ה רפ"ח בִּקְהַל ע"ב ס"ג יְהֹוָֹאהדֹוֵנֵהֹי גַּם יג"ל דּוֹר עֲשִׂירִי לֹא־יָבֹא לוֹ בִּקְהַל

ע"ב ס"ג יְהֹוָֹאהדֹוֵנֵהֹי׃ 4 לֹא־יָבֹא עַמּוֹנִי וּמוֹאָבִי בִּקְהַל ע"ב ס"ג יְהֹוָֹאהדֹוֵנֵהֹי

גַּם יג"ל דּוֹר עֲשִׂירִי לֹא־יָבֹא לָהֶם בִּקְהַל ע"ב ס"ג יְהֹוָֹאהדֹוֵנֵהֹי עַד־עוֹלָם׃

5 עַל־דְּבַר ראה אֲשֶׁר לֹא־קִדְּמוּ אֶתְכֶם בַּלֶּחֶם ג"פ יהה וּבַמַּיִם בַּדֶּרֶךְ

ב"ס יב"ק בְּצֵאתְכֶם מִמִּצְרָיִם מצר וַאֲשֶׁר שָׂכַר י"פ ב"ן עָלֶיךָ רביע מ"ה אֶת־בִּלְעָם

בֶּן־בְּעוֹר מִפְּתוֹר אֲרַם נַהֲרַיִם לְקַלְלֶךָ׃ 6 וְלֹא־אָבָה יְהֹוָֹאהדֹוֵנֵהֹי

אֱלֹהֶיךָ ילה לִשְׁמֹעַ אֶל־בִּלְעָם וַיַּהֲפֹךְ יְהֹוָֹאהדֹוֵנֵהֹי אֱלֹהֶיךָ ילה לְךָ

אֶת־הַקְּלָלָה לִבְרָכָה כִּי אֲהֵבְךָ יְהֹוָֹאהדֹוֵנֵהֹי אֱלֹהֶיךָ ילה׃ 7 לֹא־תִדְרֹשׁ

שְׁלֹמָם וְטֹבָתָם כָּל־ילי יָמֶיךָ לְעוֹלָם רביע ס"ג י' אותיות׃

CUARTA LECTURA – MOSHÉ – NÉTSAJ

8 לֹא־תְתַעֵב אֲדֹמִי כִּי אָחִיךָ הוּא לֹא־תְתַעֵב מִצְרִי מהע, אל שדי כִּי־גֵר

ב"ן קנ"א הָיִיתָ בְאַרְצוֹ׃ 9 בָּנִים אֲשֶׁר־יִוָּלְדוּ לָהֶם דּוֹר שְׁלִישִׁי יָבֹא לָהֶם

Mishpatim, esto causa que su alma gemela reencarne con él para el beneficio de él. Cuando llega el momento de que este hombre se case con ella, no la encuentra inmediatamente, sino sólo después de mucho problema, dado que él reencarnó debido a cierta iniquidad, y algunos lo denuncian Arriba y desean alejarla de él y causar disputas entre ellos. Es por ello que se dice que es tan difícil unirlos como lo es dividir el Mar Rojo porque, como se mencionó, se considera como un segundo matrimonio. Esto significa que ella es su verdadera alma gemela, pero ya se casó con él antes, y en esta encarnación es considerado como un segundo matrimonio; puesto que la mujer es la misma anterior, pero el matrimonio es el segundo. Por lo tanto, no dicen que se casó con una segunda esposa, sino que se casó nuevamente.

—Los escritos del Arí, La puerta de la reencarnación, 20° Introducción: 1

¹⁰ Cuando salgas como ejército contra tus enemigos, te guardarás de toda cosa mala.

¹¹ Si hay en medio de ti un hombre impuro a causa de una emisión nocturna, debe salir fuera del campamento; no volverá a entrar al campamento.

¹² Pero será que, cuando llegue la tarde, se bañará con agua, y cuando se ponga el Sol, podrá entrar al campamento.

¹³ Tendrás también un lugar fuera del campamento, adonde saldrás.

¹⁴ Y tendrás una pala entre tus armas, y será que, cuando te sientes allá fuera, cavarás con ella, y te darás vuelta y cubrirás lo que salga de ti.

¹⁵ Porque el Eterno, tu Dios, anda en medio de tu campamento para librarte y para entregar a tus enemigos delante de ti; por lo tanto, tu campamento debe ser santo; a fin de que Él no vea nada indecente en ti, y se aparte de ti.

¹⁶ No entregarás a su amo un esclavo que venga a ti huyendo de su señor;

¹⁷ habitará contigo en medio de ti, en el lugar que él escoja dentro de una de tus puertas, donde le parezca bien; no lo maltratarás.

¹⁸ No habrá prostituta entre las hijas de Israel ni sodomita entre los hijos de Israel.

¹⁹ No traerás la paga de una prostituta ni el precio de un perro a la casa del Eterno, tu Dios, para el cumplimiento de un voto, porque los dos son abominaciones para el Eterno, tu Dios.

²⁰ No le prestarás a interés a tu hermano: interés sobre dinero, alimento, o cualquier cosa que sea prestada a interés.

²¹ A un extranjero podrás prestarle a interés, pero a tu hermano no le prestarás a interés a fin de que el Eterno, tu Dios, te bendiga en toda obra de tu mano en la tierra que vas a entrar para poseerla.

כִּי־תֵצֵא

Deuteronomio 23:10 – Aquí leemos acerca de la necesidad de la limpieza del ambiente. Si verdaderamente apreciamos el mundo que la Luz nos ha dado, es poco probable que contamináramos nuestro entorno de alguna manera.

לֹא־תַסְגִּיר

Deuteronomio 23:16 – La Biblia establece que no debemos devolver a su amo un esclavo que escapó. El *Zóhar* dice que todos son esclavos del Satán a menos que comiencen a caminar la senda de la iluminación. Esta es la razón por la cual se le enseña a la gente la tecnología de la Kabbalah. Cuanta más gente conecte con el *Zóhar* y aprenda la sabiduría de la Kabbalah, más fácil se vuelve para toda la humanidad ser liberada de la esclavitud del Satán.

בְּקָהָל עׁ״ב ס״ג יְהוָֹאדניֵאהדונהי: 10 כִּי־תֵצֵא מַחֲנֶה עַל־אֹיְבֶיךָ וְנִשְׁמַרְתָּ

מִכֹּל יְלי דָּבָר רָע: 11 כִּי־יִהְיֶה בְךָ אִישׁ עׁ״ה קנ״א קס״א אֲשֶׁר לֹא־יִהְיֶה

טָהוֹר יְ״פ אכא מִקְּרֵה־לָיְלָה מלה וְיָצָא אֶל־מִחוּץ לַמַּחֲנֶה לֹא יָבֹא אֶל־תּוֹךְ

הַמַּחֲנֶה: 12 וְהָיָה יהוה, יהה לִפְנוֹת־עֶרֶב רבוע יהוה ורבוע אלהים יִרְחַץ בַּמָּיִם וּכְבֹא

הַשֶּׁמֶשׁ ב״פ ע״ב יָבֹא אֶל־תּוֹךְ הַמַּחֲנֶה: 13 וְיָד תִּהְיֶה לְךָ מִחוּץ לַמַּחֲנֶה

וְיָצָאתָ שָׁמָּה מהע, אל עדי חוּץ: 14 וְיָתֵד תִּהְיֶה לְךָ עַל־אֲזֵנֶךָ וְהָיָה

בְּשִׁבְתְּךָ חוּץ וְחָפַרְתָּה בָהּ וְשַׁבְתָּ וְכִסִּיתָ אֶת־צֵאָתֶךָ: 15 כִּי

יְהוָֹאדניֵאהדונהי אֱלֹהֶיךָ ילה מִתְהַלֵּךְ | מיה בְּקֶרֶב קמ״ג קס״א מַחֲנֶךָ לְהַצִּילְךָ

וְלָתֵת אֹיְבֶיךָ לְפָנֶיךָ סמ״ב וְהָיָה יהוה, יהה מַחֲנֶיךָ קָדוֹשׁ וְלֹא־יִרְאֶה ר״י, גבורה

בְךָ עֶרְוַת דָּבָר וְשָׁב מֵאַחֲרֶיךָ: 16 לֹא־תַסְגִּיר עֶבֶד אֶל־אֲדֹנָיו

אֲשֶׁר־יִנָּצֵל אֵלֶיךָ מֵעִם אֲדֹנָיו: 17 עִמְּךָ יֵשֵׁב בְּקִרְבְּךָ

בַּמָּקוֹם אֲשֶׁר־יִבְחַר בְּאַחַד שְׁעָרֶיךָ בַּטּוֹב לוֹ לֹא

תּוֹנֶנּוּ: 18 לֹא־תִהְיֶה קְדֵשָׁה מִבְּנוֹת יִשְׂרָאֵל וְלֹא־יִהְיֶה קָדֵשׁ

מִבְּנֵי יִשְׂרָאֵל: 19 לֹא־תָבִיא אֶתְנַן זוֹנָה וּמְחִיר כֶּלֶב בַּיִת

אֱלֹהֶיךָ ילה לְכָל־נֶדֶר כִּי תוֹעֲבַת יְהוָֹאדניֵאהדונהי

אֱלֹהֶיךָ גַּם־שְׁנֵיהֶם: 20 לֹא־תַשִּׁיךְ לְאָחִיךָ נֶשֶׁךְ כֶּסֶף נֶשֶׁךְ

אֹכֶל נֶשֶׁךְ כָּל־דָּבָר אֲשֶׁר יִשָּׁךְ: 21 לַנָּכְרִי תַשִּׁיךְ וּלְאָחִיךָ

קְדֵשָׁה

Deuteronomio 23:18 – La pureza sexual: Según el *Zóhar*, el sexo es una sexagésima parte de todas las bendiciones de la Luz del Creador. Dado que el sexo es tan poderoso, es una herramienta que el Satán usa para manipularnos. A partir de esto, aprendemos que es importante no escoger a nuestra pareja basados solamente en la atracción sexual. Nuestro objetivo en el acto sexual es volvernos un ser altruista. Si no lo somos, el Satán se involucra e interfiere en nuestra conexión con nuestra pareja.

לֹא־תַשִּׁיךְ

Deuteronomio 23:20 – La Biblia prohíbe cargar intereses al dinero que se ha prestado. No obstante, esto no sólo se refiere a los préstamos de dinero. Si le hacemos un favor a alguien y esperamos un favor a cambio, nuestra expectativa suprime la energía positiva creada por nuestro compartir.

²² *Cuando hagas un voto al Eterno, tu Dios, no tardarás en pagarlo; porque el Eterno, tu Dios, ciertamente te pedirá cuenta por ello, y sería pecado en ti.*

²³ *Pero si te abstienes de hacer un voto, no sería pecado en ti.* ²⁴ *Lo que salga de tus labios, cuidarás de cumplirlo; tal como voluntariamente has hecho voto al Eterno, tu Dios, lo cual has prometido con tu boca.*

QUINTA LECTURA – AHARÓN – HOD

²⁵ *Cuando entres en la viña de tu prójimo, entonces podrás comer las uvas que desees hasta saciarte, pero no pondrás ninguna en tu vasija.*

²⁶ *Cuando entres en el trigal de tu prójimo, podrás arrancar espigas con tu mano, pero no cortarás la mies de tu prójimo con la hoz.*

24 ¹ Cuando algún hombre tome una mujer y se casa con ella, si sucede que ella no halla gracia ante sus ojos porque él ha encontrado algo indecoroso en ella, y le escribe un certificado de divorcio, lo pone en su mano y la despide de su casa,

---

נֶדֶר

Deuteronomio 23:22 – Cuando hacemos una promesa, en especial si está asociada con el trabajo por la Luz del Creador, debemos cumplirla tan pronto como sea posible. Si hacemos una promesa y no la cumplimos, tan sólo estamos creando una abertura para que el Satán entre y cause estragos. El *Zóhar* dice:

Un voto (heb. néder) está conectado más alto y es la vida del Rey, SIGNIFICANDO LOS MOJÍN DE MALJUT EN BINÁ, el secreto de 248 miembros y doce ataduras, QUE SON LAS CUATRO SEFIROT: JÉSED Y GUEVURÁ, TIFÉRET Y MALJUT. CADA UNA DE ESTAS SEFIROT INCLUYE LAS TRES COLUMNAS. Así, suman el valor numérico de "néder" (=254), YA QUE 248 MÁS DOCE SUMAN 254. Por lo tanto, hacer un voto es un acto más estricto que hacer un juramento. Esta Vida del Rey mantiene todos las 248 miembros y es llamado 'LA VIDA DEL REY' porque da verdaderamente vida, y esta vida desciende de arriba, DE LA LUZ INFINITA hacia abajo, a la fuente de la vida, QUE ES BINÁ de la cual desciende A MALJUT, a todos los 248 miembros.

Un juramento mantiene el grado inferior, el secreto del Santo Nombre, QUE ES MALJUT, llamado el Rey Mismo, cuyo espíritu celestial dentro de Su cuerpo VIENE a morar en éste y se queda dentro como un espíritu morando en un cuerpo, LO CUAL SIGNIFICA QUE LOS MOJÍN YA ESTÁN COLOCADOS EN LA VASIJA DE MALJUT, QUE ES LLAMADA 'CUERPO'. PORQUE ESTÁ OCULTO ARRIBA EN BINÁ, Y ES REVELADO SÓLO EN MALJUT. Por lo tanto, quien hace un juramento veraz mantiene ese lugar y al hacerlo, el mundo entero es mantenido. Un voto se aplica a ambos: lo que es obligatorio y lo que es opcional.
— *El Zóhar, Yitró 31:525-526*

וְאָכַלְתָּ

Deuteronomio 23:25 – La Biblia nos dice que un trabajador tiene el derecho de comer alimento de los campos donde trabaja para el dueño del terreno. De aquí aprendemos que es importante tratar a nuestros empleados como nuestro igual y no como inferiores.

לֹא תָשִׁיךְ לְמַעַן יְבָרֶכְךָ יְהֹוָה אֱלֹהֶיךָ בְּכֹל מִשְׁלַח

יָדֶךָ עַל־הָאָרֶץ אֲשֶׁר־אַתָּה בָא־שָׁמָּה

לְרִשְׁתָּהּ: 22 כִּי־תִדֹּר נֶדֶר לַיהֹוָה אֱלֹהֶיךָ לֹא תְאַחֵר

לְשַׁלְּמוֹ כִּי־דָרֹשׁ יִדְרְשֶׁנּוּ יְהֹוָה אֱלֹהֶיךָ מֵעִמָּךְ וְהָיָה

בְךָ חֵטְא: 23 וְכִי תֶחְדַּל לִנְדֹּר לֹא־יִהְיֶה בְךָ חֵטְא: 24 מוֹצָא

שְׂפָתֶיךָ תִּשְׁמֹר וְעָשִׂיתָ כַּאֲשֶׁר נָדַרְתָּ לַיהֹוָה אֱלֹהֶיךָ נְדָבָה

אֲשֶׁר דִּבַּרְתָּ בְּפִיךָ:

QUINTA LECTURA – AHARÓN – HOD

25 כִּי תָבֹא בְּכֶרֶם רֵעֶךָ וְאָכַלְתָּ עֲנָבִים כְּנַפְשְׁךָ שָׂבְעֶךָ

וְאֶל־כֶּלְיְךָ לֹא תִתֵּן 26 כִּי תָבֹא בְּקָמַת רֵעֶךָ וְקָטַפְתָּ מְלִילֹת

בְּיָדֶךָ וְחֶרְמֵשׁ לֹא תָנִיף עַל קָמַת רֵעֶךָ: 1 כִּי־יִקַּח אִישׁ

אִשָּׁה וּבְעָלָהּ וְהָיָה אִם־לֹא תִמְצָא־חֵן בְּעֵינָיו

כִּי־מָצָא בָהּ עֶרְוַת דָּבָר וְכָתַב לָהּ סֵפֶר כְּרִיתֻת

כְּרִיתֻת

Deuteronomio 24:1 – Puede ser una *mitsvá* —o un acto de benevolencia— el hecho de divorciarse. Por ejemplo, si el alma gemela de un cónyuge está lista y esperando, entonces el matrimonio actual debe terminar. La única opción alternativa sería la muerte: el cónyuge de la persona cuya alma gemela lo está esperando debe abandonar este mundo si el divorcio no es una opción. Es por esta razón que el divorcio puede ser un paso positivo. El *Zóhar* dice:

Éste es el secreto de las palabras: "...entonces que le escriba una nota de divorcio, y se la dé a ella en la mano... (Deuteronomio 24:1) "Y cuando ella se haya ido de su casa, puede ser la esposa de otro hombre" (Deuteronomio 24:2). PREGUNTA: Viendo que "ella puede ser la esposa de otro hombre", ¿No sé yo que él no es aquél que se divorció de ella? ¿Por qué dice "otro"? CONTESTA: Es como aprendimos, aprendimos del otro, y está escrito de "otro", y es llamado otro, como está escrito: "...y fuera de la tierra otros surgirán" (Job 8:19). POR TANTO, EL ENCARNADO ES LLAMADO 'OTRO'. Y los divorciados son juntados, el que está divorciado de ese mundo, A SABER EL HOMBRE ENCARNADO QUE NO TIENE ESPOSA, QUIEN ES ARROJADO DE ESE MUNDO A ESTE MUNDO, QUIEN SE CASÓ CON LA MUJER DIVORCIADA, Y la MUJER divorciada en este mundo DE SU ESPOSO, ya que esta mujer que tiene la figura celestial DE MALJUT,

² y ella sale de su casa y llega a ser mujer de otro hombre; ³ y el segundo marido la aborrece y le escribe un certificado de divorcio, lo pone en su mano y la despide de su casa, o si muere este último marido que la tomó para ser su mujer; ⁴ al primer marido que la despidió no le es permitido tomarla nuevamente como mujer, después que ha sido manchada; pues eso es abominación ante el Eterno. No traerás pecado sobre la tierra que el Eterno, tu Dios, te da por heredad.

SEXTA LECTURA – YOSEF – YESOD

⁵ Cuando un hombre toma una nueva mujer, no saldrá a la guerra, ni se le impondrá ningún deber; quedará libre en su casa por un año y hará feliz a la mujer que ha tomado.

⁶ Ningún hombre tomará en prenda el molino ni la piedra de molino, porque tomaría en prenda la vida del hombre. ⁷ Si se encuentra a un hombre secuestrando a alguno de sus hermanos de los hijos de Israel, y lo trata como esclavo y lo vende, entonces ese ladrón morirá; así quitarás el mal de en medio de ti.

---

está ahora esclavizada a la figura inferior, A SABER: AL HOMBRE ENCARNADO SIN UNA ESPOSA, QUE SE CASÓ CON ELLA, quien es llamado otro, COMO SE MENCIONÓ ANTES. PORQUE ÉL SE ADHIRIÓ A OTRO EL, POR CUYA RAZÓN ENCARNÓ OTRA VEZ EN ESTE MUNDO.
El Zóhar, Mishpatim 3:162

וַיֵּדְעָה

Deuteronomio 24:5 – Aquí la Biblia trata del significado del primer año de matrimonio. El primer año es la base del futuro a largo plazo de la relación. Si las cosas marchan terriblemente mal en estos primeros 12 meses, el matrimonio nunca durará. Si bien habrá siempre problemas en cada matrimonio, se nos sugiere que nos preguntemos al final del primer año si la unión es negativa o positiva; y debemos estar preparados para avanzar en la dirección que esta respuesta nos indique. El *Zóhar* dice:

"Cuando un hombre ha tomado una nueva esposa no debe ir al ejército... y debe alegrar a su esposa a quien tomado" (Deuteronomio 24:5). Este precepto es para que él se regocije con su esposa durante un año, como está

escrito: "...y estará libre en su casa un año..." (ibid.) ya que estos doce meses son de ella. Porque el año es una desposada, A SABER: MALJUT QUE ES LLAMADA UN AÑO, y la recién casada está presente solamente con doce meses, como está escrito: "E HIZO UN TANQUE... se sostenía sobre doce toros..." (I Reyes 7:23-24). PORQUE EL TANQUE ES MALJUT, LOS DOCE TOROS SON EL SECRETO DE LAS CUATRO SEFIROT, JOJMÁ, BINÁ, TIFÉRET Y MALJUT, CADA UNA DE TRES COLUMNAS, LO CUAL SON SIEMPRE DOCE. Y dado que la desposada es perfeccionada solamente con doce, el desposado necesita alegrarla a ella y a su familia, a ella y a su equipo, como es Arriba. En consecuencia, está escrito de Yaakov: "...y tomó de las piedras del lugar..." (Génesis 28:11) SIENDO EL LUGAR MALJUT. Hay doce piedras en ese lugar, y quien alegra a la desposada alegra a sus doncellas, SUS SEFIROT EN BRIÁ. Hay doce doncellas POR LA MISMA RAZÓN. Todo pertenece al misterio del año. Por esa razón el desposado ha de regocijarse con su desposada por un año. Pero ya hemos explicado que esta alegría no es de él sino de ella, como está escrito: "... y alegrará a su esposa..." (Deuteronomio 24:5).

וְנָתַן אבגית"ץ, ושׁר, אהבת חנם בְּיָדָהּ וְשִׁלְּחָהּ מִבֵּיתוֹ ב"פ ראה: 2 וְיָצְאָה מִבֵּיתוֹ

ב"פ ראה וְהָלְכָה וְהָיְתָה לְאִישׁ־ ע"ה קנ"א קס"א אַחֵר: 3 וּשְׂנֵאָהּ הָאִישׁ ע"ה קנ"א קס"א

הָאַחֲרוֹן וְכָתַב לָהּ סֵפֶר כְּרִיתֻת וְנָתַן אבגית"ץ, ושׁר, אהבת חנם בְּיָדָהּ וְשִׁלְּחָהּ

מִבֵּיתוֹ ב"פ ראה אוֹ כִי יָמוּת הָאִישׁ ע"ה קנ"א קס"א הָאַחֲרוֹן אֲשֶׁר־לְקָחָהּ לוֹ

לְאִשָּׁה: 4 לֹא־יוּכַל בַּעְלָהּ הָרִאשׁוֹן אֲשֶׁר־שִׁלְּחָהּ לָשׁוּב לְקַחְתָּהּ

לִהְיוֹת לוֹ לְאִשָּׁה אַחֲרֵי אֲשֶׁר הֻטַּמָּאָה כִי־תוֹעֵבָה הִוא לִפְנֵי חכמה בינה

יְהֹוָהאדני/אהדונהי וְלֹא תַחֲטִיא אֶת־הָאָרֶץ אלהים דההן ע"ה אֲשֶׁר יְהֹוָה/אדני/אהדונהי

אֱלֹהֶיךָ יכה נֹתֵן אבגית"ץ, ושׁר, אהבת חנם לְךָ נַחֲלָה:

SEXTA LECTURA – YOSEF – YESOD

5 כִּי־יִקַּח חנם אִישׁ ע"ה קנ"א קס"א אִשָּׁה וַדְשָׁה ‎ לֹא יֵצֵא בַּצָּבָא וְלֹא־יַעֲבֹר

עָלָיו לְכָל־ יה אדני דָּבָר ראה נָקִי ע"ה קס"א יִהְיֶה יי לְבֵיתוֹ ב"פ ראה שָׁנָה אֶחָת

וְשִׂמַּח אֶת־אִשְׁתּוֹ אֲשֶׁר־לָקָח ב"פ יהוה אדני אהיה: 6 לֹא־יַחֲבֹל רֵחַיִם וָרָכֶב

כִּי־נֶפֶשׁ רמ"ו ‎ היות הוּא חֹבֵל: 7 כִּי־יִמָּצֵא אִישׁ ע"ה קנ"א קס"א גְּנֹב נֶפֶשׁ

No dice que él debe regocijarse en su esposa, sino "debe regocijarse con", lo que significa que él se regocijará con la desposada. De manera similar, la desposada no tiene alegría salvo en el cuerpo y sus joyas. ¿Quién se regocija con ellas? Los justos lo hacen. Por esa razón "… él estará libre en su hogar…" (ibid.) libre de esforzarse en los asuntos mundanos, para que pueda tener el deseo de regocijarse con ella. Él debe estar libre de todo: libre de impuestos, impuestos sobre la cosecha y de impuesto de votación. Debe estar libre de ir al ejército para guerrear, de modo que habrá alegría Arriba y Abajo para evocar la alegría Arriba. ¡Bendita es la nación santa, cuyo Señor se regocija con ellos! Son benditos en este mundo y en el Mundo por Venir.
— El Zóhar, Qui Tetsé 6:43-44

גְּנֹב נֶפֶשׁ

Deuteronomio 24:7 – La prohibición del secuestro es mencionada en este versículo. La remoción forzada de cualquier persona de su lugar legítimo es un crimen. Además, una situación en la cual un individuo controle totalmente a otro en una relación se considera una clase de secuestro; por ejemplo, cuando los padres usan indebidamente el poder que tienen sobre sus hijos.

⁸ Cuídate de la plaga de la lepra, a fin de que observes diligentemente y hagas conforme a todo lo que los sacerdotes, los levitas les enseñen; como les he ordenado, así procurarán de hacer. ⁹ Recuerda lo que el Eterno, tu Dios, hizo a Míriam en el camino mientras salían de Egipto.

¹⁰ Cuando prestes a tu prójimo cualquier clase de préstamo, no entrarás en su casa para tomar su prenda. ¹¹ Te quedarás afuera y el hombre a quien hiciste el préstamo te traerá la prenda. ¹² Y si es un hombre pobre, no conservarás su prenda toda la noche; ¹³ de cierto le devolverás la prenda al ponerse el Sol, para que se acueste con su ropa y te bendiga; y te será justicia delante del Eterno, tu Dios.

SÉPTIMA LECTURA – DAVID – MALJUT

¹⁴ No oprimirás al jornalero pobre y necesitado, ya sea uno de tus hermanos o uno de los extranjeros que habitan en tu tierra y dentro de tus puertas.

הַצָּרַעַת

Deuteronomio 24:8 – La Biblia nos alerta que cualquier enfermedad de la piel que nos aflija es el resultado del *lashón hará*, o "habla maliciosa". Conectar con este versículo nos ayuda a obtener protección contra la trampa de involucrarnos en chismes innecesarios y malévolos. Además, si actualmente estamos sufriendo de alguna enfermedad cutánea, esta sección ayuda a sanarla. El *Zóhar* explica:

Esa Neshamá se eleva con desdén, con aflicción de toda clase. No le es dado lugar como antes. De esto está escrito: "Quien guarda su boca y su lengua, guarda a su alma (heb. Néfesh) de la aflicción" (Proverbios 21:23). Ciertamente su Néfesh, quien acostumbraba hablar, no está silenciosa debido a las malas palabras QUE PRONUNCIÓ. Entonces viene la serpiente, ya que todo retornó a SU LUGAR, SU ESTADO ORIGINAL, COMO ANTES DE QUE ALCANZARA UNA NESHAMÁ. Cuando el habla maliciosa se eleva a través de ciertos senderos y descansa delante de la serpiente cruel, muchos espíritus son agitados en el mundo y un espíritu CONTAMINADO desciende de ese lado DE LA SERPIENTE, y encuentra al hombre que la levantó por medio del habla maliciosa y los espíritus parlantes eliminados de él.

El espíritu CONTAMINADO lo contamina, y él se vuelve un leproso.

Así como el castigo es aplicado al hombre por hablar maliciosamente, así es castigado debido a que pudo haber pronunciado palabras buenas pero no lo hizo. Porque él manchó a ese espíritu parlante, que está compuesto como para hablar arriba y hablar abajo, y todo está en santidad. Esto es aún más cierto si la nación camina por el camino errado y él puede hablarles y reprobarlos pero se queda callado y no habla. Como dije, ESTO ESTÁ DICHO DE ÉL: "Enmudecí con silencio, contuve mi paz y no tuve reposo Y mi pena se agitó" (Salmos 39:3), agitada por plagas de impureza. Es por esto que fue dicho que el Rey David fue afligido CON LA PLAGA DE LA LEPRA, Y EL SANTÍSIMO, BENDITO SEA ÉL, lo abandonó, como está escrito QUE PIDIÓ: "¡Vuélvete a mí y tenme benevolencia…! (Salmos 25:16), LO QUE SIGNIFICA QUE ÉL LO ABANDONO. ¿Qué es "¡Vuélvete a mí!"? Se parece a las palabras: "… Y Aharón se volvió hacia Míriam…" (Números 12:10). TAL COMO EL ÚLTIMO VERSÍCULO ALUDE A LA LEPRA, ASÍ AQUÍ ALUDE A LA LEPRA. Rabí Jiyá y Rabí Yosi se apearon y lo besaron. Siguieron juntos todo el camino. Rabí Jiyá les dijo: "Pero el camino de los

רמ״ח – ו היות מֵאֹוזִיו מִבְּנֵי יִשְׂרָאֵל וְהִתְעַמֶּר־בֹּו וּמְכָרֹו וּמֵת י״פ ריבוע אהיה הַגַּנָּב

הַהוּא וּבִעַרְתָּ הָרָע מִקִּרְבֶּךָ: 8 הִשָּׁמֶר בְּנֶגַע־ מלוי אהיה דאלפין הַצָּרַעַת

לִשְׁמֹר מְאֹד מ״ה וְלַעֲשֹׂות כְּכֹל יל אֲשֶׁר־יֹורוּ אֶתְכֶם הַכֹּהֲנִים מלה הַלְוִיִּם

כַּאֲשֶׁר צִוִּיתִם פי תִּשְׁמְרוּ לַעֲשֹׂות: 9 זָכֹור ע״ב קס״א אֵת אֲשֶׁר־עָשָׂה

יְהֹוָאדְנִיאהדונהי אֱלֹהֶיךָ ילה לְמִרְיָם בַּדֶּרֶךְ ב״פ יב״ק בְּצֵאתְכֶם מִמִּצְרָיִם מצר:

10 כִּי־תַשֶּׁה בְרֵעֲךָ מַשַּׁאת מְאוּמָה לֹא־תָבֹא אֶל־בֵּיתֹו ב״פ ראה לַעֲבֹט

עֲבֹטֹו: 11 בַּחוּץ תַּעֲמֹד וְהָאִישׁ י״פ אדם אֲשֶׁר אַתָּה נֹשֶׁה בֹו יֹוצִיא אֵלֶיךָ

אֶת־הַעֲבֹוט הַחוּצָה: 12 וְאִם־ יוהך, ע״ב מ״ב אִישׁ ע״ה מ״ב ע״ה קס״א קנ״א עָנִי ריבוע מ״ה הוּא

לֹא תִשְׁכַּב בַּעֲבֹטֹו: 13 הָשֵׁב תָּשִׁיב לֹו אֶת־הַעֲבֹוט כְּבֹוא הַשֶּׁמֶשׁ

ב״פ ש״ך וְשָׁכַב בְּשַׂלְמָתֹו וּבֵרֲכֶךָּ וּלְךָ תִּהְיֶה צְדָקָה ע״ה ריבוע אלהים לִפְנֵי

וחכמה בינה יְהֹוָאדְנִיאהדונהי אֱלֹהֶיךָ ילה:

SÉPTIMA LECTURA – DAVID – MALJUT

14 לֹא־תַעֲשֹׁק שָׂכִיר עָנִי ריבוע מ״ה וְאֶבְיֹון מֵאַחֶיךָ אֹו מִגֵּרְךָ אֲשֶׁר

---

justos es como la luz tenue del amanecer que brilla cada vez más hasta que llega el medio día" (Proverbios 4:18).
— El Zóhar, Tazría 18:86-87

este tipo de perspectiva nos permite entender nuestros tratos financieros de una manera completamente nueva.

תֵּשֶׁה

Deuteronomio 24:10 – Se nos habla de la importancia de tratar a nuestros deudores con dignidad. Si estamos en una mejor posición económica que otra persona, es importante que seamos humildes. La verdad podría ser que la otra persona a quien se le prestó el dinero haya venido a este mundo solamente con el propósito de dar a su prestamista una oportunidad de dar; es decir, en efecto, el prestamista es quien necesita al deudor. Aplicar

לֹא־תַעֲשֹׁק

Deuteronomio 24:14 – Esta sección habla acerca del pago puntual de los trabajadores. Si le debemos dinero a alguien, debemos pagarle rápidamente y sin titubeos. A partir de esto, también aprendemos acerca del intervalo de tiempo entre el pensamiento y la acción. Si tenemos la intención de realizar una acción espiritual, debemos hacerla ahora y no esperar. Nunca dejes para mañana lo que puedes hacer hoy.

¹⁵ El mismo día le darás su paga, antes de la puesta del Sol; porque es pobre y ha puesto su corazón en él; no sea que él clame contra ti al Eterno, y esto sea pecado en ti.

¹⁶ Los padres no serán condenados a muerte por sus hijos, ni los hijos serán condenados a muerte por sus padres; cada hombre morirá por su propio pecado.

¹⁷ No pervertirás la justicia debida al forastero ni al huérfano, ni tomarás en prenda la ropa de la viuda.

¹⁸ Sino que recordarás que fuiste esclavo en Egipto y que el Eterno, tu Dios, te rescató de allí; por tanto, yo te ordeno que hagas esto.

El *Zóhar* dice:

Rabí Elazar continuó: "'¡No defraudarás a tu vecino, ni le robarás; el salario del asalariado no se quedará contigo (o: lo retendrás) toda la noche hasta la mañana'" (Levítico 19:13). PREGUNTA: ¿Por qué "'el salario del asalariado no se quedará contigo toda la noche'"? Y RESPONDE: Esto se entiende de otro versículo: "En su día le darás su salario; no se ocultará el Sol sobre éste; porque él es pobre, y arriesga su vida por (pone su alma sobre) ti..." (Deuteronomio 24:15). Las palabras "no se ocultará el Sol sobre éste" significa estar advertido de no ser recogido de este mundo a causa de él, antes de que sea tu tiempo de ser recogido, como dice el versículo: "Antes de que se oscurezcan el Sol..." (Eclesiastés 12:2). ESTE VERSÍCULO INSINÚA LA DESAPARICIÓN DEL HOMBRE. De aquí, yo aprendí otra cosa: QUE en el caso de aquél que satisface al alma del hombre pobre, aun cuando llegue el tiempo de su fallecimiento, el Santísimo, bendito sea Él, satisface su alma y alarga su vida.

"'...el salario del asalariado no se quedará contigo (o: lo retendrás) toda la noche...'". Ven y ve: Retener el salario del pobre es equivalente a tomar su vida y la de su familia. Él acorta su vida, y el Santísimo, bendito sea Él, acortará sus días y disminuirá su vida de ese mundo. Porque todos los suspiros que son emitidos por la boca del hombre pobre ese día ascenderán delante del Santísimo, bendito sea Él, y permanecerán ante

Él. Más tarde, su alma ascenderá junto con esa de su familia, mantenida con el aliento de su boca, SIGNIFICANDO QUE ELLOS DEMANDARÁN JUSTICIA DELANTE DEL SANTÍSIMO, BENDITO SEA ÉL. Entonces, aunque desde antes hayan sido decretados para esta persona muchos años y mucho bien, todos serán arrancados y alejados de él.

En adición a esto, su alma no ascenderá. Esto es lo que Rabí Aba dijo: ¡Oh Misericordioso: Sálvanos de ellos y de su vergüenza! Establecimos que aunque él sea rico, NO DEBES RETENER SU SALARIO HASTA LA MAÑANA. "...y arriesga su vida por (pone su alma sobre) ti" literalmente, SIGNIFICANDO: de cualquier hombre. Y más así el pobre. Esto es lo que Rav Hamnuná hacía cuando el trabajador se iba después del trabajo: le daba su salario y le decía: Toma de regreso tu alma, la que depositaste conmigo; toma tu seguridad.

Aun si EL TRABAJADOR decía: Deja que mi SALARIO permanezca contigo, o: no deseo recibir mi salario, él no lo aceptaba. Él decía: No es apropiado que dejes conmigo el depósito de tu cuerpo; más aún el depósito de tu alma. El depósito del alma es dado solamente al Santísimo, bendito sea Él, como está escrito: "En Tu mano encomiendo mi espíritu..." (Salmos 31:6). Rabí Jiyá dijo: Y con alguien más, QUE NO SEA SU EMPLEADOR ¿puede él DEPOSITAR SU SALARIO? Respondió: Aun en la mano de SU EMPLEADOR él puede

בְּאַרְצְךָ בִּשְׁעָרֶיךָ: 15 בְּיוֹמוֹ תִתֵּן ב"פ כהת שְׂכָרוֹ וְלֹא־תָבוֹא עָלָיו הַשֶּׁמֶשׁ

ב"פ ע"ך כִּי עָנִי רִבּוּע מ"ה הוּא וְאֵלָיו הוּא נֹשֵׂא אֶת־נַפְשׁוֹ וְלֹא־יִקְרָא עָלֶיךָ

רבוע מ"ה אֶל־יְהוָֹהאדנים יאהדונהי וְהָיָה יהוה, יהה, יהה בְךָ חֵטְא: 16 לֹא־יוּמְתוּ אָבוֹת

עַל־בָּנִים וּבָנִים לֹא־יוּמְתוּ עַל־אָבוֹת אִישׁ ע"ה קנ"א קס"א בְּחֶטְאוֹ יוּמָתוּ:

17 לֹא תַטֶּה מִשְׁפַּט ע"ה ה"פ אלהים גֵּר ב"ן קנ"א יָתוֹם יוסף, ציון, ו"פ יהוה וְלֹא תַחֲבֹל

בֶּגֶד אַלְמָנָה כוֹכ, רבוע אדני: 18 וְזָכַרְתָּ כִּי עֶבֶד הָיִיתָ בְּמִצְרַיִם מצר וַיִּפְדְּךָ

יְהוָֹהאדנים יאהדונהי אֱלֹהֶיךָ ילה מִשָּׁם יהוה עד"י עַל־כֵּן אינ"י אָנֹכִי מְצַוְּךָ לַעֲשׂוֹת

---

depositarlo, pero después de que éste ha puesto SU SALARIO EN SU MANO.	תַּטֶּה

depositarlo, pero después de que éste ha puesto SU SALARIO EN SU MANO.
— El Zóhar, Kedoshim 14:84-87

אָבוֹת

Deuteronomio 24:16 – Aprendemos de los sabios que no debemos permitir que el proceso de Causa y Efecto de nuestros padres influya en nuestra vida. Alguien puede venir de la peor familia y, aun así, ser la mejor persona posible; y lo opuesto también puede ocurrir. No podemos permitir que las decisiones de nuestros padres determinen las nuestras; salvo que nuestros padres estén verdaderamente conectados con la Luz.

El Arí escribió:

Cuando el alma es muy magna, sólo es posible sacarla de las klipot con sigilo y engaño, como me ocurrió a mí, porque el Otro Lado pensaba que yo ya estaba perdido entre ellas. Por lo tanto, ellas no se preocupaban por mí; así que Dios me sacó de en medio de ellas como una imagen circundante sobre el Rav de Maguid Mishná. Muy por el contrario, el Otro Lado pensó que esto sería para su propio beneficio, pero resulté ser un enemigo que obraba en contra de ellas. Verás, por consiguiente, que muchas almas magnas nacen de ignorantes y, a veces, son hijos de personas perversas; como Avraham fue hijo de Terá.
— Los escritos del Arí, La puerta de la reencarnación, 38° Introducción: 63

תַּטֶּה

Deuteronomio 24:17 – Este versículo trata acerca de la compasión y la generosidad para con los huérfanos y las viudas. Metafóricamente hablando, cualquiera que carezca de espiritualidad es un "huérfano". Tenemos que sentir el dolor de las personas que no están conectadas a un camino espiritual para que podamos hacer lo que sea necesario a fin de ayudarlas a dar los primeros pasos. Con respecto al concepto espiritual de un huérfano, el *Zóhar* dice:

Y le enseñó todos los profundos y sublimes secretos que existen en Shir Hashirim y lo hizo jurar solemnemente que jamás usaría algunos de estos versículos. Si lo hacía, entonces el Santísimo, bendito sea Él, destruiría al mundo por su causa, ya que no es Su deseo los use, a causa de su santidad suprema. Después, Rabí Akivá se fue y estalló en llanto, sus ojos derramando lágrimas, y dijo: ¡Ay mi maestro! ¡Ay mi maestro!, porque el mundo se quedará huérfano sin ti. Todos los otros hombres sabios entraron y se pararon junto a él. Le hicieron preguntas acerca de la Torá y él respondió.
— El Zóhar, Vayerá 4:37

¹⁹ *Cuando siegues tu cosecha en tu campo y olvides alguna gavilla en el campo, no regresarás a buscarla; será para el forastero, para el huérfano y para la viuda; a fin de que el Eterno, tu Dios, te bendiga en toda la obra de tus manos.*

²⁰ *Cuando sacudas tu olivo, no volverás a recorrer las ramas; serán para el forastero, para el huérfano y para la viuda.* ²¹ *Cuando vendimies tu viña, no rebuscarás tras de ti; será para el forastero, para el huérfano y para la viuda.* ²² *Y recordarás que tú fuiste esclavo en la tierra de Egipto; por lo tanto, yo te ordeno que hagas esto.*

25 ¹ *Si hay una disputa entre hombres y van a la corte, y los jueces los juzgan, y justifican al justo y condenan al malo,* ² *sucederá que si el malo merece ser azotado, entonces el juez le hará tenderse y será azotado ante su rostro según el número de azotes conforme a su maldad.*

³ *Puede darle cuarenta azotes, pero no más; no sea que le dé muchos más azotes que éstos, y tu hermano quede degradado ante tus ojos.*

⁴ *No pondrás bozal al toro mientras trilla el grano.* ⁵ *Si dos hermanos habitan juntos y uno de ellos muere y no tiene hijos, la mujer del fallecido no se casará fuera de la familia con un extraño. El hermano de su esposo se allegará a ella y la tomará como mujer, y cumplirá para con ella el deber de cuñado.* ⁶ *Y será que el primogénito que ella dé a luz llevará el nombre del hermano difunto, para que su nombre no sea borrado de Israel.*

קְצִירְךָ

Deuteronomio 24:19 – Cuando les damos donaciones a los pobres, debemos asegurarnos de dos cosas: a quién va dirigida la donación realmente y cómo será utilizada. Si no estamos seguros de saber quién es pobre de verdad, ya sea físicamente o espiritualmente, entonces debemos apoyar a organizaciones que estén calificadas para distribuir las donaciones a aquellos que verdaderamente tengan necesidad.

וְהִכָּהוּ

Deuteronomio 25:2 – Lo creas o no, existía la flagelación en el Templo. La versión moderna de estas flagelaciones se manifiesta cuando sufrimos dolores menores; como tropezar y lastimarnos un dedo del pie, o no tener dinero en el bolsillo, por ejemplo. Estos son pequeños llamados de atención que la Luz nos envía y, cuando les hacemos caso y hacemos un cambio, podemos evitar que nos llamen la atención con un gran desastre.

יִבְּמָה

Deuteronomio 25:5 – La Biblia habla sobre el matrimonio por levirato, el cual entraba en vigor cuando un hombre moría sin haber tenido hijos. La viuda de ese hombre se casaba con el hermano de éste; siempre que ella estuviera de acuerdo con este matrimonio. Cualquier hijo que resultara del segundo matrimonio ayudaba a cumplir el *tikún* del primer esposo ya fallecido. No siempre sabemos por qué ocurren las cosas. Sólo cuando entendemos que hay un panorama más amplio en el cual se puede hallar la respuesta es que estas respuestas se vuelven claras en el futuro.

El Arí escribió:

Hemos escrito en otro lugar que una persona en esta situación debe estar exenta de reencarnar y que una concepción sería suficiente; pero ¿cómo podemos decir ahora que debe encarnar? Probablemente Dios preparará la vía para que el precepto aparezca en su

אֶת־הַדָּבָ֖ר רְאֵה הָוֶ֑ה וְהוּ: 19 כִּ֣י תִקְצֹר֩ קְצִֽירְךָ֨ בְשָׂדֶ֜ךָ וְשָׁכַחְתָּ֧ עֹ֣מֶר

בַּשָּׂדֶ֗ה לֹ֤א תָשׁוּב֙ לְקַחְתּ֔וֹ לַגֵּ֛ר לַיָּת֖וֹם וְלָאַלְמָנָ֑ה

יִהְיֶ֑ה לְמַ֙עַן֙ יְבָרֶכְךָ֙ יְהוָֹ֣ה אֱלֹהֶ֔יךָ בְּכֹ֖ל

מַעֲשֵׂ֥ה יָדֶֽיךָ: 20 כִּ֤י תַחְבֹּט֙ זֵיתְךָ֔ לֹ֥א תְפַאֵ֖ר אַחֲרֶ֑יךָ לַגֵּ֛ר

לַיָּת֥וֹם וְלָאַלְמָנָ֖ה יִהְיֶֽה: 21 כִּ֤י תִבְצֹר֙ כַּרְמְךָ֔ לֹ֥א

תְעוֹלֵ֖ל אַחֲרֶ֑יךָ לַגֵּ֛ר לַיָּת֥וֹם וְלָאַלְמָנָ֖ה יִהְיֶֽה:

22 וְזָ֣כַרְתָּ֔ כִּי־עֶ֥בֶד הָיִ֖יתָ בְּאֶ֣רֶץ מִצְרָ֑יִם עַל־כֵּ֞ן אָֽנֹכִ֤י

מְצַוְּךָ֙ לַעֲשׂ֔וֹת אֶת־הַדָּבָ֖ר רְאֵה הָוֶ֑ה וְהוּ: 25 1 כִּֽי־יִהְיֶ֥ה רִיב֙ בֵּ֣ין

אֲנָשִׁ֔ים וְנִגְּשׁ֥וּ אֶל־הַמִּשְׁפָּ֖ט וּשְׁפָט֑וּם וְהִצְדִּ֙יקוּ֙ אֶת־הַצַּדִּ֔יק

וְהִרְשִׁ֖יעוּ אֶת־הָֽרָשָֽׁע: 2 וְהָיָ֛ה אִם־בִּ֥ן הַכּ֖וֹת הָרָשָׁ֑ע

וְהִפִּיל֤וֹ הַשֹּׁפֵט֙ וְהִכָּ֣הוּ לְפָנָ֔יו כְּדֵ֥י רִשְׁעָת֖וֹ בְּמִסְפָּֽר: 3 אַרְבָּעִ֥ים

יַכֶּ֖נּוּ לֹ֣א יֹסִ֑יף פֶּן־יֹסִ֤יף לְהַכֹּת֙וֹ עַל־אֵ֙לֶּה֙ מַכָּ֣ה רַבָּ֔ה וְנִקְלָ֥ה אָחִ֖יךָ

לְעֵינֶֽיךָ: 4 לֹא־תַחְסֹ֥ם שׁ֖וֹר בְּדִישֽׁוֹ: 5 כִּֽי־יֵשְׁב֣וּ

אַחִים֙ יַחְדָּ֔ו וּמֵ֙ת אַחַ֤ד מֵהֶם֙ וּבֵ֣ן אֵֽין־ל֔וֹ לֹֽא־תִהְיֶ֞ה

אֵֽשֶׁת־הַמֵּ֧ת הַח֛וּצָה לְאִ֖ישׁ זָ֑ר יְבָמָ֖הּ

יָבֹ֤א עָלֶ֙יהָ֙ וּלְקָחָ֥הּ ל֛וֹ לְאִשָּׁ֖ה וְיִבְּמָֽהּ: 6 וְהָיָ֗ה הַבְּכוֹר֙ אֲשֶׁ֣ר

תֵּלֵ֔ד יָק֕וּם עַל־שֵׁ֖ם אָחִ֣יו הַמֵּ֑ת וְלֹֽא־יִמָּחֶ֥ה שְׁמ֖וֹ

---

vida y le dé la capacidad de observarlo. La quinta categoría consiste en el precepto específico de ser fructíferos y multiplicarnos. Éste se encuentra entre los preceptos que el individuo debe esforzarse en observar y poder cumplir. Es también la obligación más importante, ya que para el individuo que muere sin haber tenido hijos no le basta con tan sólo reencarnar. En la Resurrección, revivirán todos los cuerpos de aquellos que reencarnaron por causa de él y por el cumplimiento del precepto, conforme a la medida de los preceptos que él observó mientras estaba en ese cuerpo. Pero en el caso del individuo que muere sin tener hijos, todas las chispas de su alma entrarán en el otro cuerpo, el cuerpo en el cual él encarnó por medio del matrimonio por levirato y con el cual él procreó. En el primer cuerpo, con el cual él no cumplió el precepto, sólo entra el espíritu que quedaba en su esposa durante la primera encarnación.

—*Los escritos del Arí, La puerta de la reencarnación, 11° Introducción: 16*

⁷ Y si el hombre no quiere tomar a la esposa de su hermano, entonces la esposa de su hermano irá a la puerta, a los ancianos, y dirá: 'El hermano de mi esposo se niega a establecer un nombre para su hermano en Israel; no cumplirá para conmigo su deber de cuñado'. ⁸ Entonces los ancianos de su ciudad lo llamarán y le hablarán; y si él persiste y dice: 'No deseo tomarla', ⁹ entonces la esposa de su hermano vendrá a él en presencia de los ancianos, le quitará el zapato de su pie y le escupirá en la cara; y ella responderá y dirá: 'Así se hace al hombre que no edifica la casa de su hermano'.

¹⁰ Y en Israel se le llamará: La casa del que fue descalzado. ¹¹ Cuando dos hombres luchan entre sí, y la mujer de uno se acerca para librar a su marido de la mano del que lo ataca, y ella extiende su mano y lo agarra por los genitales, ¹² entonces le cortarás la mano; tu ojo no tendrá piedad. ¹³ No tendrás en tu bolsa pesas diferentes, una pesada y una liviana. ¹⁴ No tendrás en tu casa medidas diferentes, una grande y una pequeña.

¹⁵ Tendrás peso perfecto y justo; tendrás medida perfecta y justa, para que se prolonguen tus días en la tierra que el Eterno, tu Dios, te da. ¹⁶ Porque todos los que hacen estas cosas, todos los que se comportan injustamente, son abominación para el Eterno, tu Dios.

MAFTIR

¹⁷ Acuérdate de lo que te hizo Amalek en el camino mientras salías de Egipto;

יִנָּצוּ

Deuteronomio 25:11 – Esta sección es acerca del daño que ocasionamos cuando avergonzamos a alguien. Cada vez que infligimos dolor de cualquier clase, pronto sentiremos el dolor nosotros mismos. Muy a menudo no lo pensamos dos veces para humillar o infligir dolor o avergonzar a los demás. Para muchas personas, actuar de esta manera parece casi natural. Es nuestra responsabilidad fijarnos límites y alejarnos de cualquier cosa que el Satán pueda usar para tentarnos.

עֲמָלֵק

Deuteronomio 25:17 – Esta sección final antes de la Haftará habla acerca de la nación de Amalek. La palabra *amalek*, como se mencionó anteriormente, tiene el mismo valor numérico

de la palabra *safek*, que significa "duda". Si tenemos duda, no podemos avanzar o lograr cualquier cosa que sea importante. Esta sección nos ayuda también a infundir la certeza y eliminar la duda. El *Zóhar* dice:

"Será, por lo tanto, cuando HaShem tu Dios te de reposo… borrarás el recuerdo de Amalek…" (Deuteronomio 25:19). Porque el Santísimo, bendito sea Él, no regresar a Su trono antes de que tome revancha de este. El Pastor Fiel empezó y dijo: Es ciertamente porque ellos viajaban en el desierto y cerca del mar, y no entraron a la tierra de Yisrael hasta que Él tomara venganza de Amalek.

ÉL PREGUNTA: ¿Quién es LA RAÍZ DE Amalek Arriba en EL SENTIDO ESPIRITUAL? Vemos que las almas de Bilam y Balak venían de allí, DEL AMALEK CELESTIAL, y esto es porque

בְּיִשְׂרָאֵל: 7 וְאִם־ לֹא יַחְפֹּץ הָאִישׁ

לָקַחַת אֶת־יְבִמְתּוֹ וְעָלְתָה יְבִמְתּוֹ הַשַּׁעְרָה אֶל־הַזְּקֵנִים וְאָמְרָה מֵאֵן

יְבָמִי לְהָקִים לְאָחִיו שֵׁם בְּיִשְׂרָאֵל לֹא אָבָה יַבְּמִי: 8 וְקָרְאוּ־לוֹ

זִקְנֵי־עִירוֹ וְדִבְּרוּ אֵלָיו וְעָמַד וְאָמַר לֹא חָפַצְתִּי לְקַחְתָּהּ: 9 וְנִגְּשָׁה

יְבִמְתּוֹ אֵלָיו לְעֵינֵי הַזְּקֵנִים וְחָלְצָה נַעֲלוֹ מֵעַל רַגְלוֹ וְיָרְקָה

בְּפָנָיו וְעָנְתָה וְאָמְרָה כָּכָה יֵעָשֶׂה לָאִישׁ אֲשֶׁר

לֹא־יִבְנֶה אֶת־בֵּית אָחִיו: 10 וְנִקְרָא שְׁמוֹ בְּיִשְׂרָאֵל

בֵּית חֲלוּץ הַנָּעַל: 11 כִּי־יִנָּצוּ אֲנָשִׁים יַחְדָּו אִישׁ

וְאָחִיו וְקָרְבָה אֵשֶׁת הָאֶחָד לְהַצִּיל אֶת־אִישָׁהּ מִיַּד מַכֵּהוּ

וְשָׁלְחָה יָדָהּ וְהֶחֱזִיקָה בִּמְבֻשָׁיו: 12 וְקַצֹּתָה אֶת־כַּפָּהּ לֹא תָחוֹס עֵינֶךָ

13 לֹא־יִהְיֶה לְךָ בְּכִיסְךָ אֶבֶן וָאָבֶן גְּדוֹלָה

וּקְטַנָּה: 14 לֹא־יִהְיֶה לְךָ בְּבֵיתְךָ אֵיפָה וְאֵיפָה גְּדוֹלָה וּקְטַנָּה:

15 אֶבֶן שְׁלֵמָה וָצֶדֶק יִהְיֶה־לָּךְ אֵיפָה שְׁלֵמָה וָצֶדֶק יִהְיֶה־

לָּךְ לְמַעַן יַאֲרִיכוּ יָמֶיךָ עַל הָאֲדָמָה אֲשֶׁר־יְהוָה אֱלֹהֶיךָ נֹתֵן

לָךְ: 16 כִּי תוֹעֲבַת יְהוָה אֱלֹהֶיךָ כָּל־עֹשֵׂה

אֵלֶּה כֹּל עֹשֵׂה עָוֶל:

MAFTIR

17 זָכוֹר אֵת אֲשֶׁר־עָשָׂה לְךָ עֲמָלֵק בַּדֶּרֶךְ בְּצֵאתְכֶם

---

ellos tenían mayor enemistad con Yisrael que cualquier otra nación o lenguaje. Es por eso que AMALEK está grabado en sus nombres, ESTO ES: Am de Bilam y Lek de Balak. Los amalekitas son masculinos y femeninos y de ellos está dicho: "Él no ha visto iniquidad en Yaakov ni ha visto perversidad en Yisrael..." (Números 23:21) DONDE LA INIQUIDAD ES EL LADO MASCULINO DE AMALEK Y LA PERVERSIDAD ES SU FEMENINO.
— El Zóhar, Qui Tetsé 23:109-110

18 cómo te salió al encuentro en el camino y atacó tu retaguardia, a todos los que estaban debilitados en tu retaguardia, cuando tú estabas fatigado y cansado; y él no temió a Dios.

19 Por tanto, sucederá que cuando el Eterno, tu Dios, te haya dado descanso de todos tus enemigos alrededor, en la tierra que el Eterno, tu Dios, te da en heredad para poseerla, borrarás de debajo del Cielo la memoria de Amalek; no lo olvides".

HAFTARÁ DE QUI TETSÉ

"Porque los montes se apartarán y las colinas serán quitadas, pero Mi misericordia no se apartará de ti, ni Mi Pacto de paz será quebrantado; dice el Eterno, que tiene compasión de ti" (Isaías 54:10).

En esta Haftará, Yeshayahu nos muestra que no importa en dónde nos encontremos en nuestra

ISAÍAS 54:1-10

54 1 Canta, estéril, tú que no has dado a luz; prorrumpe en cánticos y clama en alta voz, tú que no has estado de parto; porque son más los hijos de la desolada que los hijos de la casada, dice el Eterno. 2 Ensancha el lugar de tu tienda, y que extiendan las cortinas de tus moradas, no escatimes; alarga tus cuerdas y refuerza tus estacas.

3 Porque te extenderás hacia la derecha y hacia la izquierda; tu simiente poseerá las naciones y poblarán ciudades desoladas.

4 No temas, pues no serás avergonzada. Ni te sientas agraviada, pues no serás humillada; porque te olvidarás de la vergüenza de tu juventud, y del oprobio de tu viudez no recordarás más.

5 Porque tu Hacedor es tu esposo, el Eterno de los Ejércitos es Su Nombre; y el Santo de Israel es tu Redentor, que se llama Dios de toda la Tierra.

6 Porque el Eterno te ha llamado como a mujer abandonada y afligida de espíritu, ¿y puede ser repudiada una esposa joven?, dice tu Dios.

מִמִּצְרָיִם מצר: 18 אֲשֶׁר קָרְךָ בַּדֶּרֶךְ ב"פ יב"ק וַיְזַנֵּב בְּךָ כָּל־ יכּ הַנֶּחֱשָׁלִים
אַחֲרֶיךָ וְאַתָּה עָיֵף וְיָגֵעַ וְלֹא יָרֵא אלף למד יהוה אֱלֹהִים מום, אהיה אדני ; ילה:

19 וְהָיָה יהוה. בְּהָנִיחַ יְהֹוָה אֱלֹהֶיךָ ילה | לְךָ מִכָּל־ יכּ אֹיְבֶיךָ מִסָּבִיב

בָּאָרֶץ אלהים דאלפין אֲשֶׁר יְהֹוָה אֱלֹהֶיךָ ילה נֹתֵן אבגית"ץ, ושר, אהבת חנם לְךָ

נַחֲלָה לְרִשְׁתָּהּ תִּמְחֶה אֶת־זֵכֶר עֲמָלֵק ב"פ ק"ר מִתַּחַת הַשָּׁמָיִם י"פ טל, י"פ כוזו

לֹא תִּשְׁכָּח ע"ה קרעשט"ן:

HAFTARÁ DE QUI TETSÉ

vida, física o espiritualmente, aún podemos hacer grandes cosas y tener éxito en nuestro trabajo de transformación espiritual. Lo que necesitamos entender es que siempre existe esta oportunidad de cambio y que debemos aprovecharla.

יְשַׁעְיָהוּ פֶּרֶק 54, פְּסוּקִים 1–10

1 54 רָנִּי עֲקָרָה לֹא יָלָדָה פִּצְחִי רִנָּה וְצַהֲלִי לֹא־חָלָה להה כִּי־רַבִּים

בְּנֵי־שׁוֹמֵמָה מִבְּנֵי בְעוּלָה אָמַר יְהֹוָה: 2 הַרְחִיבִי | מְקוֹם

אָהֳלֵךְ וִירִיעוֹת מִשְׁכְּנוֹתַיִךְ יַטּוּ אַל־תַּחְשֹׂכִי הַאֲרִיכִי

מֵיתָרַיִךְ וִיתֵדֹתַיִךְ חַזֵּקִי: 3 כִּי־יָמִין וּשְׂמֹאול תִּפְרֹצִי וְזַרְעֵךְ גּוֹיִם יִירָשׁ

וְעָרִים נְשַׁמּוֹת יוֹשִׁיבוּ: 4 אַל־תִּירְאִי כִּי־לֹא תֵבוֹשִׁי וְאַל־תִּכָּלְמִי

כִּי לֹא תַחְפִּירִי כִּי בֹשֶׁת עֲלוּמַיִךְ תִּשְׁכָּחִי וְחֶרְפַּת אַלְמְנוּתַיִךְ לֹא

תִזְכְּרִי־עוֹד: 5 כִּי בֹעֲלַיִךְ עֹשַׂיִךְ יְהֹוָה צְבָאוֹת שְׁמוֹ

וְגֹאֲלֵךְ קְדוֹשׁ יִשְׂרָאֵל אֱלֹהֵי כָל־ יכּ הָאָרֶץ

יִקָּרֵא: 6 כִּי־כְאִשָּׁה עֲזוּבָה וַעֲצוּבַת רוּחַ קְרָאָךְ

[7] *Por un breve momento te abandoné, pero con gran compasión te recogeré.*

[8] *Con algo de ira escondí Mi rostro de ti por un momento; pero con misericordia eterna tendré compasión de ti, dice el Eterno, tu Redentor.*

[9] *Porque esto es para Mí como las aguas de Nóaj, cuando juré que las aguas de Nóaj nunca más cubrirían la tierra; así he jurado que no me enojaré contra ti, ni te reprenderé.*

[10] *Porque los montes se apartarán y las colinas serán quitadas, pero Mi misericordia no se apartará de ti, ni Mi Pacto de paz será quebrantado; dice el Eterno, que tiene compasión de ti.*

יְהֹוָ֨ה אֲדֹנָי֒ וְאֵ֣שֶׁת נְעוּרִ֔ים כִּ֥י תִמָּאֵ֖ס אָמַ֥ר אֱלֹהָ֑יִךְ ילה: 7 בְּרֶ֣גַע

ג"פ אלהים ~ ט"ו אותיות   קָטֹ֖ן   עֲזַבְתִּ֑יךְ   וּבְרַחֲמִ֥ים   אלהים דיודין, מצפצ, י"פ ייי   גְּדֹלִ֖ים

אֲקַבְּצֵֽךְ: 8 בְּשֶׁ֣צֶף קֶ֗צֶף הִסְתַּ֨רְתִּי פָנַ֤י וחכמה בינה רֶ֤גַע ג"פ אלהים ~ ט"ו אותיות מִמֵּ֣ךְ

וּבְחֶ֥סֶד ע"ב, ריבוע יהוה עוֹלָ֖ם רִחַמְתִּ֑יךְ אָמַ֥ר גֹּאֲלֵ֖ךְ יְהֹוָ֨ה אֲדֹנָי֒: 9 כִּי־מֵ֣י

ילי נֹ֧חַ מווזי, יוד הי ואו הה זֹ֣את לִ֔י אֲשֶׁ֤ר נִשְׁבַּ֨עְתִּי֙ מֵעֲבֹ֤ר רביע יהוה ורבוע אלהים בֵּ֥י ילי

נֹ֛חַ מווזי, יוד הי ואו הה ע֖וֹד עַל־הָאָ֑רֶץ אלהים דההין ע"ה כֵּ֥ן נִשְׁבַּ֛עְתִּי מִקְּצֹ֥ף עָלַ֖יִךְ

רביע מ"ה וּמִגְּעָר־בָּֽךְ: 10 כִּ֤י הֶֽהָרִים֙ י הויות יָמ֔וּשׁוּ וְהַגְּבָע֖וֹת תְּמוּטֶ֑ינָה

וְחַסְדִּ֞י מֵאִתֵּ֣ךְ לֹֽא־יָמ֗וּשׁ וּבְרִ֤ית שְׁלוֹמִי֙ לֹ֣א תָמ֔וּט אָמַ֥ר מְרַחֲמֵ֖ךְ

יְהֹוָ֥ה אֲדֹנָי֒:

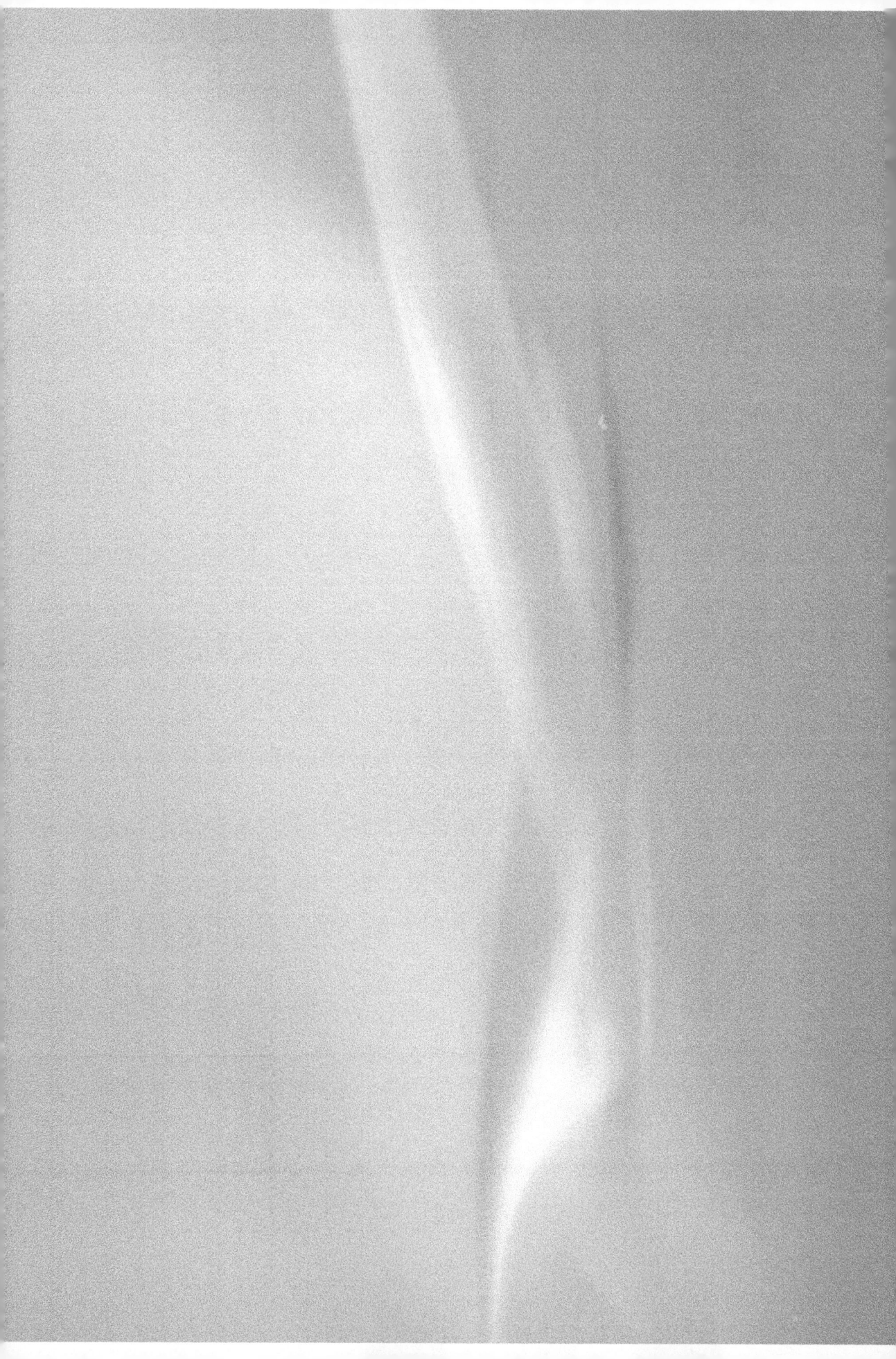

QUI TAVÓ

LA LECCIÓN DE QUI TAVÓ
(Deuteronomio 26:1-29:8)

¿Por qué hay maldiciones y las bendiciones?

En el capítulo de Qui Tavó, leemos acerca de las maldiciones y las bendiciones que el Creador otorgó a los israelitas por medio de Moshé. Mientras las bendiciones fueron dadas en el Monte Guerizim, las maldiciones fueron otorgadas en el Monte Ebal. La pregunta obvia para todos nosotros es: ¿cómo podemos conectar con las bendiciones y no con las maldiciones? Los sabios dicen que la capacidad de conectar con las bendiciones y no con las maldiciones es revelada en Qui Tavó: conectar con las bendiciones comienza cuando apreciamos lo que ya tenemos.

Pero, ¿por qué necesitaríamos las bendiciones después de todo? El *Zóhar* dice que sin las maldiciones, no podríamos apreciar las bendiciones cuando éstas llegan a nuestra vida. Las maldiciones también nos ayudan a distinguir entre las áreas en las que estamos conectados con la Luz y las áreas en las que no estamos tan conectados y, de este modo, tener la necesidad de actuar.

Hay un relato acerca Rav Yitsjak Luria (el Arí) que puede ayudarnos a entender la relación entre la apreciación y las bendiciones.

Una mañana de Shabat, en la sinagoga del Arí, llegó el momento para la lectura del rollo de la Torá. El Arí le dijo al anunciador que llamara a Aharón ben Amram, el Cohén, para hacer la lectura. El anunciador vio al Arí con gran asombro y le dijo que no había un Cohén con ese nombre en la sinagoga.

Así que el Arí le dijo nuevamente, pero esta vez con mayor insistencia: "¡Por favor, llama a Aharón ben Amram, el Cohén!". El anunciador no tenía más opción, así que hizo el llamado: "Aharón ben Amram, el Cohén, ¡de pie, por favor!". De pronto, un hombre que estaba completamente rodeado de Luz entró en la sinagoga y subió a la Torá. Era Aharón, el *Cohén HaGadol* (el Sumo Sacerdote), quien es nuestra conexión con la *Sefirá* de *Hod*.

Cuando llegó el momento de la segunda lectura, la sección de Leví, el Arí pidió que llamaran a Moshé ben Amram, el levita. El anunciador no contradijo esta vez y de inmediato hizo el llamado: "¡Moshé ben Amram, el levita!". Y a la sinagoga entró Moshé, nuestra conexión con la *Sefirá* de *Nétsaj*, y subió a la Torá. De tercero llegó Avraham el Patriarca, por la *Sefirá* de *Jésed*; seguido de Yitsjak el Patriarca, por la *Sefirá* de *Guevurá*; después Yaakov el Patriarca, por la *Sefirá* de *Tiféret;* en seguida vino Yosef el Justo, por la Sefirá de Yesod y, finalmente, el Rey David, nuestra conexión con la *Sefirá* de *Maljut*.

Evidentemente, el Arí tenía el mérito de ver a estos siete Patriarcas —nuestros canales espirituales para conectarnos con el Árbol de la Vida— subiendo a la Torá en Shabat, pero ¿qué hay del resto de las personas en la sinagoga? ¿Por qué ellas también tuvieron el mérito de presenciar este grandioso evento? El secreto de por qué el resto de la congregación tuvo el mérito de estar en presencia de estas almas justas es que ellos tenían apreciación genuina por la oportunidad de poder conectar con el Shabat en la compañía del sagrado Arí y rezar junto a él. La apreciación verdadera es el medio a través del cual nosotros también podemos tener el mérito de recibir esta clase de milagros.

Cuando apreciamos lo que tenemos, recibimos mucho más —más sustento, más bendiciones, más iluminación—; aun más de lo que merecemos. Por otro lado, cuando no apreciamos lo que tenemos, no sólo perdemos lo que ya es nuestro, sino que cualquier cosa que de verdad merezcamos no puede llegar a nosotros.

Este es el secreto de las bendiciones y maldiciones: todo es asequible y, a su vez, todo puede perderse. Todo depende del nivel de la conciencia y la expresión de nuestra apreciación.

Cambiar algo pequeño

Está escrito: "*Es mejor que una persona haga un cambio pequeño y sea persistente en esa acción, en vez de comenzar algo mucho más difícil y que se detenga con la intención de completar dicha tarea posteriormente*". En muchas oportunidades, nos comprometemos a hacer algo, aun cuando tenemos claro que no podremos completar la tarea. Es importante que aprendamos a comprometernos solamente con aquello que podemos lograr y, entonces, ser persistentes en el cumplimiento de nuestro compromiso. Este concepto es ilustrado mediante la siguiente alegoría.

Cuando se viaja en tren, un hombre rico normalmente viajaría en la comodidad de la primera clase, con mucho espacio para estirarse y disfrutar del viaje; mientras que un hombre pobre normalmente se apiñaría en los asientos de la tercera clase, los cuales no son muy cómodos.

Una vez, un pobre mendigo quería viajar a otra ciudad que quedaba a tres estaciones de tren de donde vivía. Tenía suficiente dinero para viajar a esta ciudad en tercera clase pero, en esta ocasión, quería viajar en primera clase por alguna razón, diciéndose a sí mismo que merecía un descanso del arduo trabajo de pedir limosna. Sin embargo, de viajar en primera clase, no podría hacer el recorrido de tres estaciones. Aunque esto no lo desalentó porque él planeaba viajar tan lejos como su boleto de primera clase le permitiera, y después se bajaría en la estación y pediría más limosna a fin de completar su viaje.

El mendigo se sentó cómodamente en su asiento de primera clase y disfrutó muchísimo. Cuando el tren se detuvo en la estación apropiada, el inspector de boletos se le acercó y le recordó que se bajara del tren. El hombre pobre se puso de pie, tomó su bolsa y estuvo por bajar del tren y comenzar a recoger limosna cuando se dio cuenta de que la estación estaba en medio del desierto. No había nadie allí que pudiera ayudarlo a llegar a donde quería ir; y tampoco había forma de regresar a casa.

La moraleja de la historia es que es mejor que hagamos un compromiso pequeño de "tercera clase" y que lleguemos adonde queremos ir, en vez de hacer un compromiso demasiado grande que queramos alcanzar pero que todavía no seamos capaces de realizar la tarea. Cuando tomamos en cuenta la posibilidad de que nuestra próxima "estación" sea en el desierto, ¿aún querríamos continuar? Y si queremos continuar, ¿tendríamos la fortaleza para hacerlo?

"Yo soy de mi amado…"

La palabra *Elul* es un acrónimo de la frase: "*Aní ledodí vedodí lí*", que significa "Yo soy de mi amado y mi amado es mío" (El cantar de los cantares 2:16). Como explica Rav Berg, no es que el Creador tenga más deseo de ayudarnos a acercarnos a la Luz en el mes de *Elul* que en los otros meses; sino que en el mes de *Elul* hay un poder que puede despertar nuestro deseo de acercarnos a la Luz, como en el versículo: "Yo soy de mi amado…". Cuando nuestro deseo es uno de "yo soy de mi amado", entonces "y mi amado es mío" seguirá como consecuencia. Cada mes contiene "como mi amado es mío", pero sólo el mes de *Elul* contiene "yo soy de mi amado". Hay una historia acerca de los santos hermanos Rav Elimélej y Rav Zusha que ilustra este poder de "Yo soy de mi amado…". Cada vez que los hermanos estaban de viaje, su padre se les aparecía en una visión tan pronto como caía la noche del viernes, para decirles dónde debían pasar el Shabat.

Rav Zusha llegó a la casa de un zapatero, pero a la esposa del zapatero no le agradaba la idea de que él pasara el Shabat allí. Rav Zusha le rogó hasta que ella accedió. Pero entonces el zapatero le dijo a él: "Quiero que sepas que mi Shabat pasa muy rápido porque yo trabajo arduamente toda la semana y en Shabat quiero descansar". De hecho, la noche del viernes, Kabbalat Shabat (la bienvenida al Shabat) sólo duró diez minutos. Antes de que Rav Zusha pudiera entender qué ocurría, el zapatero ya había recitado el Quidush, se había lavado las manos, había partido el pan y había recitado Birkat Hamazón (el agradecimiento que se dice después de la comida). Después de esto, se levantó de la mesa, se disculpó y dijo que se iba a dormir.

Rav Zusha no podía entender cómo su padre pudo enviarlo con esta persona que estaba empeñada en arruinar su Shabat, pero se dijo a sí mismo que era posible que hubiera Luz que él podría revelar allí. Esa noche, Rav Zusha no pudo dormir pensando en que tal vez Eliyahu el Profeta vendría a enseñar al zapatero. Pero nadie vino. Al día siguiente, las oraciones matutinas se hicieron en media hora y se recitó el Quidush, y el zapatero fue a tomar una siesta. Al momento de la tercera comida de Shabat, Rav Zusha trató una vez más entender por qué lo habían enviado a este lugar a pasar Shabat; pero ahora no podía encontrar al zapatero.

Rav Zusha acudió al hijo pequeño del zapatero y le preguntó dónde estaba su padre. El niño le contestó que su padre estaba en el terrado, donde descubrió una gran mesa con 36 sillas (para los 36 justos que, según el *Zóhar*, están presentes en cada generación a fin de sostener el mundo). El zapatero estaba sentado en la cabecera de la mesa, lo cual significaba que él era, en efecto, el líder de estos 36 justos. El *Zóhar* explica que la particularidad de la tercera comida de Shabat es que esta es la única comida en la que todos los 36 justos de una generación específica se reúnen a comer juntos. Después de la comida, el zapatero le dijo a Rav Zusha: "Ten cuidado de no contar a nadie lo que has visto".

Esa noche Rav Zusha no podía dormir debido a toda la Luz que había recibido durante la tercera comida. Cuando Rav Elimélej se encontró con su hermano la mañana siguiente, vio que el rostro de Rav Zusha estaba radiante, así que le preguntó qué había ocurrido en Shabat. Rav Zusha contestó que no había pasado nada especial. Rav Elimélej le preguntó nuevamente pero recibió la misma respuesta. Esto fue así por dos días, hasta que Rav Elimélej le recordó a su hermano su promesa de honestidad y de contarse cualquier cosa que le ocurriera a uno de ellos, sin importar qué fuera. Por lo tanto, Rav Zusha le contó a su hermano todo lo que había presenciado en la casa del zapatero.

Al día siguiente, se descubrió que había sido robado el reloj que le pertenecía al gobernador de la ciudad. El gobernador acusó a Rav Zusha y Rav Elimélej de robarlo porque ellos habían dormido en el mismo hotel que el gobernador la noche anterior, fueron a rezar temprano al amanecer y luego desaparecieron. Por ende, la conclusión evidente era que ellos debieron robar el reloj. El gobernador los ató por las muñecas a la espalda de un caballo, y los arrastró por toda la ciudad. Cuando terminó el castigo, Rav Zusha vio que el gobernador en realidad era el zapatero, quien prosiguió a decirle que ambos hermanos tenían que ser castigados porque Rav Zusha le había contado a Rav Elimélej el secreto de los 36 justos.

Hay una lección importante en esta historia. Rav Zusha sabía que habría algún tipo de consecuencia si revelaba el secreto del zapatero a su hermano, pero para él era más importante honrar la promesa existente con su hermano a fin de no permitir que nada se interpusiera entre ellos.

Este relato nos ayuda a entender que en cada relación verdadera no puede haber separación. Si hay separación, entonces no es una relación verdadera. A Rav Zusha no le importó lo que podría ocurrirle: lo único que era importante para él era su hermano. Él sentía que Rav Elimélej era parte de él, parte de su cuerpo. Rav Zusha hizo más cosas para su hermano que para sí mismo.

En el mes de *Elul* tenemos una oportunidad especial para trabajar a fin de tener esta clase de relación perfectamente recíproca; al menos con nuestra familia. De esta manera, el amor por nuestros hermanos, hermanas, padre, madre, hijos, hijas, esposo y esposa será, con ayuda del Creador, como la relación entre Rav Zusha y Rav Elimélej. Como dice Rav Berg acerca de Rav Brandwein: si alguien tratara de dispararle a su maestro, Rav Berg habría bloqueado la bala con su propio cuerpo. Si no estamos listos para darles a los demás todo lo que tenemos y para sentir que las otras personas son en realidad parte de nosotros, entonces allí hay separación. Ojalá este mes todos nos esforcemos en trabajar para sentir como si todas las personas del mundo fueran un solo cuerpo y un solo corazón, a fin de que estemos bien preparados para capturar la energía de misericordia y renovación de *Rosh Hashaná*.

SINOPSIS DE QUI TAVÓ

El número de versículos en Qui Tavó (122) equivale al valor numérico de la palabra hebrea leavadav, que se traduce como "a sus esclavos". Todos venimos a este mundo físico como esclavos de algo. De acuerdo con el *Zóhar*, cargamos con equipaje espiritual (asuntos sin resolver) de vidas pasadas en nuestra vida presente. Escuchar y hacer una conexión con esta lectura de la Torá puede ayudarnos a identificar de qué somos esclavos y darnos la valentía y la fortaleza para quitar los grilletes de esta esclavitud.

PRIMERA LECTURA – AVRAHAM – JÉSED

26 ¹ "**Y** sucederá que cuando entres en la tierra que el Eterno, tu Dios, te da por herencia, tomes posesión de ella y habites en ella,

² tomarás las primicias de todos los frutos del suelo que recojas de la tierra que el Eterno, tu Dios, te da y las pondrás en una canasta e irás al lugar que el Eterno, tu Dios, escoja para que habite Su Nombre.

³ Y acudirás al sacerdote que esté en esos días y le dirás: 'Declaro hoy al Eterno, tu Dios, que he entrado en la tierra que el Eterno juró a nuestros padres que nos daría'.

⁴ Y el sacerdote tomará la canasta de tu mano, y la pondrá delante del altar del Eterno, tu Dios.

⁵ Y hablarás y dirás delante del Eterno, tu Dios: 'Mi padre fue un arameo errante y descendió a Egipto y moró allí, siendo pocos en número; y allí llegó a ser una nación grande, fuerte y numerosa.

⁶ Y los egipcios nos maltrataron y nos afligieron, y pusieron sobre nosotros dura servidumbre. ⁷ Y clamamos al Eterno, el Dios de nuestros padres, y el Eterno oyó nuestra voz y vio nuestra aflicción, nuestro trabajo y nuestra opresión.

COMENTARIO DEL RAV

Mutar lo inmutable

El *Zóhar* y Rav Shimón nos dicen que nosotros tenemos la capacidad de mutar lo inmutable, de revertir lo irreversible. Podemos cambiar nuestras circunstancias… si tenemos eso presente en nuestra conciencia. Cada uno de nosotros, tú y yo, somos la máxima autoridad con respecto a nuestro destino. Tú y yo. Nadie más.

Si llegara a ocurrir algún tipo de caos (*jas ve shalom*), sólo nosotros podemos revertirlo y cambiar nuestro destino; nadie más. Tú y yo. Y se nos da esa oportunidad cuando escuchamos la lectura de la Torá de Qui Tavó y conectamos con ella, la cual es como ninguna otra lectura en la Biblia. Se nos indica que cambiemos la pronunciación de ciertas palabras en esta lectura y, por lo tanto, por extensión, cambiamos nuestro destino. Esta es la única manera de que la humanidad cambie las cosas.

Purificación

Nosotros le exigimos a Dios que nos diera libre albedrío. Le dijimos a Dios: "Queremos libre albedrío". Si eres estudiante de Kabbalah, ya habrás aprendido eso. Dios está allí como el productor del espectáculo. Las 98 maldiciones que leemos en Qui Tavó consisten acerca de la purificación. Nosotros somos los únicos que podemos purificarnos a nosotros mismos, y podemos lograr este propósito cuando escuchamos estas maldiciones

PRIMERA LECTURA – AVRAHAM – JÉSED

וְהָיָה כִּי־תָבוֹא אֶל־הָאָרֶץ אֲשֶׁר יְהוָֹה 26 1
אֱלֹהֶיךָ נֹתֵן לְךָ נַחֲלָה וִירִשְׁתָּהּ וְיָשַׁבְתָּ בָּהּ: 2 וְלָקַחְתָּ
מֵרֵאשִׁית כָּל־פְּרִי הָאֲדָמָה אֲשֶׁר תָּבִיא מֵאַרְצְךָ אֲשֶׁר
יְהוָֹה אֱלֹהֶיךָ נֹתֵן לָךְ וְשַׂמְתָּ בַטֶּנֶא וְהָלַכְתָּ
אֶל־הַמָּקוֹם אֲשֶׁר יִבְחַר יְהוָֹה אֱלֹהֶיךָ לְשַׁכֵּן
שְׁמוֹ שָׁם: 3 וּבָאתָ אֶל־הַכֹּהֵן אֲשֶׁר יִהְיֶה
בַּיָּמִים הָהֵם וְאָמַרְתָּ אֵלָיו הִגַּדְתִּי הַיּוֹם לַיהוָֹה
אֱלֹהֶיךָ כִּי־בָאתִי אֶל־הָאָרֶץ אֲשֶׁר נִשְׁבַּע יְהוָֹה
לַאֲבֹתֵינוּ לָתֶת לָנוּ: 4 וְלָקַח הַכֹּהֵן הַטֶּנֶא
מִיָּדֶךָ וְהִנִּיחוֹ לִפְנֵי מִזְבַּח יְהוָֹה אֱלֹהֶיךָ
5 וְעָנִיתָ וְאָמַרְתָּ לִפְנֵי יְהוָֹה אֱלֹהֶיךָ אֲרַמִּי אֹבֵד
אָבִי וַיֵּרֶד מִצְרַיְמָה וַיָּגָר שָׁם בִּמְתֵי מְעָט
וַיְהִי־שָׁם לְגוֹי גָּדוֹל עָצוּם וָרָב: 6 וַיָּרֵעוּ
אֹתָנוּ הַמִּצְרִים וַיְעַנּוּנוּ וַיִּתְּנוּ עָלֵינוּ עֲבֹדָה קָשָׁה: 7 וַנִּצְעַק
אֶל־יְהוָֹה אֱלֹהֵי אֲבֹתֵינוּ וַיִּשְׁמַע יְהוָֹה אֶת־קֹלֵנוּ

מֵרֵאשִׁית

y conectamos con ellas. Nosotros somos los únicos que podemos protegernos para no ser víctimas de estas plagas. La razón por la que hay 98 maldiciones es porque 98 es el valor numérico de la palabra hebrea tsaj, que significa "limpio". Las 98 maldiciones y las plagas vinculadas a éstas han sido estructuradas en forma codificada a fin de que, cuando leamos acerca de ellas, podamos purificar al menos nuestra vulnerabilidad a ellas.

Deuteronomio 26:2 – En este versículo, leemos acerca del sacrificio de los primeros frutos de la cosecha (Shavuot) delante del Creador. Así como hay un significado espiritual con relación al primogénito humano y animal, también hay una energía especial en los primeros frutos de la tierra. La enseñanza más profunda en este versículo trata acerca del significado y el orden que existen en cada aspecto de la vida, donde aun una sola fruta tiene relevancia.

[8] *Y el Eterno nos sacó de Egipto con Mano Fuerte y Brazo Extendido, y con gran terror, con señales y milagros.*

[9] *Y Él nos ha traído a este lugar y nos ha dado esta tierra, una tierra que mana leche y miel.*

[10] *Y ahora, he aquí que he traído las primicias de los frutos de la tierra que Tú, Eterno, me has dado'. Y las pondrás delante del Eterno, tu Dios, y adorarás delante del Eterno, tu Dios.*

[11] *Y te regocijarás, tú y también el levita y el forastero que está en medio de ti, por todo el bien que el Eterno, tu Dios, te ha dado a ti y a tu casa.*

SEGUNDA LECTURA – YITSJAK – GUEVURÁ

[12] *Cuando acabes de pagar todo el diezmo de tus frutos en el tercer año, que es el año del diezmo, y lo des al levita, al forastero, al huérfano y a la viuda, para que puedan comer dentro de tus puertas y sean saciados,*

[13] *entonces dirás delante del Eterno, tu Dios: 'He sacado de mi casa la porción santificada y también la he dado al levita, al forastero, al huérfano y a la viuda conforme a todos Tus Mandamientos que me has mandado; no he transgredido ninguno de Tus Mandamientos ni los he olvidado.*

[14] *No he comido de ella estando durante mi luto, ni he tomado de ella para fines impuros, ni he ofrecido de ella a los muertos; he escuchado la voz del Eterno, mi Dios, he hecho conforme a todo lo que Tú me has mandado.*

[15] *Mira desde Tu Santa Morada, desde el Cielo, y bendice a Tu pueblo, Israel, y a la tierra que nos has dado, como juraste a nuestros padres, una tierra que mana leche y miel'.*

לְעִשֵּׂר

Deuteronomio 26:12 – Cuando diezmamos, tenemos el mérito de las bendiciones del Creador. Hay dos clases de riquezas: espiritual y física. El concepto espiritual del diezmo (dar el diez por ciento de nuestros ingresos) está diseñado para remover de nuestra vida la influencia del Lado Negativo. Además, diezmar el diez por ciento de nuestro ingreso no disminuye nuestro bienestar físico de ninguna manera. Al contrario, esto trae mayor prosperidad y dicha en cada área de nuestra vida.

וַיַּרְא אלף למד יהוה אֶת־עָנְיֵנוּ רבוע מ"ה וְאֶת־עֲמָלֵנוּ וְאֶת־לַחֲצֵנוּ: 8 וַיּוֹצִאֵנוּ
יְהֹוָה ‏אהדונהי מִמִּצְרַיִם מצר בְּיָד וְחֲזָקָה וּבִזְרֹעַ נְטוּיָה וּבְמֹרָא גָּדֹל
לההו, מבה, יזל, אום וּבְאֹתוֹת וּבְמֹפְתִים: 9 וַיְבִאֵנוּ אֶל־הַמָּקוֹם יהוה ברבוע, ו"פ אל הַזֶּה
והו וַיִּתֶּן ‏ י"פ מלוי ע"ב מום לָנוּ אהיה אדני, אלהים, אהיה מום, אֶת־הָאָרֶץ אלהים דההין ע"ה הַזֹּאת אֶרֶץ
אלהים דאלפין זָבַת חָלָב וּדְבָשׁ: 10 וְעַתָּה הִנֵּה יה מ"ה הֵבֵאתִי אֶת־רֵאשִׁית פְּרִי
ע"ה אלהים דאלפין הָאֲדָמָה אֲשֶׁר־נָתַתָּה לִּי יְהֹוָה ‏אהדונהי וְהִנַּחְתּוֹ לִפְנֵי חכמה בינה
יְהֹוָה ‏אהדונהי אֱלֹהֶיךָ ילה וְהִשְׁתַּחֲוִיתָ לִפְנֵי חכמה בינה יְהֹוָה ‏אהדונהי אֱלֹהֶיךָ ילה:
11 וְשָׂמַחְתָּ בְכָל־ ב"ן, לכב, יבמ הַטּוֹב והו אֲשֶׁר נָתַן־לְךָ יְהֹוָה ‏אהדונהי אֱלֹהֶיךָ
ילה וּלְבֵיתֶךָ ב"פ ראה אַתָּה וְהַלֵּוִי וְהַגֵּר דמב, מלוי ע"ב ב"ן קנ"א אֲשֶׁר בְּקִרְבֶּךָ:

SEGUNDA LECTURA – YITSJAK – GUEVURÁ

12 כִּי תְכַלֶּה נתה, קס"א קנ"א קמ"ג לְעַשֵׂר ‏ ילי מ"ב אֶת־כָּל־ מַעְשַׂר ירת תְּבוּאָתְךָ בַּשָּׁנָה
הַשְּׁלִישִׁת שְׁנַת הַמַּעֲשֵׂר ירת וְנָתַתָּה לַלֵּוִי דמב, מלוי ע"ב לַגֵּר ב"ן קנ"א לַיָּתוֹם
יוסף, ציון, ו"פ יהוה וְלָאַלְמָנָה כוק, רבוע אדני וְאָכְלוּ בִשְׁעָרֶיךָ וְשָׂבֵעוּ: 13 וְאָמַרְתָּ
לִפְנֵי חכמה בינה יְהֹוָה ‏אהדונהי אֱלֹהֶיךָ ילה בִּעַרְתִּי הַקֹּדֶשׁ מִן־הַבַּיִת ב"פ ראה
וְגַם יג"ל נְתַתִּיו לַלֵּוִי דמב, מלוי ע"ב וְלַגֵּר ב"ן קנ"א לַיָּתוֹם יוסף, ציון, ו"פ יהוה וְלָאַלְמָנָה
כוק, רבוע אדני כְּכָל־ ילי מִצְוָתְךָ אֲשֶׁר צִוִּיתָנִי לֹא־עָבַרְתִּי מִמִּצְוֹתֶיךָ
וְלֹא שָׁכָחְתִּי: 14 לֹא־אָכַלְתִּי בְאֹנִי מִמֶּנּוּ וְלֹא־בִעַרְתִּי מִמֶּנּוּ בְּטָמֵא
וְלֹא־נָתַתִּי מִמֶּנּוּ לְמֵת י"פ רבוע אהיה שָׁמַעְתִּי בְּקוֹל ע"ב ס"ג ע"ה יְהֹוָה ‏אהדונהי
אֱלֹהָי דמב, ילה עָשִׂיתִי כְּכֹל ילי אֲשֶׁר צִוִּיתָנִי: 15 הַשְׁקִיפָה מִמְּעוֹן קָדְשְׁךָ
מִן־הַשָּׁמַיִם י"פ טל, י"פ כוזו וּבָרֵךְ אֶת־עַמְּךָ ה הויות, גמם אֶת־יִשְׂרָאֵל וְאֵת
הָאֲדָמָה אֲשֶׁר נָתַתָּה לָנוּ מום, אהיה אדני, אלהים, אהיה כַּאֲשֶׁר נִשְׁבַּעְתָּ לַאֲבֹתֵינוּ
אֶרֶץ אלהים דאלפין זָבַת חָלָב וּדְבָשׁ:

TERCERA LECTURA – YAAKOV – TIFÉRET

16 Este día, el Eterno, tu Dios, te manda que cumplas estos estatutos y ordenanzas; por lo tanto, observarás su cumplimiento con todo tu corazón y con toda tu alma.

17 Has declarado este día que el Eterno es tu Dios y que andarás en Sus caminos y guardarás Sus estatutos, Sus mandamientos y Sus ordenanzas, y que escucharás Su Voz. 18 Y el Eterno ha declarado este día que tú eres Su tesoro, como Él te prometió, y que debes guardar todos Sus mandamientos;

19 y que Él te pondrá en alto sobre todas las naciones que ha hecho, para alabanza, renombre y gloria; y serás un pueblo consagrado al Eterno, tu Dios, como Él ha dicho".

CUARTA LECTURA – MOSHÉ – NÉTSAJ

27 1 Y Moshé y los ancianos de Israel mandaron al pueblo, diciendo: "Guarden todos los mandamientos que yo les ordeno este día.

2 Y sucederá que el día que crucen el Jordán hacia la tierra que el Eterno, tu Dios, te da, levantarás para ti piedras grandes, y las blanquearás con cal.

לְבָבֶךָ

Deuteronomio 26:16 – Aquí leemos "... *y cumplirlos con todos sus corazones...*". La frase está escrita en plural: "todos sus corazones" porque se refiere a los dos aspectos espirituales del corazón: *el Deseo de Recibir* y el *Deseo de Dar*. De aquí aprendemos que cada regalo del Creador puede emplearse para bien o para mal. Todo atributo negativo puede ser usado para bien y, a su vez, todo atributo positivo puede ser usado para mal. Por ejemplo, una persona puede escoger usar su ira contra sus propios amigos y familiares o puede inclinar esa misma ira en contra de la fuerza del mal. Con respecto al uso de la ira, el *Zóhar* dice:

Ven y ve el secreto de este asunto: Hay dos clases de enojo. Una clase de enojo es bendecida arriba y abajo, y es llamado 'bendito', como hemos aprendido del versículo: "... Bendito sea Avraham del Altísimo, Poseedor del Cielo y de la Tierra" (Génesis 14:19). Ya ha sido explicado que aunque Avraham estuvo empeñado en una guerra y mató gente, de todos modos fue dicho de él: 'Bendito sea Avraham', porque santificó el Nombre del Cielo al hacerlo. Otra clase de enojo es maldecido arriba y abajo, y hemos aprendido que es llamado 'maldito', como está escrito: "... ¡Maldita eres entre todo ganado...!'" (Génesis 3:14), y "¡Maldito sea su enojo!..." (Génesis 49:7)
— El Zóhar, Vayeshev 12:110

TERCERA LECTURA – YAAKOV – TIFÉRET

16 הַיּ֣וֹם עִ"ה = נגד, זן, מזבח הַזֶּ֗ה וּהי יְהֹוָ֥הֹיאהדונהי אֱלֹהֶ֙יךָ֙ ילה מְצַוְּךָ֖ לַעֲשׂ֣וֹת
אֶת־הַחֻקִּ֥ים הָאֵ֖לֶּה וְאֶת־הַמִּשְׁפָּטִ֑ים וְשָׁמַרְתָּ֣ וְעָשִׂ֣יתָ אוֹתָ֔ם בְּכׇל־
ב"ן, לכב, יבמ ‏ וּבְכׇל־ ב"ן, לכב, יבמ לְבָבְךָ֖ נַפְשֶֽׁךָ׃ 17 אֶת־יְהֹוָ֥הֹיאהדונהי הֶאֱמַ֖רְתָּ
הַיּ֑וֹם עִ"ה = נגד, זן, מזבח לִהְיוֹת֩ לְךָ֙ לֵֽאלֹהִ֜ים מום, אהיה אדני ; ילה וְלָלֶ֣כֶת בִּדְרָכָ֗יו
וְלִשְׁמֹ֨ר חֻקָּ֧יו וּמִצְוֺתָ֛יו וּמִשְׁפָּטָ֖יו וְלִשְׁמֹ֣עַ בְּקֹלֽוֹ׃ 18 וַיהֹוָ֥הֹיאהדונהי
הֶאֱמִֽירְךָ֣ הַיּ֗וֹם עִ"ה = נגד, זן, מזבח לִהְי֥וֹת לוֹ֙ לְעַ֣ם לעם סְגֻלָּ֔ה כַּאֲשֶׁ֖ר דִּבֶּר־ ראה
לָ֑ךְ וְלִשְׁמֹ֖ר כׇּל־ ילי מִצְוֺתָֽיו׃ 19 וּֽלְתִתְּךָ֣ עֶלְי֗וֹן רבוע ס"ג עַ֣ל כׇּל־ ילי ; עמם הַגּוֹיִם֙
אֲשֶׁ֣ר עָשָׂ֔ה לִתְהִלָּ֖ה עִ"ה אמת, אהיה פעמים אהיה, ז"פ ס"ג וּלְשֵׁ֣ם יהוה שדי וּלְתִפְאָ֑רֶת
וְלִֽהְיֹתְךָ֧ עַם־קָדֹ֛שׁ לַיהֹוָ֥הֹיאהדונהי אֱלֹהֶ֖יךָ ילה כַּאֲשֶׁ֥ר דִּבֵּֽר׃ ראה:

CUARTA LECTURA – MOSHÉ – NÉTSAJ

27 1 וַיְצַ֤ו מֹשֶׁה֙ מהש, אל שדי וְזִקְנֵ֣י יִשְׂרָאֵ֔ל אֶת־הָעָ֖ם לֵאמֹ֑ר שָׁמֹר֙
אֶת־כׇּל־ ילי הַמִּצְוָ֔ה אֲשֶׁ֧ר איע אָנֹכִ֛י מְצַוֶּ֥ה אֶתְכֶ֖ם הַיּֽוֹם עִ"ה = נגד, זן, מזבח:
2 וְהָיָ֣ה יהוה, היו בַּיּ֗וֹם עִ"ה = נגד, זן, מזבח אֲשֶׁ֤ר תַּעַבְרוּ֙ אֶת־הַיַּרְדֵּ֔ן י"פ יהוה וד' אותיות
אֶל־הָאָ֕רֶץ אלהים דההין עִ"ה אֲשֶׁר־יְהֹוָ֥הֹיאהדונהי אֱלֹהֶ֖יךָ ילה נֹתֵ֣ן אבגית"ץ, וער, אהבת חנם

שָׁמֹר

Deuteronomio 27:1 – La Biblia menciona la necesidad de que los israelitas renovaran el compromiso con su trabajo espiritual una vez que entraron en la tierra de Israel. Cada vez que tenemos una experiencia nueva en la vida —el matrimonio, el nacimiento de un hijo, un nuevo empleo, por ejemplo— es una oportunidad para comprometernos nuevamente con nuestro crecimiento espiritual. Con cada nueva circunstancia, se nos da la oportunidad de elevarnos más alto. Los sabios explican que aquello que era bueno para nosotros en un principio, no es bastante bueno para las nuevas experiencias que pronto atravesaremos.

³ Y escribirás en ellas todas las palabras de esta ley, cuando hayas pasado, para entrar en la tierra que el Eterno, tu Dios, te da, una tierra que mana leche y miel, tal como el Eterno, el Dios de tus padres, te ha prometido.

⁴ Y sucederá que cuando hayas cruzado el Jordán, levantarás estas piedras en el monte Eival, como yo te ordeno hoy, y las blanquearás con cal.

⁵ Y allí edificarás un altar al Eterno, tu Dios, un altar de piedras; y no alzarás sobre ellas herramientas de hierro. ⁶ Construirás el altar del Eterno, tu Dios, con piedras enteras; y sobre él ofrecerás holocaustos al Eterno, tu Dios.

⁷ Y sacrificarás ofrendas de paz y comerás allí, y te regocijarás delante del Eterno, tu Dios. ⁸ Y escribirás claramente en las piedras todas las palabras de esta ley".

⁹ Y Moshé y los sacerdotes levitas hablaron a todo Israel, diciendo: "Guarda silencio y escucha, Israel. Este día te has convertido en pueblo del Eterno, tu Dios.

¹⁰ Por tanto, obedecerás la Voz del Eterno, tu Dios, y cumplirás Sus mandamientos y Sus estatutos que te ordeno este día".

QUINTA LECTURA – AHARÓN – HOD

¹¹ Y Moshé ordenó al pueblo ese mismo día, diciendo: ¹² "Éstos estarán sobre el Monte Guerizim para bendecir al pueblo cuando hayan cruzado el Jordán: Shimón, Leví, Yehuda, Yisajar, Yosef y Binyamín.

¹³ Y éstos estarán en el Monte Eival para la maldición: Reuvén, Gad, Asher, Zevulún, Dan y Naftalí.

הַסְכֵּת וּשְׁמַע יִשְׂרָאֵל הַיּוֹם

Deuteronomio 27:9 – En este versículo tenemos un código —una secuencia del Nombre de Dios: *Yud, Hei, Vav* y *Hei*— que nos conecta con el mes de *Av* (Leo). Como mencionamos anteriormente, el mes de *Av* contiene el día más negativo de todos, el 9 de *Av*, que a su vez es increíblemente positivo porque, según Rav Yitsjak Luria (el Arí), también es el día en que nacerá el Mesías. Esta especie de paradoja es un recordatorio de que cada uno de nosotros tiene el poder de ser parte de la destrucción o la reconstrucción de nuestra vida. Podemos contribuir con la creación del caos o con el fin de éste.

אֵלֶּה

Deuteronomio 27:12 – En esta sección, las 12 tribus fueron divididas; seis fueron ubicadas en el Monte Guerizim para bendecir al pueblo y seis fueron ubicadas en el Monte Ebal para las maldiciones. Si bien los levitas fueron ubicados en el Monte Guerizim para bendecir al pueblo, la Biblia comienza a mencionar una amplia lista de maldiciones. No obstante, la verdad es que todas las maldiciones en realidad son bendiciones ocultas. La mayoría de la gente ve en retrospectiva los momentos más difíciles de su vida y reconocen que han obtenido tanto sabiduría como fortaleza a través de haber lidiado con estas dificultades.

לְךָ וַהֲקֵמֹתָ לְךָ אֲבָנִים גְּדֹלוֹת וְשַׂדְתָּ אֹתָם בַּשִּׂיד: 3 וְכָתַבְתָּ עֲלֵיהֶן

אֶת־כָּל־דִּבְרֵי ראה הַתּוֹרָה הַזֹּאת בְּעָבְרֶךָ לְמַעַן אֲשֶׁר תָּבֹא אֶל־הָאָרֶץ

אֲשֶׁר־יְהֹוָה אֱלֹהֶיךָ ילה נֹתֵן לְךָ אֶרֶץ

זָבַת חָלָב וּדְבַשׁ כַּאֲשֶׁר דִּבֶּר ראה יְהֹוָה אֱלֹהֵי

אֲבֹתֶיךָ לָךְ: 4 וְהָיָה בְּעָבְרְכֶם אֶת־הַיַּרְדֵּן תָּקִימוּ

אֶת־הָאֲבָנִים הָאֵלֶּה אֲשֶׁר אָנֹכִי מְצַוֶּה אֶתְכֶם הַיּוֹם

בְּהַר עֵיבָל וְשַׂדְתָּ אוֹתָם בַּשִּׂיד: 5 וּבָנִיתָ שָּׁם מִזְבֵּחַ

לַיהֹוָה אֱלֹהֶיךָ מִזְבַּח אֲבָנִים לֹא־תָנִיף עֲלֵיהֶם בַּרְזֶל

6 אֲבָנִים שְׁלֵמוֹת תִּבְנֶה אֶת־מִזְבַּח יְהֹוָה

אֱלֹהֶיךָ וְהַעֲלִיתָ עָלָיו עוֹלֹת לַיהֹוָה אֱלֹהֶיךָ:

7 וְזָבַחְתָּ שְׁלָמִים וְאָכַלְתָּ שָּׁם וְשָׂמַחְתָּ לִפְנֵי יְהֹוָה

אֱלֹהֶיךָ: 8 וְכָתַבְתָּ עַל־הָאֲבָנִים אֶת־כָּל־דִּבְרֵי הַתּוֹרָה הַזֹּאת

בַּאֵר הֵיטֵב: 9 וַיְדַבֵּר מֹשֶׁה וְהַכֹּהֲנִים הַלְוִיִּם אֶל

כָּל־יִשְׂרָאֵל לֵאמֹר הַסְכֵּת וּשְׁמַע יִשְׂרָאֵל הַיּוֹם

הַזֶּה נִהְיֵיתָ לְעָם לַיהֹוָה אֱלֹהֶיךָ: 10 וְשָׁמַעְתָּ בְּקוֹל

יְהֹוָה אֱלֹהֶיךָ וְעָשִׂיתָ אֶת־מִצְוֹתוֹ וְאֶת־חֻקָּיו אֲשֶׁר אָנֹכִי

מְצַוְּךָ הַיּוֹם:

QUINTA LECTURA – AHARÓN – HOD

11 וַיְצַו מֹשֶׁה אֶת־הָעָם בַּיּוֹם הַהוּא לֵאמֹר:

12 אֵלֶּה יַעַמְדוּ לְבָרֵךְ אֶת־הָעָם עַל־הַר גְּרִזִּים בְּעָבְרְכֶם

אֶת־הַיַּרְדֵּן שִׁמְעוֹן וְלֵוִי וִיהוּדָה וְיִשָּׂשׂכָר

וְיוֹסֵף וּבִנְיָמִן: 13 וְאֵלֶּה יַעַמְדוּ עַל־הַקְּלָלָה בְּהַר

14 Y los levitas hablarán y dirán en alta voz a todos los hombres de Israel:

15 'Maldito el hombre que haga imagen tallada o fundida, abominación al Eterno, obra de las manos del artífice, y la erige en secreto'. Y todo el pueblo responderá, y dirá: 'Amén'.

16 'Maldito el que deshonre a su padre o a su madre'. Y todo el pueblo dirá: 'Amén'.

17 'Maldito el que mueva el linde de su vecino'. Y todo el pueblo dirá: 'Amén'.

18 'Maldito el que haga errar al ciego en el camino'. Y todo el pueblo dirá: 'Amén'.

19 'Maldito el que pervierte el derecho del forastero, del huérfano y de la viuda'. Y todo el pueblo dirá: 'Amén'. 20 'Maldito el que se acueste con la mujer de su padre, porque ha descubierto la vestidura de su padre'. Y todo el pueblo dirá: 'Amén'.

21 'Maldito el que se acueste con cualquier animal'. Y todo el pueblo dirá: 'Amén'.

22 'Maldito el que se acueste con su hermana, la hija de su padre o de su madre'. Y todo el pueblo dirá: 'Amén'.

23 'Maldito el que se acueste con su suegra'. Y todo el pueblo dirá: 'Amén'.

24 'Maldito el que hiera a su vecino en secreto'. Y todo el pueblo dirá: 'Amén'.

25 'Maldito el que acepte soborno para quitar la vida a una persona inocente'. Y todo el pueblo dirá: 'Amén'. 26 'Maldito el que no confirme las palabras de esta ley para cumplirlas'. Y todo el pueblo dirá: 'Amén'.

28 1 Y sucederá que si obedeces diligentemente la Voz del Eterno, tu Dios, observando el cumplimiento de todos Sus mandamientos que yo te mando este día, el Eterno, tu Dios, te pondrá en alto sobre todas las naciones de la Tierra.

תֵּשְׁמַע

Deuteronomio 28:1 – Moshé inició con la profecía de que aquellos que estén en el camino espiritual recibirán bendiciones y sustento. Esto nos dice que la simple elección de seguir un camino espiritual activará la corriente de bendiciones. El *Zóhar* dice:

Y ÉL RESPONDE: *Esto es bueno, y ya hemos comentado que no nos enteramos de esto de él mismo sino como si fuera de su propia boca. ¿Qué significa esto? Es esa voz a la que Moshé estaba adherido, A*

SABER: ZEIR ANPÍN. *En consecuencia, esas* EN VAYIKRÁ *eran de la boca de Guevurá,* QUE ES BINÁ QUE ES LLAMADA GUEVURÁ CELESTIAL, *en tanto que esas* EN DEVARIM *fueron de propia boca, a saber: la boca del grado al cual Moshé estaba más adherido que todos los fieles profetas,* LO CUAL ES EL GRADO DE ZEIR ANPÍN. *Por lo tanto, siempre está dicho: 'su Dios',* YA QUE ALUDE A MALJUT QUE ESTÁ DEBAJO DE ZEIR ANPÍN; *pero aquí, en "Shemá Yisrael" está dicho: "nuestro Elohim",* DADO QUE ALUDE A BINÁ QUE ESTÁ POR ENCIMA DE ZEIR ANPÍN, AL CUAL MOSHÉ ESTÁ ADHERIDO.

אור, רז, אין סוף עֵיבָל רְאוּבֵן גּ"פ אלהים גָד וְאָשֵׁר מלוי אהיה אהיה דיורין וּזְבוּלֻן דָן וְנַפְתָּלִי׃

14 וְעָנוּ גּ"פ מ"ב, רבוע אדני הַלְוִיִּם וְאָמְרוּ אֶל־כָּל־ עֵ"ה קנ"א קס"א אִישׁ יְלי יִשְׂרָאֵל

קוֹל עֵ"ב ס"ג עֵ"ה רָם׃ 15 אָרוּר הָאִישׁ עֵ"ה קנ"א קס"א אֲשֶׁר יַעֲשֶׂה פֶסֶל וּמַסֵּכָה

תּוֹעֲבַת יְהוָֹה-אֲדֹנָי מַעֲשֵׂה יְדֵי חָרָשׁ וְשָׂם יהוה עֹדי בַּסֵּתֶר אכתריא"ל וְעָנוּ

גּ"פ מ"ב, רבוע אדני כָּל־ יְלי הָעָם וְאָמְרוּ אָמֵן יאהדונהי 16 אָרוּר מַקְלֶה אָבִיו

וְאִמּוֹ וְאָמַר כָּל־ יְלי הָעָם אָמֵן יאהדונהי 17 אָרוּר מַסִּיג גְּבוּל רֵעֵהוּ וְאָמַר

כָּל־ יְלי הָעָם אָמֵן יאהדונהי 18 אָרוּר מַשְׁגֶּה עִוֵּר בַּדָּרֶךְ ב"פ יב"ק וְאָמַר כָּל־

הָעָם אָמֵן יאהדונהי 19 אָרוּר מַטֶּה מִשְׁפַּט עֵ"ה ה"פ אלהים גֵּר ב"ן קנ"א יָתוֹם

יוסף, ציון, ו"פ יהוה וְאַלְמָנָה כוק, רבוע אדני וְאָמַר כָּל־ יְלי הָעָם אָמֵן יאהדונהי 20 אָרוּר

שֹׁכֵב עִם־אֵשֶׁת אָבִיו כִּי גִלָּה כְּנַף עֵ"ה קנ"א, אלהים אדני אָבִיו וְאָמַר כָּל־ יְלי

הָעָם אָמֵן יאהדונהי 21 אָרוּר שֹׁכֵב עִם־כָּל־ יְלי בְּהֵמָה ב"ן, לכב, יבמ וְאָמַר כָּל־

יְלי הָעָם אָמֵן יאהדונהי 22 אָרוּר שֹׁכֵב עִם־אֲחֹתוֹ בַּת־אָבִיו אוֹ בַת־אִמּוֹ

וְאָמַר כָּל־ יְלי הָעָם אָמֵן יאהדונהי 23 אָרוּר שֹׁכֵב עִם־חֹתַנְתּוֹ וְאָמַר כָּל־

יְלי הָעָם אָמֵן יאהדונהי 24 אָרוּר מַכֵּה רֵעֵהוּ בַּסֵּתֶר אכתריא"ל וְאָמַר כָּל־ יְלי

הָעָם אָמֵן יאהדונהי 25 אָרוּר לֹקֵחַ שֹׁחַד ב"פ יהוה אדני אהיה ב"פ יהוה להַכּוֹת נֶפֶשׁ רמ"ח – ז

דַּם רבוע אהיה אדני נָקִי עֵ"ה קס"א וְאָמַר כָּל־ יְלי הָעָם אָמֵן 26 אָרוּר אֲשֶׁר

לֹא־יָקִים אֶת־דִּבְרֵי רא"ה הַתּוֹרָה-הַזֹּאת לַעֲשׂוֹת אוֹתָם וְאָמַר כָּל־ יְלי

הָעָם אָמֵן יאהדונהי 28 1 וְהָיָה יהוה, יהוה, יהוה אִם־ יוהך, עֵ"ה מ"ב שָׁמוֹעַ [תִּשְׁמַע] בְּקוֹל

עֵ"ב ס"ג עֵ"ה יְהוָֹה-אֲדֹנָי-אֲדֹנָי אֱלֹהֶיךָ יְלה לִשְׁמֹר לַעֲשׂוֹת אֶת־כָּל־ יְלי מִצְוֹתָיו

Ven y ve cuánta gente debe guardar sus caminos de manera que estén ocupados con la adoración a su Señor y merezcan vida eterna. Bajo el trono del Santo Rey, QUE ES MALJUT, hay compartimientos celestiales. Y a ese lugar del trono, QUE ES MALJUT, la Mezuzá está conectada para salvar al hombre de muchos Juicios, el propósito de lo cual es despertar a la gente por medio de ellos. De manera similar el Santísimo, bendito sea Él, hizo a Yisrael dándoles los mandamientos de la Torá, para que se ocuparan en ellos y sean salvados en este mundo de muchos acusadores y de aquellos que traen cargos, quienes encuentran a la gente diariamente.

— El Zóhar, Vaetjanán 15:104-105

² Y todas estas bendiciones vendrán sobre ti y te alcanzarán, si obedeces la Voz del Eterno, tu Dios.

³ Bendito serás en la ciudad, y bendito serás en el campo.

⁴ Bendito el fruto de tu cuerpo, el producto de tu suelo, el aumento de tu manada, el aumento de tu ganado y las crías de tus rebaños.

⁵ Benditas serán tu canasta y tu artesa.

⁶ Bendito serás cuando entres, y bendito serás cuando salgas.

SEXTA LECTURA – YOSEF – YESOD

⁷ El Eterno hará que los enemigos que se levanten contra ti sean derrotados delante de ti; saldrán contra ti por un camino y huirán delante de ti por siete caminos.

⁸ El Eterno mandará que la bendición esté contigo en tus graneros y en todo aquello en que pongas tu mano; y Él te bendecirá en la tierra que el Eterno, tu Dios, te da.

⁹ El Eterno te establecerá como pueblo santo para Sí, como te juró, si guardas los mandamientos del Eterno, tu Dios, y andas en Sus caminos.

¹⁰ Y todos los pueblos de la Tierra verán que el Nombre del Eterno es invocado sobre ti; y te temerán.

¹¹ Y el Eterno te hará abundar en bienes, en el fruto de tu cuerpo, en el aumento de tu ganado y en el producto de tu suelo, en la tierra que el Eterno juró a tus padres que te daría.

¹² El Eterno abrirá para ti Su buen tesoro, el Cielo, para dar lluvia a tu tierra a su tiempo y para bendecir toda la obra de tu mano; y tú prestarás a muchas naciones, pero no tomarás prestado.

¹³ Y el Eterno hará de ti la cabeza y no la cola, sólo estarás encima y nunca estarás debajo, si escuchas los mandamientos del Eterno, tu Dios, que te ordeno este día, para que observes su cumplimiento;

אֲשֶׁר אָנֹכִי אֵיע מְצַוְּךָ הַיּוֹם ע״ה = נגד, זז, מזבח וּנְתָנְךָ יְהֹוָהאדנייאהדונהי אֱלֹהֶיךָ ילה

עֶלְיוֹן רבוע ס״ג עַל כָּל גּוֹיֵי ילי הָאָרֶץ אלהים דההין ע״ה:‏ 2 וּבָאוּ עָלֶיךָ רבוע מ״ה כָּל־

ילי הַבְּרָכוֹת הָאֵלֶּה וְהִשִּׂיגֻךָ כִּי תִשְׁמַע בְּקוֹל ע״ב ס״ג ע״ה יְהֹוָהאדנייאהדונהי

אֱלֹהֶיךָ ילה:‏ 3 בָּרוּךְ יהוה ע״ב ורבוע מ״ה אַתָּה בָּעִיר בוזוהר, ערי, סנדלפון וּבָרוּךְ

יהוה ע״ב ורבוע מ״ה אַתָּה בַּשָּׂדֶה:‏ 4 בָּרוּךְ יהוה ע״ב ורבוע מ״ה פְּרִי ע״ה אלהים דאלפין בִטְנְךָ

וּפְרִי ע״ה אלהים דאלפין אַדְמָתְךָ וּפְרִי ע״ה אלהים דאלפין בְהֶמְתֶּךָ שְׁגַר אֲלָפֶיךָ

וְעַשְׁתְּרוֹת צֹאנֶךָ:‏ 5 בָּרוּךְ יהוה ע״ב ורבוע מ״ה טַנְאֲךָ וּמִשְׁאַרְתֶּךָ:‏ 6 בָּרוּךְ

יהוה ע״ב ורבוע מ״ה אַתָּה בְּבֹאֶךָ וּבָרוּךְ יהוה ע״ב ורבוע מ״ה אַתָּה בְּצֵאתֶךָ:‏

SEXTA LECTURA – YOSEF – YESOD

7 יִתֵּן יְהֹוָהאדנייאהדונהי אֶת־אֹיְבֶיךָ הַקָּמִים עָלֶיךָ רבוע מ״ה נִגָּפִים לְפָנֶיךָ סמ״ב

בְּדֶרֶךְ ב״פ יב״ק אֶחָד אהבה, דאגה יֵצְאוּ אֵלֶיךָ אני וּבְשִׁבְעָה דְרָכִים יָנוּסוּ

לְפָנֶיךָ סמ״ב:‏ 8 יְצַו יְהֹוָהאדנייאהדונהי אִתְּךָ אֶת־הַבְּרָכָה בַּאֲסָמֶיךָ עסמ״ב וּבְכֹל

ב״ן, לכב, יבם מִשְׁלַח יָדֶךָ בוכ״ו וּבֵרַכְךָ בָּאָרֶץ אלהים דאלפין אֲשֶׁר־יְהֹוָהאדנייאהדונהי

אֱלֹהֶיךָ ילה נֹתֵן אבגיתץ, ועד, אהבת חנם לָךְ:‏ 9 יְקִימְךָ יְהֹוָהאדנייאהדונהי לוֹ לְעַם עלם

קָדוֹשׁ כַּאֲשֶׁר נִשְׁבַּע־לָךְ כִּי תִשְׁמֹר אֶת־מִצְוֹת יְהֹוָהאדנייאהדונהי אֱלֹהֶיךָ

ילה וְהָלַכְתָּ בִּדְרָכָיו:‏ 10 וְרָאוּ כָּל־ ילי עַמֵּי הָאָרֶץ אלהים דההין ע״ה כִּי שֵׁם יהוה עדי

יְהֹוָהאדנייאהדונהי נִקְרָא עָלֶיךָ רבוע מ״ה וְיָרְאוּ מִמֶּךָּ:‏ 11 וְהוֹתִרְךָ יְהֹוָהאדנייאהדונהי

לְטוֹבָה אכא בִּפְרִי ע״ה אלהים דאלפין בִטְנְךָ וּבִפְרִי ע״ה אלהים דאלפין בְהֶמְתְּךָ וּבִפְרִי

ע״ה אלהים דאלפין אַדְמָתֶךָ עַל הָאֲדָמָה אֲשֶׁר נִשְׁבַּע יְהֹוָהאדנייאהדונהי לַאֲבֹתֶיךָ

לָתֶת לָךְ:‏ 12 יִפְתַּח יְהֹוָהאדנייאהדונהי | לְךָ אֶת־אוֹצָרוֹ הַטּוֹב והו אֶת־הַשָּׁמַיִם

י״פ טל, י״פ כוזו לָתֵת מְטַר־ אברהם ע״ה, רמ״ח ע״ה, חז״פ אל ע״ה אַרְצְךָ בְּעִתּוֹ וּלְבָרֵךְ אֵת

כָּל־ ילי מַעֲשֵׂה יָדֶךָ בוכ״ו וְהִלְוִיתָ גּוֹיִם רַבִּים וְאַתָּה לֹא תִלְוֶה:‏ 13 וּנְתָנְךָ

¹⁴ *y no te desviarás de ninguna de las palabras que te ordeno este día, ni a la derecha ni a la izquierda, para ir tras otros dioses y servirles.*

¹⁵ *Pero sucederá que, si no obedeces la Voz del Eterno, tu Dios, observando el cumplimiento de todos sus mandamientos y estatutos que te ordeno este día, vendrán sobre ti todas estas maldiciones y te alcanzarán.*

¹⁶ *Maldito serás en la ciudad y maldito serás en el campo.*

¹⁷ *Malditas serán tu canasta y tu artesa.*

¹⁸ *Maldito el fruto de tu cuerpo y el producto de tu suelo, el aumento de tu ganado y las crías de tu rebaño.*

¹⁹ *Maldito serás cuando entres y maldito serás cuando salgas.*

²⁰ *El Eterno enviará sobre ti maldición, confusión y censura en todo en lo que pongas tu mano, hasta que seas destruido y hasta que perezcas rápidamente; a causa de la maldad de tus hechos, por los cuales me has abandonado.*

²¹ *El Eterno hará que la peste se aferre a ti hasta que te haya consumido de sobre la tierra adonde vas a entrar para poseerla.*

²² *El Eterno te herirá con tisis, fiebre, inflamación y gran ardor, con sequía, calor abrasador y moho; y te perseguirán hasta que perezcas.*

²³ *Y tu cielo que está encima de tu cabeza será bronce, y la tierra que está debajo de ti será hierro.* ²⁴ *El Eterno hará que la lluvia de tu tierra sea polvo y ceniza; descenderá del cielo sobre ti hasta que seas destruido.*

²⁵ *El Eterno hará que seas derrotado delante de tus enemigos; saldrás contra ellos por un camino, y huirás por siete caminos delante de ellos; y serás ejemplo de terror para todos los reinos de la Tierra.*

לֹא תִשְׁמַע

Deuteronomio 28:15 – Este versículo describe las maldiciones y la destrucción —las cosas terribles e inimaginables— que vendrán a aquellos que no escojan un camino espiritual. Si solamente seguimos nuestros deseos egoístas, algún día sufriremos el doloroso resultado de nuestras decisiones. En efecto, todo lo que hagamos tendrá consecuencias negativas. El *Zóhar* dice:

Y si ustedes dicen: "Éstas son las palabras del Pacto..." (Deuteronomio 28:69) está escrito COMO CASTIGO, ÉL CONTESTA: *Ciertamente es así,* PORQUE AQUÍ TAMBIÉN HAY UNA ALUSIÓN AL OTRO LADO, *porque todas estas maldiciones tienen existencia sólo en 'éstas', donde se encuentran todas las maldiciones ya que se explicó* QUE EL OTRO LADO *está condenado, como está escrito: "... 'maldita eres entre todos los animales...'" (Génesis 3:14). Por esa razón 'éstas preceden, refiriéndose a quien transgrede "las*

יְהֹוָאדֹנָיאהדונהי לְרֹאשׁ ריבוע אלהים אלהים ואלהים דיודין ע"ה וְלֹא לְזָנָב וְהָיִיתָ רַק לְמַעְלָה

וְלֹא תִהְיֶה לְמָטָּה כִּי־תִשְׁמַע אֶל־מִצְוֺת | יְהֹוָאדֹנָיאהדונהי אֱלֹהֶיךָ ילה אֲשֶׁר

אָנֹכִי איע מְצַוְּךָ הַיּוֹם ע"ה = נגד, זן, מזבח לִשְׁמֹר וְלַעֲשׂוֹת:14 וְלֹא תָסוּר מִכָּל־ יכי

הַדְּבָרִים ראה אֲשֶׁר אָנֹכִי איע מְצַוֶּה אֶתְכֶם הַיּוֹם ע"ה = נגד, זן, מזבח יָמִין וּשְׂמֹאול

לָלֶכֶת אַחֲרֵי אֱלֹהִים אֲחֵרִים לְעָבְדָם: 15 וְהָיָה יהוה, היו אִם־ יוהך, ע"ה מ"ב

לֹא תִשְׁמַע ע"ב ס"ג ע"ה בְּקוֹל יְהֹוָאדֹנָיאהדונהי אֱלֹהֶיךָ ילה לִשְׁמֹר לַעֲשׂוֹת

אֶת־כָּל־ ילי מִצְוֺתָיו וְחֻקֹּתָיו אֲשֶׁר אָנֹכִי איע מְצַוְּךָ הַיּוֹם ע"ה = נגד, זן, מזבח

וּבָאוּ עָלֶיךָ רבוע מ"ה כָּל־ ילי הַקְּלָלוֹת הָאֵלֶּה וְהִשִּׂיגוּךָ: 16 אָרוּר אַתָּה

בָּעִיר בוזחר, ערי, סנדלפון וְאָרוּר אַתָּה בַּשָּׂדֶה: 17 אָרוּר טַנְאֲךָ וּמִשְׁאַרְתֶּךָ:

18 אָרוּר פְּרִי־ ע"ה אלהים דאלפין בִטְנְךָ וּפְרִי ע"ה אלהים דאלפין אַדְמָתֶךָ שְׁגַר

אֲלָפֶיךָ וְעַשְׁתְּרֹת צֹאנֶךָ: 19 אָרוּר אַתָּה בְּבֹאֶךָ וְאָרוּר אַתָּה בְּצֵאתֶךָ:

20 יְשַׁלַּח יְהֹוָאדֹנָיאהדונהי | בְּךָ אֶת־הַמְּאֵרָה אֶת־הַמְּהוּמָה וְאֶת־הַמִּגְעֶרֶת

בְּכָל־ ב"ן, לכב, יבמ מִשְׁלַח יָדְךָ בוכי אֲשֶׁר תַּעֲשֶׂה עַד הִשָּׁמֶדְךָ וְעַד־אֲבָדְךָ

מַהֵר מִפְּנֵי חכמה בינה רֹעַ מַעֲלָלֶיךָ אֲשֶׁר עֲזַבְתָּנִי: 21 יַדְבֵּק יְהֹוָאדֹנָיאהדונהי

בְּךָ אֶת־הַדָּבֶר ראה עַד כַּלֹּתוֹ אֹתְךָ מֵעַל עלם הָאֲדָמָה אֲשֶׁר־אַתָּה

בָא־שָׁמָּה מהש, מוּשה, אל שדי לְרִשְׁתָּהּ: 22 יַכְּכָה יְהֹוָאדֹנָיאהדונהי בַּשַּׁחֶפֶת

וּבַקַּדַּחַת וּבַדַּלֶּקֶת וּבַחַרְחֻר וּבַחֹרֶב וּבַשִּׁדָּפוֹן וּבַיֵּרָקוֹן וּרְדָפוּךָ עַד

אָבְדֶךָ: 23 וְהָיוּ שָׁמֶיךָ אֲשֶׁר עַל־רֹאשְׁךָ נְחֹשֶׁת וְהָאָרֶץ אלהים דההין ע"ה

אֲשֶׁר־תַּחְתֶּיךָ בַּרְזֶל: ר"ת בלהה רחל זלפה לאה:24 יִתֵּן יְהֹוָאדֹנָיאהדונהי אֶת־מְטַר

אַרְצְךָ אָבָק וְעָפָר מִן־הַשָּׁמַיִם י"פ טל, י"פ כוזו יֵרֵד

עָלֶיךָ רבוע מ"ה עַד הִשָּׁמְדָךְ: 25 יִתֶּנְךָ יְהֹוָאדֹנָיאהדונהי לִפְנֵי נגף וכמה בינה

---

palabras del Pacto". TAMBIÉN: "éstas son las ordenanzas que el Eterno dio a Moshé…" (Levítico 27:34), porque los preceptos de la Torá purifican al hombre para que no se desvíe al sendero DE 'ÉSTAS', sino que tenga cuidado de ellas, y se mantenga alejado de ellas.
— El Zóhar, Pekudéi 34:310

[26] Y tus cadáveres serán alimento para todas las aves del cielo y para los animales de la Tierra, y no habrá nadie que los espante. [27] El Eterno te herirá con los furúnculos de Egipto, con tumores, sarna y comezón, de los que no podrás ser sanado. [28] El Eterno te herirá con locura, ceguera y confusión de corazón.

[29] Y andarás a tientas a mediodía como el ciego anda a tientas en la oscuridad, y no harás tus caminos prósperos; y serás oprimido y robado continuamente, y no habrá alguien que te salve. [30] Te comprometerás con una mujer y otro hombre se acostará con ella; edificarás una casa y no habitarás en ella; plantarás una viña, pero no usarás su fruto.

[31] Tu toro será degollado delante de tus ojos, pero no comerás de él; tu asno será arrebatado en tu cara y no te será devuelto; tu oveja será dada a tus enemigos y no tendrás quien te salve.

[32] Tus hijos y tus hijas serán dados a otro pueblo, y tus ojos mirarán y desfallecerán con anhelo por ellos todo el día, y no habrá nada en el poder de tu mano. [33] Un pueblo que no conoces comerá el producto de tu suelo y de todo tu trabajo, y no serás más que un pueblo oprimido y quebrantado:

[34] y enloquecerás con lo que verán tus ojos. [35] El Eterno te herirá en las rodillas y en las piernas con pústula variolosa de la que no podrás ser sanado, desde la planta de tu pie hasta la coronilla. [36] El Eterno te llevará a ti y a tu rey, al que hayas puesto sobre ti, a una nación que ni tú ni tus padres han conocido; y allí servirás a otros dioses de madera y de piedra.

[37] Y vendrás a ser motivo de asombro, proverbio y burla entre todos los pueblos donde el Eterno te lleve. [38] Sacarás mucha semilla al campo, pero recogerás poco, porque la langosta la devorará.

נֶגֶף

Deuteronomio 28:25 – Una plaga (*nigaf*) es mencionada en este versículo. Los sabios dicen que una plaga ocurre cuando al Satán se le da la capacidad de herir según su propia voluntad. Una vez que comienza, la plaga no distingue entre gente buena y mala: todos son destruidos. Rav Yitsjak Luria (el Arí) nos ha proporcionado un código —*nu, gui, fe* (נֻגֶף)— para que escaneemos y meditemos mientras leemos este versículo. Si bien estas tres letras hebreas son las mismas que están escritas en la Torá —*Nun, Guímel, Fei*—, las vocales son diferentes. Según el Arí, este cambio en las vocales nos da protección contra cualquier clase de plaga.

וּבַטְּחוֹרִים, יִשְׁכָּבֶנָּה

Deuteronomio 28:27 y 28:30 – En esta historia, hay dos lugares en la Torá en los cuales las palabras arameas que se leen en voz alta son diferentes a las palabras escritas en el texto. La sustitución de palabras actúa como una vacuna contra cualquier cosa negativa que pueda ocurrir. El cambio en la pronunciación es una lección importante, porque el *Zóhar* dice que ocurrirán cosas negativas si no cambiamos nuestros hábitos.

אֹיְבֶ֫יךָ בְּדֶ֫רֶךְ ב״פ יב״ק אֶחָ֫ד אהבה, דאה תֵּצֵא֩ אֵלָ֨יו וּבְשִׁבְעָ֤ה דְרָכִ֨ים תָּנ֣וּס
לְפָנָ֑יו וְהָיִ֫יתָ לְזַעֲוָ֔ה לְכֹ֖ל יה ארני מַמְלְכ֥וֹת הָאָֽרֶץ אלהים דההין ע״ה: 26 וְהָיְתָ֤ה
נִבְלָֽתְךָ֙ לְמַֽאֲכָ֔ל יהוה ארני לְכָל־ ג״פ ב״ן, יוסף, ציון ע֣וֹף יה ארני הַשָּׁמַ֔יִם י״פ טל, י״פ כוזו
וּלְבֶהֱמַ֣ת הָאָ֑רֶץ אלהים דההין ע״ה וְאֵ֖ין מַחֲרִֽיד: 27 יַכְּכָ֨ה יְהֹוָ֤האהדונהי בִּשְׁחִ֣ין
מִצְרַ֔יִם מצ וּבַטְּחֹרִים (כתיב: ובעפלים) וּבַגָּרָ֖ב וּבֶחָ֑רֶס אֲשֶׁ֥ר לֹא־תוּכַ֖ל
לְהֵרָפֵֽא: 28 יַכְּכָ֣ה יְהֹוָ֔האהדונהי בְּשִׁגָּע֖וֹן וּבְעִוָּר֑וֹן וּבְתִמְה֖וֹן לֵבָֽב: בוכו:
29 וְהָיִ֜יתָ מְמַשֵּׁ֣שׁ בַּֽצָּהֳרַ֗יִם כַּאֲשֶׁ֨ר יְמַשֵּׁ֤שׁ הַֽעִוֵּר֙ בָּֽאֲפֵלָ֔ה אדיה וְלֹ֥א תַצְלִ֖יחַ
אֶת־דְּרָכֶ֑יךָ וְהָיִ֜יתָ אַ֣ךְ אדיה עָשׁ֧וּק וְגָז֛וּל כָּל־ ילי הַיָּמִ֖ים נלך וְאֵ֥ין מוֹשִֽׁיעַ:
30 אִשָּׁ֣ה תְאָרֵ֗שׂ וְאִ֤ישׁ ע״ה קנ״א קס״א אַחֵר֙ יִשְׁכָּבֶ֔נָּה (כתיב: ישגלנה) בַּ֤יִת
ב״פ ראה תִּבְנֶה֙ וְלֹא־תֵשֵׁ֣ב בּ֔וֹ כֶּ֥רֶם י הויות תִּטַּ֖ע וְלֹ֥א תְחַלְּלֶֽנּוּ: 31 שֽׁוֹרְךָ֞
טָב֣וּחַ לְעֵינֶ֗יךָ ע״ה קס״א וְלֹ֤א תֹאכַל֙ מִמֶּ֔נּוּ חֲמֹֽרְךָ֙ גָּז֣וּל מִלְּפָנֶ֔יךָ סמ״ב וְלֹ֥א
יָשׁ֖וּב לָ֑ךְ צֹֽאנְךָ֙ נְתֻנ֣וֹת לְאֹֽיְבֶ֔יךָ וְאֵ֥ין לְךָ֖ מוֹשִֽׁיעַ: 32 בָּנֶ֨יךָ וּבְנֹתֶ֜יךָ
נְתֻנִ֨ים לְעַ֤ם עלם אַחֵר֙ וְעֵינֶ֣יךָ ע״ה קס״א רֹא֔וֹת וְכָל֥וֹת אֲלֵיהֶ֖ם כָּל־ ילי
הַיּ֑וֹם ע״ה = נגד, זן, מזבח וְאֵ֥ין לְאֵ֖ל ייא לְיָדֶֽךָ: 33 פְּרִ֤י ע״ה אלהים דאלפין אַדְמָֽתְךָ֙ בוכו״:
וְכָל־ ילי יְגִֽיעֲךָ֔ יֹאכַ֥ל עַ֖ם אֲשֶׁ֣ר לֹֽא־יָדָ֑עְתָּ וְהָיִ֜יתָ רַ֗ק עָשׁ֥וּק וְרָצ֖וּץ
כָּל־ ילי הַיָּמִֽים נלך: 34 וְהָיִ֖יתָ מְשֻׁגָּ֑ע מִמַּרְאֵ֥ה עֵינֶ֖יךָ ע״ה קס״א אֲשֶׁ֥ר תִּרְאֶֽה:
35 יַכְּכָ֨ה יְהֹוָ֜האהדונהי בִּשְׁחִ֣ין רָ֗ע עַל־הַבִּרְכַּ֙יִם֙ וְעַל־הַשֹּׁקַ֔יִם אֲשֶׁ֥ר
לֹא־תוּכַ֖ל לְהֵרָפֵ֑א מִכַּ֥ף רַגְלְךָ֖ וְעַ֥ד קָדְקֳדֶֽךָ: 36 יוֹלֵ֨ךְ יְהֹוָ֜האהדונהי
אֹֽתְךָ֗ וְאֶֽת־מַלְכְּךָ֙ אֲשֶׁ֣ר תָּקִ֣ים עָלֶ֔יךָ רבוע מ״ה אֶל־גּ֕וֹי אֲשֶׁ֥ר לֹֽא־יָדַ֖עְתָּ
אַתָּ֣ה וַאֲבֹתֶ֑יךָ וְעָבַ֥דְתָּ שָּׁ֛ם יהוה שדי אֱלֹהִ֥ים אֲחֵרִ֖ים ע״ה קס״א עֵ֥ץ וָאָֽבֶן
יוד הה ואו הה: 37 וְהָיִ֣יתָ לְשַׁמָּ֔ה מהטע, מעה, אל שדי לְמָשָׁ֖ל וְלִשְׁנִינָ֑ה בְּכֹל֙ בן, לכב, יבמ
הָֽעַמִּ֔ים ע״ה קס״א אֲשֶׁר־יְנַהֶגְךָ֥ יְהֹוָ֖האהדונהי שָֽׁמָּה מהטע, מעה, אל שדי: 38 זֶ֥רַע רַ֖ב
ע״ב ורבוע מ״ה תּוֹצִ֣יא הַשָּׂדֶ֑ה שדי וּמְעַ֣ט תֶּֽאֱסֹ֔ף כִּ֥י יַחְסְלֶ֖נּוּ הָאַרְבֶּֽה: יצווק, ד״פ ב״ן:

³⁹ Plantarás y cultivarás viñas, pero no beberás del vino ni recogerás las uvas, porque el gusano se las comerá.

⁴⁰ Tendrás olivos por todo tu territorio pero no te ungirás con el aceite, porque tus aceitunas se caerán.

⁴¹ Engendrarás hijos e hijas, pero no serán tuyos, porque irán al cautiverio.

⁴² Todos tus árboles y el fruto de tu suelo los poseerá la langosta.

⁴³ El forastero que esté en medio de ti se elevará sobre ti cada vez más alto, y tú descenderás cada vez más bajo.

⁴⁴ Él te prestará, pero tú no le prestarás a él; él será la cabeza y tú serás la cola.

⁴⁵ Y todas estas maldiciones vendrán sobre ti y te perseguirán y te alcanzarán hasta que seas destruido; porque tú no escuchaste la Voz del Eterno, tu Dios, no guardando los mandamientos y estatutos que Él te mandó.

⁴⁶ Y serán señal y maravilla sobre ti y sobre tu simiente para siempre, ⁴⁷ por cuanto no serviste al Eterno, tu Dios, con alegría y con gozo del corazón debido a la abundancia de todas las cosas;

⁴⁸ por lo tanto, servirás a tus enemigos que el Eterno enviará contra ti: en hambre y sed, en desnudez y escasez de todas las cosas; Él pondrá un yugo de hierro sobre tu cuello hasta que te haya destruido.

⁴⁹ El Eterno levantará contra ti una nación de lejos, desde el extremo de la Tierra, que descenderá rauda como buitre, una nación cuya lengua no entenderás,

---

הַזֹּהַר

Deuteronomio 28:43 – La Biblia dice que quien sea considerado inferior, se volverá poderoso; y quien sea poderoso, se volverá como la nada. Juzgar a los demás según las apariencias es algo trivial porque, si bien podría parecer que un individuo tiene poder en este mundo, una persona aparentemente débil podría ser un alma más grande. Con respecto a esta idea, Rav Brandwein escribió lo siguiente:

También expliqué dos ensayos de nuestros sabios, de bendita memoria, que se encuentran en dos lugares en la Mishná y que parecen contradecirse. Uno está en Tratado Nedarim (Promesas),

página 38A, y el otro en Tratado Shabat 92A. Y el autor de Masoret Hashas siempre escribe en los márgenes de la página, revisa allí. Es importante arreglarlo, y me tomé la tarea de hacerlo. Y, según las palabras del sagrado Zóhar, en la porción Jayéi Sará y la porción de Shlaj Lejá, no hay contradicción y los asuntos son reconciliados y 'éstas (palabras), igual que las demás, son las palabras del Creador Vivo'.

En la Guemará, Tratado Nedarim 38, está escrito: "Rav Yojanán dijo: El Creador sólo reposa Su Shejiná sobre aquel que es poderoso, sabio, rico y humilde; y todas estas características encajan con

39 כְּרָמִים תִּטַּע וְעָבַדְתָּ וְיַיִן מו״כ, י״פ האא לֹא־תִשְׁתֶּה וְלֹא תֶאֱגֹר כִּי תֹאכְלֶנּוּ הַתֹּלָעַת עקרוי״ת: 40 זֵיתִים יִהְיוּ לְךָ בְּכָל־ ב״ן, לכב, יבם גְּבוּלֶךָ וְשֶׁמֶן י״פ טל, י״פ כוז״ו, ביט לֹא תָסוּךְ כִּי יִשַּׁל זֵיתֶךָ: 41 בָּנִים וּבָנוֹת תּוֹלִיד וְלֹא־יִהְיוּ לָךְ כִּי יֵלְכוּ בַּשֶּׁבִי: 42 כָּל־ ילי עֵצְךָ וּפְרִי ע״ה אלהים דאלפין אַדְמָתֶךָ יְיָרֵשׁ הַצְּלָצַל: 43 הַגֵּר ד״פ ב״ן אֲשֶׁר בְּקִרְבְּךָ יַעֲלֶה עָלֶיךָ רבוע מ״ה מַעְלָה מָּעְלָה וְאַתָּה תֵרֵד מַטָּה מָּטָּה: 44 הוּא יַלְוְךָ וְאַתָּה לֹא תַלְוֶנּוּ הוּא יִהְיֶה יי לְרֹאשׁ רבוע אלהים ואלהים דידון ע״ה וְאַתָּה תִּהְיֶה לְזָנָב: 45 וּבָאוּ עָלֶיךָ רבוע מ״ה כָּל־ ילי הַקְּלָלוֹת הָאֵלֶּה וּרְדָפוּךָ וְהִשִּׂיגוּךָ עַד הִשָּׁמְדָךְ כִּי־לֹא שָׁמַעְתָּ בְּקוֹל ע״ב ס״ג ע״ה יְהוָהֵאדֹנָיאההדונהי אֱלֹהֶיךָ ילה לִשְׁמֹר מִצְוֹתָיו וְחֻקֹּתָיו אֲשֶׁר צִוָּךְ: 46 וְהָיוּ בְךָ לְאוֹת וּלְמוֹפֵת וּבְזַרְעֲךָ עַד־עוֹלָם: 47 תַּחַת אֲשֶׁר לֹא־עָבַדְתָּ אֶת־יְהוָהֵאדֹנָיאההדונהי אֱלֹהֶיךָ ילה בְּשִׂמְחָה וּבְטוּב לֵבָב בוכו מֵרֹב ע״ב ורבוע מ״ה כֹּל ילי: 48 וְעָבַדְתָּ אֶת־אֹיְבֶיךָ אֲשֶׁר יְשַׁלְּחֶנּוּ יְהוָהֵאדֹנָיאההדונהי בָּךְ בְּרָעָב ע״ב ורבוע אלהים וּבְצָמָא וּבְעֵירֹם וּבְחֹסֶר כֹּל ילי וְנָתַן אב״גית״ץ, ועד, אהבת חנם עֹל בַּרְזֶל ר״ת בלהה רחל זלפה לאה עַל־צַוָּארֶךָ עַד הִשְׁמִידוֹ אֹתָךְ: 49 יִשָּׂא יְהוָהֵאדֹנָיאההדונהי רבוע מ״ה עָלֶיךָ גּוֹי מֵרָחוֹק עדי מִקְצֵה ה״פ טל, ג״פ אדני הָאָרֶץ אלהים דההין ע״ה כַּאֲשֶׁר יִדְאֶה הַנָּשֶׁר גּוֹי אֲשֶׁר לֹא־תִשְׁמַע לְשֹׁנוֹ:

Moshé". No obstante, en Tratado Shabat está escrito: "¿Por qué Moshé? Es diferente de lo que Mar ha dicho acerca de que la santa Shejiná sólo reposa sobre aquel que es poderoso, sabio y rico y de estatura alta". Y alguien que es humilde y alguien que es de estatura alta son dos cosas contradictorias y parece que las dos frases se contradicen entre sí.

Está escrito en el Zóhar (Jayéi Sará, 21): "Quien es pequeño es grande, y quien es grande es pequeño". Lo demuestra a partir del versículo (Génesis 23:1): "Y fue la vida de Sará cien año y veinte año y siete años". Cuando se refiere a cien, que es el número más grande entre los mencionados, está escrito "año", en singular. Y cuando se refiere a siete, que es el número menor entre los mencionados, está escrito "años", en plural (Revisar el Zóhar, Shlaj Lejá, párrafo 210). Por lo tanto, a partir de aquí vemos que no hay contradicción porque grande también significa alguien de alta estatura; de la misma manera, menor significa humilde; y significan lo mismo. Por lo tanto, aquel que tiene una estatura alta es humilde.

— Rav Brandwein, Parte 1, Carta 36

⁵⁰ *una nación de rostro fiero que no tendrá respeto al anciano ni mostrará compasión del joven.*

⁵¹ *Y comerá el aumento de tu ganado y el producto de tu suelo hasta que seas destruido; tampoco te dejará grano, mosto, aceite, el aumento de tu ganado ni las crías de tu rebaño, hasta que te haya hecho perecer.*

⁵² *Y esa nación te sitiará en todas tus puertas, hasta que tus muros altos y fortificados en los cuales tú confiabas caigan por toda tu tierra; y te sitiará en todas tus puertas por toda la tierra que el Eterno, tu Dios, te ha dado.*

⁵³ *Y comerás el fruto de tu propio cuerpo, la carne de tus hijos y de tus hijas que el Eterno, tu Dios, te ha dado, en el asedio y en la desesperación con que tu enemigo te angustiará.*

⁵⁴ *El hombre que es sensible y muy refinado en medio de ti, tendrá ojo maligno contra su hermano y contra la mujer de su seno, y contra el resto de sus hijos que le queden,*

⁵⁵ *y no dará a ninguno de ellos nada de la carne de sus hijos que se comerá, ya que no le quedará nada en el asedio y en la desesperación con que tu enemigo te angustiará en todas tus puertas.*

⁵⁶ *La mujer tierna y delicada en medio tuyo, que no se atrevería a poner la planta de su pie en tierra por su delicadez y ternura, tendrá ojo maligno contra el esposo de su seno, contra su hijo y contra su hija,*

⁵⁷ *contra la placenta que salga de entre sus pies y contra los hijos que dé a luz; porque se los comerá en secreto por falta de todas las cosas, en el asedio y en la desesperación con que tu enemigo te angustiará en tus puertas.*

⁵⁸ *Si no observas el cumplimiento de todas las palabras de esta Ley que están escritas en este Libro, con temor de este Nombre glorioso y temible, el Eterno, tu Dios,*

⁵⁹ *entonces el Eterno hará horribles tus plagas y las plagas de tu simiente, plagas grandes y prolongadas, y enfermedades graves y prolongadas.*

⁶⁰ *Y Él traerá de nuevo sobre ti todas las enfermedades de Egipto de las cuales tenías temor, y se aferrarán a ti.*

⁶¹ *También toda enfermedad y toda plaga que no están escritas en el Libro de esta Ley, el Eterno traerá sobre ti hasta que seas destruido.*

50 גּוֹי עַז פָּנִים ע״ב ס״ג מ״ה אַנִי יהוה פָּנִים אֲשֶׁר לֹא־יִשָּׂא פָנִים ע״ב ס״ג מ״ה זָקֵן ע״ה קנאה, ציון, יוסף וְנַעַר שׂ״ך לֹא יָחֹן: 51 וְאָכַל פְּרִי ע״ה אלהים דאלפין בְהֶמְתְּךָ וּפְרִי־ ע״ה אלהים דאלפין אַדְמָתְךָ עַד הִשָּׁמְדָךְ אֲשֶׁר לֹא־יַשְׁאִיר לְךָ דָּגָן גנר, וז, מזבח תִּירוֹשׁ וְיִצְהָר שְׁגַר אֲלָפֶיךָ וְעַשְׁתְּרֹת צֹאנֶךָ עַד הַאֲבִידוֹ אֹתָךְ:

52 וְהֵצַר לְךָ בְּכָל־ ב״ן, לכבב, יבמ שְׁעָרֶיךָ עַד רֶדֶת חֹמֹתֶיךָ הַגְּבֹהֹת וְהַבְּצֻרוֹת אֲשֶׁר אַתָּה בֹּטֵחַ בָּהֵן בְּכָל־ ב״ן, לכבב, יבמ אַרְצֶךָ וְהֵצַר לְךָ בְּכָל־ ב״ן, יבמ שְׁעָרֶיךָ בְּכָל־ ב״ן, לכבב, יבמ אַרְצְךָ אֲשֶׁר נָתַן יְהוָֹה אלהיאהדונהי אֱלֹהֶיךָ ילה לָךְ: 53 וְאָכַלְתָּ פְרִי־ ע״ה אלהים דאלפין בִטְנְךָ בְּשַׂר בָּנֶיךָ וּבְנֹתֶיךָ אֲשֶׁר נָתַן־לְךָ יְהוָֹה אלהיאהדונהי אֱלֹהֶיךָ ילה בְּמָצוֹר וּבְמָצוֹק אֲשֶׁר־יָצִיק לְךָ אֹיְבֶךָ: 54 הָאִישׁ קנ״א קס״א הָרַךְ בְּךָ וְהֶעָנֹג מְאֹד מ״ה תֵּרַע עֵינוֹ ריבוע מ״ה בְאָחִיו וּבְאֵשֶׁת חֵיקוֹ וּבְיֶתֶר בָּנָיו אֲשֶׁר יוֹתִיר: 55 מִתֵּת | לְאַחַד אהבה, דאגה מֵהֶם מִבְּשַׂר בָּנָיו אֲשֶׁר יֹאכֵל מִבְּלִי הִשְׁאִיר־לוֹ כֹּל ילי בְּמָצוֹר וּבְמָצוֹק אֲשֶׁר יָצִיק לְךָ אֹיִבְךָ בְּכָל־ ב״ן, יבמ שְׁעָרֶיךָ: 56 הָרַכָּה בְךָ וְהָעֲנֻגָּה אֲשֶׁר לֹא־נִסְּתָה כַף־רַגְלָהּ הַצֵּג עַל־הָאָרֶץ אלהים דההין ע״ה מֵהִתְעַנֵּג וּמֵרֹךְ תֵּרַע עֵינָהּ ריבוע מ״ה בְּאִישׁ ע״ה קנ״א קס״א חֵיקָהּ וּבִבְנָהּ וּבְבִתָּהּ: 57 וּבְשִׁלְיָתָהּ הַיּוֹצֵת | מִבֵּין רַגְלֶיהָ וּבְבָנֶיהָ אֲשֶׁר תֵּלֵד כִּי־תֹאכְלֵם בְּחֹסֶר־כֹּל ילי בַּסָּתֶר אכתריא״ל בְּמָצוֹר וּבְמָצוֹק אֲשֶׁר יָצִיק לְךָ אֹיִבְךָ בִּשְׁעָרֶיךָ: 58 אִם־ יוהך, ע״ה מ״ב לֹא תִשְׁמֹר לַעֲשׂוֹת אֶת־כָּל־ דִּבְרֵי ילי הַתּוֹרָה רמה הַזֹּאת הַכְּתֻבִים בַּסֵּפֶר הַזֶּה והו לְיִרְאָה רי״ו, גבורה אֶת־הַשֵּׁם יהוה עדי הַנִּכְבָּד וְהַנּוֹרָא הַזֶּה והו את יְהוָֹה אלהיאהדונהי אֱלֹהֶיךָ ילה: 59 וְהִפְלָא יְהוָֹה אלהיאהדונהי ע״ה ג״פ אלהים אֶת־מַכֹּתְךָ וְאֵת מַכּוֹת זַרְעֶךָ מַכּוֹת גְּדֹלֹת וְנֶאֱמָנוֹת וָחֳלָיִם רָעִים וְנֶאֱמָנִים: 60 וְהֵשִׁיב בְּךָ אֵת כָּל־ ילי מַדְוֵה מִצְרַיִם מצר אֲשֶׁר יָגֹרְתָּ מִפְּנֵיהֶם וְדָבְקוּ בָּךְ: 61 גַּם יג״ל כָּל־ ילי חֳלִי וְכָל־ ילי מַכָּה אֲשֶׁר לֹא כָתוּב בְּסֵפֶר הַתּוֹרָה הַזֹּאת יַעְלֵם יְהוָֹה אלהיאהדונהי עָלֶיךָ רבוע מ״ה עַד הִשָּׁמְדָךְ:

⁶² *Y quedarán pocos en número, aunque fueron multitud como las estrellas del cielo; porque no obedeciste la Voz del Eterno, tu Dios.*

⁶³ *Y sucederá que tal como el Eterno se deleitaba en ustedes para prosperarlos y multiplicarlos, así el Eterno se deleitará en ustedes para hacerlos perecer y destruirlos; y serán arrancados de la tierra en la cual entran para poseerla.*

⁶⁴ *Además, el Eterno te esparcirá entre todos los pueblos de un extremo de la Tierra hasta el otro extremo de la Tierra; y allí servirás a otros dioses, de madera y de piedra, que ni tú ni tus padres han conocido.*

⁶⁵ *Y entre esas naciones no tendrás descanso, y no habrá reposo para la planta de tu pie, sino que allí el Eterno te dará un corazón temeroso, ojos desfallecientes y angustia del alma.*

⁶⁶ *Y tu vida será colgada delante de ti; y temerás de noche y de día, y no tendrás seguridad de tu vida.*

⁶⁷ *Por la mañana dirás: '¡Si tan sólo fuera la tarde!', y por la tarde dirás: '¡Si tan sólo fuera la mañana!', debido al espanto de tu corazón con que temerás y por la visión que tus ojos verán.*

⁶⁸ *Y el Eterno te hará volver a Egipto en naves, por el camino del cual yo te había dicho: 'Nunca más volverás a verlo'; y allí se ofrecerán en venta como esclavos y esclavas a sus enemigos, pero nadie los comprará".*

⁶⁹ *Estas son las palabras del Pacto que el Eterno mandó a Moshé que hiciera con los hijos de Israel en la tierra de Moav, además del pacto que Él había hecho con ellos en Jorev.*

62 וְנִשְׁאַרְתֶּם בִּמְתֵי מְעָט תַּחַת אֲשֶׁר הֱיִיתֶם כְּכוֹכְבֵי הַשָּׁמַ֫יִם

לָרֹב י״פ טל, י״פ כוו ע״ב ורבוע מ״ה כִּי־לֹא שָׁמַעְתָּ בְּקוֹל ע״ב ס״ג ע״ה יְהֹוָה־אדנייאהדונהי

אֱלֹהֶיךָ יללה: 63 וְהָיָה יהוה, יהה, כַּאֲשֶׁר־שָׂשׂ יְהֹוָה־אדנייאהדונהי עֲלֵיכֶם לְהֵיטִיב

אֶתְכֶם וּלְהַרְבּוֹת אֶתְכֶם כֵּן יָשִׂישׂ יְהֹוָה־אדנייאהדונהי עֲלֵיכֶם לְהַאֲבִיד

אֶתְכֶם וּלְהַשְׁמִיד אֶתְכֶם וְנִסַּחְתֶּם מֵעַל עלם הָאֲדָמָה אֲשֶׁר־אַתָּה

בָא־שָׁמָּה מהע, מעהה, אל עדי לְרִשְׁתָּהּ: 64 וֶהֱפִיצְךָ יְהֹוָה־אדנייאהדונהי בְּכָל־

הָעַמִּים ב״ן, לכב, יבמ ע״ה קס״א מִקְצֵה ה״פ טל, ג״פ אדני הָאָרֶץ אלהים דההין ע״ה וְעַד־קְצֵה

הָאָרֶץ ה״פ טל, ג״פ אדני אלהים דההין ע״ה וְעָבַדְתָּ שָּׁם יהוה עדי אֱלֹהִים אֲחֵרִים אֲשֶׁר

לֹא־יָדַעְתָּ אַתָּה וַאֲבֹתֶיךָ עֵץ ע״ה קס״א וָאָבֶן יוד הה ואו הה: 65 וּבַגּוֹיִם הָהֵם

לֹא תַרְגִּיעַ וְלֹא־יִהְיֶה ייי מָנוֹחַ לְכַף־רַגְלֶךָ וְנָתַן אבגית״ץ, ושר, אהבת וזינם

יְהֹוָה־אדנייאהדונהי לְךָ שָׁם יהוה עדי לֵב רַגָּז וְכִלְיוֹן עֵינַיִם רבוע מ״ה וְדַאֲבוֹן

נָפֶשׁ רמ״ח ד״ הויות: 66 וְהָיוּ חַיֶּיךָ תְּלֻאִים לְךָ מִנֶּגֶד גגר, זן, מזבות וּפָחַדְתָּ לַיְלָה מלה

וְיוֹמָם וְלֹא תַאֲמִין בְּחַיֶּיךָ: 67 בַּבֹּקֶר תֹּאמַר מִי־יליי יִתֵּן עֶרֶב רבוע יהוה ורבוע אלהים

וּבָעֶרֶב רבוע יהוה ורבוע אלהים תֹּאמַר מִי־ יליי יִתֵּן בֹּקֶר מִפַּחַד לְבָבְךָ אֲשֶׁר

תִּפְחָד וּמִמַּרְאֵה עֵינֶיךָ ע״ה קס״א אֲשֶׁר תִּרְאֶה: 68 וֶהֱשִׁיבְךָ יְהֹוָה־אדנייאהדונהי |

מִצְרַיִם מצר בָּאֳנִיּוֹת בַּדֶּרֶךְ ב״פ יב״ק אֲשֶׁר אָמַרְתִּי י״פ אדני ע״ה לְךָ לֹא־תֹסִיף

עוֹד לִרְאֹתָהּ וְהִתְמַכַּרְתֶּם שָׁם יהוה עדי לְאֹיְבֶיךָ לַעֲבָדִים וְלִשְׁפָחוֹת וְאֵין

קֹנֶה ע״ה יוסף, ציון, ר״פ יהוה: 69 אֵלֶּה דִבְרֵי ראה הַבְּרִית אֲשֶׁר־צִוָּה פוי יְהֹוָה־אדנייאהדונהי

אֶת־מֹשֶׁה מהע, אל עדי לִכְרֹת אֶת־בְּנֵי יִשְׂרָאֵל בְּאֶרֶץ אלהים דאלפין מוֹאָב

יוד הא ואו הה מִלְּבַד הַבְּרִית אֲשֶׁר־כָּרַת אִתָּם בְּחֹרֵב רבוע ס״ג ורבוע אהיה:

SÉPTIMA LECTURA – DAVID – MALJUT

29 ¹ Y convocó Moshé a todo Israel y les dijo: "Han visto todo lo que el Eterno hizo delante de sus ojos en la tierra de Egipto al Faraón, a todos sus siervos y a toda su tierra; ² las grandes pruebas que vieron sus ojos, las señales y esas grandes maravillas;

³ pero el Eterno no les ha dado corazón para entender, ni ojos para ver, ni oídos para oír, hasta este día. ⁴ Y yo los he conducido durante cuarenta años en el desierto; sus vestidos no se han desgastado sobre ustedes y no se ha desgastado el calzado en su pie.

⁵ No han comido pan ni han bebido vino ni bebida fermentada, "para que sepan que Yo soy el Eterno, su Dios".

MAFTIR

⁶ Y cuando llegaron a este lugar, Sijón, rey de Jeshbón, y Og, rey de Bashán, salieron a nuestro encuentro para pelear, pero los derrotamos.

⁷ Y tomamos su tierra y la dimos como herencia a los rubenitas, a los gaditas y a la media tribu de Menashé. ⁸ Por lo tanto, observen las palabras de este pacto y pónganlas en práctica, para que prosperen en todo lo que hagan".

וַיֹּאמֶר

Deuteronomio 29:1 – Esta última sección es el comienzo del discurso final de Moshé a los israelitas. Cuando los justos abandonan este mundo, completan un ciclo; por lo tanto, cuando Moshé habló al pueblo aquí, estamos conectando con las palabras del "Moshé completo". Esta energía engloba toda su vida. Cuando hablamos del alma de un justo, estamos hablando de una persona que dominó su negatividad y se ha dedicado por completo a ayudar a los demás a que alcancen el mismo objetivo. El *Zóhar* dice:

Nos enteramos de que en el día en que Rabí Shimón deseó dejar este mundo y estaba poniendo sus asuntos en orden, los compañeros se reunieron en la casa de Rabí Shimón. Antes él estaban su hijo Elazar y Rabí Aba y los otros compañeros, y la casa estaba llena… Rabí Shimón dijo: Ahora es un tiempo de buena voluntad, y deseo entrar sin vergüenza en el Mundo por Venir. Aquí están asuntos sagrados que no he revelado hasta ahora. Deseo revelarlos delante de la Shejiná para que no se diga que me he ido de este mundo en falta; hasta ahora habían estado ocultos en mi corazón, así que puedo entrar por medio de ellos en el Mundo por Venir.

Rabí Shimón se envolvió en su manto y se sentó… Rabí Shimón dijo: Aquí está Rav Hamnuná Saba, y en se derredor están setenta justos grabados con coronas, y brillando cada uno con el esplendor del resplandor del más oculto Atiká Kadishá. Él viene gustosamente a

SÉPTIMA LECTURA – DAVID – MALJUT

29 1 וַיִּקְרָ֥א עם ה' אותיות = ב"פ קס"א מֹשֶׁה֮ מהע, אל עדי אֶל־כָּל־ ילי יִשְׂרָאֵל֒ וַיֹּ֣אמֶר אֲלֵהֶ֔ם אַתֶּ֣ם רְאִיתֶ֗ם אֵ֤ת כָּל־ ילי אֲשֶׁר֩ עָשָׂ֨ה יְהֹוָ֤ה אהדונהי לְעֵֽינֵיכֶם֙ בְּאֶ֣רֶץ מ"ה אלהים דאלפין מִצְרַ֔יִם מצר לְפַרְעֹ֥ה וּלְכָל־ יה אדני עֲבָדָ֖יו וּלְכָל־ יה אדני אַרְצֽוֹ׃ 2 הַמַּסּוֹת֙ הַגְּדֹלֹ֔ת אֲשֶׁ֥ר רָא֖וּ עֵינֶ֑יךָ ע"ה קס"א הָאֹתֹ֧ת וְהַמֹּפְתִ֛ים הַגְּדֹלִ֖ים הָהֵֽם׃ 3 וְלֹֽא־נָתַן֩ יְהֹוָ֨ה אהדונהי לָכֶ֥ם לֵב֙ לָדַ֔עַת וְעֵינַ֥יִם ריבוע מ"ה לִרְאוֹת֙ וְאָזְנַ֣יִם לִשְׁמֹ֔עַ עַ֖ד הַיּ֥וֹם הַזֶּֽה׃ ע"ה = נגד, זן, מזבח הזה והו 4 וָאוֹלֵ֥ךְ אֶתְכֶ֛ם אַרְבָּעִ֥ים שָׁנָ֖ה בַּמִּדְבָּ֑ר אברהם, רמ"ח, וז"ח אל לֹֽא־בָל֤וּ שַׂלְמֹֽתֵיכֶם֙ מֵעֲלֵיכֶ֔ם וְנַֽעַלְךָ֛ לֹֽא־בָלְתָ֖ה מֵעַ֥ל רַגְלֶֽךָ׃ עלם 5 לֶ֚חֶם ג"פ יהוה לֹ֣א אֲכַלְתֶּ֔ם וְיַ֥יִן מויכ, י"פ האא וְשֵׁכָ֖ר י"פ ב"ן לֹ֣א שְׁתִיתֶ֑ם לְמַ֙עַן֙ תֵּֽדְע֔וּ כִּ֛י אֲנִ֥י אני, טדהד כוז"ו יְהֹוָ֖ה אהדונהי אֱלֹֽהֵיכֶֽם׃ ילה

MAFTIR

6 וַתָּבֹ֖אוּ אֶל־הַמָּק֣וֹם יהוה ברבוע, ו"פ אל הַזֶּ֑ה והו ר"פ אל וַיֵּצֵ֣א סִיחֹ֣ן מֶֽלֶךְ־חֶ֠שְׁבּוֹן וְע֨וֹג מֶֽלֶךְ־הַבָּשָׁ֧ן לִקְרָאתֵ֛נוּ לַמִּלְחָמָ֖ה וַנַּכֵּֽם׃ 7 וַנִּקַּח֙ אֶת־אַרְצָ֔ם וַנִּתְּנָ֣הּ לְנַֽחֲלָ֔ה לָרֽאוּבֵנִ֖י וְלַגָּדִ֑י וְלַֽחֲצִ֖י שֵׁ֥בֶט הַֽמְנַשִּֽׁי׃ 8 וּשְׁמַרְתֶּ֗ם אֶת־דִּבְרֵ֛י ראה הַבְּרִ֥ית הַזֹּ֖את וַעֲשִׂיתֶ֣ם אֹתָ֑ם לְמַ֣עַן תַּשְׂכִּ֔ילוּ אֵ֥ת כָּל־ ילי אֲשֶׁ֥ר תַּֽעֲשֽׂוּן׃

---

escuchar las cosas que estoy diciendo. Mientras estaba sentado dijo: Ya que Rav Pinjás ben Yair está aquí, prepárenle su asiento. Los compañeros que estaban allí se estremecieron, se levantaron y se sentaron en las esquinas de la casa, y Rabí Elazar y Rabí Aba permanecieron delante de Rabí Shimón. Rabí Shimón dijo: En la Idrá Rabá era la costumbre que estuvieran hablando y yo entre ellos. Ahora yo solo voy a hablar y todos escucharán mis palabras, seres Superiores e Inferiores. ¡Es feliz mi porción en este día!

— El Zóhar, Haazinu 6:23, 26, 28, 30

HAFTARÁ DE QUI TAVÓ

"*Levántate, resplandece, porque ha llegado tu Luz y la gloria del Eterno ha amanecido sobre ti. Porque he aquí que las tinieblas cubrirán la tierra y densa oscuridad los pueblos; pero el Eterno amanecerá sobre ti, y Su gloria aparecerá sobre ti*" (*Isaías 60:1-2*).

La Haftará de Qui Tavó trata acerca de dos situaciones posibles con sus respectivas consecuencias que ocurrirán cuando llegue el Mesías. Está el camino del dolor y el sufrimiento, o el camino de la misericordia y la bendición. Nosotros escogemos el camino del dolor y el sufrimiento cuando

ISAÍAS 60:1-22

60 [1] *Levántate, resplandece, porque ha llegado tu Luz y la gloria del Eterno ha amanecido sobre ti.*

[2] *Porque he aquí que tinieblas cubrirán la Tierra y densa oscuridad los pueblos; pero sobre ti amanecerá el Eterno, y Su gloria se verá sobre ti.* [3] *Y las naciones acudirán a tu Luz, y los reyes al resplandor de tu amanecer.*

[4] *Levanta tus ojos en derredor y mira: todos se reúnen y vienen a ti; tus hijos vendrán de lejos, y tus hijas serán llevadas en brazos.*

[5] *Entonces lo verás y resplandecerás, y se estremecerá y se ensanchará tu corazón, porque vendrá sobre ti la abundancia del mar, las riquezas de las naciones vendrán a ti.*

[6] *Una multitud de camellos cubrirá tu territorio, camellos jóvenes de Madián y de Efá; todos los de Sheva vendrán, traerán oro e incienso, y proclamarán las alabanzas del Eterno.*

[7] *Todos los rebaños de Kedar serán reunidos para ti, los carneros de Nevaiot estarán a tu servicio; subirán con aceptación sobre Mi Altar, y Yo glorificaré Mi Gloriosa Casa.*

[8] *¿Quiénes son estos que vuelan como una nube y como palomas a sus palomares?*

[9] *Ciertamente las islas esperarán por Mí, y las naves de Tarshísh vendrán primero, para traer a tus hijos de lejos, su plata y su oro con ellos, por el Nombre del Eterno, tu Dios, y por el Santo de Israel, porque Él te ha glorificado.*

[10] *Y extranjeros edificarán tus murallas y sus reyes te servirán; porque en Mi furor te herí, pero en Mi benevolencia he tenido compasión de ti.*

HAFTARÁ DE QUI TAVÓ

"nos rehusamos a reconocer y asumir la responsabilidad de nuestros pensamientos, palabras y acciones. Escogemos el camino de la misericordia y la bendición cuando tenemos el deseo de estar espiritualmente dispuestos a hacer nuestro trabajo y acogemos los obstáculos y los desafíos que nos ayudan a lograr nuestra transformación.

La elección de cómo le damos la bienvenida al Mesías a nuestra vida y el tipo de consecuencias que resultarán de Su venida depende completamente de nosotros.

יְשַׁעְיָהוּ פֶּרֶק 60, פְּסוּקִים 1–22

60 קוּמִי אוֹרִי כִּי בָא אוֹרֵךְ וּכְבוֹד יְהוָֹה עָלַיִךְ זָרָח׃

2 כִּי־הִנֵּה הַחֹשֶׁךְ יְכַסֶּה־אֶרֶץ וַעֲרָפֶל לְאֻמִּים וְעָלַיִךְ יִזְרַח יְהוָֹה וּכְבוֹדוֹ עָלַיִךְ יֵרָאֶה׃

3 וְהָלְכוּ גוֹיִם לְאוֹרֵךְ וּמְלָכִים לְנֹגַהּ זַרְחֵךְ׃ 4 שְׂאִי־סָבִיב עֵינַיִךְ וּרְאִי כֻּלָּם נִקְבְּצוּ בָאוּ־לָךְ בָּנַיִךְ מֵרָחוֹק יָבֹאוּ וּבְנֹתַיִךְ עַל־צַד תֵּאָמַנָה׃

5 אָז תִּרְאִי וְנָהַרְתְּ וּפָחַד וְרָחַב לְבָבֵךְ כִּי־יֵהָפֵךְ עָלַיִךְ הֲמוֹן יָם חֵיל גּוֹיִם יָבֹאוּ לָךְ׃ 6 שִׁפְעַת גְּמַלִּים תְּכַסֵּךְ בִּכְרֵי מִדְיָן וְעֵיפָה כֻּלָּם מִשְּׁבָא יָבֹאוּ זָהָב וּלְבוֹנָה יִשָּׂאוּ וּתְהִלֹּת יְהוָֹה יְבַשֵּׂרוּ׃

7 כָּל־צֹאן קֵדָר יִקָּבְצוּ לָךְ אֵילֵי נְבָיוֹת יְשָׁרְתוּנֶךְ יַעֲלוּ עַל־רָצוֹן מִזְבְּחִי וּבֵית תִּפְאַרְתִּי אֲפָאֵר׃

8 מִי־אֵלֶּה כָּעָב תְּעוּפֶינָה וְכַיּוֹנִים אֶל־אֲרֻבֹּתֵיהֶם׃ 9 כִּי־לִי אִיִּים יְקַוּוּ וָאֳנִיּוֹת תַּרְשִׁישׁ בָּרִאשֹׁנָה לְהָבִיא בָנַיִךְ מֵרָחוֹק כַּסְפָּם וּזְהָבָם אִתָּם לְשֵׁם יְהוָֹה אֱלֹהַיִךְ וְלִקְדוֹשׁ יִשְׂרָאֵל כִּי פֵּאֲרָךְ׃

10 וּבָנוּ בְנֵי־נֵכָר חֹמֹתַיִךְ וּמַלְכֵיהֶם יְשָׁרְתוּנֶךְ כִּי בְקִצְפִּי הִכִּיתִיךְ וּבִרְצוֹנִי רִחַמְתִּיךְ׃

[11] *Tus puertas estarán abiertas continuamente, ni de día ni de noche se cerrarán, para que te traigan las riquezas de las naciones, con sus reyes en procesión.*

[12] *Porque la nación y el reino que no te sirvan, perecerán; y esas naciones serán completamente destruidas.*

[13] *La gloria del Líbano vendrá a ti, el ciprés, el pino y el alerce juntos, para adornar el lugar de Mi Santuario; y Yo haré glorioso el lugar de Mis Pies.*

[14] *Y los hijos de los que te afligieron vendrán humillados a ti, y todos los que te despreciaban se postrarán a las plantas de tus pies; y te llamarán Ciudad del Eterno, el Sión del Santo de Israel.*

[15] *Por cuanto tú estabas abandonada y aborrecida, sin que nadie pasara por ti, haré de ti excelencia eterna, gozo de muchas generaciones.*

[16] *Y beberás la leche de las naciones y la leche de los pechos de los reyes; entonces sabrás que Yo, el Eterno, soy tu Salvador y tu Redentor, el Poderoso de Yaakov.*

[17] *En vez de bronce, traeré oro; en vez de hierro, traeré plata; en vez de madera, bronce; y en vez de piedras, hierro. Además, haré pacíficos a tus oficiales y justos a tus magistrados.*

[18] *No se oirá hablar más de violencia en tu tierra, ni de desolación, ni de destrucción dentro de tus límites; sino que llamarás a tus murallas Salvación y a tus puertas Alabanza.*

[19] *El Sol ya no será tu luz del día, ni el resplandor de la Luna te alumbrará; sino que el Eterno será tu Luz perpetua y Dios será tu gloria.*

[20] *Nunca más se pondrá tu Sol, ni menguará tu Luna, porque el Eterno será tu Luz perpetua, y se habrán acabado los días de tu luto.*

[21] *Todos los de tu pueblo también serán justos; ellos heredarán la tierra para siempre, vástago de Mi plantío, obra de Mis Manos, para que Yo me glorifique.*

[22] *El más pequeño llegará a ser un millar, y el más insignificante una nación poderosa. Yo, el Eterno, a su tiempo lo apresuraré.*

11 וּפִתְּחוּ שְׁעָרַיִךְ תָּמִיד יוֹמָם וָלַיְלָה לֹא יִסָּגֵרוּ לְהָבִיא אֵלַיִךְ חֵיל גּוֹיִם וּמַלְכֵיהֶם נְהוּגִים: 12 כִּי־הַגּוֹי וְהַמַּמְלָכָה אֲשֶׁר לֹא־יַעַבְדוּךְ יֹאבֵדוּ וְהַגּוֹיִם חָרֹב יֶחֱרָבוּ: 13 כְּבוֹד הַלְּבָנוֹן אֵלַיִךְ יָבוֹא בְּרוֹשׁ תִּדְהָר וּתְאַשּׁוּר יַחְדָּו לְפָאֵר מְקוֹם מִקְדָּשִׁי וּמְקוֹם רַגְלַי אֲכַבֵּד: 14 וְהָלְכוּ אֵלַיִךְ שְׁחוֹחַ בְּנֵי מְעַנַּיִךְ וְהִשְׁתַּחֲווּ עַל־כַּפּוֹת רַגְלַיִךְ כָּל־מְנַאֲצָיִךְ וְקָרְאוּ לָךְ עִיר יְהוָה צִיּוֹן קְדוֹשׁ יִשְׂרָאֵל: 15 תַּחַת הֱיוֹתֵךְ עֲזוּבָה וּשְׂנוּאָה וְאֵין עוֹבֵר וְשַׂמְתִּיךְ לִגְאוֹן עוֹלָם מְשׂוֹשׂ דּוֹר וָדוֹר: 16 וְיָנַקְתְּ חֲלֵב גּוֹיִם וְשֹׁד מְלָכִים תִּינָקִי וְיָדַעַתְּ כִּי אֲנִי יְהוָה מוֹשִׁיעֵךְ וְגֹאֲלֵךְ אֲבִיר יַעֲקֹב: 17 תַּחַת הַנְּחֹשֶׁת אָבִיא זָהָב וְתַחַת הַבַּרְזֶל אָבִיא כֶסֶף וְתַחַת הָעֵצִים נְחֹשֶׁת וְתַחַת הָאֲבָנִים בַּרְזֶל וְשַׂמְתִּי פְקֻדָּתֵךְ שָׁלוֹם וְנֹגְשַׂיִךְ צְדָקָה: 18 לֹא־יִשָּׁמַע עוֹד חָמָס בְּאַרְצֵךְ שֹׁד וָשֶׁבֶר בִּגְבוּלָיִךְ וְקָרָאת יְשׁוּעָה חוֹמֹתַיִךְ וּשְׁעָרַיִךְ תְּהִלָּה: 19 לֹא־יִהְיֶה־לָּךְ עוֹד הַשֶּׁמֶשׁ לְאוֹר יוֹמָם וּלְנֹגַהּ הַיָּרֵחַ לֹא־יָאִיר לָךְ וְהָיָה־לָךְ יְהוָה לְאוֹר עוֹלָם וֵאלֹהַיִךְ לְתִפְאַרְתֵּךְ: 20 לֹא־יָבוֹא עוֹד שִׁמְשֵׁךְ וִירֵחֵךְ לֹא יֵאָסֵף כִּי יְהוָה יִהְיֶה־לָּךְ לְאוֹר עוֹלָם וְשָׁלְמוּ יְמֵי אֶבְלֵךְ: 21 וְעַמֵּךְ כֻּלָּם צַדִּיקִים לְעוֹלָם יִירְשׁוּ אָרֶץ נֵצֶר מַטָּעַי (כתיב: מטעו) מַעֲשֵׂה יָדַי לְהִתְפָּאֵר: 22 הַקָּטֹן יִהְיֶה לָאֶלֶף וְהַצָּעִיר לְגוֹי עָצוּם אֲנִי יְהוָה בְּעִתָּהּ אֲחִישֶׁנָּה:

NITSAVIM

LA LECCIÓN DE NITSAVIM
(Deuteronomio 29:9-30:20)

La letra *Lámed* grande

El Shabat antes del mes de *Tishrei* (Libra) es la única vez en el año que bendecimos la Luna Nueva. Los comentaristas explican que esto se debe a que este Shabat en particular debe estar oculto del Lado Negativo. El período entre *Rosh Hashaná* y *Yom Kipur* se conoce como los Diez Días de Juicio. Durante este tiempo, cuanta menos interferencia tengamos de parte del Lado Negativo, mayor éxito tendremos en atraer la Luz de Misericordia a nuestra vida, en vez de atraer el Juicio severo. No obstante, abundan las preguntas: ¿Qué ocurre con la Luz que normalmente atraemos en el Shabat antes de un mes nuevo? Sin la Luz que recibimos a través de la bendición del nuevo mes, ¿no sería más difícil que tengamos un mes libre de caos?

De acuerdo con el *Séfer Yetsirá* (El libro de la formación), escrito por Avraham el Patriarca, el mes de *Tishrei* fue creado por la letra hebrea *Lámed* y es controlado por la misma. En el capítulo de Nitsavim, que siempre se lee en el Shabat antes de *Rosh Hashaná*, hay una letra *Lámed* grande en la palabra *vayashlijem*, que significa "los arrojó". Esta *Lámed* grande nos da la Luz que, de lo contrario, sería revelada en la bendición de la Luna Nueva. De esta manera, recibimos la Luz sin despertar al Lado Negativo con la bendición del mes.

Los sabios dicen que el Satán sólo viene si lo despertamos. Una parte de la razón por la cual no bendecimos la Luna de *Tishrei* está relacionada con nuestro deseo de no despertar al Satán. No obstante, después de miles de años, ciertamente el Satán sabe la fecha de *Rosh Hashaná* y que no bendecimos el mes. No intentaríamos emplear el mismo truco con una persona mil veces, pero ¿por qué esto funciona con el Satán año tras año?

La respuesta es que el Satán sólo tiene fuerza en nuestra vida cuando nosotros hacemos una abertura para él. En realidad no se trata de engañarlo. Como dice Rav Berg: "Tan sólo dile al Satán que no está invitado. Si le decimos esto, el Satán debe marcharse. La única condición es que debemos tener absoluta certeza de que tenemos el poder para desterrarlo". Ultimadamente, somos nosotros quienes traemos el caos a nuestra vida al hacerle una abertura al Satán; si pudiéramos cerrar dichas aberturas, nuestra vida estaría llena sólo de bendiciones y Luz. Está escrito en los comentarios que la inclinación de una persona es negativa desde temprana edad, pero sólo porque es nuestra naturaleza inherente seguir el *Deseo de Recibir para Sí Mismo Solamente*. Sin embargo, es importante que nunca olvidemos que muy dentro de nosotros sólo está la Fuerza de Luz del Creador. Si no permitimos que entre ninguna oscuridad en nuestra vida, ya no tendremos que buscar la Luz: veremos que la Luz ya está en nosotros.

Esta es una gran lección para nosotros. Tenemos la mejor de las razones para no hacer la bendición del mes, así que el Creador nos da la Luz a través la letra *Lámed*. Conectar con esta Luz puede ayudarnos a despertar la energía positiva de *Tishrei* durante las festividades de *Rosh*

Hashaná, *Yom Kipur* y *Sucot*. No hay límites para lo que el Creador hace por nosotros: Dios siempre se asegura de que el Satán no sea despertado y, al mismo tiempo, el Creador encuentra una manera —en este caso, por medio de la Lámed grande— de darnos la Luz que necesitamos.

Como dijo Rav Zusha: "Desearía poder amar al hombre más justo del mundo tanto como el Creador ama al más malvado". El *Zóhar* dice:

> En forma similar, EL SANTÍSIMO, BENDITO SEA ÉL, *no juzga al hombre según sus malas acciones, las cuales constantemente hace, porque si así lo hiciera, el mundo no habría sobrevivido. Pero el Santísimo, bendito sea Él, se abstiene de enfurecerse con los justos y los perversos. Con los perversos* ES AÚN *más* TOLERANTE *que con los justos, para que puedan arrepentirse completamente y existir en este mundo y en el Mundo por Venir. Como está escrito: "'¡Por Mi vida!', dice el Eterno, Dios, '¡No me complazco en la muerte de los perversos; sino en que los perversos cambien su camino y vivan!'..." (Ezequiel 33:11),* LO CUAL SIGNIFICA *vivir en este mundo y en el Mundo por Venir. Por esa razón, Él es siempre tolerante. Otra razón es que buena simiente saldrá de ellos, como Avraham fue engendrado de Téraj, quien produjo buena simiente y buen origen y porción en el mundo.*
> — *El Zóhar, Toldot 11:86*

La historia del gran líder espiritual, el Natziv, ejemplifica mejor este concepto. Cuando el Natziv tenía once años, era causa perdida como estudiante. Nunca les prestaba atención a sus maestros y faltaba a la escuela cada vez que podía. Una noche, el Natziv escuchó por casualidad una conversación entre sus padres, quienes hablaban de él en la habitación contigua. Su madre sollozaba. "¿Qué vamos a hacer con nuestro hijo?", le dijo a su padre. "No tiene interés en sus estudios. No quiere ir a la escuela, y en cualquier día de estos lo van a expulsar. ¿Qué será de él?".

Mientras el Natziv oía a su madre, lo acogió una sensación extraña. Podía sentir la angustia de su madre tan intensamente como si fuera la suya. No pudo contenerse más y entró corriendo a la habitación de sus padres y comenzó a pedirles perdón. El Natziv prometió que cambiaría y que se volvería un estudiante bueno y obediente a partir de ese momento. Él no hizo esta promesa porque le importaran sus estudios, sino porque le importaba su madre y no quería causarle dolor.

El Natziv cumplió con su palabra y cambió sus hábitos. Él se volvió un estudioso muy versado, escribió muchos libros y tuvo miles de estudiantes.

Si el Natziv no hubiese escuchado la conversación de sus padres por casualidad, ¿qué habría sido de él? Lo más probable es que habría sido una buena persona, dado que esto era parte de su naturaleza. Habría rezado, habría dado caridad, habría ayudado a muchos otros a tener una buena vida. Sin embargo, imagina lo que habría ocurrido después de que el Natziv abandonara este mundo y llegara a la "corte celestial".

Le habrían preguntado al Natziv: "¿Dónde están tus miles de estudiantes?". Y el Natziv se habría quedado boquiabierto y habría dicho: "¿De qué hablan? Fui comerciante e hice buenos negocios, pero no tengo ninguna información que impartirle siquiera a unos cuantos estudiantes; y mucho menos a miles de ellos. Mejor hablemos de las cantidades de dinero que di como caridad". Y los miembros de la corte dirían: "¿Dónde están las decenas de libros que estabas destinado a escribir?".

Muchas veces inventamos razones "espirituales" para no hacer ciertas cosas pero, al final, a todos nos preguntarán dónde está la Luz que estábamos destinados a revelar. El Creador tiene miles de razones para distanciarse de nosotros —y estas razones son millones de veces mejores que las nuestras—, sin embargo, el Creador siempre halla la manera de darnos la Luz que necesitamos. Cuando creemos que no hay una razón para hacer una cosa, debemos preguntarnos: "¿Pero qué hay de la Luz que tiene que ser revelada?". No hay peor infierno que ver lo que pudimos haber hecho, pero que no hicimos.

Con respecto a los 11 puntos

Hay 11 puntos sobre las palabras "*lanú ulevanenú*" (*Deuteronomio 29:28*), que quieren decir "a nosotros y a nuestros hijos". Los puntos sobre las letras se encuentran solamente en diez instancias en el rollo de la Torá, y tenemos la bendición de que una de estas ocasiones sea en Nitsavim. Según el *Zóhar*, el número 11 es muy significativo, ya que elimina la negatividad y nos protege contra ella; como los 11 tipos de incienso que se usaban para rescatar la Luz del Creador que había sido entregada a las klipot (cáscaras de negatividad que encapsulan la Luz) y las 11 cortinas sobre el Tabernáculo a fin de protegerlo de cualquier clase de negatividad. Cuando meditamos en los 11 puntos en este versículo, tenemos la oportunidad de rescatar toda nuestra Luz que fue capturada por las klipot.

Pero hay más información acerca de los 11 puntos. Rav Avraham Azulái explica en *El pueblo del pacto de Avraham* que cualquiera de los puntos sobre las letras en la Torá nos conecta con los Diez Días de Expiación entre Rosh Hashaná y Yom Kipur. En Nitsavim, los puntos nos conectan con el décimo día de los Diez Días de Expiación, que es *Yom Kipur*. Nosotros pensamos que *Yom Kipur* ocurre sólo una vez al año, pero Rav Avraham Azulái, mediante su explicación de los puntos, nos enseña que la misma Luz que se revela en *Yom Kipur, Rosh Hashaná* y el mes de *Elul* también puede revelarse a través de las lecturas semanales de la Torá en Shabat. Al conectar con los 11 puntos durante esta lectura, tenemos una oportunidad de regresar espiritualmente en el tiempo a todos a los que les hemos causado dolor en el pasado y quitarles dicho dolor. En otras palabras, mediante el proceso espiritual de *teshuvá* (regresar a la Hei), como se explicó anteriormente en el capítulo de Qui Tetsé, podemos recobrar la Luz que fue arrebatada por el Lado Negativo.

Eso es lo que significa rescatar la Luz de las *klipot*. La única forma de recuperar esta Luz es sanando el dolor de alguien a quien hemos lastimado, o dejando de sentir dolor nosotros. Si hacemos esto, podremos reconectar con esa Luz cautiva.

Pareciera que la gente se preocupara por lo que les han hecho a los demás solamente en el mes de *Elul*. Su interés principal en esta época es borrar el daño que han causado. Lamentablemente, esto no es lo mismo que el interés genuino. No obstante, el propósito de este mes es llegar a un estado en el que verdaderamente estemos interesados todo el tiempo; no sólo en el mes de *Elul*. Rav Avraham Azulái nos enseña que necesitamos interesarnos por los demás de verdad y usar la tecnología de la *teshuvá* todo el año. *Rosh Hashaná* influye en todo el año, pero los cambios que hagamos deben ser genuinos; no porque el calendario diga que estamos en el mes de *Elul* o porque tengamos miedo de lo que nos pueda ocurrir en *Yom Kipur*.

Los 11 puntos nos enseñan cómo deberían ser nuestros sentimientos hacia las demás personas. Dado que los puntos están sobre las palabras "a nosotros y a nuestros hijos", aprendemos que el amor que existe entre un padre y un hijo no puede expresarse con palabras. Este amor es tan profundo que no tiene igual y no puede desentrañarse. Este ciertamente no es la clase de amor que está fundamentado en intenciones ocultas y que está dañado por preguntas tácitas como: "¿Cómo me estoy beneficiando con esto?" o "¿Qué hay de mí?".

El amor que despierta en nosotros cuando conectamos con los 11 puntos se llama "amor simple"; un amor sin reglas ni límites, un amor que simplemente existe. Es incondicional y sin intenciones ocultas. La energía inherente al mes de *Elul* nos da la oportunidad de despertar nuestro deseo de un amor simple por las personas a quienes somos cercanos y, de ser posible, incluso por las personas que no conocemos. Espero que esto quede claro porque es una gran lección: si debe "trabajarse" la conexión entre dos individuos, significa que hay un problema con la conexión. Más aún, de acuerdo con los sabios, el amor simple es algo que podemos tener por los demás todo el año, no solamente en el mes de *Elul*. El amor simple no es tan sólo algo en lo que trabajamos durante un mes o aun durante los 40 días entre el primer día de *Elul* hasta *Yom Kipur*. El cambio debe ser genuino, consistente y permanente; en cada día y cada momento de todo el año.

Los sabios dicen que cuando logramos esta conexión con los demás a través del amor simple, podemos limpiar toda la negatividad que tenemos dentro. Entonces, mereceremos verdaderamente el versículo: "*Hoy todos ustedes están ante el Creador*" (*Deuteronomio 29:9*). No habrá barrera entre nosotros y el Creador. Será como un padre parado al lado de su hijo. Cuando conectamos realmente con la Luz, no tenemos que pedirle al Creador que esté con nosotros. Sencillamente, sentiremos la Luz del Creador dentro de nosotros de forma perpetua.

SINOPSIS DE NITSAVIM

La lectura del capítulo de Nitsavim siempre cae en el Shabat antes de *Rosh Hashaná*. La palabra *nitsavim* significa "están firmes ante". Ahora nos encontramos ante *Rosh Hashaná*. Leer y conectar con Nitsavim nos ayuda a prepararnos para obtener la conciencia espiritual correcta para manejar los Diez Días de Juicio desde *Rosh Hashaná* hasta *Yom Kipur*. Con este soporte de Nitsavim podemos transformar la intensa energía de juicio en una energía de misericordia mientras reprogramamos los siguientes 365 días de nuestra vida.

PRIMERA LECTURA – AVRAHAM – JÉSED

29 ⁹ *Hoy todos ustedes están ante el Eterno, su Dios: sus jefes, sus tribus, sus ancianos y sus oficiales, todos los hombres de Israel, ¹⁰ sus pequeños, sus mujeres, y el forastero que está entre tus campamentos, desde tu leñador hasta el que saca tu agua,*

¹¹ para que entres en el Pacto con el Eterno, tu Dios, y en Su Juramento que el Eterno, tu Dios, hace contigo este día,

EN AÑO BISIESTO SEGUNDA LECTURA – YITSJAK – GUEVURÁ

¹² a fin de que Él te establezca este día como Su pueblo y que Él sea tu Dios, tal como te lo ha dicho y como lo juró a tus padres, Avraham, Yitsjak y Yaakov. ¹³ Y no hago sólo este pacto y este juramento con ustedes,

---

COMENTARIO DEL RAV

Existe una fuerza que cubre las cosas de modo que se vuelven invisibles. Por ejemplo, cuando nuestros dientes se caen, pareciera que hubiesen desaparecido; pero, como sabemos, esto es similar a los niños cuyos dientes vuelven a crecer. Si estuviéramos convencidos de esto, podríamos comer y masticar con estos dientes, pero la fuerza del Satán llega y nos dice: "Vamos, inténtalo. ¡Verás que no tienes dientes!".

Es por esta razón que Moshé, nuestro maestro, escribió en este capítulo de Nitsavim: "Hoy todos ustedes están presentes… los que están este día aquí con nosotros delante del Eterno, nuestro Dios, y aquellos que no están aquí con nosotros este día". Moshé quiso impartirnos a través de este código que todo está aquí y ahora, incluso aquello que no es visible a los ojos. El poder de Nitsavim es restaurar nuestra verdadera visión a fin de eliminar las cortinas de humo.

כֻּלְּכֶם

Deuteronomio 29:9 – ¿Para quiénes fueron creadas estas Leyes Universales que se encuentran en la Biblia? Fueron creadas para todos, y nadie puede sentir que es muy bueno o muy malvado como para emprender un camino espiritual. Estas leyes están destinadas a ser inclusivas aunque, a lo largo de la historia, la religión ha sido empleada para excluir a las personas. El propósito de la tecnología de la Kabbalah es unir a todos. El *Zóhar* dice:

Rabí Elazar comentó que la expresión "hayó-hayá (estaba siendo)" significa que él tanto vio como no vio, entendió y no entendió, como está escrito: "Vi algo como ojo de jashmal (galena)…" (Ezequiel 1:27). No ESTÁ ESCRITO: 'Vi jashmal', pero de Yisrael está escrito: "Y todo el pueblo vio las voces" SIGNIFICANDO que cada uno de ellos vio de acuerdo a lo que era merecedor de ver.

Hemos aprendido que se pusieron en filas y en grupos y divisiones, y cada uno vio como le convenía. Rabí Shimón dijo

PRIMERA LECTURA – AVRAHAM – JÉSED

יְהֹוָ֥האהדונהי בִּינָה וחכמה לִפְנֵ֖י כָּלְּכֶ֑ם מֹזֵּ֑ה זו, = נגד, ע"ה הַיּ֔וֹם נִצָּבִ֤ים אַתֶּ֨ם 9

אִ֖ישׁ יל" כֹּ֚ל וְשֹֽׁטְרֵיכֶ֔ם זִקְנֵיכֶ֣ם שִׁבְטֵיכֶ֤ם רָֽאשֵׁיכֶ֣ם יל" אֱלֹֽהֵיכֶ֗ם

מוֹזֵ֔נֵ֖ךְ קס"א קמ"ג בְּקֶ֖רֶב אֲשֶׁ֥ר וְגֵ֣רְךָ֔ נְשֵׁיכֶ֣ם טַפְּכֶ֣ם 10 :יִשְׂרָאֵ֑ל קס"א קנ"א ע"ה

אֱלֹהֶ֖יךָ יְהֹוָ֥האהדונהי בִּבְרִ֛ית לְעָבְרְךָ֗ 11 :מֵימֶֽיךָ שֹׁאֵ֥ב עַ֖ד עֵצֶ֔יךָ

נגם הַוַיּ֔וֹת, ה יל" עִמְּךָ֖ כֹּרֵ֥ת יל" אֱלֹהֶ֔יךָ יְהֹוָ֥האהדונהי אֲשֶׁ֨ר וּבְאָֽלָת֑וֹ יל" אֱלֹהֶ֑יךָ

:מֹזֵּ֑ה זו, = נגד, ע"ה הַיּֽוֹם

EN AÑO BISIESTO SEGUNDA LECTURA – YITSJAK – GUEVURÁ

לְךָ֣ ייי יִֽהְיֶ֣ה וְה֙וּא עלם לְעָ֜ם ל֩וֹ מֹזֵּ֑ה זו, = נגד, ע"ה הַיּ֨וֹם אֹֽתְךָ֤ הָקִ֨ים לְמַ֩עַן 12

לַֽאֲבֹתֶ֔יךָ נִשְׁבַּ֣ע וְכַֽאֲשֶׁ֥ר לָ֑ךְ ראה דִּבֶּר־ כַּֽאֲשֶׁ֖ר יל" ; אדני אהיה מום, לֵֽאלֹהִ֔ים

וְלֹ֥א 13 :אידהנויה יאהדונהי יהוה ז"פ וּֽלְיַעֲקֹֽב דּ"פ ב"ן לְיִצְחָ֖ק אל וז"פ רמ"ח, לְאַבְרָהָ֥ם

:הַזֹּֽאת הָֽאָלָ֖ה וְאֶת־ הַזֹּ֑את הַבְּרִ֖ית אֶת־ כֹּרֵ֥ת איע אָֽנֹכִ֔י לְבַדְּכֶ֑ם אִתְּכֶ֖ם

---

que los jefes de los grados SE PUSIERON ellos mismos y todas las mujeres por ellas mismas. Y cinco grados SE PUSIERON a la derecha y cinco grados a la izquierda, como está escrito: "Ustedes se ponen hoy, todos, delante del Eterno, su Dios: sus jefes de tribu, sus ancianos, y sus oficiales de justicia, con todos los hombres de Yisrael" (Deuteronomio 29:9). Éstos son los cinco grados a la derecha. ¿Y cuáles son los cinco grados a la izquierda? Está escrito: "sus pequeños, sus esposas, y el extranjero que está en su campamento, desde el leñador hasta el aguador" (ibid. 10). Éstos son los cinco grados a la izquierda.
— El Zóhar, Yitró 19:315-316

כֹּל

Deuteronomio 29:9 – Al pueblo se le entregaron las Leyes. "Pueblo" se refiere a todas las personas; las que estaban en el camino espiritual y las que no, las personas que estuvieron allí y las que no, las personas que están aquí y las que no están aquí. Es una parte importante de nuestro crecimiento espiritual entender y apreciar cómo estas leyes nos unen en vez de separarnos. El *Zóhar* dice:

La almas de todas las generaciones por venir estuvieron presentes allí y todos ellos recibieron la Torá en el Monte Sinaí, como está escrito: "sino con los que se paran aquí con nosotros en este día y

¹⁴ *sino también con el que está este día aquí con nosotros delante del Eterno, nuestro Dios, y con el que no está aquí con nosotros este día.*

EN AÑO BISIESTO TERCERA LECTURA – YAAKOV – TIFÉRET

¹⁵ *pues ustedes saben cómo habitamos en la tierra de Egipto y cómo pasamos en medio de las naciones por las cuales han pasado,*

¹⁶ *y ustedes han visto sus abominaciones y sus ídolos, de madera y piedra, de plata y oro, que tenían consigo;*

¹⁷ *no sea que haya entre ustedes hombre o mujer, familia o tribu, cuyo corazón se aleje este día del Eterno, nuestro Dios, para ir y servir a los dioses de aquellas naciones; no sea que haya entre ustedes una raíz que produzca amargura y ajenjo.*

¹⁸ *Y sucederá que cuando él oiga las palabras de esta maldición, se bendecirá a sí mismo en su corazón, diciendo: 'Tendré paz aunque ande en la terquedad de mi corazón', o sea: aunque añada la embriaguez a la sed;*

¹⁹ *el Eterno jamás querrá perdonarlo, sino que la ira del Eterno y Su celo se encenderán contra ese hombre, y toda maldición que está escrita en este Libro caerá sobre él, y el Eterno borrará su nombre de debajo del Cielo;*

²⁰ *y el Eterno lo separará de todas las tribus de Israel, conforme a todas las maldiciones del Pacto que están escritas en este Libro de la Ley.*

²¹ *Y la generación venidera, sus hijos que se levanten después de ustedes y el extranjero que venga de tierra lejana, cuando vean las plagas de la tierra y las enfermedades con las que el Eterno la ha enfermado, dirán:*

²² *'Toda su tierra es azufre, sal y calcinación, sin sembrar, nada germina y el pasto no crece en ella, como en la destrucción de Sodoma y de Admá y de Zeboim, que el Eterno destruyó en Su ira y en Su furor';*

---

también con aquéllos que no están aquí con nosotros en este día" (Deuteronomio 29:14). Estaban todos allí, cada uno de acuerdo a su mérito, y vio y recibió las palabras.
— *El Zóhar, Yitró 20:346*

פ

Deuteronomio 29:17 – Este versículo nos advierte de la idolatría. Como se ha mencionado anteriormente, la idolatría no se refiere solamente a imágenes talladas. Cada vez que tratamos a algo o alguien como si fueran más importantes que nuestro trabajo espiritual, ese objeto o persona se convierte en nuestro ídolo.

14 כִּי אֶת־אֲשֶׁר יֶשְׁנוֹ פֹּה מילה, ע"ה אלהים, ע"ה מום עִמָּנוּ ריבוע ס"ג עֹמֵד הַיּוֹם

ע"ה = נגד, זן, מזבח לִפְנֵי וחכמה בינה יְהֹוָאדְנִיְּאהדונהי אֱלֹהֵינוּ יכה וְאֵת אֲשֶׁר אֵינֶנּוּ פֹּה

מילה, ע"ה אלהים, ע"ה מום עִמָּנוּ ריבוע ס"ג הַיּוֹם ע"ה = נגד, זן, מזבח:

EN AÑO BISIESTO TERCERA LECTURA – YAAKOV – TIFÉRET

15 כִּי־אַתֶּם יְדַעְתֶּם אֵת אֲשֶׁר־יָשַׁבְנוּ בְּאֶרֶץ אלהים דאלפין מִצְרָיִם מצר

וְאֵת אֲשֶׁר־עָבַרְנוּ בְּקֶרֶב קמ"ג קס"א הַגּוֹיִם אֲשֶׁר עֲבַרְתֶּם: 16 וַתִּרְאוּ

אֶת־שִׁקּוּצֵיהֶם וְאֵת גִּלֻּלֵיהֶם עֵץ ע"ה קס"א וָאֶבֶן יוד הה ואו הה כֶּסֶף וְזָהָב אֲשֶׁר

עִמָּהֶם: 17 פֶּן־יֵשׁ בָּכֶם ב"פ אל אִישׁ ע"ה קנ"א קס"א אוֹ־אִשָּׁה אוֹ מִשְׁפָּחָה

אוֹ־שֵׁבֶט אֲשֶׁר לְבָבוֹ פֹנֶה ע"ב ס"ג הַיּוֹם ע"ה = נגד, זן, מזבח מֵעִם יְהֹוָאדְנִיְּאהדונהי

אֱלֹהֵינוּ יכה לָלֶכֶת לַעֲבֹד אֶת־אֱלֹהֵי דמב, ילה הַגּוֹיִם הָהֵם פֶּן־יֵשׁ י"פ אל

בָּכֶם ב"פ אל שֹׁרֶשׁ פֹּרֶה רֹאשׁ ריבוע אלהים ואלהים דיודין ע"ה וְלַעֲנָה: 18 וְהָיָה יהוה, היי

בְּשָׁמְעוֹ אֶת־דִּבְרֵי ראה הָאָלָה הַזֹּאת וְהִתְבָּרֵךְ בִּלְבָבוֹ לֵאמֹר שָׁלוֹם

יִהְיֶה־ לִּי כִּי בִּשְׁרִרוּת לִבִּי אֵלֵךְ לְמַעַן סְפוֹת הָרָוָה אֶת־הַצְּמֵאָה:

19 לֹא־יֹאבֶה יְהֹוָאדְנִיְּאהדונהי סְלֹחַ יהוה ע"ב לוֹ כִּי אָז יֶעְשַׁן אַף־יְהֹוָאדְנִיְּאהדונהי

וְקִנְאָתוֹ בָּאִישׁ ע"ה קנ"א קס"א הַהוּא וְרָבְצָה בּוֹ כָּל־ ילי הָאָלָה הַכְּתוּבָה

בַּסֵּפֶר הַזֶּה והו וּמָחָה יְהֹוָאדְנִיְּאהדונהי אֶת־שְׁמוֹ מהש ע"ה, אל שדי ע"ה מִתַּחַת

הַשָּׁמָיִם י"פ טל, י"פ כוזו: 20 וְהִבְדִּילוֹ יְהֹוָאדְנִיְּאהדונהי לְרָעָה רההי מִכֹּל ילי שִׁבְטֵי

ע"ך יִשְׂרָאֵל ככל ילי אָלוֹת הַבְּרִית הַכְּתוּבָה בְּסֵפֶר הַתּוֹרָה הַזֶּה והו:

21 וְאָמַר הַדּוֹר הָאַחֲרוֹן בְּנֵיכֶם אֲשֶׁר יָקוּמוּ מֵאַחֲרֵיכֶם וְהַנָּכְרִי אֲשֶׁר

יָבֹא מֵאֶרֶץ אלהים דאלפין רְחוֹקָה וְרָאוּ אֶת־מַכּוֹת הָאָרֶץ אלהים דההין ע"ה הַהוּא

וְאֶת־תַּחֲלֻאֶיהָ אֲשֶׁר־חִלָּה לההו יְהֹוָאדְנִיְּאהדונהי בָּהּ: 22 גָּפְרִית וָמֶלַח ג"פ יהוה

שְׂרֵפָה כָל־ ילי אַרְצָהּ אלהים דההין ע"ה לֹא תִזָּרַע וְלֹא תַצְמִחַ וְלֹא־יַעֲלֶה בָהּ

23 todas las naciones dirán: '¿Por qué el Eterno ha obrado así con esta tierra? ¿Qué significa este gran ardor de ira?'. 24 Entonces los hombres dirán: 'Porque han abandonado el Pacto que el Eterno, el Dios de sus padres, hizo con ellos cuando los sacó de la tierra de Egipto. 25 Y ellos fueron y sirvieron a otros dioses y los adoraron, dioses que no habían conocido y que Él no les había dado. 26 Por lo tanto, la ira del Eterno ardió contra aquella tierra, para traer sobre ella toda maldición que está escrita en este Libro; 27 y el Eterno los desarraigó de su tierra con ira, furor y gran indignación, y los arrojó a otra tierra, hasta el día de hoy'. 28 Los asuntos secretos pertenecen al Eterno, nuestro Dios; pero las cosas que son reveladas nos pertenecen a nosotros y a nuestros hijos para siempre, a fin de que cumplamos todas las palabras de esta Ley.

EN AÑO BISIESTO CUARTA LECTURA – MOSHÉ – NÉTSAJ

CUANDO ESTÁN CONECTADAS: SEGUNDA LECTURA – YITSJAK – GUEVURÁ

30 1 Y sucederá que, cuando todas estas cosas hayan venido sobre ti, la bendición y la maldición que he puesto delante de ti, y tú las recuerdes entre todas las naciones adonde el Eterno tu Dios te haya desterrado,

---

וַיַּשְׁלִכֵם

Deuteronomio 29:27 – Hay una letra *Lámed* grande en la palabra *vayashlijem* (los arrojó). Cada mes, en Shabat, bendecimos la aparición de la Luna Nueva; al hacer esto, atraemos su energía sobre nosotros. No obstante, en el mes de *Tishrei*, en este momento crucial antes de *Rosh Hashaná*, no queremos atraer la atención del Satán hacia nosotros, así que no bendecimos la Luna Nueva. Entonces, ¿qué ocurre con la energía que normalmente obtenemos de esta acción? En vez de eso, la obtenemos de la *Lámed* grande. Esta es una lección importante, ya que sin estar al tanto de la función de la *Lámed* grande no podemos recibir esta energía. Pero la lección más importante aquí es que la Luz siempre nos cuida. Si tenemos dificultades en realizar una acción determinada, el Creador aun nos permite tener acceso a la Luz.

לָנוּ וּלְבָנֵינוּ עַד

Deuteronomio 29:28 – Los 11 puntos. Hay diez lugares en el rollo de la Torá donde encontramos puntos sobre las palabras. Estas diez series de puntos nos conectan con los Diez Días de Juicio entre *Rosh Hashaná* y *Yom Kipur*. En este versículo, en el Rollo de la Torá, hay 11 puntos. Éstos comprenden el décimo (y último) segmento de puntos y, por lo tanto, nos conectan con *Yom Kipur*, el décimo Día de Juicio. El *Zóhar* dice que en *Yom Kipur* la humanidad es elevada a la *Sefirá de Biná*, el más alto nivel de energía al cual podemos conectar a lo largo del año. Mediante el poder de estos puntos, podemos acceder a la energía de *Yom Kipur* y, por ende, a la *Sefirá de Biná*. El *Zóhar* dice:

Aprendimos: Rabí Shimón abrió la discusión diciendo: "Las cosas secretas pertenecen al Eterno, nuestro Dios..." (Deuteronomio 29:8). Ven y ve cómo un hombre debe tener cuidado con los pecados y estar alerta para no transgredir los deseos de su Señor. Porque hemos aprendido que toda cosa que un hombre hace en el mundo es escrita en un libro y numerada ante el Santo Rey. Todo es conocido ante Él, como está escrito: "'¿Puede alguien ocultarse en lugares secretos donde Yo no pueda verlo'?, dice el Eterno" (Jeremías 23:24). ¿Cómo

כָּל־ יּ ע״ב עָשָׂב ע״ב שמות כְּמַהְפֵּכַת סְדֹם ב״פ ב״ן וַעֲמֹרָה אַדְמָה וּצְבֹיִים אֲשֶׁר

הָפַךְ יְהֹוָהאהדונהי בְּאַפּוֹ וּבַחֲמָתוֹ: 23 וְאָמְרוּ כָּל־ יּ הַגּוֹיִם עַל־מֶה מ״ה

עָשָׂה יְהֹוָהאהדונהי כָּכָה הי לָאָרֶץ אלהים דאלפין מֶה מ״ה הַזֹּאת וַמֶּ מ״ה חֳרִי הָאַף הַגָּדוֹל

לַהֹו, מובה, יזל, אום הַזֶּה והו: 24 וְאָמְרוּ עַל אֲשֶׁר עָזְבוּ אֶת־בְּרִית יְהֹוָהאהדונהי

אֱלֹהֵי דמב, ילה אֲבֹתָם אֲשֶׁר כָּרַת עִמָּם בְּהוֹצִיאוֹ אֹתָם מֵאֶרֶץ אלהים דאלפין

מִצְרָיִם מצר: 25 וַיֵּלְכוּ וַיַּעַבְדוּ אֱלֹהִים מום, אהיה אדני ; ילה אֲחֵרִים וַיִּשְׁתַּחֲווּ

לָהֶם אֱלֹהִים מום, אהיה אדני ; ילה אֲשֶׁר לֹא־יְדָעוּם וְלֹא יהוה אהיה יהוה אדני חָלַק

לָהֶם: 26 וַיִּחַר־אַף יְהֹוָהאהדונהי בָּאָרֶץ אלהים דאלפין הַהִוא לְהָבִיא עָלֶיהָ

פהל אֶת־כָּל־ יּ הַקְּלָלָה הַכְּתוּבָה בַּסֵּפֶר הַזֶּה והו: 27 וַיִּתְּשֵׁם יְהֹוָהאהדונהי

מֵעַל עלם אַדְמָתָם בְּאַף וּבְחֵמָה וּבְקֶצֶף גָּדוֹל לַהֹו, מבה, יזל, אום וַיַּשְׁלִכֵם

אֶל־אֶרֶץ אלהים דאלפין אַחֶרֶת כַּיּוֹם ע״ה = נגד, וז, מזבח הַזֶּה והו: 28 הַנִּסְתָּרֹת

לַיהֹוָהאהדונהי אֱלֹהֵינוּ ילה וְהַנִּגְלֹת לָנוּ מום, אלהים, אהיה אדני וּלְבָנֵינוּ עַד

־עוֹלָם לַעֲשׂוֹת אֶת־כָּל־ יּ דִּבְרֵי ראה הַתּוֹרָה הַזֹּאת:

EN AÑO BISIESTO CUARTA LECTURA – MOSHÉ – NÉTSAJ

CUANDO ESTÁN CONECTADAS: SEGUNDA LECTURA – YITSJAK – GUEVURÁ

30 1 וְהָיָה יהוה, יהה כִי־יָבֹאוּ עָלֶיךָ רבוע מ״ה כָּל־ יּ הַדְּבָרִים ראה הָאֵלֶּה

---

puede un hombre guardarse de pecar ante su Señor? Aprendimos que aun los pensamientos y planes de un hombre son todos colocados ante el Santísimo, bendito sea Él, y no son perdidos ante Él.
— *El Zóhar, Vayejí 29:261*

וְהָיָה

Deuteronomio 30:1 – Aquí se habla de la Redención Final. El reemplazo final del caos por el orden y la Luz ocurrirá algún día; lo único que nos separa de ese día es el tiempo. El tiempo es una de las herramientas más poderosas que el Satán usa en nuestra contra. Debido al tiempo, no percibimos necesariamente las consecuencias de nuestras acciones. Podríamos haber tomado

² *y vuelvas al Eterno, tu Dios, tú y tus hijos, y escuchen Su Voz con todo tu corazón y con toda tu alma conforme a todo lo que yo te ordeno este día,*

³ *entonces el Eterno, tu Dios, te hará volver de tu cautividad y tendrá compasión de ti, y te recogerá de entre todos los pueblos adonde el Eterno, tu Dios, te haya dispersado.*

⁴ *Si alguno de tus desterrados están en los confines del cielo, el Eterno, tu Dios, los recogerá de allí, y de allí los hará volver.*

⁵ *Y el Eterno, tu Dios, te llevará a la tierra que tus padres poseyeron, y tú la poseerás; y Él será benévolo contigo y te multiplicará más que a tus padres.*

⁶ *Y el Eterno, tu Dios, circuncidará tu corazón y el corazón de tu simiente, para que ames al Eterno, tu Dios, con todo tu corazón y con toda tu alma, a fin de que vivas.*

EN AÑO BISIESTO QUINTA LECTURA – AHARÓN – HOD

CUANDO ESTÁN CONECTADAS: TERCERA LECTURA – YAAKOV – TIFÉRET

⁷ *El Eterno, tu Dios, pondrá todas estas maldiciones sobre tus enemigos y sobre los que te odian y te persiguen.* ⁸ *Y tú volverás y escucharás la Voz del Eterno, y guardarás todos Sus mandamientos que yo te ordeno hoy.*

---

una decisión hace años que nos está afectando hoy, pero sin tener idea al respecto. Nuestro trabajo es remover y acortar el proceso, y este versículo nos ayuda a hacer eso.

El *Zóhar* dice:

Ven y ve: Cuando Yisrael habitaba en su país y ofrecían sacrificios, se acercaron al Santísimo, bendito sea Él. Cuando el sacrificio era ofrecido y el humo se elevaba recto, ellos sabían que el humo del altar encendía la vela merecedora de ser encendida; todos los rostros brillaban y las velas estaban ardiendo. Desde que el Templo fue destruido, ni un día pasa sin ira y enojo, como está escrito: "... y un Dios que se indigna cada día" (Salmos 7:12). La alegría estaba desterrada arriba y abajo, y Yisrael fue al exilio bajo el dominio de otros dioses. Entonces, el versículo es cumplido, como está escrito: "... y allí ustedes servirán a otros dioses..." (Deuteronomio 28:64).

ÉL PREGUNTA: ¿Por qué MERECIÓ YISRAEL todo esto? CONTESTA: Como está escrito: "Porque no servían ustedes al Eterno, su Dios, con alegría y con agrado en su corazón por la abundancia de todas las cosas" (ibid. 47). PREGUNTA: ¿Cuál es el significado de: "la abundancia de todas las cosas"? CONTESTA: Aquí, hay "la abundancia de todas las cosas", y allá: "falta de todas las cosas". De modo que esto será hasta que el Santísimo, bendito sea Él, se despierte y nos redima de entre las naciones, como está escrito: "y el Eterno, tu Dios, te regresará de tu cautiverio, y tendrá compasión de ti, y te regresará y te reunirá de todas las naciones entre las cuales el Eterno, tu Dios, te dispersó. Si estás descarriado en el fondo del Cielo, de allí el Eterno, tu Dios, te reunirá" (Deuteronomio 30:3-4).
— *El Zóhar, Vayishlaj 22:229-232*

הַבְּרָכָה עסמ״ב וְהַקְּלָלָה אֲשֶׁר נָתַתִּי לְפָנֶיךָ סמ״ב וַהֲשֵׁבֹתָ אֶל־לְבָבֶךָ

בְּכָל־ ב״ן, לכב, יבמ הַגּוֹיִם אֲשֶׁר הִדִּיחֲךָ יְהֹוָה אֱלֹהֶיךָ שָׁמָּה

מהוע, משה, אל עדי״ 2 וְשַׁבְתָּ עַד־יְהֹוָה אֱלֹהֶיךָ וְשָׁמַעְתָּ בְקֹלוֹ

כְּכֹל אֲשֶׁר־אָנֹכִי מְצַוְּךָ הַיּוֹם אַתָּה וּבָנֶיךָ בְּכָל־

ב״ן, לכב, יבמ לְבָבְךָ וּבְכָל־ ב״ן, לכב, יבמ נַפְשֶׁךָ: 3 וְשָׁב יְהֹוָה אֱלֹהֶיךָ

אֶת־שְׁבוּתְךָ וְרִחֲמֶךָ וְשָׁב וְקִבֶּצְךָ מִכָּל־הָעַמִּים אֲשֶׁר

הֱפִיצְךָ יְהֹוָה אֱלֹהֶיךָ שָׁמָּה 4 אִם־

יִהְיֶה נִדַּחֲךָ בִּקְצֵה הַשָּׁמָיִם מִשָּׁם יְקַבֶּצְךָ

יְהֹוָה אֱלֹהֶיךָ וּמִשָּׁם יִקָּחֶךָ: 5 וֶהֱבִיאֲךָ יְהֹוָה

אֱלֹהֶיךָ אֶל־הָאָרֶץ אֲשֶׁר־יָרְשׁוּ אֲבֹתֶיךָ וִירִשְׁתָּהּ וְהֵיטִבְךָ

וְהִרְבְּךָ מֵאֲבֹתֶיךָ: 6 וּמָל יְהֹוָה אֱלֹהֶיךָ אֶת־לְבָבְךָ וְאֶת־לְבַב

זַרְעֶךָ לְאַהֲבָה אֶת־יְהֹוָה אֱלֹהֶיךָ בְּכָל־ ב״ן, לכב, יבמ

לְבָבְךָ וּבְכָל־ ב״ן, יבמ נַפְשְׁךָ לְמַעַן חַיֶּיךָ:

EN AÑO BISIESTO QUINTA LECTURA – AHARÓN – HOD
CUANDO ESTÁN CONECTADAS: TERCERA LECTURA – YAAKOV – TIFÉRET

7 וְנָתַן אבגית״ך, ושיר, אהבת חום יְהֹוָה אֱלֹהֶיךָ אֵת כָּל־ הָאָלוֹת

הָאֵלֶּה עַל־אֹיְבֶיךָ וְעַל־שֹׂנְאֶיךָ אֲשֶׁר רְדָפוּךָ: 8 וְאַתָּה תָשׁוּב וְשָׁמַעְתָּ

בְּקוֹל יְהֹוָה וְעָשִׂיתָ אֶת־כָּל־מִצְוֹתָיו אֲשֶׁר אָנֹכִי

הָאָלוֹת

Deuteronomio 30:7 – "*El Creador pondrá todas estas maldiciones sobre tus enemigos...*". Si un individuo está destinado a enfrentar juicios, pero no juzga a los demás, entonces el juicio que estaba destinado para él pasará a otra persona. Podemos escoger que el juicio caiga sobre nosotros si escogemos juzgar a los demás.

9 Y el Eterno, tu Dios, te hará muy próspero en toda la obra de tu mano, en el fruto de tu cuerpo, en el aumento de tu ganado y en el producto de tu tierra para siempre; pues el Eterno de nuevo se deleitará en ti para bien, tal como se deleitó en tus padres; 10 si obedeces a la Voz del Eterno, tu Dios, y guardas Sus mandamientos y Sus estatutos que están escritos en este Libro de la Ley, y si te vuelves al Eterno, tu Dios, con todo tu corazón y con toda tu alma.

EN AÑO BISIESTO SEXTA LECTURA – YOSEF – YESOD

11 Porque este mandamiento que yo te ordeno este día no es muy difícil para ti, ni está fuera de tu alcance. 12 No está en el cielo, para que digas: '¿Quién subirá por nosotros al cielo para traérnoslo y hacérnoslo oír a fin de que lo guardemos?'.

13 Ni está más allá del mar, para que digas: '¿Quién cruzará el mar por nosotros para traérnoslo y para hacérnoslo oír, a fin de que lo guardemos?'. 14 Sino que la palabra está muy cerca de ti, en tu boca y en tu corazón, para que la guardes.

EN AÑO BISIESTO SÉPTIMA LECTURA – DAVID – MALJUT

MAFTIR

CUANDO ESTÁN CONECTADAS: CUARTA LECTURA – MOSHÉ – NÉTSAJ

15 Mira, este día yo he puesto delante de ti la vida y el bien, la muerte y el mal; 16 por tanto te ordeno hoy amar al Eterno, tu Dios, andar en Sus caminos y guardar Sus mandamientos, Sus estatutos y Sus ordenanzas, para que vivas y te multipliques, y que el Eterno, tu Dios, te bendiga en la tierra que vas a entrar para poseerla.

הַמִּצְוָה

Deuteronomio 30:11 – Hoy en día, los secretos de la Biblia son accesibles. Las explicaciones más profundas de sus versículos no se encuentran en el Cielo; en lugar de ello, están justo aquí ante nosotros gracias al trabajo del Kabbalista Rav Áshlag de traducir el *Zóhar* arameo al hebreo. Los sabios enseñan que cuando apreciamos verdaderamente a esas almas justas —como la de Rav Áshlag— que vinieron antes de nosotros, nuestra generación se beneficia tanto del trabajo de ellos como de la Luz que revelaron en el mundo.

נָתַתִּי

Deuteronomio 30:15 – *"Mira, este día yo he puesto delante de ti la vida y el bien, la muerte y el mal"*. ¿Qué significa esto? La respuesta es que aquellos que parecen estar vivos no siempre están viviendo porque algunos están muertos espiritualmente. Estar vivo consiste en más que sólo inhalar aire. Para estar verdaderamente vivos debemos usar nuestro tiempo de vida para el propósito de desarrollar y transformar nuestro ser, en vez de simplemente existir. El *Zóhar* dice:

Los amigos preguntaron: si es así, ¿por qué todo esto? EN OTRAS PALABRAS, SI

אִיעַ מְצַוְּךָ֣ הַיּ֑וֹם ע״ה = נגד, זז, מזּבזז: 9 וְהוֹתִירְךָ֩ יְהֹוָ֨הֵאהדנהי אֱלֹהֶ֜יךָ יכה בְּכֹ֣ל

ב״ז, לכב, יבמ | מַעֲשֵׂ֣ה יָדֶ֗ךָ בוכ״ו בִּפְרִ֧י ע״ה אלהים דאלפין בְּטִנְךָ֛ וּבִפְרִ֥י ע״ה אלהים דאלפין

בְהֶמְתְּךָ֛ וּבִפְרִ֥י ע״ה אלהים דאלפין אַדְמָתְךָ֖ לְטֹבָ֑ה כִּ֣י | יָשׁ֣וּב יְהֹוָ֣הֵאהדנהי

לָשׂ֣וּשׂ עָלֶ֔יךָ רביע מ״ה לְט֔וֹב והו כַּאֲשֶׁר־שָׂ֖שׂ עַל־אֲבֹתֶֽיךָ׃ 10 כִּ֣י תִשְׁמַ֗ע

בְּקוֹל֙ ע״ב ס״ג ע״ה יְהֹוָ֣הֵאהדנהי אֱלֹהֶ֔יךָ יכה לִשְׁמֹ֤ר מִצְוֺתָיו֙ וְחֻקֹּתָ֔יו הַכְּתוּבָ֕ה

בְּסֵ֖פֶר הַתּוֹרָ֣ה הַזֶּ֑ה והו כִּ֤י תָשׁוּב֙ אֶל־יְהֹוָ֣הֵאהדנהי אֱלֹהֶ֔יךָ יכה בְּכָל־

ב״ז, לכב, יבמ לְבָבְךָ֖ וּבְכָל־ ב״ז, לכב, יבמ נַפְשֶֽׁךָ׃

EN AÑO BISIESTO SEXTA LECTURA – YOSEF – YESOD

11 כִּ֚י הַמִּצְוָ֣ה הַזֹּ֔את אֲשֶׁ֛ר אָנֹכִ֥י אִיעַ מְצַוְּךָ֖ הַיּ֑וֹם ע״ה = נגד, זז, מזּבזז לֹא־נִפְלֵ֥את

הִוא֙ מִמְּךָ֔ וְלֹ֥א רְחֹקָ֖ה הִֽוא׃ 12 לֹ֣א בַשָּׁמַ֣יִם י״פ טל, י״פ כוזו הִ֑וא לֵאמֹ֔ר מִ֣י יכי

יַֽעֲלֶה־לָּ֣נוּ מום, אלהים, אהיה אדני הַשָּׁמַ֗יְמָה֙ וְיִקָּחֶ֣הָ לָּ֔נוּ מום, אלהים, אהיה אדני וְיַשְׁמִעֵ֥נוּ

אֹתָ֖הּ וְנַעֲשֶֽׂנָּה׃ 13 וְלֹֽא־מֵעֵ֥בֶר רביע יהוה ורבוע אלהים לַיָּ֖ם יכי הִ֑וא לֵאמֹ֔ר מִ֣י יכי

יַֽעֲבָר־לָ֜נוּ מום, אלהים, אהיה אדני אֶל־עֵ֤בֶר רביע יהוה ורבוע אלהים הַיָּם֙ יכי וְיִקָּחֶ֣הָ לָּ֔נוּ

מום, אלהים, אהיה אדני וְיַשְׁמִעֵ֥נוּ אֹתָ֖הּ וְנַעֲשֶֽׂנָּה׃ 14 כִּֽי־קָר֥וֹב אֵלֶ֛יךָ אוי הַדָּבָ֖ר ראה

מְאֹ֑ד מ״ה בְּפִ֥יךָ וּבִלְבָבְךָ֖ לַעֲשֹׂתֽוֹ׃

EN AÑO BISIESTO SÉPTIMA LECTURA – DAVID – MALJUT

MAFTIR

CUANDO ESTÁN CONECTADAS: CUARTA LECTURA – MOSHÉ – NÉTSAJ

15 רְאֵ֨ה ראה נָתַ֤תִּי לְפָנֶ֨יךָ֙ סמ״ב הַיּ֔וֹם ע״ה = נגד, זז, מזּבזז אֶת־הַֽחַיִּ֖ים בינה ע״ה

וְאֶת־הַטּ֑וֹב והו וְאֶת־הַמָּ֖וֶת וְאֶת־הָרָֽע׃ 16 אֲשֶׁ֨ר אָנֹכִ֤י אִיעַ מְצַוְּךָ֣ הַיּ֔וֹם

¹⁷ *Pero si tu corazón se desvía y no escuchas, sino que te dejas arrastrar y te postras ante otros dioses y los sirves,*

¹⁸ *yo les declaro este día que ciertamente perecerán. No prolongarán sus días en la tierra adonde van, cruzando el Jordán para entrar en ella y poseerla.*

¹⁹ *Llamo al cielo y a la tierra este día como testigos contra ustedes de que he puesto ante ti la vida y la muerte, la bendición y la maldición. Escoge, pues, la vida para que vivas, tú y tu simiente,*

²⁰ *amando al Eterno, tu Dios, escuchando Su Voz y allegándote a Él; porque eso es tu vida y la largura de tus días, para que habites en la tierra que el Eterno juró dar a tus padres Avraham, Yitsjak y Yaakov.*

LA RAZÓN DE CREAR AL HOMBRE FUE PARA PERMITIRLE ARREPENTIRSE Y EXPIAR SU PECADO, ENTONCES ¿POR QUÉ TODO ESTO? HABRÍA SIDO MEJOR SI LA OSCURIDAD NO SE HUBIERA CREADO EN EL PRINCIPIO FEMENINO Y EL HOMBRE NO HUBIERA PECADO DEL TODO. *Rabí Shimón respondió: Si el Santísimo, bendito sea Él, no hubiera creado las Inclinaciones al Mal y al Bien, las cuales son oscuridad y Luz, no habrían habido ningunos preceptos o transgresiones para el hombre de Briá. Así, el hombre fue creado con ambas, Luz Y OSCURIDAD, como está escrito: "Ve, hoy he puesto ante ti la vida y el bien, y la muerte y el mal"* (Deuteronomio 30:15). ES POR ESTO QUE LOS PRECEPTOS Y TRANSGRESIONES SE APLICAN A LOS HOMBRES Y PORQUÉ SE LES REGALA A LOS HOMBRES LA OPCIÓN ENTRE EL BIEN Y EL MAL. *Ellos preguntaron: ¿por qué todo esto? MEJOR QUE ÉL NO HUBIESE CREADO LA OSCURIDAD. ENTONCES, EL HOMBRE NO TENDRÍA RECOMPENSA O CASTIGO EN OPOSICIÓN A SER CREADO Y TENER QUE PECAR, CAUSANDO POR ELLO MUCHO DAÑO Y DESTRUCCIÓN.*

Él les dijo: Fue correcto crearlo así CON LUZ Y OSCURIDAD, porque la Torá fue creada para el bien DEL HOMBRE, ya que contiene castigos para los pecadores y recompensas para los justos. Así, no

לְאַהֲבָה אֶת־יְהֹוָה אֱלֹהֶיךָ לָלֶכֶת בִּדְרָכָיו

וְלִשְׁמֹר מִצְוֹתָיו וְחֻקֹּתָיו וּמִשְׁפָּטָיו וְחָיִיתָ וְרָבִיתָ וּבֵרַכְךָ יְהֹוָה

אֱלֹהֶיךָ בָּאָרֶץ אֲשֶׁר־אַתָּה בָא־שָׁמָּה לְרִשְׁתָּהּ:

17 וְאִם־יִפְנֶה לְבָבְךָ וְלֹא תִשְׁמָע וְנִדַּחְתָּ וְהִשְׁתַּחֲוִיתָ לֵאלֹהִים

אֲחֵרִים וַעֲבַדְתָּם: 18 הִגַּדְתִּי לָכֶם הַיּוֹם כִּי אָבֹד תֹּאבֵדוּן

לֹא־תַאֲרִיכֻן יָמִים עַל־הָאֲדָמָה אֲשֶׁר אַתָּה עֹבֵר

אֶת־הַיַּרְדֵּן לָבוֹא שָׁמָּה לְרִשְׁתָּהּ: 19 הַעִדֹתִי

בָכֶם הַיּוֹם אֶת־הַשָּׁמַיִם וְאֶת־הָאָרֶץ

הַחַיִּים וְהַמָּוֶת נָתַתִּי לְפָנֶיךָ הַבְּרָכָה וְהַקְּלָלָה

וּבָחַרְתָּ בַּחַיִּים לְמַעַן תִּחְיֶה אַתָּה וְזַרְעֶךָ: 20 לְאַהֲבָה

אֶת־יְהֹוָה אֱלֹהֶיךָ לִשְׁמֹעַ בְּקֹלוֹ וּלְדָבְקָה־בוֹ כִּי הוּא חַיֶּיךָ

וְאֹרֶךְ יָמֶיךָ לָשֶׁבֶת עַל־הָאֲדָמָה אֲשֶׁר נִשְׁבַּע יְהֹוָה לַאֲבֹתֶיךָ

לְאַבְרָהָם לְיִצְחָק וּלְיַעֲקֹב לָתֵת לָהֶם:

---

puede haber recompensas para los justos o castigos para los pecadores sin el hombre de Briá, QUIEN CONSISTE DE LUZ Y OSCURIDAD. ESTÁ ESCRITO: "Él no la creó para ser un páramo (lit. 'sin forma'); la formó para ser habitada" (Isaías 45:18). EL MUNDO NO FUE CREADO PARA NO TENER FORMA, PARA ESTAR EN LA OSCURIDAD POR CAUSA DE LOS PECADORES, SINO "PARA SER HABITADA", LO CUAL SIGNIFICA: PARA RECOMPENSAR A LOS JUSTOS. ESTA RECOMPENSA ES LA CONCEPCIÓN DE LA TORÁ, COMO ESTÁ ESCRITO: "PORQUE LA TIERRA ESTARÁ LLENA DEL CONOCIMIENTO DEL ETERNO" (ISAÍAS 11:9), PORQUE LA TORÁ Y EL SANTÍSIMO, BENDITO SEA ÉL, SON UNO Y EL MISMO. DE NO HABER SIDO CREADO EL HOMBRE DE ACUERDO A LA LUZ Y LA OSCURIDAD, LO QUE LE PERMITE ESCOGER ENTRE BIEN Y MAL Y RECOMPENSA Y CASTIGO, ENTONCES NO HABRÍA HABIDO MANERA DE REVELAR ESTA RECOMPENSA PARA LOS JUSTOS. ESTA RECOMPENSA SE REFIERE A LO QUE SE OBTIENE DE LA TORÁ, QUE FUE CREADA PARA SU BIEN. LOS AMIGOS dijeron: En verdad, ciertamente hemos oído ahora lo que nunca antes habíamos oído. Está claro ahora que el Santísimo, bendito sea Él, no creó nada que no requiriese.

— El Zóhar, Bereshit A 16:180-181

HAFTARÁ DE NITSAVIM

En la Haftará de Nitsavim, Edom (Roma) es derrotada. De acuerdo con el *Zóhar*, Edom es una metáfora de nuestro comportamiento reactivo y, en efecto, de todo lo que es negativo. El jefe de Edom es el mismo Ángel de la Muerte, la fuente de todo lo negativo en este mundo. Tenemos el potencial de derrotar a Edom, y obtenemos el poder para hacerlo de esta Haftará. Con respecto a la derrota de Edom, el *Zóhar* dice lo siguiente:

> .... *Rabí Aba abrió con el versículo: "¿Quién es éste que viene de Edom, con ropaje carmesí de Botsra...?" (Isaías 63:1). "¿Quién es éste que viene de Edom"* SIGNIFICA QUE *el Santísimo, bendito sea Él, estará vestido con un una prenda de venganza sobre Edom, porque arruinaron Su Templo, y quemaron Su Santuario, y exiliaron a la Congregación de Yisrael entre las naciones. Él se vengará de ellos siempre, hasta que todas las montañas en el mundo se llenen con los muertos de las naciones, y las aves del cielo sean convocadas sobre ellos* PARA ALIMENTARSE DE SUS CADÁVERES. *Toda bestia salvaje se alimentará de ellos por doce meses y las aves del cielo por siete años hasta que la tierra no soporte su desgracia. Éste es el significado*

ISAÍAS 61:10 – 63:9

61 ¹⁰ *Me deleitaré de gran manera en el Eterno, mi alma se regocijará en mi Dios; porque Él me ha vestido de ropas de salvación, me ha cubierto en manto de victoria, como el novio se engalana con una diadema y como la novia se adorna con sus joyas.*

¹¹ *Porque como la tierra germina su cosecha, y como el huerto hace brotar lo sembrado en él, así el Eterno, Dios, hará que la victoria y la gloria broten delante de todas las naciones.*

62 ¹ *Por amor de Sión no me calmaré, y por amor de Jerusalén no me estaré quieto, hasta que salga su triunfo como resplandor, y su salvación se encienda como antorcha.*

² *Y las naciones verán tu triunfo, y todos los reyes tu gloria; y serás llamada con un nombre nuevo, que la Boca del Eterno determinará.*

³ *Serás también corona de hermosura en la Mano del Eterno, y diadema real en la mano abierta de Tu Dios.* ⁴ *Nunca más te dirán: Abandonada, ni de tu tierra se dirá jamás: Desolada; sino que se te llamará: Mi deleite está en ella, y a tu tierra: Desposada; porque el Eterno se deleita en ti, y tu tierra será desposada.*

HAFTARÁ DE NITSAVIM

de: "…porque el Eterno tiene un sacrificio en Botsra, y una gran matanza en la tierra de Edom" (Isaías 34:6), hasta que este ropaje DE VENGANZA sea contaminado POR ESOS MUERTOS. Éste es el significado de: "'…y manché Mi ropaje'" (Isaías 63:3).

¿Y por qué todo eso? Ya que está escrito: "'Y por su hermana virgen que le es cercana y que no tiene marido…'" (Levítico 21:3), QUIEN ES LA SHEJINÁ SANTA, HERMANA DE ZEIR ANPÍN, quien no es la porción de Esav, y no fue de él de quien dice: "…un cazador diestro, un hombre de campo…" (Génesis 25:27). "'…POR ELLA puede ser contaminado…'" (Levítico 21:3), por ella con esos ropajes de venganza que estarán contaminados entre la multitud DE LOS MUERTOS MENCIONADOS ARRIBA. POR LO TANTO, está escrito: "'por ella puede ser contaminado'", por Ella, debido a que Ella está caída EN EL EXILIO en el polvo, y él desea levantarla. Éste es el significado de: "¡Levántate y brilla, porque tu luz ha llegado…!" (Isaías 60:1).

— El Zóhar, Emor 5:16, 20

ישעיהו פרק 61, פסוק 10 – פרק 63, פסוק 9

10 61 שׂוֹשׂ אָשִׂישׂ בַּיהֹוָ֫אהדי אהדונהי תָּגֵל נַפְשִׁי בֵּאלֹהַי דמב, ילה כִּי הִלְבִּישַׁנִי
בִּגְדֵי־יֶ֫שַׁע מְעִיל קנ״א ע״ה צְדָקָה ע״ה ריבוע אלהים יְעָטָ֫נִי כֶּחָתָן יְכַהֵן פְּאֵר
וְכַכַּלָּה תַּעְדֶּה כֵלֶֽיהָ: 11 כִּי כָאָ֫רֶץ אלהים דאלפין תּוֹצִיא צִמְחָהּ וּכְגַנָּה
זֵרוּעֶ֫יהָ תַצְמִ֫יחַ כֵּן | אֲדֹנָ֫י לכה יְהֹוָ֫אהדי אהדונהי יַצְמִ֫יחַ צְדָקָה ע״ה ריבוע אלהים
וּתְהִלָּ֫ה ע״ה אמת, אהיה פעמים אהיה, ו״פ ס״ג נגד נגד, זן, מזבח נֶ֫גֶד כָּל־ ילי הַגּוֹיִם: 62 לְמַ֫עַן צִיּוֹן
יוסף, ו״פ יהוה, ה״פ אל לֹא אֶחֱשֶׂה וּלְמַ֫עַן יְרוּשָׁלַ֫ם ריו ע״ע לֹא אֶשְׁקוֹט עַד־יֵצֵא
כַנֹּ֫גַהּ צִדְקָהּ ע״ה ריבוע אלהים וִישׁוּעָתָהּ כְּלַפִּיד יִבְעָר: 2 וְרָאוּ גוֹיִם צִדְקֵךְ
וְכָל־ ילי מְלָכִים כְּבוֹדֵךְ ב׳ הויות וְקֹרָא לָךְ שֵׁם שם יהוה עדי חֲדָשׁ י״ב הויות אֲשֶׁר
פִּי יְהֹוָ֫אהדי אהדונהי יִקֳּבֶֽנּוּ: 3 וְהָיִית עֲטֶ֫רֶת תִּפְאֶ֫רֶת בְּיַד־יְהֹוָ֫אהדי אהדונהי
וּצְנִיף (כתיב: וצנוף) מְלוּכָה בְּכַף־אֱלֹהָ֫יִךְ ילה: 4 לֹא־יֵאָמֵר לָךְ עוֹד עֲזוּבָה
וּלְאַרְצֵךְ לֹא־יֵאָמֵר עוֹד שְׁמָמָה כִּי לָךְ יִקָּרֵא חֶפְצִי־בָהּ וּלְאַרְצֵךְ

⁵ *Porque como el joven se desposa con la doncella, se desposarán contigo tus hijos; y como se regocija el esposo por la esposa, tu Dios se regocijará por ti.*

⁶ *He puesto centinelas sobre tus murallas, Jerusalén, y nunca se calmarán, sea de día o de noche: 'Los que hacen mención del Eterno, no guarden silencio,*

⁷ *ni le concedan descanso hasta Él que la restablezca, hasta que Él haga de Jerusalén una alabanza en la Tierra'.*

⁸ *El Eterno ha jurado por Su diestra y por el brazo de Su fuerza: Ciertamente, nunca más daré tu grano por alimento a tus enemigos, ni hijos de extranjeros beberán tu mosto por el que trabajaste;*

⁹ *pero los que lo cosechen, lo comerán y alabarán al Eterno; y los que lo recolecten, lo beberán en los atrios de Mi Santuario.*

¹⁰ *Pasen, pasen por los portones; despejen el camino para el pueblo. Construyan, construyan la calzada; quiten las piedras, levanten un estandarte sobre los pueblos.*

¹¹ *He aquí que el Eterno ha proclamado hasta los confines de la Tierra: Digan a la hija de Sión: 'He aquí que tu salvación viene; he aquí que Su galardón está con Él, y delante de Él Su recompensa'.*

¹² *Y los llamarán: Pueblo Santo, redimidos del Eterno. Y a ti te llamarán: Buscada, ciudad no abandonada.*

63 ¹ *'¿Quién es éste que viene de Edom, de Botsra con vestiduras de colores brillantes? ¿Éste, glorioso en su ropaje, majestuoso en la plenitud de su fuerza?' — 'Yo que hablo en victoria, poderoso para salvar'.*

² *'¿Por qué es rojo Tu ropaje, y Tus vestiduras como las del que pisa en el lagar?' —*

³ *'El lagar lo he pisado yo solo, y de los pueblos ningún hombre estaba conmigo. Los pisé en Mi ira y los hollé en Mi furor; y su sangre salpicó Mis vestiduras y manché todo Mi ropaje.*

⁴ *Porque el día de la venganza estaba en Mi corazón, y el año de Mi redención había llegado.*

⁵ *Miré, y no había quien ayudara, me asombré de que no hubiera quien apoyara; por tanto, Mi propio brazo me salvó y Mi furor me sostuvo.*

⁶ *Y pisoteé los pueblos en Mi ira, los embriagué en Mi furor y derramé su sangre por tierra'.*

בְּעוּלָה כִּי־יַחְפֹּץ יְהוָה בָּךְ וְאַרְצֵךְ תִּבָּעֵל: 5 כִּי־יִבְעַל בָּחוּר

בְּתוּלָה יִבְעָלוּךְ בָּנָיִךְ וּמְשׂוֹשׂ חָתָן עַל־כַּלָּה יָשִׂישׂ עָלַיִךְ

אֱלֹהָיִךְ: 6 עַל־חוֹמֹתַיִךְ יְרוּשָׁלִַם הִפְקַדְתִּי שֹׁמְרִים כָּל־

הַיּוֹם וְכָל־הַלַּיְלָה תָּמִיד לֹא יֶחֱשׁוּ

הַמַּזְכִּרִים אֶת־יְהוָה אַל־דֳּמִי לָכֶם: 7 וְאַל־תִּתְּנוּ דֳמִי לוֹ

עַד־יְכוֹנֵן וְעַד־יָשִׂים אֶת־יְרוּשָׁלִַם תְּהִלָּה

בָּאָרֶץ: 8 נִשְׁבַּע יְהוָה בִּימִינוֹ וּבִזְרוֹעַ עֻזּוֹ אִם־

אֶתֵּן אֶת־דְּגָנֵךְ עוֹד מַאֲכָל לְאֹיְבַיִךְ וְאִם־

יִשְׁתּוּ בְנֵי־נֵכָר תִּירוֹשֵׁךְ אֲשֶׁר יָגַעַתְּ בּוֹ: 9 כִּי מְאַסְפָיו יֹאכְלֻהוּ וְהִלְלוּ

אֶת־יְהוָה וּמְקַבְּצָיו יִשְׁתֻּהוּ בְּחַצְרוֹת קָדְשִׁי: 10 עִבְרוּ עִבְרוּ

בַּשְּׁעָרִים פַּנּוּ דֶּרֶךְ הָעָם סֹלּוּ סֹלּוּ הַמְסִלָּה סַקְּלוּ מֵאֶבֶן

הָרִימוּ נֵס עַל־הָעַמִּים: 11 הִנֵּה יְהוָה הִשְׁמִיעַ

אֶל־קְצֵה הָאָרֶץ אִמְרוּ לְבַת־צִיּוֹן

הִנֵּה יִשְׁעֵךְ בָּא הִנֵּה שְׂכָרוֹ אִתּוֹ וּפְעֻלָּתוֹ לְפָנָיו: 12 וְקָרְאוּ

לָהֶם עַם־הַקֹּדֶשׁ גְּאוּלֵי יְהוָה וְלָךְ יִקָּרֵא דְרוּשָׁה עִיר

לֹא נֶעֱזָבָה: 63 1 מִי־זֶה בָּא מֵאֱדוֹם חֲמוּץ בְּגָדִים

מִבָּצְרָה זֶה הָדוּר בִּלְבוּשׁוֹ צֹעֶה בְּרֹב כֹּחוֹ אֲנִי

מְדַבֵּר בִּצְדָקָה רַב לְהוֹשִׁיעַ: 2 מַדּוּעַ אָדֹם

לִלְבוּשֶׁךָ וּבְגָדֶיךָ כְּדֹרֵךְ בְּגַת: 3 פּוּרָה דָּרַכְתִּי לְבַדִּי וּמֵעַמִּים

אֵין־אִישׁ אִתִּי וְאֶדְרְכֵם בְּאַפִּי וְאֶרְמְסֵם בַּחֲמָתִי וְיֵז

נִצְחָם עַל־בְּגָדַי וְכָל־מַלְבּוּשַׁי אֶגְאָלְתִּי: 4 כִּי יוֹם

נָקָם בְּלִבִּי וּשְׁנַת גְּאוּלַי בָּאָה: 5 וְאַבִּיט וְאֵין עֹזֵר וְאֶשְׁתּוֹמֵם וְאֵין

סוֹמֵךְ וַתּוֹשַׁע לִי זְרֹעִי וַחֲמָתִי הִיא סְמָכָתְנִי: 6 וְאָבוּס

עַמִּים בְּאַפִּי וַאֲשַׁכְּרֵם בַּחֲמָתִי וְאוֹרִיד לָאָרֶץ נִצְחָם:

7 Haré mención de las misericordias del Eterno y las alabanzas del Eterno, conforme a todo lo que nos ha otorgado el Eterno y la gran bondad hacia la casa de Israel, que les ha otorgado conforme a Su benevolencia y conforme a la multitud de Sus misericordias.

8 Porque Él dijo: 'Ciertamente, ellos son Mi pueblo, hijos que no engañarán', y Él fue su Salvador.

9 En todas sus aflicciones Él fue afligido, y el ángel de Su presencia los salvó; en Su amor y en Su compasión los redimió, los levantó y los sostuvo todos los días de antaño.

7 חַסְדֵי יְהֹוָ֣הֿאהדני אַזְכִּיר֮ תְּהִלֹּ֣ת יְהֹוָ֒הֿאהדני כְּעַ֣ל כֹּ֤ל אֲשֶׁר־גְּמָלָ֣נוּ יְהֹוָ֒הֿאהדני וְרַב־טוּב֙ לְבֵ֣ית יִשְׂרָאֵ֔ל אֲשֶׁר־גְּמָלָ֥ם כְּרַחֲמָ֖יו וּכְרֹ֥ב חֲסָדָֽיו׃ 8 וַיֹּ֙אמֶר֙ אַךְ־עַמִּ֣י הֵ֔מָּה בָּנִ֖ים לֹ֣א יְשַׁקֵּ֑רוּ וַיְהִ֥י לָהֶ֖ם לְמוֹשִֽׁיעַ׃ 9 בְּכָל־צָרָתָ֣ם ׀ לוֹ (כתיב: לֹא) צָ֗ר וּמַלְאַ֤ךְ פָּנָיו֙ הֽוֹשִׁיעָ֔ם בְּאַהֲבָת֥וֹ וּבְחֶמְלָת֖וֹ ה֣וּא גְאָלָ֑ם וַֽיְנַטְּלֵ֥ם וַֽיְנַשְּׂאֵ֖ם כָּל־יְמֵ֥י עוֹלָֽם׃

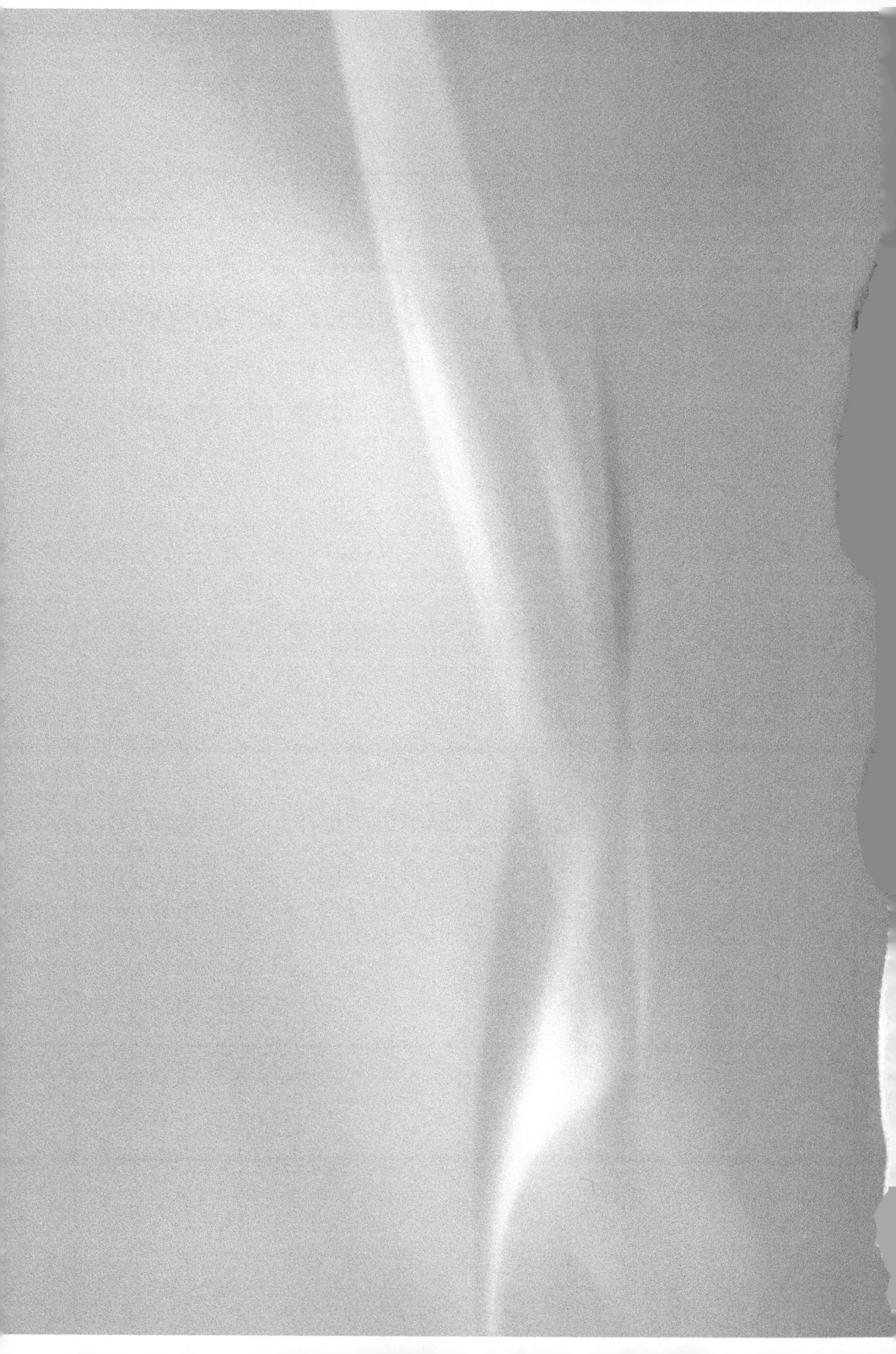

VAYÉLEJ

LA LECCIÓN DE VAYÉLEJ
(Deuteronomio 21:1-30)

La historia de Vayélej se lee en las semanas previas a *Rosh Hashaná*, un momento en el que estamos enfocados en el arrepentimiento y en limpiar nuestra pizarra de la negatividad del año anterior. No obstante, es importante que no emprendamos ningún aspecto de este trabajo interno solamente porque estamos en cierto momento del año. ¿Cuál es entonces el propósito verdadero de estas semanas que anteceden a *Rosh Hashaná*? Y, si vamos al caso, ¿cuál es el propósito de nuestro trabajo espiritual en general?

La respuesta a estas preguntas —y el secreto de toda la espiritualidad— está escrita en la oración del Shemá: "*beshivtejá beveitejá uvelejtejá badérej*", que significa "*cuando te sientes en tu casa y cuando andes por el camino*" (*Deuteronomio 6:7*). Una vez que la gente emprende un camino espiritual, tienden a pensar que hay momentos "espirituales" y otros "no espirituales". Por ejemplo, Shabat se considera un momento espiritual. Este versículo se refiere a estos períodos espirituales como "cuando andes por el camino". Pero tener un momento "espiritual" específico no es suficiente: en el sentido más profundo, cada momento de nuestra vida es espiritual; ya sea "*cuando te sientes en tu casa*" o "*cuando andes por el camino*".

La espiritualidad es una parte inherente de nosotros, indiferentemente si el día es Shabat, una festividad o, simplemente, otro día normal. La espiritualidad no puede encenderse o apagarse: debe ser innata. Por supuesto, no se espera que alcancemos este nivel de entendimiento en uno o dos días, ni en uno o dos años. Ser verdaderamente espirituales es el destino de nuestro trabajo de vida, el verdadero propósito por el cual estamos aquí.

Una vez, Rav Berg y su maestro, Rav Brandwein, estaban caminando por una calle en Israel cuando un miembro de un kibutz se acercó a Rav Brandwein y lo abrazó. Cuando Rav Berg presenció esta expresión de amor, le preguntó al hombre: "¿Qué haces? ¿Cuál es tu conexión con este rabí?". Después de todo, era bien sabido que los miembros de los kibutz normalmente eran hostiles con la gente religiosa. El hombre del kibutz le contestó a Rav Berg: "¡Este hombre no es un rabí! ¡Él es un kabbalista!". En otras palabras, Rav Brandwein no era alguien que vivía en el Jardín de Edén; en lugar de ello, Rav Brandwein tenía el Jardín de Edén dentro de sí.

En varias ocasiones, Rav Brandwein pasaba el Shabat en Haifa, que es la única ciudad en Israel que ofrece servicio de transporte en autobús en Shabat. Mientras Rav Brandwein caminaba por una calle en Haifa, vio al alcalde de la ciudad, Abba Cushi. Abba Cushi era conocido por ser un fumador empedernido, pero no estaba fumando en esta ocasión. Abba Cushi saludó a Rav Brandwein diciendo: "Hace un mes, usted y yo nos encontramos en Haifa. Yo estaba fumando en Shabat. Usted no dijo nada, pero yo pude ver que eso le causó dolor. Por lo tanto, he dejado de hacerlo porque supe que lo lastimaba y, aún así, usted no dijo una palabra".

Lo que Abba Cushi sintió de Rav Brandwein era la Luz de *"mientras caminas en el sendero"*: la Luz del Creador que está siempre en nosotros. El propósito de nuestro trabajo interno es llegar al punto en el que no tengamos que hacer un esfuerzo en ser espirituales porque ser espirituales es nuestra naturaleza en todo momento. Entonces, el Jardín de Edén estará realmente dentro de nosotros.

> *Uno siempre debe recordar que "no hay ausencia en la espiritualidad"; y si hay alguna forma de innovación, entonces es una adición a la forma anterior. Y esto no causa carencia en la primera forma dado que no hay ausencia, compensación o intercambio en la espiritualidad.*
>
> — *Rav Brandwein, Parte 1, Carta 7*

SINOPSIS DE VAYÉLEJ

Con tan sólo 30 versículos, Vayélej es el capítulo más corto de la Biblia. Hemos aprendido de los sabios que existe una Ley Universal que determina que menos es más. Cuando participamos en la lectura de este capítulo y conectamos con ésta, tenemos una oportunidad de revelar una cantidad enorme de Luz para nosotros y para todo el mundo.

EN AÑO BISIESTO PRIMERA LECTURA – AVRAHAM – JÉSED

31 *¹* **Y***Moshé fue y habló estas palabras a todo Israel. ² Y les dijo: "Hoy tengo ciento veinte años; ya no puedo ir ni venir, y el Eterno me ha dicho: 'No cruzarás este Jordán'.*

³ Y el Eterno, tu Dios, pasará delante de ti; Él destruirá estas naciones delante de ti y tú las desposeerás. Y Yehoshúa es el que pasará delante de ti, tal como el Eterno ha hablado.

EN AÑO BISIESTO SEGUNDA LECTURA – YITSJAK – GUEVURÁ

⁴ Y el Eterno hará con ellos como hizo con Sijón y con Og, reyes de los amorreos, y con su tierra; a quienes Él destruyó.

COMENTARIO DEL RAV

Hemos aprendido en 3.400 años que el concepto de las Festividades Solemnes es una especie de idea religiosa y que pertenece a los judíos. La Kabbalah dice que no, las Festividades Solemnes pertenecen a todo el mundo; son para todos los pueblos, todas las personas son juzgadas durante este tiempo. Dios ve a todos por igual como un solo ser humano. Con el *Shofar* de *Yom Kipur*, literalmente tocamos y vivimos dentro del Universo Perfecto. La mayoría de nosotros nunca ha sentido que es posible o incluso factible vivir en un Universo Perfecto. Cuando las cosas a nuestro alrededor están llenas de caos, el *Zóhar* viene y nos dice que no, que esta es nuestra oportunidad; que podemos romper el dominio que existe sobre nosotros y que éste no es más que una ilusión, una limitación.

Con el capítulo de Vayélej, sólo tenemos 30 versículos que leer. La brevedad de este capítulo —el más corto de la Biblia— indica que la Biblia quiere compartir con nosotros la oportunidad de disminuir el dominio que el tiempo,

el espacio y el movimiento tienen sobre nuestra conciencia. ¿Te imaginas si supiéramos lo que va a pasar un día antes de que suceda? Nunca ocurriría; no podría suceder. La fisicalidad impone estas limitaciones en nosotros. Debemos estar muy involucrados en todo lo que estudiamos; la Kabbalah parece estar fuera de los confines del tiempo, el espacio y el movimiento. Por lo tanto, tenemos este capítulo bíblico que leeremos siempre antes de *Rosh Hashaná* y *Yom Kipur* para que nos dé la oportunidad de conectar con este tipo de energía a fin de podernos elevar por encima del tiempo, el espacio y el movimiento. Todo lo que sea más es menos; eso es un indicio de que lo que es más en la fisicalidad, es menos en realidad. Esto es lo que se nos proporcionará.

לֹא-אוּכַל

Deuteronomio 31:2 – En este punto del relato de la Biblia, Moshé tenía 120 años. Él ya no podía ir y venir entre el mundo físico y los Mundos Superiores. El *Zóhar* dice:

EN AÑO BISIESTO PRIMERA LECTURA – AVRAHAM – JÉSED

31 וַיֵּלֶךְ מֹשֶׁה וַיְדַבֵּר אֶת־הַדְּבָרִים הָאֵלֶּה אֶל־כָּל־

יִשְׂרָאֵל: 2 וַיֹּאמֶר אֲלֵהֶם בֶּן־מֵאָה וְעֶשְׂרִים שָׁנָה אָנֹכִי

הַיּוֹם לֹא־אוּכַל עוֹד לָצֵאת וְלָבוֹא וַיהוה אָמַר

אֵלַי לֹא תַעֲבֹר אֶת־הַיַּרְדֵּן הַזֶּה: 3 יהוה אֱלֹהֶיךָ

הוּא | עֹבֵר לְפָנֶיךָ הוּא־יַשְׁמִיד אֶת־הַגּוֹיִם הָאֵלֶּה

מִלְּפָנֶיךָ וִירִשְׁתָּם יְהוֹשֻׁעַ הוּא עֹבֵר לְפָנֶיךָ

כַּאֲשֶׁר דִּבֶּר יהוה:

EN AÑO BISIESTO SEGUNDA LECTURA – YITSJAK – GUEVURÁ

4 וְעָשָׂה יהוה לָהֶם כַּאֲשֶׁר עָשָׂה לְסִיחוֹן וּלְעוֹג מַלְכֵי הָאֱמֹרִי

"Y les dijo: Tengo ciento veinte años de edad…" (Deuteronomio 31:2). Es como Rabí Elazar dijo: que el Sol brilló en Yisrael por cuarenta años y fue recogido al final de cuarenta años y entonces la Luna brilló. ÉL DIJO POR LO TANTO: "… NO PUEDO YA SALIR NI ENTRAR…(IBID.) PORQUE LLEGÓ EL MOMENTO EN QUE LA LUNA GOBIERNE, QUE ES EL ASPECTO DE YEHOSHÚA…
— El Zóhar, Vayélej 2:6

La espléndida verdad es que desde que Moshé abandonó este plano físico, su presencia no ha estado limitada al Mundo Superior. El *Zóhar* dice que Moshé vino durante la época de Rav Shimón para ayudar a escribir el *Zóhar*, y ha regresado en cada generación siguiente. Esto nos enseña que los *tsadikim* (personas justas), de quienes Moshé es un ejemplo brillante, nos cuidan y se aseguran de que, aun cuando no estén presentes físicamente, estén aquí para nosotros espiritualmente. Las personas allegadas a la Luz

continúan ayudándonos dondequiera que se encuentren, ya sea en la dimensión física o en los Mundos Superiores. El *Zóhar* confirma esto de la siguiente manera:

Está escrito: "El Sol se levanta y el Sol se pone…" (Eclesiastés 1:5), y hemos explicado este versículo. Sin embargo, "El Sol se levanta" se refiere al tiempo en que Yisrael dejó Egipto, cuando el Sol, QUIEN ES MOSHÉ, estaba brillando, y no la Luna, LA CUAL ES MALJUT. "…y se apresura a su lugar…" (ibid.) ya que está escrito: "y el Sol se pone", PORQUE MOSHÉ FUE RECOGIDO en el desierto con el resto de aquéllos que murieron en el desierto. Cuando el Sol se puso, ¿a qué lugar fue recogido? "…a su lugar"; esto es: de modo que iluminara a la Luna. Esto es lo que dice: "y se apresura… de donde vuelve a levantarse" (ibid.); y aunque fue recogido, ciertamente "vuelve a

⁵ Y el Eterno los entregará delante de ustedes y harán con ellos conforme a cada mandamiento que les he ordenado.

⁶ Sean fuertes y valientes, no teman ni se aterroricen ante ellos, porque el Eterno, tu Dios, es el que va contigo; Él no te dejará ni te desamparará".

EN AÑO BISIESTO TERCERA LECTURA – YAAKOV – TIFÉRET
CUANDO ESTÁN CONECTADAS: QUINTA LECTURA – AHARÓN – HOD

⁷ Y Moshé llamó a Yehoshúa y le dijo a la vista de todo Israel: "Sé fuerte y valiente, porque tú entrarás con este pueblo en la tierra que el Eterno ha jurado a sus padres que les daría; y harás que ellos la hereden.

⁸ Y el Eterno irá delante de ti; Él es quien estará contigo, no te dejará ni te desamparará; no temas ni te acobardes".

⁹ Y Moshé escribió esta Ley y la entregó a los sacerdotes, los hijos de Leví, quienes llevaban el Arca del Pacto del Eterno, y a todos los ancianos de Israel.

---

levantarse", ya que la Luna no tiene brillo iluminador excepto ese que recibe del Sol. Éste es el secreto de lo que está escrito: "'Yacerás con tus padres, y se levantará...'" (Deuteronomio 31:16). Aunque seas recogido, te levantarás para iluminar a la Luna, que se refiere a Yehoshúa, YA QUE YEHOSHÚA ERA UNA CARROZA PARA MALJUT.
— El Zóhar, Jukat 6:41

וְיִזְקוּ וְאִמְצוּ

Deuteronomio 31:6 – Moshé le dijo al pueblo que no temieran, porque el Creador siempre estaría con ellos. Los sabios dicen que es en esos momentos en los que creemos que el Creador no está con nosotros cuando en realidad Dios más lo está. Los momentos en los que nos sentimos débiles son los momentos en los que tenemos que buscar al Creador. Es fácil estar con Dios cuando las cosas marchan bien, pero la verdadera prueba es estar seguros de nuestra conexión con la Luz del Creador en los momentos difíciles.

לִיהוֹשֻׁעַ

Deuteronomio 31:7 – Moshé le dio a Yehoshúa una porción de su vida. De acuerdo con la sabiduría de la Kabbalah, cada estudiante recibe una parte del alma de su maestro. Esto no sólo nos enseña a apreciar lo que se nos da, sino también a tener la responsabilidad de compartir lo que recibimos.

El Zóhar dice:

Ven y ve: En tanto Yehoshúa estaba con Moshé, acostumbraba estudiar y ser alimentado desde dentro de la tienda, LA CUAL ES MALJUT, y no sentía temor. Después de que Yehoshúa se separó de Moshé y estaba por su cuenta, está escrito: "Y Yehoshúa cayó sobre su rostro a tierra y se postró..." (Josué 5:14), porque no podía mirar. Esto fue delante de un mensajero; más aún de otro lugar. ESTO ES PARECIDO a un hombre con quien el rey depositaba vasijas de oro y piedras preciosas. En tanto que estaban con él, el sirviente de la casa

וּלְאַרְצָם אֲשֶׁר הִשְׁמִיד אוֹתָם: 5 וּנְתָנָם יְהוָֹאהִדּנּהי לִפְנֵיכֶם וַעֲשִׂיתֶם לָהֶם כְּכָל־הַמִּצְוָה אֲשֶׁר צִוִּיתִי אֶתְכֶם: 6 ‏‏‎‎‎‎‎‏‏‎‎ חִזְקוּ וְאִמְצוּ אַל־תִּירְאוּ וְאַל־תַּעַרְצוּ מִפְּנֵיהֶם כִּי | יְהוָֹאהדּנּהי אֱלֹהֶיךָ יּה הוּא הַהֹלֵךְ עִמָּךְ ה׳ הויות, גמם לֹא יַרְפְּךָ וְלֹא יַעַזְבֶךָּ:

EN AÑO BISIESTO TERCERA LECTURA – YAAKOV – TIFÉRET
CUANDO ESTÁN CONECTADAS: QUINTA LECTURA – AHARÓN – HOD

7 וַיִּקְרָא עם ה׳ אותיות = ב״פ קס״א מֹשֶׁה מההע, אל עדי ‏‏‎‎‎ לִיהוֹשֻׁעַ וַיֹּאמֶר אֵלָיו לְעֵינֵי רבוע מ״ה כָּל־ יכ׳ יִשְׂרָאֵל חֲזַק פהל וֶאֱמָץ כִּי אַתָּה תָּבוֹא אֶת־הָעָם הַזֶּה וה׳ אֶל־הָאָרֶץ אלהים דההין ע״ה אֲשֶׁר נִשְׁבַּע יְהוָֹאהדּנּהי לַאֲבֹתָם לָתֵת לָהֶם וְאַתָּה תַּנְחִילֶנָּה אוֹתָם: 8 וַיהוָֹאהדנּהי הוּא | הַהֹלֵךְ לְפָנֶיךָ סמ״ב הוּא יִהְיֶה יּ׳ עִמָּךְ ה׳ הויות, גמם לֹא יַרְפְּךָ וְלֹא יַעַזְבֶךָּ לֹא תִירָא וְלֹא תֵחָת: 9 וַיִּכְתֹּב מֹשֶׁה מההע, אל עדי אֶת־הַתּוֹרָה הַזֹּאת וַיִּתְּנָהּ אֶל־הַכֹּהֲנִים מלה בְּנֵי לֵוִי דמב, מלוי ע״ב אלהים הַנֹּשְׂאִים אֶת־אֲרוֹן ע״ה ג״פ אלהים בְּרִית יְהוָֹאהדנּהי וְאֶל־כָּל־ יּל׳ זִקְנֵי יִשְׂרָאֵל:

---

acostumbraba tocarlas y mirarlas. Una vez que ese hombre murió, el rey no dejó nada con el sirviente sino que vino y tomó sus prendas. El sirviente dijo: ¡Ay de mí que perdí TODAS ESAS COSAS PRECIOSAS! Cuando mi amo vivía, estaban todas a mi disposición. Tal era Yehoshúa. Cuando Moshé vivía, él acostumbraba nutrirse diariamente de la tienda, QUE ES MALJUT, y no sentía temor. Después de que MOSHÉ murió, "Yehoshúa cayó sobre su rostro...". Y yo, ya que estoy entre

ustedes, puedo mirar las palabras de la Torá sin temor. Después de retirarme de ustedes, no puedo mirar por mi cuenta.
— El Zóhar, Vaetjanán 27:167-169

EN AÑO BISIESTO CUARTA LECTURA – MOSHÉ – NÉTSAJ

[10] Y Moshé les ordenó, diciendo: "Al fin de cada siete años, en el tiempo del año fijado para la remisión, en la Festividad de las Cabañas, [11] cuando todo Israel venga a presentarse delante del Eterno, tu Dios, en el lugar que Él escoja, leerás esta Ley delante de todo Israel a fin de que la escuchen.

[12] Congrega al pueblo, hombres, mujeres y pequeños, y tu forastero que está dentro de tus puertas, para que escuchen y aprendan, y teman al Eterno, tu Dios, y observen el cumplimiento de todas las palabras de esta Ley. [13] Y sus hijos, que no la conocen, la oirán y aprenderán a temer al Eterno, su Dios, mientras vivan en la tierra a la cual irán cruzando el Jordán para poseerla".

EN AÑO BISIESTO QUINTA LECTURA – AHARÓN – HOD
CUANDO ESTÁN CONECTADAS: SEXTA LECTURA – YOSEF – YESOD

[14] Y el Eterno dijo a Moshé: "He aquí que se acercan los días en los que debes morir; llama a Yehoshúa y preséntense en la Tienda de Reunión para que Yo le dé órdenes". Y Moshé y Yehoshúa fueron y se presentaron en la Tienda de Reunión.

[15] Y el Eterno se apareció en la Tienda en una columna de nube, y la columna de nube se puso a la entrada de la Tienda. [16] Y el Eterno dijo a Moshé: "He aquí que tú vas a dormir con tus padres; y este pueblo se alzará e irá tras los dioses extranjeros de la tierra donde estarán entre ellos y me abandonará y quebrantará Mi pacto que hice con él.

תִּקְרָא

Deuteronomio 31:11 – En generaciones anteriores, el libro de Devarim (Deuteronomio) era leído por el rey después de la Shemitá o "año sabático". Dado que no tenemos un rey para que haga la lectura por nosotros, en *Hoshaná Rabá* (el momento entre las festividades de *Sucot* y *Simjat Torá* cuando inspeccionamos la salud de nuestra sombra espiritual) leemos todo el libro de Deuteronomio. Cuando conectamos con esta lectura ahora es como si estuviéramos presentes en *Hoshaná Rabá*, lo cual nos da una oportunidad de protegernos y eliminar la energía de juicio que, de no ser removida, estaría destinada a llegar a nosotros.

שֹׁכֵב

Deuteronomio 31:16 – Dios dijo a Moshé: "...'He aquí que tú te acostarás junto a tus padres y este pueblo se levantará y se pervertirá...'". También se le dijo a Moshé que los israelitas iban a olvidarse de él. Lamentablemente, esta clase de pérdida de memoria es una de las herramientas más poderosas del Satán. Olvidamos las lecciones, olvidamos apreciar lo que nos han dado y olvidamos todo lo que sea de verdadera importancia en nuestra vida. Los sabios dicen que es importante que siempre recordemos y apreciemos. Si podemos olvidarnos de alguien tan grande como Moshé, seguramente nos olvidaremos también de las

EN AÑO BISIESTO CUARTA LECTURA – MOSHÉ – NÉTSAJ

10 וַיְצַ֥ו פ״ו מֹשֶׁ֖ה מהע, אל שדי אוֹתָ֣ם לֵאמֹ֑ר מִקֵּ֣ץ מזק | שֶׁ֣בַע ע״ב ע״ב ואלהים דיודין שָׁנִ֗ים בְּמֹעֵ֛ד שְׁנַ֥ת הַשְּׁמִטָּ֖ה בְּחַ֥ג הַסֻּכּֽוֹת׃ 11 בְּב֣וֹא כָל־ יל״י יִשְׂרָאֵ֗ל לֵרָאוֹת֙ אֶת־פְּנֵי֙ לוכמה בינה יְהוָֹ֣ה אדנ״י־אהדונהי אֱלֹהֶ֔יךָ ילה בַּמָּק֖וֹם יהוה ברבוע אֲשֶׁ֣ר יִבְחָ֑ר ו״פ אל   תִּקְרָ֞א אֶת־הַתּוֹרָ֥ה הַזֹּ֛את נֶ֥גֶד ע״ה = נגד, זן, מזבח כָּל־ יל״י יִשְׂרָאֵ֖ל בְּאָזְנֵיהֶֽם׃

12 הַקְהֵ֣ל ע״ב = ס״ג אֶת־הָעָ֗ם הָאֲנָשִׁ֤ים וְהַנָּשִׁים֙ וְהַטַּ֔ף וְגֵרְךָ֖ אֲשֶׁ֣ר בִּשְׁעָרֶ֑יךָ לְמַ֨עַן יִשְׁמְע֜וּ וּלְמַ֣עַן יִלְמְד֗וּ וְיָֽרְאוּ֙ אֶת־יְהוָֹ֣ה אדנ״י־אהדונהי אֱלֹֽהֵיכֶ֔ם ילה וְשָֽׁמְר֣וּ לַעֲשׂ֔וֹת אֶת־כָּל־ יל״י דִּבְרֵ֖י רא״ה הַתּוֹרָ֥ה הַזֹּֽאת׃ 13 וּבְנֵיהֶ֞ם אֲשֶׁ֣ר לֹֽא־יָדְע֗וּ יִשְׁמְע֤וּ וְלָֽמְדוּ֙ לְיִרְאָ֔ה רי״ו, גבורה אֶת־יְהוָֹ֣ה אדנ״י־אהדונהי אֱלֹֽהֵיכֶ֑ם ילה כָּל־ יל״י הַיָּמִ֗ים גלך אֲשֶׁ֨ר אַתֶּ֤ם חַיִּים֙ בינה ע״ה עַל־הָ֣אֲדָמָ֔ה אֲשֶׁ֨ר אַתֶּ֜ם עֹבְרִ֧ים אֶת־הַיַּרְדֵּ֛ן י״פ יהוה וד׳ אותיות שָׁ֖מָּה מהע, משה, אל שדי לְרִשְׁתָּֽהּ׃

EN AÑO BISIESTO QUINTA LECTURA – AHARÓN – HOD
CUANDO ESTÁN CONECTADAS: SEXTA LECTURA – YOSEF – YESOD

14 וַיֹּ֤אמֶר יְהוָֹה֙ אדנ״י־אהדונהי אֶל־מֹשֶׁ֔ה מהע, אל שדי הֵ֣ן קָרְב֥וּ יָמֶ֖יךָ לָמ֑וּת קְרָ֣א אֶת־יְהוֹשֻׁ֗עַ וְהִֽתְיַצְּב֛וּ בְּאֹ֥הֶל לאה (ע״ה אלד) מוֹעֵ֖ד וַאֲצַוֶּ֑נּוּ וַיֵּ֤לֶךְ כל״י מֹשֶׁה֙ מהע, אל שדי וִיהוֹשֻׁ֔עַ וַיִּֽתְיַצְּב֖וּ בְּאֹ֥הֶל לאה (ע״ה אלד) מוֹעֵֽד׃ 15 וַיֵּרָ֧א אלף למד יהוה יְהוָֹ֛ה אדנ״י־אהדונהי בָּאֹ֖הֶל לאה (ע״ה אלד) בְּעַמּ֣וּד עָנָ֑ן וַיַּֽעֲמֹ֞ד עַמּ֤וּד הֶֽעָנָן֙ עַל־פֶּ֣תַח הָאֹ֔הֶל לאה (ע״ה אלד)׃ 16 וַיֹּ֤אמֶר יְהוָֹה֙ אדנ״י־אהדונהי אֶל־מֹשֶׁ֔ה מהע, אל שדי הִנְּךָ֥   שֹׁכֵ֖ב עִם־אֲבֹתֶ֑יךָ וְקָם֩ הָעָ֨ם הַזֶּ֜ה וְזָנָ֣ה ורו | אַחֲרֵ֣י | אֱלֹהֵ֣י דמב, ילה נֵֽכַר־הָאָ֗רֶץ אלהים דההין ע״ה אֲשֶׁ֨ר ה֤וּא מהע, משה, אל שדי בָא־שָׁ֙מָּה֙ בְּקִרְבּ֔וֹ וַעֲזָבַ֕נִי וְהֵפֵר֙ מזפזף, ערי, סנדלפון אֶת־בְּרִיתִ֔י אֲשֶׁ֥ר כָּרַ֖תִּי אִתּֽוֹ׃

¹⁷ Entonces se encenderá Mi ira contra él en aquel día; los abandonaré y esconderé Mi rostro de ellos. Será consumido, y muchos males y tribulaciones vendrán sobre él, por lo que dirán en aquel día: '¿No será que estos males nos han sobrevenido porque nuestro Dios no está entre nosotros?'.

¹⁸ Y ciertamente esconderé Mi rostro en aquel día por todo el mal que habrán provocado, pues se volverán a otros dioses. ¹⁹ Por lo tanto, escriban este cántico para ustedes y enséñenselo a los hijos de Israel; pónganlo en sus bocas, para que este cántico me sea por testigo contra los hijos de Israel.

EN AÑO BISIESTO SEXTA LECTURA – YOSEF – YESOD
CUANDO ESTÁN CONECTADAS: SÉPTIMA LECTURA – DAVID – MALJUT

²⁰ Porque cuando Yo los lleve a la tierra que juré a sus padres, la cual mana leche y miel, y ellos coman y se sacien y engorden, se volverán a otros dioses y los servirán, y me despreciarán y quebrantarán Mi Pacto;

²¹ entonces sucederá que, cuando muchos males y tribulaciones vengan sobre ellos, este cántico declarará ante ellos como testigo; pues no lo olvidarán las bocas de su descendencia; porque Yo conozco la inclinación del comportamiento de ellos ahora, antes de que los lleve a la tierra que juré darles".

²² Así escribió Moshé este cántico ese mismo día y lo enseñó a los hijos de Israel.

---

cosas "pequeñas" y que son tan esenciales para nuestro crecimiento espiritual. El *Zóhar* dice:

> Después de que murió Moshé, está escrito: "'...y este pueblo se levantará y se pervertirá...'" (Deuteronomio 31:16). ¡Ay del mundo cuando Rabí Shimón se vaya de éste, cuando las fuentes de la sabiduría sean selladas para el mundo, cuando el hombre busque palabras de sabiduría, pero no habrá nadie para expresarla. El mundo entero errará en la Torá y no habrá nadie para despertarla con sabiduría. De este tiempo, dice: "'Y si toda la Congregación de Yisrael peca por ignorancia...'" (Levítico 4:13), A SABER: si pecan por ignorancia de la Torá, es porque no conocen sus caminos. ¿Por qué? Porque "... un asunto queda oculto a los ojos de la Congregación..." (ibid.), porque no habrá nadie para revelar lo profundo de la Torá y sus caminos. ¡Ay de la generación entonces que esté en el mundo!
>
> Rabí Yehuda dijo: El Santísimo, bendito sea Él, revelará los profundos misterios de la Torá en el tiempo del Mesías, "...porque la Tierra estará llena del conocimiento del Eterno, como el agua llena el mar" (Isaías 11:9), "'Y no enseñará más el hombre a su vecino, y el hombre a su hermano, diciendo: ¡Conoce al Eterno!, porque todos Me conocerán, desde el menor hasta el mayor de ellos...'" (Jeremías 31:33). Amén. Así sea.
> — El Zóhar, Vayikrá 59:387-388

17 וְחָרָה אַפִּי בוֹ בַיּוֹם־הַהוּא וַעֲזַבְתִּים וְהִסְתַּרְתִּי פָנַי מֵהֶם וְהָיָה לֶאֱכֹל וּמְצָאֻהוּ רָעוֹת רַבּוֹת וְצָרוֹת וְאָמַר בַּיּוֹם הַהוּא הֲלֹא עַל כִּי־אֵין אֱלֹהַי בְּקִרְבִּי מְצָאוּנִי הָרָעוֹת הָאֵלֶּה: 18 וְאָנֹכִי הַסְתֵּר אַסְתִּיר פָּנַי בַּיּוֹם הַהוּא עַל כָּל־הָרָעָה אֲשֶׁר עָשָׂה כִּי פָנָה אֶל־אֱלֹהִים אֲחֵרִים: 19 וְעַתָּה כִּתְבוּ לָכֶם אֶת־הַשִּׁירָה הַזֹּאת וְלַמְּדָהּ אֶת־בְּנֵי־יִשְׂרָאֵל שִׂימָהּ בְּפִיהֶם לְמַעַן תִּהְיֶה־לִּי הַשִּׁירָה הַזֹּאת לְעֵד בִּבְנֵי יִשְׂרָאֵל:

EN AÑO BISIESTO SEXTA LECTURA – YOSEF – YESOD
CUANDO ESTÁN CONECTADAS: SÉPTIMA LECTURA – DAVID – MALJUT

20 כִּי־אֲבִיאֶנּוּ אֶל־הָאֲדָמָה אֲשֶׁר־נִשְׁבַּעְתִּי לַאֲבֹתָיו זָבַת חָלָב וּדְבַשׁ וְאָכַל וְשָׂבַע וְדָשֵׁן וּפָנָה אֶל־אֱלֹהִים אֲחֵרִים וַעֲבָדוּם וְנִאֲצוּנִי וְהֵפֵר אֶת־בְּרִיתִי: 21 וְהָיָה כִּי־תִמְצֶאןָ אֹתוֹ רָעוֹת רַבּוֹת וְצָרוֹת וְעָנְתָה הַשִּׁירָה הַזֹּאת לְפָנָיו לְעֵד כִּי לֹא תִשָּׁכַח מִפִּי זַרְעוֹ כִּי יָדַעְתִּי אֶת־יִצְרוֹ אֲשֶׁר הוּא עֹשֶׂה הַיּוֹם בְּטֶרֶם אֲבִיאֶנּוּ אֶל־הָאָרֶץ אֲשֶׁר נִשְׁבָּעְתִּי: 22 וַיִּכְתֹּב מֹשֶׁה

כִּתְבוּ

Deuteronomio 31:19 – Aquí leemos acerca del precepto positivo final que es escribir todo un rollo de la Torá. Hay 248 preceptos positivos (los que indican hacer acciones) que corresponden a los huesos y ligamentos en el cuerpo humano y, al conectar con este versículo, recibimos toda la Luz de la Torá con toda su energía protectora y sus bendiciones.

כִּי לֹא תִשָּׁכַח מִפִּי זַרְעוֹ

Deuteronomio 31:21 – Las últimas letras de las palabras hebreas *qui lo tishajaj mipí zaró* (que significan "pues no será olvidado de la boca de su descendencia") forman el nombre "Yojái". Esta es una referencia a Rav Shimón bar Yojái, y es un indicio de que él vendría a revelar los secretos de la Biblia mediante el *Zóhar*.

23 Y Él impuso a Yehoshúa, hijo de Nun, Sus cargos; y dijo: "Sé fuerte y valiente, pues tú llevarás a los hijos de Israel a la tierra que les he jurado, y Yo estaré contigo".

24 Y sucedió que, cuando Moshé terminó de escribir las palabras de esta Ley en un libro, hasta su conclusión,

EN AÑO BISIESTO SÉPTIMA LECTURA – MALJUT – DAVID

25 Moshé ordenó a los levitas que llevaban el Arca del Pacto del Eterno, diciendo:

26 "Tomen este Libro de la Ley y colóquenlo junto al Arca del Pacto del Eterno, su Dios, para que esté allí como testigo contra ustedes. 27 Porque conozco su rebelión y su dura cerviz; he aquí que mientras sigo estando vivo hoy con ustedes, han sido rebeldes contra el Eterno; ¿cuánto más lo serán después de mi muerte?

MAFTIR

28 Reúnanme a todos los ancianos de sus tribus y a sus oficiales, para que hable estas palabras a sus oídos e invoque a al Cielo y a la Tierra como testigos en su contra.

29 Porque yo sé que después de mi muerte obrarán corruptamente y se apartarán del camino que les he mandado; y el mal vendrá sobre ustedes en los días postreros, porque harán lo que es malo a la vista del Eterno, provocándolo mediante la obra de sus manos". 30 Y Moshé habló las palabras de este cántico a oídos de toda la asamblea de Israel hasta terminarlas:

הַתּוֹרָה	וְאָעִידָה
Deuteronomio 31:26 – La Biblia fue escrita en el desierto y fue guardada en el Arca del Pacto a fin de proporcionarles a las generaciones futuras una conexión con el desierto y con Moshé. El Zóhar dice que es vital que tengamos algo en el mundo que sea de la época de Moshé, algo que emane la Luz que él atrajo por medio de su conexión con el Creador. Hoy en día, nosotros también necesitamos esa conexión física y la Torá física cumple este propósito.	Deuteronomio 31:28 – La letra Vav en la palabra veaidá, que se encuentra al principio de una columna nueva en el capítulo de Vayélej, tiene un papel especial ya que es una de las seis letras que conforma una secuencia especial para sanación. Esto nos da una infusión adicional de energía de sanación.

מהע, אל עדי אֶת־הַשִּׁירָה הַזֹּאת בַּיּוֹם עׂ"ה = נגד, זן, מזבח הַהוּא וַיְלַמְּדָהּ אֶת־בְּנֵי

יִשְׂרָאֵל: 23 וַיְצַו פּי אֶת־יְהוֹשֻׁעַ בִּן־נוּן וַיֹּאמֶר חֲזַק פהל וֶאֱמָץ כִּי אַתָּה

תָּבִיא אֶת־בְּנֵי יִשְׂרָאֵל אֶל־הָאָרֶץ אלהים דההן ע"ה אֲשֶׁר־נִשְׁבַּעְתִּי לָהֶם

וְאָנֹכִי איע אֶהְיֶה עִמָּךְ ה: הויות, נמב:ד ה וַיְהִי אל | כְּכַלּוֹת מֹשֶׁה מהע, אל עדי לִכְתֹּב

אֶת־דִּבְרֵי רָאה הַתּוֹרָה־הַזֹּאת עַל־סֵפֶר עַד תֻּמָּם:

EN AÑO BISIESTO SÉPTIMA LECTURA – MALJUT – DAVID

25 וַיְצַו פי מֹשֶׁה מהע, אל עדי אֶת־הַלְוִיִּם נֹשְׂאֵי אֲרוֹן ע"ה ג"פ אלהים

בְּרִית־יְהֹוָהאדנ-יאהדונהי לֵאמֹר: 26 לָקֹחַ ב"פ יהוה אדני אהיה אֵת סֵפֶר הַתּוֹרָה

הַזֶּה והו וְשַׂמְתֶּם אֹתוֹ מִצַּד אֲרוֹן ע"ה ג"פ אלהים בְּרִית־יְהֹוָהאדנ-יאהדונהי אֱלֹהֵיכֶם

וְהָיָה ילה יהוה, יהה שָׁם יהוה עדי בְּךָ לְעֵד: 27 כִּי אָנֹכִי איע יָדַעְתִּי אֶת־מֶרְיְךָ

וְאֶת־עָרְפְּךָ הַקָּשֶׁה הֵן בְּעוֹדֶנִּי חַי עִמָּכֶם הַיּוֹם ע"ה = נגד, זן, מזבח מַמְרִים

הֱיִתֶם עִם־יְהֹוָהאדנ-יאהדונהי וְאַף כִּי־אַחֲרֵי מוֹתִי:

MAFTIR

28 הַקְהִילוּ אֵלַי אֶת־כָּל־ ילי זִקְנֵי שִׁבְטֵיכֶם וְשֹׁטְרֵיכֶם וַאֲדַבְּרָה רָאה

בְאָזְנֵיהֶם אֵת הַדְּבָרִים רָאה הָאֵלֶּה וְאָעִידָה בָּם מ"ב אֶת־הַשָּׁמַיִם

י"פ טל, י"פ כוזו וְאֶת־הָאָרֶץ אלהים דההן ע"ה: 29 כִּי יָדַעְתִּי אַחֲרֵי מוֹתִי כִּי־הַשְׁחֵת

תַּשְׁחִתוּן וְסַרְתֶּם מִן־הַדֶּרֶךְ אֲשֶׁר צִוִּיתִי אֶתְכֶם וְקָרָאת אֶתְכֶם ב"פ יב"ק

הָרָעָה רהע בְּאַחֲרִית הַיָּמִים נלך כִּי־תַעֲשׂוּ אֶת־הָרַע בְּעֵינֵי ריבוע מ"ה

יְהֹוָהאדנ-יאהדונהי לְהַכְעִיסוֹ בְּמַעֲשֵׂה יְדֵיכֶם: 30 וַיְדַבֵּר רָאה מֹשֶׁה מהע, אל עדי

בְּאָזְנֵי כָּל־ ילי קְהַל ע"ב = ס"ג יִשְׂרָאֵל אֶת־דִּבְרֵי רָאה הַשִּׁירָה הַזֹּאת עַד תֻּמָּם:

HAFTARÁ DE VAYÉLEJ

"Porque los caminos del Eterno son rectos y los justos caminan por ellos; pero los transgresores tropezarán en ellos" (Oseas 14:10).

Esta Haftará siempre se lee antes de *Rosh Hashaná* y *Yom Kipur*, y funciona como una herramienta para despertar en nosotros el deseo de una *Teshuvá* sincera, el máximo regreso al Creador. El *Zóhar* dice:

> Rabí Yehuda inició la discusión con el versículo *"he aquí que los reyes se reunieron"* (Salmos 48:5), entonces dijo: *"los reyes"* alude al secreto de la Fe, LA NUKVÁ. Porque cuando el deseo fue revelado y la unión adornada EN EL VARÓN Y LA MUJER, ambos, EL mundo MASCULINO Y EL FEMENINO fueron unidos: uno, ZEIR ANPÍN, para abrir el tesoro, para EXTENDERLO, y el otro, LA NUKVÁ, para reunir y colectar ABUNDANCIA dentro de éste. Entonces *"los reyes se reunieron; pasaron juntos"*, ambos mundos: El Mundo Superio, ZEIR ANPÍN, y el Mundo Inferior, LA NUKVÁ.

> *"… pasaron juntos"*, porque ningún pecado en el mundo es expiado hasta que EL MASCULINO Y EL FEMENINO están unidos, como está escrito: *"… y deja pasar la transgresión"* (Miqueas 7:18), y también: *"pasaron juntos"*, los pecados pasaron, porque CON LA ILUMINACIÓN DE LA UNIDAD, todos los rostros resplandecen y todos los pecados son expiados.

OSEAS 14:2-10

MIQUEAS 7:18-20

14 *² Regresa, Israel, al Eterno, tu Dios; pues has tropezado en tu iniquidad. ³ Tomen consigo palabras, y regresen al Eterno. Díganle: "Perdona toda iniquidad, y acepta lo que es bueno; para que podamos ofrendar por toros nuestros labios.*

⁴ Asiria no nos salvará, no montaremos a caballo, y nunca más diremos a la obra de nuestras manos que son dioses, porque en Ti el huérfano halla misericordia".

⁵ Yo sanaré su recaída; los amaré libremente, pues Mi ira se ha apartado de ellos.

⁶ Seré como rocío para Israel; florecerá como lirio y extenderá sus raíces como el Líbano. ⁷ Sus ramas se extenderán, y su belleza será como el del olivo, y su fragancia como la del Líbano.

⁸ Los que moran a su sombra, cultivarán de nuevo el trigo y florecerán como la vid. Su esencia será como la del vino del Líbano.

HAFTARÁ DE VAYÉLEJ

Rabí Jiyá dijo: El secreto de este versículo se aplica a la corrección por medio de ofrenda, porque cuando un sacrificio es ofrecido, cada uno recibe su provisión, cada uno según lo que merece, y entonces todo es juntado como uno, todos los rostros resplandecen, y un lazo prevalece, A SABER: UNA UNIÓN. Entonces "los reyes se reunieron" para expiar las transgresiones y hacer que llegaran a su fin. Cuando "los reyes se reunieron", MASCULINO Y FEMENINO, y fueron conectados, "pasaron juntos", A SABER: expiaron sus pecados para así hacer a todos los rostros resplandecer y hacer todo de común acuerdo.

—El Zóhar, Vayigash 3:27-29

Y

¡Felices son los justos que conocen los caminos del Santísimo, bendito sea Él, observan los preceptos de la Torá y siguen su curso!, ya que "… los transgresores tropezarán en ellos" (Oseas 14:10) y: "Pero ustedes, que se adhirieron al Eterno, su Dios, están vivos, cada uno de ustedes, este día" (Deuteronomio 4:4).

—El Zóhar, Mikets 15:249

הוֹשֵׁעַ פֶּרֶק 14, פְּסוּקִים 2–10

מִיכָה פֶּרֶק 7, פְּסוּקִים 18–20

2 14 שׁוּבָה הוֹשֵׁעַ יִשְׂרָאֵל עַד יְהוָֹהאהדונהי אֱלֹהֶיךָ ילה כִּי כָשַׁלְתָּ בַּעֲוֹנֶךָ:

3 קְחוּ עִמָּכֶם דְּבָרִים ראה וְשׁוּבוּ אֶל־יְהוָֹהאהדונהי אִמְרוּ אֵלָיו כָּל־ילי תִּשָּׂא

עָוֹן ג"פ מ"ב וְקַח־טוֹב וה וּנְשַׁלְּמָה פָרִים שְׂפָתֵינוּ: 4 אַשּׁוּר ועֹר עֹה, אבגית"ץ עֹה |

לֹא יוֹשִׁיעֵנוּ עַל־סוּס ריבוע אדני, כוֹך לֹא נִרְכָּב וְלֹא־נֹאמַר עוֹד אֱלֹהֵינוּ

ילה לְמַעֲשֵׂה יָדֵינוּ יה אדני אֲשֶׁר־בְּךָ יְרֻחַם יָתוֹם: 5 יוסף אֶרְפָּא מְשׁוּבָתָם

אֹהֲבֵם נְדָבָה עֹה חיים עֹה כִּי שָׁב אַפִּי מִמֶּנּוּ: 6 אֶהְיֶה כַטַּל ב"ט כֻּזוּ לְיִשְׂרָאֵל

יִפְרַח כַּשּׁוֹשַׁנָּה וְיַךְ שָׁרָשָׁיו כַּלְּבָנוֹן: 7 יֵלְכוּ יֹנְקוֹתָיו וִיהִי אל כַּזַּיִת

אלהים אל מצפ"ץ הוֹדוֹ אהיה וְרֵיחַ לוֹ כַּלְּבָנוֹן: 8 יָשֻׁבוּ יֹשְׁבֵי בְצִלּוֹ יְחַיּוּ דָגָן

⁹ *Efráyim [dirá]: "¿Qué tengo yo que ver ya con los ídolos?". En cuanto a Mí, Yo respondo y cuido de él. Yo soy como un frondoso ciprés; de Mí procede tu fruto.*

¹⁰ *Quien es sabio, que entienda estas cosas; quien es prudente, que las conozca. Porque los caminos del Eterno son rectos y los justos caminan por ellos; pero los transgresores tropezarán en ellos.*

⁷ 18 *¿Quién es Dios como tú, que perdona la iniquidad y pasa por alto la transgresión del remanente de Su heredad? Él no guarda su ira para siempre, porque se complace en la misericordia.*

¹⁹ *Él volverá a tener compasión de nosotros, hollará nuestras iniquidades; y Tú arrojarás todos sus pecados a las profundidades del mar.*

²⁰ *Mostrarás Tu fidelidad a Yaakov, misericordia a Avraham, tal como juraste a nuestros padres desde los días de antaño.*

נגד, זן, מזכו וְיִפְרְח֤וּ כַגֶּ֙פֶן֙ זִכְר֔וֹ כְּיֵ֖ין מיכ, י"פ האא לְבָנֽוֹן: 9 אֶפְרַ֕יִם אל מצפצ בַּהד־ מ"ה

לִ֥י ע֖וֹד לַעֲצַבִּ֑ים אני, טדהד כו"י עָנִ֧יתִי וַאֲשׁוּרֶ֖נּוּ אֲנִ֔י אני, טדהד כו"י כִּבְר֣וֹשׁ

רַֽעֲנָ֔ן מִמֶּ֖נִּי פֶּרְיְךָ֥ נִמְצָֽא: 10 מִ֤י יְלי וְחָכָם֙ וחיים, בינה ע"ה וְיָ֣בֶן וחיים, בינה ע"ה אֵ֔לֶּה

נָב֖וֹן וְיֵֽדָעֵ֑ם כִּֽי־יְשָׁרִ֞ים דַּרְכֵ֣י יְהֹוָ֗האהדיאהדנהי וְצַדִּקִים֙ יֵ֣לְכוּ בָ֔ם מ"ב

וּפֹשְׁעִ֖ים יִכָּ֥שְׁלוּ בָֽם: מ"ב 7 18 מִי־ ילי אֵ֤ל יא"י כָּמ֙וֹךָ֙ מזם, אלהים, אהיה אדני נֹשֵׂ֣א

עָוֺ֗ן ג"ס מ"ב וְעֹבֵ֤ר רבוע יהוה ורבוע אלהים עַל־פֶּ֙שַׁע֙ לִשְׁאֵרִ֣ית נַחֲלָת֔וֹ לֹא־הֶחֱזִ֥יק

לָעַד֙ ב"פ בן אַפּ֔וֹ כִּֽי־חָפֵ֥ץ חֶ֖סֶד ע"ב, רבוע יהוה הֽוּא: 19 יָשׁ֣וּב יְרַֽחֲמֵ֔נוּ יִכְבֹּ֖שׁ

עֲוֺֽנֹתֵ֑ינוּ וְתַשְׁלִ֛יךְ בִּמְצֻל֥וֹת יָ֖ם ילי כָּל־ ילי וְחַטֹּאותָֽם: 20 תִּתֵּ֤ן ב"פ כהה אֱמֶת֙

אהיה פעמים אהיה, ז"פ ס"ג לְֽיַעֲקֹ֔ב ז"פ יהוה, יאהדונהי אידהנויה וְחֶ֖סֶד ע"ב, רבוע יהוה לְאַבְרָהָ֑ם

רמ"ח, וז"פ אל אֲשֶׁר־נִשְׁבַּ֥עְתָּ לַאֲבֹתֵ֖ינוּ מִ֥ימֵי קֶֽדֶם רבוע בן:

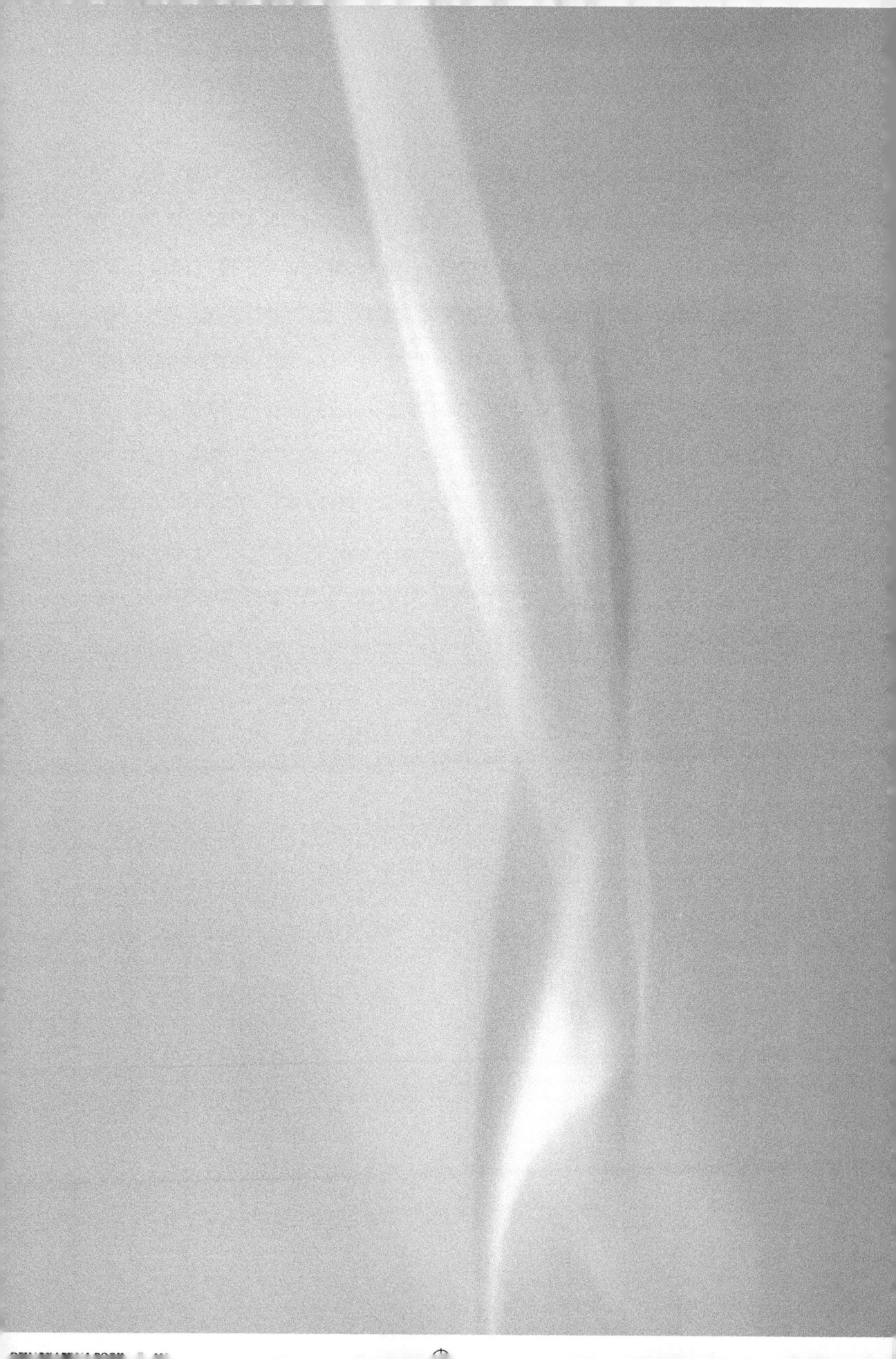

HAAZINU

LA LECCIÓN DE HAAZINU
(Deuteronomio 32:1-52)

Shabat Shuvá

Haazinu se lee en *Shabat Shuvá* (el Shabat del Regreso), que siempre cae entre *Rosh Hashaná* y *Yom Kipur*. Este Shabat recibe su nombre de la Haftará que comienza con las palabras: "*Regresa, Israel, a Dios, tu Creador*". Aquí hay una lección que nos ayudará a llegar a *Yom Kipur* con herramientas más poderosas a fin de que podamos ganar la batalla contra el caos en el año venidero.

Si el año será bueno o malo para nosotros depende de lo que hicimos y dónde estaba nuestra conciencia en *Rosh Hashaná*, y también de cuánta Luz revelamos. El *Zóhar* dice que aun si no revelamos ninguna Luz en *Rosh Hashaná*, todavía es posible revelar toda la Luz que está destinada a nosotros en *Yom Kipur*; pero todo depende de la clase de cambio interno que hagamos en *Yom Kipur*. Si insistimos en seguir siendo la misma persona que éramos, ¿por qué este año habría de ser diferente al anterior?

Los sabios advierten que si no hemos hecho nuestro trabajo espiritual interno de determinar dónde están nuestros bloqueos y qué nos gustaría cambiar —es decir, si no hemos preparado nuestra Vasija para la enorme Luz que está disponible en *Yom Kipur*—, no tenemos posibilidad de recibir esta Luz. Dicho esto, todavía tenemos una oportunidad: al participar en esta lectura y teniendo también un deseo sincero de transformación, de hacer una diferencia en nuestra vida para el próximo año.

"Presten oídos, Cielos, y yo hablaré…" (Deuteronomio 32:1)

El capítulo de Haazinu comienza con las palabras "*Presten oídos, Cielos, y yo hablaré*". ¿Pero no debió haberse escrito al contrario: primero "*hablaré*" y después "*presten oídos*"? Es imposible oír antes de que alguien hable, por lo tanto, ¿qué nos está enseñando la Biblia?

Hay un relato que esclarecerá todo. En una aldea, había un hombre que golpeaba a su esposa, la insultaba y, en general, la trataba de forma horrible; como si ella fuera una de sus posesiones y no un ser humano. Un día, un vecino de este hombre despiadado tuvo una idea. Él decidió acudir al kabbalista del pueblo y le pidió que dedicara el sermón del Shabat al tema del respeto a las mujeres. Aunado a eso, le contó al sabio maestro acerca de la forma tan horrible en que su vecino trataba a su mujer. El sabio acordó tratar el tema en Shabat y, de alguna manera, hacerlo pertinente a la historia y lección espiritual de la semana. Cada historia en la Biblia contiene el mensaje de "amar a tu prójimo como a ti mismo", así que el kabbalista pensó que podía hacer la relación.

Llegó Shabat, y el kabbalista comenzó su sermón. Habló acerca de la historia en general y luego tocó el tema de amar a tu prójimo como a ti mismo, haciendo énfasis particular en el amor por la esposa. Siguió hablando sobre cómo cada hombre debe respetar a su esposa y ocuparse de todas sus necesidades. Después de las oraciones, el kabbalista quería cerciorarse de que el hombre cruel hubiera escuchado y entendido lo que la lección tenía que enseñarle. Pero cuando el kabbalista se acercó al hombre y le preguntó qué pensaba del sermón, ¡el hombre tan sólo dijo que esperaba que todos esos hombres que maltratan a sus mujeres entendieran que no deberían comportarse de esa manera! En pocas palabras, no sólo no aprendió nada, sino que estaba seguro de que el kabbalista se refería a otra persona. El kabbalista, tras darse cuenta de que no había más nada que decir, le deseó al hombre "*Shabat Shalom*" y se marchó.

Después de unos minutos, un estudioso que estaba de visita en el pueblo ese Shabat se acercó al sabio anciano. Después de saludarse entre sí, el estudioso le preguntó al sabio: "¿Sabe una cosa? Aprendí muchísimo de su sermón". El kabbalista estaba sorprendido dado que todo su discurso había sido en beneficio del hombre que se trataba terriblemente a su esposa. El estudioso explicó: "Hace dos semanas, mi esposa no hizo algo que le había pedido que hiciera, y me molesté mucho con ella y le pregunté por qué no lo había hecho. Ella se sintió muy humillada. No había hablado nada al respecto, pero he aprendido de su sermón que ella tiene muchas cosas que hacer todos los días; así que si no hizo lo que yo le pedí, no fue porque a ella no le importara, sino porque está muy ocupada. Aprendí a nunca pedirle las cosas con enojo, sino con gentileza y entendiendo que ella tiene muchas otras responsabilidades".

La gente que necesita escuchar no escucha, mientras que los que no parecen tener un gran problema en esa área en particular sí escuchan y aprenden.

El Creador puede enseñarnos y darnos sólo si estamos listos para escuchar y recibir. Es por ello que está escrito: *haazinu*, "escuchen". Si estamos listos para recibir, entonces: *adabra*, "hablaré". ¿Por qué el Creador habría de decirnos algo si no vamos a oír? Siempre decimos: "Cuando el estudiante esté listo, el maestro aparecerá". La ley espiritual es aun más enfática: si nos preparamos para aprender, entonces el maestro debe aparecer.

SINOPSIS DE HAAZINU

Al ver el rollo de la Torá, se puede apreciar que el capítulo de Haazinu en realidad está escrito de forma muy particular. Los párrafos y versículos están en la forma de dos triángulos. Estos dos triángulos nos conectan con las seis dimensiones superiores (las *Sefirot* de *Jésed, Guevurá, Tiféret, Nétsaj, Hod* y *Yesod*) del Árbol de la Vida. El *Zóhar* dice que las seis puntas de los dos triángulos infunden y canalizan la Luz del Creador a la séptima dimensión de *Maljut*, nuestro mundo físico.

El capítulo de Haazinu tiene 52 versículos. Según la sabiduría de la Kabbalah, el número 52 está relacionado con el reino físico de *Maljut*. Cincuenta y dos es también dos veces el valor numérico del Tetragrámaton (*Yud, Hei, Vav* y *Hei*), 26 x 2 = 52, lo cual revela otro secreto: Haazinu nos muestra que nuestro mundo es un espejo de los Mundos Superiores. Si amamos, veremos amor; si odiamos, veremos odio; si hacemos acciones positivas, sólo reconocemos lo positivo en los demás.

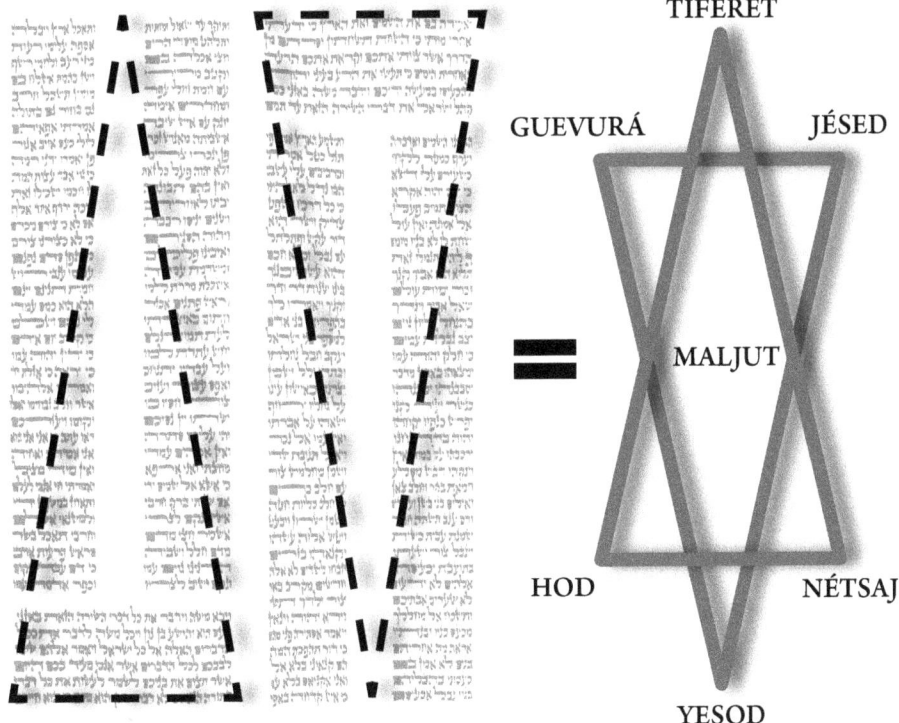

PRIMERA LECTURA – AVRAHAM – JÉSED

32 ¹ "**P**resten oídos, Cielos, y yo hablaré; y que la tierra escuche las palabras de mi boca. ² Mi doctrina caerá como la lluvia, mi discurso destilará como el rocío; como llovizna sobre el verde prado y como aguacero sobre la hierba.

³ Porque yo proclamo el Nombre del Eterno; atribuyan grandeza a nuestro Dios.

⁴ La Roca; Su obra es perfecta, porque todos Sus caminos son justicia; Dios de fidelidad y sin iniquidad, justo y recto es Él.

⁵ ¿Acaso la corrupción es de Él? No; Sus hijos son el defecto. Una generación torcida y perversa. ⁶ ¿Así le retribuyen al Eterno, pueblo incauto e ignorante? ¿Acaso no es Él tu padre que te adquirió? ¿No fue Él quien te hizo y te estableció?

SEGUNDA LECTURA – YITSJAK – GUEVURÁ

⁷ Recuerda los días de antaño; considera los años de todas las generaciones; pregunta a tu padre y él te lo declarará; pregunta a tus ancianos y ellos te lo dirán.

COMENTARIO DEL RAV

Nadie puede alcanzar la Realidad Máxima por nosotros. El alcanzarla dependerá de la medida en la que aceptemos la idea de que la muerte es ilusoria, donde cruzas el umbral de la muerte y ves que sigues vivo. Te das cuenta de que todo fue sólo un engaño: un engaño perpetrado por el Satán. Sencillamente vas a estar al otro lado del umbral. Nos volvemos perezosos de vez en cuando, y cuando somos perezosos no captamos el mensaje. Por lo tanto, es evidente que lo que queremos lograr mediante la conexión con la lectura de Haazinu es que, en el nivel físico, esa conexión con la Fuerza de Luz de Dios nos dé protección absoluta.

El Satán no afloja durante el año, así que tiende algunas cortinas de humo. Puede que digas: "Ay, tengo un dolor en pecho", uno de los juegos que el Satán quiere jugar contigo. Así que pierdes esa conciencia positiva, y tal vez en esa medida pierdas tu escudo protector. Dices: "Sé que no hay nada que me haga cambiar de parecer. Todo se ve tan oscuro. Ya todo acabó. Recuerdo lo que ocurrió en *Yom Kipur*. ¿Te parece poco?". Ese es uno de los grandes problemas por resolver. Inténtalo. Es muy fácil de hacer. Inténtalo la próxima vez que tengas una confrontación con el Satán; puedes sellar completamente este escudo de seguridad para bajar la Fuerza de Luz del Creador a tu vida, tu hogar y tu mundo.

הַאֲזִינוּ

Deuteronomio 32:1 – Este versículo comienza con el cántico/poema de Moshé. *Haazinu* significa "escuchar". Tal vez oigamos, pero no

PRIMERA LECTURA – AVRAHAM – JÉSED

32 1 הַאֲזִינוּ הַשָּׁמַיִם ישׂפ טל, ישׂפ כווי וַאֲדַבֵּרָה ראה וְתִשְׁמַע הָאָרֶץ אלהים דההן עׂה

אִמְרֵי־פִי: 2 יַעֲרֹף כַּמָּטָר אברהם עׂה, רמׂח עׂה, וזׂפ אל עׂה לִקְחִי תִזַּל כַּטַּל כוו

אִמְרָתִי ישׂפ אדני עׂה כִּשְׂעִירִם עֲלֵי־דֶשֶׁא וְכִרְבִיבִים עֲלֵי־עֵשֶׂב עׂב שמות: 3 כִּי

שֵׁם יהוה עדי יְהוָֹהאהדונהי אֶקְרָא בׂפ קנׂא הָבוּ אוהד, אהבה, דאגה גֹּדֶל לההו, מכה, יזל, אום

לֵאלֹהֵינוּ יהׂל: 4 הַצּוּר אלהים דההן עׂה תָּמִים פָּעֳלוֹ כִּי כָל יי דְּרָכָיו מִשְׁפָּט

עׂה הׂפ אלהים אֵל ייאׂי אֱמוּנָה וְאֵין עָוֶל צַדִּיק וְיָשָׁר הוּא: 5 שִׁחֵת לוֹ לֹא בָּנָיו

מוּמָם דּוֹר עִקֵּשׁ וּפְתַלְתֹּל: 6 הֲלַיְהוָֹהואדני תִּגְמְלוּ־זֹאת עַם נָבָל וְלֹא

וְכָם חיים, בינה עׂה הֲלוֹא־הוּא אָבִיךָ קָּנֶךָ הוּא עָשְׂךָ וַיְכֹנְנֶךָ:

SEGUNDA LECTURA – YITSJAK – GUEVURÁ

7 זְכֹר יְמוֹת עוֹלָם בִּינוּ שְׁנוֹת דֹּר־וָדֹר שְׁאַל אָבִיךָ וְיַגֵּדְךָ זְקֵנֶיךָ

---

necesariamente escuchamos. Este versículo nos ayuda a oír más de la verdad; no aquello que queremos oír, sino lo que necesitamos oír. Cuando duele escuchar la verdad, a menudo nos bloqueamos para no oírla. Aquí recibimos el poder para escuchar verdaderamente, aun en esos momentos incómodos.

> *Aprendimos que cuando Moshé dijo: ¡Oigan Cielos, yo hablaré…! (Deuteronomio 32:1) los mundos se agitaron. Una voz resonó diciendo: ¡Moshé, Moshé! ¿Por qué estás agitando al mundo entero? Tú eres humano, ¿Debe el mundo agitarse a causa de ti? Moshé empezó y dijo: "Cuando invoque el Nombre del Eterno…" (ibid. 3). En ese momento guardaron silencio y escucharon sus palabras.*
> — *El Zóhar, Haazinu 5:22*

הֲלַיְהוָֹהואדני

Deuteronomio 32:6 – En esta sección tenemos la letra *Hei* grande. El *Zóhar* explica que la letra *Hei*, que está dos veces en el Tetragrámaton, aparece una vez como la Vasija de la *Yud* y otra vez como la Vasija de la *Vav*. La *Hei* grande en este versículo indica la oportunidad de que expandamos nuestra Vasija, nuestro deseo, al enseñarnos que siempre debemos desear más Luz espiritual y nunca conformarnos con menos.

זְכֹר

Deuteronomio 32:7 – Este versículo trata acerca de lo necesario que es recordar a las generaciones pasadas. ¿Qué significa esto? Rav Yitsjak Luria (el Arí) enseñó que es importante entender que todos tenemos vidas pasadas y que

⁸ Cuando el Altísimo dio a las naciones su herencia, cuando separó los hijos del hombre, fijó los límites de los pueblos según el número de los hijos de Israel. ⁹ Pues la porción del Eterno es Su pueblo; Yaakov es la parte de Su heredad. ¹⁰ Lo encontró en tierra desierta y desolada, en un rugiente desierto; Él lo rodeó, cuidó de él, lo guardó como a la niña de Sus ojos. ¹¹ Como un águila que despierta a su nidada, que revolotea sobre sus polluelos, extendiendo sus alas, los toma y los lleva sobre sus alas. ¹² El Eterno solo lo guió, y con Él no hubo dios extranjero.

TERCERA LECTURA – YAAKOV – TIFÉRET

¹³ Él lo hizo cabalgar sobre las alturas de la Tierra, y comió el producto del campo; Él le hizo extraer miel de la roca y aceite del pedernal, ¹⁴ cuajada de vacas y leche de ovejas, con la grosura de corderos, y carneros de raza de Bashán y machos cabríos, con el trigo más selecto; y de la sangre de uvas bebiste vino espumoso. ¹⁵ Pero Yeshurún engordó y dio coces; has engordado, estás grueso y robusto; entonces abandonó a Dios quien lo hizo, y menospreció a la Roca de su salvación. ¹⁶ Le despertaron celos con dioses extraños, con abominaciones lo provocaron. ¹⁷ Ofrecieron sacrificios a demonios, no a Dios, a dioses que no habían conocido, dioses nuevos que vinieron recientemente, a los que vuestros padres no temieron. ¹⁸ Despreciaste a la Roca que te engendró, y olvidaste al Dios que te hizo nacer.

---

venimos a este mundo con equipaje del pasado. No podemos crear un buen futuro para nosotros si no entendemos que tenemos un pasado que corregir. El *Zóhar* explica:

"Recuerda los días de antaño (también: 'del mundo'), considera los años de generación tras generación…" (Deuteronomio 32:7). "Recuerda los días de antaño" Rabí Aba dijo: ¿Qué son los días del mundo? Son los seis días del mundo con los cuales el Santísimo, bendito sea Él, creó el mundo, como está escrito: "… porque en seis días hizo el Eterno el cielo y la Tierra…" (Éxodo 31:17) más bien que "en seis días", PORQUE SON LAS SEIS SEFIROT: JÉSED, GUEVURÁ, TIFÉRET, NÉTSAJ, HOD Y YESOD QUE CREARON AL MUNDO. Ya hemos explicado esto. "…considera los años de generación tras generación" significa que los días del mundo, JÉSED, GUEVURÁ, TIFÉRET, NÉTSAJ, HOD Y YESOD, serán conocidas y reconocidas por todos estos años y días, y todas y cada una de las generaciones hasta la generación en que vives.

"… Pregunta a tu padre, y él te declarará…" (Deuteronomio 32:7) es el Santísimo, bendito sea Él. Este es el significado de: "… No es Él tu padre que te creó?…" (ibid. 6). "… y él te declarará" significa que Él te abrirá una sabiduría profunda. ¿Cuál es esta? Cuando los seis días, JÉSED, GUEVURÁ, TIFÉRET, NÉTSAJ, HOD Y YESOD, comprendieron al mundo, lo hicieron así solamente por tu bien, para que vinieras y estuvieras ocupado en la Torá. Como hemos aprendido, cualquier cosa que hizo el Santísimo, bendito sea Él, la hizo a condición de que Yisrael apareciera. Si recibirán la Torá, bueno. De otro modo, EL MUNDO retornará al caos. Por esta razón, los días del mundo conocían y se daban cuenta de todo.
— *El Zóhar, Haazinu 55:234-235*

וַיִּשְׁמַן

Deuteronomio 32:15 – Aquí la Biblia nos ayuda a entender que la prosperidad puede crear una ilusión. Cuando nos volvemos prósperos, es

בְּהַנְחֵל עֶלְיוֹן רבוע ס"ג גּוֹיִם בְּהַפְרִידוֹ בְּנֵי אָדָם מ"ה יַצֵּב 8 וַיֹּאמְרוּ לָךְ:

גְּבֻלֹת עַמִּים ע"ה קס"א לְמִסְפַּר בְּנֵי יִשְׂרָאֵל: 9 כִּי חֵלֶק יהוה אהיה יהוה יהוה אדני

יְהוָֹה אהדנהי עַמּוֹ יַעֲקֹב ז"פ יהוה, יאהדונהי אידהנויה חֶבֶל נַחֲלָתוֹ: 10 יִמְצָאֵהוּ

בְּאֶרֶץ אלהים דאלפין מִדְבָּר וּבְתֹהוּ יְלֵל יְשִׁמֹן יְסֹבְבֶנְהוּ יְבוֹנְנֵהוּ יִצְּרֶנְהוּ

כְּאִישׁוֹן עֵינוֹ רבוע מ"ה: 11 כְּנֶשֶׁר יָעִיר קִנּוֹ עַל־גּוֹזָלָיו יְרַחֵף יִפְרֹשׂ כְּנָפָיו

יִקָּחֵהוּ יִשָּׂאֵהוּ עַל־אֶבְרָתוֹ: 12 יְהוָֹה אהדנהי בָּדָד יַנְחֶנּוּ וְאֵין עִמּוֹ אֵל

נֵכָר: יא"י

TERCERA LECTURA – YAAKOV – TIFÉRET

13 יַרְכִּבֵהוּ עַל־במתי (כתיב: במותי) בָּמֳתֵי אָרֶץ אלהים דאלפין וַיֹּאכַל תְּנוּבֹת שָׂדָי

וַיֵּנִקֵהוּ רפ"ח יהוה דְבַשׁ מִסֶּלַע ע"ה קס"א וְשֶׁמֶן י"פ טל, י"פ כוז"ו, ביט מֵחַלְמִישׁ צוּר

אלהים דההין ע"ה: 14 חֶמְאַת בָּקָר וַחֲלֵב צֹאן מלוי אהיה דיודין ע"ה עִם־חֵלֶב כָּרִים

וְאֵילִים בְּנֵי־בָשָׁן וְעַתּוּדִים עִם־חֵלֶב כִּלְיוֹת חִטָּה אכא וְדַם־ רבוע אהיה

עֵנָב תִּשְׁתֶּה־חָמֶר: 15 וַיִּשְׁמַן יְשֻׁרוּן וַיִּבְעָט שָׁמַנְתָּ עָבִיתָ ב"פ ראה כָּשִׂיתָ

וַיִּטֹּשׁ אֱלוֹהַ מ"ב עָשָׂהוּ וַיְנַבֵּל צוּר אלהים דההין ע"ה יְשֻׁעָתוֹ: 16 יַקְנִאֻהוּ בְּזָרִים

בְּתוֹעֵבֹת יַכְעִיסֻהוּ: 17 יִזְבְּחוּ לַשֵּׁדִים לֹא אֱלֹהַּ אֱלֹהִים מום, אהיה אדני ; ילה לֹא

יְדָעוּם חֲדָשִׁים מִקָּרֹב בָּאוּ לֹא שְׂעָרוּם אֲבֹתֵיכֶם: 18 צוּר אלהים דההין ע"ה

יְלָדְךָ תֶּשִׁי וַתִּשְׁכַּח אֵל יא"י מְחֹלְלֶךָ:

---

posible que comencemos a perder certeza en el Creador; y perder esta certeza en el Creador acaba en desconexión. Por lo tanto, el desafío cuando somos prósperos es no olvidar de dónde proviene nuestra abundancia, que es el Creador quien nos ha dado la capacidad de ser prósperos.

תֶּשִׁי

Deuteronomio 32:18 – "*Despreciaste a la Roca que te engendró, y olvidaste al Dios que te hizo nacer*". En este versículo, hay una letra Yud pequeña. La *Yud* ya es la letra más pequeña del alfabeto arameo, pero aquí hay una más pequeña de lo normal. Esta letra reducida representa la

CUARTA LECTURA – MOSHÉ – NÉTSAJ

¹⁹ *Y el Eterno vio esto y se indignó, debido a la provocación de Sus hijos y Sus hijas.*

²⁰ *Y Él dijo: 'Esconderé Mi rostro de ellos, veré cuál será su fin; porque son una generación perversa, hijos en los cuales no hay fidelidad. ²¹ Ellos me han provocado celo con algo que no es Dios; me han irritado con sus vanidades. Y Yo les provocaré celos con los que no son un pueblo; los irritaré con una nación maligna.*

²² *Porque un fuego se ha encendido en Mi ira, que quema hasta el mundo inferior, consume la tierra con su fruto e incendia las bases de los montes.*

²³ *Amontonaré calamidades sobre ellos, usaré Mis saetas en ellos; ²⁴ les enviaré debilitación por el hambre, abrasión por el calor abrasador, destrucción amarga y dientes de animales, junto con veneno de reptiles.*

²⁵ *La espada destruirá afuera, y dentro dejará el terror; tanto al joven como a la virgen, tanto al niño de pecho como al hombre encanecido.*

²⁶ *Pensé que los exterminaría, que borraría la memoria de ellos de entre los hombres;*

²⁷ *si no hubiera temido la provocación del enemigo, no sea que entendieran mal sus adversarios, no sea que dijeran: 'Nuestra mano es exaltada y no es el Eterno el que ha hecho todo esto'. ²⁸ Porque son una nación carente de consejo y no hay entendimiento en ellos.*

---

reducción de nuestro ego. Los sabios explican que cuanto más reduzcamos nuestro ego, más conectamos con la Luz del Creador.

וַיַּרְא

Deuteronomio 32:19 – La Biblia habla acerca de la ira del Creador. Sin embargo, de acuerdo con la Kabbalah, Dios no se enoja. Esta sección en realidad se refiere a la Ley Universal de Causa y Efecto. Si hacemos cosas negativas, la negatividad regresa a nosotros.

אֹבַד עֵצוֹת

Deuteronomio 32:28 – "*Porque son una nación carente de consejo y no hay entendimiento en ellos*". Aquí pareciera que el Creador dijera que somos estúpidos. ¡Si tan sólo entendiéramos

verdaderamente la magnitud de la Luz del Creador! Nos convencemos a nosotros mismos de las cosas más ridículas y tenemos ideas tontas a fin de no asumir la responsabilidad de nuestro comportamiento o no impulsarnos para alcanzar nuestro potencial. El Satán nos hace sentir incapaces, de modo que nueve de diez veces pensamos: "Es inútil, nunca lo lograré", y nos rendimos en lugar de esforzarnos en recorrer el kilómetro extra. Tal como con los israelitas y el incidente del becerro de oro, nos convencemos de que la Luz nos ha abandonado, y todo porque no queremos asumir la responsabilidad nosotros mismos. El *Zóhar* explica:

> "*Pero aquellos que eran sabios, que entendieran esto...*" (Deuteronomio 32:29). Rabí Yosi dijo: Todos los versículos aquí son reprobación con la que Moshé reconvino a Yisrael, excepto por el Santo Nombre que reveló al principio de sus

CUARTA LECTURA – MOSHÉ – NÉTSAJ

19 וַיַּרְא אלף למד יהוה יֱהֹוִהֹאדנייאהדונהי עֱ"ה קנ"א, אדני אלהים מִכַּעַס וַיִּנְאָץ בָּנָיו וּבְנֹתָיו:

20 וַיֹּאמֶר אַסְתִּירָה פָנַי חכמה בינה מֵהֶם אֶרְאֶה בִּנָה מ"ה אַחֲרִיתָם כִּי דוֹר תַּהְפֻּכֹת הֵמָּה בָּנִים לֹא־אֵמֻן בָּם יֱהֹוֹאדנייאהדונהי 21 הֵם קִנְאוּנִי בְלֹא־אֵל כִּעֲסוּנִי בְּהַבְלֵיהֶם וַאֲנִי אני, ב"פ אהיה יהוה אַקְנִיאֵם בְּלֹא־עָם בְּגוֹי נָבָל אַכְעִיסֵם:

22 כִּי־אֵשׁ אלהים דיורן ע"ה קָדְחָה בְאַפִּי וַתִּיקַד עַד־שְׁאוֹל תַּחְתִּית וַתֹּאכַל אֶרֶץ אלהים דאלפין וִיבֻלָהּ וַתְּלַהֵט מוֹסְדֵי הָרִים:

23 אַסְפֶּה עָלֵימוֹ רָעוֹת חִצַּי אֲכַלֶּה־בָּם מ"ב: 24 מְזֵי רָעָב עֱ"ה ורבוע אלהים וּלְחֻמֵי רֶשֶׁף וְקֶטֶב מְרִירִי רבוע עֱ"ב ורבוע ס"ג וְשֶׁן בְּהֵמֹת אֲשַׁלַּח־בָּם מ"ב עִם־חֲמַת זֹחֲלֵי עָפָר:

25 מִחוּץ תְּשַׁכֶּל־חֶרֶב רבוע ס"ג ורבוע אהיה וּמֵחֲדָרִים אֵימָה גַּם־ יג"ל בָּחוּר רי"ו, גבורה גַּם־ יג"ל בְּתוּלָה יוֹנֵק רבוע ס"ג עִם־אִישׁ עֱ"ה קנ"א קס"א שֵׂיבָה:

26 אָמַרְתִּי י"פ אדני ע"ה אַפְאֵיהֶם אַשְׁבִּיתָה מֵאֱנוֹשׁ זִכְרָם: 27 לוּלֵי כַּעַס עֱ"ה קנ"א, אדני אלהים אוֹיֵב אָגוּר פֶּן־יְנַכְּרוּ צָרֵימוֹ פֶּן־יֹאמְרוּ יָדֵנוּ רָמָה וְלֹא יְהֹוָהאדנייאהדונהי פָּעַל כָּל־ זֹאת: 28 כִּי־גוֹי אֹבַד עֵצוֹת הֵמָּה וְאֵין בָּהֶם תְּבוּנָה:

---

palabras, a saber: "*Cuando invoque el Nombre del Eterno...*" (*ibid. 3*) que es el secreto de *Jésed, Guevurá, Tiféret, Nétsaj, Hod y Yesod.* Rabí Aba dijo: Aun los versículos en los cuales él reprendió a Yisrael son parte del Santo Nombre, porque no hay nada en la Torá que esté excluido del Santo Nombre, ya que la Torá en su totalidad es el Nombre del Santísimo, bendito sea Él.

Los versículos que hemos explicado hasta ahora son conocidos por todos, pero ya que el Nombre del Santísimo, bendito sea Él, es mencionado en esta sección, no los hemos explicado hasta ahora. Aquí está escrito: "*Pero aquellos que eran sabios, que entendieran esto (heb. zot)*", ciertamente 'zot', quien es Maljut. Hemos explicado en varios lugares que si Yisrael sabía como 'zot' se aferró a sus castigos para desquitarse de los perversos, "*... habrían considerado su final*" (*Deuteronomio 32: 29*) y se hubieran cuidado de estar en este, esto es: guardar sus mandamientos, como está escrito: "*... la tierra*" que es Maljut, " *se levantará contra él*" (*Job 20:27*)
— El Zóhar, Haazinu 58:241-242

QUINTA LECTURA – AHARÓN – HOD

29 Si ellos fueran sabios, comprenderían esto, sabrían el fin que les espera. 30 ¿Cómo es que uno puede perseguir a mil, y dos hacer huir a diez mil, si su Roca no los hubiera vendido y el Eterno no los hubiera entregado?

31 Porque su roca no es como nuestra Roca; aun siendo los jueces nuestros mismos enemigos. 32 Porque la vid de ellos es de la vid de Sodoma y de los campos de Gomorra; sus uvas son como la hiel, sus racimos son amargos.

33 Su vino es veneno de serpientes y el cruel veneno de cobras. 34 '¿No tengo Yo esto guardado conmigo, sellado en Mis tesoros?

35 Mía es la venganza y la retribución; a su tiempo el pie de ellos resbalará, porque el día de su calamidad está cerca, ya se apresura lo que les está preparado'. 36 Porque el Eterno juzgará a Su pueblo, y tendrá compasión de Sus siervos cuando vea que su fuerza se ha ido y que nadie queda, ni siervo ni libre.

37 Y Él dirá: '¿Dónde están sus dioses, la roca en que confiaban, 38 los que comían la grosura de sus sacrificios y bebían el vino de su libación? Que acudan en su ayuda y sean su protección.

39 Vean ahora que soy Yo, solamente Yo, y fuera de Mí no hay dios. Yo hago morir y hago vivir. Yo hiero y yo sano, y no hay quien pueda librarse de Mi Mano.

SEXTA LECTURA – YOSEF – YESOD

40 Porque Yo alzo Mi Mano al Cielo y digo: Como que vivo Yo para siempre,

---

וזי

Deuteronomio 32:40 – Este versículo nos dice que tenemos el potencial de vivir para siempre. La inmortalidad depende de nosotros y tenemos una elección: por un lado, podemos basar nuestra certeza de la inmortalidad en el ego, pensando que somos invencibles y sin tomar en cuenta las consecuencias de lo que hacemos. Si pensamos de esta manera, ciertamente no sólo pondremos fin a nuestra existencia, sino también a la felicidad, la salud y más. Pero, por otro lado, si entendemos que la inmortalidad sólo es posible con la ayuda del Creador, podremos

trascender la muerte verdaderamente y superar cualquier clase de pérdida.

Si bien Moshé pudo ayudar a generar la revelación de la Luz en el Monte Sinaí, incluyendo el estado de inmortalidad, Nóaj no pudo lograr la misma proeza en su tiempo. Nóaj era la fuerza de uno solo, mientras que Moshé alcanzó una masa crítica de personas a través de las seiscientas mil almas que estuvieron presentes en el Sinaí. Somos imbuidos del conocimiento y la motivación interior que producen la remoción absoluta

QUINTA LECTURA – AHARÓN – HOD

29 לֹּו וְחָכְמוּ יַשְׂכִּילוּ זָאת יָבִינוּ לְאַחֲרִיתָם: 30 אֵיכָה יִרְדֹּף אֶחָד

אהבה, דאגה **אֶלֶף** אלף למד שין דלת יוד ע"ה יוהך, ע"ה מ"ב **וּשְׁנַיִם** יָנִיסוּ רְבָבָה אִם־

כִּי־צוּרָם מְכָרָם וַיהֹוָהאהדונהי הִסְגִּירָם: 31 כִּי לֹא כְצוּרֵנוּ צוּרָם

וְאֹיְבֵינוּ פְּלִילִים: 32 כִּי־מִגֶּפֶן ב"פ ב"ן סְדֹם גַּפְנָם וּמִשַּׁדְמֹת עֲמֹרָה

עֲנָבֵמוֹ עִנְּבֵי־רוֹשׁ אַשְׁכְּלֹת מְרֹרֹת לָמוֹ: 33 חֲמַת תַּנִּינִם יֵינָם וְרֹאשׁ

רבוע אלהים ואלהים דיודין ע"ה פְּתָנִים אַכְזָר: 34 הֲלֹא־הוּא כָּמֻס עִמָּדִי וְחָתֻם

נתה, קס"א קנ"א קמ"ג **בְּאוֹצְרֹתָי**: 35 לִי נָקָם מנק וְשִׁלֵּם לְעֵת יפ אהיה י' הויות תָּמוּט

רַגְלָם כִּי קָרוֹב יוֹם ע"ה = נגד, זן, מזבח אֵידָם וְחָשׁ עֲתִדֹת לָמוֹ: 36 כִּי־יָדִין

יְהֹוָהאהדונהי עַמּוֹ וְעַל־עֲבָדָיו יִתְנֶחָם כִּי יִרְאֶה רי"ו, גבורה כִּי־אָזְלַת יָד

וְאֶפֶס עָצוּר וְעָזוּב: 37 וְאָמַר אֵי אֱלֹהֵימוֹ צוּר אלהים דההין ע"ה חָסָיוּ בוֹ:

38 אֲשֶׁר חֵלֶב זְבָחֵימוֹ יֹאכֵלוּ יִשְׁתּוּ יֵין מיכ, יפ האא נְסִיכָם יָקוּמוּ וְיַעְזְרֻכֶם

יְהִי עֲלֵיכֶם סִתְרָה: 39 רְאוּ | עַתָּה כִּי אֲנִי אני, טדה"ד כוזו אֲנִי אני, טדה"ד כוזו הוּא

וְאֵין אֱלֹהִים מום, אהיה אדני ; ילה עִמָּדִי אֲנִי אני, טדה"ד כוזו אָמִית וַאֲחַיֶּה מָחַצְתִּי

וַאֲנִי אני, ב"פ אהיה יהוה אֶרְפָּא וְאֵין מִיָּדִי מַצִּיל:

SEXTA LECTURA – YOSEF – YESOD

אני אֱי כִּי־אֶשָּׂא אֶל־שָׁמַיִם יפ טל, יפ כוזו יָדִי וְאָמַרְתִּי יפ אדני ע"ה **וַי** **אָנֹכִי**

---

del mal y el caos de esta tierra. Éstos despiertan un deseo de transformar nuestra naturaleza negativa y compartir la Luz del Zóhar. Según todos los kabbalistas, el Zóhar es el instrumento más efectivo de todos para eliminar las inclinaciones negativas nacidas en los corazones de la humanidad. Cuando una masa crítica de personas haya acogido su sabiduría, podremos erradicar permanentemente todo el dolor y el sufrimiento de la humanidad.

⁴¹ cuando afile Mi espada centelleante y Mi Mano empuñe la justicia, me vengaré de Mis adversarios y daré el pago a los que me aborrecen. ⁴² Embriagaré Mis saetas con sangre y Mi espada devorará carne, con la sangre de muertos y cautivos, de los jefes de larga cabellera del enemigo'.

⁴³ ¡Canten en voz alta, naciones, a Su pueblo! porque Él vengará la sangre de Sus siervos; traerá venganza sobre Sus adversarios y apaciguará a Su tierra, a Su pueblo".

SÉPTIMA LECTURA – DAVID – MALJUT

⁴⁴ Y Moshé llegó y habló todas las palabras de este cántico a oídos del pueblo, él, con Hoshea, hijo de Nun. ⁴⁵ Y cuando terminó Moshé de hablar todas estas palabras a todo Israel,

⁴⁶ les dijo: "Fijen en su corazón todas las palabras con que testifico ante ustedes hoy, a fin de que las ordenen a sus hijos para que observen el cumplimiento de todas las palabras de esta Ley.

⁴⁷ Porque no es palabra inútil para ustedes, se trata de su vida; y a través de esto prologarán sus días en la tierra adonde ustedes van, cruzando el Jordán a fin de poseerla".

MAFTIR

⁴⁸ Y el Eterno habló a Moshé ese mismo mediodía, para decir: ⁴⁹ "Sube a esta montaña de Haavarim, al monte Nebo, que está en la tierra de Moab frente a Jericó, y mira hacia la tierra de Canaán, la cual doy a los hijos de Israel en posesión;

לַעֲשׂוֹת

Deuteronomio 32:46 – Moshé dijo que la Torá es nuestra vida porque al no tener alguna enseñanza espiritual, la vida no tiene sentido. Cuando conectamos con la Biblia, descubrimos nuestro destino y nos damos cuenta de que cada uno de nosotros tiene un trabajo especial que hacer, una Luz particular que vinimos a revelar en este mundo físico. Es entonces cuando la vida comienza a tener un verdadero significado. El *Zóhar* dice:

> *... ¡Exaltada es la porción de los hijos de Yisrael, porque el Santísimo, bendito sea*

Él, los favoreció y les concedió la Torá de la Verdad, un Árbol de Vida por medio del cual una persona hereda vida para este mundo y vida para el Mundo por Venir! Quien trata de aprender la Torá y se pega a ella, tiene vida. Quien deja las palabras de la Torá y se separa de la Torá es como si abandonara la vida, ya que ella es vida y todas sus palabras son vida, como está escrito: "Porque son vida..." (Proverbios 4:22), y: "... Sea curación para tu ombligo..." (ibid. 3:8).
> — *El Zóhar, Behaalotjá 1:1*

לְעֹלָם רבוע ס״ג וי׳ אותיות: 41 אִם־ יוהך, ע״ה מ״ב שַׁנּוֹתִי֙ בְּרַ֣ק חַרְבִּ֔י וְתֹאחֵ֥ז בְּמִשְׁפָּ֖ט

ע״ה ה״פ אלהים יָדִ֑י אָשִׁ֤יב נָקָם֙ מנק לְצָרָ֔י וְלִמְשַׂנְאַ֖י אֲשַׁלֵּֽם: 42 אַשְׁכִּ֤יר חִצַּי֙

מִדָּ֔ם רבוע אהיה וְחַרְבִּ֖י תֹּאכַ֣ל בָּשָׂ֑ר מִדַּם֙ רבוע אהיה וְשִׁבְיָ֔ה חוזים, בינה ע״ה וְזָלֵ֕ל

מֵרֹ֖אשׁ רבוע אלהים ואלהים דיודין ע״ה פַּרְע֥וֹת אוֹיֵֽב: 43 הַרְנִ֤ינוּ גוֹיִם֙ עַמּ֔וֹ כִּ֥י דַם־

רבוע אהיה עֲבָדָ֖יו יִקּ֑וֹם וְנָקָם֙ מנק יָשִׁ֣יב יָי לְצָרָ֔יו וְכִפֶּ֥ר מצפצ אַדְמָת֖וֹ עַמּֽוֹ:

SÉPTIMA LECTURA – DAVID – MALJUT

44 וַיָּבֹ֣א מֹשֶׁ֗ה מהע, אל עדי וַיְדַבֵּ֛ר ראה אֶת־כָּל־ ילי דִּבְרֵ֥י ראה הַשִּׁירָֽה־הַזֹּ֖את

בְּאָזְנֵ֣י הָעָ֑ם וְהוֹשֵׁ֥עַ בִּן־נֽוּן: 45 וַיְכַ֣ל מֹשֶׁ֗ה מהע, אל עדי לְדַבֵּ֛ר ראה

אֶת־כָּל־ ילי הַדְּבָרִ֥ים ראה הָאֵ֖לֶּה אֶל־כָּל־ ילי יִשְׂרָאֵֽל: 46 וַיֹּ֥אמֶר אֲלֵהֶ֖ם

שִׂ֤ימוּ לְבַבְכֶם֙ לְכָל־ יה אדני הַדְּבָרִ֔ים ראה אֲשֶׁ֧ר אָנֹכִ֛י איע מֵעִ֥יד בָּכֶ֖ם ב״פ אל

הַיּ֑וֹם ע״ה = נגד, זן, מזבח אֲשֶׁ֤ר תְּצַוֻּם֙ אֶת־בְּנֵיכֶ֔ם לִשְׁמֹ֣ר בוקס: לַעֲשׂ֔וֹת אֶת־כָּל־

ילי דִּבְרֵ֖י ראה הַתּוֹרָ֥ה הַזֹּֽאת: 47 כִּ֠י לֹֽא־דָבָ֨ר ראה רֵ֥ק הוּא֙ מִכֶּ֔ם כִּי־ה֖וּא

חַיֵּיכֶ֑ם וּבַדָּבָ֤ר ראה הַזֶּה֙ והו תַּאֲרִ֣יכוּ יָמִ֔ים גלך עַל־הָ֣אֲדָמָ֔ה אֲשֶׁ֨ר אַתֶּ֜ם

עֹבְרִ֧ים אֶת־הַיַּרְדֵּ֛ן יי יהוה ורד׳ אותיות שָׁ֖מָּה מהע, מושה, אל עדי לְרִשְׁתָּֽהּ:

MAFTIR

48 וַיְדַבֵּ֤ר ראה יְהֹוָה֙ אדני יאהדונהי מהע, אל עדי אֶל־מֹשֶׁ֔ה בְּעֶ֛צֶם הַיּ֥וֹם

ע״ה = נגד, זן, מזבח הַזֶּ֖ה והו לֵאמֹֽר: 49 עֲלֵ֡ה אֶל־הַר֩ רבוע אלהים ־ ה׳ הָעֲבָרִ֨ים

הַזֶּ֜ה והו הַר־ רבוע אלהים ־ ה׳ נְב֗וֹ אֲשֶׁר֙ בְּאֶ֣רֶץ אלהים דאלפין מוֹאָ֔ב יוד הא ואו הה

אֲשֶׁ֖ר עַל־פְּנֵ֣י חכמה בינה יְרֵח֑וֹ וּרְאֵה֙ ראה אֶת־אֶ֣רֶץ אלהים דאלפין כְּנַ֔עַן

אֲשֶׁ֨ר אני, טדהד כוז״ו נֹתֵ֧ן אבגית״ץ, ושר, אהבת חום לִבְנֵ֛י יִשְׂרָאֵ֖ל לַאֲחֻזָּֽה:

[50]y muere en la montaña a la que asciendes, y serás reunido con tu pueblo; así como murió Aharón, tu hermano, sobre el Monte Hor y fue reunido con su pueblo.

[51] Porque transgredieron contra Mí en medio de los hijos de Israel en las aguas de Merivát Kadésh, en el desierto de Zin, porque no me santificaron en medio de los hijos de Israel.

[52] Por tanto, verás la tierra sólo de lejos, pero allí no entrarás, a la tierra que doy a los hijos de Israel".

HAFTARÁ DE HAAZINU

Esta Haftará contiene la *Canción de David* (Salmo 18), en la cual el Rey David da gracias a Dios por muchas cosas. Conectar con esta Haftará nos ayuda a oír la canción de nuestra propia alma y a escuchar lo que nuestra alma nos intenta decir. Si realmente escucháramos la canción de

2 SAMUEL 22:1-51

22 [1] Y David habló al Eterno las palabras de este cántico el día que el Eterno lo libró de la mano de todos sus enemigos y de la mano de Shaúl.

[2] Y él dijo: El Eterno es mi roca, mi fortaleza y mi libertador;

[3] Dios es mi roca, en Él yo me refugio; mi escudo y el cuerno de mi salvación, mi baluarte y mi refugio; salvador mío, Tú me salvas de la violencia.

וּמֻת

Deuteronomio 32:50 – Moshé explicó que él moriría porque había golpeado la roca cuando Dios le había dicho que simplemente hablara con la roca para que le surtiera agua. Los sabios explican que, en realidad, Moshé no había hecho nada malo; al contrario, el pueblo no se

había ganado su presencia como líder en Israel y él tuvo que abandonarlos en el desierto debido a la negatividad de ellos. Mientras leemos este versículo, podemos pedir ser lo suficientemente fuertes a fin de que no vuelva a suceder lo mismo. El *Zóhar* confirma esto con lo siguiente:

50 וּמֻ֗ת אֲשֶׁ֨ר אַתָּ֤ה עֹלֶה֙ שָׁ֔מָּה בָּהָ֗ר

וְהֵאָסֵ֣ף אֶל־עַמֶּ֔יךָ כַּאֲשֶׁר־מֵ֛ת אַהֲרֹ֥ן אָחִ֖יךָ בְּהֹ֣ר

הָהָ֔ר וַיֵּאָ֖סֶף אֶל־עַמָּֽיו: 51 עַ֡ל אֲשֶׁר֩ מְעַלְתֶּ֨ם בִּ֜י בְּת֣וֹךְ בְּנֵ֣י

יִשְׂרָאֵ֗ל בְּמֵֽי־מְרִיבַ֥ת קָדֵ֖שׁ מִדְבַּר־צִ֑ן עַ֣ל אֲשֶׁ֤ר לֹֽא־קִדַּשְׁתֶּם֙ אוֹתִ֔י

בְּת֖וֹךְ בְּנֵ֥י יִשְׂרָאֵֽל: 52 כִּ֥י מִנֶּ֖גֶד תִּרְאֶ֣ה אֶת־הָאָ֑רֶץ

וְשָׁ֨מָּה֙ לֹ֣א תָב֔וֹא אֶל־הָאָ֕רֶץ אֲשֶׁר־אֲנִ֥י

נֹתֵ֖ן לִבְנֵ֥י יִשְׂרָאֵֽל:

HAFTARÁ DE HAAZINU

nuestra alma, nos conectaríamos más cercanamente con el Creador y no tendríamos preguntas, sino sólo respuestas.

שְׁמוּאֵל ב', פֶּרֶק 22, פְּסוּקִים 1–51

22 1 וַיְדַבֵּ֣ר דָּוִ֗ד לַֽיהֹוָ֑ה אֶת־דִּבְרֵ֞י הַשִּׁירָ֣ה הַזֹּ֔את בְּי֗וֹם

הִצִּ֨יל יְהֹוָ֥ה אֹת֛וֹ מִכַּ֥ף כָּל־אֹיְבָ֖יו וּמִכַּ֥ף שָׁאֽוּל:

2 וַיֹּאמַ֑ר יְהֹוָ֛ה סַלְעִ֥י וּמְצֻדָתִ֖י וּמְפַלְטִי־לִֽי: 3 אֱלֹהֵ֥י צוּרִ֖י

אֶחֱסֶה־בּ֑וֹ מָגִנִּ֞י וְקֶ֣רֶן יִשְׁעִ֗י מִשְׂגַּבִּ֙י וּמְנוּסִ֔י מֹשִׁעִ֕י מֵחָמָ֖ס תֹּשִׁעֵֽנִי:

Ven y ve: Moshé acostumbraba oír el Sonido Santo, del Rey Celestial, pero no temblaba, ni temblaba delante de un ángel a quien no quisiera ACEPTAR. Después de que murió, está escrito: "Y dijo: No, sino que soy General del Ejército de HaShem... Y Yehoshúa cayó rostro a tierra..." (Josué 5:14). "... y vengo ahora..." (ibid.) durante los días de Moshé tu señor, pero no fui aceptado. En ese tiempo Yisrael reconoció el valor de Moshé. En ese tiempo, Yisrael buscó al Santísimo, bendito sea Él, pero Él no estaba disponible como durante la vida de Moshé. Este es el significado de. "... Lo busqué, pero no lo encontré..." (El cantar de los cantares 3:1).

— El Zóhar, Haazinu 1:5

⁴ Clamo en alabanza al Eterno y soy salvado de mis enemigos. ⁵ Las ondas de la muerte me cercaron. Los torrentes de Belial me atemorizaron.

⁶ Las penas del Sheol me rodearon, las redes de la muerte surgieron ante mí. ⁷ En mi angustia invoqué al Eterno, y clamé a mi Dios; y desde Su Templo oyó mi voz, y mi clamor llegó a Sus oídos.

⁸ Entonces la tierra se estremeció y tembló, los cimientos del Cielo temblaron y fueron sacudidos, porque Él se enfureció.

⁹ Humo subió de Su nariz y el fuego de Su boca consumía; carbones fueron encendidos por Él. ¹⁰ Él inclinó también los Cielos, y descendió; y densas tinieblas debajo de Sus pies.

¹¹ Y cabalgó sobre un querubín, y voló; y fue visto sobre las alas del viento. ¹² E hizo doseles de tinieblas a Su alrededor, abundantes aguas, densos nubarrones de los cielos.

¹³ Del fulgor de Su presencia ascuas de fuego se encendieron. ¹⁴ El Eterno retumbó desde el Cielo y el Altísimo dio Su Voz. ¹⁵ Y envió saetas y los dispersó; relámpagos y los derrotó.

¹⁶ Y los canales del mar aparecieron, los cimientos del mundo quedaron al descubierto por la reprensión del Eterno, por el soplo del aliento de Su nariz. ¹⁷ Él extendió la mano desde Arriba y me tomó; me sacó de muchas aguas.

¹⁸ Me libró de mi poderoso enemigo, de los que me aborrecían, pues eran más fuertes que yo.

¹⁹ Se enfrentaron a mí el día de mi calamidad, pero el Eterno fue mi sostén. ²⁰ También me sacó a un lugar espacioso; me rescató, porque se complació en mí.

²¹ El Eterno me ha premiado conforme a mi justicia; conforme a la pureza de mis manos me ha recompensado. ²² Porque he guardado los caminos del Eterno, y no me he apartado impíamente de mi Dios. ²³ Pues todas Sus ordenanzas estaban delante de mí; y en cuanto a Sus estatutos, no me aparté de ellos. ²⁴ Y fui íntegro con Él y me guardé de mi iniquidad.

²⁵ Por lo tanto, el Eterno me ha recompensado conforme a mi justicia, conforme a mi pureza delante de Sus ojos. ²⁶ Con el benévolo te muestras benévolo, con el hombre recto te muestras recto; ²⁷ con el puro te muestras puro, y con el perverso eres sagaz.

²⁸ Y salvas al pueblo afligido, pero Tus ojos están sobre los altivos, a fin de humillarlos.

²⁹ Porque Tú eres mi lámpara, Eterno; y el Eterno alumbra mis tinieblas. ³⁰ Pues contigo aplastaré ejércitos, con mi Dios escalaré murallas.

4 מְהֻלָּל אֶקְרָא ב״פ קנ״א יְהֹוָה וּמֵאֹיְבַי אִוָּשֵׁעַ: 5 כִּי אֲפָפֻנִי
מִשְׁבְּרֵי־מָוֶת נַחֲלֵי בְלִיַּעַל יְבַעֲתֻנִי: 6 חֶבְלֵי שְׁאוֹל סַבֻּנִי קִדְּמֻנִי
מֹקְשֵׁי־מָוֶת: 7 בַּצַּר־לִי ב״פ קנ״א אֶקְרָא יְהֹוָה וְאֶל־אֱלֹהַי רמב, ילה
אֶקְרָא ב״פ קנ״א וַיִּשְׁמַע מֵהֵיכָלוֹ קוֹלִי וְשַׁוְעָתִי בְּאָזְנָיו: 8 וַיִּתְגָּעַשׁ
(כתיב: ותגעש) וַתִּרְעַשׁ הָאָרֶץ אלהים דההון ע״ה מוֹסְדוֹת הַשָּׁמַיִם י״פ טל, י״פ כוו יִרְגָּזוּ
וַיִּתְגָּעֲשׁוּ כִּי־חָרָה לוֹ: 9 עָלָה עָשָׁן בְּאַפּוֹ וְאֵשׁ אלהים דיידן ע״ה מִפִּיו תֹּאכֵל
גֶּחָלִים בָּעֲרוּ מִמֶּנּוּ: 10 וַיֵּט שָׁמַיִם י״פ טל, י״פ כוו וַיֵּרַד ריי וַעֲרָפֶל תַּחַת רַגְלָיו:
11 וַיִּרְכַּב עַל־כְּרוּב וַיָּעֹף וַיֵּרָא אלף למד יהוה עַל־כַּנְפֵי־רוּחַ מלוי אלהים דיידן:
12 וַיָּשֶׁת חֹשֶׁךְ ע״ך ניצוצות שׇׁל וו׳ מלכים סְבִיבֹתָיו סֻכּוֹת חַשְׁרַת־מַיִם עָבֵי
שְׁחָקִים: 13 מִנֹּגַהּ נֶגְדּוֹ בָּעֲרוּ גַּחֲלֵי־אֵשׁ אלהים דיידן ע״ה: 14 יַרְעֵם מִן־שָׁמַיִם
י״פ טל, י״פ כוו יְהֹוָה וְעֶלְיוֹן רבוע ס״ג יִתֵּן קוֹלוֹ: 15 וַיִּשְׁלַח חִצִּים וַיְפִיצֵם
בָּרָק וַיָּהֹם (כתיב: ויהמם): 16 וַיֵּרָאוּ אֲפִקֵי יָם ילי יִגָּלוּ מֹסְדוֹת תֵּבֵל
ב״פ רי״ו, ב״פ גבורה בְּגַעֲרַת יְהֹוָה מִנִּשְׁמַת רוּחַ מלוי אלהים דיידן אַפּוֹ:
17 יִשְׁלַח מִמָּרוֹם יִקָּחֵנִי יַמְשֵׁנִי מִמַּיִם רַבִּים: 18 יַצִּילֵנִי מֵאֹיְבִי עָז
אני יהוה מִשֹּׂנְאַי כִּי אָמְצוּ מִמֶּנִּי: 19 יְקַדְּמֻנִי בְּיוֹם ע״ה = נגד, זן, מזמו אֵידִי וַיְהִי
אל יְהֹוָה מִשְׁעָן לִי: 20 וַיֹּצֵא לַמֶּרְחָב אֹתִי יְחַלְּצֵנִי כִּי־חָפֵץ בִּי:
21 יִגְמְלֵנִי יְהֹוָה כְּצִדְקָתִי כְּבֹר יָדַי יָשִׁיב לִי: 22 כִּי שָׁמַרְתִּי
דַּרְכֵי יְהֹוָה וְלֹא רָשַׁעְתִּי מֵאֱלֹהָי רמב, ילה: 23 כִּי כָל־ ילי מִשְׁפָּטָו
לְנֶגְדִּי וְחֻקֹּתָיו לֹא־אָסוּר מִמֶּנָּה: 24 וָאֶהְיֶה בי״ט תָמִים לוֹ וָאֶשְׁתַּמְּרָה
מֵעֲוֹנִי: 25 וַיָּשֶׁב יְהֹוָה לִי כְּצִדְקָתִי כְּבֹרִי לְנֶגֶד נגד, זן, מזמו עֵינָיו
ריבוע מ״ה: 26 עִם־חָסִיד תִּתְחַסָּד עִם־גִּבּוֹר תָּמִים תִּתַּמָּם: 27 עִם־נָבָר
תִּתָּבָר וְעִם־עִקֵּשׁ תִּתַּפָּל: 28 וְאֶת־עַם עָנִי רבוע מ״ה תּוֹשִׁיעַ וְעֵינֶיךָ ע״ה קס״א
עַל־רָמִים תַּשְׁפִּיל: 29 כִּי־אַתָּה נֵירִי יְהֹוָה וַיהֹוָה יַגִּיהַּ
חׇשְׁכִּי: 30 כִּי בְכָה אָרוּץ גְּדוּד בֵּאלֹהַי רמב, ילה אֲדַלֶּג־שׁוּר אבגיתץ, ועור, אהבת חנם:

³¹ En cuanto a Dios, Su camino es perfecto; la palabra del Eterno es intachable; Él es escudo a todos los que se refugian en Él.

³² Porque ¿quién es Dios, además del Eterno? ¿Y quién es Roca salvo nuestro Dios?

³³ El Dios que es mi fortaleza poderosa y el que endereza mi camino. ³⁴ Quien hace mis pies como de ciervas, y me afirma en mis alturas.

³⁵ Quien adiestra mis manos para la batalla para que mis brazos puedan tensar el arco de bronce.

³⁶ Tú me has dado también Tu escudo de salvación, y Tu gentileza me ha engrandecido.

³⁷ Tú ensanchas mis pasos debajo de mí y mis pies no han resbalado. ³⁸ Perseguí a mis enemigos y los destruí; y no me volví hasta acabarlos.

³⁹ Los he destruido y los he destrozado, y no pueden levantarse; han caído debajo de mis pies. ⁴⁰ Porque Tú me has ceñido con fuerza para la batalla; has subyugado debajo de mí a los que contra mí se levantaron.

⁴¹ También has hecho que mis enemigos me vuelvan las espaldas, también los que me odiaban, a fin de destrozarlos.

⁴² Ellos buscaron, pero no hubo nadie; aun al Eterno clamaron, pero Él no les respondió.

⁴³ Entonces los reduje como polvo de la tierra, como lodo de las calles los aplasté y los trituré.

⁴⁴ Tú también me has librado de las contiendas de mi pueblo; me has guardado para ser cabeza de naciones; pueblo que yo no conocía me sirve.

⁴⁵ Los hijos del extranjero fingen delante de mí; al oírme, me obedecen. ⁴⁶ Los hijos del extranjero desfallecen y salen temblando de sus fortalezas.

⁴⁷ El Eterno vive, bendita sea mi Roca, y exaltado sea Dios, mi Roca de salvación,

⁴⁸ el Dios que por mí hace venganza, y hace caer pueblos debajo de mí; ⁴⁹ el que me libra de mis enemigos. Tú me exaltas sobre los que se levantan contra mí; me rescatas del hombre violento.

⁵⁰ Por tanto, te agradeceré, Eterno, entre las naciones, y cantaré alabanzas a Tu Nombre.

⁵¹ Torre de salvación Él es a Su Rey, y muestra misericordia a Su ungido, a David y a su simiente, para siempre.

31 הָאֵל לאה (אלד ע״ה) תָּמִים דַּרְכּוֹ אִמְרַת יְהֹוָהאדנײאהדונהי צְרוּפָה מָגֵן

ר״ת מיכאל, גבריאל, נוריאל הוּא לְכֹל אדני יה הַחֹסִים בּוֹ: 32 כִּי מִי יאײ אֵל ילי מִבַּלְעֲדֵי

יְהֹוָהאדנײאהדונהי אלהים דההין ע״ה צוּר ילי וּמִי מִבַּלְעֲדֵי אֱלֹהֵינוּ ילה: 33 הָאֵל

לאה (אלד ע״ה) הַמְאַזְּרֵנִי חָיִל ומב וַיִּתֵּן תָּמִים דַּרְכִּי (כתיב: דרכו): 34 מְשַׁוֶּה רַגְלַי

(כתיב: רגליו) כָּאַיָּלוֹת וְעַל בָּמֹתַי יַעֲמִידֵנִי: 35 מְלַמֵּד יָדַי לַמִּלְחָמָה וְנִחֲתָה

קֶשֶׁת־נְחוּשָׁה זְרֹעֹתָי: 36 וַתִּתֶּן ב״פ כהת לִי מָגֵן ר״ת מיכאל, גבריאל, נוריאל יִשְׁעֶךָ

וַעֲנֹתְךָ תַּרְבֵּנִי: 37 תַּרְחִיב צַעֲדִי תַּחְתֵּנִי וְלֹא מָעֲדוּ קַרְסֻלָּי: 38 אֶרְדְּפָה

אֹיְבַי וָאַשְׁמִידֵם וְלֹא אָשׁוּב עַד־כַּלּוֹתָם: 39 וָאֲכַלֵּם וָאֶמְחָצֵם וְלֹא

יְקוּמוּן וַיִּפְּלוּ תַּחַת רַגְלָי: 40 וַתַּזְרֵנִי חַיִל ומב לַמִּלְחָמָה תַּכְרִיעַ קָמַי

תַּחְתֵּנִי: 41 וְאֹיְבַי תַּתָּה לִּי עֹרֶף מְשַׂנְאַי וָאַצְמִיתֵם: 42 יִשְׁעוּ וְאֵין

מֹשִׁיעַ אֶל־יְהֹוָהאדנײאהדונהי וְלֹא עָנָם: 43 וְאֶשְׁחָקֵם כַּעֲפַר־אָרֶץ אלהים דאלפין

כְּטִיט־חוּצוֹת אֲדִקֵּם אֲרִקָּעֵם: 44 וַתְּפַלְּטֵנִי מֵרִיבֵי עַמִּי תִּשְׁמְרֵנִי

לְרֹאשׁ ריבוע אלהים ואלהים דיודין ע״ה גּוֹיִם עַם לֹא־יָדַעְתִּי יַעַבְדֻנִי: 45 בְּנֵי נֵכָר

יִתְכַּחֲשׁוּ־לִי לִשְׁמוֹעַ אֹזֶן יוד הי ואו הה יִשָּׁמְעוּ לִי: 46 בְּנֵי נֵכָר יִבֹּלוּ וְיַחְגְּרוּ

מִמִּסְגְּרוֹתָם: 47 וַי־יְהֹוָהאדנײאהדונהי וּבָרוּךְ יהוה ע״ב ורבוע מ״ה צוּרִי וְיָרֻם אֱלֹהֵי

דמב, ילה צוּר אלהים דההין ע״ה יִשְׁעִי: 48 הָאֵל לאה (אלד ע״ה) הַנֹּתֵן אבגית״ץ, ושׁר, אהבת חנם

נְקָמֹת לִי וּמֹרִיד עַמִּים עײה קס״א תַּחְתֵּנִי: 49 וּמוֹצִיאִי מֵאֹיְבָי וּמִקָּמַי

תְּרוֹמְמֵנִי מֵאִישׁ עײה קס״א קנ״א קס״א וְחָמָסִים תַּצִּילֵנִי: 50 עַל־כֵּן אוֹדְךָ יְהֹוָהאדנײאהדונהי

בַּגּוֹיִם וּלְשִׁמְךָ אֲזַמֵּר: 51 מִגְדּוֹל (כתיב: מגדיל) פײו יְשׁוּעוֹת מַלְכּוֹ וְעֹשֶׂה־חֶסֶד

ע״ב, ריבוע יהוה לִמְשִׁיחוֹ לְדָוִד וּלְזַרְעוֹ עַד־עוֹלָם:

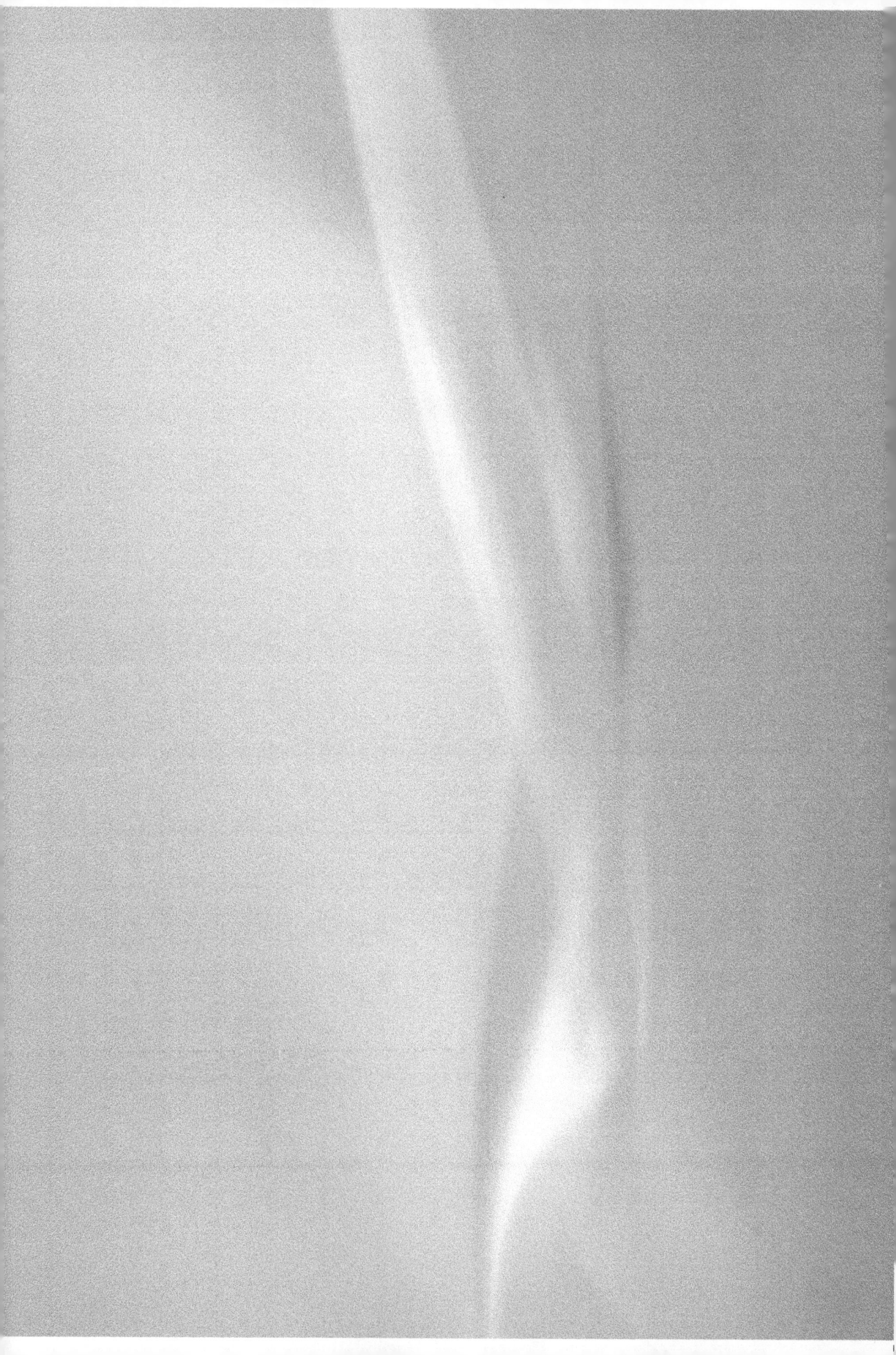

VEZOT HABRAJÁ

LA LECCIÓN DE VEZOT HABRAJÁ
(Deuteronomio 33:1-34:12)

La historia de VeZot HaBrajá ("Y esta es la bendición") es tanto el capítulo final del libro de Devarim (*Deuteronomio*) y la historia final de la Torá como tal. Por lo tanto, de acuerdo con la sabiduría de la Kabbalah, VeZot HaBrajá es la manifestación de toda la Biblia. Siempre leemos esta historia en *Simjat Torá* (la culminación de la festividad de *Sucot*) e inmediatamente después leemos la historia de Génesis, la primera de la Biblia. Estas dos historias están vinculadas y siempre se lee una después de la otra en esta festividad especial.

En el día de *Simjat Torá*, recibimos nuestra Luz Circundante (en hebreo: *Or Makif*) para todo el año. Esta Luz Circundante es nuestra Luz potencial, la cual podemos manifestar en los meses siguientes. ¿Cómo es posible que recibamos toda la porción de Luz del año en un día? Sólo hay una respuesta: al dejar ir. Si nos aferramos a nuestra condición espiritual actual, evitamos que la Fuerza de Luz del Creador entre en nuestra vida, excluyéndonos así de la transformación que la Luz traerá. Entonces, que el Cielo no lo permita, escuchamos al Satán diciendo: "Si supuestamente recibiste todo en *Simjat Torá*, ¿dónde está ahora?". De esta manera, la duda es infundida en nuestra mente y desaparece cualquier conexión que hayamos tenido con la Fuerza de Luz del Creador.

Simjat Torá, al igual que la Biblia misma, es un regalo. Es como si un tesoro de Luz hubiera sido depositado en un banco para nosotros y todo lo que tenemos que hacer es acceder a la cuenta. Incluso aquellos de nosotros que no nos preparamos espiritualmente por completo en *Rosh Hashaná*, *Yom Kipur* y *Sucot* podemos recibir la Luz disponible en *Simjat Torá*. Según el *Zóhar*, *Simjat Torá* es una boda: una unión entre *Zeir Anpín* (los Mundos Superiores) y *Maljut* (nuestro mundo físico); una unión entre el aspecto masculino y el femenino de la Luz. Cualquiera que asista a esta unión puede disfrutar la Fuerza de Luz del Creador de forma gratuita, siempre y cuando el individuo tenga la conciencia de ser una sola alma —en unidad— con todos los que estén presentes y comparta toda la dicha.

Los sabios enseñan que a través de nuestra conexión con la Fuerza de Luz del Creador en *Simjat Torá* no sólo tenemos una oportunidad de librarnos del caos, sino también de eliminar del mundo enfermedades graves. ¿Cómo es posible esto? Sabemos que la enfermedad sólo puede existir mientras el cuerpo esté vivo. En el momento en que una persona muere, toda la enfermedad en su cuerpo debe "morir" también. Este mismo principio aplica a todos los obstáculos que enfrentamos en la vida. Si pudiéramos omitir todos los procesos del mundo físico y elevarnos por encima de la ilusión del tiempo, entonces tendríamos una oportunidad de poner fin inmediatamente a todo el caos en nuestra vida.

Simjat Torá ofrece exactamente esa oportunidad. En este evento cósmico, podemos superar la ilusión del tiempo. Hay una unificación entre pasado, presente y futuro; lo cual nos da una oportunidad sin precedentes de liberar nuestra vida de todo caos.

El poder secreto de *Simjat Torá* se encuentra en el vínculo entre las dos historias: VeZot HaBrajá y Bereshit. La letra aramea final de VeZot HaBrajá es la letra *Lámed* (en la palabra *Yisrael*), y la primera letra de la historia de *Bereshit* es la *Bet* (en la palabra *Bereshit*). Juntas, estas dos letras forman la palabra *lev* (corazón). A partir del vínculo entre estas dos historias aprendemos que no importa quién seas, lo que está en nuestro corazón es lo que determina nuestras acciones y sus consecuencias. Al abrir nuestro corazón a estas dos historias —la manifestación de la Biblia y la semilla de la Biblia— podemos atraer Luz a nuestra vida de una manera que no es posible en ningún otro momento del año.

SINOPSIS DE VEZOT HABRAJÁ

Esta es la única historia de la Biblia que no se lee en Shabat. Se lee solamente en *Simjat Torá*. Normalmente, la energía de cada capítulo de la Torá sólo se puede revelar en Shabat, pero una vez al año —en *Simjat Torá*— la energía de Shabat está disponible en un día que no es Shabat. Es por ello que *Simjat Torá* es una de las festividades más poderosas y es la razón por la cual nos conecta con la felicidad y la energía para eliminar el caos.

PRIMERA LECTURA – AVRAHAM – JÉSED

33 **¹** Y esta es la bendición con la que Moshé, hombre de Dios, bendijo a los hijos de Israel antes de su muerte.

² Y dijo: El Eterno vino del Sinaí y se levantó para ellos desde Seir; resplandeció desde el Monte Parán, y vino de en medio de miríadas de santos; a Su diestra había una Ley de fuego para ellos. ³ Sí, Él ama al pueblo, todos Sus santos están en Tu mano; y se sientan a Tus pies, recibiendo Tus palabras. ⁴ Moshé nos ordenó una Ley, una herencia para la congregación de Yaakov. ⁵ Y había un rey en Yeshurún, cuando se reunían los jefes del pueblo, juntamente con las tribus de Israel. ⁶ Que Reuvén viva y no muera, y no sean pocos sus hombres.

COMENTARIO DEL RAV

Nuestro período de concentración es muy corto. Nos dicen algo y a los pocos minutos lo olvidamos. Mis maestros me enseñaron lo significativo y lo insignificante de la vida, y aprendí que las cosas que son más importantes son a las cuales les prestamos menos atención; mientras que les damos más atención a las insignificantes. Antes de llegar a la Kabbalah, la lectura de la Torá en la sinagoga era un momento en el que muchos de nosotros nos tomábamos un descanso, algunos se ponían al día con las noticias, otros simplemente conversaban. (Muchos de nosotros ni siquiera han asistido a una sinagoga antes de la Kabbalah). Incluso hoy en día, para la mayoría de las personas, la lectura de la Torá es un aspecto de la oración que les parece insignificante.

Sin embargo, aquí en el Centro ponemos gran énfasis en la lectura de la Torá; especialmente en *Simjat Torá*. La lectura es larga, y tal vez sea un poco aburrida, pero es importante porque es una oportunidad para conectar con el Monte Sinaí. Imagínate estando allí. Es así como podemos eliminar de forma efectiva el caos de nuestra vida.

Si no te resulta bien, no regreses. No digo esto a fin de generarte más interés para que te quedes; esa no es la idea. Rabí Shimón bar Yojái dice en el *Zóhar*: "No me creas a mí". Tienes que ver por ti mismo si esto funciona para ti. Debes tener la prueba en la mano. Venimos cada Shabat, hacemos conexiones y esto se va convirtiendo en un hábito. El hábito es un truco del Satán porque nos quita nuestro libre albedrío. La conexión consiste en pensar. Hacer las cosas por hacerlas se vuelve un hábito. La religión es un hábito; no le aporta nada al resto del mundo.

La razón para nuestro énfasis en *Simjat Torá* es que no hay grandes probabilidades de remover el caos de nuestra vida sin esta conexión. La tecnología moderna no nos ha dado una solución para crear un mundo libre de caos. Si no escuchamos la lectura de la Torá, no hay posibilidad de experimentar una vida libre de caos por una semana; ¡y mucho menos por un año!

וְזֹאת הַבְּרָכָה

Deuteronomio 33:1 – Antes de su muerte, Moshé bendijo a cada tribu y a cada individuo. ¿Por qué es tan importante leer acerca de las bendiciones

PRIMERA LECTURA – AVRAHAM – JÉSED

33 1 וְזֹאת הַבְּרָכָה עסמ״ב אֲשֶׁר בֵּרַךְ מֹשֶׁה מהע, אל שדי אִישׁ ע״ה קנ״א קס״א

הָאֱלֹהִים מום, אהיה אדני ; ילה אֶת־בְּנֵי יִשְׂרָאֵל לִפְנֵי וחכמה בינה מוֹתוֹ: 2 וַיֹּאמַר

יְהוָה אהדונהי מִסִּינַי בָּא וְזָרַח ר״ת ע״ה, סמ״ב מִשֵּׂעִיר לָמוֹ הוֹפִיעַ מֵהַר פָּארָן

וְאָתָה מֵרִבְבֹת קֹדֶשׁ מִימִינוֹ אֵשׁ דָּת (כתיב: אשדת) לָמוֹ: 3 אַף חֹבֵב

עַמִּים ע״ה קס״א כָּל־קְדֹשָׁיו יי בְּיָדֶךָ וְהֵם תֻּכּוּ בוכי לְרַגְלֶךָ יִשָּׂא מִדַּבְּרֹתֶיךָ:

4 תּוֹרָה צִוָּה פוי לָנוּ מֹשֶׁה מהע, אהיה אדני מוֹרָשָׁה קְהִלַּת יַעֲקֹב

ו״פ יהוה, יאהדונהי אידהנויה: 5 וַיְהִי אל בִישֻׁרוּן מֶלֶךְ בְּהִתְאַסֵּף רָאשֵׁי עָם יַחַד

כ״ב אתוון שִׁבְטֵי ש״ך יִשְׂרָאֵל: 6 יְחִי רְאוּבֵן ג״פ אלהים, ע״ה קנ״א קס״א וְאַל־יָמֹת וִיהִי

---

de Moshé? Esta sección mencional el día en que Moshé abandonó este mundo. El día en que un justo parte de este mundo, éste en realidad está entre dos mundos a la vez; la mitad de su alma ya está en el mundo venidero. Conectar con las bendiciones que Moshé dio a cada tribu nos permite acceder a estas bendiciones no sólo en este mundo, sino también en el próximo. Esto nos proporciona una clase de energía importante. Normalmente, cuando tratamos con problemas de este mundo físico, tenemos que resolverlos después de que ya han ocurrido; lo cual puede ser muy difícil a veces. Pero cuando estamos conectados con los Mundos Superiores, podemos resolver problemas antes de que se manifiesten.

Rabí Yosi dijo: Es el Nombre mismo de HaShem el que Moshé reveló en ese momento a Yisrael, como está escrito: "Tengo ciento veinte años de edad en este día..." (Deuteronomio 31:2). "POR LO TANTO, AHORA ESCRIBAN ESTE POEMA PARA USTEDES..." (ibid. 19). De esto inferimos que cuando el momento llega para un hombre justo en quien descansa la sabiduría celestial, de fallecer, debe revelar esa sabiduría a aquellos que tienen al Espíritu Santo entre ellos. ¿De

dónde sabemos esto? De Moshé, como está escrito: "Tengo ciento veinte años de edad en este día", LO CUAL SIGNIFICA QUE ÉL LES REVELÓ LO QUE NO LES HABÍA REVELADO HASTA ENTONCES. Si él no LES REVELA ESA SABIDURÍA, dice de él: "No retengas el bien de aquellos que lo merecen..." (Proverbios 3:27) que es la Torá, que es llamada Bien, como está escrito: "porque les doy la doctrina del bien..." (Proverbios 4:2) "...cuando está en el poder de tu mano hacerlo" (Proverbios 3:27) antes de que fallezcas, antes de que no tengas permiso para revelar.
— El Zóhar, Haazinu 50:207-208

רְאוּבֵן

Deuteronomio 33:6 – La bendición de Reuvén fue que él viviría y no moriría. Cuando Yaakov y Leá concibieron a Reuvén, Yaakov creía que estaba haciendo el amor con Rajel, no con Leá. Al pensar esto, Yaakov dirigió su conciencia a Rajel y Yosef, no a Leá y Reuvén; y, como resultado, se infundió una energía desequilibrada en Reuvén. Cuando Moshé le dio la bendición, restauró el equilibrio y la estabilidad para toda la tribu de Reuvén. El *Zóhar* dice:

7 En cuanto a Yehuda, dijo: Escucha, Eterno, la voz de Yehuda y tráelo a su pueblo; sus manos lucharán por él y sé Tú para él una ayuda contra sus adversarios.

SEGUNDA LECTURA – YITSJAK – GUEVURÁ

8 Y de Leví dijo: Tu Tumim y tu Urim sean para Tu varón santo, a quien pusiste a prueba en Masá, con quien luchaste en las aguas de Merivá; 9 el que dijo de su padre y de su madre: "No los he visto", y no reconoció a sus hermanos, ni consideró a sus propios hijos, porque obedecieron Tu Palabra y guardaron Tu Pacto. 10 Ellos enseñarán Tus ordenanzas a Yaakov y tu ley a Israel; pondrán incienso delante de Ti y holocaustos perfectos sobre Tu altar. 11 Bendice, Eterno, su sustancia y acepta la obra de sus manos; quebranta los lomos de los que se levantan contra él y de los que lo odian, para que no se levanten más. 12 De Binyamín dijo: Que el amado del Eterno habite en seguridad junto a Él, que protege todo el día y mora entre sus hombros.

Ven y ve lo que Reuvén logró al tratar de salvar la vida de Yosef. Está escrito: "Viva Reuvén y no muera…" (Deuteronomio 33:6). Porque aunque sabía que le fue quitado el derecho de nacimiento y entregado a Yosef, trató, sin embargo, de salvar su vida. Por lo tanto, Moshé oró por él diciendo: "Viva Reuvén y no muera" y sea sostenido en este mundo y en el Mundo por Venir. ¿Cuál es la razón? ¡QUE SALVÓ LA VIDA DE YOSEF Y SE ARREPINTIÓ DE CONTAMINAR EL LECHO DE SU PADRE! Si un hombre se arrepiente de sus pecados, el Santísimo, bendito sea Él, lo revivirá en este mundo y en el Mundo por Venir.
— El Zóhar, Vayashev 13:139

לִיהוּדָה

Deuteronomio 33:7 – "Escucha, Eterno, la voz de Yehuda y tráelo a su pueblo". Según el *Zóhar*, tanto el Rey David como el Mesías provendrían del linaje de Yehuda; de ahí la referencia a la "voz de Yehuda". De acuerdo con los sabios, "voz" significa el estudio de la Kabbalah. Esta es la razón por la que Rav Áshlag, quien fundó el Centro de Kabbalah en 1922 en Jerusalén, lo llamó Yeshivat Kol (voz) Yehuda. Con respecto a Yehuda y el Rey David, el *Zóhar* dice:

Y además, hemos oído: ¿Cuál fue la razón por la que el Santísimo, bendito sea Él, dio el reino a Yehuda y no a algún otro de los hermanos? Y ÉL CONTESTA: Porque las letras de Su Santo Nombre están grabadas en él. PORQUE YUD HEI VAV HEI APARECEN EN EL NOMBRE DE YEHUDA (YUD-HEI-VAV-DÁLET-HEI). De ese modo el Santísimo, bendito sea Él, glorificó su nombre. Y es por esto que él heredó el reino. Y he oído también que el nombre de Yehuda contiene definitivamente las letras de Su SANTO Nombre, pero no hay letra Dálet EN YUD HEI VAV HEI. Y PREGUNTA: ¿Por qué? Y CONTESTA: Esta LETRA DÁLET DE YEHUDA representa al Rey David, quien es adherido a Su Nombre más que todas las otras gentes del mundo. Como está escrito: "…y buscarán al Eterno, su Dios, y a David, su rey…" (Oseas 3:5). Así que el Rey David está realmente adherido a Su Santo Nombre. Además, él es el nudo de los Tefilín, YA QUE EL REY DAVID ES EL SECRETO DEL NUDO DE LOS TEFILÍN DEL SANTÍSIMO, BENDITO SEA ÉL. Y ÉSTE ES EL SECRETO DE LA NUKVÁ DE ZEIR ANPÍN. De modo que la letra Dálet EN YEHUDA es ciertamente el Rey David. Y a causa de esto, David está adherido a Su SANTO Nombre. PORQUE EL NOMBRE YEHUDA INCLUYE YUD HEI VAV HEI, LO CUAL ALUDE A ZEIR ANPÍN, Y LA LETRA DÁLET, QUE ALUDE AL REY DAVID, QUIEN ES EL SECRETO DE LA NUKVÁ DE ZEIR ANPÍN.
— El Zóhar, Lej Lejá 28:308

אֶל־מְתָיו מִסְפָּר: 7 וְזֹאת לִיהוּדָה וַיֹּאמַר שְׁמַע יְהֹוָאדְהֹיֶאֱהֹדֹוֶנֹהִי קוֹל ע"ב ס"ג ע"ה

יְהוּדָה וְאֶל־עַמּוֹ תְּבִיאֶנּוּ יָדָיו רָב ע"ב ורביע מ"ה לוֹ וְעֵזֶר מִצָּרָיו תִּהְיֶה:

SEGUNDA LECTURA – YITSJAK – GUEVURÁ

8 וּלְלֵוִי דמב, מלוי ע"ב אָמַר תֻּמֶּיךָ וְאוּרֶיךָ לְאִישׁ ע"ה קנ"א קס"א וְחֲסִידֶךָ אֲשֶׁר

נִסִּיתוֹ בְּמַסָּה תְּרִיבֵהוּ עַל־מֵי מְרִיבָה: 9 הָאֹמֵר לְאָבִיו וּלְאִמּוֹ לֹא

רְאִיתִיו וְאֶת־אֶחָיו לֹא הִכִּיר וְאֶת־בָּנָו לֹא יָדָע ב"פ מ"ב כִּי שָׁמְרוּ אִמְרָתֶךָ

וּבְרִיתְךָ יִנְצֹרוּ: 10 יוֹרוּ מִשְׁפָּטֶיךָ לְיַעֲקֹב י"פ יהוה, יאהדונהי אידהנויה וְתוֹרָתְךָ

לְיִשְׂרָאֵל יָשִׂימוּ קְטוֹרָה ע"ך = ע"ה אהיה מצפצ בְּאַפֶּךָ וְכָלִיל עַל־מִזְבְּחֶךָ

11 בָּרֵךְ יְהֹוָאדְהֹיֶאֱהֹדֹוֶנֹהִי חֵילוֹ ומב וּפֹעַל יָדָיו תִּרְצֶה מְחַץ מָתְנַיִם יהוה ב"ן

קָמָיו וּמְשַׂנְאָיו מִן־יְקוּמוּן: 12 לְבִנְיָמִן אָמַר יְדִיד יְהֹוָאדְהֹיֶאֱהֹדֹוֶנֹהִי יִשְׁכֹּן

לָבֶטַח עָלָיו חֹפֵף עָלָיו כָּל־ י"פ הַיּוֹם ע"ה = נגד, זן, מזבח וּבֵין כְּתֵפָיו שָׁכֵן: ע"ב

וּלְלֵוִי

Deuteronomio 33:8 – Dado que ellos tenían una gran inclinación hacia el juicio, los levitas fueron escogidos para hacer las labores del Templo Sagrado. No obstante, el Creador transformó todo su juicio en una forma que les permitiera manifestarlo como parte de sus labores oficiales. No importa cuánto juicio tengamos, éste puede transformarse en gran Luz. De hecho, cuanta mayor sea la capacidad para la negatividad de alguien, mayor es su potencial de transformarse y hacer buenas acciones. El *Zóhar* dice:

Ven y ve: Los levitas vienen de este lado del Juicio. Son purificados solamente cuando su cabello es quitado, como está escrito: "'Y así les harás para purificarlos: Rocía agua de purificación sobre ellos y que se rasuren todo el cuerpo…'" (Números 8:7). Y para que ellos estén más establecidos, el sacerdote que

viene del aspecto de Jésed celestial debe ofrecerlos como está escrito: "'Y Aharón ofrecerá a los levitas ante el Eterno en señal de ofrenda… (ibid. 11), PARA INCLUIR LA ILUMINACIÓN DE JOJMÁ EN ELLOS EN LOS JASADIM DEL SACERDOTE, lo mismo que con Ish arriba. Cuando necesite ser más establecido, la Jésed celestial QUE VISTE A JOJMÁ es revelada en él y él es más establecido. TAMBIÉN él establece a JÉSED abajo EN LOS LEVITAS.
— El Zóhar, Tazría 23:123

לְבִנְיָמִן

Deuteronomio 33:12 – El *Beit HaMikdash* (Templo Sagrado) estaba ubicado en la extensión de tierra asignada a la tribu de Binyamín. Binyamín todavía no había nacido cuando todas las demás tribus se postraron ante Esav; por lo tanto, él era más puro que el resto de las tribus.

TERCERA LECTURA – YAAKOV – TIFÉRET

13 Y de Yosef dijo: Bendita del Eterno sea su tierra, con los tesoros del Cielo, con el rocío y las profundidades que están debajo; 14 con lo mejor de los frutos del Sol y los mejores productos de los meses; 15 con lo mejor de los montes antiguos y lo escogido de las colinas eternas;

16 con lo mejor de la tierra y cuanto contiene y el favor de Aquel que habitaba en la zarza. Que descienda la bendición sobre la cabeza de Yosef y sobre la coronilla del que es príncipe entre sus hermanos.

17 Su majestad es como la del primogénito del toro, y sus cuernos son los cuernos del búfalo; con ellos empujará a todos los pueblos hasta los confines de la Tierra. Y tales son los diez millares de Efraim y tales los millares de Menashé.

Cada una de las tribus se contaminó con una pequeña parte de Esav cuando se postraron ante él. Esav representa la fuerza del Satán dentro de ellos, pero Binyamín estaba libre de la presencia del Satán. A veces, cuando hacemos cosas negativas, dejamos que el Satán entre y, de este modo, perdemos oportunidades positivas en nuestra vida; tal como las otras tribus perdieron la oportunidad de tener el Templo Sagrado en su territorio. Este versículo nos ofrece protección para que incluso si accedemos a estas acciones y pensamientos negativos, no perdamos la capacidad de tener oportunidades positivas en nuestro futuro. El *Zóhar* dice:

Después de que todos ellos se inclinaron, está escrito: "Entonces las sirvientas se acercaron, ellas y sus hijos, y todos se prosternaron" (Génesis 33:6). Después dice: "Y Leá, también con sus hijos, se acercaron y se prosternaron, y enseguida venía Yosef cerca y Rajel, y se prosternaron" (ibid. 7). Pregunta: Pero Yosef era el último atrás de Rajel y Rajel estaba enfrente de él, y no Yosef enfrente de Rajel. Responde: Es sólo que cuando este buen hijo, hijo amado, el justo en el mundo, Yosef, notó que los ojos del perverso estaban mirando a las mujeres, temió por su madre. Entonces vino desde atrás de su madre y extendió sus brazos y su cuerpo y la cubrió, para que el perverso no posara sus ojos en su madre. ¿Qué tanto aumentó su tamaño? Seis codos en cada dirección, para así cubrirla de modo que los ojos del perverso no tuvieran efecto sobre ella. Consecuentemente, al principio, verdaderamente Yosef estaba atrás de ella, como se escribió anteriormente. Sin embargo, más tarde vino de atrás y se puso enfrente de ella.

De manera similar, "Y Bileam levantó su ojo..." (Números 24:2). Está escrito "ojo"; eso se refiere al ojo maligno que deseó mirarlos, significando que él levantó contra ellos esa Klipá maligna llamada 'ojo maligno'. "...y vio a los hijos de Yisrael habitando según sus tribus..." (ibid.). ¿Cuál es el significado de "según sus tribus"? Responde: Esto solamente se refiere a las tribus de Yosef y Binyamín que estaban allí. Sobre la tribu de Yosef, ningún ojo maligno puede tener efecto alguno, como está escrito: "Yosef es una rama fructífera junto a una fuente..." (Génesis 49:22). ¿Qué significa "una rama fructífera"? Significa que él aumentó y se extendió para cubrir a su madre del ojo maligno de Esav, como se mencionó antes. "...una rama fructífera junto a una fuente" significa que ningún ojo maligno puede afectarlo. Está escrito acerca de la tribu de Binyamín: "... Y morará entre Sus

TERCERA LECTURA – YAAKOV – TIFÉRET

אָמֵר מִבְרְכָּת יְהֹוָ֥ה אֲדֹנָי אַהֲדֹנָי אַרְצ֖וֹ מִמֶּ֤גֶד שָׁמַ֙יִם֙ צִיוֹן, קִנְאָה, ו"פ יהוה 13 וְלְיוֹסֵ֣ף

14 וּמִמֶּ֖גֶד תְּבוּאֹ֣ת שָׁ֑מֶשׁ רֶ֖בֶץ תָּ֣חַת: י"פ מ"ה וּמִתְּה֑וֹם כזה י"פ כזו, י"פ טל, מִטָּ֥ל

15 וּמֵרֹ֖אשׁ הַרְרֵי־קֶ֑דֶם רִיבוע אלהים ואלהים דיודין ע"ה וְגֶ֖רֶשׁ יְרָחִֽים: ב"פ ע"ך וּמִמֶּ֤גֶד

16 וּמִמֶּ֛גֶד אֶ֖רֶץ אלהים דאלפין וּמְלֹאָ֜הּ וּרְצ֣וֹן גִּבְע֖וֹת עוֹלָֽם: רבוע בן וּמִמֶּ֥גֶד

לְרֹ֖אשׁ תְּבוֹאָ֗תָה רִיבוע אלהים ואלהים דיודין ע"ה יוֹסֵ֔ף פהל סְנֶ֑ה מֵהעא ע"ה, אל עדי ע"ה שֹׁכְנִ֣י

17 בְּכ֨וֹר שׁוֹר֜וֹ הָדָ֣ר ל֑וֹ ד"פ בן ע"ה וְקַרְנֵ֤י אָחָֽיו: נְזִ֥יר צִיוֹן, קִנְאָה, ו"פ יהוה וּלְקָדְקֹ֖ד

וְהֵ֖ם אַפְסֵי־אָ֑רֶץ אלהים דאלפין בָּהֶ֖ם עַמִּ֛ים ע"ה קס"א יַחְדָּ֥ו יְנַגַּ֛ח רְאֵ֜ם קַרְנָ֗יו

מְנַשֶּֽׁה: וְהֵ֖ם אַלְפֵ֥י אל מצפ"צ אֶפְרַ֔יִם רִבְב֣וֹת

---

hombros" (Deuteronomio 33:12) y: "… morará con seguridad…" (ibid.). ¿Qué indica "con seguridad"? Significa que no siente temor del ojo maligno y no está temeroso de ninguna plaga maligna.
— El Zóhar, Balak 28:322-323

וליוסף

Deuteronomio 33:13 – Este versículo nos proporciona protección contra el mal de ojo. Según el *Zóhar*, Yosef se convirtió en una fuente de Luz para ayudarnos a superar el mal de ojo y las personas maliciosas. El *Zóhar* también asevera que el mal de ojo puede causar la muerte de un individuo antes de su tiempo debido.

El mal de ojo es una fuerza de negatividad tan poderosa que se antepone a la Ley de Causa y Efecto; en otras palabras, una persona puede ser afectada por el mal de ojo incluso si no ha hecho nada para atraer este mal a su vida. El *Zóhar* dice:

El perverso dijo: Eliminaré y ANULARÉ esta línea DE LAS TRIBUS DE YOSEF Y BINYAMÍN, para que no duren EN EL MUNDO, y yo pueda

mirarlos CON MI OJO MALIGNO *como se requiere. Rajel estaba presente allí y notó que el ojo del perverso estaba enfocado para hacer daño. ¿Qué hizo ella? Salió y extendió sus alas sobre ellos, las cuales cubrieron a sus hijos. Esto es lo que dice: "Y Bileam levantó su ojo y vio a los hijos de Yisrael". Una vez que el Espíritu Santo,* QUE ES MALJUT LLAMADA 'RAJEL', *notó el ojo de* BILEAM *enfocado, instantáneamente "el espíritu de Elohim vino sobre él". ¿Sobre quién* ESTABA EL ESPÍRITU DE DIOS? ESO SIGNIFICA: *sobre los hijos de Yisrael,* QUE EL ESPÍRITU DE DIOS *extendió sus alas y los cubrió. Inmediatamente, el perverso fue retirado.*

Al principio, el hijo estaba cubriendo a su madre y ahora la madre cubría a su hijo. En el tiempo en que Yosef cubría a su madre, Rajel, de modo que el ojo maligno del perverso no la dañara, el Santísimo, bendito sea Él, dijo A YOSEF: *'¡Por vida tuya!, cuando un ojo maligno se acerca a tus hijos y a los Míos, tu madre los cubrirá. Tú cubriste a tu madre y tu madre te cubrirá'.*
— El Zóhar, Balak 28:324-325

CUARTA LECTURA – MOSHÉ – NÉTSAJ

18 Y de Zevulún dijo: Alégrate, Zevulún, en tus salidas; y Yisajar, en tus tiendas.

19 Llamarán a los pueblos a la montaña; allí ofrecerán sacrificios de justicia, pues disfrutarán de la abundancia de los mares y los tesoros ocultos en la arena.

20 Y de Gad dijo: Bendito el que ensancha a Gad; él se echa como leona y desgarra el brazo y también la coronilla. 21 Y él escogió para sí la primera parte, pues allí una porción de gobernante le estaba reservada; y él vino con los jefes del pueblo, ejecutó la justicia del Eterno y Sus ordenanzas con Israel.

וְלִזְבוּלֻן, וְיִשָּׂשכָר

Deuteronomio 33:18 – Los dos hijos de Yaakov tenían un pacto: Yisajar trabajaría espiritualmente todo el día, mientras que Zevulún trabajaría físicamente todo el día; entonces dividirían los beneficios físicos y espirituales. Tenemos una elección en este mundo: podemos estar entre los que hacen más trabajo espiritual o podemos ofrecer nuestro dinero o tiempo para ayudar a sustentarlos. El *Zóhar* dice:

Rabí Yehuda dijo: Zevulún y Yisajar hicieron un acuerdo entre ellos: que uno se sentaría y estudiaría la Torá, Yisajar, y el otro sería un mercader, Zevulún, y sostendría a Yisajar, como está escrito: "... y benditos son aquellos que la sostienen" (Proverbios 3:18). Él acostumbraba cruzar los mares con mercancía. Cayó esto en su porción ya que su herencia estaba junto al mar... Por lo tanto está escrito: "... Regocíjate Zevulún en tus salidas; y tú Yisajar en tus tiendas" (Deuteronomio 33:18). "Zevulún habitará en la costa de los mares..." (Génesis 49:13) entre los marinos con propósitos comerciales.

Él además preguntó: Todos los hijos de Yaakov, las doce tribus, fueron arregladas debajo de acuerdo al orden arriba, LOS DOCE NUDOS DE JÉSED Y GUEVURÁ, NÉTSAJ Y HOD DE LA NUKVÁ. ¿Por qué está Zevulún siempre colocado antes de Yisajar durante las oraciones, aunque Yisajar estaba ocupado con la Torá, que universalmente está puesta antes? En las bendiciones, ¿por qué fue Zevulún colocado antes tanto por su padre como por Moshé? ÉL CONTESTA: Zevulún fue honrado AL SER COLOCADO ANTES QUE YISAJAR, ya que se quitó el pan de la boca y se lo dio a Yisajar. Está por lo tanto colocado antes de YISAJAR en las bendiciones. De esto, aprendemos que quien sostiene a un estudiante de la Torá, recibe bendiciones de arriba y abajo. También merece dos mesas, lo cual no se le otorga a ningún otro hombre. Él merece ser bendecido con riqueza en este mundo, y una porción en el Mundo por Venir. Por tanto dice: "Zevulún habitará en la costa de los mares; será refugio para los barcos". Ya que dice: "en la costa de los mares", ¿por qué añadir: "un refugio para los barcos"? "La costa de los mares" está en este mundo y el "refugio para los barcos" está en el Mundo por Venir, como está escrito: "Allá van los barcos..." (Salmos 104:26), LO CUAL FUE DICHO DE "ÉSTE MAR GRANDE Y ANCHO..." (IBID. 25), QUE ES BINÁ, EL SECRETO DEL MUNDO POR VENIR, porque allí permanece la abundancia del Mundo por Venir.
— El Zóhar, Vayejí 67: 663-664, 674-675

CUARTA LECTURA – MOSHÉ – NÉTSAJ

18 וְלִזְבוּלֻן אָמַר שְׂמַח זְבוּלֻן בְּצֵאתֶךָ וְיִשָּׂשכָר בְּאֹהָלֶיךָ:

19 עַמִּים הַר־יִקְרָאוּ שָׁם יִזְבְּחוּ זִבְחֵי־צֶדֶק כִּי שֶׁפַע יַמִּים יִינָקוּ וּשְׂפֻנֵי טְמוּנֵי חוֹל 20 וּלְגָד אָמַר בָּרוּךְ מַרְחִיב גָּד כְּלָבִיא שָׁכֵן וְטָרַף זְרוֹעַ אַף־קָדְקֹד

21 וַיַּרְא רֵאשִׁית לוֹ כִּי־שָׁם חֶלְקַת מְחֹקֵק סָפוּן וַיֵּתֵא רָאשֵׁי עָם צִדְקַת יְהוָה עָשָׂה וּמִשְׁפָּטָיו עִם־יִשְׂרָאֵל:

וּלְגָד

Deuteronomio 33:20 – Si bien sabemos que Gad había pecado, no está claro lo que había hecho en realidad. Cuando el mundo fue creado, Gad controlaba el mes de Capricornio. Después de que pecó, la energía del Mesías, que estaba originalmente asociada con el mes de Capricornio, fue transferida al mes de Acuario. Cuando cometemos errores o acciones negativas, no debemos permitir que estas acciones nos quiten las oportunidades. Gad perdió su oportunidad, pero queremos asegurarnos de que estemos protegidos a fin de que la Luz nos dé otra oportunidad. Este versículo nos da esa protección. Acerca de Gad, el *Zóhar* dice:

"A Gad: los merodeadores lo merodearán, pero él los incursionará" (Génesis 49:19). Rabí Yisá dijo: Del NOMBRE Gad entendemos que ejércitos saldrán de él y harán la guerra. Esto es derivado de la escritura de Gad, que siempre es escrita Guímel y Dálet, YESOD Y MALJUT, de cuya UNIÓN brotan ejércitos, ya que Guímel da, SIENDO YESOD, y Dálet recibe, SIENDO MALJUT. De esto entendemos cuántas huestes y legiones vienen de ellas. POR TANTO DICE: "A GAD: LOS MERODEADORES LO MERODEARÁN".

Rabí Yitsjak dijo: Si no fuera Gad de los hijos de las sirvientas, QUIENES SON CONSIDERADOS PARTES TRASERAS, habría tenido éxito en elevarse más alto que todas las otras tribus, A CAUSA DEL ALTO Y PERFECTO ORIGEN DEL NOMBRE GAD. Está escrito "… Ba Gad (la buena fortuna viene)…" (Génesis 30:11), pero escrito Bagad (traicionado) sin Álef, ya que la hora de su nacimiento fue propicia, pero más tarde LA PERFECCIÓN se fue de él. Éste es el significado de las palabras: "Mis hermanos se han portado traicioneramente (heb. bagdú) como un río…" (Job 6:15), ya que el río que fluye, QUE ES BINÁ LLAMADA RÍO, se volteó en ese tiempo, YA QUE GAD ERA DE LAS PARTES POSTERIORES, SOBRE LAS CUALES EL RÍO BINÁ NO FLUYE, Y GUÍMEL NO TENÍA NADA PARA DERRAMAR SOBRE LA DÁLET. POR TANTO, dice "bagad" sin Álef, LO CUAL ALUDE A LA FALTA DE LA ABUNDANCIA DE BINÁ. Él por lo tanto no recibió una porción en la Tierra Santa, SINO QUE HABITÓ AL OTRO LADO DEL YARDÉN.
— El Zóhar, Vayejí 71:726, 728

QUINTA LECTURA – AHARÓN – HOD

²² *Y de Dan dijo: Dan es cachorro de león que salta desde Bashán.*

²³ *Y de Naftalí dijo: Naftalí, colmado de favores y lleno de la bendición del Eterno, toma posesión del mar y del Sur.*

²⁴ *Y de Asher dijo: Bendito sea Asher sobre los hijos; que sea bien visto por sus hermanos y moje su pie en aceite.*

²⁵ *De hierro y de bronce serán tus cerrojos, y tan largo como tus días será tu reposo.*

²⁶ *Nadie hay como Dios, Yeshurún, que cabalga el Cielo para venir en tu ayuda y en Su excelencia sobre las nubes.*

וַיְלְדָן

Deuteronomio 33:22 – El nombre Dan significa "juicio" y controla el mes de Escorpio. Las letras del mes de Escorpio son *Dálet* y *Nun*. Normalmente el mes de Escorpio es un período de juicio fuerte, pero el *Séfer Yetsirá* (el Libro de la formación), escrito por Avraham el Patriarca, dice que este mes también está conectado al Mesías (*Mashíaj*). Podemos escoger ser parte de la negatividad o ser espirituales y superar nuestra naturaleza sentenciosa. Acerca de Dan, el *Zóhar* dice:

"Dan juzgará sobre su pueblo, como una de las tribus de Yisrael..." (Génesis 49:16) ... "Dan juzgará a su pueblo" primero, y entonces "las tribus de Yisrael". Las palabras "como uno" significan: como único en el mundo; es decir: juzgó él mismo como el único del mundo. Esto se aplica a Shimshón, quien él solo ejecutó justicia en el mundo, sentenció y mató él mismo y no necesitó ayuda.

Dan juzgará a su pueblo". Rabí Yitsjak dijo: Dan es una serpiente que acecha en caminos y senderos. Puede ser dicho que esto es verdad sólo para Shimshón. No es así, sino que esto es también verdad arriba. Es la pequeña serpiente en "la retaguardia de los campamentos" al final de los grados de santidad. Acecha en los caminos y senderos y de ésta brotan ejércitos y huestes de demonios, que acechan en espera de las gentes, para castigarlas por los pecados que arrojan detrás de sus espaldas; es decir, que no los notaron y luego dicen que no cometen...

Cuando las Klipot van por el lado del camino del mar, succionando abundancia de éste, son vistas montando en caballos, y si no fuera por la serpiente en la retaguardia de los campamentos, a saber: Dan, la pequeña serpiente que yace al final de los senderos y los guarda, ellas destruirían al mundo. De ellas dice el versículo: "... que muerde los talones de los caballos, para que sus jinetes caigan" (ibid.) Éstos son los demonios que montan caballos. ...Ustedes pueden preguntar por qué Dan está en este grado, que es del aspecto de la Klipá maligna. Contesta: Como "...la llama resplandeciente de la espada que giraba para guardar el camino al Árbol de la Vida" (Génesis 3:24), dice aquí: "que muerde los talones de los caballos" para la protección de todos los campamentos. Rabí Elazar dijo: Éste es el arreglo del trono; es decir: la retención de Dan del

QUINTA LECTURA – AHARÓN – HOD

22 וּלְדָן אָמַר דָּן גּוּר דִּ"פ בֹּ"ן עֹ"ה אַרְיֵה רִי"ו, גבורה יְזַנֵּק מִן־הַבָּשָׁן: 23 וּלְנַפְתָּלִי

אָמַר נַפְתָּלִי שָׂבַע עֹ"ב ואלהים דיודין רָצוֹן מֹשֶׁה עֹ"ה, מהֹש עֹ"ה, אל שדּי עֹ"ה וּמָלֵא בִרְכַּת

יְהֹוָה אדני אהדונהי יָם יֵלי וְדָרוֹם יְרָשָׁה: 24 וּלְאָשֵׁר מלוי אהיה דיודין אָמַר בָּרוּךְ

יהֹוה עֹ"ב ורבוע מ"ה מִבָּנִים אָשֵׁר מלוי אהיה דיודין יְהִי רְצוּי אֶחָיו וְטֹבֵל בַּשֶּׁמֶן

רַגְלוֹ: 25 בַּרְזֶל רֹ"ת בלהה רחֹל וֹלפה לאה וּנְחֹשֶׁת מִנְעָלֶךָ וּכְיָמֶיךָ

דָּבְאֶךָ: 26 אֵין כָּאֵל יאֹ"י יְשֻׁרוּן רֹכֵב שָׁמַיִם יֹ"פ אל יֹ"פ בֹּ"ן בְּעֶזְרֶךָ וּבְגַאֲוָתוֹ

שְׁחָקִים:

GRADO DE LA **KLIPÁ** ES EL SOSTENIMIENTO DE LA
NUKVÁ, PARA GUARDARLA DE LA SUCCIÓN DE LOS
DEMONIOS QUE CABALGAN.
— El Zóhar, Vayejí 70:695, 703-
704, 706, 708

וּלְנַפְתָּלִי

Deuteronomio 33:23 – Aquí leemos que Naftalí está satisfecho. Cuando apreciamos todo lo que tenemos, cuando no nos preocupamos porque no tenemos alguna cosa en particular que deseamos, entonces tenemos una oportunidad de estar verdaderamente satisfechos. Cuando estamos ocupados preocupándonos por lo que no tenemos es que comenzamos a perder la apreciación. Cuando perdemos la apreciación, no sólo perdemos aquello que tenemos, sino también evitamos que bendiciones futuras vengan a nosotros.

וּלְאָשֵׁר

Deuteronomio 33:24 – *"Él [Asher] será bien visto por sus hermanos"*. A pesar de que Asher era complaciente con sus hermanos, complacer a alguien no es necesariamente algo bueno. Esta característica aparentemente positiva a menudo tiene un resultado negativo.

Rav Brandwein contó la historia de un hombre que llegó a las puertas del Cielo y quería entrar. El guardia le dijo que no podía entrar. El hombre estaba estupefacto y dijo: "Pero yo fui buena persona. Todos me querían. Si llama a mis amigos, le dirán que viví mi vida y nunca perturbé ni a un alma. No tengo un enemigo en este mundo". Y el guardia le dijo: "Entonces tiene un boleto de ida al Infierno". El hombre contestó: "No lo entiendo".

El guardia le explicó que venimos a este mundo para hacer cambios, hacer una diferencia. Pero cuando hacemos esto, hay una gran probabilidad de que incomodemos a algunas personas, y ellas nos desafiarán y estarán descontentas con nosotros. Si venimos a este mundo y les agradamos a todos, esto significa que no hemos aprovechado la oportunidad de hacer una diferencia y crear un cambio. No hemos usado el regalo de este tiempo de vida.

SEXTA LECTURA – YOSEF – YESOD

27 El Eterno Dios es una morada, y debajo están los brazos eternos. Él echó al enemigo delante de ti, y dijo: "Destruye". 28 E Israel habita en seguridad, la fuente de Yaakov habita apartada, en una tierra de grano y mosto; sí, sus cielos destilan rocío.

29 Dichoso tú, Israel. ¿Quién es favorecido como tú? Pueblo salvado por el Eterno, ¡Él es escudo de tu ayuda y espada de tu gloria! Y tus enemigos fingirán someterse ante ti y tú hollarás sus lugares altos.

SÉPTIMA LECTURA – DAVID – MALJUT

34 1 Y Moshé subió desde la llanura de Moab al Monte Nebo, a la cumbre del Pisgá, que está frente a Jericó. Y el Eterno le mostró toda la tierra: desde Galaad hasta Dan,

2 todo Naftalí, la tierra de Efrayim y de Menashé, toda la tierra de Yehuda hasta el mar occidental,

3 el Sur y la llanura desde el valle de Jericó, la ciudad de las palmeras, hasta Tsoar. 4 Y el Eterno le dijo: "Esta es la tierra que juré dar a Avraham, Yitsjak y Yaakov, diciendo: Yo la daré a tu simiente. Te he permitido verla con tus ojos, pero no pasarás a ella".

מְעֹנָה

Deuteronomio 33:27 – Después de que bendijera a todas las tribus individualmente, Moshé las bendijo colectivamente. Cuando bendijo a cada una de forma individual, la bendición estaba segmentada y no estaba unida. Mientras haya fragmentación, sólo podemos atraer una cantidad limitada de Luz. Sin embargo, de forma colectiva, podemos alcanzar niveles mucho más altos y recibir mucha más Luz. Mediante esta bendición colectiva, Moshé nos enseñó que la única forma en la cual podemos obtener una bendición colectiva es cuando el mundo esté unido.

וַיַּעַל

Deuteronomio 34:1 – La muerte de Moshé. El *Zóhar* dice que Moshé nunca murió en realidad. Esto significa que una parte de él abandonó este mundo pero otra parte de él no. La parte de Moshé que no nos abandonó regresa cada generación a ayudarnos, la ayuda se manifiesta en la medida que se genere Luz a través de la diseminación física de la sabiduría de la Kabbalah. Los kabbalistas explican que la chispa de Moshé que regresa en cada generación estuvo tanto en Rav Shimón como en Rav Yitsjak Luria (el Arí).

Esta sección de la lectura nos ayuda a conectar con el Moshé de nuestra generación.

El *Zóhar* dice:

Hemos aprendido que Rabí Shimón dijo: Moshé no murió. Si ustedes preguntan: Pero está escrito: "Y murió allí Moshé…" (Deuteronomio 34:5). Y así todo lugar donde la muerte es mencionada por el justo, ¿qué es la muerte? Desde nuestro punto de vista, es llamada así, PERO DESDE EL PUNTO DE VISTA DE AQUÉLLOS

SEXTA LECTURA – YOSEF – YESOD

27 מִעֹנָה אֱלֹהֵי דמב, ילה קֶדֶם רבוע בן וּמִתַּחַת זְרֹעֹת עוֹלָם וַיְגָרֶשׁ מִפָּנֶיךָ

סמ"ב אוֹיֵב וַיֹּאמֶר הַשְׁמֵד: 28 וַיִּשְׁכֹּן יִשְׂרָאֵל בֶּטַח בָּדָד עֵין ריבוע מ"ה יַעֲקֹב

ז"פ יהוה, יאהדונהי אידהנויה אֶל-אֶרֶץ אלהים דאלפין דָּגָן נגד, זן, מזבח וְתִירוֹשׁ אַף-שָׁמָיו

יַעַרְפוּ טָל כווו 29 אַשְׁרֶיךָ יִשְׂרָאֵל מִי ילי כָמוֹךָ אלהים, מום עַם נוֹשַׁע

בַּיהוָה יאהדונהי מָגֵן ר"ת מיכאל, גבריאל, נוריאל עֶזְרֶךָ וַאֲשֶׁר-חֶרֶב רבוע ס"ג ורבוע אהיה

גַּאֲוָתֶךָ וְיִכָּחֲשׁוּ אֹיְבֶיךָ לָךְ וְאַתָּה עַל-בָּמוֹתֵימוֹ תִדְרֹךְ רבוע עסמ"ב:

SÉPTIMA LECTURA – DAVID – MALJUT

34 1 וַיַּעַל מֹשֶׁה מהע, אל שדי מֵעַרְבֹת מוֹאָב יוד הא ואו הה אֶל-הַר רבוע אלהים + ה ה

נְבוֹ ראשׁ ריבוע אלהים ואלהים דיודין ע"ה הַפִּסְגָּה אֲשֶׁר עַל-פְּנֵי וחכמה בינה יְרֵחוֹ

וַיַּרְאֵהוּ יְהוָה ואהדניאהדונהי אֶת-כָּל- ילי הָאָרֶץ אלהים דההין ע"ה אֶת-הַגִּלְעָד

עַד-דָּן: 2 וְאֵת כָּל- ילי נַפְתָּלִי וְאֶת-אֶרֶץ אלהים דאלפין אֶפְרַיִם אל מצפצ וּמְנַשֶּׁה

וְאֵת כָּל- ילי אֶרֶץ אלהים דאלפין יְהוּדָה עַד הַיָּם ילי הָאַחֲרוֹן: 3 וְאֶת-הַנֶּגֶב

וְאֶת-הַכִּכָּר בִּקְעַת יְרֵחוֹ עִיר בוזחר, ערי, סנדלפון הַתְּמָרִים עַד-צֹעַר:

4 וַיֹּאמֶר יְהוָה ואהדניאהדונהי אֵלָיו זֹאת הָאָרֶץ אלהים דההן ע"ה אֲשֶׁר נִשְׁבַּעְתִּי

לְאַבְרָהָם רמ"ח, וז"פ אל, יעקב אדני לְיִצְחָק דיפ בן וּלְיַעֲקֹב ז"פ יהוה, יאהדונהי אידהנויה

לֵאמֹר לְזַרְעֲךָ אֶתְּנֶנָּה הֶרְאִיתִיךָ בְעֵינֶיךָ ע"ה קס"א מהע, משה, אל שדי וְשָׁמָּה

ARRIBA, AL CONTRARIO, SU VIDA AUMENTÓ. Porque hemos aprendido que Rabí Shimón dijo: Él enseñó que la Fe Santa está suspendida de uno que es perfecto. La muerte no está adherida a él y él no muere, como fue con Yaakov, quien tenía una Fe completa. POR LO TANTO, YAAKOV EL PATRIARCA NO MURIÓ.
— El Zóhar, Terumá 90:888

⁵ *Entonces Moshé, siervo del Eterno, murió allí en la tierra de Moab, conforme a la palabra del Eterno.*

⁶ *Y Él lo sepultó en el valle, en la tierra de Moab, frente a Bet-Peor; pero nadie sabe hasta hoy el lugar de su sepultura.*

⁷ *Y Moshé tenía ciento veinte años cuando murió: pero no se habían apagado sus ojos, ni había perdido su vigor.*

⁸ *Y los hijos de Israel lloraron a Moshé en la llanura de Moab por treinta días; así se cumplieron los días de llanto y duelo por Moshé.*

⁹ *Y Yehoshúa, hijo de Nun, estaba lleno del espíritu de sabiduría, porque Moshé había puesto sus manos sobre él; y los hijos de Israel le escucharon e hicieron tal como el Eterno había mandado a Moshé.*

¹⁰ *Y desde entonces no ha vuelto a surgir en Israel un profeta como Moshé, a quien el Eterno había conocido cara a cara;*

¹¹ *y a quien el Eterno había mandado a hacer todas las señales y prodigios en la tierra de Egipto contra el Faraón, contra todos sus siervos y contra toda su tierra;*

¹² *y por la mano poderosa y por todos los hechos grandiosos y terribles que Moshé realizó ante los ojos de todo Israel.*

יִשְׂרָאֵל

Deuteronomio 34:12 – Como se mencionó anteriormente, la última letra de la Torá es *Lámed* y la primera letra es *Bet*. Juntas, forman la palabra *lev* (corazón). Si las enseñanzas de la Biblia sólo se quedan en nuestra cabeza y no entran en nuestro corazón, entonces no hemos entendido en lo absoluto el propósito de éstas ni de nuestra presencia aquí en la Tierra.

El *Zóhar* dice:

Rabí Shimón comenzó presto y dijo: Está escrito: "Y todo Jajam Lev entre los artesanos, preparó…" (Shemot 36:8). Pregunta: ¿Por qué dice Jajam Lev ('sabio de corazón').? ¿El intelecto del cerebro no reside en la cabeza? Responde: Este es el Jajam Lev, quien es sabio en Jojmá, y sus 32 (lev = Lev (30) + Bet (2) senderos) como están incluidos en los seis días de la Creación: Bereshit. Significando que esos seis días del Génesis están comprendidos de los diez Enunciados declarados que son las diez Sefirot, ya que Jésed incluye las primeras tres, y Yesod incluye a Maljut. Y los 32 senderos, esto es: las 32 veces que es mencionado Dios en los actos de la Creación en el Génesis. Y aquellos que son sabios y son los más entendidos entre ellos, en las diez Sefirot y los 32 senderos de Jojmá, de los seis días de la Creación, saben cómo combinar las letras, acerca de las cuales aprendimos: "Betsalel era familiar y entendido en cómo combinar las letras, por medio de las cuales el cielo y la Tierra fueron creados".
—El Zóhar, Prólogo 31:287

לֹא תַעֲבֹר: 5 וַיָּמָת שָׁם יהוה שדי מֹשֶׁה מהע, אל שדי עֶבֶד־יְהֹוָהאדניאהדונהי בְּאֶרֶץ

אלהים דאלפין מוֹאָב יוד הא ואו הה עַל־פִּי יְהֹוָהאדניאהדונהי: 6 וַיִּקְבֹּר אֹתוֹ בַגַּי בְּאֶרֶץ

אלהים דאלפין מוֹאָב יוד הא ואו הה מוּל בֵּית ב"פ ראה פְּעוֹר ב"פ מ"ב וְלֹא־יָדַע אִישׁ

ע"ה קנ"א קס"א אֶת־קְבֻרָתוֹ עַד הַיּוֹם ע"ה הַזֶּה והל: 7 וּמֹשֶׁה מהע, אל שדי

בֶּן־מֵאָה דמב, מלוי ע"ב וְעֶשְׂרִים שָׁנָה בְּמֹתוֹ לֹא־כָהֲתָה עֵינוֹ וְלֹא־נָס מ"ה אדני

לֵחֹה: 8 וַיִּבְכּוּ בְנֵי יִשְׂרָאֵל אֶת־מֹשֶׁה מהע, אל שדי בְּעַרְבֹת מוֹאָב יוד הא ואו הה

שְׁלֹשִׁים יוֹם ע"ה = נגד, זן, מזבח וַיִּתְּמוּ יְמֵי בְכִי אֵבֶל מֹשֶׁה מהע, אל שדי: 9 וִיהוֹשֻׁעַ

בִּן־נוּן מָלֵא רוּחַ מלוי אלהים דיודין חָכְמָה כִּי־סָמַךְ מֹשֶׁה מהע, אל שדי אֶת־יָדָיו

עָלָיו וַיִּשְׁמְעוּ אֵלָיו בְּנֵי־יִשְׂרָאֵל וַיַּעֲשׂוּ כַּאֲשֶׁר צִוָּה פוי יְהֹוָהאדניאהדונהי

אֶת־מֹשֶׁה מהע, אל שדי: 10 וְלֹא־קָם נָבִיא עוֹד בְּיִשְׂרָאֵל כְּמֹשֶׁה מהע, אל שדי

אֲשֶׁר יְדָעוֹ יְהֹוָהאדניאהדונהי פָּנִים ע"ב ס"ג מ"ה אֶל־פָּנִים ע"ב ס"ג מ"ה: 11 לְכָל־ יה אדני

הָאֹתֹת וְהַמּוֹפְתִים אֲשֶׁר שְׁלָחוֹ יְהֹוָהאדניאהדונהי לַעֲשׂוֹת בְּאֶרֶץ אלהים דאלפין

מִצְרָיִם מצר לְפַרְעֹה וּלְכָל־ יה אדני עֲבָדָיו וּלְכָל־ יה אדני אַרְצוֹ: 12 וּלְכֹל יה אדני

הַיָּד הַחֲזָקָה וּלְכֹל יה אדני הַמּוֹרָא הַגָּדוֹל לההו, מבה, יזל, אום אֲשֶׁר עָשָׂה מֹשֶׁה

מהע, אל שדי לְעֵינֵי ריבוע מ"ה יל כָּל־ ישראל:

(חסד-ימין) וזזק פהל   וזזק פהל   (גבורה-שמאל)   וזזק פהל   (תפארת-אמצע)   וזזק פהל, מהע

קזוזתנו (תוכלמ)

וזזק

Cuando concluimos la lectura de un libro de la biblia, decimos *jazak* (que significa "fuerza") tres veces. El valor numérico de repetir *jazak* tres veces es *Mem, Hei, Shin*, lo cual nos da sanación. También usamos uno de los 72 Nombres —*Pei, Hei, Lámed*— para activar nuestra fortaleza. El camino espiritual no es fácil, y necesitamos fuerza y certeza para sacarle provecho a todo lo que se nos presenta. Los 72 Nombres de Dios nos conectan con la fuente de Luz que necesitamos para obtener el poder de la mente sobre la materia. Y cuando empleamos las herramientas de los 72 Nombres, accedemos a la dimensión en la cual la conciencia controla la realidad.

HAFTARÁ DE VEZOT HABRAJÁ

Después de Moshé, Yehoshúa se convirtió en el líder de Israel. Esta es una lección poderosa e importante acerca del Creador. Cuando Moshé estaba por partir del mundo físico, el Creador de inmediato tuvo a alguien listo para sustituirlo. No importa lo que pase, la Luz está siempre allí. El siguiente paso es siempre calculado antes de tiempo y está siempre preparado. La Luz nunca nos abandona y siempre se asegura de que nuestras necesidades sean cubiertas. El *Zóhar* dice:

> *Él le dijo a Yehoshúa: 'Tú serás el hombre de confianza entre el Santísimo, bendito sea Él, y los hijos de Yisrael, y la promesa permanecerá en tus manos fieles. Veremos con quién permanecerá'. Está escrito: "Y regresó al campamento, pero su servidor Yehoshúa, el hijo*

JOSUÉ 1:1-18

1 *¹ Y sucedió después de la muerte de Moshé, siervo del Eterno, que el Eterno habló a Yehoshúa, hijo de Nun, y ministro de Moshé, diciendo:*

² "Moshé, Mi siervo, ha muerto; ahora pues, levántate, cruza este Jordán, tú y todo este pueblo, a la tierra que Yo les doy a los hijos de Israel.

³ Todo lugar que pise la planta de su pie les he dado, tal como dije a Moshé.

⁴ Desde el desierto y este Líbano hasta el gran río, el río Éufrates, toda la tierra de los hititas hasta el mar Grande que está hacia la puesta del Sol, será su territorio.

⁵ Nadie te podrá hacer frente en todos los días de tu vida; así como estuve con Moshé, estaré contigo. No te dejaré ni te abandonaré.

⁶ Sé fuerte y valiente, porque tú darás a este pueblo posesión de la tierra que juré a sus padres que les daría.

HAFTARÁ DE VEZOT HABRAJÁ

de Nun, un hombre joven, no se fue de la Tienda…” (ibid. 11). ¿Cuál es la razón QUE ÉL DIO a Yehoshúa? Porque EN RELACIÓN A MOSHÉ, él era como la Luna al Sol, YA QUE LA LUNA ES EL SECRETO DE MALJUT, LLAMADA ‘LA TIENDA DE LA ASAMBLEA’. POR CONSIGUIENTE, era merecedor de guardar la promesa, LA CUAL ESTÁ DE SU PROPIO LADO. Por lo tanto, “no se fue de la Tienda”. El Santísimo, bendito sea Él, dijo a Moshé: ‘¿No es apropiado hacer esto de esta manera, ya que puse Mi promesa en manos DE LOS HIJOS DE YISRAEL? Y aunque pecaron contra Mí, tendrán la promesa con ellos y no se apartarán de ella. ¿Desearían ustedes que Yo me apartara de los hijos de Yisrael y nunca retornará a ellos? PORQUE LA SHEJINÁ ES LA PROMESA EN LAS MANOS DE LOS HIJOS DE YISRAEL, QUE ÉL NUNCA LOS ABANDONARÁ. ‘Regrese Mi promesa a ellos, y por amor a ellos, nunca los abandonaré, dondequiera QUE ELLOS PUEDAN ESTAR’.
         — El Zóhar, Bejukotái 9:36-37

יהושע פרק 1, פסוקים 1–18

1 1 וַיְהִ֗י אל אַחֲרֵ֛י מ֥וֹת מֹשֶׁ֖ה מהע, אל עדי עֶ֣בֶד יְהֹ֑וָהאדני וַיֹּ֤אמֶר יְהֹ֑וָהאדני אֶל־יְהוֹשֻׁ֣עַ בִּן־נ֔וּן מְשָׁרֵ֥ת מֹשֶׁ֖ה מהע, אל עדי לֵאמֹֽר׃ 2 מֹשֶׁ֥ה מהע, אל עדי עַבְדִּ֖י מֵ֑ת וְעַתָּה֩ ק֨וּם עֲבֹ֜ר אֶת־הַיַּרְדֵּ֣ן הַזֶּ֗ה אַתָּה֙ וְכׇל־הָעָ֣ם הַזֶּ֔ה אֶל־הָאָ֕רֶץ אֲשֶׁ֧ר אָנֹכִ֛י נֹתֵ֥ן לָהֶ֖ם לִבְנֵ֥י יִשְׂרָאֵֽל׃ 3 כׇּל־מָק֗וֹם אֲשֶׁ֨ר תִּדְרֹ֧ךְ כַּף־רַגְלְכֶ֛ם בּ֖וֹ לָכֶ֣ם נְתַתִּ֑יו כַּאֲשֶׁ֥ר דִּבַּ֖רְתִּי אֶל־מֹשֶֽׁה׃ 4 מֵהַמִּדְבָּ֣ר וְהַלְּבָנ֤וֹן הַזֶּה֙ וְעַד־הַנָּהָ֤ר הַגָּדוֹל֙ נְהַר־פְּרָ֔ת כֹּ֖ל אֶ֣רֶץ הַֽחִתִּ֑ים וְעַד־הַיָּ֥ם הַגָּד֖וֹל מְב֣וֹא הַשָּׁ֑מֶשׁ יִֽהְיֶ֖ה גְּבוּלְכֶֽם׃ 5 לֹֽא־יִתְיַצֵּ֥ב אִישׁ֙ לְפָנֶ֔יךָ כֹּ֖ל יְמֵ֣י חַיֶּ֑יךָ כַּאֲשֶׁ֨ר הָיִ֤יתִי עִם־מֹשֶׁה֙ אֶֽהְיֶ֣ה עִמָּ֔ךְ לֹ֥א אַרְפְּךָ֖ וְלֹ֥א אֶעֶזְבֶֽךָּ׃ 6 חֲזַ֖ק וֶאֱמָ֑ץ כִּ֣י אַתָּ֗ה תַּנְחִיל֙ אֶת־הָעָ֣ם הַזֶּ֔ה אֶת־הָאָ֕רֶץ אֲשֶׁר־נִשְׁבַּ֥עְתִּי

7 Solamente sé fuerte y muy valiente; a fin de que actúes conforme a toda la Ley que Moshé, Mi siervo, te mandó; no te desvíes de ella ni a la derecha ni a la izquierda, para que seas próspero dondequiera que vayas.

8 Este Libro de la Ley no se apartará de tu boca, sino que meditarás en él día y noche, para que actúes conforme a todo lo que está escrito en él; porque entonces harás prosperar tus caminos y tendrás éxito.

9 ¿No te lo he ordenado Yo? ¡Sé fuerte y valiente! No temas ni te acobardes, porque el Eterno, tu Dios, estará contigo dondequiera que vayas".

10 Entonces Yehoshúa dio órdenes a los oficiales del pueblo, diciendo:

11 "Pasen por enmedio del campamento y ordenen al pueblo, diciendo: Prepárense provisiones, porque dentro de tres días cruzarán este Jordán para entrar a poseer la tierra que el Eterno, su Dios, les da en posesión".

12 Y a los rubenitas, los gaditas y la media tribu de Manasés, Yehoshúa habló, diciendo:

13 "Recuerden la palabra que Moshé, siervo del Eterno, les ordenó, diciendo: 'El Eterno, su Dios, les da reposo y les dará esta tierra'.

14 Sus mujeres, sus pequeños y su ganado permanecerán en la tierra que Moshé les dio al otro lado del Jordán; pero ustedes, todos los valientes guerreros, pasarán armados delante de sus hermanos y los ayudarán,

15 hasta que el Eterno dé reposo a sus hermanos como a ustedes, y ellos también posean la tierra que el Eterno, su Dios, les da. Entonces volverán a su tierra y la poseerán, aquello que Moshé, siervo del Eterno, les dio al otro lado del Jordán hacia el la salida del Sol".

16 Y ellos contestaron a Yehoshúa, diciendo: "Haremos todo lo que nos has mandado, y adondequiera que nos envíes, iremos.

לַאֲבוֹתָם לָתֵת לָהֶם: 7 רַק חֲזַק פהל וֶאֱמַץ מְאֹד מ"ה לִשְׁמֹר לַעֲשׂוֹת

כְּכָל־ ילי הַתּוֹרָה אֲשֶׁר צִוְּךָ מהע, אל שדי מֹשֶׁה עַבְדִּי אַל־תָּסוּר מִמֶּנּוּ

יָמִין וּשְׂמֹאול לְמַעַן תַּשְׂכִּיל בְּכֹל ב"ן, לכב, יבמ אֲשֶׁר תֵּלֵךְ: 8 לֹא־יָמוּשׁ

סֵפֶר הַתּוֹרָה הַזֶּה והו מִפִּיךָ וְהָגִיתָ בּוֹ יוֹמָם וָלַיְלָה מלה לְמַעַן תִּשְׁמֹר

לַעֲשׂוֹת כְּכָל־הַכָּתוּב בּוֹ כִּי־אָז תַּצְלִיחַ אֶת־דְּרָכֶךָ וְאָז תַּשְׂכִּיל:

9 הֲלוֹא צִוִּיתִיךָ חֲזַק פהל וֶאֱמָץ אַל־תַּעֲרֹץ וְאַל־תֵּחָת כִּי עִמְּךָ ה הויות, נבם

יְהֹוָאדנ־יאהדונהי אֱלֹהֶיךָ ילה בְּכֹל ב"ן, לכב, יבמ אֲשֶׁר תֵּלֵךְ: 10 וַיְצַו פוי יְהוֹשֻׁעַ

אֶת־שֹׁטְרֵי הָעָם לֵאמֹר: 11 עִבְרוּ | בְּקֶרֶב קמ"ג קס"א הַמַּחֲנֶה וְצַוּוּ אֶת־הָעָם

לֵאמֹר הָכִינוּ לָכֶם צֵידָה כִּי בְּעוֹד | שְׁלֹשֶׁת יָמִים גלך אַתֶּם עֹבְרִים

אֶת־הַיַּרְדֵּן י"פ יהוה ור' אותיות הַזֶּה והו לָבוֹא לָרֶשֶׁת אֶת־הָאָרֶץ אלהים דההין ע"ה

אֲשֶׁר יְהֹוָאדנ־יאהדונהי אֱלֹהֵיכֶם ילה נֹתֵן אבגית"ץ, ושר, אהבת חנם לָכֶם לְרִשְׁתָּהּ:

12 וְלָראוּבֵנִי וְלַגָּדִי וְלַחֲצִי שֵׁבֶט הַמְנַשֶּׁה אָמַר יְהוֹשֻׁעַ לֵאמֹר:

13 זָכוֹר ע"ב קס"א אֶת־הַדָּבָר ראה אֲשֶׁר צִוָּה פוי אֶתְכֶם מֹשֶׁה מהע, אל שדי

עֶבֶד־יְהֹוָאדנ־יאהדונהי לֵאמֹר יְהֹוָאדנ־יאהדונהי אֱלֹהֵיכֶם ילה מֵנִיחַ לָכֶם וְנָתַן

אבגית"ץ, ושר, אהבת חנם לָכֶם אֶת־הָאָרֶץ אלהים דההין ע"ה הַזֹּאת: 14 נְשֵׁיכֶם טַפְּכֶם

וּמִקְנֵיכֶם יֵשְׁבוּ בָּאָרֶץ אלהים דאלפין אֲשֶׁר נָתַן לָכֶם מֹשֶׁה מהע, אל שדי בְּעֵבֶר

רבוע יהוה ורבוע אלהים הַיַּרְדֵּן י"פ יהוה ור' אותיות וְאַתֶּם תַּעַבְרוּ וְזָמֻשִׁים לִפְנֵי וחכמה בינה

אֲחֵיכֶם כֹּל ילי גִּבּוֹרֵי הַחַיִל ומב וַעֲזַרְתֶּם אוֹתָם: 15 עַד אֲשֶׁר־יָנִיחַ

יְהֹוָאדנ־יאהדונהי | לַאֲחֵיכֶם כָּכֶם וְיָרְשׁוּ גַם־ יג"ל הֵמָּה אֶת־הָאָרֶץ

אלהים דההין ע"ה אֲשֶׁר־יְהֹוָאדנ־יאהדונהי אֱלֹהֵיכֶם ילה נֹתֵן אבגית"ץ, ושר, אהבת חנם

לָהֶם וְשָׁבְתֶּם לְאֶרֶץ אלהים דאלפין יְרֻשַּׁתְכֶם וִירִשְׁתֶּם אוֹתָהּ אֲשֶׁר |

נָתַן לָכֶם מֹשֶׁה מהע, אל שדי עֶבֶד יְהֹוָאדנ־יאהדונהי בְּעֵבֶר רבוע יהוה ורבוע אלהים

הַיַּרְדֵּן י"פ יהוה ור' אותיות מִזְרַח הַשֶּׁמֶשׁ ב"פ ש"ר: 16 וַיַּעֲנוּ אֶת־יְהוֹשֻׁעַ לֵאמֹר

כֹּל ילי אֲשֶׁר־צִוִּיתָנוּ נַעֲשֶׂה וְאֶל־כָּל־ ילי אֲשֶׁר תִּשְׁלָחֵנוּ נֵלֵךְ: גלך

17 Como obedecimos en todo a Moshé, así te obedeceremos a ti; con tal que el Eterno, tu Dios, esté contigo como estuvo con Moshé.

18 A cualquiera que se rebele contra tu mandato y no obedezca tus palabras en todo lo que le mandes, se le dará muerte; solamente sé fuerte y valiente".

17 כְּכֹל אֲשֶׁר־שָׁמַעְנוּ אֶל־מֹשֶׁה כֵּן נִשְׁמַע אֵלֶיךָ רַק יִהְיֶה יְהֹוָה אֱלֹהֶיךָ עִמָּךְ כַּאֲשֶׁר הָיָה עִם־מֹשֶׁה: 18 כָּל־אִישׁ אֲשֶׁר־יַמְרֶה אֶת־פִּיךָ וְלֹא־יִשְׁמַע אֶת־דְּבָרֶיךָ לְכֹל אֲשֶׁר־תְּצַוֶּנּוּ יוּמָת רַק חֲזַק וֶאֱמָץ:

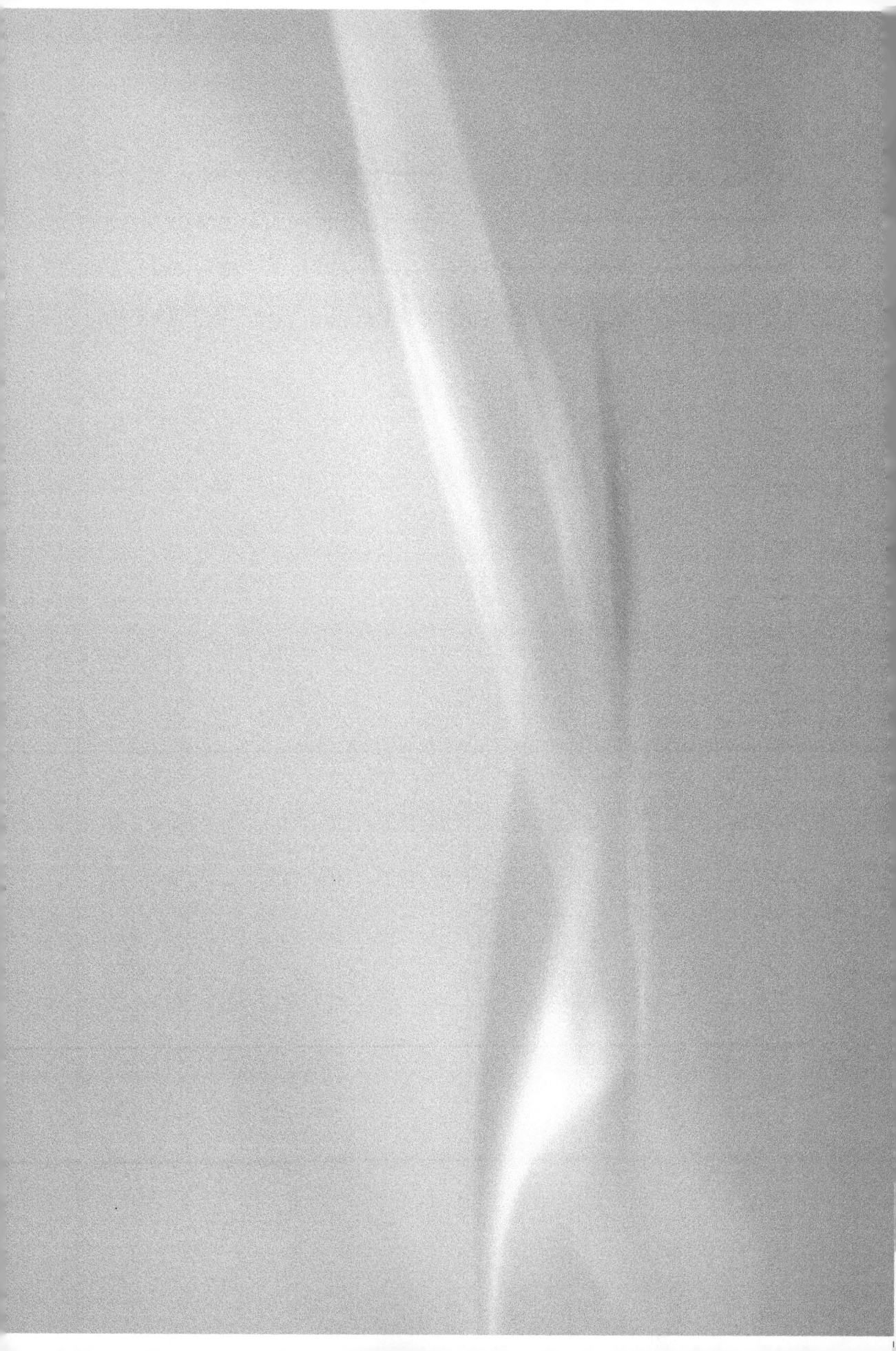

LECTURAS ESPECIALES

HAFTARÁ DE LA VÍSPERA DE ROSH JÓDESH

En un nivel, esta Haftará corresponde a la víspera de *Rosh Jódesh*, la víspera de un nuevo mes lunar (astrológico). En un sentido más profundo, habla acerca del amor entre David y Yonatán. Si bien Yonatán era heredero al trono, él sabía que David se podría convertir en rey. No obstante,

I SAMUEL 20:18-42

20 *18 Entonces Yonatán le dijo: "Mañana es la Luna Nueva y serás echado de menos porque tu asiento estará vacío.*

19 Cuando hayas estado ausente tres días, descenderás deprisa y vendrás al lugar donde te escondiste el día de aquel suceso, y permanecerás junto a la piedra Haazel.

20 Yo tiraré tres saetas hacia un lado, como si estuviese tirando a un blanco. 21 Y he aquí que enviaré al muchacho, diciendo: 'Ve, busca las saetas'. Si digo específicamente al muchacho: 'He aquí que las saetas están más hacia este lado de ti, búscalas', entonces ven porque hay seguridad para ti y no habrá mal, como que vive el Eterno.

22 Pero si digo al joven: 'He aquí que las saetas están más allá de ti', vete, porque el Eterno te ha enviado. 23 En cuanto al acuerdo del cual tú y yo hemos hablado, he aquí que el Eterno está entre nosotros dos para siempre".

24 Así que David se escondió en el campo; y cuando vino la Luna Nueva el rey se sentó a comer. 25 El rey se sentó en su asiento como de costumbre, el asiento junto a la pared; entonces Yonatán se levantó y Avner se sentó al lado de Shaúl, pero el lugar de David estaba vacío.

26 No obstante, Shaúl no dijo nada aquel día, porque pensó: "Algo debe haberle ocurrido por estar impuro; de seguro no está limpio".

27 Y sucedió al día siguiente, el segundo día de la Luna Nueva, que el lugar de David estaba vacío; entonces Shaúl dijo a Yonatán, su hijo: "¿Por qué no ha venido el hijo de Yishái a la comida ni ayer ni hoy?"

28 Yonatán contestó a Shaúl: "David me rogó encarecidamente que le dejara ir a Bet Léjem, 29 porque dijo: 'Te ruego que me dejes ir, pues nuestra familia tiene sacrificio en la ciudad y mi hermano me ha mandado que asista. Ahora, si he hallado gracia ante tus ojos, te ruego me dejes ir para ver a mis hermanos'. Por este motivo no ha venido a la mesa del rey".

HAFTARÁ DE LA VÍSPERA DE ROSH JÓDESH

Yonatán amaba a David y no sentía celos de él. Para amar verdaderamente a otra persona, debemos deshacernos de nuestros propios deseos egoístas. Para tener una relación exitosa de cualquier índole, debemos estar dispuestos a sacrificar algo.

שמואל א', פרק 20, פסוקים 18–42

וַיֹּֽאמֶר־לֹ֤ו יְהֹֽונָתָן֙ מָחָ֣ר חֹ֔דֶשׁ וְנִפְקַ֖דְתָּ כִּ֥י יִפָּקֵ֖ד מֹושָׁבֶֽךָ׃ 18

וְשִׁלַּשְׁתָּ֙ תֵּרֵ֣ד מְאֹ֔ד וּבָאתָ֙ אֶל־הַמָּקֹ֔ום אֲשֶׁר־נִסְתַּ֣רְתָּ 19

שָּׁ֔ם בְּיֹ֖ום הַֽמַּעֲשֶׂ֑ה וְיָ֣שַׁבְתָּ֔ אֵ֖צֶל הָאֶ֥בֶן הָאָֽזֶל׃ 20 וַאֲנִ֕י

שְׁלֹ֥שֶׁת הַחִצִּ֖ים צִדָּ֣ה אֹורֶ֑ה לְשַֽׁלַּֽח־לִ֖י לְמַטָּרָֽה׃ 21 וְהִנֵּה֙

אֶשְׁלַ֣ח אֶת־הַנַּ֗עַר לֵ֚ךְ מְצָ֣א אֶת־הַחִצִּ֔ים אִם־אָמֹר֩ אֹמַ֨ר לַנַּ֜עַר

הִנֵּ֥ה הַחִצִּ֣ים ׀ מִמְּךָ֣ וָהֵ֗נָּה קָחֶ֧נּוּ ׀ וָבֹ֛אָה כִּֽי־שָׁלֹ֥ום לְךָ֛ וְאֵ֥ין דָּבָ֖ר

חַי־יְהוָֽה׃ 22 וְאִם־כֹּ֤ה אֹמַר֙ לָעֶ֔לֶם הִנֵּ֥ה הַחִצִּ֖ים מִמְּךָ֣

וָהָ֑לְאָה לֵ֕ךְ כִּ֥י שִׁלַּחֲךָ֖ יְהוָֽה׃ 23 וְהַ֨דָּבָ֔ר אֲשֶׁ֥ר דִּבַּ֖רְנוּ אֲנִ֣י

וָאָ֑תָּה הִנֵּ֧ה יְהוָ֛ה בֵּינִ֥י וּבֵינְךָ֖ עַד־עֹולָֽם׃ 24 וַיִּסָּתֵ֥ר דָּוִ֖ד

בַּשָּׂדֶ֑ה וַיְהִ֣י הַחֹ֔דֶשׁ וַיֵּ֧שֶׁב הַמֶּ֛לֶךְ אֶל־(כתיב: עַל־) הַלֶּ֖חֶם לֶאֱכֹֽול׃

וַיֵּ֣שֶׁב הַ֠מֶּלֶךְ עַל־מֹושָׁבֹ֜ו כְּפַ֣עַם ׀ בְּפַ֗עַם אֶל־מֹושַׁב֙ הַקִּ֔יר וַיָּ֙קָם֙ יְהֹ֣ונָתָ֔ן 25

וַיֵּ֥שֶׁב אַבְנֵ֖ר מִצַּ֣ד שָׁא֑וּל וַיִּפָּקֵ֖ד מְקֹ֥ום דָּוִֽד׃ 26 וְלֹֽא־דִבֶּ֥ר שָׁא֛וּל

מְא֖וּמָה בַּיֹּ֣ום הַה֑וּא כִּ֤י אָמַר֙ מִקְרֶ֣ה ה֔וּא בִּלְתִּ֥י טָהֹ֛ור ה֖וּא

כִּֽי־לֹ֥א טָהֹֽור׃ 27 וַיְהִ֗י מִֽמָּחֳרַ֤ת הַחֹ֙דֶשׁ֙ הַשֵּׁנִ֔י וַיִּפָּקֵ֖ד מְקֹ֣ום

דָּוִ֑ד וַיֹּ֤אמֶר שָׁאוּל֙ אֶל־יְהֹונָתָ֣ן בְּנֹ֔ו מַדּ֜וּעַ לֹא־בָ֧א בֶן־יִשַׁ֛י גַּם־

תְּמֹ֥ול גַּם־הַיֹּ֖ום אֶל־הַלָּֽחֶם׃ 28 וַיַּ֥עַן יְהֹונָתָ֖ן אֶת־שָׁא֑וּל

נִשְׁאֹ֨ל נִשְׁאַ֥ל דָּוִ֛ד מֵעִמָּדִ֖י עַד־בֵּֽית־לָֽחֶם׃ 29 וַיֹּ֡אמֶר שַׁלְּחֵ֣נִי נָ֡א

³⁰ *Se encendió la ira de Shaúl contra Yonatán, y le dijo: "¡Hijo de mujer perversa y rebelde! ¿Acaso no sé yo que prefieres al hijo de Yishái, para tu propia vergüenza y para vergüenza de la desnudez de tu madre?*

³¹ *Pues mientras viva el hijo de Yishái sobre la Tierra, ni tú ni tu reino serán establecidos. Ahora manda a traérmelo, porque ciertamente ha de morir".*

³² *Pero Yonatán contestó a su padre Shaúl, y le dijo: "¿Por qué ha de morir? ¿Qué ha hecho?".*

³³ *Entonces Shaúl le arrojó la lanza para matarlo: así Yonatán supo que su padre había decidido matar a David.*

³⁴ *Entonces Yonatán se levantó de la mesa ardiendo de ira y no probó comida en el segundo día de la Luna Nueva, pues estaba entristecido por David y porque su padre le había deshonrado.*

³⁵ *Y aconteció a la mañana siguiente que Yonatán salió al campo para su encuentro con David, y un jovenzuelo iba con él.*

³⁶ *Y dijo a su jovencito: "Corre, busca ahora las saetas que voy a tirar". Y mientras el joven corría, tiró una saeta más allá de él.*

³⁷ *Cuando el muchacho llegó a la saeta que Yonatán había tirado, Yonatán le gritó al muchacho, y dijo: "¿No está la saeta más lejos de ti?".*

³⁸ *Y Yonatán gritó al joven: "Corre, date prisa, no te detengas". Y el jovenzuelo de Yonatán recogió la saeta y volvió a su señor.*

³⁹ *El joven no estaba al tanto de nada; sólo Yonatán y David sabían del asunto.*

⁴⁰ *Entonces Yonatán dio sus armas al muchacho y le dijo: "Vete, llévalas a la ciudad".*

⁴¹ *Cuando el muchacho se fue, David salió del lado del sur y cayó rostro en tierra, postrándose tres veces, y se besaron el uno al otro y lloraron juntos, pero David lloró más.*

⁴² *Y Yonatán dijo a David: "Vete en paz, ya que nos hemos jurado el uno al otro en el Nombre del Eterno, diciendo: 'Que el Eterno esté entre tú y yo, y entre mi descendencia y tu descendencia para siempre'".*

כִּי זֶבַח מִשְׁפָּחָה לָנוּ אלהים, מום בָּעִיר בֶּחָזֶּק, עָרֵי, סנדלפון וְהוּא צִוָּה פֵּי ־לִי אָחִי

וְעַתָּה אִם־ יוֹהֶךְ מָצָאתִי חֵן מוֹזֵי בְּעֵינֶיךָ עה קס"א אִמָּלְטָה נָּא וְאֶרְאֶה אֶת־אֶחָי

עַל־כֵּן לֹא־בָא אֶל־שֻׁלְחַן הַמֶּלֶךְ: [ס] 30 וַיִּחַר־אַף שָׁאוּל בִּיהוֹנָתָן וַיֹּאמֶר

לוֹ בֶּן־נַעֲוַת הַמַּרְדּוּת הֲלוֹא יָדַעְתִּי כִּי־בֹחֵר אַתָּה לְבֶן־יִשַׁי לְבָשְׁתְּךָ

וּלְבֹשֶׁת עֶרְוַת אִמֶּךָ: 31 כִּי כָל־ ילי הַיָּמִים גֹּזֶר אֲשֶׁר בֶּן־יִשַׁי חַי עַל־הָאֲדָמָה

לֹא תִכּוֹן אַתָּה וּמַלְכוּתֶךָ וְעַתָּה שְׁלַח וְקַח אֹתוֹ אֵלַי כִּי בֶן־מָוֶת הוּא: [ס]

32 וַיַּעַן יְהוֹנָתָן אֶת־שָׁאוּל אָבִיו וַיֹּאמֶר אֵלָיו לָמָּה יוּמַת מֶה מה עָשָׂה: 33

וַיָּטֶל שָׁאוּל אֶת־הַחֲנִית עָלָיו לְהַכֹּתוֹ וַיֵּדַע יְהוֹנָתָן כִּי־כָלָה הִיא מֵעִם

עמם אָבִיו לְהָמִית אֶת־דָּוִד: [ס] 34 וַיָּקָם יְהוֹנָתָן מֵעִם עמם הַשֻּׁלְחָן בָּחֳרִי־אָף

וְלֹא־אָכַל בְּיוֹם־ אל הַחֹדֶשׁ הַשֵּׁנִי לֶחֶם כִּי נֶעְצַב אֶל־דָּוִד

כִּי הִכְלִמוֹ אָבִיו: [ס] 35 וַיְהִי אל בַּבֹּקֶר וַיֵּצֵא יְהוֹנָתָן הַשָּׂדֶה ערי לְמוֹעֵד דָּוִד

וְנַעַר ערי קָטֹן עִמּוֹ: 36 וַיֹּאמֶר לְנַעֲרוֹ רֻץ מְצָא נָא אֶת־הַחִצִּים אֲשֶׁר

אָנֹכִי איע מוֹרֶה הַנַּעַר רָץ וְהוּא־יָרָה הַחֵצִי לְהַעֲבִרוֹ: 37 וַיָּבֹא הַנַּעַר ערי

עַד־מְקוֹם יהוה ברבוע הַחֵצִי אֲשֶׁר יָרָה יְהוֹנָתָן וַיִּקְרָא עם ה אותיות = ב"פ קס"א יְהוֹנָתָן

אַחֲרֵי הַנַּעַר ערי וַיֹּאמֶר הֲלוֹא הַחֵצִי מִמְּךָ וָהָלְאָה: 38 וַיִּקְרָא עם ה אותיות = ב"פ קס"א

יְהוֹנָתָן אַחֲרֵי הַנַּעַר ערי מְהֵרָה חוּשָׁה אַל־תַּעֲמֹד וַיְלַקֵּט נַעַר ערי יְהוֹנָתָן

אֶת־הַחִצִּים (כתיב: הַחִצִי) וַיָּבֹא אֶל־אֲדֹנָיו: 39 וְהַנַּעַר ערי לֹא־יָדַע מְאוּמָה אַךְ

אהיה יְהוֹנָתָן וְדָוִד יָדְעוּ אֶת־הַדָּבָר ראה: [ס] 40 וַיִּתֵּן יֵפ מלוי ע"ב יְהוֹנָתָן אֶת־כֵּלָיו כלו

אֶל־הַנַּעַר ערי אֲשֶׁר־לוֹ וַיֹּאמֶר לוֹ לֵךְ הָבֵיא הָעִיר בֶּחָזֶק, עָרֵי, סנדלפון: 41 הַנַּעַר

ערי בָּא וְדָוִד קָם מֵאֵצֶל הַנֶּגֶב וַיִּפֹּל לְאַפָּיו אַרְצָה אלהים דההין עה וַיִּשְׁתַּחוּ

שָׁלֹשׁ פְּעָמִים וַיִּשְּׁקוּ | אִישׁ עה קנ"א קס"א אֶת־רֵעֵהוּ וַיִּבְכּוּ אִישׁ עה קנ"א קס"א

אֶת־רֵעֵהוּ עַד־דָּוִד הִגְדִּיל: 42 וַיֹּאמֶר יְהוֹנָתָן לְדָוִד לֵךְ לְשָׁלוֹם אֲשֶׁר

נִשְׁבַּעְנוּ שְׁנֵינוּ אֲנַחְנוּ בְּשֵׁם עדי יהוה יהואדניהאהדונהי לֵאמֹר יהוה אדנייאהדונהי יְהוָה יְהִי

ייי | בֵּינִי וּבֵינֶךָ וּבֵין זַרְעִי וּבֵין זַרְעֶךָ עַד־עוֹלָם: [פ]

MAFTIR DE SHABAT ROSH JÓDESH

En este Maftir, leemos acerca de las tribus de Reuvén, Shimón y Gad, las cuales se ubicaron al Sur. El *Zóhar* en Terumá dice que el Sur significa *Jésed* (amor y misericordia) y es un lugar de quietud que está protegido por el ángel Mijael. Además dice que el Sur es donde todo se manifiesta una

NÚMEROS 28:9-15

28 *9* *"En el Shabat ofrecerás dos corderos de un año sin defecto, junto con su libación y su ofrenda de cereal de dos décimas de un efá de flor de harina mezclada con aceite.*

10 Este es el holocausto de cada Shabat, además del holocausto continuo y de su libación.

11 El primer día de cada mes presentarán al Eterno un holocausto de dos novillos, un carnero y siete corderos de un año, todos sin defecto.

12 Con cada novillo habrá una ofrenda de cereal de tres décimas de un efá de flor de harina mezclada con aceite; con el carnero, una ofrenda de cereal de dos décimas de flor de harina, mezclada con aceite;

13 y con cada cordero, una ofrenda de cereal de una décima de un efá de flor de harina mezclada con aceite. Esto será como holocausto, un aroma agradable, una ofrenda ígnea al Eterno.

14 Sus libaciones serán medio hin de vino por cada novillo; un tercio de un hin por el carnero; y un cuarto de un hin por cada cordero. Este es el holocausto mensual que se debe hacer cada Luna Nueva durante el año.

15 Además del holocausto continuo con su libación, se presentará al Eterno un macho cabrío como ofrenda por pecado".

MAFTIR DE SHABAT ROSH JÓDESH

vez que hemos completado nuestras conexiones espirituales. Al escuchar esta lectura, tenemos una oportunidad de hacer una introspección, encontrar la claridad para manifestar todas nuestras conexiones espirituales e imbuir de Luz el próximo mes.

במדבר פרק 28, פסוקים 9–15

28 9 וּבְיוֹם נגד, זן, מזבח הַשַּׁבָּת שְׁנֵי־כְבָשִׂים בְּנֵי־שָׁנָה תְּמִימִם וּשְׁנֵי עֶשְׂרֹנִים סֹלֶת מִנְחָה עֹה בֹּפ בֹן בְּלוּלָה בַשֶּׁמֶן יֹפ טל, יֹפ כוזו, ביט וְנִסְכּוֹ: 10 עֹלַת שַׁבַּת בְּשַׁבַּתּוֹ עַל־עֹלַת אבגיתצ, ועזר, אהבת חנם הַתָּמִיד נתה, קסֹא - קנֹא - קמֹג וְנִסְכָּה: [פ] 11 וּבְרָאשֵׁי ריבוע אלהים - אלהים דיודין עֹה חָדְשֵׁיכֶם יֹב הוויות תַּקְרִיבוּ עֹלָה לַיהֹוָהאדניאהדונהי פָּרִים בְּנֵי־בָקָר שְׁנַיִם וְאַיִל אֶחָד אהבה, דאגה כְּבָשִׂים בְּנֵי־שָׁנָה שִׁבְעָה תְּמִימִם: 12 וּשְׁלֹשָׁה עֶשְׂרֹנִים סֹלֶת מִנְחָה עֹה בֹפ בֹן בְּלוּלָה בַשֶּׁמֶן יֹפ טל, יֹפ כוזו, ביט לַפָּר בזֹוזר, ערי הָאֶחָד אהבה, דאגה וּשְׁנֵי עֶשְׂרֹנִים סֹלֶת מִנְחָה עֹה בֹפ בֹן בְּלוּלָה בַשֶּׁמֶן יֹפ טל, יֹפ כוזו, ביט לָאַיִל הָאֶחָד אהבה, דאגה: 13 וְעִשָּׂרֹן עִשָּׂרוֹן סֹלֶת מִנְחָה עֹה בֹפ בֹן בְּלוּלָה בַשֶּׁמֶן יֹפ טל, יֹפ כוזו, ביט לַכֶּבֶשׂ בֹפ קסֹא הָאֶחָד אהבה, דאגה עֹלָה רֵיחַ נִיחֹחַ אִשֶּׁה לַיהֹוָהאדניאהדונהי: 14 וְנִסְכֵּיהֶם חֲצִי הַהִין יִהְיֶה לַפָּר בזֹוזר, ערי וּשְׁלִישִׁת הַהִין לָאַיִל וּרְבִיעִת הַהִין לַכֶּבֶשׂ בֹפ קסֹא יָיִן מיכ, יֹפ האא זֹאת עֹלַת אבגיתצ, ועזר, אהבת חנם חֹדֶשׁ יֹב הוויות בְּחָדְשׁוֹ יֹב הוויות לְחָדְשֵׁי יֹב הוויות הַשָּׁנָה: 15 וּשְׂעִיר עִזִּים אֶחָד אהבה, דאגה לְחַטָּאת לַיהֹוָהאדניאהדונהי עַל־עֹלַת אבגיתצ, ועזר, אהבת חנם הַתָּמִיד נתה, קסֹא - קנֹא - קמֹג יֵעָשֶׂה וְנִסְכּוֹ: [ס]

HAFTARÁ DE SHABAT ROSH JÓDESH

Así como el Shabat enfría las llamas del Infierno, estas mismas llamas son apagadas durante *Rosh Jódesh*, lo que nos da el poder de desviar y evitar el juicio.

ISAÍAS 66:1-24

66 *¹ Esto dice el Eterno: "El Cielo es Mi Trono y la Tierra es Mi Escabel. ¿Dónde está la Casa que podrían construir para Mí? ¿Dónde estará Mi lugar de reposo?*

² ¿Acaso Mi Mano no hizo todas estas cosas, para que llegaran a existir?", declara el Eterno. "Pero a este estimaré: al que es humilde y contrito de espíritu, y que tiembla ante Mi Palabra.

³ Pero el que sacrifica a un toro es como el que mata a un hombre, y el que sacrifica un cordero es como el que desnuca un perro; el que presenta ofrenda de cereal es como el que ofrece sangre de cerdo, el que quema incienso es como el que adora a un ídolo. Como ellos han escogido sus propios caminos y su alma se deleita en sus abominaciones,

⁴ también Yo escogeré sus castigos y traeré sobre ellos lo que temen. Porque cuando llamé, nadie respondió; cuando hablé, nadie escuchó. Hicieron lo malo ante Mis ojos y escogieron aquello que no es de Mi agrado".

⁵ Escuchen la Palabra del Eterno, ustedes que tiemblan ante Su Palabra: "Sus hermanos que los aborrecen y excluyen por causa de Mi Nombre, han dicho: '¡Que el Eterno sea glorificado, para que veamos su alegría!'. Pero ellos serán avergonzados.

⁶ ¡Oigan el estruendo que viene de la ciudad, oigan ese ruido que sale del Templo! Es el sonido del Eterno que retribuye a Sus enemigos todo lo que ellos merecen.

⁷ Antes de que entre en labor de parto, ella da a luz; antes que le vinieran los dolores, ella da a luz un niño.

⁸ ¿Quién ha oído tal cosa? ¿Quién ha visto una cosa así? ¿Puede nacer un país en un solo día o puede nacer una nación en un instante? Porque tan pronto como Sión tuvo los dolores de parto dio a luz a sus hijos.

⁹ ¿Acaso propiciaré el momento del parto y no haré nacer?", dice el Eterno. "¿Acaso Yo, que hago dar a luz, cerraré la matriz?", dice tu Dios.

HAFTARÁ DE SHABAT ROSH JÓDESH

ישעיהו פרק 66, פסוקים 1–24

66 1 כֹּה אָמַר יְהֹוָﬡ הַשָּׁמַיִם כִּסְאִי וְהָאָרֶץ הֲדֹם רַגְלָי אֵי־זֶה בַיִת אֲשֶׁר תִּבְנוּ־לִי וְאֵי־זֶה מָקוֹם מְנוּחָתִי: 2 וְאֶת־כָּל־אֵלֶּה יָדִי עָשָׂתָה וַיִּהְיוּ כָל־אֵלֶּה נְאֻם־יְהֹוָﬡ וְאֶל־זֶה אַבִּיט אֶל־עָנִי וּנְכֵה־רוּחַ וְחָרֵד עַל־דְּבָרִי: 3 שׁוֹחֵט הַשּׁוֹר מַכֵּה־אִישׁ זוֹבֵחַ הַשֶּׂה עֹרֵף כֶּלֶב מַעֲלֵה מִנְחָה דַּם־חֲזִיר מַזְכִּיר לְבֹנָה מְבָרֵךְ אָוֶן גַּם־הֵמָּה בָּחֲרוּ בְּדַרְכֵיהֶם וּבְשִׁקּוּצֵיהֶם נַפְשָׁם חָפֵצָה: 4 גַּם־אֲנִי אֶבְחַר בְּתַעֲלֻלֵיהֶם וּמְגוּרֹתָם אָבִיא לָהֶם יַעַן קָרָאתִי וְאֵין עוֹנֶה דִּבַּרְתִּי וְלֹא שָׁמֵעוּ וַיַּעֲשׂוּ הָרַע בְּעֵינַי וּבַאֲשֶׁר לֹא־חָפַצְתִּי בָּחָרוּ: [ס] 5 שִׁמְעוּ דְּבַר־יְהֹוָﬡ הַחֲרֵדִים אֶל־דְּבָרוֹ אָמְרוּ אֲחֵיכֶם שֹׂנְאֵיכֶם מְנַדֵּיכֶם לְמַעַן שְׁמִי יִכְבַּד יְהֹוָﬡ וְנִרְאֶה בְשִׂמְחַתְכֶם וְהֵם יֵבֹשׁוּ: 6 קוֹל שָׁאוֹן מֵעִיר קוֹל מֵהֵיכָל קוֹל יְהֹוָﬡ מְשַׁלֵּם גְּמוּל לְאֹיְבָיו: 7 בְּטֶרֶם תָּחִיל יָלָדָה בְּטֶרֶם יָבוֹא חֵבֶל לָהּ וְהִמְלִיטָה זָכָר: 8 מִי־שָׁמַע כָּזֹאת מִי רָאָה כָּאֵלֶּה הֲיוּחַל אֶרֶץ בְּיוֹם אֶחָד אִם־יִוָּלֵד גּוֹי פַּעַם אֶחָת כִּי־חָלָה גַּם־יָלְדָה צִיּוֹן אֶת־בָּנֶיהָ: 9 הַאֲנִי אַשְׁבִּיר וְלֹא אוֹלִיד יֹאמַר יְהֹוָﬡ אִם־אֲנִי

[10] "Regocíjense con Jerusalén y alégrense por ella, todos los que la aman; rebosen de júbilo con ella, todos los que hacen duelo por ella.

[11] Para que puedan mamar y sea saciados con los pechos de sus consuelos, para que puedan beber y deleitarse en su abundancia".

[12] Porque así dice el Eterno: "Extenderé paz hacia ella como un río y la riqueza de las naciones como torrente desbordado; y beberán y serán llevados en sus brazos y acariciados sobre sus rodillas.

[13] Como una madre que consuela a su hijo, así los consolaré Yo; y serán consolados en Yerushaláyim".

[14] Cuando vean esto, su corazón se llenará de gozo y florecerán como hierba; la mano del Eterno se dará a conocer a Sus siervos y Su furia será mostrada a Sus enemigos.

[15] He aquí que el Eterno vendrá con fuego y Sus carros son como torbellino; Él descargará Su ira con furia y Su reprimenda con llamas de fuego.

[16] Porque el Eterno ejercerá juicio con fuego y con Su espada a todos, y serán muchos los muertos del Eterno.

[17] "Los que se santifican y se purifican para ir a los jardines, tras uno que está en medio de aquellos que comen carne de cerdo y ratones y otras cosas abominables, serán exterminados juntos", declara el Eterno.

[18] "Y dado que Yo conozco sus obras y sus pensamientos, iré a reunir a todas las naciones y lenguas, y vendrán y verán Mi gloria.

[19] Y pondré una señal entre ellas y enviaré a sus sobrevivientes a las naciones: a Tarshish, a Pul, y Lud, que manejan el arco, a Tuval y Tuvána, arqueros famosos, a Tubal y a las islas remotas que no han oído de Mi fama ni han visto Mi gloria. Ellos anunciarán Mi gloria entre las naciones.

[20] Y ellos traerán a todos sus hermanos, de entre todas las naciones, a Mi Monte Santo en Jerusalén como ofrenda al Eterno; en caballos, en carros, en literas, en burros y en dromedarios", dice el Eterno. "Los traerán tal como los israelitas traen su ofrenda de grano en vasijas ceremonialmente limpias al Templo del Eterno.

[21] "Y seleccionaré algunos de ellos para sacerdotes y para levitas", dice el Eterno.

[22] "Porque como los Cielos nuevos y la Tierra Nueva que Yo hago permanecerán delante de Mí", declara el Eterno, "así permanecerá su nombre y su descendencia".

הַמּוֹלִיד וְעָצַרְתִּי אָמַר אֱלֹהָיִךְ יֹה: [ס] 10 שִׂמְחוּ אֶת־יְרוּשָׁלַם רִי עִ״ע וְגִילוּ

בָהּ כָּל־ יֹ ־אֹהֲבֶיהָ שִׂישׂוּ אִתָּהּ מָשׂוֹשׂ כָּל־ יֹ ־הַמִּתְאַבְּלִים עָלֶיהָ פֹהל:

11 לְמַעַן תִּינְקוּ וּשְׂבַעְתֶּם מִשֹּׁד תַּנְחֻמֶיהָ לְמַעַן תָּמֹצּוּ וְהִתְעַנַּגְתֶּם

מִזִּיו כְּבוֹדָהּ: [ס] 12 כִּי־כֹה הִי | אָמַר יְהֹוָ״אאדנ״יאהדונהי הִנְנִי נֹטֶה־אֵלֶיהָ כְּנָהָר

שָׁלוֹם וּכְנַחַל שׁוֹטֵף כְּבוֹד לִ״ב גּוֹיִם וִינַקְתֶּם עַל־צַד תִּנָּשֵׂאוּ וְעַל־בִּרְכַּיִם

תְּשָׁעֳשָׁעוּ: 13 כְּאִישׁ עִ״ה קל״א קס״א אֲשֶׁר אִמּוֹ תְּנַחֲמֶנּוּ כֵּן אָנֹכִי אי״ע אֲנַחֶמְכֶם

וּבִירוּשָׁלַם רִי עִ״ע תְּנֻחָמוּ: 14 וּרְאִיתֶם וְשָׂשׂ לִבְּכֶם וְעַצְמוֹתֵיכֶם כַּדֶּשֶׁא

תִפְרַחְנָה וְנוֹדְעָה יַד־יְהֹוָ״אאדנ״יאהדונהי אֶת־עֲבָדָיו וְזָעַם אֶת־אֹיְבָיו: [ס]

15 כִּי־הִנֵּה מ״ה יה יְהֹוָ״אאדנ״יאהדונהי בָּאֵשׁ אלהים דיורין ע״ה יָבוֹא וְכַסּוּפָה מַרְכְּבֹתָיו

לְהָשִׁיב בְּחֵמָה אַפּוֹ וְגַעֲרָתוֹ בְּלַהֲבֵי־אֵשׁ אלהים דיורין ע״ה : 16 כִּי בָאֵשׁ

אלהים דיורין ע״ה יְהֹוָ״אאדנ״יאהדונהי נִשְׁפָּט וּבְחַרְבּוֹ רי״ו, גבורה אֶת־כָּל־ יֹ ־בָּשָׂר וְרַבּוּ

חַלְלֵי יְהֹוָ״אאהדונהי: 17 הַמִּתְקַדְּשִׁים וְהַמִּטַּהֲרִים אֶל־הַגַּנּוֹת אַחַר אֻחַד

(כתיב: אחד) בַּתָּוֶךְ אֹכְלֵי בְּשַׂר הַחֲזִיר וְהַשֶּׁקֶץ וְהָעַכְבָּר יַחְדָּו יָסֻפוּ

נְאֻם־יְהֹוָ״אאדנ״יאהדונהי: 18 וְאָנֹכִי אי״ע מַעֲשֵׂיהֶם וּמַחְשְׁבֹתֵיהֶם בָּאָה לְקַבֵּץ

אֶת־כָּל־ יֹ ־הַגּוֹיִם וְהַלְּשֹׁנוֹת וּבָאוּ וְרָאוּ אֶת־כְּבוֹדִי: 19 וְשַׂמְתִּי בָהֶם

אוֹת וְשִׁלַּחְתִּי מֵהֶם | פְּלֵיטִים אֶל־הַגּוֹיִם תַּרְשִׁישׁ פּוּל וְלוּד מֹשְׁכֵי קֶשֶׁת

תֻּבַל ב״ף רי״ו, ב״ף גבורה וְיָוָן הָאִיִּים הָרְחֹקִים אֲשֶׁר לֹא־שָׁמְעוּ אֶת־שִׁמְעִי

וְלֹא־רָאוּ אֶת־כְּבוֹדִי וְהִגִּידוּ אֶת־כְּבוֹדִי בַּגּוֹיִם: 20 וְהֵבִיאוּ אֶת־כָּל־

יֹ ־אֲחֵיכֶם מִכָּל־ יֹ ־הַגּוֹיִם | מִנְחָה עִ״ה ב״ף בן לַיהֹוָ״אאדנ״יאהדונהי בַּסּוּסִים

רִבוּע אדני, כוך וּבָרֶכֶב וּבַצַּבִּים וּבַפְּרָדִים וּבַכִּרְכָּרוֹת עַל הַר רבוע אלהים הה

קָדְשִׁי יְרוּשָׁלַם רִי עִ״ע אָמַר יְהֹוָ״אאדנ״יאהדונהי כַּאֲשֶׁר יָבִיאוּ בְנֵי יִשְׂרָאֵל

אֶת־הַמִּנְחָה עִ״ה ב״ף בן בִּכְלִי טָהוֹר כלי ב״פ ראה בֵּית יְהֹוָ״אאדנ״יאהדונהי: 21 וְגַם

יגל ־מֵהֶם אֶקַּח לַכֹּהֲנִים מלה לַלְוִיִּם ע״ה יהוה ־ אהוה אָמַר יְהֹוָ״אאדנ״יאהדונהי: 22 כִּי

כַאֲשֶׁר הַשָּׁמַיִם י״פ טל, י״פ כוזו הַחֲדָשִׁים וְהָאָרֶץ אלהים דאלפין הַחֲדָשָׁה אֲשֶׁר

[23] *De una Luna Nueva a otra y de un Shabat a otro, toda la humanidad vendrá y se postrará ante Mí", dice el Eterno.*

[24] *"Y saldrán y verán los cadáveres de los hombres que se rebelaron contra Mí; su gusano no morirá, ni su fuego se apagará, y serán el horror de toda la humanidad". De una Luna Nueva a otra y de un Shabat a otro, toda la humanidad vendrá y se postrará ante Mí", dice el Eterno.*

אֲנִֽי אֲנִי עֹשֶׂה עֹמְדִים לְפָנַ֤י נְאֻם־יְהֹוָאדֹנָיאהדונהי כֵּ֣ן יַעֲמֹ֥ד זַרְעֲכֶ֖ם וְשִׁמְכֶֽם׃

23 וְהָיָ֗ה מִדֵּי־חֹ֨דֶשׁ֙ י"ב הוויות בְּחָדְשׁ֔וֹ י"ב הוויות וּמִדֵּ֥י שַׁבָּ֖ת בְּשַׁבַּתּ֑וֹ יָב֣וֹא כָל־

יל בָּשָׂ֧ר לְהִשְׁתַּחֲוֺ֛ת לְפָנַ֖י אָמַ֥ר יְהֹוָאדֹנָיאהדונהי׃ 24 וְיָצְא֣וּ וְרָא֔וּ בְּפִגְרֵי֙

הָֽאֲנָשִׁ֔ים הַפֹּשְׁעִ֖ים בִּ֑י כִּ֣י תוֹלַעְתָּ֞ם לֹ֤א תָמוּת֙ וְאִשָּׁם֙ לֹ֣א תִכְבֶּ֔ה וְהָי֥וּ

דֵרָא֖וֹן לְכָל־ יה - אדני בָּשָֽׂר׃ וְהָיָ֗ה מִדֵּי־חֹ֨דֶשׁ֙ י"ב הוויות בְּחָדְשׁ֔וֹ י"ב הוויות וּמִדֵּ֥י

שַׁבָּ֖ת בְּשַׁבַּתּ֑וֹ יָב֣וֹא כָל־ יל בָּשָׂ֧ר לְהִשְׁתַּחֲוֺ֛ת לְפָנַ֖י אָמַ֥ר יְהֹוָאדֹנָיאהדונהי׃

NOTAS

www.ingramcontent.com/pod-product-compliance
Lightning Source LLC
Chambersburg PA
CBHW040845100426
42812CB00014B/2611